企业国有资产管理政策汇编

北京市房山新城投资有限责任公司
城投智汇（北京）管理咨询有限责任公司 ◎ 编著

中国石化出版社
·北京·

图书在版编目(CIP)数据

企业国有资产管理政策汇编/北京市房山新城投资有限责任公司编著.—北京:中国石化出版社,2023.12(2025.7重印)
ISBN 978-7-5114-7277-9

Ⅰ.①企… Ⅱ.①北… Ⅲ.①国有企业-国有资产管理-经济政策-汇编-中国 Ⅳ.①F279.241

中国国家版本馆CIP数据核字(2023)第254263号

中国石化出版社出版发行

地址:北京市东城区安定门外大街58号
邮编:100011 电话:(010)57512500
发行部电话:(010)57512575
http://www.sinopec-press.com
E-mail:press@sinopec.com
北京艾普海德印刷有限公司印刷
全国各地新华书店经销

*

787毫米×1092毫米 16开本 39.75印张 950千字
2024年1月第1版 2025年7月第2次印刷
定价:160.00元

《企业国有资产管理政策汇编》编委会

前　言

一、编制背景

改革开放以来，在党中央的坚强领导下，我国经济建设取得举世瞩目成就，经济体量跃居世界第二。与此同时，国有企业逐步成为国民经济的“稳定器”和“压舱石”，国有资产总量规模不断扩大。在长期发展中，我国形成了具有中国特色的国有资产管理及监管体系。2003 年，我国组建国务院国资委，同年发布《企业国有资产监督管理暂行条例》（2019 年最新修订），从法规层面明确了国有资产监督管理的基本框架和基本制度。2008 年，第十一届全国人民代表大会常务委员会第五次会议通过了《中华人民共和国企业国有资产法》，从法律层面明确了国资委与被监管企业的出资关系及监管要求。2013 年，在以习近平同志为核心的党中央带领下，我国开启了全面深化改革的新征程，党的十八大《关于全面深化改革若干重大问题的决定》中提出“完善国有资产管理体制，以管资本为主加强国有资产监管”，标志着国有企业监管以“管人、管事、管资产”向“管资本”转变。党的十九届五中全会提出“深化国资国企改革，做强做优做大国有资本和国有企业”。自 2013 年起，各级地政府纷纷组建或改组国有资本投资、运营公司，截止到目前已达 140 多家。作为经济改革的重要内容，如何促进国有资产保值增值、推动国有资本做强做优做大俨然成为当下国有资产管理工作的重头戏。

基于此，北京市房山新城投资有限责任公司组成编委会，结合自身业务需求及实际经验，开展企业国有资产管理政策汇编工作，以期用于工作指导。同时，希望本书能够成为地方政府国有资产管理部门的实务政策指南、国有企业管理人员的工具书、高等院校和科研机构开展研究的参考资料。

二、范围界定

本书主要为地方国企国有资产管理的相关政策汇编。国有资产的范围较广，中共中央在《关于建立国务院向全国人大常委会报告国有资产管理情况制度的意见》中根据资产管理单位将国有资产分为四类：企业（不含金融企业）国有资产、金融企业国有资产、行政事业性国有资产、自然资源国有资产。四类资产管理体制各自呈鲜明特点，考虑到企业国有资产依然是国有资产的首要构成，编委会将政策研究范围锁定于企业资产管理政策汇编。鉴于中央国企资产管理起步早、相对成熟，地方国企资产管理还处于探索阶段，两者在管理要求上存在较多差异，为此本书主要进行地方国企国有资产管理政策梳理，以弥补这方面空白。

三、分类逻辑

根据《企业国有资产监督管理暂行条例》第三十条、第三十一条、第三十三条，国资委对国有企业资产管理的监督管理可分为产权界定、产权登记、资产评估监管、清产核资、资产统计、综合评价、产权交易、重大资产处置等方面。本书以上述资产监管为基础，结合国家法律法规总体要求、企业资产管理全生命周期的特点，将本书的政策汇编分为了总体要求、投资管理、产权登记、资产评估、清产核资及统计、控制与评价、出租管理、交易处置、收益分配等9类。通过对国务院和北京、上海、广州、深圳四个城市出台的企业国有资产管理相关政策进行系统梳理汇总，形成《企业国有资产管理政策汇编》，本书汇集了116个政策性文件，各类别政策主要内容如下。

总体要求：该章节收录了企业国有资产监管的顶层设计和基本制度，以及企业改制和混合所有制改革等国企改革总体方向方面的政策。

投资管理：该章节收录了政府和国资委对于国有企业的投资方向、资本金要求、核准/备案要求、投资使用监管要求等方面的政策。

产权登记：是指企业国有资产、负债、所有者权益等产权状况进行登记，依法确认产权归属关系的行为。该章节收录了国家出资企业产权登记、不动产登记及历史遗留问题处理等相关方面的政策。

资产评估：是对资产价值的一种估算和判断，是维护国有资产的合法权益，防止国有资产流失的重要手段。该章节收录了资产评估事项、委托主体、评估程序、报告审核及备案等方面的政策。

清产核资及统计：是“清查财产、核定资金”的简称。以资产清查摸清“家底”，查明资产实有数额，通过统一的会计标准和制度，真实反映企业的资产及财务状况，为科学评价和规范考核企业经营绩效及国有资产保值增值提供依据。该章节收录了资产清查、资金核实、资产损失认定、减值准备、资产统计等方面的政策。

控制与评价：主要指从财务风险内外部控制角度，对企业预算、决算、审计、绩效、保值增值、责任追究等方面进行全过程的监督与评价，以期完善合规风控体系，推进国有企业健康持续发展。该章节收录了上述方面的相关政策。

出租管理：针对企业经营性资产或闲置资产进行出租经营的活动。该章节收录了关于资产出租定价、审批程序、交易方式等方面的政策。

交易处置：涉及国有资产公开交易、协议转让、无偿划转、企业重组改制中土地处置等关键事项，合理合规的交易方式对于企业实现国有经济布局和结构调整优化、充分发挥市场配置具有重要作用。该章节收录了这些方面的政策。

收益分配：围绕企业国有资产各种收益的有效管理和合理分配。该章节收录了关于员工股权激励、工资收入分配、利润分配等方面的政策。

本书由北京市房山新城投资有限责任公司的朱婧琎主编，欧新刚、高秀平副主编，郭俊梅、吴燕统稿。在编写过程中，吕坤收集整理了大量文件资料，在此一并表示感谢。

由于编者水平有限，疏漏之处在所难免，敬请广大读者批评指正。

目　　录

一、总体要求类

二、投资管理类

三、产权登记类

四、资产评估类

五、清产核资及统计类

六、控制与评价类

七、出租管理类

八、交易流转类

九、收益分配类

一、总体要求类

中华人民共和国企业国有资产法

第一章　总　　则

第一条　为了维护国家基本经济制度，巩固和发展国有经济，加强对国有资产的保护，发挥国有经济在国民经济中的主导作用，促进社会主义市场经济发展，制定本法。

第二条　本法所称企业国有资产（以下称国有资产），是指国家对企业各种形式的出资所形成的权益。

第三条　国有资产属于国家所有即全民所有。国务院代表国家行使国有资产所有权。

第四条　国务院和地方人民政府依照法律、行政法规的规定，分别代表国家对国家出资企业履行出资人职责，享有出资人权益。

国务院确定的关系国民经济命脉和国家安全的大型国家出资企业，重要基础设施和重要自然资源等领域的国家出资企业，由国务院代表国家履行出资人职责。其他的国家出资企业，由地方人民政府代表国家履行出资人职责。

第五条　本法所称国家出资企业，是指国家出资的国有独资企业、国有独资公司，以及国有资本控股公司、国有资本参股公司。

第六条　国务院和地方人民政府应当按照政企分开、社会公共管理职能与国有资产出资人职能分开、不干预企业依法自主经营的原则，依法履行出资人职责。

第七条　国家采取措施，推动国有资本向关系国民经济命脉和国家安全的重要行业和关键领域集中，优化国有经济布局和结构，推进国有企业的改革和发展，提高国有经济的整体素质，增强国有经济的控制力、影响力。

第八条　国家建立健全与社会主义市场经济发展要求相适应的国有资产管理与监督体制，建立健全国有资产保值增值考核和责任追究制度，落实国有资产保值增值责任。

第九条　国家建立健全国有资产基础管理制度。具体办法按照国务院的规定制定。

第十条　国有资产受法律保护，任何单位和个人不得侵害。

第二章　履行出资人职责的机构

第十一条　国务院国有资产监督管理机构和地方人民政府按照国务院的规定设立的国有资产监督管理机构，根据本级人民政府的授权，代表本级人民政府对国家出资企业履行出资人职责。

国务院和地方人民政府根据需要，可以授权其他部门、机构代表本级人民政府对国家出资企业履行出资人职责。

代表本级人民政府履行出资人职责的机构、部门，以下统称履行出资人职责的机构。

第十二条 履行出资人职责的机构代表本级人民政府对国家出资企业依法享有资产收益、参与重大决策和选择管理者等出资人权利。

履行出资人职责的机构依照法律、行政法规的规定，制定或者参与制定国家出资企业的章程。

履行出资人职责的机构对法律、行政法规和本级人民政府规定须经本级人民政府批准的履行出资人职责的重大事项，应当报请本级人民政府批准。

第十三条 履行出资人职责的机构委派的股东代表参加国有资本控股公司、国有资本参股公司召开的股东会会议、股东大会会议，应当按照委派机构的指示提出提案、发表意见、行使表决权，并将其履行职责的情况和结果及时报告委派机构。

第十四条 履行出资人职责的机构应当依照法律、行政法规以及企业章程履行出资人职责，保障出资人权益，防止国有资产损失。

履行出资人职责的机构应当维护企业作为市场主体依法享有的权利，除依法履行出资人职责外，不得干预企业经营活动。

第十五条 履行出资人职责的机构对本级人民政府负责，向本级人民政府报告履行出资人职责的情况，接受本级人民政府的监督和考核，对国有资产的保值增值负责。

履行出资人职责的机构应当按照国家有关规定，定期向本级人民政府报告有关国有资产总量、结构、变动、收益等汇总分析的情况。

第三章　国家出资企业

第十六条 国家出资企业对其动产、不动产和其他财产依照法律、行政法规以及企业章程享有占有、使用、收益和处分的权利。

国家出资企业依法享有的经营自主权和其他合法权益受法律保护。

第十七条 国家出资企业从事经营活动，应当遵守法律、行政法规，加强经营管理，提高经济效益，接受人民政府及其有关部门、机构依法实施的管理和监督，接受社会公众的监督，承担社会责任，对出资人负责。

国家出资企业应当依法建立和完善法人治理结构，建立健全内部监督管理和风险控制制度。

第十八条 国家出资企业应当依照法律、行政法规和国务院财政部门的规定，建立健全财务、会计制度，设置会计账簿，进行会计核算，依照法律、行政法规以及企业章程的规定向出资人提供真实、完整的财务、会计信息。

国家出资企业应当依照法律、行政法规以及企业章程的规定，向出资人分配利润。

第十九条 国有独资公司、国有资本控股公司和国有资本参股公司依照《中华人民共和国公司法》的规定设立监事会。国有独资企业由履行出资人职责的机构按照国务院的规定委派监事组成监事会。

国家出资企业的监事会依照法律、行政法规以及企业章程的规定，对董事、高级管理人员执行职务的行为进行监督，对企业财务进行监督检查。

第二十条 国家出资企业依照法律规定，通过职工代表大会或者其他形式，实行民主管理。

第二十一条 国家出资企业对其所出资企业依法享有资产收益、参与重大决策和选择管理者等出资人权利。

国家出资企业对其所出资企业，应当依照法律、行政法规的规定，通过制定或者参与制定所出资企业的章程，建立权责明确、有效制衡的企业内部监督管理和风险控制制度，维护其出资人权益。

第四章 国家出资企业管理者的选择与考核

第二十二条 履行出资人职责的机构依照法律、行政法规以及企业章程的规定，任免或者建议任免国家出资企业的下列人员：

（一）任免国有独资企业的经理、副经理、财务负责人和其他高级管理人员；

（二）任免国有独资公司的董事长、副董事长、董事、监事会主席和监事；

（三）向国有资本控股公司、国有资本参股公司的股东会、股东大会提出董事、监事人选。

国家出资企业中应当由职工代表出任的董事、监事，依照有关法律、行政法规的规定由职工民主选举产生。

第二十三条 履行出资人职责的机构任命或者建议任命的董事、监事、高级管理人员，应当具备下列条件：

（一）有良好的品行；

（二）有符合职位要求的专业知识和工作能力；

（三）有能够正常履行职责的身体条件；

（四）法律、行政法规规定的其他条件。

董事、监事、高级管理人员在任职期间出现不符合前款规定情形或者出现《中华人民共和国公司法》规定的不得担任公司董事、监事、高级管理人员情形的，履行出资人职责的机构应当依法予以免职或者提出免职建议。

第二十四条 履行出资人职责的机构对拟任命或者建议任命的董事、监事、高级管理人员的人选，应当按照规定的条件和程序进行考察。考察合格的，按照规定的权限和程序任命或者建议任命。

第二十五条 未经履行出资人职责的机构同意，国有独资企业、国有独资公司的董事、高级管理人员不得在其他企业兼职。未经股东会、股东大会同意，国有资本控股公司、国有资本参股公司的董事、高级管理人员不得在经营同类业务的其他企业兼职。

未经履行出资人职责的机构同意，国有独资公司的董事长不得兼任经理。未经股东会、股东大会同意，国有资本控股公司的董事长不得兼任经理。

董事、高级管理人员不得兼任监事。

第二十六条 国家出资企业的董事、监事、高级管理人员，应当遵守法律、行政法规以及企业章程，对企业负有忠实义务和勤勉义务，不得利用职权收受贿赂或者取得其他非法收入和不当利益，不得侵占、挪用企业资产，不得超越职权或者违反程序决定企业重大事项，不得有其他侵害国有资产出资人权益的行为。

第二十七条 国家建立国家出资企业管理者经营业绩考核制度。履行出资人职责的机构应当对其任命的企业管理者进行年度和任期考核，并依据考核结果决定对企业管理者的奖惩。

履行出资人职责的机构应当按照国家有关规定，确定其任命的国家出资企业管理者的薪酬标准。

第二十八条 国有独资企业、国有独资公司和国有资本控股公司的主要负责人，应当接受依法进行的任期经济责任审计。

第二十九条 本法第二十二条第一款第一项、第二项规定的企业管理者，国务院和地方人民政府规定由本级人民政府任免的，依照其规定。履行出资人职责的机构依照本章规定对上述企业管理者进行考核、奖惩并确定其薪酬标准。

第五章 关系国有资产出资人权益的重大事项

第一节 一般规定

第三十条 国家出资企业合并、分立、改制、上市，增加或者减少注册资本，发行债券，进行重大投资，为他人提供大额担保，转让重大财产，进行大额捐赠，分配利润，以及解散、申请破产等重大事项，应当遵守法律、行政法规以及企业章程的规定，不得损害出资人和债权人的权益。

第三十一条 国有独资企业、国有独资公司合并、分立，增加或者减少注册资本，发行债券，分配利润，以及解散、申请破产，由履行出资人职责的机构决定。

第三十二条 国有独资企业、国有独资公司有本法第三十条所列事项的，除依照本法第三十一条和有关法律、行政法规以及企业章程的规定，由履行出资人职责的机构决定的以外，国有独资企业由企业负责人集体讨论决定，国有独资公司由董事会决定。

第三十三条 国有资本控股公司、国有资本参股公司有本法第三十条所列事项的，依照法律、行政法规以及公司章程的规定，由公司股东会、股东大会或者董事会决定。由股东会、股东大会决定的，履行出资人职责的机构委派的股东代表应当依照本法第十三条的规定行使权利。

第三十四条 重要的国有独资企业、国有独资公司、国有资本控股公司的合并、分立、解散、申请破产以及法律、行政法规和本级人民政府规定应当由履行出资人职责的机构报经本级人民政府批准的重大事项，履行出资人职责的机构在作出决定或者向其委派参加国有资本控股公司股东会会议、股东大会会议的股东代表作出指示前，应当报请本级人民政府批准。

本法所称的重要的国有独资企业、国有独资公司和国有资本控股公司，按照国务院的规定确定。

第三十五条 国家出资企业发行债券、投资等事项，有关法律、行政法规规定应当报经人民政府或者人民政府有关部门、机构批准、核准或者备案的，依照其规定。

第三十六条 国家出资企业投资应当符合国家产业政策，并按照国家规定进行可行性研究；与他人交易应当公平、有偿，取得合理对价。

第三十七条 国家出资企业的合并、分立、改制、解散、申请破产等重大事项，应当听取企业工会的意见，并通过职工代表大会或者其他形式听取职工的意见和建议。

第三十八条 国有独资企业、国有独资公司、国有资本控股公司对其所出资企业的重大事项参照本章规定履行出资人职责。具体办法由国务院规定。

第二节 企业改制

第三十九条 本法所称企业改制是指：

（一）国有独资企业改为国有独资公司；

（二）国有独资企业、国有独资公司改为国有资本控股公司或者非国有资本控股公司；

（三）国有资本控股公司改为非国有资本控股公司。

第四十条 企业改制应当依照法定程序，由履行出资人职责的机构决定或者由公司股东会、股东大会决定。

重要的国有独资企业、国有独资公司、国有资本控股公司的改制，履行出资人职责的机构在作出决定或者向其委派参加国有资本控股公司股东会会议、股东大会会议的股东代表作出指示前，应当将改制方案报请本级人民政府批准。

第四十一条 企业改制应当制定改制方案，载明改制后的企业组织形式、企业资产和债权债务处理方案、股权变动方案、改制的操作程序、资产评估和财务审计等中介机构的选聘等事项。

企业改制涉及重新安置企业职工的，还应当制定职工安置方案，并经职工代表大会或者职工大会审议通过。

第四十二条 企业改制应当按照规定进行清产核资、财务审计、资产评估，准确界定和核实资产，客观、公正地确定资产的价值。

企业改制涉及以企业的实物、知识产权、土地使用权等非货币财产折算为国有资本出资或者股份的，应当按照规定对折价财产进行评估，以评估确认价格作为确定国有资本出资额或者股份数额的依据。不得将财产低价折股或者有其他损害出资人权益的行为。

第三节 与关联方的交易

第四十三条 国家出资企业的关联方不得利用与国家出资企业之间的交易，谋取不当利益，损害国家出资企业利益。

本法所称关联方，是指本企业的董事、监事、高级管理人员及其近亲属，以及这些人员所有或者实际控制的企业。

第四十四条　国有独资企业、国有独资公司、国有资本控股公司不得无偿向关联方提供资金、商品、服务或者其他资产，不得以不公平的价格与关联方进行交易。

第四十五条　未经履行出资人职责的机构同意，国有独资企业、国有独资公司不得有下列行为：

（一）与关联方订立财产转让、借款的协议；

（二）为关联方提供担保；

（三）与关联方共同出资设立企业，或者向董事、监事、高级管理人员或者其近亲属所有或者实际控制的企业投资。

第四十六条　国有资本控股公司、国有资本参股公司与关联方的交易，依照《中华人民共和国公司法》和有关行政法规以及公司章程的规定，由公司股东会、股东大会或者董事会决定。由公司股东会、股东大会决定的，履行出资人职责的机构委派的股东代表，应当依照本法第十三条的规定行使权利。

公司董事会对公司与关联方的交易作出决议时，该交易涉及的董事不得行使表决权，也不得代理其他董事行使表决权。

第四节　资产评估

第四十七条　国有独资企业、国有独资公司和国有资本控股公司合并、分立、改制，转让重大财产，以非货币财产对外投资，清算或者有法律、行政法规以及企业章程规定应当进行资产评估的其他情形的，应当按照规定对有关资产进行评估。

第四十八条　国有独资企业、国有独资公司和国有资本控股公司应当委托依法设立的符合条件的资产评估机构进行资产评估；涉及应当报经履行出资人职责的机构决定的事项的，应当将委托资产评估机构的情况向履行出资人职责的机构报告。

第四十九条　国有独资企业、国有独资公司、国有资本控股公司及其董事、监事、高级管理人员应当向资产评估机构如实提供有关情况和资料，不得与资产评估机构串通评估作价。

第五十条　资产评估机构及其工作人员受托评估有关资产，应当遵守法律、行政法规以及评估执业准则，独立、客观、公正地对受托评估的资产进行评估。资产评估机构应当对其出具的评估报告负责。

第五节　国有资产转让

第五十一条　本法所称国有资产转让，是指依法将国家对企业的出资所形成的权益转移给其他单位或者个人的行为；按照国家规定无偿划转国有资产的除外。

第五十二条　国有资产转让应当有利于国有经济布局和结构的战略性调整，防止国有资产损失，不得损害交易各方的合法权益。

第五十三条　国有资产转让由履行出资人职责的机构决定。履行出资人职责的机构决定转让全部国有资产的，或者转让部分国有资产致使国家对该企业不再具有控股地位的，应当报请本级人民政府批准。

第五十四条 国有资产转让应当遵循等价有偿和公开、公平、公正的原则。

除按照国家规定可以直接协议转让的以外，国有资产转让应当在依法设立的产权交易场所公开进行。转让方应当如实披露有关信息，征集受让方；征集产生的受让方为两个以上的，转让应当采用公开竞价的交易方式。

转让上市交易的股份依照《中华人民共和国证券法》的规定进行。

第五十五条 国有资产转让应当以依法评估的、经履行出资人职责的机构认可或者由履行出资人职责的机构报经本级人民政府核准的价格为依据，合理确定最低转让价格。

第五十六条 法律、行政法规或者国务院国有资产监督管理机构规定可以向本企业的董事、监事、高级管理人员或者其近亲属，或者这些人员所有或者实际控制的企业转让的国有资产，在转让时，上述人员或者企业参与受让的，应当与其他受让参与者平等竞买；转让方应当按照国家有关规定，如实披露有关信息；相关的董事、监事和高级管理人员不得参与转让方案的制定和组织实施的各项工作。

第五十七条 国有资产向境外投资者转让的，应当遵守国家有关规定，不得危害国家安全和社会公共利益。

第六章 国有资本经营预算

第五十八条 国家建立健全国有资本经营预算制度，对取得的国有资本收入及其支出实行预算管理。

第五十九条 国家取得的下列国有资本收入，以及下列收入的支出，应当编制国有资本经营预算：

（一）从国家出资企业分得的利润；

（二）国有资产转让收入；

（三）从国家出资企业取得的清算收入；

（四）其他国有资本收入。

第六十条 国有资本经营预算按年度单独编制，纳入本级人民政府预算，报本级人民代表大会批准。

国有资本经营预算支出按照当年预算收入规模安排，不列赤字。

第六十一条 国务院和有关地方人民政府财政部门负责国有资本经营预算草案的编制工作，履行出资人职责的机构向财政部门提出由其履行出资人职责的国有资本经营预算建议草案。

第六十二条 国有资本经营预算管理的具体办法和实施步骤，由国务院规定，报全国人民代表大会常务委员会备案。

第七章 国有资产监督

第六十三条 各级人民代表大会常务委员会通过听取和审议本级人民政府履行出资人职责的情况和国有资产监督管理情况的专项工作报告，组织对本法实施情况的执法检查等，依法行使监督职权。

第六十四条 国务院和地方人民政府应当对其授权履行出资人职责的机构履行职责的情况进行监督。

第六十五条 国务院和地方人民政府审计机关依照《中华人民共和国审计法》的规定，对国有资本经营预算的执行情况和属于审计监督对象的国家出资企业进行审计监督。

第六十六条 国务院和地方人民政府应当依法向社会公布国有资产状况和国有资产监督管理工作情况，接受社会公众的监督。

任何单位和个人有权对造成国有资产损失的行为进行检举和控告。

第六十七条 履行出资人职责的机构根据需要，可以委托会计师事务所对国有独资企业、国有独资公司的年度财务会计报告进行审计，或者通过国有资本控股公司的股东会、股东大会决议，由国有资本控股公司聘请会计师事务所对公司的年度财务会计报告进行审计，维护出资人权益。

第八章 法律责任

第六十八条 履行出资人职责的机构有下列行为之一的，对其直接负责的主管人员和其他直接责任人员依法给予处分：

（一）不按照法定的任职条件，任命或者建议任命国家出资企业管理者的；

（二）侵占、截留、挪用国家出资企业的资金或者应当上缴的国有资本收入的；

（三）违反法定的权限、程序，决定国家出资企业重大事项，造成国有资产损失的；

（四）有其他不依法履行出资人职责的行为，造成国有资产损失的。

第六十九条 履行出资人职责的机构的工作人员玩忽职守、滥用职权、徇私舞弊，尚不构成犯罪的，依法给予处分。

第七十条 履行出资人职责的机构委派的股东代表未按照委派机构的指示履行职责，造成国有资产损失的，依法承担赔偿责任；属于国家工作人员的，并依法给予处分。

第七十一条 国家出资企业的董事、监事、高级管理人员有下列行为之一，造成国有资产损失的，依法承担赔偿责任；属于国家工作人员的，并依法给予处分：

（一）利用职权收受贿赂或者取得其他非法收入和不当利益的；

（二）侵占、挪用企业资产的；

（三）在企业改制、财产转让等过程中，违反法律、行政法规和公平交易规则，将企业财产低价转让、低价折股的；

（四）违反本法规定与本企业进行交易的；

（五）不如实向资产评估机构、会计师事务所提供有关情况和资料，或者与资产评估机构、会计师事务所串通出具虚假资产评估报告、审计报告的；

（六）违反法律、行政法规和企业章程规定的决策程序，决定企业重大事项的；

（七）有其他违反法律、行政法规和企业章程执行职务行为的。

国家出资企业的董事、监事、高级管理人员因前款所列行为取得的收入，依法予以追缴或者归国家出资企业所有。

履行出资人职责的机构任命或者建议任命的董事、监事、高级管理人员有本条第一款所列行为之一，造成国有资产重大损失的，由履行出资人职责的机构依法予以免职或者提出免职建议。

第七十二条 在涉及关联方交易、国有资产转让等交易活动中，当事人恶意串通，损害国有资产权益的，该交易行为无效。

第七十三条 国有独资企业、国有独资公司、国有资本控股公司的董事、监事、高级管理人员违反本法规定，造成国有资产重大损失，被免职的，自免职之日起五年内不得担任国有独资企业、国有独资公司、国有资本控股公司的董事、监事、高级管理人员；造成国有资产特别重大损失，或者因贪污、贿赂、侵占财产、挪用财产或者破坏社会主义市场经济秩序被判处刑罚的，终身不得担任国有独资企业、国有独资公司、国有资本控股公司的董事、监事、高级管理人员。

第七十四条 接受委托对国家出资企业进行资产评估、财务审计的资产评估机构、会计师事务所违反法律、行政法规的规定和执业准则，出具虚假的资产评估报告或者审计报告的，依照有关法律、行政法规的规定追究法律责任。

第七十五条 违反本法规定，构成犯罪的，依法追究刑事责任。

第九章 附 则

第七十六条 金融企业国有资产的管理与监督，法律、行政法规另有规定的，依照其规定。

第七十七条 本法自 2009 年 5 月 1 日起施行。

企业国有资产监督管理暂行条例

（2003 年 5 月 27 日中华人民共和国国务院令第 378 号公布根据 2011 年 1 月 8 日《国务院关于废止和修改部分行政法规的决定》第一次修订根据 2019 年 3 月 2 日《国务院关于修改部分行政法规的决定》第二次修订）

第一章　总　　则

第一条　为建立适应社会主义市场经济需要的国有资产监督管理体制，进一步搞好国有企业，推动国有经济布局和结构的战略性调整，发展和壮大国有经济，实现国有资产保值增值，制定本条例。

第二条　国有及国有控股企业、国有参股企业中的国有资产的监督管理，适用本条例。

金融机构中的国有资产的监督管理，不适用本条例。

第三条　本条例所称企业国有资产，是指国家对企业各种形式的投资和投资所形成的权益，以及依法认定为国家所有的其他权益。

第四条　企业国有资产属于国家所有。国家实行由国务院和地方人民政府分别代表国家履行出资人职责，享有所有者权益，权利、义务和责任相统一，管资产和管人、管事相结合的国有资产管理体制。

第五条　国务院代表国家对关系国民经济命脉和国家安全的大型国有及国有控股、国有参股企业，重要基础设施和重要自然资源等领域的国有及国有控股、国有参股企业，履行出资人职责。国务院履行出资人职责的企业，由国务院确定、公布。

省、自治区、直辖市人民政府和设区的市、自治州级人民政府分别代表国家对由国务院履行出资人职责以外的国有及国有控股、国有参股企业，履行出资人职责。其中，省、自治区、直辖市人民政府履行出资人职责的国有及国有控股、国有参股企业，由省、自治区、直辖市人民政府确定、公布，并报国务院国有资产监督管理机构备案；其他由设区的市、自治州级人民政府履行出资人职责的国有及国有控股、国有参股企业，由设区的市、自治州级人民政府确定、公布，并报省、自治区、直辖市人民政府国有资产监督管理机构备案。

国务院，省、自治区、直辖市人民政府，设区的市、自治州级人民政府履行出资人职责的企业，以下统称所出资企业。

第六条　国务院，省、自治区、直辖市人民政府，设区的市、自治州级人民政府，分别设立国有资产监督管理机构。国有资产监督管理机构根据授权，依法履行出资人职责，依法对企业国有资产进行监督管理。

企业国有资产较少的设区的市、自治州，经省、自治区、直辖市人民政府批准，可以不单独设立国有资产监督管理机构。

第七条 各级人民政府应当严格执行国有资产管理法律、法规，坚持政府的社会公共管理职能与国有资产出资人职能分开，坚持政企分开，实行所有权与经营权分离。

国有资产监督管理机构不行使政府的社会公共管理职能，政府其他机构、部门不履行企业国有资产出资人职责。

第八条 国有资产监督管理机构应当依照本条例和其他有关法律、行政法规的规定，建立健全内部监督制度，严格执行法律、行政法规。

第九条 发生战争、严重自然灾害或者其他重大、紧急情况时，国家可以依法统一调用、处置企业国有资产。

第十条 所出资企业及其投资设立的企业，享有有关法律、行政法规规定的企业经营自主权。

国有资产监督管理机构应当支持企业依法自主经营，除履行出资人职责以外，不得干预企业的生产经营活动。

第十一条 所出资企业应当努力提高经济效益，对其经营管理的企业国有资产承担保值增值责任。

所出资企业应当接受国有资产监督管理机构依法实施的监督管理，不得损害企业国有资产所有者和其他出资人的合法权益。

第二章 国有资产监督管理机构

第十二条 国务院国有资产监督管理机构是代表国务院履行出资人职责、负责监督管理企业国有资产的直属特设机构。

省、自治区、直辖市人民政府国有资产监督管理机构，设区的市、自治州级人民政府国有资产监督管理机构是代表本级政府履行出资人职责、负责监督管理企业国有资产的直属特设机构。

上级政府国有资产监督管理机构依法对下级政府的国有资产监督管理工作进行指导和监督。

第十三条 国有资产监督管理机构的主要职责是：

（一）依照《中华人民共和国公司法》等法律、法规，对所出资企业履行出资人职责，维护所有者权益；

（二）指导推进国有及国有控股企业的改革和重组；

（三）依照规定向所出资企业派出监事会；

（四）依照法定程序对所出资企业的企业负责人进行任免、考核，并根据考核结果对其进行奖惩；

（五）通过统计、稽核等方式对企业国有资产的保值增值情况进行监管；

（六）履行出资人的其他职责和承办本级政府交办的其他事项。

国务院国有资产监督管理机构除前款规定职责外，可以制定企业国有资产监督管理的规章、制度。

第十四条 国有资产监督管理机构的主要义务是：

（一）推进国有资产合理流动和优化配置，推动国有经济布局和结构的调整；

（二）保持和提高关系国民经济命脉和国家安全领域国有经济的控制力和竞争力，提高国有经济的整体素质；

（三）探索有效的企业国有资产经营体制和方式，加强企业国有资产监督管理工作，促进企业国有资产保值增值，防止企业国有资产流失；

（四）指导和促进国有及国有控股企业建立现代企业制度，完善法人治理结构，推进管理现代化；

（五）尊重、维护国有及国有控股企业经营自主权，依法维护企业合法权益，促进企业依法经营管理，增强企业竞争力；

（六）指导和协调解决国有及国有控股企业改革与发展中的困难和问题。

第十五条 国有资产监督管理机构应当向本级政府报告企业国有资产监督管理工作、国有资产保值增值状况和其他重大事项。

第三章　企业负责人管理

第十六条 国有资产监督管理机构应当建立健全适应现代企业制度要求的企业负责人的选用机制和激励约束机制。

第十七条 国有资产监督管理机构依照有关规定，任免或者建议任免所出资企业的企业负责人：

（一）任免国有独资企业的总经理、副总经理、总会计师及其他企业负责人；

（二）任免国有独资公司的董事长、副董事长、董事，并向其提出总经理、副总经理、总会计师等的任免建议；

（三）依照公司章程，提出向国有控股的公司派出的董事、监事人选，推荐国有控股的公司的董事长、副董事长和监事会主席人选，并向其提出总经理、副总经理、总会计师人选的建议；

（四）依照公司章程，提出向国有参股的公司派出的董事、监事人选。

国务院，省、自治区、直辖市人民政府，设区的市、自治州级人民政府，对所出资企业的企业负责人的任免另有规定的，按照有关规定执行。

第十八条 国有资产监督管理机构应当建立企业负责人经营业绩考核制度，与其任命的企业负责人签订业绩合同，根据业绩合同对企业负责人进行年度考核和任期考核。

第十九条 国有资产监督管理机构应当依照有关规定，确定所出资企业中的国有独资企业、国有独资公司的企业负责人的薪酬；依据考核结果，决定其向所出资企业派出的企业负责人的奖惩。

第四章　企业重大事项管理

第二十条　国有资产监督管理机构负责指导国有及国有控股企业建立现代企业制度，审核批准其所出资企业中的国有独资企业、国有独资公司的重组、股份制改造方案和所出资企业中的国有独资公司的章程。

第二十一条　国有资产监督管理机构依照法定程序决定其所出资企业中的国有独资企业、国有独资公司的分立、合并、破产、解散、增减资本、发行公司债券等重大事项。其中，重要的国有独资企业、国有独资公司分立、合并、破产、解散的，应当由国有资产监督管理机构审核后，报本级人民政府批准。

国有资产监督管理机构依照法定程序审核、决定国防科技工业领域其所出资企业中的国有独资企业、国有独资公司的有关重大事项时，按照国家有关法律、规定执行。

第二十二条　国有资产监督管理机构依照公司法的规定，派出股东代表、董事，参加国有控股的公司、国有参股的公司的股东会、董事会。

国有控股的公司、国有参股的公司的股东会、董事会决定公司的分立、合并、破产、解散、增减资本、发行公司债券、任免企业负责人等重大事项时，国有资产监督管理机构派出的股东代表、董事，应当按照国有资产监督管理机构的指示发表意见、行使表决权。

国有资产监督管理机构派出的股东代表、董事，应当将其履行职责的有关情况及时向国有资产监督管理机构报告。

第二十三条　国有资产监督管理机构决定其所出资企业的国有股权转让。其中，转让全部国有股权或者转让部分国有股权致使国家不再拥有控股地位的，报本级人民政府批准。

第二十四条　所出资企业投资设立的重要子企业的重大事项，需由所出资企业报国有资产监督管理机构批准的，管理办法由国务院国有资产监督管理机构另行制定，报国务院批准。

第二十五条　国有资产监督管理机构依照国家有关规定组织协调所出资企业中的国有独资企业、国有独资公司的兼并破产工作，并配合有关部门做好企业下岗职工安置等工作。

第二十六条　国有资产监督管理机构依照国家有关规定拟订所出资企业收入分配制度改革的指导意见，调控所出资企业工资分配的总体水平。

第二十七条　所出资企业中的国有独资企业、国有独资公司经国务院批准，可以作为国务院规定的投资公司、控股公司，享有公司法第十二条规定的权利；可以作为国家授权投资的机构，享有公司法第二十条规定的权利。

第二十八条　国有资产监督管理机构可以对所出资企业中具备条件的国有独资企业、国有独资公司进行国有资产授权经营。

被授权的国有独资企业、国有独资公司对其全资、控股、参股企业中国家投资形成的国有资产依法进行经营、管理和监督。

第二十九条　被授权的国有独资企业、国有独资公司应当建立和完善规范的现代企业制度，并承担企业国有资产的保值增值责任。

第五章　企业国有资产管理

第三十条　国有资产监督管理机构依照国家有关规定，负责企业国有资产的产权界定、产权登记、资产评估监管、清产核资、资产统计、综合评价等基础管理工作。

国有资产监督管理机构协调其所出资企业之间的企业国有资产产权纠纷。

第三十一条　国有资产监督管理机构应当建立企业国有资产产权交易监督管理制度，加强企业国有资产产权交易的监督管理，促进企业国有资产的合理流动，防止企业国有资产流失。

第三十二条　国有资产监督管理机构对其所出资企业的企业国有资产收益依法履行出资人职责；对其所出资企业的重大投融资规划、发展战略和规划，依照国家发展规划和产业政策履行出资人职责。

第三十三条　所出资企业中的国有独资企业、国有独资公司的重大资产处置，需由国有资产监督管理机构批准的，依照有关规定执行。

第六章　企业国有资产监督

第三十四条　国务院国有资产监督管理机构代表国务院向其所出资企业中的国有独资企业、国有独资公司派出监事会。监事会的组成、职权、行为规范等，依照《国有企业监事会暂行条例》的规定执行。

地方人民政府国有资产监督管理机构代表本级人民政府向其所出资企业中的国有独资企业、国有独资公司派出监事会，参照《国有企业监事会暂行条例》的规定执行。

第三十五条　国有资产监督管理机构依法对所出资企业财务进行监督，建立和完善国有资产保值增值指标体系，维护国有资产出资人的权益。

第三十六条　国有及国有控股企业应当加强内部监督和风险控制，依照国家有关规定建立健全财务、审计、企业法律顾问和职工民主监督等制度。

第三十七条　所出资企业中的国有独资企业、国有独资公司应当按照规定定期向国有资产监督管理机构报告财务状况、生产经营状况和国有资产保值增值状况。

第七章　法律责任

第三十八条　国有资产监督管理机构不按规定任免或者建议任免所出资企业的企业负责人，或者违法干预所出资企业的生产经营活动，侵犯其合法权益，造成企业国有资产损失或者其他严重后果的，对直接负责的主管人员和其他直接责任人员依法给予行政处分；构成犯罪的，依法追究刑事责任。

第三十九条　所出资企业中的国有独资企业、国有独资公司未按照规定向国有资产监督管理机构报告财务状况、生产经营状况和国有资产保值增值状况的，予以警告；情节严重的，对直接负责的主管人员和其他直接责任人员依法给予纪律处分。

第四十条　国有及国有控股企业的企业负责人滥用职权、玩忽职守，造成企业国有资产损失的，应负赔偿责任，并对其依法给予纪律处分；构成犯罪的，依法追究刑事责任。

第四十一条 对企业国有资产损失负有责任受到撤职以上纪律处分的国有及国有控股企业的企业负责人，5年内不得担任任何国有及国有控股企业的企业负责人；造成企业国有资产重大损失或者被判处刑罚的，终身不得担任任何国有及国有控股企业的企业负责人。

第八章 附 则

第四十二条 国有及国有控股企业、国有参股企业的组织形式、组织机构、权利和义务等，依照《中华人民共和国公司法》等法律、行政法规和本条例的规定执行。

第四十三条 国有及国有控股企业、国有参股企业中中国共产党基层组织建设、社会主义精神文明建设和党风廉政建设，依照《中国共产党章程》和有关规定执行。

国有及国有控股企业、国有参股企业中工会组织依照《中华人民共和国工会法》和《中国工会章程》的有关规定执行。

第四十四条 国务院国有资产监督管理机构，省、自治区、直辖市人民政府可以依据本条例制定实施办法。

第四十五条 本条例施行前制定的有关企业国有资产监督管理的行政法规与本条例不一致的，依照本条例的规定执行。

第四十六条 政企尚未分开的单位，应当按照国务院的规定，加快改革，实现政企分开。政企分开后的企业，由国有资产监督管理机构依法履行出资人职责，依法对企业国有资产进行监督管理。

第四十七条 本条例自公布之日起施行。

国务院关于改革和完善国有资产管理体制的若干意见

国发〔2015〕63号

各省、自治区、直辖市人民政府，国务院各部委、各直属机构：

改革开放以来，我国国有资产管理体制改革稳步推进，国有资产出资人代表制度基本建立，保值增值责任初步得到落实，国有资产规模、利润水平、竞争能力得到较大提升。但必须看到，现行国有资产管理体制中政企不分、政资不分问题依然存在，国有资产监管还存在越位、缺位、错位现象；国有资产监督机制不健全，国有资产流失、违纪违法问题在一些领域和企业比较突出；国有经济布局结构有待进一步优化，国有资本配置效率不高等问题亟待解决。按照《中共中央关于全面深化改革若干重大问题的决定》和国务院有关部署，现就改革和完善国有资产管理体制提出以下意见。

一、总体要求

（一）指导思想

深入贯彻落实党的十八大和十八届二中、三中、四中全会精神，按照党中央、国务院决策部署，坚持和完善社会主义基本经济制度，坚持社会主义市场经济改革方向，尊重市场经济规律和企业发展规律，正确处理好政府与市场的关系，以管资本为主加强国有资产监管，改革国有资本授权经营体制，真正确立国有企业的市场主体地位，推进国有资产监管机构职能转变，适应市场化、现代化、国际化新形势和经济发展新常态，不断增强国有经济活力、控制力、影响力和抗风险能力。

（二）基本原则

坚持权责明晰。实现政企分开、政资分开、所有权与经营权分离，依法理顺政府与国有企业的出资关系。切实转变政府职能，依法确立国有企业的市场主体地位，建立健全现代企业制度。坚持政府公共管理职能与国有资产出资人职能分开，确保国有企业依法自主经营，激发企业活力、创新力和内生动力。

坚持突出重点。按照市场经济规则和现代企业制度要求，以管资本为主，以资本为纽带，以产权为基础，重点管好国有资本布局、规范资本运作、提高资本回报、维护资本安全。注重通过公司法人治理结构依法行使国有股东权利。

坚持放管结合。按照权责明确、监管高效、规范透明的要求，推进国有资产监管机构职能和监管方式转变。该放的依法放开，切实增强企业活力，提高国有资本运营效率；该管的科学管好，严格防止国有资产流失，确保国有资产保值增值。

坚持稳妥有序。处理好改革、发展、稳定的关系，突出改革和完善国有资产管理体制的系统性、协调性，以重点领域为突破口，先行试点，分步实施，统筹谋划，协同推进相关配套改革。

二、推进国有资产监管机构职能转变

（三）准确把握国有资产监管机构的职责定位

国有资产监管机构作为政府直属特设机构，根据授权代表本级人民政府对监管企业依法履行出资人职责，科学界定国有资产出资人监管的边界，专司国有资产监管，不行使政府公共管理职能，不干预企业自主经营权。以管资本为主，重点管好国有资本布局、规范资本运作、提高资本回报、维护资本安全，更好服务于国家战略目标，实现保值增值。发挥国有资产监管机构专业化监管优势，逐步推进国有资产出资人监管全覆盖。

（四）进一步明确国有资产监管重点

加强战略规划引领，改进对监管企业主业界定和投资并购的管理方式，遵循市场机制，规范调整存量，科学配置增量，加快优化国有资本布局结构。加强对国有资本运营质量及监管企业财务状况的监测，强化国有产权流转环节监管，加大国有产权进场交易力度。按照国有企业的功能界定和类别实行分类监管。改进考核体系和办法，综合考核资本运营质量、效率和收益，以经济增加值为主，并将转型升级、创新驱动、合规经营、履行社会责任等纳入考核指标体系。着力完善激励约束机制，将国有企业领导人员考核结果与职务任免、薪酬待遇有机结合，严格规范国有企业领导人员薪酬分配。建立健全与劳动力市场基本适应，与企业经济效益、劳动生产率挂钩的工资决定和正常增长机制。推动监管企业不断优化公司法人治理结构，把加强党的领导和完善公司治理统一起来，建立国有企业领导人员分类分层管理制度。强化国有资产监督，加强和改进外派监事会制度，建立健全国有企业违法违规经营责任追究体系、国有企业重大决策失误和失职渎职责任追究倒查机制。

（五）推进国有资产监管机构职能转变

围绕增强监管企业活力和提高效率，聚焦监管内容，该管的要科学管理、决不缺位，不该管的要依法放权、决不越位。将国有资产监管机构行使的投资计划、部分产权管理和重大事项决策等出资人权利，授权国有资本投资、运营公司和其他直接监管的企业行使；将依法应由企业自主经营决策的事项归位于企业；加强对企业集团的整体监管，将延伸到子企业的管理事项原则上归位于一级企业，由一级企业依法依规决策；将国有资产监管机构配合承担的公共管理职能，归位于相关政府部门和单位。

（六）改进国有资产监管方式和手段

大力推进依法监管，着力创新监管方式和手段。按照事前规范制度、事中加强监控、事后强化问责的思路，更多运用法治化、市场化的监管方式，切实减少出资人审批核准事项，改变行政化管理方式。通过“一企一策”制定公司章程、规范董事会运作、严格选派和管理股东代表和董事监事，将国有出资人意志有效体现在公司治理结构中。针对企业不同功能定位，在战略规划制定、资本运作模式、人员选用机制、经营业绩考核等方面，实施更加精准有效的分类监管。调整国有资产监管机构内部组织设置和职能配置，建立监管权力清单和责任清单，优化监管流程，提高监管效率。建立出资人监管信息化工作平台，推进监管工作协同，实现信息共享和动态监管。完善国有资产和国有企业信息公开制度，设立统一的信息公开网络平台，在不涉及国家秘密和企业商业秘密的前提下，依法依规及时准确地披露国有资本整体运营情况、企业国有资产保值增值及经营业绩考核总体情况、国有资产监管制度和监督检查情况，以及国有企业公司治理和管理架构、财务状况、关联交易、企业负责人薪酬等信息，建设阳光国企。

三、改革国有资本授权经营体制

（七）改组组建国有资本投资、运营公司

主要通过划拨现有商业类国有企业的国有股权，以及国有资本经营预算注资组建，以提升国有资本运营效率、提高国有资本回报为主要目标，通过股权运作、价值管理、有序进退等方式，促进国有资本合理流动，实现保值增值；或选择具备一定条件的国有独资企业集团改组设立，以服务国家战略、提升产业竞争力为主要目标，在关系国家安全、国民经济命脉的重要行业和关键领域，通过开展投资融资、产业培育和资本整合等，推动产业集聚和转型升级，优化国有资本布局结构。

（八）明确国有资产监管机构与国有资本投资、运营公司关系

政府授权国有资产监管机构依法对国有资本投资、运营公司履行出资人职责。国有资产监管机构按照“一企一策”原则，明确对国有资本投资、运营公司授权的内容、范围和方式，依法落实国有资本投资、运营公司董事会职权。国有资本投资、运营公司对授权范围内的国有资本履行出资人职责，作为国有资本市场化运作的专业平台，依法自主开展国有资本运作，对所出资企业行使股东职责，维护股东合法权益，按照责权对应原则切实承担起国有资产保值增值责任。

（九）界定国有资本投资、运营公司与所出资企业关系

国有资本投资、运营公司依据公司法等相关法律法规，对所出资企业依法行使股东权利，以出资额为限承担有限责任。以财务性持股为主，建立财务管控模式，重点关注国有资本流动和增值状况；或以对战略性核心业务控股为主，建立以战略目标和财务效益为主的管控模式，重点关注所出资企业执行公司战略和资本回报状况。

（十）开展政府直接授权国有资本投资、运营公司履行出资人职责的试点工作

中央层面开展由国务院直接授权国有资本投资、运营公司试点等工作。地方政府可以根据实际情况，选择开展直接授权国有资本投资、运营公司试点工作。

四、提高国有资本配置和运营效率

（十一）建立国有资本布局和结构调整机制

政府有关部门制定完善经济社会发展规划、产业政策和国有资本收益管理规则。国有资产监管机构根据政府宏观政策和有关管理要求，建立健全国有资本进退机制，制定国有资本投资负面清单，推动国有资本更多投向关系国家安全、国民经济命脉和国计民生的重

要行业和关键领域。

（十二）推进国有资本优化重组

坚持以市场为导向、以企业为主体，有进有退、有所为有所不为，优化国有资本布局结构，提高国有资本流动性，增强国有经济整体功能和提升效率。按照国有资本布局结构调整要求，加快推动国有资本向重要行业、关键领域、重点基础设施集中，向前瞻性战略性产业集中，向产业链关键环节和价值链高端领域集中，向具有核心竞争力的优势企业集中。清理退出一批、重组整合一批、创新发展一批国有企业，建立健全优胜劣汰市场化退出机制，加快淘汰落后产能和化解过剩产能，处置低效无效资产。推动国有企业加快技术创新、管理创新和商业模式创新。推进国有资本控股经营的自然垄断行业改革，根据不同行业特点放开竞争性业务，实现国有资本和社会资本更好融合。

（十三）建立健全国有资本收益管理制度

财政部门会同国有资产监管机构等部门建立覆盖全部国有企业、分级管理的国有资本经营预算管理制度，根据国家宏观调控和国有资本布局结构调整要求，提出国有资本收益上交比例建议，报国务院批准后执行。在改组组建国有资本投资、运营公司以及实施国有企业重组过程中，国家根据需要将部分国有股权划转社会保障基金管理机构持有，分红和转让收益用于弥补养老等社会保障资金缺口。

五、协同推进相关配套改革

（十四）完善有关法律法规

健全国有资产监管法律法规体系，做好相关法律法规的立改废释工作。按照立法程序，抓紧推动开展企业国有资产法修订工作，出台相关配套法规，为完善国有资产管理体制夯实法律基础。根据国有企业公司制改革进展情况，推动适时废止全民所有制工业企业法。研究起草企业国有资产基础管理条例，统一管理规则。

（十五）推进政府职能转变

进一步减少行政审批事项，大幅度削减政府通过国有企业行政性配置资源事项，区分政府公共管理职能与国有资产出资人管理职能，为国有资产管理体制改革完善提供环境条件。推进自然垄断行业改革，实行网运分开、特许经营。加快推进价格机制改革，严格规范政府定价行为，完善市场发现、形成价格的机制。推进行政性垄断行业成本公开、经营透明，发挥社会监督作用。

（十六）落实相关配套政策

落实和完善国有企业重组整合涉及的资产评估增值、土地变更登记和国有资产无偿划转等方面税收优惠政策，切实明确国有企业改制重组过程中涉及的债权债务承接主体和责任，完善国有企业退出的相关政策，依法妥善处理劳动关系调整和社会保险关系接续等相关问题。

（十七）妥善解决历史遗留问题

加快剥离企业办社会职能，针对“三供一业”（供水、供电、供热和物业管理）、离退休人员社会化管理、厂办大集体改革等问题，制定统筹规范、分类施策的措施，建立政府和国有企业合理分担成本的机制。国有资本经营预算支出优先用于解决国有企业历史遗留问题。

（十八）稳步推进经营性国有资产集中统一监管

按照依法依规、分类推进、规范程序、市场运作的原则，以管资本为主，稳步将党政机关、事业单位所属企业的国有资本纳入经营性国有资产集中统一监管体系，具备条件的进入国有资本投资、运营公司。

金融、文化等国有企业的改革，中央另有规定的依其规定执行。

各地区要结合本地实际，制定具体改革实施方案，确保国有资产管理体制改革顺利进行，全面完成各项改革任务。

地方国有资产监管工作指导监督暂行办法

第一条 为规范和加强对地方国有资产监管工作的指导和监督，保障国有资产监管工作规范有序进行，根据《企业国有资产监督管理暂行条例》等法律、行政法规，制定本办法。

第二条 国务院国资委根据法律、行政法规和国务院授权，依照本办法，对地方国有资产监管工作进行指导和监督。

第三条 省级政府国资委、地市级政府国资委对下级政府国有资产监管工作进行指导和监督。

第四条 指导和监督地方国有资产监管工作，应当遵循下列原则：

（一）坚持国有资产属于国家所有，维护国家整体利益；

（二）坚持中央政府和地方政府分别代表国家履行出资人职责，尊重地方国资委的出资人代表权益，鼓励地方国资委探索国有资产监管和运营的有效形式；

（三）坚持政府的社会公共管理职能与国有资产出资人职能分开，依法履行指导和监督职能，完善指导和监督方式；

（四）坚持国有资产管理体制改革和国有企业改革的正确方向，维护国有资产安全，防止国有资产流失，实现国有资产保值增值。

第五条 国务院国资委依法对下列地方国有资产监管工作进行指导、监督：

（一）国有资产管理体制改革；

（二）国有经济布局和结构调整；

（三）履行资产收益、参与重大决策和选择管理者等出资人职责；

（四）规范国有企业改革、企业国有产权转让以及上市公司国有股权管理；

（五）企业国有资产产权界定、产权登记、资产评估监督、清产核资、资产统计、综合评价等基础管理；

（六）国有企业财务、审计、职工民主监督等内部制度建设；

（七）企业国有资产监管法制建设；

（八）其他需要指导和监督的事项。

第六条 国务院国资委制定国有资产监管规章、制度，指导和规范地方国有资产监管工作。地方国资委应当根据国有资产监管法律、行政法规和规章、制度，结合本地实际情况，制定相应的实施办法。

第七条 国务院国资委应当加强对地方国有资产监管工作的调查研究，适时组织工作交流和培训，总结推广国有资产监管经验，建立与地方国资委交流联系的信息网络，解释国有资产监管工作中的问题，提出国有资产监管工作指导建议。

第八条 省级政府国资委制定的国有资产监管、国有企业改革、国有经济布局结构调整等方面的规范性文件，应当自公布之日起30日内由省级政府国资委法制工作机构统一抄报国务院国资委法制工作机构。

第九条 国务院国资委对地方贯彻实施国有资产监管政策法规的具体情况进行监督检查，及时督查纠正国有资产监管中的违法违规行为。

第十条 国务院国资委对举报地方国有企业违规进行改制、国有产权转让等致使国有资产流失的案件，应当督促省级政府国资委调查处理。

省级政府国资委对国务院国资委督促查处的违法违纪案件，应当认真调查处理，或者责成下级政府国资委调查处理，并将处理结果及时反馈国务院国资委。

第十一条 省级政府国资委应当以报告或者统计报表等形式将履行出资人职责的企业名单、本地区企业汇总国有资产统计报告、所出资企业汇总月度及年度财务报告以及其他重大事项及时报告国务院国资委。

第十二条 国务院国资委指导和监督地方国有资产监管工作，应当严格依照国有资产监管法律、行政法规及规章、制度规定的有关工作程序进行。

第十三条 国务院国资委对地方国有资产监管工作进行指导和监督，应当充分征求地方国资委的意见和建议，不得干预地方国资委依法履行职责。

地方国资委应当严格遵守国有资产监管法律、行政法规及规章、制度，依法接受并配合国务院国资委的指导和监督。

第十四条 国务院国资委相关责任人员违反本办法规定的，国务院国资委应当责令其改正；情节严重的，依法给予行政处分。

第十五条 地方国资委违反有关法律、行政法规及本办法规定的，国务院国资委应当依法责令其改正；情节严重的，予以通报批评，并向地方政府通报有关情况，依法提出处理建议。

第十六条 地方国资委可以参照本办法，制定本地区国有资产监管工作指导监督实施办法。

第十七条 本办法由国务院国资委负责解释。

第十八条 本办法自2006年5月7日起施行。

国资委 财政部 发展改革委关于印发《关于国有企业功能界定与分类的指导意见》的通知

国资发研究〔2015〕170号

各省、自治区、直辖市人民政府，国务院各部委、各直属机构：

经国务院同意，现将《关于国有企业功能界定与分类的指导意见》印发给你们，请结合实际认真贯彻执行。

国 资 委
财 政 部
发展改革委
2015年12月7日

关于国有企业功能界定与分类的指导意见

国有企业功能界定与分类是新形势下深化国有企业改革的重要内容，是因企施策推进改革的基本前提，对推动完善国有企业法人治理结构、优化国有资本布局、加强国有资产监管具有重要作用。为贯彻落实党的十八大和十八届二中、三中、四中、五中全会精神以及国务院决策部署，根据《中共中央 国务院关于深化国有企业改革的指导意见》（中发〔2015〕22号）有关要求，准确界定不同国有企业功能，有针对性地推进国有企业改革，经国务院同意，现提出以下意见。

一、划分类别

立足国有资本的战略定位和发展目标，结合不同国有企业在经济社会发展中的作用、现状和需要，根据主营业务和核心业务范围，将国有企业界定为商业类和公益类。

商业类国有企业以增强国有经济活力、放大国有资本功能、实现国有资产保值增值为主要目标，按照市场化要求实行商业化运作，依法独立自主开展生产经营活动，实现优胜劣汰、有序进退。其中，主业处于关系国家安全、国民经济命脉的重要行业和关键领域、主要承担重大专项任务的商业类国有企业，要以保障国家安全和国民经济运行为目标，重点发展前瞻性战略性产业，实现经济效益、社会效益与安全效益的有机统一。

公益类国有企业以保障民生、服务社会、提供公共产品和服务为主要目标，必要的产品或服务价格可以由政府调控；要积极引入市场机制，不断提高公共服务效率和能力。

商业类国有企业和公益类国有企业作为独立的市场主体，经营机制必须适应市场经济要求；作为社会主义市场经济条件下的国有企业，必须自觉服务国家战略，主动履行社会责任。

二、分类施策

（一）分类推进改革

商业类国有企业要按照市场决定资源配置的要求，加大公司制股份制改革力度，加快完善现代企业制度，成为充满生机活力的市场主体。其中，主业处于充分竞争行业和领域的商业类国有企业，原则上都要实行公司制股份制改革，积极引入其他资本实现股权多元化，国有资本可以绝对控股、相对控股或参股，加大改制上市力度，着力推进整体上市。主业处于关系国家安全、国民经济命脉的重要行业和关键领域、主要承担重大专项任务的商业类国有企业，要保持国有资本控股地位，支持非国有资本参股。处于自然垄断行业的商业类国有企业，要以“政企分开、政资分开、特许经营、政府监管”为原则积极推进改革，根据不同行业特点实行网运分开、放开竞争性业务，促进公共资源配置市场化。对需要实行国有全资的企业，要积极引入其他国有资本实行股权多元化。

公益类国有企业可以采取国有独资形式，具备条件的也可以推行投资主体多元化，还可以通过购买服务、特许经营、委托代理等方式，鼓励非国有企业参与经营。

（二）分类促进发展

商业类国有企业要优化资源配置，加大重组整合力度和研发投入，加快科技和管理创新步伐，持续推动转型升级，培育一批具有创新能力和国际竞争力的国有骨干企业。其中，对主业处于充分竞争行业和领域的商业类国有企业，要支持和鼓励发展有竞争优势的产业，优化国有资本投向，推动国有产权流转，及时处置低效、无效及不良资产，提高市场竞争能力。对主业处于关系国家安全、国民经济命脉的重要行业和关键领域、主要承担重大专项任务的商业类国有企业，要合理确定主业范围，根据不同行业特点，加大国有资本投入，在服务国家宏观调控、保障国家安全和国民经济运行、完成特殊任务等方面发挥更大作用。

公益类国有企业要根据承担的任务和社会发展要求，加大国有资本投入，提高公共服务的质量和效率。严格限定主业范围，加强主业管理，重点在提供公共产品和服务方面作出更大贡献。

（三）分类实施监管

对商业类国有企业要坚持以管资本为主加强国有资产监管，重点管好国有资本布局、提高国有资本回报、规范国有资本运作、维护国有资本安全。建立健全监督体制机制，依法依规实施信息公开，严格责任追究，在改革发展中防止国有资产流失。其中，对主业处于充分竞争行业和领域的商业类国有企业，重点加强对集团公司层面的监管，落实和维护董事会依法行使重大决策、选人用人、薪酬分配等权利，保障经理层经营自主权，积极推行职业经理人制度。对主业处于关系国家安全、国民经济命脉的重要行业和关键领域、主要承担重大专项任务的商业类国有企业，重点加强对国有资本布局的监管，引导企业突出主业，更好地服务国家重大战略和宏观调控政策。

对公益类国有企业，要把提供公共产品、公共服务的质量和效率作为重要监管内容，加大信息公开力度，接受社会监督。

（四）分类定责考核

对商业类国有企业，要根据企业功能定位、发展目标和责任使命，兼顾行业特点和企业经营性质，明确不同企业的经济效益和社会效益指标要求，制定差异化考核标准，建立年度考核和任期考核相结合、结果考核与过程评价相统一、考核结果与奖惩措施相挂钩的考核制度。其中，对主业处于充分竞争行业和领域的商业类国有企业，重点考核经营业绩指标、国有资产保值增值和市场竞争能力。对主业处于关系国家安全、国民经济命脉的重要行业和关键领域、主要承担重大专项任务的商业类国有企业，要合理确定经营业绩和国有资产保值增值指标的考核权重，加强对服务国家战略、保障国家安全和国民经济运行、发展前瞻性战略性产业以及完成特殊任务情况的考核。

对公益类国有企业，重点考核成本控制、产品质量、服务水平、营运效率和保障能力，根据企业不同特点有区别地考核经营业绩和国有资产保值增值情况，考核中要引入社会评价。

有关方面在研究制定国有企业业绩考核、领导人员管理、工资收入分配制度改革等具体方案时，要根据国有企业功能界定与分类，提出有针对性、差异化的政策措施。

三、组织实施

按照谁出资谁分类的原则，履行出资人职责机构负责制定所出资企业的功能界定与分类方案，报本级人民政府批准；履行出资人职责机构直接监管的企业，根据需要对所出资企业进行功能界定和分类。根据经济社会发展和国家战略需要，结合企业不同发展阶段承担的任务和发挥的作用，在保持相对稳定的基础上，适时对国有企业功能定位和类别进行动态调整。

各地要结合实际合理界定本地国有企业功能类别，实施分类改革、发展和监管。

金融、文化等国有企业的分类改革，中央另有规定的依其规定执行。

国务院关于国有企业发展混合所有制经济的意见

国发〔2015〕54号

各省、自治区、直辖市人民政府，国务院各部委、各直属机构：

发展混合所有制经济，是深化国有企业改革的重要举措。为贯彻党的十八大和十八届三中、四中全会精神，按照“四个全面”战略布局要求，落实党中央、国务院决策部署，推进国有企业混合所有制改革，促进各种所有制经济共同发展，现提出以下意见。

一、总体要求

（一）改革出发点和落脚点

国有资本、集体资本、非公有资本等交叉持股、相互融合的混合所有制经济，是基本经济制度的重要实现形式。多年来，一批国有企业通过改制发展成为混合所有制企业，但治理机制和监管体制还需要进一步完善；还有许多国有企业为转换经营机制、提高运行效率，正在积极探索混合所有制改革。当前，应对日益激烈的国际竞争和挑战，推动我国经济保持中高速增长、迈向中高端水平，需要通过深化国有企业混合所有制改革，推动完善现代企业制度，健全企业法人治理结构；提高国有资本配置和运行效率，优化国有经济布局，增强国有经济活力、控制力、影响力和抗风险能力，主动适应和引领经济发展新常态；促进国有企业转换经营机制，放大国有资本功能，实现国有资产保值增值，实现各种所有制资本取长补短、相互促进、共同发展，夯实社会主义基本经济制度的微观基础。在国有企业混合所有制改革中，要坚决防止因监管不到位、改革不彻底导致国有资产流失。

（二）基本原则

——政府引导，市场运作。尊重市场经济规律和企业发展规律，以企业为主体，充分发挥市场机制作用，把引资本与转机制结合起来，把产权多元化与完善企业法人治理结构结合起来，探索国有企业混合所有制改革的有效途径。

——完善制度，保护产权。以保护产权、维护契约、统一市场、平等交换、公平竞争、有效监管为基本导向，切实保护混合所有制企业各类出资人的产权权益，调动各类资本参与发展混合所有制经济的积极性。

——严格程序，规范操作。坚持依法依规，进一步健全国有资产交易规则，科学评估国有资产价值，完善市场定价机制，切实做到规则公开、过程公开、结果公开。强化交易主体和交易过程监管，防止暗箱操作、低价贱卖、利益输送、化公为私、逃废债务，杜绝国有资产流失。

——宜改则改，稳妥推进。对通过实行股份制、上市等途径已经实行混合所有制的国有企业，要着力在完善现代企业制度、提高资本运行效率上下功夫；对适宜继续推进混合所有制改革的国有企业，要充分发挥市场机制作用，坚持因地施策、因业施策、因企施策，宜独则独、宜控则控、宜参则参，不搞拉郎配，不搞全覆盖，不设时间表，一企一策，成熟一个推进一个，确保改革规范有序进行。尊重基层创新实践，形成一批可复制、可推广的成功做法。

二、分类推进国有企业混合所有制改革

（三）稳妥推进主业处于充分竞争行业和领域的商业类国有企业混合所有制改革

按照市场化、国际化要求，以增强国有经济活力、放大国有资本功能、实现国有资产保值增值为主要目标，以提高经济效益和创新商业模式为导向，充分运用整体上市等方式，积极引入其他国有资本或各类非国有资本实现股权多元化。坚持以资本为纽带完善混合所有制企业治理结构和管理方式，国有资本出资人和各类非国有资本出资人以股东身份履行权利和职责，使混合所有制企业成为真正的市场主体。

（四）有效探索主业处于重要行业和关键领域的商业类国有企业混合所有制改革

对主业处于关系国家安全、国民经济命脉的重要行业和关键领域、主要承担重大专项任务的商业类国有企业，要保持国有资本控股地位，支持非国有资本参股。对自然垄断行业，实行以政企分开、政资分开、特许经营、政府监管为主要内容的改革，根据不同行业特点实行网运分开、放开竞争性业务，促进公共资源配置市场化，同时加强分类依法监管，规范营利模式。

——重要通信基础设施、枢纽型交通基础设施、重要江河流域控制性水利水电航电枢纽、跨流域调水工程等领域，实行国有独资或控股，允许符合条件的非国有企业依法通过特许经营、政府购买服务等方式参与建设和运营。

——重要水资源、森林资源、战略性矿产资源等开发利用，实行国有独资或绝对控股，在强化环境、质量、安全监管的基础上，允许非国有资本进入，依法依规有序参与开发经营。

——江河主干渠道、石油天然气主干管网、电网等，根据不同行业领域特点实行网运分开、主辅分离，除对自然垄断环节的管网实行国有独资或绝对控股外，放开竞争性业务，允许非国有资本平等进入。

——核电、重要公共技术平台、气象测绘水文等基础数据采集利用等领域，实行国有独资或绝对控股，支持非国有企业投资参股以及参与特许经营和政府采购。粮食、石油、天然气等战略物资国家储备领域保持国有独资或控股。

——国防军工等特殊产业，从事战略武器装备科研生产、关系国家战略安全和涉及国家核心机密的核心军工能力领域，实行国有独资或绝对控股。其他军工领域，分类逐步放宽市场准入，建立竞争性采购体制机制，支持非国有企业参与武器装备科研生产、维修服务和竞争性采购。

——对其他服务国家战略目标、重要前瞻性战略性产业、生态环境保护、共用技术平台等重要行业和关键领域，加大国有资本投资力度，发挥国有资本引导和带动作用。

（五）引导公益类国有企业规范开展混合所有制改革

在水电气热、公共交通、公共设施等提供公共产品和服务的行业和领域，根据不同业务特点，加强分类指导，推进具备条件的企业实现投资主体多元化。通过购买服务、特许经营、委托代理等方式，鼓励非国有企业参与经营。政府要加强对价格水平、成本控制、服务质量、安全标准、信息披露、营运效率、保障能力等方面的监管，根据企业不同特点有区别地考核其经营业绩指标和国有资产保值增值情况，考核中要引入社会评价。

三、分层推进国有企业混合所有制改革

（六）引导在子公司层面有序推进混合所有制改革

对国有企业集团公司二级及以下企业，以研发创新、生产服务等实体企业为重点，引入非国有资本，加快技术创新、管理创新、商业模式创新，合理限定法人层级，有效压缩管理层级。明确股东的法律地位和股东在资本收益、企业重大决策、选择管理者等方面的权利，股东依法按出资比例和公司章程规定行权履职。

（七）探索在集团公司层面推进混合所有制改革

在国家有明确规定的特定领域，坚持国有资本控股，形成合理的治理结构和市场化经营机制；在其他领域，鼓励通过整体上市、并购重组、发行可转债等方式，逐步调整国有股权比例，积极引入各类投资者，形成股权结构多元、股东行为规范、内部约束有效、运行高效灵活的经营机制。

（八）鼓励地方从实际出发推进混合所有制改革

各地区要认真贯彻落实中央要求，区分不同情况，制定完善改革方案和相关配套措施，指导国有企业稳妥开展混合所有制改革，确保改革依法合规、有序推进。

四、鼓励各类资本参与国有企业混合所有制改革

（九）鼓励非公有资本参与国有企业混合所有制改革

非公有资本投资主体可通过出资入股、收购股权、认购可转债、股权置换等多种方式，参与国有企业改制重组或国有控股上市公司增资扩股以及企业经营管理。非公有资本投资主体可以货币出资，或以实物、股权、土地使用权等法律法规允许的方式出资。企业国有产权或国有股权转让时，除国家另有规定外，一般不在意向受让人资质条件中对民间投资主体单独设置附加条件。

（十）支持集体资本参与国有企业混合所有制改革

明晰集体资产产权，发展股权多元化、经营产业化、管理规范化的经济实体。允许经确权认定的集体资本、资产和其他生产要素作价入股，参与国有企业混合所有制改革。研究制定股份合作经济（企业）管理办法。

（十一）有序吸收外资参与国有企业混合所有制改革

引入外资参与国有企业改制重组、合资合作，鼓励通过海外并购、投融资合作、离岸金融等方式，充分利用国际市场、技术、人才等资源和要素，发展混合所有制经济，深度

参与国际竞争和全球产业分工，提高资源全球化配置能力。按照扩大开放与加强监管同步的要求，依照外商投资产业指导目录和相关安全审查规定，完善外资安全审查工作机制，切实加强风险防范。

（十二）推广政府和社会资本合作(PPP)模式

优化政府投资方式，通过投资补助、基金注资、担保补贴、贷款贴息等，优先支持引入社会资本的项目。以项目运营绩效评价结果为依据，适时对价格和补贴进行调整。组合引入保险资金、社保基金等长期投资者参与国家重点工程投资。鼓励社会资本投资或参股基础设施、公用事业、公共服务等领域项目，使投资者在平等竞争中获取合理收益。加强信息公开和项目储备，建立综合信息服务平台。

（十三）鼓励国有资本以多种方式入股非国有企业

在公共服务、高新技术、生态环境保护和战略性产业等重点领域，以市场选择为前提，以资本为纽带，充分发挥国有资本投资、运营公司的资本运作平台作用，对发展潜力大、成长性强的非国有企业进行股权投资。鼓励国有企业通过投资入股、联合投资、并购重组等多种方式，与非国有企业进行股权融合、战略合作、资源整合，发展混合所有制经济。支持国有资本与非国有资本共同设立股权投资基金，参与企业改制重组。

（十四）探索完善优先股和国家特殊管理股方式

国有资本参股非国有企业或国有企业引入非国有资本时，允许将部分国有资本转化为优先股。在少数特定领域探索建立国家特殊管理股制度，依照相关法律法规和公司章程规定，行使特定事项否决权，保证国有资本在特定领域的控制力。

（十五）探索实行混合所有制企业员工持股

坚持激励和约束相结合的原则，通过试点稳妥推进员工持股。员工持股主要采取增资扩股、出资新设等方式，优先支持人才资本和技术要素贡献占比较高的转制科研院所、高新技术企业和科技服务型企业开展试点，支持对企业经营业绩和持续发展有直接或较大影响的科研人员、经营管理人员和业务骨干等持股。完善相关政策，健全审核程序，规范操作流程，严格资产评估，建立健全股权流转和退出机制，确保员工持股公开透明，严禁暗箱操作，防止利益输送。混合所有制企业实行员工持股，要按照混合所有制企业实行员工持股试点的有关工作要求组织实施。

五、建立健全混合所有制企业治理机制

（十六）进一步确立和落实企业市场主体地位

政府不得干预企业自主经营，股东不得干预企业日常运营，确保企业治理规范、激励约束机制到位。落实董事会对经理层成员等高级经营管理人员选聘、业绩考核和薪酬管理等职权，维护企业真正的市场主体地位。

（十七）健全混合所有制企业法人治理结构

混合所有制企业要建立健全现代企业制度，明晰产权，同股同权，依法保护各类股东权益。规范企业股东(大)会、董事会、经理层、监事会和党组织的权责关系，按章程行

权，对资本监管，靠市场选人，依规则运行，形成定位清晰、权责对等、运转协调、制衡有效的法人治理结构。

（十八）推行混合所有制企业职业经理人制度

按照现代企业制度要求，建立市场导向的选人用人和激励约束机制，通过市场化方式选聘职业经理人依法负责企业经营管理，畅通现有经营管理者与职业经理人的身份转换通道。职业经理人实行任期制和契约化管理，按照市场化原则决定薪酬，可以采取多种方式探索中长期激励机制。严格职业经理人任期管理和绩效考核，加快建立退出机制。

六、建立依法合规的操作规则

（十九）严格规范操作流程和审批程序

在组建和注册混合所有制企业时，要依据相关法律法规，规范国有资产授权经营和产权交易等行为，健全清产核资、评估定价、转让交易、登记确权等国有产权流转程序。国有企业产权和股权转让、增资扩股、上市公司增发等，应在产权、股权、证券市场公开披露信息，公开择优确定投资人，达成交易意向后应及时公示交易对象、交易价格、关联交易等信息，防止利益输送。国有企业实施混合所有制改革前，应依据本意见制定方案，报同级国有资产监管机构批准；重要国有企业改制后国有资本不再控股的，报同级人民政府批准。国有资产监管机构要按照本意见要求，明确国有企业混合所有制改革的操作流程。方案审批时，应加强对社会资本质量、合作方诚信与操守、债权债务关系等内容的审核。要充分保障企业职工对国有企业混合所有制改革的知情权和参与权，涉及职工切身利益的要做好评估工作，职工安置方案要经过职工代表大会或者职工大会审议通过。

（二十）健全国有资产定价机制

按照公开公平公正原则，完善国有资产交易方式，严格规范国有资产登记、转让、清算、退出等程序和交易行为。通过产权、股权、证券市场发现和合理确定资产价格，发挥专业化中介机构作用，借助多种市场化定价手段，完善资产定价机制，实施信息公开，加强社会监督，防止出现内部人控制、利益输送造成国有资产流失。

（二十一）切实加强监管

政府有关部门要加强对国有企业混合所有制改革的监管，完善国有产权交易规则和监管制度。国有资产监管机构对改革中出现的违法转让和侵吞国有资产、化公为私、利益输送、暗箱操作、逃废债务等行为，要依法严肃处理。审计部门要依法履行审计监督职能，加强对改制企业原国有企业法定代表人的离任审计。充分发挥第三方机构在清产核资、财务审计、资产定价、股权托管等方面的作用。加强企业职工内部监督。进一步做好信息公开，自觉接受社会监督。

七、营造国有企业混合所有制改革的良好环境

（二十二）加强产权保护

健全严格的产权占有、使用、收益、处分等完整保护制度，依法保护混合所有制企业

各类出资人的产权和知识产权权益。在立法、司法和行政执法过程中，坚持对各种所有制经济产权和合法利益给予同等法律保护。

（二十三）健全多层次资本市场

加快建立规则统一、交易规范的场外市场，促进非上市股份公司股权交易，完善股权、债权、物权、知识产权及信托、融资租赁、产业投资基金等产品交易机制。建立规范的区域性股权市场，为企业提供融资服务，促进资产证券化和资本流动，健全股权登记、托管、做市商等第三方服务体系。以具备条件的区域性股权、产权市场为载体，探索建立统一结算制度，完善股权公开转让和报价机制。制定场外市场交易规则和规范监管制度，明确监管主体，实行属地化、专业化监管。

（二十四）完善支持国有企业混合所有制改革的政策

进一步简政放权，最大限度取消涉及企业依法自主经营的行政许可审批事项。凡是市场主体基于自愿的投资经营和民事行为，只要不属于法律法规禁止进入的领域，且不危害国家安全、社会公共利益和第三方合法权益，不得限制进入。完善工商登记、财税管理、土地管理、金融服务等政策。依法妥善解决混合所有制改革涉及的国有企业职工劳动关系调整、社会保险关系接续等问题，确保企业职工队伍稳定。加快剥离国有企业办社会职能，妥善解决历史遗留问题。完善统计制度，加强监测分析。

（二十五）加快建立健全法律法规制度

健全混合所有制经济相关法律法规和规章，加大法律法规立、改、废、释工作力度，确保改革于法有据。根据改革需要抓紧对合同法、物权法、公司法、企业国有资产法、企业破产法中有关法律制度进行研究，依照法定程序及时提请修改。推动加快制定有关产权保护、市场准入和退出、交易规则、公平竞争等方面法律法规。

八、组织实施

（二十六）建立工作协调机制

国有企业混合所有制改革涉及面广、政策性强、社会关注度高。各地区、各有关部门和单位要高度重视，精心组织，严守规范，明确责任。各级政府及相关职能部门要加强对国有企业混合所有制改革的组织领导，做好把关定向、配套落实、审核批准、纠偏提醒等工作。各级国有资产监管机构要及时跟踪改革进展，加强改革协调，评估改革成效，推广改革经验，重大问题及时向同级人民政府报告。各级工商联要充分发挥广泛联系非公有制企业的组织优势，参与做好沟通政企、凝聚共识、决策咨询、政策评估、典型宣传等方面工作。

（二十七）加强混合所有制企业党建工作

坚持党的建设与企业改革同步谋划、同步开展，根据企业组织形式变化，同步设置或调整党的组织，理顺党组织隶属关系，同步选配好党组织负责人，健全党的工作机构，增强党务工作者队伍，保障党组织工作经费，有效开展党的工作，发挥好党组织政治核心作用和党员先锋模范作用。

（二十八）开展不同领域混合所有制改革试点示范

结合电力、石油、天然气、铁路、民航、电信、军工等领域改革，开展放开竞争性业务、推进混合所有制改革试点示范。在基础设施和公共服务领域选择有代表性的政府投融资项目，开展多种形式的政府和社会资本合作试点，加快形成可复制、可推广的模式和经验。

（二十九）营造良好的舆论氛围

以坚持“两个毫不动摇”（毫不动摇巩固和发展公有制经济，毫不动摇鼓励、支持、引导非公有制经济发展）为导向，加强国有企业混合所有制改革舆论宣传，做好政策解读，阐释目标方向和重要意义，宣传成功经验，正确引导舆论，回应社会关切，使广大人民群众了解和支持改革。

各级政府要加强对国有企业混合所有制改革的领导，根据本意见，结合实际推动改革。

金融、文化等国有企业的改革，中央另有规定的依其规定执行。

国家发改委、财政部、人力资源社会保障部、国土资源部、国资委、税务总局、证监会、国防科工局关于深化混合所有制改革试点若干政策的意见

发改经体〔2017〕2057号

各省、自治区、直辖市及计划单列市发展改革委、财政厅(局)、人力资源社会保障厅(局)、国土资源厅(局)、国资委、国家税务局、地方税务局、证监局、国防科工局：

按照党中央国务院关于国有企业混合所有制改革的部署，在国务院国有企业改革领导小组领导下，国家发展改革委、国务院国资委会同有关部门已先后推出两批重要领域混合所有制改革试点，并取得显著改革成效。试点推进过程中企业普遍反映，为使试点顺利推进取得实效，必须认真研究解决试点中存在的具体问题。国务院国有企业改革领导小组高度重视，国有企业改革领导小组办公室积极协调，提出解决办法。为全面贯彻落实党的十九大精神，以习近平新时代中国特色社会主义思想为指引，更加卓有成效地推动混合所有制改革，现就混合所有制改革试点中的相关政策问题提出以下意见。

一、关于国有资产定价机制科学准确地对国有资产进行定价，是国有企业混合所有制改革的基础，是防止国有资产流失的重要手段。目前，国有非上市公司交易相关定价制度办法需进一步完善，有关部门要加快研究修订《国有资产评估管理办法》，严格规范国有资产评估程序、细化评估方式、强化监管和法律责任追究、强化违法失信联合惩戒，有效防止国有资产流失。对于按规定程序和方式评估交易的国有资产，建立免责容错机制，鼓励国有企业推动混合所有制改革。

二、关于职工劳动关系有关部门要加强协调指导，督促混合所有制改革试点企业严格按照《劳动合同法》和《国务院关于国有企业发展混合所有制经济的意见》(国发〔2015〕54号)涉及职工劳动关系调整的相关规定，依法妥善解决混合所有制改革涉及的国有企业职工劳动关系调整、社会保险关系接续等问题，确保职工队伍稳定。企业混合所有制改革时，职工劳动合同未到期的应当依法继续履行，可按有关规定与职工变更劳动合同，改制前后职工的工作年限应合并计算。企业依法与职工解除劳动合同的，应当支付经济补偿。混合所有制改革企业要形成市场化劳动用工制度，实现员工能进能出。

三、关于土地处置和变更登记土地是国有企业混合所有制改革能够注入的重要资产。由于一些国有企业历史上获得划拨国有土地证照不全、证实不符、权属不清、土地分割等问题，按现有规定办理，存在确权困难、程序繁琐、审批时间长等问题，影响混合所有制改革进程。认真落实国有企业改革1+N系列文件，有关部门要研究加强国有土地资产处置管理工作，解决国有土地授权经营、作价出资(入股)等历史遗留问题。国有企业要加强内

部管理，抓紧解决历史上获得划拨国有土地证照不全、证实不符、权属不清、土地分割等问题。各地要进一步优化简化相关审批程序，为解决混合所有制改革中的土地处置和变更登记提供便利。

四、关于员工持股坚持依法合规、公开透明、立足增量、不动存量、同股同价、现金入股、以岗定股、动态调整等原则，积极推进混合所有制改革试点企业员工持股，有效实现企业与员工利益和风险绑定，强化内部激励，完善公司治理。试点企业数量不受《关于国有控股混合所有制企业开展员工持股试点的意见》（国资发改革〔2016〕133 号）规定的数量限制。试点企业名单由国家发展改革委、国务院国资委按程序报请国务院国有企业改革领导小组确定。为有效指导混合所有制企业员工持股工作，有关部门要抓紧研究制定重要领域混合所有制企业开展员工持股试点的意见，明确相关政策，加强规范引导。

五、关于集团公司层面开展混合所有制改革党的十九大报告指出，深化国有企业改革，发展混合所有制经济，培育具有全球竞争力的世界一流企业。集团公司层面开展混合所有制改革，既符合中央要求和改革方向，也是实现具有全球竞争力的世界一流企业的重要途径。积极探索中央企业集团公司层面开展混合所有制改革的可行路径，国务院国资委审核中央企业申请改革试点的方案，按程序报国务院批准后开展试点，鼓励探索解决集团层面混合所有制改革后国有股由谁持有等现实问题的可行路径。积极支持各地省属国有企业集团公司开展混合所有制改革。

六、关于试点联动国有企业混合所有制改革、落实董事会职权、市场化选聘经营管理者、剥离企业办社会职能和解决历史遗留问题等各项国有企业改革试点核心任务关联性较高，加强各项试点联动，可以有效协同攻坚，发挥政策合力。要进一步加强混合所有制改革试点与其他国有企业改革试点之间的联动。对于纳入混合所有制改革试点的企业，符合条件的，可以同步申请开展其他国有企业改革试点，按规定程序批准后，适用相关试点政策。

七、关于财税支持政策企业符合税法规定条件的股权（资产）收购、合并、分立、债务重组、债转股等重组行为，可按税法规定享受企业所得税递延纳税优惠政策；企业以非货币性资产投资，可按规定享受 5 年内分期缴纳企业所得税政策；企业符合税法规定条件的债权损失可按规定在计算企业所得税应纳税所得额时扣除；在企业重组过程中，企业通过合并、分立、出售、置换等方式，将全部或者部分实物资产以及与其相关联的债权、负债和劳动力，一并转让给其他单位和个人，其中涉及的货物、不动产、土地使用权转让行为，符合规定的，不征收增值税；企业重组改制涉及的土地增值税、契税、印花税，符合规定的，可享受相关优惠政策。有关混合所有制改革企业要科学设计改革路径，最大程度用足用好现有国家对企业改制重组的税收优惠政策。

八、关于工资总额管理制度为建立健全与混合所有制企业相适应的市场化薪酬机制、有效发挥薪酬激励效用，有关部门要加快研究制订改革国有企业工资决定机制的意见，支持符合条件的混合所有制改革试点企业实行更加灵活的工资总额管理制度。对于集团层面混合所有制改革试点企业，要比照落实董事会职权试点相关政策，实行工资总额备案制。

鼓励集团公司对下属混合所有制改革试点企业采取差异化工资总额管理方式，充分激发企业内生活力。

九、关于军工企业国有股权控制类别和军工事项审查程序军工企业混合所有制改革不断深化，既有的关于军工企业国有股权控制类别界定的政策规定，已不适应军民融合发展的需要。有关部门要抓紧对军工企业国有控股类别相关规定进行修订。类别修订完成前，确属混改需要突破相关比例规定的，允许符合条件的企业一事一议方式报国防科工局等军工企业混合所有制改革相关主管部门研究办理。

国资委关于建立国有企业改革重大事项社会稳定风险评估机制的指导意见

国资发〔2010〕157号

各省、自治区、直辖市、新疆生产建设兵团及计划单列市国资委，各中央企业：

根据中共中央办公厅、国务院办公厅转发的《中央政法委、中央维护稳定工作领导小组关于深入推进社会矛盾化解、社会管理创新、公正廉洁执法的意见》(中办发〔2009〕46号)精神，为从源头上预防和化解矛盾，维护企业和社会稳定，结合国有企业改革发展的实际情况，现就建立国有企业改革重大事项社会稳定风险评估机制提出如下指导意见：

一、充分认识建立国有企业改革重大事项社会稳定风险评估机制的重要意义

国有企业改革是经济体制改革的中心环节。近年来，各地各部门认真贯彻落实党中央、国务院关于国有企业改革的方针政策，着眼于国有经济布局和结构调整，推进公司制股份制改革，大胆探索，勇于实践，国有企业改革取得了重大进展。与此同时，随着社会经济的发展，国有企业改革所处的内外部环境更加复杂，各种涉及职工切身利益的矛盾和不稳定风险仍然存在。

建立国有企业改革重大事项社会稳定风险评估机制，是推动科学发展、维护企业和社会稳定的现实需要，是坚持改革方向、深化国有企业改革的重要前提和保证，是落实改革政策、维护职工合法权益的制度保障。要充分认识建立社会稳定风险评估机制对从源头上预防和减少社会矛盾的重要性，把社会稳定风险评估作为国有企业改制重组、产权转让、关闭破产、厂办大集体改革、分离企业办社会职能等重大改革事项执行过程中的必要环节，科学识别、评价、应对和控制国有企业改革中的社会稳定风险，确保在风险可控的前提下推进改革。

二、基本原则

(一) 坚持改革方向

坚持国有企业改革的正确方向，毫不动摇地巩固和发展公有制经济，毫不动摇地鼓励、支持和引导非公有制经济发展。着力于国有经济布局和结构调整，着力于国有企业公司制股份制改革，保持经济平稳较快发展。

(二) 坚持以人为本

企业改革要着眼于企业的发展和职工的根本利益，处理好职工的眼前利益，保障职工各项民主权利；要争取职工支持改革、参与改革，让职工享受改革的成果。

（三）坚持源头治理

注重改革政策的前瞻性和改革措施的协调性，建立重大改革事项决策的形成机制和科学公正公平的决策程序；进一步完善相关制度，做好社会稳定风险评估工作，把风险降到最低程度，从源头上预防和减少不稳定事件的发生。

（四）坚持统筹兼顾

妥善处理改革发展稳定关系，把改革的力度、发展的速度与职工和社会的可承受程度结合起来；兼顾企业与所在地区、行业的稳定风险情况；注重企业改革政策的统筹协调，相互衔接。

三、明确责任主体，识别风险来源

（一）风险评估责任主体

实施国有企业改革，产权持有人是进行社会稳定风险评估的责任主体。在企业改制重组、产权转让、关闭破产、厂办大集体改革、分离企业办社会职能等重大改革事项实施过程中，有关责任主体要对社会稳定风险进行评估，与企业所在地方政府有关部门密切协作，共同应对风险。对于社会稳定风险较大的事项，要积极化解，待风险可控后方可实施改革。

（二）风险评估的范围

本意见所称国有企业改革风险评估范围，主要是指对国有企业改制重组、产权转让、关闭破产、厂办大集体改革、分离企业办社会职能等有关行为的风险评估。改革涉及职工切身利益，存在社会稳定风险，在实施前要对其内外部环境、利益相关方、改革方案、职工安置方案等重点环节和重要因素进行社会稳定风险评估。

1. 企业外部环境。包括宏观经济和政策环境、社会舆论环境、企业所处行业、所在地区人民群众对改革的承受能力等因素。

2. 企业内部环境。包括企业经营情况、管理水平；职工观念以及对改革的接受程度，对改革紧迫性和必要性的认识；职工对引入战略投资者，特别是民营企业的认同程度；职工对改革未来的预期等因素。

3. 企业管理层。包括企业管理层行为的合规性、对改革的支持程度等。

4. 改制重组、产权转让、关闭破产方案，厂办大集体改革方案和决策实施程序的合规性和合理性。

5. 职工切身利益。职工分流安置、劳动关系调整、经济补偿金支付、社会保险关系接续和偿还拖欠职工债务、补缴欠缴的社会保险费以及离退休人员社会化管理、相关待遇落实等。

6. 职工民主权利。包括维护职工的知情权、参与权、表达权和监督权，企业改制、产权转让等重大问题听取工会和职工意见，以及职工安置方案由职代会或职工大会审议通过的情况。

7. 债权人合法权益。按照有关法律规定，需告知债权人或征得债权人同意的，企业在采取有关改革措施前，应当告知债权人或征得债权人同意。

8. 战略投资者或产权受让方。包括其自身实力、对企业发展的战略规划、职工接受程度等。

9. 其他可能存在稳定风险的事项。

（三）风险评估的内容

1. 合法性评估：是否符合国家有关法律法规，是否符合国有资产监管机构有关国有企业改革的政策规定。

2. 合理性评估：是否符合企业未来发展需要和职工的长期利益；是否兼顾不同群体的利益诉求；是否符合社会、企业和职工的承受能力；是否可能引起不同利益群体的攀比。

3. 可行性评估：是否经过可行性论证；改革和发展的人力、物力和财力成本是否在可承受的范围内；领导班子和各级负责人是否得力；职工群众是否接受和支持；实施方案是否周密、完善，具有可操作性和连续性。

4. 可控性评估：是否存在引发群体性事件的隐患；是否存在连带风险和隐患；是否有相应的风险监控措施和应急处置预案。

四、实施风险评估，确定风险等级

（一）制订评估方案，成立评估小组

责任主体要把社会稳定风险评估作为实施重大改革事项的必要环节，在实施前制订科学、规范、详细、可操作的风险评估方案，吸收企业、企业所在地政府有关部门和专家参与，成立评估小组，负责具体评估工作的实施。

（二）掌握有关情况，识别风险来源

责任主体要全面掌握评估事项的基本情况，并通过专家咨询、抽样调查、实地调研等形式广泛征求职工群众、维稳、信访等有关部门和社会有关方面的意见和建议。因地因企制宜、分类指导，找出可能引发不稳定的风险点。

（三）进行分析评估，形成评估报告

责任主体要组织对风险来源进行认真分析预测。可采取定量和定性相结合的方式，建立设定参考指标体系，对评估事项的合法性、合理性、可行性和可控性进行全面分析研究；对于改革实施过程中可能引发的矛盾冲突的概率、负面影响程度和可能涉及的人员数量、范围和反应作出评估预测，形成评估报告，确定风险等级，提出对策建议，并制定相应的防范、化解和应急预案。

（四）确定风险等级

事项风险可分为四个参考等级：

A 级事项：当前风险总体可控，实施过程中潜在风险较低，不存在明显的个别矛盾。

B 级事项：当前风险总体可控，实施过程中存在一定潜在风险，存在明显的个别矛盾。

C 级事项：当前存在明确的社会稳定风险，如实施可能引发一般不稳定问题。

D 级事项：当前存在较大的社会稳定风险，如实施可能引发较大不稳定问题。

五、进行科学决策，制定应对方案

责任主体根据风险评估报告进行决策前，应履行批准程序，听取企业所在地政府的意见，并协同有关部门制订风险应对预案，建立事前评估应对、事中跟踪监控、事后监督总结的全流程工作机制。

对当前风险可控，实施过程中潜在风险较低的 A 级事项可付诸实施。对当前风险可控，实施过程中存在一定潜在风险的 B 级事项，可付诸实施并在实施过程中密切关注并尽量化解潜在风险，做好预案。对当前存在一定社会稳定风险，如实施可能引发一般不稳定问题的 C 级事项，要认真落实解决矛盾、消除风险的具体措施，待不稳定风险消除后方可实施。对风险较大，短期内无法消除的 D 级事项，应暂缓实施，并考虑修改实施方案。

六、加强组织领导，维护社会稳定

各级国有资产监管机构及其所出资企业要高度重视国有企业改革的社会稳定风险评估工作，切实加强领导，肩负起促进发展、维护稳定的责任。要结合地区和企业实际，研究制订国有企业改革社会稳定风险评估的具体措施和方案，并认真严格落实。对未按照有关程序进行社会稳定风险评估或未根据风险评估报告相应落实防范和化解措施，造成国有资产流失、职工合法权益受损，引发大规模群体性事件的，有关责任主体要承担相应责任。

北京市国资委关于印发《市属国有企业公司制改制工作实施方案》的通知

京国资发〔2017〕31号

经过多年改革，北京市属国有企业公司制改制已取得重要进展，绝大多数市属国有企业已完成公司制改制，公司法人治理结构日趋完善，企业经营管理水平逐渐提高。为加快推动市属国有企业全面完成公司制改制，按照中央经济工作会议和国务院《政府工作报告》要求，根据《国务院办公厅关于印发中央企业公司制改制工作实施方案的通知》(国办发〔2017〕69号)精神，制定本实施方案。

一、目标任务

2017年底前，按照《中华人民共和国全民所有制工业企业法》登记、具备公司制改制条件的市属国有企业，要全部改制为按照《中华人民共和国公司法》登记的有限责任公司或股份有限公司，加快形成有效制衡的公司法人治理结构和灵活高效的市场化经营机制，切实增强市属国有经济活力、影响力和抗风险能力。

二、规范操作

(一) 制定改制方案

市属国有企业推进公司制改制，要按照现代企业制度要求，结合实际制定切实可行的改制方案，明确改制方式、改制后企业组织形式、注册资本、产权结构设置、公司治理安排、职工安置、债权债务处理、劳动人事分配制度改革、国有划拨地处置、党组织设置、社会稳定风险评估等事项，并按照有关规定起草或修订公司章程。

(二) 严格审批程序

市属国有企业集团层面的公司制改制方案，由市国资委按程序报市政府审核批准；其他企业的公司制改制方案，按照企业内部有关规定履行审批程序。

(三) 确定注册资本

改制为国有独资公司或国有及国有控股企业全资子公司，可以上一年度经审计的净资产值作为工商变更登记时确定注册资本的依据。改制为股权多元化公司，要按照有关规定履行清产核资、财务审计、资产评估、进场交易等各项程序，并以资产评估值作为认缴出资的依据。

三、政策支持

（一）原划拨土地处置

经市政府批准实行授权经营或具有国家授权投资机构资格的企业，符合《北京城市总体规划（2016年—2035年）》（以下简称《总体规划》）空间布局要求的，经批准其原有划拨土地可采取国家作价出资（入股）或授权经营方式处置。全民所有制企业改制为国有独资公司或国有及国有控股企业全资子公司，其原有划拨土地按《总体规划》空间布局安排确定土地资产处置方案，经批准后按有关要求进行落实。

（二）税收优惠支持。公司制改制企业按规定享受改制

涉及的资产评估增值、土地变更登记和国有资产无偿划转等方面税收优惠政策。

（三）工商变更登记

全民所有制企业改制为国有独资公司或国有及国有控股企业全资子公司，母公司可先行改制并办理工商变更登记，其所属子企业或事业单位要限期完成改制或转企。全民所有制企业改制为股权多元化公司，应先将其所属子企业或事业单位改制或转企，再完成母公司改制并办理工商变更登记。

（四）资质资格承继

全民所有制企业改制为国有独资公司、国有及国有控股企业全资子公司或国有控股公司，其经营过程中获得的各种专业或特殊资质证照由改制后公司承继。改制企业应在工商变更登记后1个月内到有关部门办理变更企业名称等资质证照记载事项。

四、统筹推进

（一）加强党的领导

市属国有企业党委要切实加强对改制工作的组织领导，按照有关规定落实党的建设同步谋划、党的组织及工作机构同步设置、党组织负责人及党务工作人员同步配备、党的工作同步开展的“四同步”和体制对接、机制对接、制度对接、工作对接的“四对接”要求。要充分发挥企业党组织的领导核心和政治核心作用，确保党的领导、党的建设在企业改制中得到充分体现和切实加强。要依法维护职工合法权益，处理好企业改革发展稳定的关系。改制过程中的重大事项应及时报告市国资委。

（二）建设现代企业制度

改制企业要以推进董事会建设为重点，规范权力运行，实现权利和责任对等，落实和维护董事会依法行使重大决策、选人用人、薪酬分配等权利。要坚持两个“一以贯之”，把加强党的领导和完善公司治理统一起来，处理好党组织和其他治理主体的关系，明确权责边界，做到无缝衔接，形成各司其职、各负其责、协调运转、有效制衡的公司治理机制。

（三）完善市场化经营机制

改制企业要不断深化劳动、人事、分配三项制度改革，建立健全与劳动力市场基本适应、与企业经济效益和劳动生产率挂钩的工资决定和正常增长机制，完善市场化用工制

度，合理拉开收入分配差距，真正形成管理人员能上能下、员工能进能出、收入能增能减的市场化选人用人机制。

（四）防止国有资产流失

公司制改制过程中，要按照法律法规和国有企业改制、国有产权管理等有关规定规范操作，严格履行决策程序，做好改制风险评估和风险防范，防止国有资产流失，保障员工合法权益。完善金融支持政策，维护利益相关方合法权益，落实金融债权。加强对改制全流程的监管，坚持公开透明，严禁暗箱操作和利益输送。做好信息公开，加强事中事后监管，自觉接受社会监督。

（五）建立有效工作机制

市国资委牵头，会同市规划国土委、市地税局、市工商局、市国税局等部门，建立市属国有企业公司制改制协调推进机制，加强协调配合，督促检查落实。集团公司是本单位及所属企业公司制改制工作的责任主体，负责指导推动、审核把关所属全民所有制子企业改制工作，要成立专项工作组，细化工作目标、工作流程和具体要求，确保按要求完成公司制改制工作任务。

各区国资监管机构要加强对所监管全民所有制企业公司制改制的领导，参照本实施方案，结合实际推动落实。

北京市人民政府关于改革和完善国有资产管理体制的实施意见

京政发〔2017〕3号

各区人民政府，市政府各委、办、局，各市属机构：

为贯彻落实《国务院关于改革和完善国有资产管理体制的若干意见》（国发〔2015〕63号）精神，改革和完善本市国有资产管理体制，不断提高国有经济发展质量和效益，现提出以下实施意见。

一、总体要求

深入贯彻落实党的十八大和十八届三中、四中、五中、六中全会精神，深入学习贯彻习近平总书记系列重要讲话和对北京重要指示精神，牢固树立创新、协调、绿色、开放、共享的发展理念，牢牢把握首都城市战略定位，坚持权责明晰、突出重点、放管结合、稳妥有序的原则，按照政企分开、政资分开、所有权与经营权分离的要求，以管资本为主加强国有资产监管，改革完善国有资本授权经营体制，进一步确立国有企业的市场主体地位，推进国有资产监管机构职能转变，更好地适应市场化、现代化、国际化新形势和经济发展新常态，不断增强国有经济活力、控制力、影响力和抗风险能力。

二、主要任务

（一）加强和完善党对国有企业的领导

1. 切实发挥国有企业党组织的领导核心和政治核心作用。毫不动摇地坚持党对国有企业的领导，毫不动摇地加强国有企业党的建设，充分发挥企业党组织把方向、管大局、保落实的作用。坚持问题导向和底线思维，抓好顶层设计和全程把关，加强对改革思路和重要举措的研究和论证，增强改革决策的科学性、协调性，准确把握改革方向，为做强做优做大国有企业提供坚强的政治、思想和组织保证。

2. 建立中国特色现代国有企业制度。坚持两个“一以贯之”（即坚持党对国有企业的领导是重大政治原则，必须一以贯之；建立现代企业制度是国有企业的改革方向，也必须一以贯之）的原则，把党的领导融入公司治理各环节，把企业党组织内嵌到公司治理结构之中，明确和落实党组织在公司法人治理结构中的法定地位。完善“双向进入、交叉任职”的领导体制，全面推行党委书记、董事长由一人担任。党组织研究讨论是董事会、经理层决策重大问题的前置程序，重大经营管理事项必须经党组织研究讨论后，再由董事会或经理层作出决定。

（二）推进国有资产监管机构职能转变

3. 准确把握国有资产监管机构职责定位。科学界定国有资产出资人监管边界，国有资产监管机构根据授权代表政府对监管企业依法履行出资人职责，不行使政府公共管理职能，不干预企业自主经营权。注重通过公司法人治理结构依法行使国有股东权利，重点管好国有资本布局、规范资本运作、提高资本回报、维护资本安全，实现保值增值，更好服务于首都经济社会发展。

4. 优化国有资产监管机构职能。坚持以管资本为主加强国有资产监管，围绕增强监管企业活力和提高效率，聚焦监管内容，该管的要科学管理、决不缺位，不该管的要依法放权、决不越位。将依法应由企业自主经营决策的事项归位于企业；加强对所出资企业（以下简称一级企业）的整体监管，将延伸到子企业的管理事项原则上归位于一级企业，由一级企业依法依规决策；将国有资产监管机构配合承担的政府公共管理职能，归位于政府相关部门和单位。

5. 严格国有资产监管责任。坚持出资人管理与监督的有机统一，增加监督工作专门力量，加强监督协同，形成监督合力。加大监督检查力度，聚焦企业财务、重大决策、产权流转等关键业务和重点领域，及时发现问题。强化监督成果运用，分类处置和督办监督工作发现的需要企业整改的问题，组织开展国有资产重大损失调查。

（三）明确国有资产监管重点

6. 加强战略规划引领。改进对一级企业发展战略规划的管理方式，突出管方向，科学界定企业发展定位，引导企业集中资源发展主业。改进投资监管方式，落实企业投资主体责任，对主业范围内的投资一般不进行具体项目审批。通过制定国有资本投资负面清单、强化主业管理等方式，管好企业投资方向。加强境外投资项目监管，开展投资项目第三方评估，实施特别监管企业和投资项目特别监管制度。

7. 提高国有资本运营监测水平。建立健全国有资本运营动态监控体系，集中统一开展财务状况动态监测，加强对重点产业和重点企业的分类指导，确保经营目标和重点任务全面落实。实施预警制度，加大对企业负债、现金流、担保等重点指标及风险业务的监控，对国有资本运营中存在突出问题的企业予以警示。

8. 强化国有产权流转环节监管。加强混合所有制改革监管，推动完善交易规则和监管制度，健全资产定价机制，规范操作流程和审批程序。按照规范透明、公平公正的原则，加大国有资产进场交易力度，实现全链条、全过程管理。建立健全资产评估机构和产权交易机构动态管理机制，完善监督检查工作体系。

9. 改进和完善经营业绩考核体系。综合考核国有资本运营质量、效率和收益，将转型升级、创新驱动、合规经营、履行社会责任等纳入考核指标体系。完善激励约束机制，将企业负责人考核评价结果与职务任免、薪酬待遇有机结合。深化国有企业负责人薪酬制度改革，建立与选任方式相匹配、与企业功能性质相适应、与经营业绩相挂钩的差异化薪酬分配办法，合理确定企业负责人薪酬水平。建立健全与劳动力市场基本适应，与企业经济效益、劳动生产率挂钩的职工工资决定和正常增长机制。

10. 优化公司法人治理结构。把加强党的领导和完善公司治理统一起来，处理好党组织与其他治理主体的关系，充分发挥董事会、监事会、经理层各自作用，明确权责边界，做到无缝衔接，形成治理主体各司其职、各负其责、协调运转、有效制衡的公司治理机制。进一步加强董事会建设，强化董事会内部制衡约束，竞争类企业外部董事比例要超过半数。拓宽外部董事来源渠道，开展专职外部董事试点，全面推行契约化管理，健全完善考核评价机制。加强和改进外派监事会工作，完善外派监事会履职报告制度，运用好外派监事会的纠正建议权、罢免或调整建议权、奖惩建议权，建立健全监事会主席约谈企业领导人员机制。

11. 发挥公司章程的基础作用。通过“一企一策”制定和完善公司章程，将国有资产出资人的意志集中体现在公司章程中，明确治理主体职责分工和履职程序，完善治理主体依法履职保障机制。依据章程建立健全企业各项基本制度、管理机制和工作体系。将党建工作总体要求纳入企业章程，将党组织的机构设置、职责分工、工作任务纳入企业的管理体制、管理制度、工作规范，使党组织发挥作用组织化、制度化、具体化。加强对章程落实情况的监督，坚决纠正与章程不符的规定和行为。

12. 建设高素质国有企业领导人员队伍。坚持党管干部原则和发挥市场机制作用相结合，建立适应现代企业制度要求和市场竞争需要的选人用人机制，保证党对国有企业干部人事工作的领导权和对重要干部的管理权。按照对党忠诚、勇于创新、治企有方、兴企有为、清正廉洁的要求，加强企业领导班子和干部人才队伍建设。建立国有企业领导人员分类分层管理制度，加大经理层市场化选聘力度，适当提高城市公共服务类和特殊功能类企业经理层市场化选聘比例，选取市场化程度较高、法人治理相对完善的竞争类企业开展职业经理人制度试点，实行内部培养和外部引进相结合，畅通现有经营管理者与职业经理人身份转换通道。

13. 建立健全违法违规经营责任追究体系。强化权力运行的监督和制约，加大对国有企业领导人员履行经济责任情况的审计力度，坚持任中审计与离任审计相结合，积极推进任期轮审制度，实现任期内至少审计一次。加快建立国有企业重大决策失误和失职渎职责任追究倒查机制，综合运用组织处理、经济处罚、禁入限制、纪律处分和追究刑事责任等手段，依法查办违法违规经营导致国有资产重大损失的案件，严厉惩处侵吞、贪污、输送、挥霍国有资产的行为。建立健全违法违规经营责任追究典型问题通报制度。

14. 引导国有企业积极履行社会责任。引导国有企业带头执行党委、政府决策部署，在落实首都城市战略定位、疏解非首都功能、提升首都核心功能、推进京津冀协同发展中发挥引领、示范和带动作用。立足实际及行业特点，结合企业功能定位，找准切入点，积极探索具有北京特色、符合企业发展要求的社会责任管理模式。

（四）改进国有资产监管方式和手段

15. 推进国有企业分类监管。将国有企业分为城市公共服务、特殊功能、竞争类企业，其中，城市公共服务类企业以保障首都城市高效安全运行为目标；特殊功能类企业以完成市委、市政府赋予的重大专项任务为目标；竞争类企业以提升国有资本效益效率为目标。在分类基础上，逐步推进国有企业分类改革、发展、监管、定责及考核。针对企业不同功能定位，在战略规划制定、资本运作模式、人员选用机制、经营业绩考核等方面，研究制定差异化的监管目标、监管重点和监管措施，实施更加科学、精准、有效的分类监管。

16. 明确出资人监管权力和责任。坚持权责法定的原则，把握出资人职责定位，建立出资人监管权力和责任清单。大力推进依法监管，按照事前规范制度、事中加强监控、事后强化问责的思路，运用法治化、市场化监管方式，切实减少出资人审批核准事项，不该管的和可管可不管的坚决不管，激发企业活力和内生动力。

17. 统一国有资产基础监管制度。建立由市国资委牵头，市财政局、市文资办、市科委、中关村管委会、北京经济技术开发区管委会等部门和单位共同参与的国有资产基础管理联席会议制度，重点对全市国有资产的基础监管制度进行规范和统一，确保不同的国有资产监管机构按照统一的监管规则实施国有资产监管。

18. 健全信息公开制度。完善国有资产和国有企业信息公开制度，在依法保护国家秘密和企业商业秘密的前提下，依法依规及时准确披露国有资本整体运营情况、企业国有资产保值增值及经营业绩考核总体情况、国有资产监管制度和监督检查情况等信息，增强国资监管透明度。指导企业加大信息公开力度，推动公司治理和管理架构、财务状况、关联交易、企业负责人职务变动、企业负责人薪酬等信息公开。依托产权交易机构网站，推动国有企业产权和资产转让、企业增资等信息披露和结果公开，主动接受社会监督。

19. 探索国有资产监管方式创新。按照以管资本为主加强国有资产监管的要求，探索创新与之相适应的监管模式、内容和方式。在城市公共服务类、特殊功能类企业试点召开出资人(扩大)会议，探索建立国有出资人代表、政府相关部门、人大代表、政协委员和社会公众代表对国有企业的综合监督评价机制，不断提高国有企业服务保障能力。搭建出资人监管信息化工作平台，覆盖国有资产监管各项业务，推进信息共享和动态监管，提升监管效能。

(五) 改革完善国有资本授权经营体制

20. 组建国有资本投资运营公司。在现有一级企业的基础上试点组建国有资本投资运营公司，探索有效的运营模式，通过投资融资、产业培育、资本整合等方式，推动产业集聚和转型升级，优化国有资本布局结构；通过股权运作、价值管理、有序进退等方式，促进国有资本合理流动，实现保值增值。

21. 明确国有资产监管机构与国有资本投资运营公司的关系。政府授权国有资产监管机构依法对国有资本投资运营公司履行出资人职责。国有资产监管机构根据行业和企业特点，明确对国有资本投资运营公司授权的内容、范围和方式，依法落实国有资本投资运营公司董事会职权。国有资本投资运营公司对授权范围内的国有资本履行出资人职责，作为国有资本市场化运作的专业平台，依法自主开展国有资本运作。

22. 界定国有资本投资运营公司与所出资企业的关系。国有资本投资运营公司依据公司法等相关法律法规，对所出资企业依法行使股东权利，以出资额为限承担有限责任。以财务性持股为主，建立财务管控模式，重点关注国有资本流动和增值状况；或以对战略性核心业务控股为主，建立以战略目标和财务效益为主的管控模式，重点关注所出资企业执行公司战略和资本回报状况。

（六）提高国有资本配置和运营效率

23. 加快国有资本布局和结构调整。根据首都经济社会发展规划、产业政策等，研究制定国有资本布局和结构调整方案，建立健全国有资本进退机制。引导国有企业按照《北京市新增产业的禁止和限制目录》要求，重点发展符合首都功能定位的产业，坚决退出一般性产业特别是高消耗产业，推进产业结构优化升级。支持国有企业优化空间布局，主动融入“一带一路”倡议，深入开展国际产能合作；积极落实京津冀协同发展战略，进一步加强产业对接协作。鼓励国有企业加大对公共服务领域的投入力度，提升城市公共服务水平和效率；加快发展“高精尖”产业和产业高端环节，打造一批“北京制造”标杆企业。充分发挥国有资本投资运营公司的作用，促进国有资本有进有退、合理流动，提高国有资本的配置质量和效率。

24. 推进国有资本优化重组。按照“资产同质、经营同类、产业关联”的原则，加大企业调整重组和资源整合工作力度，加快培育形成具有核心竞争力的大企业集团和优势产业集群。加强企业内部的资源整合和企业之间的专业化整合，大力减少企业管理层级。稳妥推进国有企业混合所有制改革，放大国有资本功能，增强国有资本带动力。

25. 提高国有资本运营效率。充分利用境内外多层次资本市场，加快企业改制上市步伐。发挥上市公司平台优势，加大并购重组力度，努力提升国有资本证券化水平。加强国有企业与中央企业、高等学校、科研院所等的创新资源对接，加快技术创新、产品创新、管理创新和商业模式创新。

26. 完善国有资本经营预算管理制度。建立与国资国企改革进程相适应，覆盖全部国有企业、分级管理的国有资本经营预算制度。推进国有资本经营预算改革，进一步明确国有资本经营预算的支出范围，优先用于解决国有企业历史遗留问题及相关改革成本支出，同时注重发挥国有资本经营预算在优化国有资本配置中的重要作用。

27. 加强国有资本收益管理。指导企业加强内部国有资本收益管理制度建设，落实和维护国有资本权益。在国有企业分类工作完成的基础上，结合国有资本投资运营公司试点情况，探索国有资本收益分类收缴。加大国有资本经营预算调入一般公共预算力度，落实国有资本收益上缴公共财政方案。

三、组织保障

（一）优化市场化发展环境

推进政府职能转变，进一步减少行政审批事项，区分政府公共管理职能与国有资产出资人管理职能，为国有资产管理体制改革提供良好环境。大幅度削减政府通过国有企业行政性配置资源事项，深入推进政府向社会力量购买服务工作，逐步扩大购买范围和规模，在交通运输、污水和垃圾处理、公共文化服务等领域全面推广政府购买服务方式。创新投资运营机制，根据不同行业特点实行网运分开，放开竞争性业务，推进公共资源配置市场化。逐步建立责任清晰、价格合理、保障有力、运营高效的城市公共服务类国有企业良性发展机制，实现资源有效配置。

（二）完善相关配套政策

落实国有企业重组整合涉及的资产评估增值、土地变更登记和国有资产无偿划转等方面的税收优惠政策。完善国有企业土地和房屋权属管理相关政策，探索存量土地盘活利用有效路径。出台加快剥离国有企业办社会职能和解决历史遗留问题实施方案，建立政府和企业合理分担改革成本的机制。结合本市分类推进事业单位改革情况，稳步将党政机关、事业单位所属企业的国有资本纳入经营性国有资产集中统一监管体系，具备条件的进入国有资本投资运营公司，推进企业国有资产出资人监管全覆盖。

（三）健全工作推进机制

发挥市全面深化市属国资国企改革工作推进小组（以下简称改革推进小组）作用，统筹协调推进本市国有资产管理体制改革工作，推动重大改革政策措施落实，协调解决改革中出现的问题。改革推进小组各成员单位依据本实施意见，按照职责分工制定相应的改革配套政策，并切实抓好落实。

金融、文化等企业的国有资产管理，中央和本市另有规定的依其规定执行。

各区政府可结合实际制定具体改革实施细则，确保国有资产管理体制改革顺利推进，全面完成各项改革任务。

北京市国资委 市属国有企业混合所有制改革操作指引

京国资发〔2019〕15号

为贯彻落实《国务院关于国有企业发展混合所有制经济的意见》(国发〔2015〕54号)、《北京市人民政府关于市属国有企业发展混合所有制经济的实施意见》(京政发〔2016〕38号)等文件精神，进一步规范市属国有企业混合所有制改革操作行为，有效防范风险，深化市场化改革，发展混合所有制经济，特制定本指引。

一、适用范围

市属国有及国有控股企业、国有实际控制企业(以下简称市属国有企业)通过产权转让、增资扩股、投资并购、出资新设、上市重组(包括首发上市和上市公司资产重组、发行证券、资产注入、吸收合并)等方式实施混合所有制改革，适用本指引。

二、总体要求

(一) 坚持党的全面领导

把坚持党的领导作为深化国有企业改革必须坚守的政治方向和政治原则，切实履行各级党组织领导责任，充分发挥把关定向作用，确保党的领导、党的建设在混合所有制改革中得到充分体现和切实加强。加强对混合所有制改革思路和重要举措的研究论证，抓好顶层设计、科学决策、有效执行、全程监督，确保国有资本的保值增值，切实维护好职工的正当权益。

(二) 把握混合所有制改革的正确方向

落实首都城市战略定位和北京城市总体规划要求，坚持市场化改革方向，从战略高度认识新时代深化国有企业改革、增强微观主体活力的重要性。坚持因地施策、因业施策、因企施策，立足于战略规划，加强统筹协调，注重聚焦主业、突出主业、做强做优主业，通过深化改革全面提升企业发展质量和核心竞争力。

(三) 鼓励各类资本合作

贯彻落实党的十九大关于坚持“两个毫不动摇”、“深化国有企业改革”、“支持民营企业发展”的精神，鼓励民营企业、外资企业、中央和其他省市国有企业等各类企业积极参与市属国有企业混合所有制改革，发挥各类资本在资源、技术、机制、管理等方面的优势作用，取长补短、相互融合、共同发展。

(四) 有效落实主体责任

市管企业作为市属国有企业混合所有制改革的责任主体，应当制定和完善内部管理制度，切实把好科学决策关、审计评估关、市场交易关，按照“谁决策、谁负责”的原则，分级落实责任，分类分层、积极稳妥推进企业混合所有制改革，规范实施操作。

三、制定混合所有制改革方案

（一）必要性与可行性分析

市属国有企业混合所有制改革应当结合功能定位，加强统筹规划，注重聚焦主业、优化结构布局、限制管控层级、合理防范风险，充分进行必要性和可行性论证。

1. 必要性

市属国有企业混合所有制改革应当具有以下部分或全部意义：有利于优化资源配置，推动技术创新，扩大市场占有率，提高企业经营业绩和核心竞争能力；有利于完善法人治理结构，实现企业体制机制改革创新；有利于国有资本保值增值，放大国有资本功能，增强国有经济活力、控制力、影响力和抗风险能力。

2. 可行性

市属国有企业混合所有制改革应当同时符合以下条件：符合国家和我市关于国有企业混合所有制改革的法律、法规和政策规定；符合北京城市总体规划和首都“四个中心”城市战略定位；符合行业发展趋势、企业发展规律和市场经济规则；具备混合所有制改革条件，改革方案操作性较强。

（二）方案内容

除必要性和可行性分析外，混合所有制改革方案包括以下内容：企业基本情况、混合所有制改革的目的、形式与路径、投资者选择条件、重大资产处置、重要品牌管理、改革后企业股权结构、法人治理结构、党组织建设方案、国有股东代表管理、经营管控模式、员工激励计划、债权债务处理、职工安置方案、历史遗留问题解决方案、中介机构选聘、方案实施计划、法律意见书等内容。

（三）职工安置

市属国有企业混合所有制改革应当根据《劳动法》、《劳动合同法》等有关法律法规规定妥善处理劳动关系，确保职工队伍稳定。涉及在职职工劳动合同变更、解除、重新签订以及离退休人员、内退人员管理方式和管理费用承担方式变更等职工安置事项的，职工安置方案须经职工（代表）大会审议通过后实施。

（四）合理设定股权比例

坚持一企一策优化股权结构。除市政府和市国资委要求的战略性持股、主业涉及重要行业、关键领域以及支撑首都功能定位企业，混合所有制改革后应当保证国有股东控股地位外，不设国有股权持股比例限制，宜控则控，宜参则参。市属国有企业应当根据市管企业整体战略、自身产业发展要求合理设置国有股东持股比例和未来企业治理结构。

通过上市重组方式深化混合所有制改革的还应当按照《上市公司国有股权监督管理办法》（国务院国资委 财政部 证监会 令第36号，以下简称36号令）要求合理设置持股比例，妥善处理好国有股东地位和市场融资的关系，切实维护国有股东利益。

（五）科学设置企业层级

结合“十三五”战略规划和自身功能定位，合理设计混合所有制改革企业层级和管理架构，避免新增管理层级，采取相应措施确保管理和控制到位，推动优化组织结构，不断提升发展质量和经济效益。

（六）规范土地资产处置

市属国有企业应当根据市政府、市国资委要求统筹考虑整体长期战略规划，在混合所有制改革过程中妥善做好土地等重大资产处置工作。因混合所有制改革后失去控股权的，涉及京内土地处置应当按照《关于进一步规范市属国有企业京内土地房屋资产处置和房屋出租对外合作经营管理的通知》（京国资发〔2018〕21号）履行报市政府审批程序，涉及产权市场公开交易的，应当公开披露相关信息。

四、履行决策程序

（一）规范内部决策

市管企业应当按照现行法律法规、公司章程及企业内部管理规定等，严格履行内部决策程序。按照“三重一大”决策制度，加强事前酝酿，完善党委会、董事会、经理层之间企业的决策沟通机制，严格实行充分研究、集体审议、独立表决、一事一议。

涉及上市公司事项的，应当严格遵守市国资委《关于加强上市公司国有股东内幕信息管理工作的通知》（京国资发〔2013〕2号）及证券监管机构的相关规定，做好内幕信息管理和信息披露。

（二）履行审批程序

通过产权转让、增资扩股方式实施混合所有制改革的应当按照《关于贯彻落实<企业国有资产交易监督管理办法>的意见》（京国资发〔2017〕10号，以下简称10号文）履行审核程序；通过投资并购、出资新设方式实施混合所有制改革的应当按照《北京市国有企业投资监督管理办法》（京国资发〔2017〕29号）、《北京市国有企业境外投资监督管理办法》（京国资发〔2017〕30号）等规定履行审核程序。

市属国有企业通过首发上市的，应当按照《关于进一步明确非上市股份有限公司国有股权管理有关事项的通知》（国资厅产权〔2018〕760号）规定履行市国资委标识管理程序；市属国有控股上市公司通过上市重组等方式深化混合所有制改革的，应当按照36号令规定履行审核程序。

五、开展审计评估

（一）基本要求

市属国有企业应当按照市国资委《关于印发<北京市企业国有资产评估管理暂行办法>的通知》（京国资发〔2008〕5号）、《关于深化企业国有资产评估管理改革工作有关事项的通知》（京国资发〔2019〕2号）等文件的要求开展审计、评估工作，并按权限履行资产评估项目的核准或备案手续。

（二）操作规范

1. 市属国有企业应当按照现有法律法规的规定，对纳入审计评估范围的资产就其权属证明、财务会计信息和其他资料的真实性、完整性和合法性进行核实。

2. 市属国有企业实施混合所有制改革涉及资产评估基准日的确定，应接近评估目的对应的经济行为或特定事项的实施日期。

3. 涉及上市公司的资产置换、发行股份收购资产等产权变动，评估基准日应接近上市公司公告(停牌)日；涉及上市公司股份间接转让的，上市公司股份价值确定的基准日应与国有股东资产评估的基准日一致，且与国有股东产权直接持有单位对该产权变动决策的日期相差不得超过一个月。

4. 企业在评估基准日后如遇重大事项，如汇率变动、国家重大政策调整、企业资产权属或数量、价值发生重大变化等，可能对评估结论产生重大影响时，应当关注评估基准日或评估结论是否进行了合理调整。

5. 市属国有企业资产评估及确定交易对价时，应当关注评估范围是否包括土地使用权、矿业权、专利权、商标权、专有技术、特许经营权等无形资产，以及企业品牌带来的预期价值。

6. 企业在混合所有制改革中对于解除或终止劳动合同的职工的经济补偿、离退休人员、内退人员有关费用等职工安置费用，应按照《企业会计准则第 9 号——职工薪酬》和《企业会计准则第 13 号——或有事项》及其应用指南的规定进行会计处理。

六、投资者选择

（一）基本要求

市属国有企业在引进投资者时应当以提高国有资本配置和运行效率为目标，从市管企业战略定位、主业发展需求、体制机制创新等角度出发，同步考虑品牌、管理、人才、技术、市场、资本等因素，寻找符合条件的合作伙伴，做好引资本与转机制的结合、优化企业股权结构与优化治理结构的结合。

（二）明确选择条件

依法诚信经营，企业治理规范，具有良好的市场声誉；具有产业协同、优势互补，有利于促进企业转型升级；契合企业发展需要，能够提供资源、资金、技术、管理、市场等方面支持；兼顾企业文化理念相近，认同企业发展战略，资金实力雄厚，行业影响力等其他因素。

（三）加强操作规范

1. 对投资者进行适格性尽职调查，主要包括投资主体及实际控制人资格资信、关联人识别、财务与法律风险甄别等内容。

2. 投资者以实物、股权、土地使用权等法律法规允许的方式出资参与市属国有企业混合所有制改革时，市管企业应当关注其资产质量，做好与投资者合作相关的风险评估，避免后期出现法律纠纷。

3. 市属国有企业混合所有制改革后由国有控股企业转为国有参股企业或全部退出的，

须进行尽职调查，避免关联交易和利益输送。

4. 市属国有企业在混合所有制改革中，原则上不得与投资者签订对赌条约和回购条款。确需签订的，应在确保国有权益不受损害的前提下，经市管企业董事会同意后执行，并充分考虑后续操作的规范性、可行性以及法律风险和隐患的解决预案。

5. 对于国有创投企业投资高精尖产业领域项目，需在投资协议中约定退出条件的，应当符合《推动市属国有企业加快科技创新大力发展高精尖产业的若干措施》（京国资发〔2018〕14号）等文件的规定。

七、规范交易行为

（一）支持市属国有企业充分利用产权交易市场实施混合所有制改革

1. 市属国有企业通过产权转让、增资扩股方式实施混合所有制改革的，应当按照10号文的规定在北京产权交易所进行。

2. 市属国有企业通过产权转让方式实施混合所有制改革，确需对意向受让方设置资格条件的，应当上报市国资委备案；通过增资方式实施混合所有制改革的，投资方选择条件应体现在增资方案中，由市管企业批准或决定。

3. 通过增资扩股方式引入投资方时，应当制定遴选方案。市属国有企业应当积极配合投资方开展尽职调查，做到公平对待。

4. 北京产权交易所应当加强对投资方资格条件合理性审核，广泛征集投资方，组织遴选活动，对遴选活动进行监督，并在产权转让、增资扩股项目交易完成后及时予以公示。通过投资并购、出资新设方式实施混合所有制改革的，鼓励通过北京产权交易所等公开征询合作方。

（二）支持市属国有企业通过投资非国有企业实施混合所有制改革

1. 支持市属国有企业根据自身产业发展战略通过股权合作、项目合作等多种方式参与民营企业、外资企业等非国有企业发展，优化产业链布局，发展混合所有制经济。

2. 通过投资并购、出资新设等方式实施混合所有制改革的，应当符合企业发展规划，坚持做强主业，严格控制非主业投资，鼓励发展和首都功能定位相符合的产业，大力培育和发展“高精尖”产业，严格遵守投资决策程序，充分发挥市场化功能。

3. 鼓励市属国有企业通过北京产权交易所等发布投资需求和合作需求，北京产权交易所等应当为市属国有企业提供相关服务。

（三）鼓励市管企业采取多种方式深化混合所有制改革，做强做优做大国有控股上市公司

鼓励市管企业依法依规开展资本运作，以上市公司为主要载体深化混合所有制改革。通过首发上市或通过上市公司资产重组、发行证券、资产注入、吸收合并等方式做强做优做大国有控股上市公司。对于通过上市公司深化混合所有制改革的，市管企业应当按照36号令要求通过上市公司国有股权管理信息系统及时、完整、准确报送所持上市公司股份变动情况，实现动态监管。

八、办理交割登记

（一）产权转让与增资扩股

1. 交易各方应就协议条款进行沟通磋商，达成一致意见后共同签署交易合同，并严格遵守国有资产交易价款支付相关规定。

2. 做好产权交割、制订（修订）公司章程等工作，及时办理变更登记并向市管企业报告运营情况。

（二）投资并购与出资新设

通过投资并购、出资新设等方式实施混合所有制改革的，应当严格遵循合同和章程规定的出资要求，有效防范合作方未按约定履行出资义务、抽逃出资等风险，切实维护国有权益。

（三）做好产权登记工作

市属国有企业应当按照规定及时办理产权登记手续。市管企业应于每季度结束后5个工作日内，将季度混合所有制改革情况统计汇总后报市国资委，并于每年度结束后20个工作日内，将年度混合所有制改革情况统计汇总，连同分析报告一并报市国资委。

九、稳步推进市管企业混合所有制改革

（一）市管企业层面实施混合所有制改革的，应当"一企一策"制定发展规划和整体混合所有制改革方案，统筹谋划好混合所有制改革与深化国资国企配套改革试点的衔接关系，结合市管企业行业特点及业态发展趋势选择主业匹配、管理规范、实力较强的投资者，完善法人治理结构，以整体上市为主要形式合理设计改革路径。

（二）对于主业资产已基本具备条件实现证券化，拟通过整体上市深化混合所有制改革的市管企业，应当充分考虑非经营性资产剥离、资产权属瑕疵、税收策划等问题，满足证券监管机构对于上市的要求，制定整体上市方案。

（三）充分发挥国有资本投资、运营公司资本运作平台作用，积极参与市管企业层面混合所有制改革或整体上市，做好相关方案的研究制定，统筹好平台公司与市管企业的关系，通过股权运作、基金投资等多种形式推动市管企业层面混合所有制改革或整体上市进程。

（四）市管企业层面混合所有制改革，由市管企业研究提出初步草案，市国资委审核形成正式方案，报市政府批准。

十、股权及分红权激励

（一）支持市属国有企业在混合所有制改革过程中，用足用好员工持股、限制性股票、股权分红权、股票期权等各种激励措施，进一步激发企业经营管理者和核心骨干的创新创造活力。

（二）优先支持高新技术企业、科技服务型企业的经营管理人员、科研人员和业务骨干入股。推动股权出售、股权奖励、股权期权、岗位分红和项目收益分红等人才激励措施

实施，适时拓宽员工持股实施范围及比例。积极探索混合所有制改革企业高级管理人员和业务骨干分红权激励。

十一、加强混合所有制企业管控

（一）完善法人治理结构

1. 市属国有企业应根据混合所有制企业股权结构合理设置股东会、董事会、监事会，充分发挥股东会和董事会决策、监事会监督、经理层经营管理作用，实现规范的公司治理。

2. 国有股东应主导市属国有控股、国有实际控股混合所有制企业合资合作合同、章程等基础文件的制定，合理设置条文条款，构建规范、顺畅的股东合作机制和争议解决机制，切实维护自身合法权益，有效防范风险。

3. 企业的章程应依法明确各股东的权利和义务，确保国有股东法定权益。国有股东原则上应当向国有控股、国有实际控股企业委派党组织书记、董事长和财务总监，健全日常董事会制度，加强企业管控。经市管企业同意后，确不具备委派财务总监条件的国有控股企业要加强财务监管，防范国有资产流失。

（二）加强国有股东代表管理

1. 国有股东要建立有效的派出国有股东代表履职报告制度和考核评价制度。

2. 国有股东代表应当在授权范围内，参与企业的股东会等会议，跟踪任职企业经营、财务指标的变动，及时做出分析判断，妥善处理存在的经营、财务风险，涉及重大事项应及时报告国有股东。

（三）切实维护国有企业品牌及老字号价值

1. 按照《关于推动北京老字号传承发展的意见》（京政办发〔2018〕44 号），鼓励国有老字号企业引入各类社会资本，允许经营者参与混合所有制改革，实现股权多元化。加大国有老字号企业资源整合力度，培育行业龙头企业。加大对国有企业品牌保护力度，规范对国有企业品牌和老字号的管理。

2. 混合所有制改革后转为国有参股的企业，公司名称原则上不得出现市管企业名号、不得使用市属国有企业商标和字号，确有业务合作需要，经市管企业董事会批准同意，按照相关规定以公允价格采用许可等方式授权许可使用，并报市国资委备案。

（四）规范参股企业管理

1. 混合所有制改革后为国有参股企业的，应在混合所有制改革方案制定中约定公司治理结构，在公司章程中制定保护小股东利益的条款，包括知情权、表决权等方面内容。必要时可以设置有条件的退出条款，并向国有参股企业派出股东代表，依法行使股东权利。

2. 国有参股企业国有股东代表在行使相关股东权利前，应当将股东会、董事会等审议事项上报国有股东，确保所行使表决权符合国有股东真实意图。

3. 加大对产权链条长、管控力度弱、非主业投资、连续亏损等国有参股企业，特别是四级以上非主业参股亏损企业、四级及以下参股亏损企业的清理力度，构建业务有进有退、企业优胜劣汰、管控精干高效的发展格局。

十二、保障措施

（一）坚持党的建设与混合所有制改革同步谋划

严格落实《关于在深化国有企业改革中坚持党的领导加强党的建设的若干意见》（中办发〔2015〕44号），把建立党的组织、开展党的工作，作为国有企业推进混合所有制改革的必要前提，坚持党的建设同步谋划、党的组织及工作机构同步设置、党组织负责人及党务工作人员同步配备、党的工作同步开展，实现体制对接、机制对接、制度对接和工作对接。根据不同类型混合所有制企业特点，明确党组织的设置方式、职责定位和管理模式。

（二）做好社会稳定风险分析与评估

按照《北京市国有企（事）业单位重大决策社会稳定风险评估实施细则（试行）》（京国资党发〔2015〕3号）等规定，市属国有企业应积极做好混合所有制改革中社会稳定风险评估工作，出具混合所有制改革社会稳定风险评估报告。

（三）用足用好财税优惠政策

市属国有企业混合所有制改革过程中，应科学设计改革路径，最大程度用足用好《国家发展改革委办公厅关于印发<国有企业混合所有制改革相关税收政策文件汇编>的通知》（发改办经体〔2018〕947号）等文件对企业混合所有制改革重组的税收优惠政策。

（四）建立科学合理的容错纠错机制

市管企业在混合所有制改革过程中，应当建立科学合理的容错纠错机制，围绕自主创新和国企改革两个方面，科学界定容错纠错界限，鼓励企业领导人员勇于创新、锐意改革。对于按照规定履行民主决策、方案制定、审计评估、资产交易、办理交割登记、审核上报等程序，未发现牟取非法利益的混合所有制改革项目，可视为履行勤勉尽责义务，给予免责容错；对于违反决策程序和审批流程、超授权范围决策、造成国有资产损失的，应当严肃追究相关人员责任。

上海市国资委关于印发《本市国有企业混合所有制改制操作指引(试行)》的通知

沪国资委改革〔2016〕26号

市国资国企改革工作推进领导小组各成员单位，各委托监管单位，各企事业单位，各区县国资委：

《本市国有企业混合所有制改制操作指引(试行)》经市国资委主任办公会议、市国资国企改革工作推进领导小组会议审议通过，现印发给你们。请结合实际，认真贯彻执行。

特此通知。

上海市国有资产监督管理委员会

2016年1月22日

本市国有企业混合所有制改制操作指引(试行)

为贯彻落实中共中央、国务院《关于深化国有企业改革的指导意见》(中发〔2015〕22号)、《国务院关于国有企业发展混合所有制经济的意见》(国发〔2015〕54号)、国务院办公厅《关于加强和改进企业国有资产监督防止国有资产流失的意见》(国办发〔2015〕79号)以及市委、市政府《关于进一步深化上海国资改革促进企业发展的意见》(沪委发〔2013〕20号)、市委办公厅、市政府办公厅《关于推进本市国有企业积极发展混合所有制经济的若干意见(试行)》(沪委办发〔2014〕22号)等文件精神，规范国有企业混合所有制改制操作，把好科学决策关、审计评估关、市场交易关，有效防范风险，有序发展混合所有制经济，制定本指引。

一、适用范围

市属国有及国有控股企业，通过股权转让、增资扩股、合并、股权出资新设等方式，引入集体资本、非公有资本进行的混合所有制改制，适用本指引。

区县所属国有企业混合所有制改制，参照本指引操作。

本市国有控股上市公司按相关规定操作。

二、法律依据

《中华人民共和国公司法》、《中华人民共和国企业国有资产法》、中共中央、国务院《关于深化国有企业改革的指导意见》(中发〔2015〕22号)、《企业国有资产监督管理暂行条例》(国务院令第378号)、《国务院关于国有企业发展混合所有制经济的意见》(国发〔2015〕54号)、《企业国有产权转让管理暂行办法》(国务院国资委、财政部令第3号)、《企业国有资产评估管理暂行办法》(国务院国资委令第 12 号)、《国务院办公厅转发国务院国有资产监督管理委员会关于规范国有企业改制工作意见的通知》(国办发〔2003〕96 号)、《国务院办公厅转发国资委关于进一步规范国有企业改制工作实施意见的通知》(国办发〔2005〕60 号)、国务院办公厅《关于加强和改进企业国有资产监督防止国有资产流失的意见》(国办发〔2015〕79 号)、国务院国资委、财政部《企业国有产权向管理层转让暂行规定》(国资发产权〔2005〕78 号)、市委、市政府《关于进一步深化上海国资改革促进企业发展的意见》(沪委发〔2013〕20 号)、市委办公厅、市政府办公厅《关于推进本市国有企业积极发展混合所有制经济的若干意见(试行)》(沪委办发〔2014〕22 号)等相关法律法规和规范性文件。

三、一般流程

企业混合所有制改制流程，一般包括制订改制方案、履行决策程序、开展审计评估、实施产权交易、办理变更登记等五个主要环节。

1. 制订改制方案

企业做好改制必要性与可行性研究，制订改制方案。

2. 履行决策程序

按照法律法规、公司章程及企业内部管理规定，履行决策程序。

3. 开展审计评估

公开选聘符合条件的中介机构，开展财务审计、资产评估工作，并履行项目备案或核准手续。

同时做好职工民主程序与劳动关系处理、合法合规审核、社会稳定风险分析与评估等相关工作。

4. 实施产权交易

做好产权交易准备工作，实施进场交易，完成产权交割。

5. 办理变更登记

做好国有产权、工商变更登记等事宜。

四、改制决策

企业混合所有制改制，要按照把加强党的领导和完善公司治理统一起来的总体要求，规范决策程序，增强决策透明度，确保企业改制工作科学决策、民主决策、依法决策。

企业混合所有制改制，要坚持分类分层推进，因业决策、因企决策，宜控则控、宜参则参；要以促进各类所有制经济相互融合、共同发展为导向，以发展公众公司为主要实现形式，实现发展混合所有制经济与优化国资布局结构、实施开放性市场化联合重组相结合，与推动国资有序流动、盘活用好国有资产相结合，与完善公司治理结构、建立健全现代企业制度相结合。

（一）改制必要性和可行性

1. 必要性

企业混合所有制改制应具有以下一项或多项意义：

(1) 有利于优化资源配置，支持企业发展主业，推动企业做强做优做大；

(2) 有利于完善法人治理结构，建立现代企业制度，以管资本为主加强国资监管；

(3) 有利于推动企业创新转型，促进本市产业结构转型升级；

(4) 有利于优化国资布局和结构，增强国有经济的活力、控制力、影响力和抗风险能力；

(5) 总体上有利于国有资本保值增值，有利于提高国有经济竞争力，有利于放大国有资本功能。

2. 可行性

企业混合所有制改制应同时符合以下条件：

(1) 符合国家和本市有关国有企业混合所有制改制的法律、法规和政策规定；

(2) 符合行业发展趋势、企业发展规律和市场经济规则；

(3) 具备混合所有制改制条件，改制方案操作性较强，总体可行。

(二) 出资监管企业改制

出资监管企业，指国资监管机构出资或监管的企业(即一级企业)。国资监管机构，指对国有企业履行出资监管、委托监管职责的机构。

出资监管企业改制，包括国资监管机构转让出资监管企业股权(即股权转让)和出资监管企业增加或减少资本、合并、分立、组织形式改变等改制(即非股权转让)。

1. 决策主体

(1) 股权转让。由国资监管机构决策后报市政府同意。

(2) 非股权转让。企业履行内部决策程序(如董事会)后报国资监管机构，由国资监管机构决策后报市政府同意。其中，股权结构多元化的出资监管企业改制，还须通过股东(大)会形成决议。

市国资委出资的委托监管企业的改制，由委托监管机构联合市国资委报市政府或通过市国资委转报市政府。

2. 申报材料

(1) 股权转让。由国资监管机构向市政府申报。

(2) 非股权转让。由企业向国资监管机构申报。申报材料主要包括改制方案、企业内部决策文件等。其中，改制方案应包括企业基本情况、改制目的、改制后企业组织形式、股权结构、投资者条件、法人治理结构、资产和债权债务处理、职工安置、中介机构选聘、实施计划等内容。

(三) 出资监管企业所属企业改制

1. 决策主体

出资监管企业所属企业改制，由出资监管企业按照“谁决策、谁负责”的原则，分级落实责任主体。

其中，出资监管企业重要子企业重大改制，由出资监管企业决策。出资监管企业在作出决定或通过股东(大)会进行表决前，应将改制方案报国资监管机构备案。

重要子企业，指开展所出资监管企业的主营业务的实际运营，并且由其直接管理和控制的重要经营单位。重要子企业由出资监管企业研究确定，报国资监管机构备案。重要子企业重大改制，指出资监管企业转让其重要子企业股权，或重要子企业因合并、分立、增加或减少注册资本等，致使本市国有股权失去控制地位的事项。

2. 监管责任

出资监管企业应制定和完善所属企业改制的监管制度，明确决策主体、决策程序等事项，切实把好科学决策关、审计评估关、市场交易关，并指导监督所属企业规范操作。

（四）战略投资者选择

企业混合所有制改制引入投资者时，原则上应引入战略投资者，必要时也可引入财务投资者。提倡引入多个投资者，以优化股权结构和法人治理。

1. 合适战略投资者的基本条件

（1）依法诚信经营，具有良好的市场声誉；

（2）具有产业链或价值链关联，能与企业形成协同效应；

（3）契合企业发展需要，能在资源、技术、管理、市场等方面帮助企业突破发展瓶颈，形成发展机遇；

（4）兼顾其他因素，如企业文化理念相近，认同企业发展战略，行业地位优势明显等。

2. 注意事项

（1）应按照“公开、公平、公正”的原则，公开信息，择优选择战略投资者。在寻找、选择战略投资者过程中，可以借助中介机构的专业力量。

（2）在与意向投资者接触的过程中，企业应避免向对方作出不必要的和超出权限的承诺。

（五）公司章程管理

1. 管理主体

出资监管企业实施混合所有制改制的，其章程的制定或修改，由出资监管企业代表国资监管机构与其他股东进行协商，报国资监管机构审核通过后，提交股东(大)会审议。

出资监管企业所属企业章程的制定或修改，按照出资监管企业内部管理规定操作。

2. 注意事项

国有股东应根据法律法规和公司的实际情况，就出资方式、股权结构、法人治理等核心事项与其他股东充分协商，合理制定章程条款，建立健全现代企业制度，明晰产权，同股同权、权责对等，依法保护各类股东权益，规范企业股东(大)会、董事会、经理层、监事会和党组织的权责关系，按章程行权，对资本监管，靠市场选人，依规则运行，形成定位清晰、权责对等、运转协调、制衡有效的法人治理结构，促进企业和谐发展。

章程及相关议事规则应明确股东会、董事会、监事会和管理层、党组织的各自权限、召开程序和事项范围，尽可能细化。

在各方股权相等的情况下，应设置相应的争议解决条款，避免出现公司僵局。

在国有参股情形下，在公司章程中尽量制定保护小股东利益的条款，如知情权、表决权等方面内容，必要时可以设置有条件的退出条款。

五、审计评估

（一）财务审计

按照《关于印发〈上海市国有企业改制财务审计管理暂行办法(修改版)〉等文件的通知》(沪国资委评价〔2011〕153号，以下简称“153号文”)等规定，做好财务审计工作，重点关注以下几个关键环节：

1. 审计委托

审计委托应按照“公开、公平、公正”的原则，通过随机选择、招标等公开方式，选聘符合153号文规定的会计师事务所，委托主体是改制企业的国有产权持有单位。

2. 审计范围和审计重点事项

按照153号文规定，企业改制财务审计应以企业改制方案确定的资产评估基准日作为审计基准日，并按照《企业会计准则》编制两年又一期的财务报表(包括改制企业合并范围的所有子公司)。

改制财务审计重点关注涉及改制资产边界界定的审计事项，如合并报表的范围、账外资产、不良资产、无形资产、无须偿还的债务、承诺及或有事项等，以及会计政策变更的合理性及对净资产的影响等。

3. 审计报告及披露

改制财务审计报告应按照153号文的要求出具，应当重点关注审计事项披露的完整性和真实性，重点披露改制审计结果与年度报告的差异、资产减值准备计提情况、预提的应由原企业职工享受的离退休补贴以及土地出让形成的专项资金等情况。同时，应结合改制工作要求做到：

(1) 标的企业及其控股二级子企业，应出具两年又一期审计报告，包括合并及母公司报表；

(2) 三级及以下控股子企业可以提供经审计机构盖章的两年又一期的审定表；

(3) 基准日后发生重大资产变动的，应出具模拟资产变动后的审计报告，但模拟事项需在评估备案前完成，模拟事项的审计报告原则上追溯两年又一期；

(4) 涉及盈利预测的，须按照评估工作要求提供盈利预测报告。

4. 审计沟通、审核和备案

在企业改制审计过程中，出资监管企业应加强与国资监管机构的沟通。改制审计实施前，应将经批准的改制方案、财务审计工作方案、审计备案表及选聘会计师事务所资质证明等材料报国资监管机构备案。改制审计实施中，涉及改制审计的重大事项应及时与国资监管机构沟通。审计报告应由出资监管企业内审部门审核后，报国资监管机构备案。

企业监事会应了解审计工作情况，审计报告等材料应抄送监事会。

（二）资产评估

按照《关于印发〈上海市企业国有资产评估项目核准备案操作手册〉的通知》(沪国资委评估〔2012〕468号)等规定，做好资产评估工作。

1. 管理主体

(1) 经市政府批准实施的混合所有制改制涉及的资产评估项目，由市国资委负责核准。

(2) 经市国资委批准的混合所有制改制涉及的资产评估项目，由市国资委负责备案。

(3) 经市国资委同意具有备案职能的出资监管企业及其各级子企业批准的混合所有制改制涉及的资产评估项目，由出资监管企业负责备案。

(4) 经委托监管单位及其监管企业和各级子企业批准的混合所有制改制涉及的资产评估项目，由委托监管单位负责备案。

(5) 经其他单位(指不具有评估备案职能的市国资委出资监管企业和市属委办局)及其各级子企业批准的混合所有制改制涉及的资产评估项目，由市国资委负责备案。

2. 评估机构委托方

企业改制由国有产权持有单位委托评估机构。涉及多个国有产权持有单位的，经协商一致可由国有股最大股东委托。国有企业涉及与上市公司重组的，可由国有产权持有单位和上市公司共同委托。市国资委出资监管企业产权变动的，可由市国资委授权出资监管企业委托。

3. 评估机构选聘

一般可从年度候选资产评估机构中选聘，重大项目可单独进行招投标。如委托方需要选聘两个及以上资产评估机构的，应选定其中一家作为牵头机构，组织协调评估工作。涉及出资监管企业产权变动的项目，应选聘具有证券业评估资质的资产评估机构。

4. 评估基准日确定

(1) 由委托方与评估机构协商确定，尽可能与评估目的的实现日接近。原则上应采用评估机构进场前一个月的月末为评估基准日，否则应说明原因。

(2) 涉及上市公司的资产置换、发行股份收购资产等产权变动，评估基准日应为上市公司公告(停牌日)前后一个月内；如停牌期限较长，也可选择停牌期间的某月末为基准日。

(3) 评估基准日期后发生重大资产或国家政策等调整事项，致使评估结果无法有效地服务于评估目的的，应调整评估基准日或评估结果。

5. 重要事项处理

(1) 评估方案。评估机构进场后，委托方应及时向核准或备案单位提供评估方案。评估方案应明确评估目的、范围、评估方法等重要事项。

(2) 土地使用权评估事项。企业改制涉及土地使用权的，应按照《国务院办公厅转发国资委关于进一步规范国有企业改制工作实施意见的通知》(国办发〔2005〕60 号)有关要求，进行土地确权登记并明确土地使用权的处置方式。划拨、空转土地使用权在改制前应按照国家有关规定办理土地有偿使用手续，由区县土地管理部门组织开展地价市场评估，经区县政府集体决策确定土地出让价款，签订土地出让合同。企业价值评估中应根据出让土地使用权证或土地出让合同确认土地权属、性质和出让金。对确实无法办理出让的划拨、空转土地使用权，企业应与土地管理部门沟通明确处置方式。

(3) 长期投资评估事项。控股、参股子企业均应进行股权价值评估。参股子企业如评估程序受到限制，可以对企业采取调查、管理层访谈等了解企业财务及经营情况，依靠股东提供资料、审计报告等相关资料分析评估。

(4) 职工安置费用评估事项。对于解除或终止劳动合同的职工的经济补偿、离退休人员、内退人员有关费用等职工安置费用，按照《关于企业重组有关职工安置费用财务管理问题的通知》(财企〔2009〕117 号)处理。职工安置费用的确定须经国资监管机构或出资监管企业审核同意。

六、产权交易

(一) 国有产权转让

企业国有产权对外转让应按照“公开、公平、公正”原则，按照相关法律法规和《关于〈企业国有产权交易操作规则〉相关操作细则的通知》(沪产管办〔2009〕34 号)等规定，在产权交易机构公开进行，重点关注以下环节：

1. 进场交易范围

除按照国家规定可以直接协议转让外，国有产权转让应通过产权交易机构公开进行。

2. 挂牌前期工作

国有产权进场交易前，转让方应履行决策或审批程序，做好可行性研究、转让方案制定、财务审计与资产评估、合法合规审核，并完成职工安置方案和职工民主决策程序等前期准备工作。

3. 定价依据

国有产权转让价格应以经核准或备案的评估结果为基准，首次信息公告时的挂牌价不得低于评估结果。如公告期内未征集到意向受让方，转让方可以在不低于评估结果 90%的范围内设定新的挂牌价再次进行公告。如新的挂牌价低于评估结果的 90%，转让方应当重新获得产权转让批准机构批准后，再发布产权转让公告。

4. 转让信息公告

转让信息应在省级以上公开发行的经济或者金融类报刊和产权交易机构网站上公开披露。转让方根据交易规模、市场情况等因素合理确定转让信息公告期限，但首次信息公告期不少于 20 个工作日。

5. 受让方资格确认

转让方可根据实际情况，合理设置受让方的主体资格、管理能力、资产规模等资格条件和交易条件，但不得出现具有明确指向性或者违反公平竞争的内容。转让信息公告期满，转让方根据公告的资格条件，对登记的意向受让方资格出具意见。

6. 交易方式选择

产生两个及以上符合条件的意向受让方时，一般通过网络竞价确定受让方。网络竞价中采取权重报价的，应由出资监管企业批准(如为出资监管企业股权转让，由国资监管机构批准)，并经产权交易机构核准。

7. 交易价款支付

国有产权转让价款原则上应一次付清。如金额较大、一次付清确有困难，确需采取分期付款的，受让方首期付款不得低于总价款的30%，并在合同生效之日起5个工作日内支付，其余款项应当提供合法的担保，并应当按同期银行贷款利率向转让方支付延期付款期间利息，付款期限不得超过1年。企业应加强应收账款管理，切实防范交易风险。

（二）国有企业增资扩股

企业实施增资引入社会资本，应通过产权交易机构公开进行，根据企业发展需求，“公开、公平、公正”择优选择投资者。增资行为涉及改制的，应同时符合改制有关要求。增资过程中应注重以下环节：

1. 适用情形

企业引入社会资本实施增资，应通过产权交易机构公开进行。企业增资扩股涉及引入管理层持股、股权激励或员工持股的，按照国家及本市有关规定操作。

企业以股权出资与社会资本共同设立新公司的，应参照增资扩股方式，通过产权交易机构公开进行。

2. 挂牌前期工作

企业增资应符合国资布局优化和结构调整要求，有利于企业改革转制、创新发展。增资企业应履行决策或审批程序，做好可行性研究、增资方案制定、财务审计与资产评估、合法合规审核，并完成职工安置方案和职工民主决策程序等前期准备工作。

3. 定价依据

增资企业以经核准或备案的资产评估结果为基准确定挂牌价格，挂牌价格不得低于评估结果。最终确定的增资扩股价格不得低于挂牌价。

4. 增资信息公告

增资企业应充分进行信息披露，尽可能扩大征集投资人的范围和渠道。增资信息应在省级以上公开发行的经济或者金融类报刊和产权交易机构网站上公开披露。公告中对管理、分红以及章程修改等的承诺，不得以约定的形式让渡国有股东的法定基本权益。

5. 投资人资格确认

增资企业可根据项目特点、增资目的等，从市场、技术、管理或资源等方面设置必要的资格条件和交易条件。不得设置带有明显歧视或显失公平的排他性条件。增资信息公告期满，增资企业根据公告的资格条件，对登记的意向增资方资格出具意见。

6. 投资人选择

增资信息公告后产生多个意向投资人的，增资企业可根据增资目的，通过竞价、综合评议和竞争性谈判等方式，优先选择业绩优秀、信誉良好的合格投资者。

七、相关事项

（一）混合所有制企业党建

根据中共中央办公厅《关于在深化国有企业改革中坚持党的领导加强党的建设的若干意见》（中办发〔2015〕44号）规定，要积极推进混合所有制企业党建工作，充分发挥混合所有制企业党组织作用。把建立党的组织、开展党的工作，作为国有企业推进混合所有制改革的必要前提。根据不同类型混合所有制企业特点，明确党组织的设置方式、职责定位和管理模式。国有资本绝对控股、相对控股或者具有实际控制力的混合所有制企业，党组织发挥政治核心作用；其他混合所有制企业，比照非公有制企业开展党建工作，党组织在职工群众中发挥政治核心作用，在企业发展中发挥政治引领作用，其中国有资本参股比重较大的企业，国有资本出资企业党组织可以通过选派政治素质好、工作能力强的党组织书记，加强企业党建工作力量。

（二）职工民主程序与劳动关系处理

企业改制应按照《上海市职工代表大会条例》和《关于进一步深入推进本市厂务公开工作的实施意见的通知》（沪委办〔2004〕14 号）等有关文件规定，履行职工民主管理程序和厂务公开事项。企业改制中应按《劳动合同法》规定处理劳动关系，改制为非国有企业涉及职工安置分流方案的，须经职工（代表）大会审议通过后实施。

（三）合法合规审核

根据《国务院办公厅转发国资委关于进一步规范国有企业改制工作实施意见的通知》（国办发〔2005〕60 号）规定，企业改制必须对改制方案出具法律意见书，改制方案的审批单位为责任主体。在审批改制重组方案时，应当进行合法合规方面的审核。

企业改制过程中，应由其法务部门或所聘请的律师事务所参与，以确保方案及操作过程符合法律法规的相关规定。企业在上报改制方案前应与审批单位进行充分沟通。审批单位可以根据下属企业上报的改制方案和自身情况，决定由法务部门或聘请律师事务所出具法律意见书，对改制后仍为国有控股企业且职工（包括管理层）不持有本企业股权的，可由审批单位授权该企业的法务部门出具。如方案涉及需进场交易的，须由律师事务所出具法律意见书。如由律师事务所出具法律意见书的，企业法务部门应当对此进行审核。

法务部门或律师事务所对改制方案出具法律意见书时应当重点关注以下内容：(1)决策程序是否符合法律法规及章程规定；(2)改制资产产权是否明晰；(3)改制操作程序是否完整、合规；(4)债权债务处理方案是否损害债权人利益；(5)中介机构的选聘是否公开透明；(6)涉及职工安置的是否符合规定且经必要程序；(7)改制后的组织形式、法人治理结构是否合法合理；(8)股权变动方案的合法性等。

（四）社会稳定风险分析与评估

按照国务院国资委《关于建立国有企业改革重大事项社会稳定风险评估机制的指导意见》（国资发〔2010〕157 号）、市委办公厅、市政府办公厅《关于深入推行重大事项社会稳定风险评估机制的通知》（沪委办发〔2011〕32 号）、市国资委《关于深入推行市国资委系统重大决策社会稳定风险分析和评估机制的实施意见》（沪国资党委办〔2013〕10 号）等规定，做好企业改制中社会稳定风险的分析与评估工作。

按照“谁决策、谁评估、谁负责”，“谁审批、谁负责”的原则，分级承担社会稳定风险分析和评估责任。对重大决策的合法性、合理性、程序性、类比性、可控性等指标逐一进行分析和评估，从源头上规避、减少、降低、控制和应对重大决策可能引发的社会风险，为企业改革发展营造良好环境。

（五）资产减值准备和资产损失处理及监管

国有全资企业实施改制，已核销的各项资产损失，应按照《上海市国资委委管企业资产减值准备财务核销工作办法》（沪国资委评价〔2014〕7号）规定操作。凡计提各项资产减值准备，影响国有产权转让价或者股价的，该计提减值准备的资产和已核销的各项资产，必须由改制企业的国有产权持有单位提出处理意见。

对已核销及不纳入改制范围的计提资产减值准备的资产，国有产权持有单位应采取清理追缴等监管措施，落实监管责任，最大程度地减少损失。

（六）土地出让专项资金和人员安置费用跟踪监管

土地出让形成的专项资金，应当形成项目清单及备忘录，国有产权持有单位应定期进行跟踪，并根据实施结果及时履行老股东权益的追索权。

企业改制中按《关于企业重组有关职工安置费用财务管理问题的通知》（财企〔2009〕117号）规定提取的离退休人员、内退人员的相关费用，应实行专户管理，并按约定从专户中向相关人员支付费用。

八、附则

1. 国家及本市出台新规定的，从其规定。
2. 本指引由市国资委负责解释。

国有企业混合所有制改制相关文件目录

1. 中华人民共和国公司法
2. 中华人民共和国企业国有资产法
3. 中华人民共和国劳动合同法
4. 中共中央、国务院《关于深化国有企业改革的指导意见》（中发〔2015〕22号）
5. 企业国有资产监督管理暂行条例（国务院令第378号）
6. 国务院关于国有企业发展混合所有制经济的意见（国发〔2015〕54号）
7. 上海市职工代表大会条例
8. 关于进一步深入推进本市厂务公开工作的实施意见的通知（沪委办〔2004〕14号）
9. 企业国有产权转让管理暂行办法（国务院国资委、财政部令第3号）
10. 企业国有资产评估管理暂行办法（国务院国资委令第12号）
11. 中共中央办公厅印发《关于在深化国有企业改革中坚持党的领导加强党的建设的若干意见》的通知（中办发〔2015〕44号）
12. 国务院办公厅转发国务院国有资产监督管理委员会关于规范国有企业改制工作意见的通知（国办发〔2003〕96号）
13. 国务院办公厅转发国资委关于进一步规范国有企业改制工作实施意见的通知（国办发〔2005〕60号）
14. 国务院办公厅《关于加强和改进企业国有资产监督防止国有资产流失的意见》（国办发〔2015〕79号）

15. 国务院国资委、财政部关于印发《企业国有产权向管理层转让暂行规定》的通知(国资发产权〔2005〕78号)

16. 关于企业国有产权转让有关事项的通知(国资发产权〔2006〕306号)

17. 关于规范国有企业职工持股、投资的意见(国资发改革〔2008〕139号)

18. 关于企业重组有关职工安置费用财务管理问题的通知(财企〔2009〕117号)

19. 关于建立国有企业改革重大事项社会稳定风险评估机制的指导意见(国资发〔2010〕157号)

20. 市委、市政府《关于进一步深化上海国资改革促进企业发展的意见》(沪委发〔2013〕20号)

21. 市委办公厅、市政府办公厅《关于深入推行重大事项社会稳定风险评估机制的通知》(沪委办发〔2011〕32号)

22. 市委办公厅、市政府办公厅印发《关于推进本市国有企业积极发展混合所有制经济的若干意见(试行)》的通知(沪委办发〔2014〕22号)

23. 关于进一步坚持和完善国有企业改制工作民主程序的若干意见(沪工总民〔2004〕88号)

24. 关于印发《关于本市贯彻落实〈国务院办公厅转发国资委关于进一步规范国有企业改制工作实施意见的通知〉的意见(试行)》的通知(沪国资委产〔2006〕428号)

25. 关于《企业国有产权交易操作规则》相关操作细则的通知(沪产管办〔2009〕34号)

26. 关于印发《上海市国有企业改制财务审计管理暂行办法(修订版)》等文件的通知(沪国资委评价〔2011〕153号)

27. 关于印发《上海市企业国有资产评估项目核准备案操作手册》的通知(沪国资委评估〔2012〕468号)

28. 关于深入推行市国资委系统重大决策社会稳定风险分析和评估机制的实施意见(沪国资党委办〔2013〕10号)

29. 上海市国资委委管企业资产减值准备财务核销工作办法(沪国资委评价〔2014〕7号)

二、投资管理类

企业投资项目核准和备案管理条例

中华人民共和国国务院令 第673号

《企业投资项目核准和备案管理条例》已经2016年10月8日国务院第149次常务会议通过，现予公布，自2017年2月1日起施行。

总理 李克强

2016年11月30日

企业投资项目核准和备案管理条例

第一条 为了规范政府对企业投资项目的核准和备案行为，加快转变政府的投资管理职能，落实企业投资自主权，制定本条例。

第二条 本条例所称企业投资项目（以下简称项目），是指企业在中国境内投资建设的固定资产投资项目。

第三条 对关系国家安全、涉及全国重大生产力布局、战略性资源开发和重大公共利益等项目，实行核准管理。具体项目范围以及核准机关、核准权限依照政府核准的投资项目目录执行。政府核准的投资项目目录由国务院投资主管部门会同国务院有关部门提出，报国务院批准后实施，并适时调整。国务院另有规定的，依照其规定。

对前款规定以外的项目，实行备案管理。除国务院另有规定的，实行备案管理的项目按照属地原则备案，备案机关及其权限由省、自治区、直辖市和计划单列市人民政府规定。

第四条 除涉及国家秘密的项目外，项目核准、备案通过国家建立的项目在线监管平台（以下简称在线平台）办理。

核准机关、备案机关以及其他有关部门统一使用在线平台生成的项目代码办理相关手续。

国务院投资主管部门会同有关部门制定在线平台管理办法。

第五条 核准机关、备案机关应当通过在线平台列明与项目有关的产业政策，公开项目核准的办理流程、办理时限等，并为企业提供相关咨询服务。

第六条 企业办理项目核准手续，应当向核准机关提交项目申请书；由国务院核准的项目，向国务院投资主管部门提交项目申请书。项目申请书应当包括下列内容：

（一）企业基本情况；

（二）项目情况，包括项目名称、建设地点、建设规模、建设内容等；

（三）项目利用资源情况分析以及对生态环境的影响分析；

（四）项目对经济和社会的影响分析。

企业应当对项目申请书内容的真实性负责。

法律、行政法规规定办理相关手续作为项目核准前置条件的，企业应当提交已经办理相关手续的证明文件。

第七条 项目申请书由企业自主组织编制，任何单位和个人不得强制企业委托中介服务机构编制项目申请书。

核准机关应当制定并公布项目申请书示范文本，明确项目申请书编制要求。

第八条 由国务院有关部门核准的项目，企业可以通过项目所在地省、自治区、直辖市和计划单列市人民政府有关部门（以下称地方人民政府有关部门）转送项目申请书，地方人民政府有关部门应当自收到项目申请书之日起5个工作日内转送核准机关。

由国务院核准的项目，企业通过地方人民政府有关部门转送项目申请书的，地方人民政府有关部门应当在前款规定的期限内将项目申请书转送国务院投资主管部门，由国务院投资主管部门审核后报国务院核准。

第九条 核准机关应当从下列方面对项目进行审查：

（一）是否危害经济安全、社会安全、生态安全等国家安全；

（二）是否符合相关发展建设规划、技术标准和产业政策；

（三）是否合理开发并有效利用资源；

（四）是否对重大公共利益产生不利影响。

项目涉及有关部门或者项目所在地地方人民政府职责的，核准机关应当书面征求其意见，被征求意见单位应当及时书面回复。

核准机关委托中介服务机构对项目进行评估的，应当明确评估重点；除项目情况复杂的，评估时限不得超过30个工作日。评估费用由核准机关承担。

第十条 核准机关应当自受理申请之日起20个工作日内，作出是否予以核准的决定；项目情况复杂或者需要征求有关单位意见的，经本机关主要负责人批准，可以延长核准期限，但延长的期限不得超过40个工作日。核准机关委托中介服务机构对项目进行评估的，评估时间不计入核准期限。

核准机关对项目予以核准的，应当向企业出具核准文件；不予核准的，应当书面通知企业并说明理由。由国务院核准的项目，由国务院投资主管部门根据国务院的决定向企业出具核准文件或者不予核准的书面通知。

第十一条 企业拟变更已核准项目的建设地点，或者拟对建设规模、建设内容等作较大变更的，应当向核准机关提出变更申请。核准机关应当自受理申请之日起20个工作日内，作出是否同意变更的书面决定。

第十二条 项目自核准机关作出予以核准决定或者同意变更决定之日起2年内未开工建设，需要延期开工建设的，企业应当在2年期限届满的30个工作日前，向核准机关申请延期开工建设。核准机关应当自受理申请之日起20个工作日内，作出是否同意延期开工建设的决定。开工建设只能延期一次，期限最长不得超过1年。国家对项目延期开工建设另有规定的，依照其规定。

第十三条 实行备案管理的项目，企业应当在开工建设前通过在线平台将下列信息告知备案机关：

（一）企业基本情况；

（二）项目名称、建设地点、建设规模、建设内容；

（三）项目总投资额；

（四）项目符合产业政策的声明。

企业应当对备案项目信息的真实性负责。

备案机关收到本条第一款规定的全部信息即为备案；企业告知的信息不齐全的，备案机关应当指导企业补正。

企业需要备案证明的，可以要求备案机关出具或者通过在线平台自行打印。

第十四条 已备案项目信息发生较大变更的，企业应当及时告知备案机关。

第十五条 备案机关发现已备案项目属于产业政策禁止投资建设或者实行核准管理的，应当及时告知企业予以纠正或者依法办理核准手续，并通知有关部门。

第十六条 核准机关、备案机关以及依法对项目负有监督管理职责的其他有关部门应当加强事中事后监管，按照谁审批谁监管、谁主管谁监管的原则，落实监管责任，采取在线监测、现场核查等方式，加强对项目实施的监督检查。

企业应当通过在线平台如实报送项目开工建设、建设进度、竣工的基本信息。

第十七条 核准机关、备案机关以及依法对项目负有监督管理职责的其他有关部门应当建立项目信息共享机制，通过在线平台实现信息共享。

企业在项目核准、备案以及项目实施中的违法行为及其处理信息，通过国家社会信用信息平台向社会公示。

第十八条 实行核准管理的项目，企业未依照本条例规定办理核准手续开工建设或者未按照核准的建设地点、建设规模、建设内容等进行建设的，由核准机关责令停止建设或者责令停产，对企业处项目总投资额1‰以上5‰以下的罚款；对直接负责的主管人员和其他直接责任人员处2万元以上5万元以下的罚款，属于国家工作人员的，依法给予处分。

以欺骗、贿赂等不正当手段取得项目核准文件，尚未开工建设的，由核准机关撤销核准文件，处项目总投资额1‰以上5‰以下的罚款；已经开工建设的，依照前款规定予以处罚；构成犯罪的，依法追究刑事责任。

第十九条 实行备案管理的项目，企业未依照本条例规定将项目信息或者已备案项目的信息变更情况告知备案机关，或者向备案机关提供虚假信息的，由备案机关责令限期改正；逾期不改正的，处2万元以上5万元以下的罚款。

第二十条 企业投资建设产业政策禁止投资建设项目的，由县级以上人民政府投资主管部门责令停止建设或者责令停产并恢复原状，对企业处项目总投资额5‰以上10‰以下的罚款；对直接负责的主管人员和其他直接责任人员处 5 万元以上 10 万元以下的罚款，属于国家工作人员的，依法给予处分。法律、行政法规另有规定的，依照其规定。

第二十一条 核准机关、备案机关及其工作人员在项目核准、备案工作中玩忽职守、滥用职权、徇私舞弊的，对负有责任的领导人员和直接责任人员依法给予处分；构成犯罪的，依法追究刑事责任。

第二十二条 事业单位、社会团体等非企业组织在中国境内投资建设的固定资产投资项目适用本条例，但通过预算安排的固定资产投资项目除外。

第二十三条 国防科技工业企业在中国境内投资建设的固定资产投资项目核准和备案管理办法，由国务院国防科技工业管理部门根据本条例的原则另行制定。

第二十四条 本条例自 2017 年 2 月 1 日起施行。

国家发改委 企业投资项目事中事后监管办法

中华人民共和国国家发展和改革委员会令第 14 号

《企业投资项目事中事后监管办法》已经国家发展和改革委员会主任办公会讨论通过，现予以发布，自 2018 年 2 月 4 日起施行。

主　任　何立峰

2018 年 1 月 4 日

企业投资项目事中事后监管办法

第一章　总　　则

第一条　为加强对企业投资项目的事中事后监管，规范企业投资行为，维护公共利益和企业合法权益，依据《行政许可法》、《行政处罚法》、《企业投资项目核准和备案管理条例》等法律法规，制定本办法。

第二条　各级发展改革部门根据核准和备案职责，对企业在境内投资建设的固定资产项目(以下简称项目)核准和备案的事中事后监督管理，适用本办法。

第三条　项目事中事后监管是指各级发展改革部门对项目开工前是否依法取得核准批复文件或者办理备案手续，并在开工后是否按照核准批复文件或者备案内容进行建设的监督管理。

各级发展改革部门开展项目事中事后监管，应当与规划、环保、国土、建设、安全生产等主管部门的事中事后监管工作各司其职、各负其责，并加强协调配合。

第四条　各级发展改革部门对项目实施分级分类监督管理。

对已经取得核准批复文件的项目，由核准机关实施监督管理；对已经备案的项目，由备案机关实施监督管理。对项目是否依法取得核准批复文件或者办理备案手续，由项目所在地县级以上地方发展改革部门实施监督管理。

第五条　各级发展改革部门应当建立健全行政监督和监管执法程序，加强监管执法队伍建设，保障监管执法经费，依法行使监督管理职权。

对政府投资项目以及企业投资项目使用政府投资的稽察工作，按照有关规定执行。

第二章　对核准项目的监管

第六条　核准机关对本机关已核准的项目，应当对以下方面进行监督管理：

(一) 是否通过全国投资项目在线审批监管平台(以下简称在线平台)，如实、及时报送项目开工建设、建设进度、竣工等建设实施基本信息；

（二）需要变更已核准建设地点或者对已核准建设规模、建设内容等作较大变更的，是否按规定办理变更手续；

（三）需要延期开工建设的，是否按规定办理延期开工建设手续；

（四）是否按照核准的建设地点、建设规模、建设内容等进行建设。

第七条 核准机关应当根据行业特点、监管需要和简易、可操作的原则，制定、上线核准项目报送建设实施基本信息的格式文本，并对报送的建设实施基本信息进行在线监测。

第八条 核准机关对其核准的项目，应当在项目开工后至少开展一次现场核查。

第九条 已开工核准项目未如实、及时报送建设实施基本信息的，核准机关应当责令项目单位予以纠正；拒不纠正的，给予警告。

第十条 项目未按规定办理核准批复文件、项目变更批复文件或者批复文件失效后开工建设的，核准机关应当依法责令停止建设或者责令停产，并依法处以罚款。

第十一条 项目未按照核准的建设地点、建设规模、建设内容等进行建设的，核准机关应当依法责令停止建设或者责令停产，并依法处以罚款。

对于有关部门依法认定项目建设内容属于产业政策禁止投资建设的，核准机关应当依法责令停止建设或者责令停产并恢复原状，并依法处以罚款。

第十二条 县级以上地方发展改革部门发现本行政区域内的项目列入《政府核准的投资项目目录》，但未依法办理核准批复文件、项目变更批复文件或者批复文件失效后开工建设的，应当报告对该项目有核准权限的机关，由核准机关依法责令停止建设或者责令停产，并依法处以罚款。

第三章 对备案项目的监管

第十三条 备案机关对本机关已备案的项目，应当对以下方面进行监督管理：

（一）是否通过在线平台如实、及时报送项目开工建设、建设进度、竣工等建设实施基本信息；

（二）是否属于实行核准管理的项目；

（三）是否按照备案的建设地点、建设规模、建设内容进行建设；

（四）是否属于产业政策禁止投资建设的项目。

第十四条 备案机关应当根据行业特点、监管需要和简易、可操作的原则，制定、上线备案项目报送建设实施基本信息的格式文本，并对报送的建设实施基本信息进行在线监测。

第十五条 项目自备案后2年内未开工建设或者未办理任何其他手续的，项目单位如果决定继续实施该项目，应当通过在线平台作出说明；如果不再继续实施，应当撤回已备案信息。

前款项目既未作出说明，也未撤回备案信息的，备案机关应当予以提醒。经提醒后仍未作出相应处理的，备案机关应当移除已向社会公示的备案信息，项目单位获取的备案证明文件自动失效。对其中属于故意报备不真实项目、影响投资信息准确性的，备案机关可以将项目列入异常名录，并向社会公开。

第十六条 备案机关对其备案的项目，应当根据“双随机一公开”的原则，结合投资调控实际需要，定期制定现场核查计划。对列入现场核查计划的项目，应当在项目开工后至少开展一次现场核查。列入现场核查计划的项目数量比例，由备案机关根据实际确定。

第十七条 已开工备案项目未如实、及时报送建设实施基本信息的，备案机关应当责令项目单位予以纠正；拒不纠正的，给予警告。

第十八条 项目建设与备案信息不符的，备案机关应当责令限期改正；逾期不改正的，依法处以罚款并列入失信企业名单，向社会公开。

对于有关部门依法认定项目建设内容属于产业政策禁止投资建设的，备案机关应当依法责令停止建设或者责令停产并恢复原状，并依法处以罚款。

第十九条 县级以上地方发展改革部门发现本行政区域内的已开工项目应备案但未依法备案的，应当报告对该项目有备案权限的机关，由备案机关责令其限期改正；逾期不改正的，依法处以罚款并列入失信企业名单，向社会公开。

第二十条 对本行政区域内的已开工项目，经有关部门依法认定属于产业政策禁止投资建设的，县级以上发展改革部门应当依法责令停止建设或者责令停产并恢复原状，并依法处以罚款。

第四章 监管程序和方式

第二十一条 各级发展改革部门对项目的现场核查，可以自行开展，也可以发挥工程咨询单位等机构的专业优势，以委托第三方机构的方式开展。

委托第三方机构开展现场核查的，应当建立核查机构名录，制订核查工作规范，加强对核查工作的指导和监督。委托第三方机构开展现场核查的经费由委托方承担。

第二十二条 各级发展改革部门应当依托在线平台，运用大数据、互联网、移动计算等信息技术手段，加强对各类信息的分析研判，提高发现问题线索的能力。

第二十三条 各级发展改革部门应当畅通投诉举报渠道，对投诉举报反映的问题线索及时予以处理。

第二十四条 各级发展改革部门对发现的涉嫌违法问题，应当按照法定权限和程序立案查处，并作出处理决定。

对发现的涉及其他部门职权的违法违纪线索，应当及时移送。涉嫌犯罪的，应当移送司法机关追究刑事责任。

第二十五条 各级发展改革部门对项目的行政处罚信息，应当通过在线平台进行归集，并通过在线平台和“信用中国”网站向社会公开。

对在项目事中事后监管中形成的项目异常名录和失信企业名单，应当通过在线平台与全国信用信息平台共享，通过“信用中国”网站向社会公开，并实施联合惩戒。

第二十六条 各级发展改革部门应当与规划、环保、国土、建设、安全生产等主管部门建立健全协同监管和联合执法机制，参加本级人民政府开展的综合执法工作，提高监管执法效率。

第二十七条 各级发展改革部门应当建立健全项目事中事后监管责任制和责任追究制，通过约谈、挂牌督办、上收核准权限等措施，督促下级发展改革部门落实工作责任。

第五章 法律责任

第二十八条 本办法第九条、第十七条所称的警告，均指《行政处罚法》规定的行政处罚罚种，各级发展改革部门应当依照法定程序和要求实施。

第二十九条 核准机关对未按规定办理核准手续的项目，未按照核准的建设地点、建设规模、建设内容等进行建设的项目，处以罚款的情形和幅度依照《企业投资项目核准和备案管理条例》第十八条执行。

第三十条 备案机关对未依法备案的项目，建设与备案信息不符的项目，处以罚款的情形和幅度依照《企业投资项目核准和备案管理条例》第十九条执行。

第三十一条 对属于产业政策禁止投资建设的项目，处以罚款的情形和幅度依照《企业投资项目核准和备案管理条例》第二十条执行。

第三十二条 违反本办法规定，但能够积极配合调查、认真整改纠正、主动消除或者减轻危害后果的，可以在法定幅度内减轻处罚。

第六章 附 则

第三十三条 外商投资项目事中事后监督管理另有规定的，从其规定。

第三十四条 事业单位、社会团体等非企业组织在境内投资建设的项目事中事后监督管理适用本办法，但通过预算安排的项目除外。

第三十五条 本办法由国家发展和改革委员会负责解释。

第三十六条 本办法自2018年2月4日起实施。

国家发展改革委 商务部关于印发《市场准入负面清单(2022年版)》的通知

各省、自治区、直辖市人民政府，新疆生产建设兵团，中央和国家机关有关部门：

按照党中央、国务院关于开展市场准入负面清单动态调整的部署要求，国家发展改革委、商务部会同各地区各有关部门对《市场准入负面清单(2020年版)》开展全面修订，形成《市场准入负面清单(2022年版)》(以下简称《清单(2022年版)》)，经党中央、国务院批准印发。现将有关要求通知如下。

一、严格落实“全国一张清单”管理要求。坚决维护市场准入负面清单制度的统一性、严肃性和权威性，确保“一单尽列、单外无单”。按照党中央、国务院要求编制的涉及行业性、领域性、区域性等方面，需要用负面清单管理思路或管理模式出台相关措施的，应纳入全国统一的市场准入负面清单。已经纳入的，各有关部门要做好对地方细化措施的监督指导，确保符合“全国一张清单”管理要求。各地区各部门不得自行发布市场准入性质的负面清单。

二、切实履行政府监管责任。各地区各部门要更好发挥政府作用，严格落实法律法规和“三定”规定明确的监管职责，对法律法规和“三定”规定未明确监管职责的，按照“谁审批、谁监管，谁主管、谁监管”的原则，全面夯实监管责任。要落实放管结合、并重要求，坚决纠正“以批代管”“不批不管”等问题，防止出现监管真空。要健全监管规则，创新监管方式，实现事前事中事后全链条全领域监管，提高监管的精准性有效性。要强化反垄断监管，防止资本无序扩张、野蛮生长、违规炒作，冲击经济社会发展秩序。要进一步健全完善与市场准入负面清单制度相适应的准入机制、审批机制、社会信用体系和激励惩戒机制、商事登记制度等，系统集成、协同高效地推进市场准入制度改革工作。

三、建立违背市场准入负面清单案例归集和通报制度。国家发展改革委会同有关部门按照“一案一核查、一案一通报”原则，对违背市场准入负面清单情况进行归集排查，按季度对违背市场准入负面清单的典型案例情况进行通报，有关情况纳入全国城市信用状况动态监测，并在国家发展改革委门户网站和“信用中国”网站向社会公布。对于性质严重案例及相关情况，实行点对点通报约谈。

四、深入开展市场准入效能评估试点。进一步完善市场准入效能评估指标体系，将违背市场准入负面清单案例归集情况、督办协调机制建立运行和整改效果作为评估重要内容。注重将信息技术作为重要工作手段，开展效能评估信息化平台建设，探索效能评估结果应用。

五、扎实做好清单落地实施工作。对清单所列事项，各地区各部门要持续优化管理方式，严格规范审批行为，优化审批流程，提高审批效率，正确高效地履行职责。清单之外的行业、领域、业务等，各类市场主体皆可依法平等进入，不得违规另设市场准入行政审批。对于需提请修改相关法律、法规、国务院决定的措施，各地区各部门要尽快按法定程序办理，并做好相关规章和规范性文件“立改废”工作。

《清单(2022年版)》自发布之日起施行，2020年12月10日发布的《市场准入负面清单(2020年版)》(发改体改规〔2020〕1880号)同时废止。国家发展改革委、商务部会同各地区各部门认真落实党中央、国务院部署要求，扎实做好市场准入负面清单制度组织实施工作。清单实施中的重大情况及时向党中央、国务院报告。

国家发展改革委、商务部

2022年3月12日

附件1.1：市场准入负面清单说明

附件1.2：市场准入负面清单2022年版

附件1.3：清单附件与市场准入相关的禁止性规定说

附件1.4：清单附件1-2与市场准入相关的禁止性规定

国务院关于推进国有资本投资、运营公司改革试点的实施意见

国发〔2018〕23号

各省、自治区、直辖市人民政府，国务院各部委、各直属机构：

改组组建国有资本投资、运营公司，是以管资本为主改革国有资本授权经营体制的重要举措。按照《中共中央 国务院关于深化国有企业改革的指导意见》、《国务院关于改革和完善国有资产管理体制的若干意见》有关要求和党中央、国务院工作部署，为加快推进国有资本投资、运营公司改革试点工作，现提出以下实施意见。

一、总体要求

（一）指导思想

全面贯彻党的十九大和十九届二中、三中全会精神，以习近平新时代中国特色社会主义思想为指导，坚持社会主义市场经济改革方向，坚定不移加强党对国有企业的领导，着力创新体制机制，完善国有资产管理体制，深化国有企业改革，促进国有资产保值增值，推动国有资本做强做优做大，有效防止国有资产流失，切实发挥国有企业在深化供给侧结构性改革和推动经济高质量发展中的带动作用。

（二）试点目标

通过改组组建国有资本投资、运营公司，构建国有资本投资、运营主体，改革国有资本授权经营体制，完善国有资产管理体制，实现国有资本所有权与企业经营权分离，实行国有资本市场化运作。发挥国有资本投资、运营公司平台作用，促进国有资本合理流动，优化国有资本投向，向重点行业、关键领域和优势企业集中，推动国有经济布局优化和结构调整，提高国有资本配置和运营效率，更好服务国家战略需要。试点先行，大胆探索，及时研究解决改革中的重点难点问题，尽快形成可复制、可推广的经验和模式。

（三）基本原则

坚持党的领导。建立健全中国特色现代国有企业制度，把党的领导融入公司治理各环节，把企业党组织内嵌到公司治理结构之中，明确和落实党组织在公司法人治理结构中的法定地位，充分发挥党组织的领导作用，确保党和国家方针政策、重大决策部署的贯彻执行。

坚持体制创新。以管资本为主加强国有资产监管，完善国有资本投资运营的市场化机制。科学合理界定政府及国有资产监管机构，国有资本投资、运营公司和所持股企业的权利边界，健全权责利相统一的授权链条，进一步落实企业市场主体地位，培育具有创新能

力和国际竞争力的国有骨干企业。

坚持优化布局。通过授权国有资本投资、运营公司履行出资人职责，促进国有资本合理流动，优化国有资本布局，使国有资本投资、运营更好地服务于国家战略目标。

坚持强化监督。正确处理好授权经营和加强监督的关系，明确监管职责，构建并强化政府监督、纪检监察监督、出资人监督和社会监督的监督体系，增强监督的协同性、针对性和有效性，防止国有资产流失。

二、试点内容

（一）功能定位

国有资本投资、运营公司均为在国家授权范围内履行国有资本出资人职责的国有独资公司，是国有资本市场化运作的专业平台。公司以资本为纽带、以产权为基础依法自主开展国有资本运作，不从事具体生产经营活动。国有资本投资、运营公司对所持股企业行使股东职责，维护股东合法权益，以出资额为限承担有限责任，按照责权对应原则切实承担优化国有资本布局、提升国有资本运营效率、实现国有资产保值增值等责任。

国有资本投资公司主要以服务国家战略、优化国有资本布局、提升产业竞争力为目标，在关系国家安全、国民经济命脉的重要行业和关键领域，按照政府确定的国有资本布局和结构优化要求，以对战略性核心业务控股为主，通过开展投资融资、产业培育和资本运作等，发挥投资引导和结构调整作用，推动产业集聚、化解过剩产能和转型升级，培育核心竞争力和创新能力，积极参与国际竞争，着力提升国有资本控制力、影响力。

国有资本运营公司主要以提升国有资本运营效率、提高国有资本回报为目标，以财务性持股为主，通过股权运作、基金投资、培育孵化、价值管理、有序进退等方式，盘活国有资产存量，引导和带动社会资本共同发展，实现国有资本合理流动和保值增值。

（二）组建方式

按照国家确定的目标任务和布局领域，国有资本投资、运营公司可采取改组和新设两种方式设立。根据国有资本投资、运营公司的具体定位和发展需要，通过无偿划转或市场化方式重组整合相关国有资本。

划入国有资本投资、运营公司的资产，为现有企业整体股权(资产)或部分股权。股权划入后，按现行政策加快剥离国有企业办社会职能和解决历史遗留问题，采取市场化方式处置不良资产和业务等。股权划入涉及上市公司的，应符合证券监管相关规定。

（三）授权机制

按照国有资产监管机构授予出资人职责和政府直接授予出资人职责两种模式开展国有资本投资、运营公司试点。

1. 国有资产监管机构授权模式。政府授权国有资产监管机构依法对国有资本投资、运营公司履行出资人职责；国有资产监管机构根据国有资本投资、运营公司具体定位和实际情况，按照“一企一策”原则，授权国有资本投资、运营公司履行出资人职责，制定监管清单和责任清单，明确对国有资本投资、运营公司的监管内容和方式，依法落实国有资本投资、运营公司董事会职权。国有资本投资、运营公司对授权范围内的国有资本履行出资人职责。国有资产监管机构负责对国有资本投资、运营公司进行考核和评价，并定期向本级人民政府报告，重点说明所监管国有资本投资、运营公司贯彻国家战略目标、国有资产保值增值等情况。

2. 政府直接授权模式。政府直接授权国有资本投资、运营公司对授权范围内的国有资本履行出资人职责。国有资本投资、运营公司根据授权自主开展国有资本运作，贯彻落实国家战略和政策目标，定期向政府报告年度工作情况，重大事项及时报告。政府直接对国有资本投资、运营公司进行考核和评价等。

（四）治理结构

国有资本投资、运营公司不设股东会，由政府或国有资产监管机构行使股东会职权，政府或国有资产监管机构可以授权国有资本投资、运营公司董事会行使股东会部分职权。按照中国特色现代国有企业制度的要求，国有资本投资、运营公司设立党组织、董事会、经理层，规范公司治理结构，建立健全权责对等、运转协调、有效制衡的决策执行监督机制，充分发挥党组织的领导作用、董事会的决策作用、经理层的经营管理作用。

1. 党组织。把加强党的领导和完善公司治理统一起来，充分发挥党组织把方向、管大局、保落实的作用。坚持党管干部原则与董事会依法产生、董事会依法选择经营管理者、经营管理者依法行使用人权相结合。按照“双向进入、交叉任职”的原则，符合条件的党组织领导班子成员可以通过法定程序进入董事会、经理层，董事会、经理层成员中符合条件的党员可以依照有关规定和程序进入党组织领导班子。党组织书记、董事长一般由同一人担任。对于重大经营管理事项，党组织研究讨论是董事会、经理层决策的前置程序。国务院直接授权的国有资本投资、运营公司，应当设立党组。纪检监察机关向国有资本投资、运营公司派驻纪检监察机构。

2. 董事会。国有资本投资、运营公司设立董事会，根据授权，负责公司发展战略和对外投资，经理层选聘、业绩考核、薪酬管理，向所持股企业派出董事等事项。董事会成员原则上不少于 9 人，由执行董事、外部董事、职工董事组成。保障国有资本投资、运营公司按市场化方式选择外部董事等权利，外部董事应在董事会中占多数，职工董事由职工代表大会选举产生。董事会设董事长 1 名，可设副董事长。董事会下设战略与投资委员会、提名委员会、薪酬与考核委员会、审计委员会、风险控制委员会等专门委员会。专门委员会在董事会授权范围内开展相关工作，协助董事会履行职责。

国有资产监管机构授权的国有资本投资、运营公司的执行董事、外部董事由国有资产监管机构委派。其中，外部董事由国有资产监管机构根据国有资本投资、运营公司董事会结构需求，从专职外部董事中选择合适人员担任。董事长、副董事长由国有资产监管机构从董事会成员中指定。

政府直接授权的国有资本投资、运营公司执行董事、外部董事（股权董事）由国务院或地方人民政府委派，董事长、副董事长由国务院或地方人民政府从董事会成员中指定。其中，依据国有资本投资、运营公司职能定位，外部董事主要由政府综合管理部门和相关行业主管部门提名，选择专业人士担任，由政府委派。外部董事可兼任董事会下属专门委员会主席，按照公司治理结构的议事规则对国有资本投资、运营公司的重大事项发表相关领域专业意见。

政府或国有资产监管机构委派外部董事要注重拓宽外部董事来源，人员选择要符合国有资本投资、运营公司定位和专业要求，建立外部董事评价机制，确保充分发挥外部董事作用。

3. 经理层。国有资本投资、运营公司的经理层根据董事会授权负责国有资本日常投资运营。董事长与总经理原则上不得由同一人担任。

国有资产监管机构授权的国有资本投资、运营公司党组织隶属中央、地方党委或国有资产监管机构党组织管理，领导班子及其成员的管理，以改组的企业集团为基础，根据具体情况区别对待。其中，由中管企业改组组建的国有资本投资、运营公司，领导班子及其成员由中央管理；由非中管的中央企业改组组建或新设的国有资本投资、运营公司，领导班子及其成员的管理按照干部管理权限确定。

政府直接授权的国有资本投资、运营公司党组织隶属中央或地方党委管理，领导班子及其成员由中央或地方党委管理。

国有资本投资、运营公司董事长、董事(外部董事除外)、高级经理人员，原则上不得在其他有限责任公司、股份有限公司或者其他经济组织兼职。

(五) 运行模式

1. 组织架构。国有资本投资、运营公司要按照市场化、规范化、专业化的管理导向，建立职责清晰、精简高效、运行专业的管控模式，分别结合职能定位具体负责战略规划、制度建设、资源配置、资本运营、财务监管、风险管控、绩效评价等事项。

2. 履职行权。国有资本投资、运营公司应积极推动所持股企业建立规范、完善的法人治理结构，并通过股东大会表决、委派董事和监事等方式行使股东权利，形成以资本为纽带的投资与被投资关系，协调和引导所持股企业发展，实现有关战略意图。国有资本投资、运营公司委派的董事、监事要依法履职行权，对企业负有忠实义务和勤勉义务，切实维护股东权益，不干预所持股企业日常经营。

3. 选人用人机制。国有资本投资、运营公司要建立派出董事、监事候选人员库，由董事会下设的提名委员会根据拟任职公司情况提出差额适任人选，报董事会审议、任命。同时，要加强对派出董事、监事的业务培训、管理和考核评价。

4. 财务监管。国有资本投资、运营公司应当严格按照国家有关财务制度规定，加强公司财务管理，防范财务风险。督促所持股企业加强财务管理，落实风险管控责任，提高运营效率。

5. 收益管理。国有资本投资、运营公司以出资人身份，按照有关法律法规和公司章程，对所持股企业的利润分配进行审议表决，及时收取分红，并依规上交国有资本收益和使用管理留存收益。

6. 考核机制。国有资本投资公司建立以战略目标和财务效益为主的管控模式，对所持股企业考核侧重于执行公司战略和资本回报状况。国有资本运营公司建立财务管控模式，对所持股企业考核侧重于国有资本流动和保值增值状况。

（六）监督与约束机制

1. 完善监督体系。整合出资人监管和审计、纪检监察、巡视等监督力量，建立监督工作会商机制，按照事前规范制度、事中加强监控、事后强化问责的原则，加强对国有资本投资、运营公司的统筹监督，提高监督效能。纪检监察机构加强对国有资本投资、运营公司党组织、董事会、经理层的监督，强化对国有资本投资、运营公司领导人员廉洁从业、行使权力等的监督。国有资本投资、运营公司要建立内部常态化监督审计机制和信息公开制度，加强对权力集中、资金密集、资源富集、资产聚集等重点部门和岗位的监管，在不涉及国家秘密和企业商业秘密的前提下，依法依规、及时准确地披露公司治理以及管理架构、国有资本整体运营状况、关联交易、企业负责人薪酬等信息，建设阳光国企，主动接受社会监督。

2. 实施绩效评价。国有资本投资、运营公司要接受政府或国有资产监管机构的综合考核评价。考核评价内容主要包括贯彻国家战略、落实国有资本布局和结构优化目标、执行各项法律法规制度和公司章程，重大问题决策和重要干部任免，国有资本运营效率、保值增值、财务效益等方面。

三、实施步骤

国有资本投资、运营公司试点工作应分级组织、分类推进、稳妥开展，并根据试点进展情况及时总结推广有关经验。中央层面，继续推进国有资产监管机构授权的国有资本投资、运营公司深化试点，并结合本实施意见要求不断完善试点工作。同时推进国务院直接授权的国有资本投资、运营公司试点，选择由财政部履行国有资产监管职责的中央企业以及中央党政机关和事业单位经营性国有资产集中统一监管改革范围内的企业稳步开展。地方层面，试点工作由各省级人民政府结合实际情况组织实施。

四、配套政策

（一）推进简政放权

围绕落实出资人职责的定位，有序推进对国有资本投资、运营公司的放权。将包括国有产权流转等决策事项的审批权、经营班子业绩考核和薪酬管理权等授予国有资本投资、运营公司，相关管理要求和运行规则通过公司组建方案和公司章程予以明确。

（二）综合改革试点

国有资本投资、运营公司所持股国有控股企业中，符合条件的可优先支持同时开展混合所有制改革、混合所有制企业员工持股、推行职业经理人制度、薪酬分配差异化改革等其他改革试点，充分发挥各项改革工作的综合效应。

（三）完善支持政策

严格落实国有企业重组整合涉及的资产评估增值、土地变更登记和国有资产无偿划转等方面税收优惠政策。简化工商税务登记、变更程序。鼓励国有资本投资、运营公司妥善解决历史遗留问题、处置低效无效资产。制定国有资本投资、运营公司的国有资本经营预算收支管理政策。

五、组织实施

加快推进国有资本投资、运营公司改革试点，是深化国有企业改革的重要组成部分，是改革和完善国有资产管理体制的重要举措。国务院国有企业改革领导小组负责国有资本投资、运营公司试点工作的组织协调和督促落实。中央组织部、国家发展改革委、财政部、人力资源社会保障部、国务院国资委等部门按照职责分工制定落实相关配套措施，密切配合、协同推进试点工作。中央层面的国有资本投资、运营公司试点方案，按程序报党中央、国务院批准后实施。

各省级人民政府对本地区国有资本投资、运营公司试点工作负总责，要紧密结合本地区实际情况，制定本地区国有资本投资、运营公司改革试点实施方案，积极稳妥组织开展试点工作。各省级人民政府要将本地区改革试点实施方案报国务院国有企业改革领导小组备案。

国务院关于加强固定资产投资项目资本金管理的通知

国发〔2019〕26号

各省、自治区、直辖市人民政府，国务院各部委、各直属机构：

对固定资产投资项目（以下简称投资项目）实行资本金制度，合理确定并适时调整资本金比例，是促进有效投资、防范风险的重要政策工具，是深化投融资体制改革、优化投资供给结构的重要手段。为更好发挥投资项目资本金制度的作用，做到有保有控、区别对待，促进有效投资和风险防范紧密结合、协同推进，现就加强投资项目资本金管理工作通知如下：

一、进一步完善投资项目资本金制度

（一）明确投资项目资本金制度的适用范围和性质。该制度适用于我国境内的企业投资项目和政府投资的经营性项目。投资项目资本金作为项目总投资中由投资者认缴的出资额，对投资项目来说必须是非债务性资金，项目法人不承担这部分资金的任何债务和利息；投资者可按其出资比例依法享有所有者权益，也可转让其出资，但不得以任何方式抽回。党中央、国务院另有规定的除外。

（二）分类实施投资项目资本金核算管理。设立独立法人的投资项目，其所有者权益可以全部作为投资项目资本金。对未设立独立法人的投资项目，项目单位应设立专门账户，规范设置和使用会计科目，按照国家有关财务制度、会计制度对拨入的资金和投资项目的资产、负债进行独立核算，并据此核定投资项目资本金的额度和比例。

（三）按照投资项目性质，规范确定资本金比例。适用资本金制度的投资项目，属于政府投资项目的，有关部门在审批可行性研究报告时要对投资项目资本金筹措方式和有关资金来源证明文件的合规性进行审查，并在批准文件中就投资项目资本金比例、筹措方式予以确认；属于企业投资项目的，提供融资服务的有关金融机构要加强对投资项目资本金来源、比例、到位情况的审查监督。

二、适当调整基础设施项目最低资本金比例

（四）港口、沿海及内河航运项目，项目最低资本金比例由25%调整为20%。

（五）机场项目最低资本金比例维持25%不变，其他基础设施项目维持20%不变。其中，公路（含政府收费公路）、铁路、城建、物流、生态环保、社会民生等领域的补短板基础设施项目，在投资回报机制明确、收益可靠、风险可控的前提下，可以适当降低项目最低资本金比例，但下调不得超过5个百分点。实行审批制的项目，审批部门可以明确项目

单位按此规定合理确定的投资项目资本金比例。实行核准或备案制的项目，项目单位与金融机构可以按此规定自主调整投资项目资本金比例。

（六）法律、行政法规和国务院对有关投资项目资本金比例另有规定的，从其规定。

三、鼓励依法依规筹措重大投资项目资本金

（七）对基础设施领域和国家鼓励发展的行业，鼓励项目法人和项目投资方通过发行权益型、股权类金融工具，多渠道规范筹措投资项目资本金。

（八）通过发行金融工具等方式筹措的各类资金，按照国家统一的会计制度应当分类为权益工具的，可以认定为投资项目资本金，但不得超过资本金总额的50%。存在下列情形之一的，不得认定为投资项目资本金：

1. 存在本息回购承诺、兜底保障等收益附加条件；

2. 当期债务性资金偿还前，可以分红或取得收益；

3. 在清算时受偿顺序优先于其他债务性资金。

（九）地方各级政府及其有关部门可统筹使用本级预算资金、上级补助资金等各类财政资金筹集项目资本金，可按有关规定将政府专项债券作为符合条件的重大项目资本金。

四、严格规范管理，加强风险防范

（十）项目借贷资金和不符合国家规定的股东借款、“名股实债”等资金，不得作为投资项目资本金。筹措投资项目资本金，不得违规增加地方政府隐性债务，不得违反国家关于国有企业资产负债率相关要求。不得拖欠工程款。

（十一）金融机构在认定投资项目资本金时，应严格区分投资项目与项目投资方，依据不同的资金来源与投资项目的权责关系判定其权益或债务属性，对资本金的真实性、合规性和投资收益、贷款风险进行全面审查，并自主决定是否发放贷款以及贷款数量和比例。项目单位应当配合金融机构开展投资项目资本金审查工作，提供有关资本金真实性和资金来源的证明材料，并对证明材料的真实性负责。

（十二）自本通知印发之日起，凡尚未经有关部门审批可行性研究报告、核准项目申请报告、办理备案手续的投资项目，均按本通知执行。已经办理相关手续、尚未开工、金融机构尚未发放贷款的投资项目，可以按本通知调整资金筹措方案，并重新办理审批、核准或备案手续。已与金融机构签订相关贷款合同的投资项目，可按照原合同执行。

北京市国资委关于印发《北京市国有企业投资监督管理办法》的通知

京国资发〔2017〕29 号

北京市国有企业投资监督管理办法

第一章　总　　则

第一条　为依法履行国有资产出资人职责，建立完善以管资本为主的国有资产监督管理体制，推动市属企业规范投资管理，优化国有资本布局和结构，更好地落实国有资本保值增值责任，根据《中华人民共和国公司法》《中华人民共和国企业国有资产法》《关于全面深化市属国资国企改革的意见》（京发〔2014〕13 号）和《关于改革和完善国有资产管理体制的实施意见》（京政发〔2017〕3 号）等法律法规和文件，结合我市的实际情况，制定本办法。

第二条　本办法所称市属企业，是指由北京市人民政府直接出资设立，并授权北京市人民政府国有资产监督管理委员会（以下简称市国资委）监管的国有独资公司、国有独资企业、国有控股公司以及实行企业化管理的事业单位。

第三条　本办法所称投资是指市属企业及其所属各级控股（或具有实际控制权）子企业（以下简称子企业）在境内从事的固定资产投资与股权投资。本办法所称重大投资项目，是指：

（一）市属企业承担的国家战略性投资项目及市级重点投资项目；

（二）按照企业章程及投资管理制度规定，由董事会（或最高决策机构）研究决定的投资金额在 10 亿元及以上的项目（房地产开发项目除外）；

（三）市国资委认为有必要关注的涉及重点领域、重点区域的投资项目。

本办法所称主业是指经市国资委认定的市属企业主要经营业务，非主业是指主业以外的其他经营业务；经市国资委认定的企业培育业务视同主业管理。

第四条　市国资委以国家发展战略、首都经济社会发展规划纲要和市属国有经济五年发展规划为引领，以把握投资方向、优化资本布局、严格决策程序、规范资本运作、提高资本回报、维护资本安全为重点，依法建立信息对称、权责对等、运行规范、风险控制有力的投资监督管理体系，推动市属企业强化投资行为的全程全面监管。

第五条　市国资委指导市属企业建立健全投资管理制度，督促企业依据其战略规划与年度经营计划编报年度投资计划，对市属企业年度投资计划实行备案管理，指导市属企业之间加强京内外投资协同合作。制定市属企业投资项目负面清单，对市属企业投资项目进行分类监管，监督检查市属企业投资管理制度的执行情况、重大投资项目的决策和实施情况，组织开展对重大投资项目后评价，对违规投资造成国有资产损失以及其他严重不良后果的进行责任追究。

第六条 市属企业投资应当服务国家发展战略、首都经济社会发展，体现出资人投资意图，符合企业发展规划，坚持做强主业，严格控制非主业投资，鼓励发展和首都功能定位相符合的产业，大力培育和发展"高精尖"产业，严格遵守投资决策程序，提高投资回报水平，防止国有资产流失。

第七条 市属企业是投资项目的决策主体、执行主体和责任主体，应当建立投资管理体系，健全投资管理制度，提升投资管理的信息化水平，科学编制投资计划，制定投资项目负面清单，切实加强项目管理，提高投资风险防控能力，履行投资信息报送义务和配合监督检查义务。

第八条 市属企业应遵循价值创造理念，严格控制金融类投资，严禁从事投机性、高风险金融类产品投资。

第二章 投资监管体系建设

第九条 市属企业应根据本办法规定，结合本企业实际，建立健全投资管理制度。企业投资管理制度应包括以下主要内容：

（一）投资应遵循的基本原则；

（二）投资管理流程、管理部门及相关职责；

（三）投资决策程序、决策机构及其职责；

（四）投资项目负面清单制度；

（五）投资信息化管理制度；

（六）投资风险管控制度；

（七）投资项目完成、中止、终止或退出制度；

（八）投资项目后评价制度；

（九）违规投资责任追究制度；

（十）对子企业投资活动的授权、监督与管理制度。

市属企业投资管理制度经企业董事会（或最高决策机构）审议通过后报市国资委备案。

第十条 市国资委建立市属企业投资管理信息系统，对市属企业年度投资计划、季度及年度投资完成情况、重大投资项目实施情况等投资信息进行监测、分析和管理。市属企业建立完善本企业投资管理信息系统，加强投资基础信息管理，提升投资管理的信息化水平，通过信息系统对企业年度投资计划执行、投资项目实施等情况进行全程动态监控和管理。市属企业按本办法规定向市国资委报送的有关纸质文件和材料，应当同时通过市属企业投资管理信息系统报送电子版信息。

第十一条 市国资委根据国家、北京市有关规定和监管要求，制定发布市属企业投资项目负面清单，设定禁止类和特别监管类投资项目，实行分类监管。列入负面清单禁止类的投资项目，市属企业一律不得投资；列入负面清单特别监管类的投资项目，市属企业应报市国资委履行出资人审核把关程序；负面清单之外的投资项目，由市属企业按照企业发展战略和规划自主决策。市属企业投资项目负面清单的内容保持相对稳定，并适时动态调整。

市属企业应当在市国资委发布的市属企业投资项目负面清单基础上，结合本企业实际，制定本企业更为严格、具体的投资项目负面清单。企业投资项目负面清单经企业董事会(或最高决策机构)审议通过后报送市国资委备案。

第十二条 市国资委建立完善投资监管联动机制，发挥战略规划、法律合规、财务监督、产权管理、考核分配、资本运营、干部管理、外派监事会监督、纪检监察、审计巡视等相关监管职能合力，实现对市属企业投资活动过程监管全覆盖，及时发现投资风险，减少投资损失。

第三章　投资事前管理

第十三条 市属企业应当按照企业发展战略和规划编制年度投资计划，并与企业年度财务预算相衔接，年度投资规模应与合理的资产负债水平相适应。市属企业应强化投资计划的严肃性，将企业的投资活动全部纳入年度投资计划，未纳入年度投资计划的投资项目原则上不得投资，确需追加投资项目的应调整年度投资计划。

第十四条 市属企业应当于每年1月31日前将经董事会(或最高决策机构)审议通过的年度投资计划，通过市属企业投资管理信息系统报送市国资委。年度投资计划主要包括以下内容：

(一) 投资主要方向和目的；

(二) 投资规模及资产负债率水平；

(三) 投资结构分析；

(四) 投资资金来源；

(五) 重大投资项目基本情况。

第十五条 市国资委依据企业发展战略规划、市属企业投资项目负面清单，主要从市属企业投资方向、投资规模、投资结构和投资能力等方面，对市属企业年度投资计划进行备案管理。对存在问题的年度投资计划(含调整计划)，市国资委在收到年度投资计划报告后的20个工作日内，向有关企业反馈书面意见。企业应根据市国资委意见对年度投资计划做出修改并重新履行审议和备案程序。

第十六条 市属企业应将涉及国家战略、市级重大任务及其它确需向市委市政府汇报的投资项目情况及时报送市国资委，市国资委在收到相关企业提交完整材料后及时上报市委市政府。

第十七条 列入市属企业投资项目负面清单特别监管类的投资项目，市属企业应在履行完企业内部决策程序后，实施前向市国资委报送以下材料：

(一) 开展项目投资的报告；

(二) 企业有关决策文件；

(三) 投资项目可研报告(尽职调查)等相关文件；

（四）投资项目风险防控报告；

（五）其他必要的材料。

市国资委依据相关法律、法规和国有资产监管规定，从投资项目实施的必要性、对企业经营发展的影响程度、企业投资风险承受能力等方面履行出资人审核把关程序，并对有异议的项目在收到完整材料受理之日起20个工作日内向企业反馈书面意见。市国资委认为有必要时，可委托第三方咨询机构对投资项目进行论证。

第十八条 市属企业应当围绕企业发展战略和规划，按照市国资委确认的各企业主业，选择、确定投资项目，做好项目融资、投资、管理、退出全过程的研究论证。对于新投资项目，应当深入进行技术、市场、财务和法律等方面的可行性研究与论证，其中股权投资项目应开展必要的尽职调查，并按要求履行资产评估或估值程序。

第十九条 市属企业应当明确投资决策机制，对投资决策实行统一管理，重大投资项目决策原则上归属于一级企业，一般投资项目向下授权决策的企业管理层级不得超过两级，严格控制市属企业三级以下管理层级投资，加强对新增四级以下法人单位的管控，切实压缩管理层级。各级投资决策机构对投资项目做出决策，应当形成决策文件，所有参与决策的人员均应在决策文件上签字背书，所发表意见应记录存档。

第四章 投资事中管理

第二十条 市国资委对市属企业实施中的重大投资项目进行随机监督检查，重点检查企业重大投资项目决策、执行和效果等情况，对发现的问题向企业进行提示。

第二十一条 市属企业应当定期对实施、运营中的投资项目进行跟踪分析，根据外部环境和项目本身情况变化，及时进行再决策，如出现影响投资目的实现的重大不利变化时，应当研究启动中止、终止或退出机制。

第二十二条 市属企业因重大投资项目再决策涉及年度投资计划调整的，应当将调整后的年度投资计划报送市国资委。

第二十三条 市属企业应当按照市国资委要求，分别于每年一、二、三季度终了次月10个工作日内将季度投资完成情况通过市属企业投资管理信息系统报送市国资委。季度投资完成情况主要包括固定资产投资、股权投资、重大投资项目完成情况，以及其他需要报告的事项等内容。

第五章 投资事后管理

第二十四条 市属企业应当编制年度投资完成情况报告，并于下年度1月31日前通过市属企业投资管理信息系统报送市国资委。年度投资完成情况报告包括但不限于以下内容：

（一）年度投资完成总体情况；

（二）年度投资效果分析；

（三）重大投资项目进展情况；

（四）年度投资后评价工作开展情况；

（五）年度投资存在的主要问题及建议。

第二十五条 市属企业应当建立后评价制度，组织开展投资项目的后评价，形成后评价专项报告。通过项目后评价，完善企业投资决策机制，提高项目成功率和投资收益，总结投资经验，为后续投资活动提供参考，提高投资管理水平。市国资委对市属企业投资项目后评价工作进行监督和指导，选择部分重大投资项目组织开展后评价，并向企业通报后评价结果，对项目开展的有益经验进行推广。

第二十六条 市属企业应当开展重大投资项目专项审计，审计的重点包括重大投资项目决策、投资方向、资金使用、投资收益、投资风险管理等方面。

第六章 投资风险管理

第二十七条 市属企业应当建立投资全过程风险管理体系，将投资风险管理作为企业实施全面风险管理、加强廉洁风险防控的重要内容。强化投资前期风险评估和风险控制方案制订，做好项目实施过程中风险监控、预警和处置，防范投资后项目运营、整合风险，做好项目退出的时点与方式安排。

第二十八条 市国资委指导督促市属企业加强投资风险管理，必要时可委托第三方咨询机构对市属企业投资风险管理体系进行评价，及时将评价结果反馈市属企业。相关市属企业应按照评价结果对存在的问题及时进行整改，健全完善企业投资风险管理体系，提高企业抗风险能力。

第七章 责任追究

第二十九条 市属企业违反本办法规定，未履行或未正确履行投资管理职责造成国有资产损失以及其他严重不良后果的，依照《中华人民共和国企业国有资产法》《北京市国有企业违规经营投资责任追究暂行办法》（京政字〔2017〕12 号）等有关规定，由有关部门追究市属企业经营管理人员的责任。对瞒报、谎报、不及时报送投资信息的市属企业，市国资委予以通报批评。

第三十条 市国资委相关工作人员对市属企业依据本办法报送的资料负有保密义务。市国资委相关责任人违反本办法规定的，市国资委应当责令其改正；情节严重的，按照有关规定给予处分。

第八章 附　　则

第三十一条 本办法由市国资委负责解释。

第三十二条 本办法自公布之日起施行。市国资委《关于印发〈北京市国有企业投资监督管理暂行办法〉的通知》（京国资发〔2011〕15 号）同时废止。

北京市规划和国土资源管理委员会关于发布《建设项目规划使用性质正面和负面清单》的通知

市规划国土发〔2018〕88 号

机关各处室、各分局、委属各单位：

根据《关于进一步优化营商环境深化建设项目行政审批流程改革的意见》（市规划国土发〔2018〕69 号）和《关于社会投资建设项目分类标准的通知》（市规划国土发〔2018〕85 号），为落实《北京城市总体规划（2016 年—2035 年）》，发挥市场配置资源决定性作用，按照鼓励疏解非首都功能，鼓励补齐地区配套短板，鼓励完善地区公共服务设施，鼓励加强职住平衡的原则，我委对社会投资项目按不同地区制定了《建设项目规划使用性质正面和负面清单》，将在规划国土管理工作中作为依据。

特此通知。

北京市规划和国土资源管理委员会

2018 年 3 月 17 日

附件：建设项目规划使用性质正面和负面清单

建设项目规划使用性质正面和负面清单

为落实《北京城市总体规划（2016 年—2035 年）》，发挥市场配置资源决定性作用，按照鼓励疏解非首都功能，鼓励补齐地区配套短板，鼓励完善地区公共服务设施，鼓励加强职住平衡的原则，编制建设项目规划使用性质正面和负面清单。

一、首都功能核心区

保障中央党政军领导机关高效开展工作。保护古都风貌，传承历史文脉。有序疏解非首都功能，优化提升首都功能。改善人居环境，补充和完善城市基本服务功能。

1. 正面清单

鼓励工业、仓储、批发市场等用地调整为中央党政军领导机关办公和配套用房。

鼓励历史建筑调整为博物馆等公共文化设施。

鼓励工业、仓储、批发市场等用地调整为学前教育、养老设施。

鼓励居住区相邻用地调整为社区便民服务、菜市场等为本地居民服务的居住公共服务设施。

2. 负面清单

限制各类用地调整为大型商业项目。

限制各类用地调整为商务办公项目。

限制各类用地调整为综合性医疗机构。

限制各类用地调整为专科教育、高等教育用房。

限制各类用地调整为住宅商品房。

限制各类用地调整为仓储物流设施。

二、首都功能核心区以外的中心城区

疏解非首都功能，完善配套设施，保障和服务首都功能的优化提升。推进城市修补和生态修复，提升城市品质。

1. 正面清单

鼓励各类用地调整为养老设施。

鼓励工业、仓储、批发市场等用地调整为学前教育设施。

鼓励中关村科学城范围内的各类非居住建筑调整为科技创新用房。

鼓励三环路以外商业零售、商务办公、酒店宾馆等建筑调整为体育健身、剧场影院、图书馆、博物馆等公共文化建筑，以及出租型公寓。

鼓励居住区相邻用地调整为社区便民服务、菜市场等为本地居民服务的居住公共服务设施。

2. 负面清单

限制各类用地调整为大型商业项目。

限制各类用地调整为大型商务办公项目。

限制各类用地调整为区域性物流基地和批发市场。

限制五环路以内的各类用地调整为综合性医疗机构。

限制五环路以内的各类用地调整为中等职业教育、高等教育及面向全国招生的培训机构和文化团体。

限制四环路以内的各类用地调整为住宅商品房。

限制三环路以内的各类用地调整为仓储物流设施。

三、城市副中心

围绕对接中心城区功能和人口疏解，促进行政功能与其他城市功能有机结合，以行政办公、商务服务、文化旅游为主导功能，形成配套完善的城市综合功能。

1. 正面清单

鼓励各类用地调整为托幼、小学、中学等教育设施和养老设施。

鼓励各类用地调整为社区便民服务、菜市场等为本地居民服务的居住公共服务设施。

鼓励各类非居住建筑调整为体育健身、剧场影院、图书馆、博物馆等公共文化设施和医疗设施。

鼓励工业、仓储、批发市场等用地调整为科技创新用房。

2. 负面清单

限制各类用地调整为一般性制造业、区域性物流基地和批发市场。

四、中轴线及其延长线、长安街及其延长线

中轴线及其延长线以文化功能为主，既要延续历史文脉，展示传统文化精髓，又要做好有机更新，体现现代文明魅力。

长安街及其延长线以国家行政、军事管理、文化、国际交往功能为主，体现庄严、沉稳、厚重、大气的形象气质。

1. 正面清单

鼓励中轴线两侧的建筑调整为传统文化、传统商业、传统餐饮等历史文化项目，以及图书馆、博物馆等公共文化设施。

2. 负面清单

限制各类用地调整为大型商业项目。

限制各类用地调整为商务办公项目。

限制各类用地调整为综合性医疗机构。

限制各类用地调整为仓储物流设施。

限制各类用地调整为专科教育、高等教育用房。

限制各类用地调整为住宅商品房。

五、顺义、大兴、亦庄、昌平、房山等新城

坚持集约高效发展，提升城市发展水平和综合服务能力，建设高新技术和战略新兴产业聚集区。

1. 正面清单

鼓励各类用地调整为托幼、小学、中学等教育设施和养老设施。

鼓励各类用地调整为社区便民服务、菜市场等为本地居民服务的居住公共服务设施。

鼓励各类非居住建筑调整为体育健身、剧场影院、图书馆、博物馆等公共文化设施和医疗设施。

鼓励工业、仓储、批发市场等用地调整为科技创新用房、高新技术和战略新兴产业用房。

2. 负面清单

限制各类用地调整为一般性制造业、区域性物流基地和批发市场。

六、门头沟、平谷、怀柔、密云、延庆、昌平和房山的山区等生态涵养区

坚持绿色发展，建设宜居宜业宜游的生态发展示范区、展现北京历史文化和美丽自然山水的典范区。

1. 正面清单

鼓励各类用地调整为托幼、小学、中学等教育设施和养老设施。

鼓励各类用地调整为社区便民服务、菜市场等为本地居民服务的居住公共服务设施。

鼓励各类非居住建筑调整为体育健身、剧场影院、图书馆、博物馆等公共文化设施和医疗设施。

鼓励工业、仓储、批发市场等用地调整为酒店、餐饮娱乐等旅游接待用房，以及农业科技用房。

2. 负面清单

限制各类用地调整为一般性制造业、区域性物流基地和批发市场。

上海市国资委关于印发《上海市国资委监管企业投资监督管理办法》的通知

沪国资委规划〔2021〕62 号

各监管企业：

经市国资委主任办公会议（2021-03）审议通过，现将《上海市国资委监管企业投资监督管理办法》印发给你们，请遵照执行。

上海市国有资产监督管理委员会

2021 年 2 月 23 日

上海市国资委监管企业投资监督管理办法

第一章 总 则

第一条 【制定目的和依据】为依法履行出资人职责，建立完善以管资本为主的国有资产管理体制，推动企业规范投资管理，优化国有资本布局和结构，更好地落实国有资本保值增值责任，根据《中华人民共和国公司法》《中华人民共和国企业国有资产法》等有关法律、法规，参照国务院国资委《中央企业投资监督管理办法》《中央企业境外投资监督管理办法》，结合上海国资国企实际，制定本办法。

第二条 【定义和适用范围】本办法所称监管企业，是指上海市人民政府授权上海市国有资产监督管理委员会（以下简称“市国资委”）履行监管职责的企业。

本办法所称投资活动，是指监管企业在境内外从事的股权投资与固定资产投资。

本办法所称重大投资项目，是指监管企业公司章程及投资管理制度规定由监管企业董事会研究决定的投资项目。未明确规定的，是指单个项目投资总额占监管企业上一会计年度经审计合并报表净资产 10%及以上的。

本办法所称主业是指由监管企业依据功能定位和发展战略规划制定并经市国资委审核，由上海市国资国企改革工作推进领导小组审定后对外公布的企业主要经营业务，非主业是指主业以外的其他经营业务。

第三条 【投资活动基本原则】监管企业投资活动应当遵循以下基本原则：

（一）战略引领。服从服务国家和本市发展战略，符合国资布局和结构调整方向，坚持聚焦主业，注重境内外业务协同，不断提升创新能力、品牌影响力和核心竞争力。

（二）依法合规。遵守我国和投资所在国家（地区）法律法规、商业规则和文化习俗，遵守国有资产监管有关制度规定，程序规范，合规投资。

（三）能力匹配。投资规模应当与企业资本实力、融资能力、行业经验、管理水平和抗风险能力相适应。

（四）合理回报。遵循价值创造理念，加强投资项目论证，严格投资管理，提高投资收益水平，实现国有资产保值增值。

（五）提级监管。积极履行股东职责，针对境外重大投资事项依规依纪依法、分级分层分类强化监管，规范二级境外单位重大投资事项的研究、论证及决策程序，加强对境外单位重大投资事项决策和执行情况的监督。

第四条 【禁止、限制性规定】监管企业要遵守有关政策和法律法规，严格遵守下列禁止类、限制类投资规定。

（一）严禁不符合国家产业政策的投资项目。

（二）严禁威胁或损害我国国家利益和国家安全的境外投资项目。

（三）严禁进行未按规定履行完成必要审批程序的投资项目。

（四）严格控制不符合企业发展战略和规划的投资项目。

（五）严格控制房地产、金融等非主业投资项目。

第五条 【监管职责】市国资委按照以管资本为主加强监管的原则，以产权为基础，以资本为纽带，依法建立信息对称、权责对等、运行规范、风险控制有力的分层分类投资监督管理体系。

企业是投资活动的决策主体、执行主体和责任主体。监管企业应当根据相关法律法规规章、公司章程及国资监管部门的规范性要求，建立投资管理体系，健全投资管理制度，合理设定内部管理层级，规范本部及所属企业投资决策程序，对所属企业投资活动进行有效管控，切实履行投资的主体责任和股东监管职责。

市国资委以投资方向、风险防控、程序合规为重点履行出资人监管职责，通过项目检查、审计监督、纪检监察等手段，对监管企业投资活动实施全过程全覆盖监督，对境内重大投资项目、境外投资项目和非主业投资项目实行分层分类备案管理和重点监督。

第二章　投资监管体系建设

第六条 【投资管理制度】监管企业应当建立健全投资管理制度，经董事会审议通过后，报送市国资委。投资管理制度主要内容应当包括：

（一）投资遵循的基本原则及重大投资项目标准；

（二）投资管理流程、管理部门及相关职责；

（三）投资决策程序、决策机构及其职责；

投资项目可行性研究、分析、评估及论证；

投资项目尽职调查；

（四）投资信息化管理制度；

（五）投资风险管控制度；

（六）投资项目完成、中止、终止或退出制度；

（七）投资项目审计及后评估制度；

（八）违规投资责任追究制度；

（九）对所属企业投资活动的授权、监督与管理制度；

（十）投资项目档案管理制度；

（十一）其他应纳入投资管理制度体系的内容。

行业主管部门对金融服务类监管企业投资管理制度另有规定的，从其规定。

第七条 【投资活动分层管理】市国资委根据有关规定和监管要求，对监管企业投资活动履行监管职责，依照出资关系，进一步落实股东管理责任，对投资活动实施分层管理：

（一）市国资委对监管企业的投资活动实施管理。其中，对境内重大投资项目、境外投资项目和非主业投资项目实行备案管理。

（二）根据市国资委授权和监管要求，国有资本投资公司对持有股权的监管企业投资活动履行相应职责。

（三）监管企业根据本企业投资管理制度，规范本部及所属企业投资管理程序，明确规定投资管理层级和权限。功能保障类、市场竞争类监管企业向下级企业授权决策的管理层级原则上不超过两级，金融服务类监管企业向下级企业授权决策的管理层级原则上不超过三级。

第八条 【分类备案管理】根据监管企业不同类型实行境内重大投资项目、境外投资项目和非主业投资项目分类备案管理。备案管理分为事前备案和事后备案。事前备案是指监管企业董事会在投资项目决策前备案，事后备案是指监管企业董事会在投资项目决策后备案。

（一）功能保障类监管企业及其他监管企业承担的由市政府决定的投资项目，原则上实行事后备案。

（二）金融服务类监管企业，原则上实行境内重大投资项目、境外投资项目和非主业投资项目事后备案，但本办法第九条第（五）项规定的情形除外。

（三）科创投资企业及其他监管企业实际控制的各类投资基金，围绕功能定位实施的境内重大投资项目、境外投资项目和非主业投资项目，原则上实行事后备案。

（四）国有资本投资运营平台类监管企业承担的由国有资本运营平台投资决策委员会决定的投资项目，原则上实行事后备案。

（五）市国资委委托监管企业对市国资委直接出资企业实施管理的，依照委托管理协议明确的方式对托管企业投资项目实施管理。

（六）市国资委另行规定应当事后备案的投资项目，从其规定。

第九条 【须事前备案投资项目】除本办法第八条规定实行事后备案的企业外，下列投资项目须实行事前备案管理：

（一）投资总额 5 亿元人民币及以上的非主业投资项目。其中，下列非主业投资项目实施事后备案：为主业发展发起或参与基金等投融资项目；为推动主业发展、优化财务结构，企业投资设立的财务公司等产融结合项目；企业已投资的金融股权的增资扩股；非房地产企业自有土地配合产业结构调整的二次开发；企业防范或规避主业市场风险，投资开展的套期保值业务项目等。

（二）投资总额3亿美元及以上的境外投资项目。

（三）功能保障类、市场竞争类监管企业上一会计年度经审计合并报表资产负债率已超过70%时实行的重大投资项目(承担市政府指定投资项目以及从事房地产开发及建设的监管企业除外)。

（四）功能保障类、市场竞争类监管企业首次投资重要金融机构、互联网金融机构或产业关联金融机构的项目，累计增持产业关联金融机构(不含财务公司)资本总额(股份总额)5%以上或不足5%但引起实际控制人变更的项目(金融控股公司和国有资本投资、运营公司另行规定)。

（五）金融服务类监管企业在境内外新设子公司(不包含通过境内外新设特殊目的主体用于实施金融投资、境外融资的行为)、开展并购的项目。

（六）市国资委另行规定应当事前备案的投资项目。

第十条 【须事前报告投资项目】除本办法第九条规定实行事前备案的项目和市政府决定的投资项目外，下列投资项目须实行事前报告管理：

（一）投资总额20亿元人民币及以上的主业投资项目，投资总额超过监管企业上一会计年度经审计合并报表净资产10%的投资项目。

（二）投资总额1亿元人民币及以上的非主业投资项目。

（三）投资总额5000万美元及以上的境外投资项目。

（四）投资私募股权投资基金项目。

（五）市国资委另行规定应当事前报告的投资项目。

第十一条 【报备监督】市国资委对监管企业重大投资项目进行监督检查。对监管企业违反本办法规定，未履行或未正确履行境内重大投资项目、境外投资项目和非主业投资项目报备管理规定的，市国资委将督促整改。

第十二条 【监事会监督】监管企业监事会依法履行监督职责，监督企业投资管理制度的制订和执行情况，开展重大投资项目专项督查和后评估。发现投资活动存在重大问题的，及时向企业董事会提示风险，并向市国资委报告有关情况。

第三章　投资事前管理

第十三条 【年度投资计划】监管企业应当依据其发展战略规划和投资管理制度制定年度投资计划，并与企业年度财务预算相衔接。监管企业(含下属合并会计报表范围内企业)的投资活动应当全部纳入年度投资计划。监管企业应当于每年1月底前按照本办法第七条规定向市国资委预报本年度投资计划，每年4月底前正式报送本年度投资计划。

年度投资计划内容主要包括：投资主要方向和目的，投资规模及资产负债率水平，资金来源与构成，非主业投资规模与结构，境外投资规模与结构，重大投资项目等。

主业目录中有培育业务的监管企业应当在年度投资计划中安排一定比例的资金投向培育业务。功能保障类、市场竞争类监管企业年度非主业投资规模原则上不超过年度投资总规模的5%，有特殊原因确需超出的，监管企业应当说明原因并通过董事会决策后报市国资委。

第十四条 【备案程序】境内重大投资项目、境外投资项目及非主业投资项目备案程序：

（一）市国资委事前备案程序。投资项目经总裁办公会（或同等机构）审议通过后，监管企业就项目情况与市国资委进行预沟通；监管企业报送备案报告及相关材料；市国资委对材料进行核实、审议；审议通过的，由市国资委出具不持异议意见函。市国资委在收到备案报告后20个工作日内与监管企业沟通反馈意见。

监管企业投资项目中涉及上市公司等敏感信息且须事前备案的投资项目，经监管企业与市国资委沟通可在董事会决议后履行事前备案程序，但应在董事会决议中明确该项目在备案程序履行完毕后方可实施。

已履行前备案程序的投资项目在实施前，若投资金额、投资标的或者投资方式等核心事项出现重大调整，应重新履行前备案程序。

（二）市国资委事后备案程序。董事会决议后，监管企业按季度汇总后报送市国资委备案。

（三）备案材料。监管企业备案的材料应当包括以下内容：备案报告，项目可行性研究报告、项目融资方案、风险评估报告等，集团内部决策程序及意见，其他需要提供的资料。监管企业对报送资料的真实性、完整性和准确性负责。

第十五条 【事前报告程序】投资项目经总裁办公会（或同等机构）审议通过后，在项目实施前，监管企业应当形成项目情况报告及相关材料报送市国资委。市国资委确认收到之日起7个工作日后，监管企业可以提请董事会决策（或启动实施）。若市国资委认为项目可能存在不适合实施的情形，将与监管企业进行沟通，必要时建议监管企业终止项目实施。监管企业对报送资料的真实性、完整性和准确性负责。

第十六条 【项目前期论证与风险评估】监管企业应当根据战略规划，聚焦主业，选择确定投资项目，做好项目融资、投资、管理、退出全过程的研究论证。对于新投资项目，应当对市场、技术、财务和法律等方面的可行性进行深入研究，其中股权投资项目应当开展必要的尽职调查，并按要求履行资产评估或估值程序。境外投资项目应当对投资所在国家（地区）政治、经济、社会、文化、市场、法律、政策等风险进行评估，其中投资总额占企业上一会计年度经审计合并报表净资产10%及以上的项目应委托独立第三方有资质咨询机构进行全面评估。市国资委视情况对事前备案和事前报告股权投资项目评估（估值）结论进行复核。

第十七条 【投资项目决策意见】各级投资决策机构对投资项目做出决策，应当形成决策文件，所有参与决策的人员所发表意见应记录存档。国有控股、国有实际控制企业中国有股东委派的股东代表，应当按照本办法规定和委派单位的指示发表投资决策意见、行使表决权，并将履职情况和结果及时报告委派单位。

第四章 投资事中管理

第十八条 【年度投资计划调整】监管企业应当严格执行年度投资计划。遇特殊情况需调整年度投资计划，应当充分说明原因及调整内容，每年9月底前书面报送市国资委。

第十九条 【投资项目过程管理】监管企业应当加强投资项目过程管理，定期对实施中的投资项目进行跟踪分析，针对外部环境和项目自身情况变化，及时进行再决策。如出现影响投资目的实现的重大不利变化时，应当研究启动中止、终止或退出机制。对违规违纪行为实施全程追责，加强过程管控。对于重大投资项目，监管企业应当对阶段性进展情况开展评估，发现问题，及时调整。问题重大的应书面报告市国资委，其中，问题重大是指：(一)项目内容发生实质性改变、投资额重大调整或股权结构发生重大变化等情况；(二)重大自然灾害、重大群体性事件以及危及人身或财产安全的重大突发事件；(三)重大资产损失，严重的质量、安全生产及环境事故等；(四)投资项目合作方严重违约，出现严重损害出资人利益的情况；(五)严重的违法违纪案件或重大法律纠纷案件；(六)银行账户、款项被冻结或市外、境外存款所在的金融机构破产；(七)境外投资项目所在国家(地区)发生战争、动乱以及不可抗拒的自然灾害等；(八)其他有重大影响的事件。

第二十条 【投资项目事中监测管理】市国资委结合年度投资计划、预决算、项目备案等报告，密切关注监管企业境内外投资项目开展情况，加强投资动态监测、财务风险预警等项目事中管理。

第五章　投资事后管理

第二十一条 【年度投资完成情况报告】监管企业应当在次年 1 月底前预报全年度投资完成情况，次年 4 月底前正式报送上年度投资分析报告。企业的年度投资分析报告，应当包括企业总体投资完成情况、年度投资计划执行及完成情况、重大投资项目完成情况(资金完成情况、工程进度、未实施原因)、非主业投资项目完成情况、非主业投资占比等。年度非主业投资完成比例超过 5%的监管企业，应当在报告中进行专项说明，市国资委对企业说明予以采纳或进行约谈整改。

第二十二条 【投资项目后评估】监管企业应当对投资项目实施后评估管理，建立完善后评估管理制度。通过后评估管理，完善投资决策机制，提高项目成功率和投资收益，总结投资经验，为后续投资提供参考，提高投资管理水平。项目实施主体应当在项目投资完毕的一个完整会计年度后不超过三年内，开展项目后评估。项目后评估可由监管企业自行实施，也可聘请具有相应资质和能力的中介机构实施，但应避免由承担项目可行性研究的相关工作机构实施该项目的后评估。

市国资委对监管企业投资项目后评估工作进行监督和指导。市国资委可选择部分重大项目开展项目后评估工作，发挥企业监事会作用，建立完善重大项目后评估工作机制。后评估过程中发现为投资项目提供财务、法律、业务等尽职调查服务的机构存在未能勤勉尽责情形的，经认定后，纳入市国资委尽职调查机构黑名单。

第二十三条 【投资项目事后监督检查】市国资委对监管企业实施的投资项目进行定期监督检查，重点检查项目决策、执行和效果等情况，特别是境外、计划外追加、非主业重大投资项目实施的必要性及投资风险等内容，就发现的问题督促整改。加强对监管企业投资项目的事后检查和审计监督。每年选取部分境内外重大项目开展检查，通过经济责任审计延伸、审计调查等多种方式，推进投资项目审计监督。

第六章　投资风险管理

第二十四条　【风险管理体系建设】监管企业应当建立投资全过程风险管理体系，将投资风险管理作为企业实施全面风险管理、加强廉洁风险防控的重要内容。强化投资前期风险评估和风控方案制定，做好项目实施过程中的重大事项报告、风险监控、预警和处置，防范投资后项目运营、整合风险，做好项目退出的时点与方式安排。

鼓励监管企业创新运用项目跟投、风险抵押金等市场化方式，强化投资行为决策责任，建立健全投资项目管理的激励和约束机制，实现核心团队风险共担、收益共享。

第二十五条　【项目审计】监管企业应当加强对境内外国有资产的常态化审计，每年进行财务决算审计；对投资并运营超过两年的境外国有资产开展专项审计，重点审计资产安全完整、运营效益、风险管控和保值增值等情况，逐步落实对境外企业负责人的经济责任审计。

第二十六条　【投资管理信息系统】市国资委和监管企业应当建立完善投资管理信息系统，通过信息化手段掌握企业投资情况。市国资委投资管理信息系统上线后，监管企业应当按照市国资委有关要求向市国资委报送文件和材料。

第二十七条　【投资监管联动机制】市国资委建立完善投资监管联动机制，发挥战略规划、法律合规、财务监督、产权管理、考核分配、干部管理、监事会监督、纪检监察、审计监督等相关监管职能，形成合力，实现对监管企业投资活动全过程监管，及时发现、防控投资风险，避免和减少投资损失。

第七章　责任追究

第二十八条　【违规责任】监管企业违反本办法规定，未履行或未正确履行投资管理职责造成国有资产损失以及其他严重不良后果的，依照《中华人民共和国企业国有资产法》《国务院办公厅关于建立国有企业违规经营投资责任追究制度的意见》《上海市市属国有企业违规经营投资责任追究实施办法（试行）》等有关规定，由有关部门追究企业经营管理人员的责任。

第八章　附　　则

第二十九条　【解释权】本办法由市国资委负责解释。

第三十条　【特殊投资项目】监管企业出资的各类投资基金、创业投资、风险投资等高风险业务，以及上市公司股权投资项目，国家、本市另有法律法规以及制度规定的，从其规定。

第三十一条　【遵从上位法与尊重所在国法律】法律、法规对投资管理有专门规定的，从其规定。境外投资活动应当遵守所在国家（地区）法律、法规的有关规定。

第三十二条　【准用性规定】本市各委托监管单位、区国资委结合本部门实际参照执行。

第三十三条　【施行日期】本办法自印发之日起执行。原《上海市国资委监管企业投资监督管理办法》（沪国资委规划〔2018〕72 号）同时废止。

上海市国资委关于印发《市国资委关于规范市场竞争类和功能保障类企业投资管理金融企业的指导意见》的通知

沪国资委金融〔2020〕438 号

各监管企业：

《市国资委关于规范市场竞争类和功能保障类企业投资管理金融企业的指导意见》已经市国资委主任办公会议（2020-23）审议通过，现印发给你们，请遵照执行。

特此通知。

上海市国有资产监督管理委员会

2020 年 12 月 30 日

市国资委关于规范市场竞争类和功能保障类企业投资管理金融企业的指导意见

为全面贯彻党的十九大和全国金融工作会议精神，落实《上海市贯彻〈国企改革三年行动方案（2020-2022 年）〉的实施方案》《上海市开展区域性国资国企综合改革试验的实施方案》等文件精神，参照国务院国资委《关于加强中央企业金融业务管理和风险防范的指导意见》的相关要求，以服务实体经济、防控金融风险、深化金融改革为导向，加强市场竞争类和功能保障类企业（以下简称企业集团）对金融企业的投资管理和风险防范，进一步优化金融资源布局，促进金融业务更好服务主业发展，现就有关工作提出以下指导意见。

一、总体要求

（一）基本原则

突出主业、以融促产。企业集团应聚焦主业，根据主业发展需要审慎开展金融业务，有效发挥金融对企业集团主业的支持和助推作用，做到服务实体、以融促产。

分类管理、优化布局。按照金融企业风险防控要求和以融促产效果对企业集团投资金融企业实施分类管理，并建立备案制度。对已经投资的金融企业和开展的金融业务，企业集团应根据分类管理要求不断优化调整布局结构。

控制风险、提高质量。企业集团投资管理金融企业应严格遵守国家有关法律法规和行业监管要求，健全体制机制、完善公司治理、夯实基础管理、加强全面风险管理，不断提高金融企业发展质量，守住风险底线。

（二）主要目标

服务上海重大战略任务。围绕上海“三大任务一大平台”“五个中心”“四大品牌”等重大战略目标，推动金融资源向重点领域集聚。

推动企业集团改革发展。坚持市场化、专业化、国际化、法治化导向，持续推动企业集团创新发展、重组整合，实现金融资源布局优化调整。

助力打造世界一流企业。推动企业集团规范开展金融业务，提升金融服务企业集团主业的能级，助推企业集团做强做优做大，培育具有全球竞争力的世界一流企业。

二、重点措施

（三）建立分类管理机制

为引导金融企业更好服务企业集团主业发展，对企业集团投资金融企业实施分类管理，对金融企业分类如下：一是重要金融机构，即银行、证券公司、保险公司、信托公司和公募基金公司。二是互联网金融机构，即根据《关于促进互联网金融健康发展的指导意见》设立的互联网支付、网络借贷、股权众筹融资、网络金融产品销售等机构。三是产业关联金融机构，即除重要金融机构、互联网金融机构之外，由国家金融监管部门核准设立的，主要服务企业集团内部和产业上下游，以融促产效果较为明显的金融机构，如财务公司、金融租赁公司、消费金融公司等。四是准金融机构，主要指由地方金融监管部门监管的“7+4”类机构（包括小额贷款公司、融资担保公司、区域性股权市场、典当行、融资租赁公司、商业保理公司和地方资产管理公司等 7 类机构，以及投资公司、开展信用互助的农民专业合作社、社会众筹机构、地方各类交易场所等 4 类机构）。

（四）明确分类管理要求

立足主业发展实体产业，是企业集团的根本任务。为更好服务主业发展确需投资设立金融企业的，应当符合分类管理要求。一是限制投资设立重要金融机构及互联网金融机构。原则上不得新投资设立与企业集团主业关联度不大、以融促产效果较小的重要金融机构及互联网金融机构。严禁投资设立网络借贷等高风险金融机构。二是支持投资设立产业关联金融机构。具备条件的企业集团可结合自身发展规划和业务需要投资设立产业关联金融机构。支持企业集团设立财务公司，提高资金使用效率。企业集团申请新设产业关联金融机构的，原则上应首先申请设立财务公司。三是审慎投资设立准金融机构。企业集团可根据自身功能定位、管理能力、主业发展需要等审慎规范投资设立以市场化经营为主，同时能够为企业集团提供特色金融服务、以融促产效果较好的准金融机构。

（五）实施投资金融企业备案管理

企业集团投资金融企业分为直接投资和间接投资，直接投资指直接取得金融企业股权，间接投资指取得金融企业上级控股公司的股权。企业集团投资金融企业，应当列入年度投资计划，履行相关决策程序，并向市国资委备案。

1. 备案管理类型

备案分为事前备案和事后备案。事前备案是指企业集团在董事会（或同等决策机构）决策前向市国资委备案。事后备案是指企业集团在董事会（或同等决策机构）决策后向市国资委备案。

2. 备案管理适用情形

下列事项向市国资委事前备案：

（1）首次投资重要金融机构、互联网金融机构或产业关联金融机构；

（2）累计增持产业关联金融机构（不含财务公司）资本总额（股份总额）5%以上或不足5%但引起实际控制人变更；

（3）财务公司的股权变动；

（4）转让市国资系统重要金融机构股权；

（5）其他需要事前备案的事项。

下列事项向市国资委事后备案：

（1）为维持股权比例不变，对重要金融机构或互联网金融机构的增资；

（2）累计增持产业关联金融机构（不含财务公司）资本总额（股份总额）5%以下且未引起实际控制人变更；

（3）投资准金融机构；

（4）其他涉及所投资金融机构股权变动的事项；

（5）以灵活配置流动资产为目的投资或转让市国资系统重要金融机构股权，且年度累计投资或转让股权比例不超过1%的事项；

（6）其他需要事后备案的事项。

3. 备案管理程序

实行事前备案的事项，企业集团应在总裁办公会（或同等决策机构）审议通过后，与市国资委进行预沟通并报送备案申请材料。市国资委对材料进行核实、审议；审议通过的，由市国资委出具不持异议意见函或支持函。

实行事后备案的事项，企业集团应在每季度末汇总后报送市国资委备案（事后备案第5项可在每年末汇总备案）。

4. 境外投资的备案管理

企业集团在境外投资金融企业，参照上述要求执行备案程序。原则上支持企业集团投资境外财资中心，境外投资应严格遵守所在地的行业监管制度。

（六）优化金融资源布局结构

企业集团应根据主业发展情况，制定金融业务发展规划，明确投资重点和负面清单。市国资委对金融业务布局加强统筹协调，实施清单管理，实现金融资源布局的三个“一批”。一是“推动发展一批”：鼓励企业集团新设一批充分贴近主业需求，能够对主业发展产生积极作用的金融企业；二是“优化调整一批”：对于与企业集团主业关联度不高的，或服务主业能力不强的金融企业，通过改革重组、经营转变等方式提高服务主业能力；三是“清理退出一批”：逐步退出业务本身存在高风险，或管理基础特别薄弱的金融企业。

（七）加强集团集中化管理

企业集团是投资管理金融企业的决策主体和责任主体，应建立健全管控制度，加强对金融企业的集中化管理，明确牵头管理金融企业的职能部门，具备条件的企业集团应成立专门的金融管理部门，切实做好对金融企业的管理和监督。对符合会计准则并表条件的金融企业，应纳入企业集团合并财务报表范围。

（八）完善股权结构和公司治理

企业集团投资管理金融企业应当具有简明、清晰的股权结构，依照法律法规、监管规定和公司章程行使股东权利，履行股东义务，通过派出具有履职素质和能力的股东代表参与金融企业公司治理，配合金融企业做好股权事务管理，规范关联交易。金融企业应当强化董事会决策机制，形成有效的决策、执行、监督权力制衡机制。

（九）建立全面风险管理体系

企业集团应认真做好金融风险防控工作，促进业务持续健康发展。严格遵守国家有关法律法规和金融监管要求，健全合规管理制度，防范法律风险，规范投资运营，依法接受监管。建立健全从企业集团到金融企业的多层次风险防控体系，打造风险管理的组织架构、指标体系、信息系统和内部控制系统等。强化金融企业与实体企业、各金融企业之间在资金、财务、交易、信息、人员等方面的风险隔离，避免风险相互传递，并定期梳理和分析金融企业存在的风险。

（十）加强金融人才队伍建设

企业集团应完善金融人才选任制度体系，加大引才力度，建立与金融业务发展现状和长远目标相适应的专业化人才梯队。建立健全金融人才培养体系，加大培训力度，营造良好的人才成长氛围，持续提升金融人才专业化水平。探索建立差异化、市场化的金融人才激励和约束机制，增强人才活力，激发企业内生动力，提升企业市场竞争力。

三、实施保障

（十一）完善监管机制

企业集团违反本意见取得金融企业控制权的，市国资委将采取在企业集团经营业绩考核和财务评价中剔除金融企业相关财务指标等措施。市国资委根据国资监管要求、金融行业监管规定和企业集团实际，适时调整分类管理措施，强化对企业集团投资管理金融企业及金融企业运行情况的动态跟踪，研究运用信息化手段逐步建立健全风险预警和防范的工作机制。

（十二）加强统筹协调

市国资委加强组织领导和统筹协调，按照分类管理要求，结合各企业集团的特点及金融企业以融促产的情况，推动现有金融资源的优化调整，不断提升企业集团和所控金融资源的匹配程度。

（十三）强化监督问责

市国资委将投资管理金融企业情况纳入对企业集团相关审计检查范围。企业集团管理人员违反本意见，造成国有资产损失或其他不良后果的，根据相关规定严肃追究有关人员责任。企业集团管理人员在投资管理过程中勤勉尽责、未谋私利，出现存在容错情形且符合容错条件的失误偏差，根据相关规定不作负面评价或进行减责、免责。

（十四）营造良好环境

市国资委推动企业集团开展金融企业相关业务的讨论交流活动，分享先进经验，提高管理水平。

金融控股公司对金融企业的投资管理按照《金融控股公司监督管理试行办法》执行。国有资本投资、运营公司对金融企业的投资管理另行规定。

企业集团因处置重大金融风险并经市政府或本市金融监管部门批准入股或重组高风险金融企业，或经市政府决定承担重大战略任务及重大招商引资项目等投资金融企业的，不受本意见限制，并实行事后备案。

市国资委监管的企业集团遵照本意见执行，委托监管单位、区国资委监管企业可结合本单位实际情况参照执行。

本意见自印发之日起施行。

上海市国资委关于印发《市国资委监管企业融资担保及资金出借管理办法》的通知

沪国资委评价〔2023〕79 号

各监管企业：

为了进一步规范本市国有企业融资担保及资金出借行为，防范资金风险，健全管理机制，保障国有资产安全，我委制定了《市国资委监管企业融资担保及资金出借管理办法》，现予印发实施，请遵照执行，并及时反映执行中有关情况和问题。

请各企业对照文件要求，做好以下几项工作：

（一）完善章程及管理制度。企业应当对照文件要求，修订企业章程，完善融资担保及资金出借管理制度，经集团董事会审批后，在 2023 年内报市国资委备案。

（二）开展全面排查。企业应当对照完善后的融资担保及资金出借管理制度，对集团内违规融资担保和资金出借问题开展全面排查，梳理与文件要求不符的融资担保和资金出借事项。

（三）加强问题整改。对不符合文件要求的融资担保与资金出借事项，原则上一年内完成整改或按照要求履行决策程序，对需要报送市国资委备案的事项统一履行备案程序，以红头文形式报送相关事项具体情况、集团审批情况、风险研判及风险控制措施、融资担保及出借资金事项备案表等。确需延长整改时间的，需制定整改计划，并报市国资委确认。

（四）季度报送要求。本办法印发后，对需要报送市国资委备案的事项，除红头文报送备案材料外，还需在财务月报系统中填报《融资担保及出借资金事项备案表》，并按要求报送融资担保及资金出借季度监测数据。

特此通知。

附件：1. 市国资委监管企业融资担保及资金出借管理办法
2. 融资担保及出借资金事项备案表

上海市国有资产监督管理委员会

2023 年 4 月 17 日

市国资委监管企业融资担保及资金出借管理办法

第一章　总　　则

第一条　为依法履行出资人职责，建立完善以管资本为主的国有资产监管体制，规范市国资委监管企业融资担保及资金出借行为，防范资金风险，健全管理机制，保障国有资产安全，根据《中华人民共和国民法典》《中华人民共和国公司法》《中华人民共和国企业国有资产法》《企业国有资产监督管理暂行条例》等法律法规规定，参照国务院国资委相关规定，结合本市企业实际情况，制定本办法。

第二条　本办法适用于上海市国资委监管的国有独资、国有控股企业及其子企业。

第三条　本办法所称融资担保主要包括企业为集团内外企业借款和发行债券、基金产品、信托产品、资产管理计划等融资行为提供的各种形式担保，如一般保证、连带责任保证、抵押、质押等，也包括出具有担保效力的共同借款合同、差额补足承诺、安慰承诺、维好协议等支持性函件的隐性担保，不包括企业主业含担保的金融企业开展的和主业相关的担保以及房地产企业为购房人按揭贷款提供的阶段性担保，不包括企业以自身土地使用权、在建工程、实物等资产作抵押、质押，为本企业取得的融资。

第四条　本办法所称资金出借主要包括企业直接资金出借或通过委托贷款出借资金的行为，不包括因资金集中管理所发生的向上归集资金，以及上述归集资金范围内的资金拨付，不包括主业含资金出借的金融企业开展的和主业相关的资金出借行为。

第五条　企业集团应当制定和完善统一的融资担保及资金出借管理制度，明确集团本部及各级子企业融资担保及资金出借审批权限和限额、对象和条件，统一融资担保费率和资金出借利率标准，落实管理部门和管理责任，规范内部审批程序，细化审核流程。制定和修订融资担保及资金出借管理制度需经企业集团董事会审批，并报市国资委备案。企业集团应加强融资担保及资金出借领域的合规管理，确保相关管理制度和业务行为符合法律法规、监管要求和司法解释规定。已落实董事会重大财务事项管理权的子企业应参照制定或修订融资担保及资金出借管理制度。

第二章　基本要求

第六条　企业开展融资担保及资金出借业务应当坚持量力而行、权责对等、风险可控原则，应根据自身财务承受能力合理确定融资担保及资金出借规模。企业开展融资担保及资金出借业务应符合以下要求：

（一）企业集团累计融资担保余额不高于集团合并净资产的40%，单笔担保额不高于集团合并净资产10%。单户子企业（含集团本部）累计融资担保余额不高于本企业净资产的50%；

（二）被担保人或借款人为具备持续经营能力和偿债能力的子企业或参股企业；

（三）按照持股比例对子企业和参股企业提供担保或出借资金。

第七条 企业严禁对集团外无股权关系（托管企业除外）的企业提供任何形式担保及出借资金。严禁假借经营、投资活动等名义变相借出资金，如融资性贸易等行为。严禁对参股企业超股比担保或出借资金。严禁为基金提供任何形式的担保或承担其他形式的连带责任。

第八条 出现以下情形之一的，企业原则上不得提供融资担保或出借资金：

（一）非金融企业集团资产负债率管控红灯且需新增融资担保规模的；

（二）融资担保的项目或借款资金用途不属于市国资委为该企业核定的主业范围内的；

（三）被担保人或借款人已进入重组、被兼并或破产清算程序的；

（四）被担保人或借款人财务状况恶化、资不抵债、或连续三年及以上亏损且经营净现金流为负等经营风险较大的；

（五）被担保人或借款人存在重大经济纠纷，面临法律诉讼且可能承担重大赔偿责任的；

（六）被担保人与担保人、借款人与出借人之间发生担保或借款纠纷且仍未妥善解决的，或不能按约定及时足额交纳担保费用或借款利息的；

（七）国有股东对控股上市公司开展融资担保及资金出借业务的；

（八）集团内无直接股权关系子企业之间发生互保或资金出借的；

（九）被担保人或借款人为集团内金融子企业或金融参股企业的，企业集团为金融企业的除外。

第九条 对子企业确需超股比担保或出借资金的，对超股比担保及借款额应由小股东或第三方通过抵押、质押等方式提供足额且有变现价值的反担保。控股子企业的其他小股东可引入第三方担保公司通过市场化方式代为履行按股比担保责任，担保费应由小股东自行承担。

第十条 企业集团在处置重大风险，确需提供超股比融资担保或出借资金的，需制定重大风险处置方案，明确风险应对措施，并纳入重大风险事项管理。

第十一条 企业应依据所提供融资担保或出借资金的风险程度和反担保人的财务状况、履约能力来确定接受反担保的方式。

（一）保证反担保。担保人不得接受被担保人以保证的方式提供的反担保。保证反担保由被担保人之外的第三方提供，第三方应具有独立法人资格、资信可靠、财务状况良好，具有偿债能力，无重大债权债务纠纷；

（二）抵押反担保。抵押物必须是所有权、使用权明确且没有争议的资产，依法被查封、扣押、冻结的资产和已设定抵押的资产不能再抵押，抵押物应当进行资产评估并到相应主管部门办理抵押登记；

（三）质押反担保。质押物必须是所有权明确、不涉及诉讼或争议、且未设定质押的动产、有价证券、应收款项、股权等资产。质押物应进行评估并到相应登记部门办理质押登记。

企业应定期对保证担保人的担保能力、财务状况等进行评估和分析，确保担保人有持续担保能力。若存在担保人担保能力下降的，应采取相应的增信或其他措施。抵押、质押的担保物应定期进行资产评估，并按资产评估结果确定抵押、质押的担保物价值。当担保物价值与资产评估结果发生严重背离时，应对担保物重新进行评估，并按重新评估结果确定担保物价值，并采取对应措施。

第十二条 企业对所控股上市公司、少数股东有员工持股计划或股权基金的企业提供超股比担保且无法取得反担保的，在符合融资担保监管等相关规定的前提下，采取向被担保人依据代偿风险程度收取合理担保费用等方式防范代偿风险。

第十三条 企业对非全资子企业收取出借资金利率一般不低于本企业同期融资成本。

第三章 程序和权限

第十四条 企业集团公司章程应就融资担保总额及单项担保的限额作出规定。

第十五条 企业提供融资担保或出借资金应列入重大事项审议清单，按照重大事项有关流程履行决策程序。已落实董事会重大财务事项管理权的子企业，融资担保或出借资金决策应经企业董事会审议通过。

第十六条 企业提供融资担保或出借资金，应根据企业集团制定的融资担保及资金出借管理制度规定，按照审批权限履行决策程序，并报企业集团备案。企业为股东或者实际控制人提供担保或出借资金的，必须经其股东会(或其授权决策主体)决议。

第十七条 对不符合本办法第六条、第八条、第九条规定，但确需提供融资担保或出借资金的，企业集团董事会需对该事项进行风险评估，在风险可控前提下审批，并报市国资委后备案。

第十八条 发生符合本办法第十条规定相关事项，企业集团董事会需对该事项进行审批，并报市国资委前备案。

第十九条 企业接到被担保人的融资担保或借款人的借款申请后，应当严格审查被担保人或借款人的生产经营状况、财务状况、信用等级、资金用途、资金使用计划、还款计划、反担保情况、还款资金来源等，评估融资担保或出借资金风险并制定相应的风险预案。

担保或借款业务主管部门负责对担保或借款业务进行全面调查与评审；法务部门或法律顾问负责担保或借款业务法律审核，并应对担保或借款事项发表评审意见。

担保或借款事项发生变更时，应重新组织评审。

第二十条 企业在产品销售、合作贸易、代理业务等各类生产经营活动中，应严格审查并注意识别各类合同、协议中企业实质上承担融资担保责任的隐性担保条款，加强风险管控。在履行合同过程中，不得以预付款名义对外拆借资金，所有资金往来必须合法合规，有真实的合作贸易及其相应的履行凭证。

第四章 日常管理和监督检查

第二十一条 企业应当明确融资担保和资金出借主管部门和责任人员，加强融资担保和资金出借业务的基础管理：

（一）加强融资担保和资金出借预算管理。企业应将年度融资担保和资金出借计划纳入预算管理体系，包括担保人或出借人、担保发生额或当年借款金额、累计担保余额或累计借款余额、被担保人或借款人及其经营状况、担保方式或借款方式、担保费率或借款利率等关键要素，提交企业集团董事会审议决定。关键要素发生重大变化或追加预算的，需重新履行预算审批程序；

（二）建立融资担保和资金出借内部控制制度。企业应当按照国家有关法律法规和本办法，建立适合本单位业务特点和管理要求的融资担保和资金出借内部控制制度。企业应对担保业务和资金出借业务建立严格的岗位责任制，明确相关岗位的职责、权限，不相容岗位应相互分离、制约和监督。严禁同一部门或个人办理担保或资金出借业务的全过程，严禁未经授权的机构或人员办理担保或资金出借业务；

（三）严格合同管理。企业要严格按照审批意见订立融资担保、资金出借、反担保及相关合同。订立合同前，应经法务部门或法律顾问审核，确保合同条款符合法律、法规、规章等规定。担保或借款合同应明确约定担保或借款资金使用范围、限额、方式、期限、违约责任、责任免除条款等，并在合同中明确被担保人或借款人有提供审计报告、财务报表、及时报告担保或借款事项实施情况和重大财务状况变动事项的义务；反担保合同还应明确约定担保人可以监督债务人履约能力及担保人为防止风险可以采取的必要措施。在办理完担保或借款手续后，担保人或出借人应及时书面报企业集团备案。担保合同、借款合同及反担保合同不得随意修改，如因特殊原因必须修改合同内容时，需重新进行论证审批。

（四）建立台账制度。企业应对融资担保和资金出借进行分类管理，以台账方式详细记录担保及借款合同基本情况、担保及借款对象、金额、期限、方式及责任履行等情况；

（五）建立跟踪和监控制度。企业建立管理台账，适时更新、跟踪管理，建立风险分类识别和防范机制，重点关注对被担保人或借款人整体资信状况变化情况、融资款项使用情况、用款项目进展情况、被担保项目的债务主合同执行情况、还款计划及资金筹集情况，对发现有代偿风险的担保业务或有违约风险的资金出借业务及时采取增信或资产保全等应对措施，最大程度减少损失，并纳入风险清单管理。

第二十二条 企业作为担保人在实施日常监管过程中发现债权人与被担保人恶意串通，损害担保人合法权益的，应及时收集证据并向人民法院或仲裁机构请求确认担保合同无效。

第二十三条 当出现下述情况时，企业作为担保人应及时通知被担保人和债权人，终止担保合同：

（一）担保有效期届满；

（二）主合同被终止的；

（三）被担保人或债权人要求终止担保合同；

（四）其他约定事项。

第二十四条 当出现被担保人或借款人债务到期后十五个工作日内未履行还款义务，或是被担保人或借款人破产、清算、债权人主张担保人履行担保义务等情况时，企业作为担保人或出借人应当及时了解被担保人或借款人的债务偿还情况，并在知悉后向企业集团报告。

第二十五条 企业履行担保人担保责任后，应当依法向被担保人、反担保人行使追偿权。由第三方申请的被担保人破产案件经人民法院受理后，企业作为债权人，应当依法及时申报债权。

第二十六条 企业应当在年度财务预算、年度财务决算报送融资担保及资金出借预算及执行情况，融资担保及资金出借余额按照实际提供担保的融资余额及实际提供的资金出借余额填报，应当如实填报超股比担保及资金出借金额和对集团外无股权关系企业的担保及资金出借金额，不得瞒报漏报。企业应按季度向市国资委报送融资担保及资金出借监测数据。

第二十七条 企业集团审计委员会、内审等有关部门依据各自的监督职责对融资担保及资金出借制度建设、审批决策、条件落实、跟踪监控、披露备案等方面开展监督检查，重点关注符合本办法第十条规定的事项、以及不符合本办法第六条、第八条、第九条规定，但确需提供融资担保或出借资金的事项。

第二十八条 市国资委负责企业融资担保及出借资金制度及政策制订、对执行情况进行监督检查。监督检查的重点包括企业内部管理制度建设及执行情况，内部审核审批合规情况，反担保措施落实情况等，对发现的问题进行督导整改。

第五章　责任追究

第二十九条 企业违反本办法规定为他人提供担保或借款、对担保或借款项目未进行有效监管，发生损失未及时采取有效措施，造成国有资产损失的，按照《上海市市属国有企业违规经营投资责任追究实施办法（试行）》（沪府办〔2020〕40 号）等有关规定追究相关责任人责任。涉嫌违纪情形的，将有关线索移送纪检监察部门处理。涉嫌犯罪的，移送司法机关处理。

第六章　附　　则

第三十条 各委托监管单位、受托监管企业、区国资监管机构可参照本办法研究制定融资担保及资金出借监督管理规定。

第三十一条 金融企业和主营业务为融资担保、融资租赁、小额贷款、典当等的企业，融资担保及资金出借行为还需遵循国家相关法律法规、金融或行业监管规定；上市公司开展融资担保及资金出借业务，还应符合《中华人民共和国证券法》和证券监管等相关规定。

第三十二条 本办法由市国资委负责解释。

第三十三条 本办法自发布之日起后施行。关于印发《上海市国有企业担保业务财务核算及内部控制工作指引》的通知》（沪国资委统〔2006〕175 号）同时废止。

广州市国资委关于印发《广州市国资委关于鼓励市属国有企业参与创业投资的若干意见》的通知

穗国资资本〔2020〕1号

各监管企业：

《广州市国资委关于鼓励市属国有企业参与创业投资的若干意见》已经市国资联席会议2019年第4次会议审议通过，现印发给你们，请遵照执行。执行中遇到的问题请径向市国资委反映。

本意见自印发之日起施行，有效期三年。

专此通知。

广州市人民政府国有资产监督管理委员会

2020年1月23日

广州市国资委关于鼓励市属国有企业参与创业投资的若干意见

为全面贯彻习近平新时代中国特色社会主义思想和党的十九大精神，深入学习贯彻习近平总书记视察广东重要讲话精神，进一步发挥国有企业参与创业投资，促进战略性新兴产业发展的作用，根据《国务院关于印发改革国有资本授权经营体制方案的通知》(国发〔2019〕9号)、《国务院关于促进创业投资持续健康发展的若干意见》(国发〔2016〕53号)、《广东省加快促进创业投资持续健康发展实施方案》(粤府〔2017〕62号)、《广州市鼓励创业投资促进创新创业发展若干政策规定》(穗府办规〔2018〕18号)的规定，并结合我市实际，制定以下意见：

一、支持市属国有企业参与创业投资

支持有需求、有条件的市属国有企业参与创业投资。对在穗注册的国有创业投资企业管理的在穗注册的创业投资基金，市国资委按照新引入社会资金实际到账数额不超过5%作为支持金额，通过国有资本经营预算支出安排，以资本金形式注入监管企业，每年给予每家监管企业的金额不超过2000万元。

二、允许国有创业投资企业适度让利

对投资于在广州市注册的种子期、初创期科技创新企业，经所属监管企业审核批准，国有创业投资企业3年内(含3年)可以在收回投资本金和同期商业贷款利息的前提下，采取向社会出资人让渡部分收益或创新创业团队回购等让利措施，以更好地发挥国有资本的

撬动作用。

三、建立完善员工持股机制

鼓励国有创业投资企业管理层和核心管理骨干持股。新设立创业投资企业的单一员工持股比例可以进一步放宽，允许管理层和核心骨干持股比例不超过总股本的30%。员工持股方案由监管企业审核批准后实施。

四、鼓励跟投投资项目

鼓励国有创业投资企业项目管理团队及骨干人员以自有资金实施跟投(相关政策规定不能参与跟投的人员除外)。跟投股权与创业投资企业持有股权同股同价、同股同权，跟投股权可以随创业投资企业持有股权一并退出。跟投方案由监管企业审核批准后实施。

五、创新国有创业投资企业薪酬分配机制

鼓励国有创业投资企业建立与创业投资行业相适应的薪酬分配机制。国有创业投资企业可根据行业特点，按照市场化方式确立考核目标和相关人员薪酬水平。当国有创业投资企业净利润或项目投资收益等指标高于一定比例(应不低于同期行业平均水平)时，可提取部分收益对企业管理层或项目管理团队进行奖励。在优化薪酬分配强化激励的同时，应设置奖励退回、净利润提成限制、预留风险准备金等条款加以约束。

六、建立鼓励创业投资的考核机制

鼓励监管企业对投入创业投资领域的国有资本，按照创业投资行业特点，采用周期性滚动方式，以整个创业投资企业的业绩作为考核目标。建立和完善容错机制，在尽职调查到位、决策程序合规、未谋取个人利益的前提下，对单个项目的亏损不作负面评价。强化任期业绩考核，在设定合理的最低预期回报率前提下，综合考核国有创业投资企业国有资本经济价值和社会价值。

七、建立创业投资信息共享平台

加强与市政府各部门联系，由市国资委定期向有创业投资业务的监管企业发布我市重点支持项目和企业名单，为国有创业投资企业提供推介交流机会。不定期组织国有创业投资企业圆桌论坛、项目对接会等活动，活跃国有创业投资氛围。

八、其他事项

在穗注册的以新一代信息技术、人工智能、生物医药、新能源、新材料、数字经济、高端装备制造、绿色低碳、海洋经济等战略性新兴产业为投资方向的国有股权投资企业经监管企业批准，可参照适用上述意见。

本规定由市国资委负责解释，自发布之日起施行，有效期三年。

附件　名词解释

一、创业投资，是指向处于创建或重建过程中的未上市成长性创业企业进行股权投资，以期所投资创业企业发育成熟或相对成熟后，主要通过股权转让获取资本增值收益的投资方式。

二、国有创业投资企业，是指广州市国资委代表广州市人民政府履行出资人职责的国有及国有控股企业、国有实际控制企业及其各级国有及国有控股、国有实际控制企业全资、控股或实际控制的，经相关部门备案主要从事创业投资(管理)业务的企业。

三、社会资金，是指作为股权投资的非广州市财政、国有资金。

四、监管企业，是指广州市国资委代表广州市人民政府履行出资人职责的国有及国有控股企业、国有实际控制企业。

五、种子期、初创期科技创新企业，是指在注册设立之日起到与投资机构签订投资协议之日止，不超过3年(属于生物医药领域的，不超过5年)，营业收入不超过2000万元的科技创新企业。

六、科技创新企业，是指主要从事高新技术产品研究、开发、生产和服务的非上市公司，并符合下列条件之一：

1. 经认定的高新技术企业；

2. 进入市级及以上高新技术企业培育库、广州市小巨人企业库、广州市科技创新企业库的企业；

3. 近5年内获得市级以上科技项目立项的企业；

4. 近5年内获得1项(含)以上且目前有效的自主科技成果(含发明专利、实用新型专利、软件著作权等)的企业；

5. 近5年参加市科技部门主办的市级以上创新创业大赛的获奖企业；

6. 其他经科技主管部门认定为科技类型的企业。

七、国有股权投资企业，是指广州市国资委代表广州市人民政府履行出资人职责的国有及国有控股企业、国有实际控制企业及其各级国有及国有控股、国有实际控制企业全资、控股或实际控制的，以非公开方式向特定对象募集资金设立，对非公开交易的企业股权进行投资并提供增值服务的非证券类投资(管理)企业。

三、产权登记类

国家出资企业产权登记管理暂行办法

第一章　总　　则

第一条　为了加强国家出资企业产权登记管理，及时、真实、动态、全面反映企业产权状况，根据《中华人民共和国企业国有资产法》、《企业国有资产监督管理暂行条例》(国务院令第378号)等法律和行政法规，制定本办法。

第二条　本办法所称国家出资企业产权登记(以下简称产权登记)，是指国有资产监督管理机构对本级人民政府授权管理的国家出资企业的产权及其分布状况进行登记管理的行为。

第三条　国家出资企业、国家出资企业(不含国有资本参股公司)拥有实际控制权的境内外各级企业及其投资参股企业(以下统称企业)，应当纳入产权登记范围。国家出资企业所属事业单位视为其子企业进行产权登记。

前款所称拥有实际控制权，是指国家出资企业直接或者间接合计持股比例超过50%，或者持股比例虽然未超过50%，但为第一大股东，并通过股东协议、公司章程、董事会决议或者其他协议安排能够实际支配企业行为的情形。

第四条　本办法所指出资人分为以下五类：

(一) 履行出资人职责的机构；

(二) 履行出资人职责的机构、国有独资企业、国有独资公司单独或者共同出资设立的企业；

(三) 以上两类出资人直接或者间接合计持股比例超过50%不足100%的企业；

(四) 以上三类出资人直接或者间接合计持股比例未超过50%但为第一大股东，并通过股东协议、公司章程、董事会决议或者其他协议安排能够实际支配企业行为的企业；

(五) 以上四类出资人以外的企业、自然人或者其他经济组织。

以上(二)、(三)、(四)类出资人统称为履行出资人职责的企业。

第五条　企业为交易目的持有的下列股权不进行产权登记：

(一) 为了赚取差价从二级市场购入的上市公司股权；

(二) 为了近期内(一年以内)出售而持有的其他股权。

第六条　办理产权登记的企业应当权属清晰。存在产权纠纷的企业，应当在及时处理产权纠纷后申请办理产权登记。

第七条　各级国有资产监督管理机构分别负责本级人民政府授权管理的国家出资企业

的产权登记管理。国务院国有资产监督管理机构对地方国有资产监督管理机构的产权登记工作进行指导和监督。

第八条 国家出资企业负责对其履行出资人职责的企业的产权登记工作进行管理，并向国有资产监督管理机构申请办理企业产权登记。

第九条 各级国有资产监督管理机构、国家出资企业应当定期对产权登记数据进行汇总分析。

省级国有资产监督管理机构应当于每年1月31日前，将本地区上年度企业产权登记数据汇总分析后，报国务院国有资产监督管理机构。

第二章 产权登记类型

第十条 产权登记分为占有产权登记、变动产权登记和注销产权登记。

第十一条 履行出资人职责的机构和履行出资人职责的企业有下列情形之一的，应当办理占有产权登记：

（一）因投资、分立、合并而新设企业的；

（二）因收购、投资入股而首次取得企业股权的；

（三）其他应当办理占有产权登记的情形。

第十二条 占有产权登记应包括下列内容：

（一）企业出资人及出资人类别、出资额、出资形式；

（二）企业注册资本、股权比例；

（三）企业名称及在国家出资企业中所处级次；

（四）企业组织形式；

（五）企业注册时间、注册地；

（六）企业主营业务范围；

（七）国有资产监督管理机构要求的其他内容。

第十三条 有下列情形之一的，应当办理变动产权登记：

（一）履行出资人职责的机构和履行出资人职责的企业名称、持股比例改变的；

（二）企业注册资本改变的；

（三）企业名称改变的；

（四）企业组织形式改变的；

（五）企业注册地改变的；

（六）企业主营业务改变的；

（七）其他应当办理变动产权登记的情形。

第十四条 有下列情形之一的，应当办理注销产权登记：

（一）因解散、破产进行清算，并注销企业法人资格的；

（二）因产权转让、减资、股权出资、出资人性质改变等导致企业出资人中不再存续履行出资人职责的机构和履行出资人职责的企业的；

（三）其他应当办理注销产权登记的情形。

第三章　产权登记程序

第十五条　企业发生产权登记相关经济行为时，应当自相关经济行为完成后20个工作日内，在办理工商登记前，申请办理产权登记。企业注销法人资格的，应当在办理工商注销登记后，及时办理注销产权登记。

第十六条　企业申请办理产权登记，应当由履行出资人职责的企业按照填报要求，填写有关登记内容和相关经济行为合规性资料目录，逐级报送国家出资企业，国家出资企业负责对登记内容及相关经济行为的合规性进行审核后，向国有资产监督管理机构申请登记。

同一国有资产监督管理机构及其管理的多个履行出资人职责的企业共同出资的企业，由拥有实际控制权的一方负责申请办理产权登记；任一方均不拥有实际控制权的，由持股比例最大的一方负责申请办理产权登记；各方持股比例相等的，由其共同推举一方负责申请办理产权登记。

非同一国有资产监督管理机构及其管理的多个履行出资人职责的企业共同出资的企业，由各方分别申请办理产权登记。

第十七条　国有资产监督管理机构自国家出资企业报送产权登记信息10个工作日内，对符合登记要求的企业予以登记；对相关经济行为操作过程中存在瑕疵的企业，国有资产监督管理机构应当向国家出资企业下发限期整改通知书，完成整改后予以登记。

第十八条　已办理产权登记的国家出资企业，由国有资产监督管理机构核发产权登记证；已办理产权登记的其他企业，由国有资产监督管理机构或者由国有资产监督管理机构授权国家出资企业核发产权登记表。

产权登记证、登记表是企业办结产权登记的证明，是客观记载企业产权状况基本信息的文件。产权登记证、登记表的格式和内容由国务院国有资产监督管理机构统一制发，企业在使用过程中不得擅自修改。

第十九条　企业应当在办理工商登记后10个工作日内，将企业法人营业执照或者工商变更登记表报送国有资产监督管理机构；工商登记信息与产权登记信息存在不一致的，企业应当核实相关资料，涉及变更产权登记信息的，企业应当修改后重新报送，国有资产监督管理机构或者国家出资企业对相关登记信息进行确认后重新核发产权登记证、登记表。

第二十条　产权登记仅涉及企业名称、注册地、主营业务等基础信息改变的，可在办理工商登记后申请办理产权登记。

第四章　产权登记管理

第二十一条　国家出资企业应当建立健全产权登记制度和工作体系，落实产权登记管理工作责任，并对制度执行情况进行监督检查。年度检查结果应当书面报告国有资产监督管理机构。

第二十二条 各级国有资产监督管理机构应当对企业产权登记工作的日常登记情况、年度检查情况和限期整改事项落实情况等进行检查，并予以通报。

第二十三条 国有资产监督管理机构、国家出资企业应当建立健全产权登记档案管理制度；国家出资企业对办理完成的产权登记事项，应当及时将合规性资料目录中所列资料整理归档，分户建立企业产权登记档案。

第二十四条 企业违反本办法规定，有下列行为之一的，由国有资产监督管理机构责令改正或者予以通报，造成国有资产损失的，依照有关规定追究企业领导和相关人员的责任：

（一）未按本办法规定及时、如实申请办理产权登记的；

（二）未按期进行整改的；

（三）伪造、涂改产权登记证、登记表的。

第五章 附 则

第二十五条 省级国有资产监督管理机构可以依据本办法制定本地区的具体实施办法。

第二十六条 本办法自2012年6月1日起施行。

国资委关于印发《国家出资企业产权登记管理工作指引》的通知

国资发产权[2012]104号

各省、自治区、直辖市及计划单列市和新疆生产建设兵团国资委，各中央企业：

为进一步规范国家出资企业产权登记管理工作，我们制定了《国家出资企业产权登记管理工作指引》，现印发给你们，请遵照执行。执行中有何问题和建议，请及时反馈我委。

国务院国有资产监督管理委员会

二〇一二年七月二十四日

国家出资企业产权登记管理工作指引

第一章　总　　则

第一条　为进一步规范国家出资企业产权登记管理工作，根据《国家出资企业产权登记管理暂行办法》(国资委令第29号，以下简称《暂行办法》)，制定本指引。

第二条　国家出资企业产权登记管理信息系统(以下简称产权登记系统)是产权登记管理的工作平台。企业办理产权登记应当符合《暂行办法》和本指引的有关规定，并按照产权登记系统的操作说明进行。

第三条　《暂行办法》第二条所称“授权管理”，是指各级人民政府授权本级国有资产监督管理机构依法履行出资人职责，或者履行产权登记等国有资产基础管理职责的情形。

第四条　《暂行办法》第四条所称各类出资人在产权登记系统中简称为：

(一)“履行出资人职责的机构”简称为“国家出资人”，各级人民政府以及政府授权履行出资人职责的机构、部门按此项填列；

(二)“履行出资人职责的机构、国有独资企业、国有独资公司单独或者共同出资设立的企业”简称为“国有出资人”；

(三)“以上两类出资人直接或者间接合计持股比例超过50%不足100%的企业”简称为“国有绝对控股出资人”；

(四)“以上三类出资人直接或者间接合计持股比例未超过50%但为第一大股东，并通过股东协议、公司章程、董事会决议或者其他协议安排能够实际支配企业行为的企业”简称为“国有实际控制出资人”；

(五)以上四类出资人统称为“国有控制出资人”，除此以外的出资人统称为“其他出资人”。

第五条　《暂行办法》第五条所称“为了近期内（一年以内）出售而持有的其他股权”，是指企业以短期获利为目的而持有的、按照会计准则应当记入“交易性金融资产”科目的股权。

第二章　产权登记管理程序

第六条　国有控制出资人办理产权登记应当通过产权登记系统填报企业基础信息、经济行为信息，以及合规性资料目录。

企业基础信息是指企业办理产权登记时点的基本情况和产权状况信息。经济行为信息是指企业办理产权登记所涉及经济行为的操作过程信息。合规性资料目录是指企业办理产权登记时需要准备的有关材料目录及其相关信息。

第七条　国有控制出资人应当在填写完成上述信息后，按照企业产权级次或者管理级次通过产权登记系统逐级审核、报送国家出资企业。

第八条　国家出资企业对企业基础信息、经济行为信息、合规性资料目录的相关内容，以及相关经济行为的合规性进行审核后，向国有资产监督管理机构申请办理产权登记。

第九条　国家出资企业向国有资产监督管理机构申请办理产权登记，应当出具申请文件。申请文件应当加盖国家出资企业产权登记专用章，并通过产权登记系统报送国有资产监督管理机构。

申请文件的主要内容包括产权登记相关经济行为的发生时间、决策批准、实施过程等情况描述，以及国家出资企业的审核意见等。

第十条　国有资产监督管理机构根据国家出资企业的产权登记申请文件、企业基础信息、经济行为信息，以及合规性资料目录，对产权登记事项进行审核，对符合登记要求的予以登记，对不符合登记要求的予以退回。

第十一条　国有资产监督管理机构经与国家出资企业确认，对相关经济行为操作过程中存在违反有关法律或者国有资产监督管理制度规范等瑕疵的产权登记事项，应当向国家出资企业下发限期整改通知书，完成整改后符合登记要求的予以登记。

第十二条　国家出资企业收到限期整改通知书时，应当按照以下原则认真按期整改，并将整改情况书面报告国有资产监督管理机构：

（一）对于有关经济行为尚未产生法律效力的，应当及时予以纠正，严格按照有关法律和国有资产监督管理制度规范操作；

（二）对于有关经济行为已产生法律效力，无法进行追溯改正的，应当分析原因、明确责任、完善制度、加强管理。

第十三条　国有资产监督管理机构向国家出资企业下发限期整改通知书应当以书面形式，内容应当包括整改事项、要求和期限等。对未按要求进行整改的国家出资企业，国有资产监督管理机构应当予以通报，并追究相关人员责任。

第十四条　产权登记证由国务院国有资产监督管理机构印制，产权登记表由产权登记系统生成，产权登记证、产权登记表的式样见附件 1、附件 2。

第十五条 国务院国有资产监督管理机构授权国家出资企业对其履行出资人职责的企业核发产权登记表。国家出资企业核发产权登记表，应当通过产权登记系统向国务院国有资产监督管理机构申请统一编号，并加盖国家出资企业产权登记专用章。

第十六条 省级国有资产监督管理机构可根据本地区的实际情况，决定产权登记表的发放方式，采用授权国家出资企业发放方式的，按照本指引第十五条规定办理。

第三章 国家出资企业所属事业单位产权登记管理

第十七条 事业单位"注册资本"按照事业单位法人证书中"开办资金"填写；事业单位出资人的"实缴资本"按照事业单位会计报表"固定资产基金"中属于国家拨款形成的部分和"周转金"中属于无需偿还的部分加总填写。

第十八条 事业单位"企业级次"按照其所在国家出资企业的管理层级对应填写，国家出资企业为一级，国家出资企业直接管理的事业单位为二级，依次类推；事业单位"出资人名称"按照直接对其履行管理职责的单位名称填写。

第四章 境外企业产权登记管理

第十九条 纳入产权登记范围的境外企业，是指国家出资企业、国家出资企业（不含国有资本参股公司）拥有实际控制权的各级子企业在我国境外以及香港特别行政区、澳门特别行政区和台湾地区依据当地法律出资设立的企业。国家出资企业所属境外代表处、办事处，以及其他非法人资格的经济组织，不纳入产权登记范围。

第二十条 境外企业产权登记涉及金额的登记指标应当分别按照外币和人民币填写，外币折算人民币的汇率应当按照相关经济行为发生时点的中间汇率确定。

第二十一条 境外企业"企业级次"按照企业所在的国家出资企业的产权级次对应填写，国家出资企业为一级，国家出资企业直接持股的境外企业为二级，依次类推。

第二十二条 因重组、上市、转让或者经营管理等需要而设立的特殊目的公司，应当在产权登记系统内的企业基础信息中予以标注，并填写"注册目的"和"存续时限"。

第二十三条 因特殊原因以个人或者以个人名义设立的公司代为持股的境外企业，应当在产权登记系统内的企业基础信息中予以标注，并对应填写"持股人名称"和"实际出资人"。

第二十四条 境外企业（不含参股企业）在境内投资设立的企业，按照境内企业进行登记管理。

第五章 产权登记档案管理和数据分析

第二十五条 各级国有资产监督管理机构、国家出资企业应当建立健全产权登记档案管理制度，确保产权登记档案的完整、准确、系统、安全和有效利用。

第二十六条 产权登记档案分为电子档案和纸质档案。

电子档案是指产权登记系统中记载的产权登记相关信息。各级国有资产监督管理机构、国家出资企业分别负责本系统的电子档案管理，确保电子档案安全。

纸质档案是指企业办理产权登记时填报的合规性资料目录中所列资料。国家出资企业应当对已完成的产权登记事项，按照合规性资料目录所列资料整理归档，分户建立产权登记档案。

第二十七条 各级国有资产监督管理机构、国家出资企业应当定期对产权登记数据进行汇总分析，每季度形成分析信息，每年度形成分析报告。

第二十八条 产权登记分析报告应当包括但不限于产权在企业组织形式、级次、主辅业、行业、区域等方面的分布情况，以及产权形成、变动、注销情况及其原因。

第六章 产权登记管理监督检查

第二十九条 国家出资企业应当于每年3月31日前完成对其履行出资人职责的企业上年度产权登记情况的检查工作，并将检查结果书面报告本级国有资产监督管理机构。

监督检查重点关注企业产权登记的及时性、真实性、准确性，以及产权登记涉及相关经济行为的合规性。

第三十条 各级国有资产监督管理机构应当对企业产权登记工作的日常登记、档案管理、监督检查、整改事项落实等情况进行检查，并将检查结果予以通报。

档案管理检查的重点是对照产权登记系统中合规性资料目录检查纸质档案的完整性，对照纸质档案检查产权登记系统中相关信息的真实性、准确性。

第三十一条 国有资产监督管理机构、国家出资企业进行产权登记检查时可采用自查与抽查相结合、专项检查与综合检查相结合等方式进行，必要时可聘请中介机构协助完成。

第七章 附 则

第三十二条 本指引由国务院国有资产监督管理委员会负责解释。

第三十三条 本指引自印发之日起施行。

不动产登记暂行条例

中华人民共和国国务院令第656号

现公布《不动产登记暂行条例》，自2015年3月1日起施行。

2014年11月24日

不动产登记暂行条例

第一章　总　　则

第一条　为整合不动产登记职责，规范登记行为，方便群众申请登记，保护权利人合法权益，根据《中华人民共和国物权法》等法律，制定本条例。

第二条　本条例所称不动产登记，是指不动产登记机构依法将不动产权利归属和其他法定事项记载于不动产登记簿的行为。

本条例所称不动产，是指土地、海域以及房屋、林木等定着物。

第三条　不动产首次登记、变更登记、转移登记、注销登记、更正登记、异议登记、预告登记、查封登记等，适用本条例。

第四条　国家实行不动产统一登记制度。

不动产登记遵循严格管理、稳定连续、方便群众的原则。

不动产权利人已经依法享有的不动产权利，不因登记机构和登记程序的改变而受到影响。

第五条　下列不动产权利，依照本条例的规定办理登记：

（一）集体土地所有权；

（二）房屋等建筑物、构筑物所有权；

（三）森林、林木所有权；

（四）耕地、林地、草地等土地承包经营权；

（五）建设用地使用权；

（六）宅基地使用权；

（七）海域使用权；

（八）地役权；

（九）抵押权；

（十）法律规定需要登记的其他不动产权利。

第六条　国务院国土资源主管部门负责指导、监督全国不动产登记工作。

县级以上地方人民政府应当确定一个部门为本行政区域的不动产登记机构，负责不动产登记工作，并接受上级人民政府不动产登记主管部门的指导、监督。

第七条 不动产登记由不动产所在地的县级人民政府不动产登记机构办理；直辖市、设区的市人民政府可以确定本级不动产登记机构统一办理所属各区的不动产登记。

跨县级行政区域的不动产登记，由所跨县级行政区域的不动产登记机构分别办理。不能分别办理的，由所跨县级行政区域的不动产登记机构协商办理；协商不成的，由共同的上一级人民政府不动产登记主管部门指定办理。

国务院确定的重点国有林区的森林、林木和林地，国务院批准项目用海、用岛，中央国家机关使用的国有土地等不动产登记，由国务院国土资源主管部门会同有关部门规定。

第二章 不动产登记簿

第八条 不动产以不动产单元为基本单位进行登记。不动产单元具有唯一编码。

不动产登记机构应当按照国务院国土资源主管部门的规定设立统一的不动产登记簿。

不动产登记簿应当记载以下事项：

（一）不动产的坐落、界址、空间界限、面积、用途等自然状况；

（二）不动产权利的主体、类型、内容、来源、期限、权利变化等权属状况；

（三）涉及不动产权利限制、提示的事项；

（四）其他相关事项。

第九条 不动产登记簿应当采用电子介质，暂不具备条件的，可以采用纸质介质。不动产登记机构应当明确不动产登记簿唯一、合法的介质形式。

不动产登记簿采用电子介质的，应当定期进行异地备份，并具有唯一、确定的纸质转化形式。

第十条 不动产登记机构应当依法将各类登记事项准确、完整、清晰地记载于不动产登记簿。任何人不得损毁不动产登记簿，除依法予以更正外不得修改登记事项。

第十一条 不动产登记工作人员应当具备与不动产登记工作相适应的专业知识和业务能力。

不动产登记机构应当加强对不动产登记工作人员的管理和专业技术培训。

第十二条 不动产登记机构应当指定专人负责不动产登记簿的保管，并建立健全相应的安全责任制度。

采用纸质介质不动产登记簿的，应当配备必要的防盗、防火、防渍、防有害生物等安全保护设施。

采用电子介质不动产登记簿的，应当配备专门的存储设施，并采取信息网络安全防护措施。

第十三条 不动产登记簿由不动产登记机构永久保存。不动产登记簿损毁、灭失的，不动产登记机构应当依据原有登记资料予以重建。

行政区域变更或者不动产登记机构职能调整的，应当及时将不动产登记簿移交相应的不动产登记机构。

第三章　登记程序

第十四条　因买卖、设定抵押权等申请不动产登记的，应当由当事人双方共同申请。

属于下列情形之一的，可以由当事人单方申请：

（一）尚未登记的不动产首次申请登记的；

（二）继承、接受遗赠取得不动产权利的；

（三）人民法院、仲裁委员会生效的法律文书或者人民政府生效的决定等设立、变更、转让、消灭不动产权利的；

（四）权利人姓名、名称或者自然状况发生变化，申请变更登记的；

（五）不动产灭失或者权利人放弃不动产权利，申请注销登记的；

（六）申请更正登记或者异议登记的；

（七）法律、行政法规规定可以由当事人单方申请的其他情形。

第十五条　当事人或者其代理人应当到不动产登记机构办公场所申请不动产登记。

不动产登记机构将申请登记事项记载于不动产登记簿前，申请人可以撤回登记申请。

第十六条　申请人应当提交下列材料，并对申请材料的真实性负责：

（一）登记申请书；

（二）申请人、代理人身份证明材料、授权委托书；

（三）相关的不动产权属来源证明材料、登记原因证明文件、不动产权属证书；

（四）不动产界址、空间界限、面积等材料；

（五）与他人利害关系的说明材料；

（六）法律、行政法规以及本条例实施细则规定的其他材料。

不动产登记机构应当在办公场所和门户网站公开申请登记所需材料目录和示范文本等信息。

第十七条　不动产登记机构收到不动产登记申请材料，应当分别按照下列情况办理：

（一）属于登记职责范围，申请材料齐全、符合法定形式，或者申请人按照要求提交全部补正申请材料的，应当受理并书面告知申请人；

（二）申请材料存在可以当场更正的错误的，应当告知申请人当场更正，申请人当场更正后，应当受理并书面告知申请人；

（三）申请材料不齐全或者不符合法定形式的，应当当场书面告知申请人不予受理并一次性告知需要补正的全部内容；

（四）申请登记的不动产不属于本机构登记范围的，应当当场书面告知申请人不予受理并告知申请人向有登记权的机构申请。

不动产登记机构未当场书面告知申请人不予受理的，视为受理。

第十八条　不动产登记机构受理不动产登记申请的，应当按照下列要求进行查验：

（一）不动产界址、空间界限、面积等材料与申请登记的不动产状况是否一致；

（二）有关证明材料、文件与申请登记的内容是否一致；

（三）登记申请是否违反法律、行政法规规定。

第十九条 属于下列情形之一的，不动产登记机构可以对申请登记的不动产进行实地查看：

（一）房屋等建筑物、构筑物所有权首次登记；

（二）在建建筑物抵押权登记；

（三）因不动产灭失导致的注销登记；

（四）不动产登记机构认为需要实地查看的其他情形。

对可能存在权属争议，或者可能涉及他人利害关系的登记申请，不动产登记机构可以向申请人、利害关系人或者有关单位进行调查。

不动产登记机构进行实地查看或者调查时，申请人、被调查人应当予以配合。

第二十条 不动产登记机构应当自受理登记申请之日起30个工作日内办结不动产登记手续，法律另有规定的除外。

第二十一条 登记事项自记载于不动产登记簿时完成登记。

不动产登记机构完成登记，应当依法向申请人核发不动产权属证书或者登记证明。

第二十二条 登记申请有下列情形之一的，不动产登记机构应当不予登记，并书面告知申请人：

（一）违反法律、行政法规规定的；

（二）存在尚未解决的权属争议的；

（三）申请登记的不动产权利超过规定期限的；

（四）法律、行政法规规定不予登记的其他情形。

第四章 登记信息共享与保护

第二十三条 国务院国土资源主管部门应当会同有关部门建立统一的不动产登记信息管理基础平台。

各级不动产登记机构登记的信息应当纳入统一的不动产登记信息管理基础平台，确保国家、省、市、县四级登记信息的实时共享。

第二十四条 不动产登记有关信息与住房城乡建设、农业、林业、海洋等部门审批信息、交易信息等应当实时互通共享。

不动产登记机构能够通过实时互通共享取得的信息，不得要求不动产登记申请人重复提交。

第二十五条 国土资源、公安、民政、财政、税务、工商、金融、审计、统计等部门应当加强不动产登记有关信息互通共享。

第二十六条 不动产登记机构、不动产登记信息共享单位及其工作人员应当对不动产登记信息保密；涉及国家秘密的不动产登记信息，应当依法采取必要的安全保密措施。

第二十七条 权利人、利害关系人可以依法查询、复制不动产登记资料，不动产登记机构应当提供。

有关国家机关可以依照法律、行政法规的规定查询、复制与调查处理事项有关的不动产登记资料。

第二十八条 查询不动产登记资料的单位、个人应当向不动产登记机构说明查询目的，不得将查询获得的不动产登记资料用于其他目的；未经权利人同意，不得泄露查询获得的不动产登记资料。

第五章 法律责任

第二十九条 不动产登记机构登记错误给他人造成损害，或者当事人提供虚假材料申请登记给他人造成损害的，依照《中华人民共和国物权法》的规定承担赔偿责任。

第三十条 不动产登记机构工作人员进行虚假登记，损毁、伪造不动产登记簿，擅自修改登记事项，或者有其他滥用职权、玩忽职守行为的，依法给予处分；给他人造成损害的，依法承担赔偿责任；构成犯罪的，依法追究刑事责任。

第三十一条 伪造、变造不动产权属证书、不动产登记证明，或者买卖、使用伪造、变造的不动产权属证书、不动产登记证明的，由不动产登记机构或者公安机关依法予以收缴；有违法所得的，没收违法所得；给他人造成损害的，依法承担赔偿责任；构成违反治安管理行为的，依法给予治安管理处罚；构成犯罪的，依法追究刑事责任。

第三十二条 不动产登记机构、不动产登记信息共享单位及其工作人员，查询不动产登记资料的单位或者个人违反国家规定，泄露不动产登记资料、登记信息，或者利用不动产登记资料、登记信息进行不正当活动，给他人造成损害的，依法承担赔偿责任；对有关责任人员依法给予处分；有关责任人员构成犯罪的，依法追究刑事责任。

第六章 附 则

第三十三条 本条例施行前依法颁发的各类不动产权属证书和制作的不动产登记簿继续有效。

不动产统一登记过渡期内，农村土地承包经营权的登记按照国家有关规定执行。

第三十四条 本条例实施细则由国务院国土资源主管部门会同有关部门制定。

第三十五条 本条例自 2015 年 3 月 1 日起施行。本条例施行前公布的行政法规有关不动产登记的规定与本条例规定不一致的，以本条例规定为准。

不动产登记暂行条例实施细则

国土资源部令第63号

（2016年1月1日 国土资源部令第63号公布根据2019年7月16日自然资源部第2次部务会《自然资源部关于废止和修改的第一批部门规章的决定》修正）

第一章 总 则

第一条 为规范不动产登记行为，细化不动产统一登记制度，方便人民群众办理不动产登记，保护权利人合法权益，根据《不动产登记暂行条例》（以下简称《条例》），制定本实施细则。

第二条 不动产登记应当依照当事人的申请进行，但法律、行政法规以及本实施细则另有规定的除外。

房屋等建筑物、构筑物和森林、林木等定着物应当与其所依附的土地、海域一并登记，保持权利主体一致。

第三条 不动产登记机构依照《条例》第七条第二款的规定，协商办理或者接受指定办理跨县级行政区域不动产登记的，应当在登记完毕后将不动产登记簿记载的不动产权利人以及不动产坐落、界址、面积、用途、权利类型等登记结果告知不动产所跨区域的其他不动产登记机构。

第四条 国务院确定的重点国有林区的森林、林木和林地，由自然资源部受理并会同有关部门办理，依法向权利人核发不动产权属证书。

国务院批准的项目用海、用岛的登记，由自然资源部受理，依法向权利人核发不动产权属证书。

第二章 不动产登记簿

第五条 《条例》第八条规定的不动产单元，是指权属界线封闭且具有独立使用价值的空间。

没有房屋等建筑物、构筑物以及森林、林木定着物的，以土地、海域权属界线封闭的空间为不动产单元。

有房屋等建筑物、构筑物以及森林、林木定着物的，以该房屋等建筑物、构筑物以及森林、林木定着物与土地、海域权属界线封闭的空间为不动产单元。

前款所称房屋，包括独立成幢、权属界线封闭的空间，以及区分套、层、间等可以独立使用、权属界线封闭的空间。

第六条 不动产登记簿以宗地或者宗海为单位编成，一宗地或者一宗海范围内的全部不动产单元编入一个不动产登记簿。

第七条 不动产登记机构应当配备专门的不动产登记电子存储设施，采取信息网络安全防护措施，保证电子数据安全。

任何单位和个人不得擅自复制或者篡改不动产登记簿信息。

第八条 承担不动产登记审核、登簿的不动产登记工作人员应当熟悉相关法律法规，具备与其岗位相适应的不动产登记等方面的专业知识。

自然资源部会同有关部门组织开展对承担不动产登记审核、登簿的不动产登记工作人员的考核培训。

第三章　登记程序

第九条 申请不动产登记的，申请人应当填写登记申请书，并提交身份证明以及相关申请材料。

申请材料应当提供原件。因特殊情况不能提供原件的，可以提供复印件，复印件应当与原件保持一致。

第十条 处分共有不动产申请登记的，应当经占份额三分之二以上的按份共有人或者全体共同共有人共同申请，但共有人另有约定的除外。

按份共有人转让其享有的不动产份额，应当与受让人共同申请转移登记。

建筑区划内依法属于全体业主共有的不动产申请登记，依照本实施细则第三十六条的规定办理。

第十一条 无民事行为能力人、限制民事行为能力人申请不动产登记的，应当由其监护人代为申请。

监护人代为申请登记的，应当提供监护人与被监护人的身份证或者户口簿、有关监护关系等材料；因处分不动产而申请登记的，还应当提供为被监护人利益的书面保证。

父母之外的监护人处分未成年人不动产的，有关监护关系材料可以是人民法院指定监护的法律文书、经过公证的对被监护人享有监护权的材料或者其他材料。

第十二条 当事人可以委托他人代为申请不动产登记。

代理申请不动产登记的，代理人应当向不动产登记机构提供被代理人签字或者盖章的授权委托书。

自然人处分不动产，委托代理人申请登记的，应当与代理人共同到不动产登记机构现场签订授权委托书，但授权委托书经公证的除外。

境外申请人委托他人办理处分不动产登记的，其授权委托书应当按照国家有关规定办理认证或者公证。

第十三条 申请登记的事项记载于不动产登记簿前，全体申请人提出撤回登记申请的，登记机构应当将登记申请书以及相关材料退还申请人。

第十四条 因继承、受遗赠取得不动产，当事人申请登记的，应当提交死亡证明材料、遗嘱或者全部法定继承人关于不动产分配的协议以及与被继承人的亲属关系材料等，也可以提交经公证的材料或者生效的法律文书。

第十五条 不动产登记机构受理不动产登记申请后，还应当对下列内容进行查验：

（一）申请人、委托代理人身份证明材料以及授权委托书与申请主体是否一致；

（二）权属来源材料或者登记原因文件与申请登记的内容是否一致；

（三）不动产界址、空间界限、面积等权籍调查成果是否完备，权属是否清楚、界址是否清晰、面积是否准确；

（四）法律、行政法规规定的完税或者缴费凭证是否齐全。

第十六条 不动产登记机构进行实地查看，重点查看下列情况：

（一）房屋等建筑物、构筑物所有权首次登记，查看房屋坐落及其建造完成等情况；

（二）在建建筑物抵押权登记，查看抵押的在建建筑物坐落及其建造等情况；

（三）因不动产灭失导致的注销登记，查看不动产灭失等情况。

第十七条 有下列情形之一的，不动产登记机构应当在登记事项记载于登记簿前进行公告，但涉及国家秘密的除外：

（一）政府组织的集体土地所有权登记；

（二）宅基地使用权及房屋所有权，集体建设用地使用权及建筑物、构筑物所有权，土地承包经营权等不动产权利的首次登记；

（三）依职权更正登记；

（四）依职权注销登记；

（五）法律、行政法规规定的其他情形。

公告应当在不动产登记机构门户网站以及不动产所在地等指定场所进行，公告期不少于 15 个工作日。公告所需时间不计算在登记办理期限内。公告期满无异议或者异议不成立的，应当及时记载于不动产登记簿。

第十八条 不动产登记公告的主要内容包括：

（一）拟予登记的不动产权利人的姓名或者名称；

（二）拟予登记的不动产坐落、面积、用途、权利类型等；

（三）提出异议的期限、方式和受理机构；

（四）需要公告的其他事项。

第十九条 当事人可以持人民法院、仲裁委员会的生效法律文书或者人民政府的生效决定单方申请不动产登记。

有下列情形之一的，不动产登记机构直接办理不动产登记：

（一）人民法院持生效法律文书和协助执行通知书要求不动产登记机构办理登记的；

（二）人民检察院、公安机关依据法律规定持协助查封通知书要求办理查封登记的；

（三）人民政府依法做出征收或者收回不动产权利决定生效后，要求不动产登记机构办理注销登记的；

（四）法律、行政法规规定的其他情形。

不动产登记机构认为登记事项存在异议的，应当依法向有关机关提出审查建议。

第二十条 不动产登记机构应当根据不动产登记簿，填写并核发不动产权属证书或者不动产登记证明。

除办理抵押权登记、地役权登记和预告登记、异议登记，向申请人核发不动产登记证明外，不动产登记机构应当依法向权利人核发不动产权属证书。

不动产权属证书和不动产登记证明，应当加盖不动产登记机构登记专用章。

不动产权属证书和不动产登记证明样式，由自然资源部统一规定。

第二十一条 申请共有不动产登记的，不动产登记机构向全体共有人合并发放一本不动产权属证书；共有人申请分别持证的，可以为共有人分别发放不动产权属证书。

共有不动产权属证书应当注明共有情况，并列明全体共有人。

第二十二条 不动产权属证书或者不动产登记证明污损、破损的，当事人可以向不动产登记机构申请换发。符合换发条件的，不动产登记机构应当予以换发，并收回原不动产权属证书或者不动产登记证明。

不动产权属证书或者不动产登记证明遗失、灭失，不动产权利人申请补发的，由不动产登记机构在其门户网站上刊发不动产权利人的遗失、灭失声明 15 个工作日后，予以补发。

不动产登记机构补发不动产权属证书或者不动产登记证明的，应当将补发不动产权属证书或者不动产登记证明的事项记载于不动产登记簿，并在不动产权属证书或者不动产登记证明上注明“补发”字样。

第二十三条 因不动产权利灭失等情形，不动产登记机构需要收回不动产权属证书或者不动产登记证明的，应当在不动产登记簿上将收回不动产权属证书或者不动产登记证明的事项予以注明；确实无法收回的，应当在不动产登记机构门户网站或者当地公开发行的报刊上公告作废。

第四章 不动产权利登记

第一节 一般规定

第二十四条 不动产首次登记，是指不动产权利第一次登记。

未办理不动产首次登记的，不得办理不动产其他类型登记，但法律、行政法规另有规定的除外。

第二十五条 市、县人民政府可以根据情况对本行政区域内未登记的不动产，组织开展集体土地所有权、宅基地使用权、集体建设用地使用权、土地承包经营权的首次登记。

依照前款规定办理首次登记所需的权属来源、调查等登记材料，由人民政府有关部门组织获取。

第二十六条 下列情形之一的，不动产权利人可以向不动产登记机构申请变更登记：

（一）权利人的姓名、名称、身份证明类型或者身份证明号码发生变更的；

（二）不动产的坐落、界址、用途、面积等状况变更的；

（三）不动产权利期限、来源等状况发生变化的；

（四）同一权利人分割或者合并不动产的；
（五）抵押担保的范围、主债权数额、债务履行期限、抵押权顺位发生变化的；
（六）最高额抵押担保的债权范围、最高债权额、债权确定期间等发生变化的；
（七）地役权的利用目的、方法等发生变化的；
（八）共有性质发生变更的；
（九）法律、行政法规规定的其他不涉及不动产权利转移的变更情形。

第二十七条 因下列情形导致不动产权利转移的，当事人可以向不动产登记机构申请转移登记：

（一）买卖、互换、赠与不动产的；
（二）以不动产作价出资(入股)的；
（三）法人或者其他组织因合并、分立等原因致使不动产权利发生转移的；
（四）不动产分割、合并导致权利发生转移的；
（五）继承、受遗赠导致权利发生转移的；
（六）共有人增加或者减少以及共有不动产份额变化的；
（七）因人民法院、仲裁委员会的生效法律文书导致不动产权利发生转移的；
（八）因主债权转移引起不动产抵押权转移的；
（九）因需役地不动产权利转移引起地役权转移的；
（十）法律、行政法规规定的其他不动产权利转移情形。

第二十八条 有下列情形之一的，当事人可以申请办理注销登记：

（一）不动产灭失的；
（二）权利人放弃不动产权利的；
（三）不动产被依法没收、征收或者收回的；
（四）人民法院、仲裁委员会的生效法律文书导致不动产权利消灭的；
（五）法律、行政法规规定的其他情形。

不动产上已经设立抵押权、地役权或者已经办理预告登记，所有权人、使用权人因放弃权利申请注销登记的，申请人应当提供抵押权人、地役权人、预告登记权利人同意的书面材料。

第二节 集体土地所有权登记

第二十九条 集体土地所有权登记，依照下列规定提出申请：

（一）土地属于村农民集体所有的，由村集体经济组织代为申请，没有集体经济组织的，由村民委员会代为申请；

（二）土地分别属于村内两个以上农民集体所有的，由村内各集体经济组织代为申请，没有集体经济组织的，由村民小组代为申请；

（三）土地属于乡(镇)农民集体所有的，由乡(镇)集体经济组织代为申请。

第三十条 申请集体土地所有权首次登记的，应当提交下列材料：

（一）土地权属来源材料；

（二）权籍调查表、宗地图以及宗地界址点坐标；

（三）其他必要材料。

第三十一条 农民集体因互换、土地调整等原因导致集体土地所有权转移，申请集体土地所有权转移登记的，应当提交下列材料：

（一）不动产权属证书；

（二）互换、调整协议等集体土地所有权转移的材料；

（三）本集体经济组织三分之二以上成员或者三分之二以上村民代表同意的材料；

（四）其他必要材料。

第三十二条 申请集体土地所有权变更、注销登记的，应当提交下列材料：

（一）不动产权属证书；

（二）集体土地所有权变更、消灭的材料；

（三）其他必要材料。

第三节 国有建设用地使用权及房屋所有权登记

第三十三条 依法取得国有建设用地使用权，可以单独申请国有建设用地使用权登记。

依法利用国有建设用地建造房屋的，可以申请国有建设用地使用权及房屋所有权登记。

第三十四条 申请国有建设用地使用权首次登记，应当提交下列材料：

（一）土地权属来源材料；

（二）权籍调查表、宗地图以及宗地界址点坐标；

（三）土地出让价款、土地租金、相关税费等缴纳凭证；

（四）其他必要材料。

前款规定的土地权属来源材料，根据权利取得方式的不同，包括国有建设用地划拨决定书、国有建设用地使用权出让合同、国有建设用地使用权租赁合同以及国有建设用地使用权作价出资（入股）、授权经营批准文件。

申请在地上或者地下单独设立国有建设用地使用权登记的，按照本条规定办理。

第三十五条 申请国有建设用地使用权及房屋所有权首次登记的，应当提交下列材料：

（一）不动产权属证书或者土地权属来源材料；

（二）建设工程符合规划的材料；

（三）房屋已经竣工的材料；

（四）房地产调查或者测绘报告；

（五）相关税费缴纳凭证；

（六）其他必要材料。

第三十六条 办理房屋所有权首次登记时，申请人应当将建筑区划内依法属于业主共有的道路、绿地、其他公共场所、公用设施和物业服务用房及其占用范围内的建设用地使用权一并申请登记为业主共有。业主转让房屋所有权的，其对共有部分享有的权利依法一并转让。

第三十七条 申请国有建设用地使用权及房屋所有权变更登记的，应当根据不同情况，提交下列材料：

（一）不动产权属证书；

（二）发生变更的材料；

（三）有批准权的人民政府或者主管部门的批准文件；

（四）国有建设用地使用权出让合同或者补充协议；

（五）国有建设用地使用权出让价款、税费等缴纳凭证；

（六）其他必要材料。

第三十八条 申请国有建设用地使用权及房屋所有权转移登记的，应当根据不同情况，提交下列材料：

（一）不动产权属证书；

（二）买卖、互换、赠与合同；

（三）继承或者受遗赠的材料；

（四）分割、合并协议；

（五）人民法院或者仲裁委员会生效的法律文书；

（六）有批准权的人民政府或者主管部门的批准文件；

（七）相关税费缴纳凭证；

（八）其他必要材料。

不动产买卖合同依法应当备案的，申请人申请登记时须提交经备案的买卖合同。

第三十九条 具有独立利用价值的特定空间以及码头、油库等其他建筑物、构筑物所有权的登记，按照本实施细则中房屋所有权登记有关规定办理。

第四节 宅基地使用权及房屋所有权登记

第四十条 依法取得宅基地使用权，可以单独申请宅基地使用权登记。

依法利用宅基地建造住房及其附属设施的，可以申请宅基地使用权及房屋所有权登记。

第四十一条 申请宅基地使用权及房屋所有权首次登记的，应当根据不同情况，提交下列材料：

（一）申请人身份证和户口簿；

（二）不动产权属证书或者有批准权的人民政府批准用地的文件等权属来源材料；

（三）房屋符合规划或者建设的相关材料；

（四）权籍调查表、宗地图、房屋平面图以及宗地界址点坐标等有关不动产界址、面积等材料；

（五）其他必要材料。

第四十二条 因依法继承、分家析产、集体经济组织内部互换房屋等导致宅基地使用权及房屋所有权发生转移申请登记的，申请人应当根据不同情况，提交下列材料：

（一）不动产权属证书或者其他权属来源材料；

（二）依法继承的材料；

（三）分家析产的协议或者材料；

（四）集体经济组织内部互换房屋的协议；

（五）其他必要材料。

第四十三条 申请宅基地等集体土地上的建筑物区分所有权登记的，参照国有建设用地使用权及建筑物区分所有权的规定办理登记。

第五节 集体建设用地使用权及建筑物、构筑物所有权登记

第四十四条 依法取得集体建设用地使用权，可以单独申请集体建设用地使用权登记。

依法利用集体建设用地兴办企业，建设公共设施，从事公益事业等的，可以申请集体建设用地使用权及地上建筑物、构筑物所有权登记。

第四十五条 申请集体建设用地使用权及建筑物、构筑物所有权首次登记的，申请人应当根据不同情况，提交下列材料：

（一）有批准权的人民政府批准用地的文件等土地权属来源材料；

（二）建设工程符合规划的材料；

（三）权籍调查表、宗地图、房屋平面图以及宗地界址点坐标等有关不动产界址、面积等材料；

（四）建设工程已竣工的材料；

（五）其他必要材料。

集体建设用地使用权首次登记完成后，申请人申请建筑物、构筑物所有权首次登记的，应当提交享有集体建设用地使用权的不动产权属证书。

第四十六条 申请集体建设用地使用权及建筑物、构筑物所有权变更登记、转移登记、注销登记的，申请人应当根据不同情况，提交下列材料：

（一）不动产权属证书；

（二）集体建设用地使用权及建筑物、构筑物所有权变更、转移、消灭的材料；

（三）其他必要材料。

因企业兼并、破产等原因致使集体建设用地使用权及建筑物、构筑物所有权发生转移的，申请人应当持相关协议及有关部门的批准文件等相关材料，申请不动产转移登记。

第六节 土地承包经营权登记

第四十七条 承包农民集体所有的耕地、林地、草地、水域、滩涂以及荒山、荒沟、荒丘、荒滩等农用地，或者国家所有依法由农民集体使用的农用地从事种植业、林业、畜牧业、渔业等农业生产的，可以申请土地承包经营权登记；地上有森林、林木的，应当在申请土地承包经营权登记时一并申请登记。

第四十八条 依法以承包方式在土地上从事种植业或者养殖业生产活动的，可以申请

土地承包经营权的首次登记。

以家庭承包方式取得的土地承包经营权的首次登记，由发包方持土地承包经营合同等材料申请。

以招标、拍卖、公开协商等方式承包农村土地的，由承包方持土地承包经营合同申请土地承包经营权首次登记。

第四十九条 已经登记的土地承包经营权有下列情形之一的，承包方应当持原不动产权属证书以及其他证实发生变更事实的材料，申请土地承包经营权变更登记：

（一）权利人的姓名或者名称等事项发生变化的；

（二）承包土地的坐落、名称、面积发生变化的；

（三）承包期限依法变更的；

（四）承包期限届满，土地承包经营权人按照国家有关规定继续承包的；

（五）退耕还林、退耕还湖、退耕还草导致土地用途改变的；

（六）森林、林木的种类等发生变化的；

（七）法律、行政法规规定的其他情形。

第五十条 已经登记的土地承包经营权发生下列情形之一的，当事人双方应当持互换协议、转让合同等材料，申请土地承包经营权的转移登记：

（一）互换；

（二）转让；

（三）因家庭关系、婚姻关系变化等原因导致土地承包经营权分割或者合并的；

（四）依法导致土地承包经营权转移的其他情形。

以家庭承包方式取得的土地承包经营权，采取转让方式流转的，还应当提供发包方同意的材料。

第五十一条 已经登记的土地承包经营权发生下列情形之一的，承包方应当持不动产权属证书、证实灭失的材料等，申请注销登记：

（一）承包经营的土地灭失的；

（二）承包经营的土地被依法转为建设用地的；

（三）承包经营权人丧失承包经营资格或者放弃承包经营权的；

（四）法律、行政法规规定的其他情形。

第五十二条 以承包经营以外的合法方式使用国有农用地的国有农场、草场，以及使用国家所有的水域、滩涂等农用地进行农业生产，申请国有农用地的使用权登记的，参照本实施细则有关规定办理。

国有农场、草场申请国有未利用地登记的，依照前款规定办理。

第五十三条 国有林地使用权登记，应当提交有批准权的人民政府或者主管部门的批准文件，地上森林、林木一并登记。

第七节 海域使用权登记

第五十四条 依法取得海域使用权，可以单独申请海域使用权登记。

依法使用海域，在海域上建造建筑物、构筑物的，应当申请海域使用权及建筑物、构筑物所有权登记。

申请无居民海岛登记的，参照海域使用权登记有关规定办理。

第五十五条 申请海域使用权首次登记的，应当提交下列材料：

（一）项目用海批准文件或者海域使用权出让合同；

（二）宗海图以及界址点坐标；

（三）海域使用金缴纳或者减免凭证；

（四）其他必要材料。

第五十六条 有下列情形之一的，申请人应当持不动产权属证书、海域使用权变更的文件等材料，申请海域使用权变更登记：

（一）海域使用权人姓名或者名称改变的；

（二）海域坐落、名称发生变化的；

（三）改变海域使用位置、面积或者期限的；

（四）海域使用权续期的；

（五）共有性质变更的；

（六）法律、行政法规规定的其他情形。

第五十七条 有下列情形之一的，申请人可以申请海域使用权转移登记：

（一）因企业合并、分立或者与他人合资、合作经营、作价入股导致海域使用权转移的；

（二）依法转让、赠与、继承、受遗赠海域使用权的；

（三）因人民法院、仲裁委员会生效法律文书导致海域使用权转移的；

（四）法律、行政法规规定的其他情形。

第五十八条 申请海域使用权转移登记的，申请人应当提交下列材料：

（一）不动产权属证书；

（二）海域使用权转让合同、继承材料、生效法律文书等材料；

（三）转让批准取得的海域使用权，应当提交原批准用海的海洋行政主管部门批准转让的文件；

（四）依法需要补交海域使用金的，应当提交海域使用金缴纳的凭证；

（五）其他必要材料。

第五十九条 申请海域使用权注销登记的，申请人应当提交下列材料：

（一）原不动产权属证书；

（二）海域使用权消灭的材料；

（三）其他必要材料。

因围填海造地等导致海域灭失的，申请人应当在围填海造地等工程竣工后，依照本实施细则规定申请国有土地使用权登记，并办理海域使用权注销登记。

第八节　地役权登记

第六十条 按照约定设定地役权，当事人可以持需役地和供役地的不动产权属证书、地役权合同以及其他必要文件，申请地役权首次登记。

第六十一条 经依法登记的地役权发生下列情形之一的，当事人应当持地役权合同、不动产登记证明和证实变更的材料等必要材料，申请地役权变更登记：

（一）地役权当事人的姓名或者名称等发生变化；

（二）共有性质变更的；

（三）需役地或者供役地自然状况发生变化；

（四）地役权内容变更的；

（五）法律、行政法规规定的其他情形。

供役地分割转让办理登记，转让部分涉及地役权的，应当由受让人与地役权人一并申请地役权变更登记。

第六十二条 已经登记的地役权因土地承包经营权、建设用地使用权转让发生转移的，当事人应当持不动产登记证明、地役权转移合同等必要材料，申请地役权转移登记。

申请需役地转移登记的，或者需役地分割转让，转让部分涉及已登记的地役权的，当事人应当一并申请地役权转移登记，但当事人另有约定的除外。当事人拒绝一并申请地役权转移登记的，应当出具书面材料。不动产登记机构办理转移登记时，应当同时办理地役权注销登记。

第六十三条 已经登记的地役权，有下列情形之一的，当事人可以持不动产登记证明、证实地役权发生消灭的材料等必要材料，申请地役权注销登记：

（一）地役权期限届满；

（二）供役地、需役地归于同一人；

（三）供役地或者需役地灭失；

（四）人民法院、仲裁委员会的生效法律文书导致地役权消灭；

（五）依法解除地役权合同；

（六）其他导致地役权消灭的事由。

第六十四条 地役权登记，不动产登记机构应当将登记事项分别记载于需役地和供役地登记簿。

供役地、需役地分属不同不动产登记机构管辖的，当事人应当向供役地所在地的不动产登记机构申请地役权登记。供役地所在地不动产登记机构完成登记后，应当将相关事项通知需役地所在地不动产登记机构，并由其记载于需役地登记簿。

地役权设立后，办理首次登记前发生变更、转移的，当事人应当提交相关材料，就已经变更或者转移的地役权，直接申请首次登记。

第九节 抵押权登记

第六十五条 对下列财产进行抵押的，可以申请办理不动产抵押登记：

（一）建设用地使用权；

（二）建筑物和其他土地附着物；

（三）海域使用权；

(四) 以招标、拍卖、公开协商等方式取得的荒地等土地承包经营权;

(五) 正在建造的建筑物;

(六) 法律、行政法规未禁止抵押的其他不动产。

以建设用地使用权、海域使用权抵押的,该土地、海域上的建筑物、构筑物一并抵押;以建筑物、构筑物抵押的,该建筑物、构筑物占用范围内的建设用地使用权、海域使用权一并抵押。

第六十六条 自然人、法人或者其他组织为保障其债权的实现,依法以不动产设定抵押的,可以由当事人持不动产权属证书、抵押合同与主债权合同等必要材料,共同申请办理抵押登记。

抵押合同可以是单独订立的书面合同,也可以是主债权合同中的抵押条款。

第六十七条 同一不动产上设立多个抵押权的,不动产登记机构应当按照受理时间的先后顺序依次办理登记,并记载于不动产登记簿。当事人对抵押权顺位另有约定的,从其规定办理登记。

第六十八条 有下列情形之一的,当事人应当持不动产权属证书、不动产登记证明、抵押权变更等必要材料,申请抵押权变更登记:

(一) 抵押人、抵押权人的姓名或者名称变更的;

(二) 被担保的主债权数额变更的;

(三) 债务履行期限变更的;

(四) 抵押权顺位变更的;

(五) 法律、行政法规规定的其他情形。

因被担保债权主债权的种类及数额、担保范围、债务履行期限、抵押权顺位发生变更申请抵押权变更登记时,如果该抵押权的变更将对其他抵押权人产生不利影响的,还应当提交其他抵押权人书面同意的材料与身份证或者户口簿等材料。

第六十九条 因主债权转让导致抵押权转让的,当事人可以持不动产权属证书、不动产登记证明、被担保主债权的转让协议、债权人已经通知债务人的材料等相关材料,申请抵押权的转移登记。

第七十条 有下列情形之一的,当事人可以持不动产登记证明、抵押权消灭的材料等必要材料,申请抵押权注销登记:

(一) 主债权消灭;

(二) 抵押权已经实现;

(三) 抵押权人放弃抵押权;

(四) 法律、行政法规规定抵押权消灭的其他情形。

第七十一条 设立最高额抵押权的,当事人应当持不动产权属证书、最高额抵押合同与一定期间内将要连续发生的债权的合同或者其他登记原因材料等必要材料,申请最高额抵押权首次登记。

当事人申请最高额抵押权首次登记时,同意将最高额抵押权设立前已经存在的债权转入最高额抵押担保的债权范围的,还应当提交已存在债权的合同以及当事人同意将该债权纳入最高额抵押权担保范围的书面材料。

第七十二条 有下列情形之一的，当事人应当持不动产登记证明、最高额抵押权发生变更的材料等必要材料，申请最高额抵押权变更登记：

（一）抵押人、抵押权人的姓名或者名称变更的；

（二）债权范围变更的；

（三）最高债权额变更的；

（四）债权确定的期间变更的；

（五）抵押权顺位变更的；

（六）法律、行政法规规定的其他情形。

因最高债权额、债权范围、债务履行期限、债权确定的期间发生变更申请最高额抵押权变更登记时，如果该变更将对其他抵押权人产生不利影响的，当事人还应当提交其他抵押权人的书面同意文件与身份证或者户口簿等。

第七十三条 当发生导致最高额抵押权担保的债权被确定的事由，从而使最高额抵押权转变为一般抵押权时，当事人应当持不动产登记证明、最高额抵押权担保的债权已确定的材料等必要材料，申请办理确定最高额抵押权的登记。

第七十四条 最高额抵押权发生转移的，应当持不动产登记证明、部分债权转移的材料、当事人约定最高额抵押权随同部分债权的转让而转移的材料等必要材料，申请办理最高额抵押权转移登记。

债权人转让部分债权，当事人约定最高额抵押权随同部分债权的转让而转移的，应当分别申请下列登记：

（一）当事人约定原抵押权人与受让人共同享有最高额抵押权的，应当申请最高额抵押权的转移登记；

（二）当事人约定受让人享有一般抵押权、原抵押权人就扣减已转移的债权数额后继续享有最高额抵押权的，应当申请一般抵押权的首次登记以及最高额抵押权的变更登记；

（三）当事人约定原抵押权人不再享有最高额抵押权的，应当一并申请最高额抵押权确定登记以及一般抵押权转移登记。

最高额抵押权担保的债权确定前，债权人转让部分债权的，除当事人另有约定外，不动产登记机构不得办理最高额抵押权转移登记。

第七十五条 以建设用地使用权以及全部或者部分在建建筑物设定抵押的，应当一并申请建设用地使用权以及在建建筑物抵押权的首次登记。

当事人申请在建建筑物抵押权首次登记时，抵押财产不包括已经办理预告登记的预购商品房和已经办理预售备案的商品房。

前款规定的在建建筑物，是指正在建造、尚未办理所有权首次登记的房屋等建筑物。

第七十六条 申请在建建筑物抵押权首次登记的，当事人应当提交下列材料：

（一）抵押合同与主债权合同；

（二）享有建设用地使用权的不动产权属证书；

（三）建设工程规划许可证；

（四）其他必要材料。

第七十七条 在建建筑物抵押权变更、转移或者消灭的，当事人应当提交下列材料，申请变更登记、转移登记、注销登记：

（一）不动产登记证明；

（二）在建建筑物抵押权发生变更、转移或者消灭的材料；

（三）其他必要材料。

在建建筑物竣工，办理建筑物所有权首次登记时，当事人应当申请将在建建筑物抵押权登记转为建筑物抵押权登记。

第七十八条 申请预购商品房抵押登记，应当提交下列材料：

（一）抵押合同与主债权合同；

（二）预购商品房预告登记材料；

（三）其他必要材料。

预购商品房办理房屋所有权登记后，当事人应当申请将预购商品房抵押预告登记转为商品房抵押权首次登记。

第五章　其他登记

第一节　更正登记

第七十九条 权利人、利害关系人认为不动产登记簿记载的事项有错误，可以申请更正登记。

权利人申请更正登记的，应当提交下列材料：

（一）不动产权属证书；

（二）证实登记确有错误的材料；

（三）其他必要材料。

利害关系人申请更正登记的，应当提交利害关系材料、证实不动产登记簿记载错误的材料以及其他必要材料。

第八十条 不动产权利人或者利害关系人申请更正登记，不动产登记机构认为不动产登记簿记载确有错误的，应当予以更正；但在错误登记之后已经办理了涉及不动产权利处分的登记、预告登记和查封登记的除外。

不动产权属证书或者不动产登记证明填制错误以及不动产登记机构在办理更正登记中，需要更正不动产权属证书或者不动产登记证明内容的，应当书面通知权利人换发，并把换发不动产权属证书或者不动产登记证明的事项记载于登记簿。

不动产登记簿记载无误的，不动产登记机构不予更正，并书面通知申请人。

第八十一条 不动产登记机构发现不动产登记簿记载的事项错误，应当通知当事人在30个工作日内办理更正登记。当事人逾期不办理的，不动产登记机构应当在公告15个工作日后，依法予以更正；但在错误登记之后已经办理了涉及不动产权利处分的登记、预告登记和查封登记的除外。

第二节　异议登记

第八十二条　利害关系人认为不动产登记簿记载的事项错误，权利人不同意更正的，利害关系人可以申请异议登记。

利害关系人申请异议登记的，应当提交下列材料：

（一）证实对登记的不动产权利有利害关系的材料；

（二）证实不动产登记簿记载的事项错误的材料；

（三）其他必要材料。

第八十三条　不动产登记机构受理异议登记申请的，应当将异议事项记载于不动产登记簿，并向申请人出具异议登记证明。

异议登记申请人应当在异议登记之日起 15 日内，提交人民法院受理通知书、仲裁委员会受理通知书等提起诉讼、申请仲裁的材料；逾期不提交的，异议登记失效。

异议登记失效后，申请人就同一事项以同一理由再次申请异议登记的，不动产登记机构不予受理。

第八十四条　异议登记期间，不动产登记簿上记载的权利人以及第三人因处分权利申请登记的，不动产登记机构应当书面告知申请人该权利已经存在异议登记的有关事项。申请人申请继续办理的，应当予以办理，但申请人应当提供知悉异议登记存在并自担风险的书面承诺。

第三节　预告登记

第八十五条　有下列情形之一的，当事人可以按照约定申请不动产预告登记：

（一）商品房等不动产预售的；

（二）不动产买卖、抵押的；

（三）以预购商品房设定抵押权的；

（四）法律、行政法规规定的其他情形。

预告登记生效期间，未经预告登记的权利人书面同意，处分该不动产权利申请登记的，不动产登记机构应当不予办理。

预告登记后，债权未消灭且自能够进行相应的不动产登记之日起 3 个月内，当事人申请不动产登记的，不动产登记机构应当按照预告登记事项办理相应的登记。

第八十六条　申请预购商品房的预告登记，应当提交下列材料：

（一）已备案的商品房预售合同；

（二）当事人关于预告登记的约定；

（三）其他必要材料。

预售人和预购人订立商品房买卖合同后，预售人未按照约定与预购人申请预告登记，预购人可以单方申请预告登记。

预购人单方申请预购商品房预告登记，预售人与预购人在商品房预售合同中对预告登记附有条件和期限的，预购人应当提交相应材料。

申请预告登记的商品房已经办理在建建筑物抵押权首次登记的，当事人应当一并申请在建建筑物抵押权注销登记，并提交不动产权属转移材料、不动产登记证明。不动产登记机构应当先办理在建建筑物抵押权注销登记，再办理预告登记。

第八十七条 申请不动产转移预告登记的，当事人应当提交下列材料：

（一）不动产转让合同；

（二）转让方的不动产权属证书；

（三）当事人关于预告登记的约定；

（四）其他必要材料。

第八十八条 抵押不动产，申请预告登记的，当事人应当提交下列材料：

（一）抵押合同与主债权合同；

（二）不动产权属证书；

（三）当事人关于预告登记的约定；

（四）其他必要材料。

第八十九条 预告登记未到期，有下列情形之一的，当事人可以持不动产登记证明、债权消灭或者权利人放弃预告登记的材料，以及法律、行政法规规定的其他必要材料申请注销预告登记：

（一）预告登记的权利人放弃预告登记的；

（二）债权消灭的；

（三）法律、行政法规规定的其他情形。

第四节 查封登记

第九十条 人民法院要求不动产登记机构办理查封登记的，应当提交下列材料：

（一）人民法院工作人员的工作证；

（二）协助执行通知书；

（三）其他必要材料。

第九十一条 两个以上人民法院查封同一不动产的，不动产登记机构应当为先送达协助执行通知书的人民法院办理查封登记，对后送达协助执行通知书的人民法院办理轮候查封登记。

轮候查封登记的顺序按照人民法院协助执行通知书送达不动产登记机构的时间先后进行排列。

第九十二条 查封期间，人民法院解除查封的，不动产登记机构应当及时根据人民法院协助执行通知书注销查封登记。

不动产查封期限届满，人民法院未续封的，查封登记失效。

第九十三条 人民检察院等其他国家有权机关依法要求不动产登记机构办理查封登记的，参照本节规定办理。

第六章　不动产登记资料的查询、保护和利用

第九十四条　不动产登记资料包括：

（一）不动产登记簿等不动产登记结果；

（二）不动产登记原始资料，包括不动产登记申请书、申请人身份材料、不动产权属来源、登记原因、不动产权籍调查成果等材料以及不动产登记机构审核材料。

不动产登记资料由不动产登记机构管理。不动产登记机构应当建立不动产登记资料管理制度以及信息安全保密制度，建设符合不动产登记资料安全保护标准的不动产登记资料存放场所。

不动产登记资料中属于归档范围的，按照相关法律、行政法规的规定进行归档管理，具体办法由自然资源部会同国家档案主管部门另行制定。

第九十五条　不动产登记机构应当加强不动产登记信息化建设，按照统一的不动产登记信息管理基础平台建设要求和技术标准，做好数据整合、系统建设和信息服务等工作，加强不动产登记信息产品开发和技术创新，提高不动产登记的社会综合效益。

各级不动产登记机构应当采取措施保障不动产登记信息安全。任何单位和个人不得泄露不动产登记信息。

第九十六条　不动产登记机构、不动产交易机构建立不动产登记信息与交易信息互联共享机制，确保不动产登记与交易有序衔接。

不动产交易机构应当将不动产交易信息及时提供给不动产登记机构。不动产登记机构完成登记后，应当将登记信息及时提供给不动产交易机构。

第九十七条　国家实行不动产登记资料依法查询制度。

权利人、利害关系人按照《条例》第二十七条规定依法查询、复制不动产登记资料的，应当到具体办理不动产登记的不动产登记机构申请。

权利人可以查询、复制其不动产登记资料。

因不动产交易、继承、诉讼等涉及的利害关系人可以查询、复制不动产自然状况、权利人及其不动产查封、抵押、预告登记、异议登记等状况。

人民法院、人民检察院、国家安全机关、监察机关等可以依法查询、复制与调查和处理事项有关的不动产登记资料。

其他有关国家机关执行公务依法查询、复制不动产登记资料的，依照本条规定办理。

涉及国家秘密的不动产登记资料的查询，按照保守国家秘密法的有关规定执行。

第九十八条　权利人、利害关系人申请查询、复制不动产登记资料应当提交下列材料：

（一）查询申请书；

（二）查询目的的说明；

（三）申请人的身份材料；

（四）利害关系人查询的，提交证实存在利害关系的材料。

权利人、利害关系人委托他人代为查询的，还应当提交代理人的身份证明材料、授权

委托书。权利人查询其不动产登记资料无需提供查询目的的说明。

有关国家机关查询的，应当提供本单位出具的协助查询材料、工作人员的工作证。

第九十九条 有下列情形之一的，不动产登记机构不予查询，并书面告知理由：

（一）申请查询的不动产不属于不动产登记机构管辖范围的；

（二）查询人提交的申请材料不符合规定的；

（三）申请查询的主体或者查询事项不符合规定的；

（四）申请查询的目的不合法的；

（五）法律、行政法规规定的其他情形。

第一百条 对符合本实施细则规定的查询申请，不动产登记机构应当当场提供查询；因情况特殊，不能当场提供查询的，应当在5个工作日内提供查询。

第一百零一条 查询人查询不动产登记资料，应当在不动产登记机构设定的场所进行。

不动产登记原始资料不得带离设定的场所。

查询人在查询时应当保持不动产登记资料的完好，严禁遗失、拆散、调换、抽取、污损登记资料，也不得损坏查询设备。

第一百零二条 查询人可以查阅、抄录不动产登记资料。查询人要求复制不动产登记资料的，不动产登记机构应当提供复制。

查询人要求出具查询结果证明的，不动产登记机构应当出具查询结果证明。查询结果证明应注明查询目的及日期，并加盖不动产登记机构查询专用章。

第七章 法律责任

第一百零三条 不动产登记机构工作人员违反本实施细则规定，有下列行为之一，依法给予处分；构成犯罪的，依法追究刑事责任：

（一）对符合登记条件的登记申请不予登记，对不符合登记条件的登记申请予以登记；

（二）擅自复制、篡改、毁损、伪造不动产登记簿；

（三）泄露不动产登记资料、登记信息；

（四）无正当理由拒绝申请人查询、复制登记资料；

（五）强制要求权利人更换新的权属证书。

第一百零四条 当事人违反本实施细则规定，有下列行为之一，构成违反治安管理行为的，依法给予治安管理处罚；给他人造成损失的，依法承担赔偿责任；构成犯罪的，依法追究刑事责任：

（一）采用提供虚假材料等欺骗手段申请登记；

（二）采用欺骗手段申请查询、复制登记资料；

（三）违反国家规定，泄露不动产登记资料、登记信息；

（四）查询人遗失、拆散、调换、抽取、污损登记资料的；

（五）擅自将不动产登记资料带离查询场所、损坏查询设备的。

第八章　附　　则

第一百零五条　本实施细则施行前，依法核发的各类不动产权属证书继续有效。不动产权利未发生变更、转移的，不动产登记机构不得强制要求不动产权利人更换不动产权属证书。

不动产登记过渡期内，农业部会同自然资源部等部门负责指导农村土地承包经营权的统一登记工作，按照农业部有关规定办理耕地的土地承包经营权登记。不动产登记过渡期后，由自然资源部负责指导农村土地承包经营权登记工作。

第一百零六条　不动产信托依法需要登记的，由自然资源部会同有关部门另行规定。

第一百零七条　军队不动产登记，其申请材料经军队不动产主管部门审核后，按照本实施细则规定办理。

第一百零八条　自然资源部委托北京市规划和自然资源委员会直接办理在京中央国家机关的不动产登记。

在京中央国家机关申请不动产登记时，应当提交《不动产登记暂行条例》及本实施细则规定的材料和有关机关事务管理局出具的不动产登记审核意见。不动产权属资料不齐全的，还应当提交由有关机关事务管理局确认盖章的不动产权属来源说明函。不动产权籍调查由有关机关事务管理局会同北京市规划和自然资源委员会组织进行的，还应当提交申请登记不动产单元的不动产权籍调查资料。

北京市规划和自然资源委员会办理在京中央国家机关不动产登记时，应当使用自然资源部制发的“自然资源部不动产登记专用章”。

第一百零九条　本实施细则自公布之日起施行。

自然资源部《关于加快解决不动产登记若干历史遗留问题的通知》

自然资发〔2021〕1号

各省、自治区、直辖市及计划单列市自然资源主管部门，新疆生产建设兵团自然资源局，部机关相关司局：

为落实以人民为中心的发展思想，解决因历史遗留问题导致的不动产“登记难”，切实维护群众权益，现就加快化解国有土地上已经出售的城镇住宅的历史遗留问题，通知如下：

关于用地手续不完善的问题。由政府主导的安置房、棚改房、经济适用房等项目，可按照划拨、协议出让等方式补办用地手续；国家机关、企事业单位利用自有土地建设房改房、集资房的，可按划拨方式补办用地手续。对于其他建设项目，可以按照地方实际情况，分不同时间段、不同类型分别采取划拨、协议出让等方式按照项目建设时的政策规定补办用地手续。对于已经办理了房屋所有权登记的，经公告权属清晰无争议的，报经地方人民政府同意，直接按现状核发用地划拨决定书或者补办协议出让手续。

关于欠缴土地出让价款和相关税费的问题。房屋已销售且已入住的住宅项目，开发单位未按出让合同约定足额缴纳土地出让价款，以及将经济适用房等政策性住房按商品房对外出售但未补缴土地出让价款，或者开发单位欠缴税费的，可报经地方人民政府同意，按照“证缴分离”原则，在有关部门追缴土地出让价款和税费的同时，办理不动产登记手续。房屋尚未入住的住宅项目，开发单位未按规定缴纳土地出让价款和相关税费的，以及划拨土地上自建房擅自对外出售，未补缴土地出让价款的，应当依法缴纳所欠价款和税费后，方可办理不动产登记。

关于未通过建设工程规划核实的问题。对于按规定能够补办规划验收等手续的，应当依法依规处理并补办相关核实手续后办理不动产登记，对确因建成时间较早等原因不具备补办条件的，在符合国土空间规划的前提下，报经地方人民政府同意后，自然资源主管部门按现状出具认定或核实意见。建设项目部分符合规划的，自然资源主管部门可以对符合规划的部分先行核实，并出具规划核实意见。

关于开发建设主体灭失的问题。因开发企业或有关单位灭失，有承继单位或上级主管部门的，由承继单位或上级主管部门办理；没有承继单位和上级主管部门的，可以由不动产所在地县级人民政府指定的机构或组织代为申请办理。开发企业或有关单位灭失的，首次登记与转移登记可一并办理，并在登记簿中对权利主体灭失情况予以记载。已办理首次登记，开发企业或有关单位已经灭失的，购房人可单方申请办理转移登记。

关于原分散登记的房屋、土地信息不一致，项目跨宗地建设问题。分散登记时，已经分别登记的房屋和土地用途不一致的不动产，继续分别按照原记载的房屋、土地用途进行登记，未经依法批准不得改变已登记的不动产用途；因房屋所有权多次转移、土地使用权未同步转移导致房屋、土地权利主体不一致的，经核实，权属关系变动清晰且无争议的，可以根据规定程序由房屋所有权人单方申请办理房地权利主体一致的不动产登记。房屋和土地有合法权属来源文件、跨宗地建设未超出批准用地范围，无调整宗地需求的，可按照所在宗地分别办理不动产登记；有调整宗地需求的，经自然资源主管部门进行宗地边界调整或宗地合并、分割后，办理不动产登记。

各地要高度重视历史遗留问题化解，积极推动构建“政府主导、部门联动”的工作机制，细化配套政策，防止违法违规行为借机搭车，根据“缺什么补什么、谁审批谁负责”的原则，明确责任主体、措施和时限，加快推进。要坚持“疏堵结合”严控新增，加快实现用地审批、规划许可、土地供应、开发利用、执法监察等全业务链条封闭动态监管，从源头上避免出现新的历史遗留问题。要总结推广“交地即交证”“交房即交证”等经验做法，将不动产登记中发现的问题及时向上游环节反映，促进依法履职、加强监管、完善制度。国有土地上已经出售的商业、办公、工业等房屋涉及的历史遗留问题可参照本通知执行。

自然资源部

2021 年 1 月 4 日

北京市规划和自然资源委员会《关于将办理企业间存量非住宅房屋交易登记延伸至北京产权交易所的通知》

京规自发〔2022〕141号

各相关单位：

为落实营商环境5.0改革任务要求，拓展北京市“互联网+不动产登记”工作，深化多点多域联动，全力延伸不动产登记服务链条，在推行“企业间存量非住宅房屋交易登记全程网办”基础上，我市自2022年5月1日起，将企业间存量非住宅房屋交易登记窗口延伸至北京产权交易所，实现“交易+登记”一站式服务。现就有关事项通知如下：

一、适用范围

在北京产权交易所进行的企业间资产转让业务涉及的北京市辖区内存量非住宅房屋交易登记，交易双方可通过在北京产权交易所设立的“交易+登记”一窗式综合窗口，同步进行不动产交易和办理不动产转移登记。

二、业务办理流程

（一）网上申请

申请人通过“北京市不动产登记领域网上办事服务平台”电子营业执照扫码进行企业身份认证登陆后，授权北京产权交易所办理业务，并提交以下材料：

1. 房屋买卖合同；
2. 交易双方承诺书；
3. 交易双方授权委托书；
4. 原不动产权证书；
5. 规划用途为科研、工业、酒店、旅游、文化、娱乐的产业项目需提交所在区行政主管部门或园区管理部门对买方资格的批准意见；
6. 原购房发票或原购房契税票；
7. 本次房屋交易的自开发票(小规模纳税人若申请税务代开发票，可不提供)；
8. 登录证件号码与取得不动产权利时不一致，且系统校验不通过的，需上传营业执照变更证明。

（二）查验资料

北京产权交易所工作人员负责查验申请人提供的申请材料是否齐全，协助申请人通过不动产登记网上服务平台填写信息，上传材料，提交申请。

（三）审核登簿

不动产登记机构收到申请后，1 个工作日内完成受理与审核工作。通过审核的，申请人即可通过“北京市不动产登记领域网上办事服务平台”缴纳不动产登记费，下载北京市非税收入统一票据(电子版)。缴费完成后，不动产登记机构登簿制证，并同步公告作废原不动产权证书。

（四）证书领取

申请人可通过“北京通 APP”“北京掌上登记中心 APP”“北京不动产登记”微信公众号领取不动产电子证照。如需领取纸质证书，可携带身份证件原件和原不动产权证书到不动产所在区不动产登记大厅窗口、自助打证机领取，或选择 EMS 到付寄送。

（五）资料归档

登记完成后，不动产登记机构按照相关管理规定进行电子档案归档，北京产权交易所无需转交纸质资料。

三、工作要求

（一）建立协调机制

强化组织领导，市规划自然资源委和北京产权交易所共同推动登记窗口延伸任务的落实，建立沟通反馈机制，加强风险预判，及时沟通解决推进过程中出现的各类问题。

（二）强化保障措施

持续跟踪业务办理，加强对本单位工作人员的监督管理，做好政策解释、操作培训、系统运维等工作。

（三）加强宣传推广

加大宣传力度，做好服务工作，使企业充分了解优化营商环境相关政策，切实享受改革红利。

特此通知。

北京市规划和自然资源委员会

2022 年 4 月 28 日

上海市不动产登记若干规定

上海市人民代表大会常务委员会公告第 54 号

《上海市不动产登记若干规定》已由上海市第十五届人民代表大会常务委员会第二十七次会议于 2020 年 11 月 27 日通过，现予公布，自 2021 年 3 月 1 日起施行。

上海市人民代表大会常务委员会

2020 年 11 月 27 日

上海市不动产登记若干规定

（2020 年 11 月 27 日上海市第十五届人民代表大会常务委员会第二十七次会议通过）

第一条　为了规范不动产登记行为，方便不动产登记申请，维护不动产交易安全，保护不动产权利人的合法权益，根据《中华人民共和国民法典》《不动产登记暂行条例》等法律、行政法规，结合本市实际，制定本规定。

第二条　市规划资源部门是本市不动产登记的主管部门，负责指导、监督全市不动产登记工作。区规划资源部门协助做好本辖区内不动产登记的监督管理工作。

市自然资源确权登记局是本市不动产登记机构，负责全市不动产登记工作。市、区规划资源部门所属的登记事务机构受市自然资源确权登记局委托，具体办理登记事务。

本市住房城乡建设管理、房屋管理、农业农村、林业、海洋、交通、民防、生态环境、城管执法等部门按照职责分工，协同做好不动产登记的相关工作。

第三条　下列不动产权利，依法办理登记：

（一）集体土地所有权；

（二）房屋等建筑物、构筑物所有权；

（三）森林、林木所有权；

（四）耕地、林地、草地等土地承包经营权；

（五）建设用地使用权；

（六）宅基地使用权；

（七）海域使用权；

（八）居住权；

（九）地役权；

（十）抵押权；

（十一）法律规定需要登记的其他不动产权利。

第四条　不动产登记包括不动产首次登记、变更登记、转移登记、注销登记、更正登记、异议登记、预告登记、查封登记等。

第五条 市规划资源部门应当建立全市统一的不动产登记信息系统，并依托政务服务“一网通办”平台，优化不动产登记流程，压减办理时间，为当事人提供便捷高效的服务。

不动产登记机构应当按照有关法律、法规、规章和本市不动产登记技术规范的要求，通过登记信息系统办理不动产登记。

本市不动产登记技术规范由市规划资源部门制定。

第六条 不动产登记簿是物权归属和内容的根据，由不动产登记机构制作并永久保存。

不动产登记机构应当指定专人负责不动产登记簿的保管，并建立健全相应的安全责任制度。

第七条 不动产以不动产单元为基本单位进行登记。不动产单元是指权属界线封闭且具有独立使用价值的空间，具有唯一编码。

不动产单元一经设定，不得任意分割、合并；需要进行分割、合并的，应当符合国家和本市相关规定。

第八条 申请不动产首次登记或者涉及不动产界址、空间界限、面积等变化的不动产变更登记的，应当进行权籍调查。

开展权籍调查活动应当符合权籍调查技术规范的要求。本市不动产权籍调查技术规范由市规划资源部门会同相关部门制定。

本市依法推进不动产权籍调查市场化。

第九条 当事人或者其代理人应当到登记事务机构申请不动产登记；属于网络申请范围的，可以通过网络申请不动产登记，具体范围由不动产登记机构公布。

不动产登记机构应当推进完善网络申请不动产登记工作，逐步扩大网络申请的范围。

第十条 申请人应当如实提交申请材料，不得隐瞒真实情况或者提交虚假材料，并在不动产登记申请书上签署诚信承诺声明。

应当提交的申请材料中涉及住房城乡建设管理、房屋管理、农业农村、林业、海洋、交通、税务等部门的审批信息、交易信息等，不动产登记机构能够通过市大数据资源平台实时互通共享获取的，不得要求申请人重复提交。

不动产登记机构应当向社会公布能够通过实时互通共享获取的信息目录，并及时更新。

第十一条 登记职责、登记范围、申请登记所需材料目录和示范文本等信息，应当在登记事务机构办公场所和“中国上海”门户网站、市规划资源部门门户网站公开。

本市按照便民原则，在受理登记时一并收取与登记有关的交易、税收等申报材料，实行一窗收件。

第十二条 属于登记职责范围，申请材料齐全、符合法定形式的，不动产登记机构应当受理不动产登记申请并书面告知申请人；申请材料存在可以当场更正的错误的，应当告知申请人当场更正，申请人当场更正后，应当受理并书面告知申请人。申请日为受理日。

发现申请登记事项的有关情况需要进一步证明的，应当一次性告知申请人在一定期限内提供证明材料，材料补齐日为受理日。

申请材料不齐全或者不符合法定形式的，应当当场书面告知申请人不予受理并一次性告知需要补正的全部内容。

未当场书面告知申请人不予受理的，视为受理。

第十三条 不动产登记机构受理登记申请后，应当对申请材料进行查验，并可以依法对申请登记的不动产进行实地查看，向申请人、利害关系人或者有关单位等进行调查。

第十四条 不动产登记机构应当自受理登记申请之日起，按照下列时限要求，办结不动产登记手续，但法律另有规定的除外：

（一）查封登记、异议登记当场办结；

（二）地役权、抵押权、预告登记的注销登记在一个工作日内办结；

（三）宅基地使用权及房屋所有权登记，土地承包经营权登记，未能提交生效法律文书或者公证文书的继承、受遗赠的转移登记，权利归属更正登记以及依职权更正登记在三十个工作日内办结；

（四）其他不动产登记在五个工作日内办结。

依法需要进行公告的，公告时间不计算在前款规定时限内。依法需要实地查看和调查、向有关部门核查相关情况的，办结不动产登记手续的时限不得超过三十个工作日。

第十五条 符合不动产登记规定的，不动产登记机构应当将登记事项记载于不动产登记簿。登记事项自记载于不动产登记簿时完成登记。

不动产登记机构应当根据不动产登记簿，填写并核发不动产权属证书或者不动产登记证明。当事人可以选择电子介质、纸质介质的不动产权属证书、不动产登记证明。

第十六条 登记申请有下列情形之一的，不动产登记机构应当作出不予登记的决定，并书面告知申请人：

（一）不动产界址、空间界限、面积等材料与申请登记的不动产状况不一致的；

（二）有关证明材料、文件与申请登记的内容不一致的；

（三）申请登记的事项与不动产登记簿的记载有冲突的；

（四）不动产属于违法建筑的；

（五）对依法查封的不动产，申请抵押、转移登记的；

（六）存在尚未解决的权属争议、申请登记的不动产权利超过规定期限以及法律、行政法规规定不予登记的其他情形。

第十七条 申请人在申请登记前，可以通过政务服务“一网通办”平台提交电子介质的申请材料。不动产登记机构对材料是否齐全、符合法定形式进行验看，并依法进行查验、实地查看或者调查。

符合不动产登记规定的，由不动产登记机构通过政务服务“一网通办”平台告知申请人提交原件的日期，并于申请人交齐原件后，当场向申请人核发不动产权属证书或者不动产登记证明；不符合不动产登记规定的，通过政务服务“一网通办”平台告知申请人。

第十八条 因不动产权利设立、变更、转让、消灭等申请首次、变更、转移、注销登记的，应当按照国家和本市法律法规相关规定，持相关材料申请登记。

第十九条 建设单位申请新建商品房所有权首次登记的，应当列明下列不动产的范围，并提供相关证明材料：

（一）经房屋管理部门备案的销售方案确定的建设单位保留自有的不动产、用于销售的商品房；

（二）依照法律、法规规定或者当事人约定确定的业主共有不动产和作为公益性公共服务设施的不动产。

建设单位申请保障性住房所有权首次登记的，应当列明前款第二项规定不动产的范围，并提供相关证明材料。

建设单位保留自有的不动产和用于销售的商品房，应当在不动产登记簿中予以记载，分别颁发不动产权属证书；业主共有不动产，应当在不动产登记簿中予以记载，不颁发不动产权属证书。

国有建设用地划拨决定书、出让合同中明确的或者有关部门认定的公益性公共服务设施，应当在不动产登记簿中予以注明；相关当事人申请首次登记的，向其颁发不动产权属证书。

建设单位申请保障性住房抵押登记的，还应当提供相关部门同意的证明材料。

第二十条 因风貌保护、建筑保护等需要，在国有建设用地划拨决定书或者出让合同中明确应当予以保留的房屋，当事人可以在申请建设用地使用权首次登记时一并申请房屋所有权首次登记，也可以与该国有建设用地上其他新建房屋一并申请房屋所有权首次登记，并在不动产登记簿中注明相关事实。

第二十一条 因继承、受遗赠取得不动产申请转移登记的，当事人应当提交死亡证明材料、遗嘱或者全部法定继承人关于不动产分配的协议以及与被继承人的亲属关系材料等，也可以提交经公证的材料或者生效的法律文书。不动产登记机构依法对继承、受遗赠的相关材料、事实进行查验、实地查看或者调查，全部继承人、相关当事人应当予以配合。

对当事人提交死亡证明材料、遗嘱或者全部法定继承人关于不动产分配的协议以及与被继承人的亲属关系材料等的，不动产登记机构可以进行公告，公告期不少于三个月。

第二十二条 承包农民集体所有的农用地或者国家所有依法由农民集体使用的农用地的，当事人可以申请土地承包经营权登记。

以家庭承包方式取得土地承包经营权的，享有土地承包经营权的全部家庭成员名单在不动产登记簿中予以记载。

依法取得流转期限为五年以上土地经营权的，当事人可以持取得土地经营权的相关材料以及其他必要材料申请土地经营权首次登记。

第二十三条 当事人受让划拨土地使用权地块上的房屋并办理土地使用权出让手续的，应当在申请建设用地使用权首次登记的同时，申请房屋所有权转移登记。

同一土地使用权人的用地方式由划拨转为出让等有偿使用方式的，应当申请建设用地使用权首次登记。

第二十四条 建设项目的结建地下工程应当与其地上部分一并办理建设用地使用权、

房屋所有权首次登记。单建地下建设项目单独办理地下建设用地使用权、房屋所有权首次登记的，应当在办理房屋所有权首次登记时，一并办理出入口、通风口等地上建筑物、构筑物的首次登记。

在办理地下建设用地使用权的首次登记时，地下建设用地使用权的权属范围按照土地审批文件中载明的范围确定；未载明的，按照建设工程规划许可证或者乡村建设规划许可证明确的地下建筑物、构筑物的水平投影最大占地范围和起止深度确定。

地下建筑物、构筑物属于民防工程的，在不动产登记簿中予以注明。

第二十五条 依法利用宅基地建造住房及其附属设施的，可以申请宅基地使用权及房屋所有权登记。宅基地使用权及房屋所有权登记由农村村民户成员推选户代表申请，户成员名单在不动产登记簿中予以记载。

依法利用宅基地新建住房及其附属设施的，可以持有批准权的人民政府批准用地的文件等权属来源材料、宅基地建房批准文件、房屋竣工材料、确定户代表和户成员的材料、不动产权籍调查报告以及其他必要材料申请首次登记。

申请宅基地使用权及房屋所有权转移登记的，应当提供受让人为该农村集体经济组织成员的证明，但因继承致使房屋所有权发生转移的除外。

各区人民政府根据市人民政府的统一安排，按照规范有序、方便办理的要求，对本行政区域内未登记的宅基地使用权及房屋所有权组织开展首次登记工作。宅基地和房屋面积、房屋建设年代以及家庭分户等情况，应当经不动产权属调查并经村民小组、村、乡镇逐级确认。

第二十六条 通过申请审批或者招标、拍卖取得海域使用权，变更、转移海域使用权以及海域使用权有效期满不再续期的，当事人可以申请相应的海域使用权登记。

因围填海造地等导致海域灭失的，申请人应当在围填海造地等工程竣工后，依法申请国有土地使用权首次登记，并办理海域使用权注销登记。

第二十七条 当事人采用书面形式订立居住权合同或者以遗嘱方式设立居住权的，应当持居住权合同或者遗嘱等材料申请居住权首次登记。不动产登记机构应当核发不动产登记证明。

居住权消灭的，相关当事人应当及时办理居住权注销登记。

第二十八条 按照约定设定地役权的，当事人可以持需役地、供役地的不动产权属证书和地役权合同以及其他必要材料，申请地役权首次登记。

不动产登记机构应当将利用目的、利用方法、利用期限等事项，分别记载于需役地和供役地不动产登记簿。

第二十九条 以在建建筑物设定抵押的，在建建筑物竣工后，除下列不动产外，在办理房屋所有权首次登记的同时，直接将在建建筑物抵押权登记转为不动产抵押权登记：

（一）已经办理预告登记的商品房；

（二）房屋所有权首次登记时已明确的业主共有不动产；

（三）不属于建设单位所有的作为公益性公共服务设施的不动产；

（四）配建的保障性住房及其用于停放汽车的车位、车库。

本市实施不动产统一登记前已经设定的房屋建设工程抵押权预告登记，转为不动产抵押权登记的，按照前款规定办理。

第三十条 不动产灭失，当事人未申请注销登记的，不动产登记机构可以依据房屋管理、规划资源、海洋等部门提供的证明文件办理注销登记。

不动产被依法征收、收回、没收，或者不动产权利因人民法院、仲裁委员会的生效法律文书而消灭的，不动产登记机构根据已经发生法律效力的文件或者生效法律文书办理注销登记。

第三十一条 权利人、利害关系人认为不动产登记簿记载的事项有错误，可以申请更正登记。

不动产登记机构受理更正登记申请后，应当中止办理相关的不动产抵押、转移、变更等登记，并暂缓受理新的登记申请；更正登记完成后，应当恢复办理。

行政机关作出撤销不动产登记的行政复议决定或者人民法院作出撤销不动产登记的判决的，不动产登记机构应当自行政复议决定或者判决发生法律效力之日起三日内予以更正；但在错误登记之后已经办理了涉及不动产权利处分的登记、预告登记和查封登记的除外。

原权利人死亡或者终止无法恢复原登记状态的，应当在不动产登记簿中注明相关事实，不颁发不动产权属证书。

第三十二条 有商品房等不动产预售，不动产买卖或者抵押，以预购商品房设定抵押权，以及法律、行政法规规定的其他情形的，当事人可以按照约定申请预告登记。

新建商品房或者存量房交易合同网上签约后，当事人可以申请预告登记。

预告登记生效期间，未经预告登记的权利人书面同意，处分该不动产权利申请登记的，不动产登记机构应当不予办理。

第三十三条 不动产登记机构收到公安机关、人民法院、人民检察院等有权机关对不动产实施查封等措施的通知后，应当直接将查封事项和查封期限等记载于不动产登记簿。

不动产登记机构认为查封事项存在异议的，应当依法向有关机关提出审查建议。

不动产查封期限届满，公安机关、人民法院、人民检察院等有权机关未续封的，查封登记失效。

第三十四条 有下列情形之一的，不动产登记机构应当根据已经发生法律效力的文件，将有关事项记载于不动产登记簿：

（一）行政机关作出征收集体所有土地、征收房屋、收回国有建设用地使用权、批准建设用地、商品房预售许可等与不动产权利有关的决定；

（二）行政机关对保障性住房的认定；

（三）行政机关对违法用地、不履行优秀历史建筑修缮义务等的认定；

（四）行政机关对擅自改变承重结构、附有违法建筑的认定。

存在前款第三、四项所列情形已完成整改的，行政机关应当出具证明文件，由不动产登记机构在不动产登记簿中予以记载；存在前款第四项所列情形，当事人申请抵押、转移登记的，应当提供上述证明文件。

房屋租赁合同等与不动产权利事项有关的材料，当事人可以申请在不动产登记簿中予以记载。

当事人依法将土壤污染状况调查报告送交不动产登记机构的，由不动产登记机构在不动产登记簿中予以记载。

第三十五条 不动产登记机构应当建立不动产登记资料管理制度以及信息安全保密制度。

不动产登记资料由登记事务机构管理。登记事务机构应当建设符合不动产登记资料安全保护标准的不动产登记资料存放场所。

不动产登记资料中属于归档范围的，按照有关规定进行归档管理。

不动产登记资料的查询、复制，按照国家和本市有关规定执行。利害关系人不得公开、非法使用权利人的不动产登记资料。

第三十六条 登记事务机构可以通过不动产登记查询窗口、自助查询设备、互联网等方式，提供不动产登记资料查询服务。

第三十七条 不动产登记工作人员应当具备与其岗位相适应的法律法规、不动产登记等方面的专业知识和业务能力。

不动产登记机构应当加强对不动产登记工作人员的管理和专业技术培训。

本市探索建立不动产登记员制度，选取符合要求的不动产登记工作人员担任不动产登记员，独立负责不动产登记的审核、登簿等专门性工作。

第三十八条 不动产登记工作人员进行虚假登记，损毁、伪造不动产登记簿，擅自修改登记事项、泄漏不动产登记资料或者登记信息，或者有其他滥用职权、玩忽职守行为的，依法给予处分；给他人造成损害的，依法承担赔偿责任；构成犯罪的，依法追究刑事责任。

第三十九条 因登记错误，造成他人损害的，不动产登记机构应当承担赔偿责任。不动产登记机构赔偿后，可以向造成登记错误的人追偿。

当事人提供虚假材料申请登记，造成他人损害的，应当承担赔偿责任。

本市探索建立不动产登记责任保险制度。

第四十条 对不动产登记中的相关失信行为，由不动产机构依法将相关主体的失信信息归集至本市公共信用信息服务平台，由相关部门依法对失信主体实施惩戒措施。

第四十一条 旧住房综合改造符合规划要求并且已经竣工的，可以依法办理不动产登记。

对历史上应登记而未登记不动产的登记问题，结合当时的法律法规、政策和实际情况等因素予以处理。具体处理办法，由市人民政府制定。

第四十二条 本规定自 2021 年 3 月 1 日起施行。2008 年 12 月 25 日上海市第十三届人民代表大会常务委员会第八次会议通过的《上海市房地产登记条例》同时废止。

广州市不动产登记办法

广州市第十五届人民代表大会常务委员会公告(第91号)

广州市第十五届人民代表大会常务委员会第五十六次会议于2021年10月27日通过的《广州市不动产登记办法》，业经广东省第十三届人民代表大会常务委员会第三十七次会议于2021年12月1日批准，现予公布，自2022年3月1日起施行。

广州市人民代表大会常务委员会

2021年12月9日

广东省人民代表大会常务委员会关于批准《广州市不动产登记办法》的决定

(2021年12月1日广东省第十三届人民代表大会常务委员会第三十七次会议通过)

广东省第十三届人民代表大会常务委员会第三十七次会议审查了广州市人民代表大会常务委员会报请批准的《广州市不动产登记办法》，该办法与宪法、法律、行政法规和本省的地方性法规不抵触，决定予以批准，由广州市人民代表大会常务委员会公布施行。

广州市不动产登记办法

(2021年10月27日广州市第十五届人民代表大会常务委员会第五十六次会议通过　2021年12月1日广东省第十三届人民代表大会常务委员会第三十七次会议批准)

第一条　为了规范不动产登记行为，提高不动产登记服务水平，保护权利人合法权益，根据《中华人民共和国民法典》《不动产登记暂行条例》等有关法律、法规，结合本市实际，制定本办法。

第二条　本办法适用于本市行政区域内的不动产登记以及权籍调查、不动产登记信息查询等相关活动。

不动产登记包括不动产首次登记、变更登记、转移登记、注销登记、更正登记、异议登记、预告登记、查封登记等。

第三条　不动产登记实行统一登记制度，遵循严格管理、稳定连续、方便群众的原则。

第四条　市规划和自然资源行政主管部门是本市不动产登记机构，负责全市不动产登记工作，并组织实施本办法。

市、区不动产登记事务机构承担不动产登记的具体工作。市、区不动产登记档案管理机构承担不动产登记资料的保管、查询和利用等相关工作。

住房城乡建设、农业农村、林业园林、税务、公安、市场监督管理、民政、教育、司法行政、城市管理综合执法、财政、国有资产监督管理、政务服务数据管理等部门依照各自职责，配合做好不动产登记工作。

第五条 不动产登记机构应当建立全市统一的不动产登记平台，逐步推行全过程网上办理，优化办理流程，为当事人提供便捷高效的服务。

不动产登记机构应当与住房城乡建设部门、税务机关等协作，在受理不动产登记申请时一并收取相关的交易、税收等申报材料，实行一窗受理、集成办理。不动产登记机构应当与公用企事业单位、金融机构等协作，实行电力、供排水、燃气、网络过户与不动产登记同步办理。

不动产登记机构可以与其他城市的不动产登记机构开展合作，采用异地申请、属地受理、大数据审核、网上缴费、邮件送达的模式跨市办理不动产登记业务。

第六条 不动产登记机构和住房城乡建设、农业农村、林业园林、税务、公安、市场监督管理、民政、教育、司法行政、城市管理综合执法、财政、国有资产监督管理、政务服务数据管理等部门，应当根据履行职责需要，依托本市政务信息共享平台，实时互通共享登记信息、审批信息、交易信息等。

信息使用部门应当将获取的信息用于本部门履行职责需要，不得直接或者以改变数据形式等方式提供给第三方，不得篡改信息内容，也不得用于或者变相用于其他目的。

第七条 不动产登记机构办理不动产登记业务时，可以委托专业机构开展实地查看、不动产权籍调查成果技术审查、不动产单元号编制、辅助调查等工作，所需费用列入同级财政预算。

第八条 申请人申请不动产登记，应当按照法律、法规和相关操作规范的规定，提交相应登记类别与事项的申请材料，并对材料的真实性负责。

不动产登记机构应当通过服务场所、部门网站等途径公开并及时更新各类登记申请所需的材料目录和示范文本等。对可以通过政府部门间信息共享获取或者核验的材料，以及申请人已提交备存且处于有效期内的申请材料，不动产登记机构不得要求申请人重复提交。

第九条 共有不动产的登记应当由全体共有人共同申请。

有下列情形之一的，可以由部分共有人申请：

（一）处分按份共有的不动产的，由占份额三分之二以上的按份共有人共同申请，但共有人另有约定的除外；

（二）不动产的坐落、界址、面积、空间界限等自然状况发生变化申请变更登记的，由共有人中的一人或者多人申请；

（三）共有人姓名、名称等身份信息发生变化申请变更登记的，由姓名、名称等身份信息发生变化的共有人申请；

（四）根据人民法院、仲裁机构生效的法律文书取得不动产申请不动产登记的，可以由共有人中的一人或者多人申请；

（五）不动产权属证书或者登记证明破损、遗失、灭失，申请换证、补证登记的，由需要换证、补证的共有人申请；

（六）法律、法规等规定的其他情形。

按份共有人对其享有的份额可以申请转移登记、他项权登记，本市保障性共有产权住房另有规定的除外。按份共有人转让其享有的份额的，应当将转让条件及时通知其他共有人；其他共有人放弃优先购买权的，申请人应当提交相关证明材料。

第十条 涉及同一不动产的登记，有下列情形之一的，申请人可以合并申请登记：

（一）预购商品房预告登记与预购商品房抵押预告登记；

（二）预购商品房预告登记转房屋所有权登记与预购商品房抵押预告登记转抵押权登记；

（三）建筑物所有权首次登记与在建建筑物抵押权登记转建筑物抵押权登记；

（四）不动产变更登记导致抵押权变更的，不动产变更登记与抵押权变更登记；

（五）不动产变更、转移登记致使地役权变更、转移的，不动产变更登记、转移登记与地役权变更登记、转移登记；

（六）不动产坐落位置等自然状况发生变化的，不动产变更登记可以与其他登记合并申请；

（七）不动产转移登记与抵押权登记；

（八）不动产转移登记与居住权设立登记；

（九）法律、法规等规定以及不动产登记机构认为可以合并申请登记的其他情形。

第十一条 申请登记的材料在香港、澳门、台湾地区或者中华人民共和国领域外形成的，申请人应当按照规定办理公证、认证或者法律规定的证明手续。

申请人向不动产登记机构提交外文申请材料的，应当附有中文译本，并对外文申请材料及其中文译本的真实性、准确性负责。

第十二条 不动产登记机构收到申请材料，应当当场作出是否受理的决定并书面告知申请人；申请材料存在可以当场更正的错误的，应当告知申请人当场更正，申请人当场更正后，应当受理并书面告知申请人；申请材料不齐全或者不符合法定形式的，应当当场书面告知申请人不予受理并一次性书面告知申请人需要补正的材料。不动产登记机构未当场书面告知申请人不予受理的，视为受理。申请人通过网络平台提交申请的，网上办理系统反馈成功当日为受理日。

不动产登记机构应当制定公布并及时更新不动产登记容缺受理事项和申请材料清单。申请人申请不动产登记，缺少非关键性申请材料或者非关键性申请材料存在瑕疵，且属于容缺受理清单事项，申请人书面承诺在十个工作日内补齐的，不动产登记机构可以先行受理。申请人未按期补齐的，不予登记。

第十三条 不动产登记机构应当自受理登记申请之日起五个工作日内办结不动产登记手续，查封登记、异议登记应当即时办结。未能提交生效法律文书或者公证文书的继承、受遗赠的转移登记，以及历史遗留案件或者复杂疑难案件，不动产登记机构应当自受理登记申请之日起三十个工作日内办结。

鼓励不动产登记机构向社会公开承诺少于前款规定的办理时限。

依法需要进行公告的，公告时间不计算在本条规定时限内。

第十四条 不动产登记机构受理登记申请后，可以通过函询、现场询问、拍照、录像、实地查看等方式对申请登记的不动产有关情况进行调查。申请人、被调查人应当予以配合。

不动产登记机构审核时发现需要进一步补充材料的，应当一次性书面告知申请人。申请人超过二十个工作日未补正材料的，不动产登记机构应当作出不予登记的决定。

需要实地查看和其他调查、向有关部门核查相关情况的，不动产登记机构应当自受理登记申请之日起三十个工作日内办结不动产登记手续。

第十五条 不动产登记机构完成登记，应当依法向申请人核发电子介质或者纸质介质的不动产权属证书或者登记证明。

电子介质的不动产权属证书或者登记证明与纸质介质的具有同等法律效力。

第十六条 当事人签订商品房买卖协议或者其他不动产物权协议，可以按照约定共同向登记机构申请办理预告登记。商品房预售人未按照约定与预购人申请预告登记或者未依预购人委托代为申请预告登记的，预购人可以单方申请预告登记。

以出让等有偿方式取得的国有建设用地使用权首次转让，已完成的投资开发未达到投资总额百分之二十五的，当事人可以申请办理国有建设用地使用权转移预告登记，申请时应当提交国有建设用地使用权转让合同等材料；待已完成的投资开发达到投资总额百分之二十五以上时，再申请办理国有建设用地使用权转移登记。

第十七条 建设用地使用权在地上、地表或者地下分层设立的，可以通过三维空间信息确定空间权属界限。

单建地下空间建设项目，可以单独办理建设用地使用权和建筑物、构筑物所有权首次登记。和地表建筑一并建设的结建地下空间建设项目，应当与其地表部分一并办理建设用地使用权和建筑物、构筑物所有权首次登记；地表部分已经办理不动产首次登记的，地下部分可以单独申请办理首次登记。地下建筑物、构筑物所有权首次登记按照房屋所有权登记有关规定办理。

地下建筑物、构筑物属于人民防空工程的，应当在不动产登记簿中予以注明。

第十八条 道路、铁路、轨道交通、码头、油库等具有独立利用价值和固定权属界线的构筑物权属登记，按照房屋所有权登记有关规定办理，并在不动产登记簿、不动产权属证书中注明规划用途。

使用地下空间建设轨道交通，符合划拨用地目录的建设工程并且无权属争议的，凭地下空间及附属建筑物、构筑物的权属来源材料，按照划拨用地办理地下建设用地使用权登记。

构筑物应当与构筑物所依附的土地、海域、空间一并登记，并保持权利主体一致。

第十九条 建设项目办理首次登记时，建设单位应当将建筑区划内依法属于业主共有的道路、绿地、其他公共场所、公用设施、物业服务用房及其占用范围内的建设用地使用权一并申请登记为业主共有。业主共有物权信息应当在不动产登记簿上予以记载。业主转让房屋所有权的，其对共有部分享有的权利依法一并转让。

不动产登记机构应当为业主查询小区共有物权信息提供便利。

第二十条 建设项目办理首次登记时，无偿移交和按成本价移交的配套公共服务设施应当在不动产登记簿中予以记载。

无偿移交的配套公共服务设施，由建设单位或者接收单位依法申请办理首次登记；按成本价移交的配套公共服务设施，由建设单位依法申请办理首次登记。

建设单位已经办理配套公共服务设施首次登记的，应当与接收单位共同申请办理转移登记；建设单位不按照约定办理转移登记的，接收单位可以凭人民法院、仲裁机构生效的法律文书或者人民政府生效的决定，依照不动产登记的相关规定单方申请办理。

第二十一条 营利法人间转让存量非住宅类不动产的，申请人可以网上申请转移登记并在线缴纳税费。不动产登记机构应当网上办理，并在完成登记后向申请人核发不动产权属证书。

第二十二条 不动产以不动产单元为基本单位进行登记。因不动产分割申请办理变更登记的，不动产登记机构应当按照国家、省、市的有关规定办理。

第二十三条 不动产登记机构在办理国有林地使用权登记以及集体林地所有权、使用权、承包经营权、经营权登记时，应当对地上森林、林木的使用权、所有权一并进行登记。森林、林木的种类、等级等内容应当在不动产登记簿上予以记载。

单独申请森林、林木登记的，不予受理。

第二十四条 通过家庭承包方式取得农村土地承包经营权，依法流转土地经营权或者以土地经营权融资担保的，当事人可以按照以下规定申请办理登记：

（一）土地经营权流转期限五年以上的，可以申请办理土地经营权首次登记，用承包地的土地经营权向金融机构融资担保的，可以申请办理抵押登记；

（二）土地经营权人依法再次流转土地经营权申请办理土地经营权转移登记，或者用通过流转取得的土地经营权向金融机构融资担保申请办理抵押登记的，应当提交土地承包经营权人书面同意和向集体经济组织备案的材料。

通过招标、拍卖、公开协商等方式取得农村土地经营权的，当事人可以持取得、流转或者抵押土地经营权的相关材料申请办理土地经营权首次登记、转移登记或者抵押登记。

第二十五条 本市陆域与海域的法定分界线为海岸线。属于海岸线向陆域一侧区域的，依法办理土地使用权登记；属于海岸线向海域一侧区域的，依法办理海域使用权登记。

围填海造地等导致海域灭失的，当事人应当在围填海造地等工程竣工后，依法申请办理海域使用权注销登记和国有土地使用权首次登记。

第二十六条 海域使用金缴纳情况应当按照下列规定在不动产登记簿上予以记载：

（一）已全部缴纳海域使用金的，不动产登记机构在办理海域使用权首次登记时应当注明已全部缴纳情况，在办理转移、变更、抵押登记时不再审查海域使用金缴纳情况；

（二）分期缴纳海域使用金的，不动产登记机构在办理海域使用权首次登记时应当注明部分缴纳情况及有效期；在办理转移、变更、抵押登记时，应当审查截至登记时点的海域使用金是否已缴齐。

第二十七条 以合同方式设立居住权的，当事人双方应当持不动产权属证书、居住权合同等办理居住权首次登记。以遗嘱方式设立居住权的，当事人应当持生效遗嘱、遗嘱人死亡证明等材料申请办理居住权首次登记。不动产登记机构应当核发居住权证明。

居住权期限、居住条件和要求等发生变化的，当事人双方应当提交相关的变更材料申请办理居住权变更登记。

居住权人放弃居住权或者居住权消灭的，相关当事人应当及时办理居住权注销登记。

第二十八条 当事人因下列情形按照约定设立地役权后，可以持需役地和供役地的不动产权属证书、地役权合同以及其他必要文件，申请办理地役权首次登记：

（一）因布设电线、电缆、水管、输油管线、暖气和燃气管等管线或者管廊而利用他人不动产的；

（二）因布设充电桩、无线通讯基站、供电设施等附属设施而利用他人不动产的；

（三）因设置桥梁、地铁出入口、风井等构筑物、附着物而利用他人不动产的；

（四）因用水、排水、通行利用他人不动产的；

（五）因通风、采光、保持视野等限制他人不动产利用的；

（六）其他为提高自己不动产效益，按照约定利用他人不动产的情形。

不动产登记机构应当将地役权登记的相关事项分别记载于需役地和供役地登记簿。

第二十九条 当事人申请办理不动产抵押权首次登记或者抵押预告登记的，不动产登记机构应当根据申请在不动产登记簿记载当事人关于转让抵押不动产的约定情况。约定情况发生变化的，当事人应当申请办理变更登记。

不动产抵押期间，不动产自然状况或者权利人姓名、名称发生变化的，抵押人可以单方申请办理变更登记，并应当及时通知抵押权人。

不动产抵押期间，当事人申请办理抵押不动产转移登记的，按照下列规定办理：

（一）抵押权人和抵押人关于转让抵押不动产有约定的，受让人、抵押人和抵押权人应当按照约定申请办理转移登记；

（二）抵押权人和抵押人关于转让抵押不动产没有约定的，受让人和抵押人应当共同申请办理转移登记，并及时通知抵押权人。

第三十条 因跨境融资等情形，抵押人依法将其在本市的不动产抵押给境外债权人的，当事人应当向不动产登记机构共同申请办理抵押登记。

第三十一条 营利法人以其教育、医疗卫生、养老等性质的建设用地使用权及房屋所有权等不动产权利设立抵押权，已办理国有建设用地使用权或者房屋所有权首次登记的，当事人可以申请办理抵押登记。

第三十二条 人民法院、人民检察院、公安机关等法律、行政法规规定的有权机关，持生效法律文书、协助执行通知书或者协助查封通知书要求不动产登记机构办理登记的，不动产登记机构应当办理登记。

人民政府依法作出征收或者收回不动产权利的决定生效后，以书面通知等形式要求不动产登记机构办理注销登记的，不动产登记机构应当按照通知等文件要求办理。

不动产登记机构认为登记事项存在异议的，应当依法向有关机关提出审查建议。

第三十三条 因历史文化遗产保护需要，出让或者划拨的国有建设用地上，有经批准的保护规划或者详细规划确定需要保护保留的建筑物、构筑物的，国有建设用地出让合同或者划拨决定书中应当予以明确。

国有建设用地出让或者划拨前，保护保留建筑物、构筑物的原不动产权利人放弃不动产权利的，应当办理注销登记，国有建设用地使用权人可以在土地出让或者划拨后办理保护保留建筑物、构筑物的首次登记。

国有建设用地出让或者划拨后，经批准的保护规划或者详细规划确定需要保护保留的建筑物、构筑物，原不动产权利人放弃保护保留建筑物、构筑物不动产权利的，国有建设用地使用权人可以申请办理保护保留建筑物、构筑物的首次登记。

第三十四条 历史遗留的不动产登记问题，市人民政府可以制定具体办法，结合当时的法律、法规、政策和实际情况等因素予以处理。

第三十五条 不动产登记机构发现有下列情形之一，造成不动产登记簿记载事项错误的，应当按照有关规定办理更正登记或者注销登记，但不动产权利已由善意第三人取得或者更正登记、注销登记将给公共利益造成重大损害的除外：

（一）司法机关、行政机关、仲裁机构生效法律文书或者文件证明当事人通过隐瞒真实情况或者伪造有关证件、文件等非法手段获取不动产登记的；

（二）不动产登记所依据的权属来源证明文件被生效法律文书撤销、确认无效、解除的；

（三）不动产登记机构核准登记不当，造成重复登记等错误的；

（四）法律、法规规定的其他情形。

第三十六条 不动产登记机构应当实现不动产登记资料和地籍信息的数字化，并按照国家和省、市的相关规定，通过网络平台、现场和自助查询等方式提供不动产登记信息查询服务。

不动产登记机构应当依法采取必要措施保障不动产登记信息安全。不动产登记机构、不动产登记信息共享单位及其工作人员应当对不动产登记信息保密。

任何组织或者个人不得泄露、篡改不动产登记信息。

第三十七条 权利人可以依法查询、复制不动产登记结果和不动产登记原始资料；经权利人授权，组织或者个人可以依法查询、复制不动产登记结果和不动产登记原始资料。利害关系人可以依法查询、复制有利害关系的不动产登记结果；经利害关系人授权，组织或者个人可以依法查询、复制有利害关系的不动产登记结果。利害关系人不得公开、非法使用权利人的不动产登记资料。

组织或者个人按照不动产坐落位置、不动产权属证书号、不动产单元号等索引信息可以免费查询不动产自然状况，不动产是否存在共有、抵押权登记、预告登记、异议登记、查封登记或者其他限制处分的情形，以及非住宅类且权利人为法人或者非法人组织的不动产权利人等登记信息，但涉及国家秘密的除外。

组织或者个人可以通过空间位置检索、不动产坐落位置、不动产单元号等索引信息查询宗地代码、不动产单元号、坐落、面积、权利类型及附图等不动产地籍信息，但涉及国家秘密的除外。

第三十八条 不动产登记可以实行证明事项告知承诺制。实行告知承诺制的事项及操作规程，由不动产登记机构另行制定并向社会公布。

第三十九条 组织或者个人有权通过电话、来信、来访、网络等方式向有关部门提出对不动产登记及其相关工作的投诉举报。有关部门应当根据有关规定及时处理，并将处理情况反馈给投诉举报者。

不动产登记机构应当通过服务场所、部门网站等途径向社会公布受理投诉举报的方式、处理程序等信息。

第四十条 因登记错误造成他人损害的，不动产登记机构应当承担赔偿责任。不动产登记机构赔偿后，可以向造成登记错误的人追偿。

不动产登记机构可以投保不动产登记责任险，所需费用列入同级财政预算。

第四十一条 不动产登记机构及其工作人员违反本办法规定，不依法履行职责的，由有权机关责令改正，对不动产登记机构给予通报批评，对直接负责的主管人员和其他直接责任人员依法给予处理；构成犯罪的，依法追究刑事责任。

第四十二条 违反本办法第三十六条、第三十七条规定，泄露、篡改或者非法使用、公开不动产登记资料、登记信息，给他人造成损害的，依法承担赔偿责任；对有关责任人员依法给予处理；有关责任人员构成犯罪的，依法追究刑事责任。

第四十三条 当事人通过提交虚假材料、隐瞒真实情况或者通过伪造、变造、买卖公文、证件等证明材料骗取不动产登记，给他人造成损害的，依法承担赔偿责任；构成违反治安管理行为的，依法给予治安管理处罚；构成犯罪的，依法追究刑事责任。

第四十四条 当事人有下列行为之一被依法处理的，由有关部门依法将相关主体的失信信息归集至本市公共信用信息系统，并依法实施失信惩戒：

（一）伪造、变造不动产权属证书或者登记证明；

（二）买卖、使用伪造、变造的不动产权属证书或者登记证明；

（三）通过提交虚假材料、隐瞒真实情况等骗取不动产登记；

（四）不动产登记中的其他失信行为。

第四十五条 本办法自 2022 年 3 月 1 日起施行，《广州市城镇房地产登记办法》同时废止。

四、资产评估类

国有资产评估管理办法

（1991 年 11 月 16 日中华人民共和国国务院令第 91 号发布根据 2020 年 11 月 29 日《国务院关于修改和废止部分行政法规的决定》修订）

第一章　总　　则

第一条　为了正确体现国有资产的价值量，保护国有资产所有者和经营者、使用者的合法权益，制定本办法。

第二条　国有资产评估，除法律、法规另有规定外，适用本办法。

第三条　国有资产占有单位（以下简称占有单位）有下列情形之一的，应当进行资产评估：

（一）资产拍卖、转让；

（二）企业兼并、出售、联营、股份经营；

（三）与外国公司、企业和其他经济组织或者个人开办外商投资企业；

（四）企业清算；

（五）依照国家有关规定需要进行资产评估的其他情形。

第四条　占有单位有下列情形之一，当事人认为需要的，可以进行资产评估：

（一）资产抵押及其他担保；

（二）企业租赁；

（三）需要进行资产评估的其他情形。

第五条　全国或者特定行业的国有资产评估，由国务院决定。

第六条　国有资产评估范围包括：固定资产、流动资产、无形资产和其他资产。

第七条　国有资产评估应当遵循真实性、科学性、可行性原则，依照国家规定的标准、程序和方法进行评定和估算。

第二章　组织管理

第八条　国有资产评估工作，按照国有资产管理权限，由国有资产管理行政主管部门负责管理和监督。

国有资产评估组织工作，按照占有单位的隶属关系，由行业主管部门负责。

国有资产管理行政主管部门和行业主管部门不直接从事国有资产评估业务。

第九条 持有国务院或者省、自治区、直辖市人民政府国有资产管理行政主管部门颁发的国有资产评估资格证书的资产评估公司、会计师事务所、审计事务所、财务咨询公司，经国务院或者省、自治区、直辖市人民政府国有资产管理行政主管部门认可的临时评估机构(以下统称资产评估机构)，可以接受占有单位的委托，从事国有资产评估业务。

前款所列资产评估机构的管理办法，由国务院国有资产管理行政主管部门制定。

第十条 占有单位委托资产评估机构进行资产评估时，应当如实提供有关情况和资料。资产评估机构应当对占有单位提供的有关情况和资料保守秘密。

第十一条 资产评估机构进行资产评估，实行有偿服务。资产评估收费办法，由国务院国有资产管理行政主管部门会同财政部门、物价主管部门制定。

第三章　评估程序

第十二条 国有资产评估按照下列程序进行：

(一) 申请立项；

(二) 资产清查；

(三) 评定估算；

(四) 验证确认。

第十三条 依照本办法第三条、第四条规定进行资产评估的占有单位，经其主管部门审查同意后，应当向同级国有资产管理行政主管部门提交资产评估立项申请书，并附财产目录和有关会计报表等资料。

经国有资产管理行政主管部门授权或者委托，占有单位的主管部门可以审批资产评估立项申请。

第十四条 国有资产管理行政主管部门应当自收到资产评估立项申请书之日起十日内进行审核，并作出是否准予资产评估立项的决定，通知申请单位及其主管部门。

第十五条 国务院决定对全国或者特定行业进行国有资产评估的，视为已经准予资产评估立项。

第十六条 申请单位收到准予资产评估立项通知书后，可以委托资产评估机构评估资产。

第十七条 受占有单位委托的资产评估机构应当在对委托单位的资产、债权、债务进行全面清查的基础上，核实资产账面与实际是否相符，经营成果是否真实，据以作出鉴定。

第十八条 受占有单位委托的资产评估机构应当根据本办法的规定，对委托单位被评估资产的价值进行评定和估算，并向委托单位提出资产评估结果报告书。

委托单位收到资产评估机构的资产评估结果报告书后，应当报其主管部门审查；主管部门审查同意后，报同级国有资产管理行政主管部门确认资产评估结果。

经国有资产管理行政主管部门授权或者委托，占有单位的主管部门可以确认资产评估结果。

第十九条 国有资产管理行政主管部门应当自收到占有单位报送的资产评估结果报告书之日起四十五日内组织审核、验证、协商，确认资产评估结果，并下达确认通知书。

第二十条 占有单位对确认通知书有异议的，可以自收到通知书之日起十五日内向上一级国有资产管理行政主管部门申请复核。上一级国有资产管理行政主管部门应当自收到复核申请之日起三十日内作出裁定，并下达裁定通知书。

第二十一条 占有单位收到确认通知书或者裁定通知书后，应当根据国家有关财务、会计制度进行账务处理。

第四章 评估方法

第二十二条 国有资产重估价值，根据资产原值、净值、新旧程度、重置成本、获利能力等因素和本办法规定的资产评估方法评定。

第二十三条 国有资产评估方法包括：

（一）收益现值法；

（二）重置成本法；

（三）现行市价法；

（四）清算价格法；

（五）国务院国有资产管理行政主管部门规定的其他评估方法。

第二十四条 用收益现值法进行资产评估的，应当根据被评估资产合理的预期获利能力和适当的折现率，计算出资产的现值，并以此评定重估价值。

第二十五条 用重置成本法进行资产评估的，应当根据该项资产在全新情况下的重置成本，减去按重置成本计算的已使用年限的累积折旧额，考虑资产功能变化、成新率等因素，评定重估价值；或者根据资产的使用期限，考虑资产功能变化等因素重新确定成新率，评定重估价值。

第二十六条 用现行市价法进行资产评估的，应当参照相同或者类似资产的市场价格，评定重估价值。

第二十七条 用清算价格法进行资产评估的，应当根据企业清算时其资产可变现的价值，评定重估价值。

第二十八条 对流动资产中的原材料、在制品、协作件、库存商品、低值易耗品等进行评估时，应当根据该项资产的现行市场价格、计划价格，考虑购置费用、产品完工程度、损耗等因素，评定重估价值。

第二十九条 对有价证券的评估，参照市场价格评定重估价值；没有市场价格的，考虑票面价值、预期收益等因素，评定重估价值。

第三十条 对占有单位的无形资产，区别下列情况评定重估价值：

（一）外购的无形资产，根据购入成本及该项资产具有的获利能力；

（二）自创或者自身拥有的无形资产，根据其形成时所需实际成本及该项资产具有的获利能力；

（三）自创或者自身拥有的未单独计算成本的无形资产，根据该项资产具有的获利能力。

第五章　法律责任

第三十一条　占有单位违反本办法的规定，提供虚假情况和资料，或者与资产评估机构串通作弊，致使资产评估结果失实的，国有资产管理行政主管部门可以宣布资产评估结果无效，并可以根据情节轻重，单处或者并处下列处罚：

（一）通报批评；

（二）限期改正，并可以处以相当于评估费用以下的罚款；

（三）提请有关部门对单位主管人员和直接责任人员给予行政处分，并可以处以相当于本人三个月基本工资以下的罚款。

第三十二条　资产评估机构作弊或者玩忽职守，致使资产评估结果失实的，国有资产管理行政主管部门可以宣布资产评估结果无效，并可以根据情节轻重，对该资产评估机构给予下列处罚：

（一）警告；

（二）停业整顿；

（三）吊销国有资产评估资格证书。

第三十三条　被处罚的单位和个人对依照本办法第三十一条、第三十二条规定作出的处罚决定不服的，可以在收到处罚通知之日起十五日内，向上一级国有资产管理行政主管部门申请复议。上一级国有资产管理行政主管部门应当自收到复议申请之日起六十日内作出复议决定。申请人对复议决定不服的，可以自收到复议通知之日起十五日内，向人民法院提起诉讼。

第三十四条　国有资产管理行政主管部门或者行业主管部门工作人员违反本办法，利用职权谋取私利，或者玩忽职守，造成国有资产损失的，国有资产管理行政主管部门或者行业主管部门可以按照干部管理权限，给予行政处分，并可以处以相当于本人三个月基本工资以下的罚款。

违反本办法，利用职权谋取私利的，由有查处权的部门依法追缴其非法所得。

第三十五条　违反本办法，情节严重，构成犯罪的，由司法机关依法追究刑事责任。

第六章　附　　则

第三十六条　境外国有资产的评估，不适用本办法。

第三十七条　有关国有自然资源有偿使用、开采的评估办法，由国务院另行规定。

第三十八条　本办法由国务院国有资产管理行政主管部门负责解释。本办法的施行细则由国务院国有资产管理行政主管部门制定。

第三十九条　本办法自发布之日起施行。

企业国有资产评估管理暂行办法

国务院国有资产监督管理委员会令第12号

第一章　总　　则

第一条　为规范企业国有资产评估行为，维护国有资产出资人合法权益，促进企业国有产权有序流转，防止国有资产流失，根据《中华人民共和国公司法》、《企业国有资产监督管理暂行条例》(国务院令第378号)和《国有资产评估管理办法》(国务院令第91号)等有关法律法规，制定本办法。

第二条　各级国有资产监督管理机构履行出资人职责的企业(以下统称所出资企业)及其各级子企业(以下统称企业)涉及的资产评估，适用本办法。

第三条　各级国有资产监督管理机构负责其所出资企业的国有资产评估监管工作。

国务院国有资产监督管理机构负责对全国企业国有资产评估监管工作进行指导和监督。

第四条　企业国有资产评估项目实行核准制和备案制。

经各级人民政府批准经济行为的事项涉及的资产评估项目，分别由其国有资产监督管理机构负责核准。

经国务院国有资产监督管理机构批准经济行为的事项涉及的资产评估项目，由国务院国有资产监督管理机构负责备案；经国务院国有资产监督管理机构所出资企业(以下简称中央企业)及其各级子企业批准经济行为的事项涉及的资产评估项目，由中央企业负责备案。

地方国有资产监督管理机构及其所出资企业的资产评估项目备案管理工作的职责分工，由地方国有资产监督管理机构根据各地实际情况自行规定。

第五条　各级国有资产监督管理机构及其所出资企业，应当建立企业国有资产评估管理工作制度，完善资产评估项目的档案管理，做好项目统计分析报告工作。

省级国有资产监督管理机构和中央企业应当于每年度终了30个工作日内将其资产评估项目情况的统计分析资料上报国务院国有资产监督管理机构。

第二章　资产评估

第六条　企业有下列行为之一的，应当对相关资产进行评估：

(一) 整体或者部分改建为有限责任公司或者股份有限公司；

(二) 以非货币资产对外投资；

(三) 合并、分立、破产、解散；

（四）非上市公司国有股东股权比例变动；

（五）产权转让；

（六）资产转让、置换；

（七）整体资产或者部分资产租赁给非国有单位；

（八）以非货币资产偿还债务；

（九）资产涉讼；

（十）收购非国有单位的资产；

（十一）接受非国有单位以非货币资产出资；

（十二）接受非国有单位以非货币资产抵债；

（十三）法律、行政法规规定的其他需要进行资产评估的事项。

第七条　企业有下列行为之一的，可以不对相关国有资产进行评估：

（一）经各级人民政府或其国有资产监督管理机构批准，对企业整体或者部分资产实施无偿划转；

（二）国有独资企业与其下属独资企业（事业单位）之间或其下属独资企业（事业单位）之间的合并、资产（产权）置换和无偿划转。

第八条　企业发生第六条所列行为的，应当由其产权持有单位委托具有相应资质的资产评估机构进行评估。

第九条　企业产权持有单位委托的资产评估机构应当具备下列基本条件：

（一）遵守国家有关法律、法规、规章以及企业国有资产评估的政策规定，严格履行法定职责，近 3 年内没有违法、违规记录；

（二）具有与评估对象相适应的资质条件；

（三）具有与评估对象相适应的专业人员和专业特长；

（四）与企业负责人无经济利益关系；

（五）未向同一经济行为提供审计业务服务。

第十条　企业应当向资产评估机构如实提供有关情况和资料，并对所提供情况和资料的真实性、合法性和完整性负责，不得隐匿或虚报资产。

第十一条　企业应当积极配合资产评估机构开展工作，不得以任何形式干预其正常执业行为。

第三章　核准与备案

第十二条　凡需经核准的资产评估项目，企业在资产评估前应当向国有资产监督管理机构报告下列有关事项：

（一）相关经济行为批准情况；

（二）评估基准日的选择情况；

（三）资产评估范围的确定情况；

（四）选择资产评估机构的条件、范围、程序及拟选定机构的资质、专业特长情况；

（五）资产评估的时间进度安排情况。

第十三条 企业应当及时向国有资产监督管理机构报告资产评估项目的工作进展情况。国有资产监督管理机构认为必要时，可以对该项目进行跟踪指导和现场检查。

第十四条 资产评估项目的核准按照下列程序进行：

（一）企业收到资产评估机构出具的评估报告后应当逐级上报初审，经初审同意后，自评估基准日起 8 个月内向国有资产监督管理机构提出核准申请；

（二）国有资产监督管理机构收到核准申请后，对符合核准要求的，及时组织有关专家审核，在 20 个工作日内完成对评估报告的核准；对不符合核准要求的，予以退回。

第十五条 企业提出资产评估项目核准申请时，应当向国有资产监督管理机构报送下列文件材料：

（一）资产评估项目核准申请文件；

（二）资产评估项目核准申请表(附件 1)；

（三）与评估目的相对应的经济行为批准文件或有效材料；

（四）所涉及的资产重组方案或者改制方案、发起人协议等材料；

（五）资产评估机构提交的资产评估报告(包括评估报告书、评估说明、评估明细表及其电子文档)；

（六）与经济行为相对应的审计报告；

（七）资产评估各当事方的相关承诺函；

（八）其他有关材料。

第十六条 国有资产监督管理机构应当对下列事项进行审核：

（一）资产评估项目所涉及的经济行为是否获得批准；

（二）资产评估机构是否具备相应评估资质；

（三）评估人员是否具备相应执业资格；

（四）评估基准日的选择是否适当，评估结果的使用有效期是否明示；

（五）资产评估范围与经济行为批准文件确定的资产范围是否一致；

（六）评估依据是否适当；

（七）企业是否就所提供的资产权属证明文件、财务会计资料及生产经营管理资料的真实性、合法性和完整性做出承诺；

（八）评估过程是否符合相关评估准则的规定；

（九）参与审核的专家是否达成一致意见。

第十七条 资产评估项目的备案按照下列程序进行：

（一）企业收到资产评估机构出具的评估报告后，将备案材料逐级报送给国有资产监督管理机构或其所出资企业，自评估基准日起 9 个月内提出备案申请；

（二）国有资产监督管理机构或者所出资企业收到备案材料后，对材料齐全的，在 20 个工作日内办理备案手续，必要时可组织有关专家参与备案评审。

第十八条 资产评估项目备案需报送下列文件材料：

（一）国有资产评估项目备案表一式三份(附件 2)；

（二）资产评估报告(评估报告书、评估说明和评估明细表及其电子文档)；

（三）与资产评估项目相对应的经济行为批准文件；

（四）其他有关材料。

第十九条 国有资产监督管理机构及所出资企业根据下列情况确定是否对资产评估项目予以备案：

（一）资产评估所涉及的经济行为是否获得批准；

（二）资产评估机构是否具备相应评估资质，评估人员是否具备相应执业资格；

（三）评估基准日的选择是否适当，评估结果的使用有效期是否明示；

（四）资产评估范围与经济行为批准文件确定的资产范围是否一致；

（五）企业是否就所提供的资产权属证明文件、财务会计资料及生产经营管理资料的真实性、合法性和完整性作出承诺；

（六）评估程序是否符合相关评估准则的规定。

第二十条 国有资产监督管理机构下达的资产评估项目核准文件和经国有资产监督管理机构或所出资企业备案的资产评估项目备案表是企业办理产权登记、股权设置和产权转让等相关手续的必备文件。

第二十一条 经核准或备案的资产评估结果使用有效期为自评估基准日起1年。

第二十二条 企业进行与资产评估相应的经济行为时，应当以经核准或备案的资产评估结果为作价参考依据；当交易价格低于评估结果的90%时，应当暂停交易，在获得原经济行为批准机构同意后方可继续交易。

第四章 监督检查

第二十三条 各级国有资产监督管理机构应当加强对企业国有资产评估工作的监督检查，重点检查企业内部国有资产评估管理制度的建立、执行情况和评估管理人员配备情况，定期或者不定期地对资产评估项目进行抽查。

第二十四条 各级国有资产监督管理机构对企业资产评估项目进行抽查的内容包括：

（一）企业经济行为的合规性；

（二）评估的资产范围与有关经济行为所涉及的资产范围是否一致；

（三）企业提供的资产权属证明文件、财务会计资料及生产经营管理资料的真实性、合法性和完整性；

（四）资产评估机构的执业资质和评估人员的执业资格；

（五）资产账面价值与评估结果的差异；

（六）经济行为的实际成交价与评估结果的差异；

（七）评估工作底稿；

（八）评估依据的合理性；

（九）评估报告对重大事项及其对评估结果影响的披露程度，以及该披露与实际情况的差异；

（十）其他有关情况。

第二十五条 省级国有资产监督管理机构应当于每年度终了30个工作日内将检查、

抽查及处理情况上报国务院国有资产监督管理机构。

第二十六条 国有资产监督管理机构应当将资产评估项目的抽查结果通报相关部门。

第五章 罚 则

第二十七条 企业违反本办法，有下列情形之一的，由国有资产监督管理机构通报批评并责令改正，必要时可依法向人民法院提起诉讼，确认其相应的经济行为无效：

（一）应当进行资产评估而未进行评估；

（二）聘请不符合相应资质条件的资产评估机构从事国有资产评估活动；

（三）向资产评估机构提供虚假情况和资料，或者与资产评估机构串通作弊导致评估结果失实的；

（四）应当办理核准、备案而未办理。

第二十八条 企业在国有资产评估中发生违法违规行为或者不正当使用评估报告的，对负有直接责任的主管人员和其他直接责任人员，依法给予处分；涉嫌犯罪的，依法移送司法机关处理。

第二十九条 受托资产评估机构在资产评估过程中违规执业的，由国有资产监督管理机构将有关情况通报其行业主管部门，建议给予相应处罚；情节严重的，可要求企业不得再委托该中介机构及其当事人进行国有资产评估业务；涉嫌犯罪的，依法移送司法机关处理。

第三十条 有关资产评估机构对资产评估项目抽查工作不予配合的，国有资产监督管理机构可以要求企业不得再委托该资产评估机构及其当事人进行国有资产评估业务。

第三十一条 各级国有资产监督管理机构工作人员违反本规定，造成国有资产流失的，依法给予处分；涉嫌犯罪的，依法移送司法机关处理。

第六章 附 则

第三十二条 境外国有资产评估，遵照相关法规执行。

第三十三条 政企尚未分开单位所属企事业单位的国有资产评估工作，参照本办法执行。

第三十四条 省级国有资产监督管理机构可以根据本办法，制定本地区相关工作规范，并报国务院国有资产监督管理机构备案。

第三十五条 本办法自 2005 年 9 月 1 日起施行。

企业国有资产评估项目备案工作指引

国资发产权〔2013〕64号

第一章　总　　则

第一条　为进一步规范中央企业及其各级子企业（以下简称企业）国有资产评估项目备案管理工作，确保企业改制重组、产权流转等工作顺利进行，依据《中华人民共和国企业国有资产法》、《企业国有资产评估管理暂行办法》（国资委令第12号，以下简称《评估管理办法》）等规定，制定本指引。

第二条　国务院国有资产监督管理委员会和中央企业（以下简称备案管理单位），按照《评估管理办法》规定对应当备案的资产评估项目进行备案管理工作，适用本指引。

第二章　备案工作程序

第三条　企业发生需要进行资产评估的经济行为时，应当按照《关于规范中央企业选聘评估机构工作的指导意见》（国资发产权〔2011〕68号）等文件规定聘请具有相应资质的评估机构。

第四条　在资产评估项目开展过程中，企业应当就工作情况及时通过中央企业资产评估管理信息系统向备案管理单位报告，包括评估基准日选定、资产评估、土地估价、矿业权评估和相关审计等情况。必要时，备案管理单位可对资产评估项目进行跟踪指导和现场检查。

第五条　企业收到评估机构出具的评估报告后，应当在评估基准日起9个月内将备案申请材料逐级报送备案管理单位。在报送备案管理单位之前，企业应当进行以下初步审核：

（一）相关经济行为是否符合国家有关规定要求。

（二）评估基准日的选择是否合理。

（三）执业评估机构及人员是否具备相应资质。

（四）评估范围是否与经济行为批准文件或重组改制方案内容一致。

（五）纳入评估范围的房产、土地及矿产资源等资产权属要件是否齐全。

（六）被评估企业是否依法办理相关产权登记事宜。

（七）评估报告、审计报告等资料要件是否齐全。

第六条　企业提出资产评估项目备案申请时，应当向备案管理单位报送下列文件材料：

（一）资产评估项目备案申请文件。

（二）资产评估项目备案表(一式三份)。

（三）与评估目的相对应的经济行为批准文件或其他有效文件，包括相关单位批复文件以及企业董事会决议或总经理办公会议纪要等。

（四）评估所涉及的资产改制重组、产权流转方案或发起人协议等材料。

（五）评估机构提交的评估报告(包括评估报告书、评估说明、评估明细表及其电子文档等)及其主要引用报告(包括审计报告、土地估价报告、矿业权评估报告等)。

（六）被评估资产权属证明文件。

（七）与经济行为相对应的无保留意见标准审计报告。如为非标准无保留意见的审计报告时，对其附加说明段、强调事项段或修正性用语，企业需提供对有关事项的书面说明及承诺。

（八）拟上市项目或已上市公司的重大资产重组项目，评估基准日在6月30日(含)之前的，需提供最近三个完整会计年度和本年度截至评估基准日的审计报告；评估基准日在6月30日之后的，需提供最近两个完整会计年度和本年度截至评估基准日的审计报告。其他经济行为需提供最近一个完整会计年度和本年度截至评估基准日的审计报告。

（九）资产评估各当事方的相关承诺函。评估委托方、评估机构、被评估企业(产权持有单位)均应当按照评估准则的相关规定出具承诺函。

（十）需要提供的其他材料。

第七条 企业应当按照《关于启用中央企业资产评估管理信息系统有关事项的通知》(国资厅产权〔2012〕201号)，及时将项目基本情况、评估报告等录入中央企业资产评估管理信息系统，并组织开展审核工作。必要时可组织有关专家参与评估项目评审工作。

第八条 备案管理单位收到备案申请材料后，应当在10个工作日内向企业出具审核意见。企业应当及时组织相关中介机构逐条答复审核意见，并根据审核要求对资产评估报告、土地估价报告、矿业权评估报告和相关审计报告等进行补充修改，并将调整完善后的备案申请材料和审核意见答复在10个工作日内报送备案管理单位，备案管理单位应当及时组织复审。经审核符合备案要求的，应当在10个工作日内办理完成备案手续。

第三章　资产评估报告审核要点

第九条 备案管理单位应当严格按照《评估管理办法》、《企业国有资产评估报告指南》等企业国有资产评估管理法规和相关评估准则，对备案事项相关行为的合规性、评估结果的合理性等进行审核。

第十条 备案管理单位应当对资产评估报告以下内容进行重点审核：

（一）评估委托方、被评估企业(产权持有单位)概况。

（二）评估目的。

（三）评估对象和评估范围。

（四）价值类型及其定义。

（五）评估基准日。

（六）评估依据。

（七）评估程序实施过程和情况。

（八）评估方法。

（九）评估结论。

（十）特别事项说明。

（十一）签字盖章。

（十二）评估报告附件。

第十一条 备案管理单位审核评估委托方、被评估企业（产权持有单位）概况，应当关注是否对被评估企业历史沿革、股权结构（图）、股权变更、经营管理等情况进行了必要说明，是否反映了近三年的资产、财务、经营状况。存在关联交易的，应当关注是否披露了关联方、交易方式等基本情况。

第十二条 备案管理单位审核评估目的，应当关注评估报告中是否清晰、明确地说明本次资产评估的经济行为目的；以及评估所对应的经济行为获得批准的情况或者其他经济行为依据。

第十三条 备案管理单位审核评估对象和评估范围，应当关注评估对象的基本情况，包括法律权属状况、经济状况和物理状况等；关注评估范围是否与经济行为批准文件、评估业务委托约定书等确定的资产范围一致。

企业价值评估中，备案管理单位应当关注评估范围是否包括了企业拥有的实物资产和专利技术、非专利技术、商标权等无形资产，以及明确的未来权利、义务（负债），特别是土地使用权、探矿权、采矿权等。对实际存在但未入账或已摊销完毕的无形资产、未来义务及或有事项等是否在《企业关于进行资产评估有关事项的说明》中进行了详细说明。

第十四条 备案管理单位审核价值类型及其定义，应当关注评估报告是否列明了所选择的价值类型及其定义。选择市场价值以外的价值类型，应当关注其选择理由和选取的合理性。

第十五条 备案管理单位审核评估基准日，应当关注评估基准日的选择是否接近评估目的对应的经济行为或特定事项的实施日期。企业在评估基准日后如遇重大事项，如汇率变动、国家重大政策调整、企业资产权属或数量、价值发生重大变化等，可能对评估结果产生重大影响时，应当关注评估基准日或评估结果是否进行了合理调整。

备案管理单位审核涉及上市公司股份间接转让项目时，应当关注所选择的评估基准日是否符合《国有股东转让所持上市公司股份管理暂行办法》（国资委证监会令第19号）规定，即上市公司股份价格确定的基准日应与国有股东资产评估的基准日一致。国有股东资产评估的基准日与国有股东产权持有单位对该国有股东产权变动决议的日期相差不得超过一个月。

第十六条 备案管理单位审核评估依据，应当关注以下内容：

（一）经济行为依据。

重点关注经济行为依据的合规性和完整性。

（二）法律法规、评估准则、权属、取价等依据。

1. 重点关注评估工作过程中所引用的法律法规和技术参数资料等是否适当。评估依据是否明确、规范、具体，便于查阅和理解；评估依据是否具有代表性，且在评估基准日有效。

2. 收集的价格信息、工程定额标准等是否与评估对象具有较强的关联性。结合评估目的、业务性质和行业特点等，重点关注取价依据、法律法规依据的相关性及其对资产评估结果的影响。

3. 关注土地、房屋建筑物及无形资产等重要资产的权属和使用状况。被评估资产是否权属清晰、权属证明文件齐备。对重要资产权属资料不全面或存在瑕疵的，企业是否已经妥善解决。

4.《企业国有资产评估报告指南》、国资委有关资产评估管理及评估报告审核相关规范文件等是否列示在评估依据文件中。

第十七条 备案管理单位审核评估程序实施过程和情况，应当重点关注评估机构在评估过程中是否履行了必要评估程序，评估过程是否完整，是否存在未履行评估准则规定的必要评估步骤的行为。

备案管理单位应当重点关注资产清查情况。针对评估报告中关于资产清查情况的说明，应当结合特别事项说明、资产评估明细表和资产权属证明文件，以及改制方案、审计报告等资料，对评估范围进行核对，核实是否有账外资产、或有负债、资产(土地、车辆等)权利人与实际使用人不一致等情况。应当关注对企业资产状况的描述，尤其是房地产、无形资产、长期股权投资等重大资产，核实是否存在隐匿或遗漏。

第十八条 备案管理单位审核评估方法，应当重点关注评估方法选择是否合理，是否符合相关评估准则的规定要求，以及评估过程中评估参数选取是否合理等。以持续经营为前提进行企业价值评估时，对企业(含其拥有实际控制权的长期股权投资企业)是否采用了两种或两种以上方法进行评估，并分别说明了选取每种评估方法的理由和确定评估结论的依据。

第十九条 对使用收益法评估的，备案管理单位审核时应当重点关注以下内容:

(一) 对企业资产、财务情况的分析是否充分、合理。是否对被评估企业财务报表的编制基础、不具有代表性的收入和支出，如非正常和偶然性的收入和支出等进行了合理调整；是否对被评估企业的非经营性资产、负债和溢余资产进行单独分析，合理判断资产、债务、经营业务配置的有效性，划分与收益存在直接相关性的资产、债务情况。对于不能或不需归集的，是否单独进行评估。

(二) 收益预测是否合理。是否根据企业资本结构、经营模式、收益情况等选择了恰当的收益模型，对应的折现率确定过程和依据是否合理。在确定收益预测期间时，是否合理考虑被评估企业经营状况和发展前景，及其所在行业现状、发展前景，国家相关行业政策、企业经营期限及主要产品的经济寿命年限等，并恰当考虑预测期后的收益情况及相关终值的计算。

是否合理预测了相关参数，如被评估企业的收入、成本及费用、折旧和摊销、营运资金、资本性支出、折现率、负债、溢余资产和非经营性资产等。关注相关参数确定的依据是否充分，测算过程是否完整，是否有完整的预测表及说明。

第二十条 对使用市场法评估的，备案管理单位审核时应当重点关注以下内容：

（一）选择的可比案例是否与被评估企业具有可比性，是否处于同一行业或相近行业，或者是受共同因素决定或影响。是否对可比案例及被评估企业的数据进行了必要的分析调整，并消除了偶然性因素的影响。

（二）选择的可比因素是否是企业价值的决定因素，选择的价值比率是否适当可靠，是否经过了必要的修正调整。是否选择了多种可比因素，对于不同可比因素得到的不同评估值是否能够合理的选择计算。

第二十一条 备案管理单位审核评估结论，应当关注评估结果是否涵盖了评估范围，及其与评估目的和经济行为的一致性和适用性。采用两种或两种以上方法进行企业价值评估时，应当关注不同评估方法结果的差异及其原因和最终确定评估结论的理由。

第二十二条 备案管理单位审核特别事项说明，应当关注以下内容：

（一）企业是否逐条分析特别事项说明中的披露事项，了解特别事项形成原因、性质及对评估结果影响程度，并分别对以下事项进行了处理：

1. 对权属资料不全面、评估资料不完整、经济行为有瑕疵等情形，企业是否已经补充完善。

2. 对评估机构未履行必要程序，通过特别事项说明披露大量问题，影响评估结论的，企业和评估机构是否已经妥善解决。

（二）企业是否通过内部审核论证，对未在评估报告中说明但可能对评估结论产生重大影响的事项，与评估机构沟通确定是否须在特别事项说明中披露；对于不宜在报告中披露的，企业是否形成了专项处理意见。

第二十三条 备案管理单位审核签字盖章，应当对照《企业国有资产评估报告指南》等规定，关注评估报告签字盖章是否齐全、规范、清晰。应当关注公司制评估机构的法定代表人或者合伙制评估机构负责该评估业务的合伙人是否在评估报告上签字。关注《企业关于进行资产评估有关事项的说明》是否已经由评估委托方单位负责人和被评估企业（产权持有单位）负责人签字，加盖相应单位公章并签署日期。

第二十四条 备案管理单位审核评估报告附件，应当关注附件是否齐全，评估报告附件内容及其所涉及的签章是否清晰、完整，相关内容是否与评估报告摘要、正文一致。附件为复印件的，评估机构是否与原件进行了核对。

备案管理单位审核《评估业务约定书》，应当关注资产评估项目的评估委托方式是否合规，签署内容是否完整，经济行为与评估报告披露内容是否一致等。

第四章　其他报告审核要点

第二十五条 备案管理单位应当关注审计报告中的以下内容：

（一）审计报告与评估报告之间数据勾稽关系是否合理一致；审计范围是否与经济行为批准文件、审计业务委托约定书等确定的资产范围一致，以及合并报表的合并范围是否合理。

（二）审计报告报表与报表附注之间勾稽关系是否一致；主要会计政策是否合理，包括收入确认原则、成本核算原则等。

（三）企业整体改制涉及资产剥离时，剥离原则是否与改制方案一致，以及模拟的时点是否合理。

（四）涉及计提减值准备时，各项资产计提减值准备的依据和比例是否合理。

第二十六条 备案管理单位应当关注土地使用权估价报告中的以下内容：

（一）土地估价范围、权属、土地资产处置审批与土地估价报告备案情况。如果评估基准日存在划拨土地，应当重点关注划拨土地的处置情况：

1. 关注是否有划拨土地处置审批文件，审批文件是否合法有效、审批内容是否与实际评估土地一致等；

2. 如果是未经处置的划拨土地，应当关注其未处置理由的合规性以及评估中处理方式的合理性等。

（二）土地地价定义是否符合相关准则要求。关注估价方法选取的合理性；相关参数选取依据是否充分、计算过程是否完整及评估结果选取是否合理等。

第二十七条 备案管理单位应当关注矿业权评估报告中的以下内容：

（一）矿业权评估范围、权属、矿业权价款缴纳情况、矿产资源储量评审备案情况。

（二）矿业权评估报告是否符合相关准则要求；评估方法选取是否合理；相关参数选取依据是否充分、计算过程是否完整、确定的结果是否合理。

第二十八条 资产评估结果引用土地使用权、矿业权或者其他相关专业评估报告评估结论的，应当关注以下事项：

（一）资产评估师是否对所引用报告进行了必要的专业判断，并声明其了解所引用报告结论的取得过程，承担引用报告结论的相关责任。

（二）所引用报告评估目的、价值类型是否一致；评估基准日、评估结论使用有效期是否一致；评估假设是否一致，资产评估引用结果是否与所引用报告披露的结果一致，所引用报告披露的相关事项说明是否与资产评估报告一致。

第五章 境外评估或估值报告审核要点

第二十九条 备案管理单位审核境外评估或估值报告，应当关注评估或估值机构的选聘是否符合《中央企业境外国有产权管理暂行办法》（国资委令第27号）和《关于加强中央企业境外国有产权管理有关工作的通知》（国资发产权〔2011〕144号）等规定。

第三十条 对境外企业国有资产评估或估值项目，备案管理单位应当关注评估或估值机构是否协助企业进行尽职调查、询价，是否参与交易过程。经济行为涉及的交易对价是否以评估或估值结果为基础，确有差异的是否具有充足合理的理由。

第三十一条 审核境外评估及估值机构出具的评估或估值报告，应当关注其是否明示了所依据的评估准则，是否合理参考了境内评估准则及要求。评估或估值结果是否以人民币为计量币种。使用其他币种计量的，是否注明了该币种与人民币在评估基准日的汇率。如果评估或估值结果为区间值的，应关注是否在区间之内确定了一个最大可能值，并说明确定依据。

第三十二条 备案管理单位可以使用备案表或者备案确认函的方式对境外评估或估值机构出具的评估或者估值报告予以备案。备案确认函应当简要描述评估项目有关情况，包括评估行为各当事方及经济行为、评估基准日、评估结果使用有效期、评估对象账面价值等内容，明确评估结果区间值及最大可能值，明确评估行为各当事方的权、责、利等执行情况。

第六章　附　　则

第三十三条 地方各级国有资产监督管理机构可以参照本指引，根据当地国有资产产权管理实际情况，制定适合本地使用的国家出资企业资产评估项目备案工作指引。

第三十四条 本指引自印发之日起施行。

北京市企业国有资产评估管理暂行办法

京国资发[2008]5号

各企事业单位、各区(县)国资监管机构：

为规范北京市企业国有资产评估行为，维护国有资产出资人合法权益，促进企业国有产权有序流转，防止国有资产流失，根据《国有资产评估管理办法》(国务院令第91号)、《企业国有资产评估管理暂行办法》(国务院国资委令第12号)和《关于加强企业国有资产评估管理工作有关问题的通知》(国资发产权〔2006〕274号)等相关法律法规，并结合北京市实际情况，我委制定了《北京市企业国有资产评估管理暂行办法》，现将本办法印发给你们，请遵照执行。如在执行中发现问题，请及时反馈我委。

北京市企业国有资产评估管理暂行办法

第一章　总　　则

第一条　为规范北京市企业国有资产评估行为，维护国有资产出资人合法权益，促进企业国有产权有序流转，防止国有资产流失，根据《国有资产评估管理办法》(国务院令第91号)、《企业国有资产评估管理暂行办法》(国务院国资委令第12号)和《关于加强企业国有资产评估管理工作有关问题的通知》(国资发产权〔2006〕274号)等相关法律法规，并结合本市实际情况，制定本办法。

第二条　北京市国有资产监督管理机构履行出资人职责的企业(以下简称所出资企业)及其各级子企业(以下简称企业)涉及的资产评估，适用本办法。

第三条　北京市国有资产监督管理机构负责其所出资企业国有资产评估监管工作。

各区(县)国有资产监督管理机构负责其履行出资人职责的企业国有资产评估监管工作。

北京市国有资产监督管理机构负责对全市企业国有资产评估监管工作进行指导和监督。

第二章　资产评估

第四条　企业有下列行为之一的，应当对相关国有资产进行评估：

(一) 整体或者部分改建为有限责任公司或者股份有限公司；

(二) 以非货币资产对外投资；

(三) 合并、分立、破产、解散；

（四）非上市公司国有股东股权比例变动；

（五）产权转让；

（六）资产转让、置换；

（七）整体资产或者部分资产租赁给非国有单位；

（八）以非货币资产偿还债务；

（九）资产涉讼；

（十）其他需要进行资产评估的事项。

第五条 企业有下列行为之一的，应当对相关非国有资产进行评估：

（一）收购非国有单位的资产；

（二）接受非国有单位以非货币资产出资；

（三）接受非国有单位以非货币资产抵债；

（四）向非国有单位投资，或设立公司涉及非国有单位以非货币资产出资；

（五）其他需要进行评估的事项。

第六条 企业有下列行为之一的，可以对相关国有资产进行评估：

（一）经北京市各级人民政府或其国有资产监督管理机构批准，对企业整体或者部分资产实施无偿划转；

（二）国有独资企业与其下属独资企业（事业单位）之间或其下属独资企业（事业单位）之间的合并、资产（产权）置换和无偿划转；

（三）其他可以进行资产评估的事项。

第七条 企业进行资产评估时，应当按照下列情况进行委托：

（一）经济行为事项涉及的评估对象属于企业法人财产权范围的，由企业委托；

（二）经济行为事项涉及的评估对象属于企业出资人权利的，按照产权关系，由企业出资人或其上级单位委托；

（三）有多个股东的企业发生资产评估事项，经协商一致可由国有最大股东委托；国有股东持股比例相等的，经协商一致可由其中一方委托；

（四）经济行为涉及非国有资产评估的，应由企业与非国有单位协商委托，一般由企业委托。

第八条 企业委托的资产评估机构应当具备下列基本条件：

（一）具有政府相关部门认定且与评估对象相适应的资质；

（二）遵守国家有关法律、法规、资产评估的政策，履行法定职责，资产评估机构和参与评估项目的注册资产评估师近3年内没有违法、违规记录；

（三）具有与评估对象相适应的专业人员和专业特长；

（四）与经济行为相关当事人无经济利益关系；

（五）未向同一经济行为提供审计业务服务；

（六）其他条件。

第九条 企业在实施资产评估前，应根据有关批准文件，合理选取评估基准日。选取评估基准日应遵循以下原则：

（一）委托方应与资产评估机构进行充分沟通；

（二）充分考虑利率、汇率、税率、市场价格等客观因素的变动对评估值的影响，选取的评估基准日尽可能与评估目的实现日接近；

（三）对同一经济行为涉及多个评估报告应选择同一评估基准日；对多个经济行为应分别选取与其行为相对应的评估基准日；

（四）有利于评估工作的开展；

（五）破产企业评估基准日以人民法院宣告企业破产之日为准。

第十条 企业应根据有关批准文件和评估规定，对评估基准日评估对象及被评估资产的范围明确界定；对被评估资产（包括无形资产、账外资产）及相关负债进行全面清查盘点；对企业担保、资产租赁、诉讼、司法冻结等可能影响资产评估的事项也应当进行全面清查。清查中发现资产范围或权属存在问题应及时向原经济行为批准单位反映，并对被评估资产的范围或权属予以重新明确。企业应在资产清查的基础上，填写各类资产和负债清查评估明细表，按资产评估有关规定撰写“关于进行资产评估有关事项的说明”

第十一条 企业按照本办法第八条规定选定资产评估机构后，应与接受委托的资产评估机构签订《业务约定书》，明确双方权利和义务。

第十二条 企业应根据有关规定向资产评估机构提供合法有效的资产权属证明、企业发展规划、近三年财务报表及与经济行为相对应的评估基准日专项审计报告等基本资料。

第十三条 企业和企业法定代表人对企业提供资料的真实性、准确性和完整性负责，并按资产评估规定出具《委托方、资产占有方承诺函》。

第十四条 企业收到资产评估报告后，应认真审核，对错评、漏评或重评之处，须责成资产评估机构进行调整；所出资企业对需要逐级上报北京市国有资产监督管理机构进行核准或备案的资产评估报告应出具审核意见。在评估基准日后，评估结果有效期内，资产数量发生变化但对评估结果未产生明显影响，企业应根据原评估方法对资产额进行相应调整；若市场价格或资产数量发生变化且对评估结果产生明显影响时，委托方应及时聘请资产评估机构重新评估。

第三章　受托机构

第十五条 资产评估机构受托从事企业资产评估业务时，应当遵守法律、行政法规以及评估规则和执业准则，按照规定的评估程序、方法，独立、客观、公正地对委托评估资产进行评估。

第十六条 资产评估机构承接企业资产评估业务时，相关工作人员与企业或其他当事人有利害关系的，应当回避；对自身专业胜任能力业务风险进行综合分析后，决定是否承接评估业务。

第十七条 资产评估机构受托对企业知识产权、资源性资产等资产和企业价值进行评估应遵循有关规定，并符合以下要求：

（一）对知识产权的评估，应当科学、客观地分析知识产权收益预测的可行性和合理性；

（二）对资源性资产、生物资产以及珠宝、玉器等资产评估时，可以聘请有关专家协助工作；

（三）对破产企业评估，要考虑破产行为的特殊性，应当充分调查破产财产变现的市场信息，合理确定破产财产评估值；

（四）以持续经营为前提对企业价值评估时，原则上应采用两种以上评估方法，并对实际状况进行充分分析后，确定其中一个评估结果作为评估报告使用结果。

第十八条 资产评估机构应当按有关规定撰写资产评估报告书和评估说明，对有关内容表述应满足以下要求：

（一）评估目的应当唯一，表述应当清晰、明确；

（二）评估对象和范围应当与经济行为涉及的资产范围一致；

（三）明确价值类型及其定义；并说明选择价值类型的理由；

（四）明确选取评估基准日的理由及成立的条件；

（五）明确评估假设和限定条件，并说明其合理性。

第十九条 资产评估机构在资产评估报告书和评估说明中，应对下列事项予以充分披露，并揭示其对评估结果产生的影响：

（一）房地产等重要资产的产权权属瑕疵事项；

（二）抵押、担保事项，以及法律纠纷等未决事项；

（三）评估基准日后房地产等重要资产市场价格变化事项；

（四）评估基准日后汇率、利率、税率等国家经济政策调整事项；

（五）涉及企业价值评估的，企业存在但未纳入评估范围的专利权、非专利技术、租赁权、商标权、特许经营权等可确指无形资产和其他账外资产及负债的事项；

（六）其他需要披露的事项。

第二十条 资产评估机构法定代表人或合伙人及签字注册资产评估师应对所出具资产评估报告的准确性、真实性和评估结果的公允性负责，并根据资产评估有关规定出具《资产评估机构及注册资产评估师承诺函》。

第二十一条 资产评估机构对委托方和企业所提供的资料及评估报告应严格保密，并建立完善的企业资产评估档案管理制度。

第四章 核准与备案

第二十二条 企业资产评估项目，实行核准制和备案制。核准和备案的评估项目，涉及国有资产的由本办法第七条确定的委托方按照其产权关系办理核准或备案手续；涉及非国有资产的由企业按照其产权关系办理核准或备案手续。

第二十三条 以下资产评估项目，由北京市国有资产监督管理机构负责核准：

（一）北京市人民政府批准实施的经济事项所涉及的评估项目；

（二）经济行为涉及的评估范围资产总额账面值或资产总额评估值大于或等于 1 亿元人民币的评估项目。

第二十四条 凡需核准的评估项目，企业在评估前应当向北京市国有资产监督管理机构书面报告下列事项：

（一）经济行为批准情况；

（二）评估基准日的选择情况；

（三）评估范围的确定情况；

（四）拟选定的审计机构和资产评估机构的资质、专业特长等情况；

（五）经济行为总体时间进度安排情况；

（六）其他事项。

北京市国有资产监督管理机构认为必要时可对评估项目进行跟踪指导和现场检查。

第二十五条 资产评估项目的核准按照下列程序进行：

（一）企业收到资产评估机构出具的评估报告后应当逐级上报初审，经所出资企业初审同意后，自评估基准日起 8 个月内向北京市国有资产监督管理机构提出核准申请；

（二）北京市国有资产监督管理机构自收到核准申请之日起 20 个工作日内审核资产评估报告，并对符合核准要求的予以核准；对不符合核准要求的，予以退回。

第二十六条 除核准项目外，其他资产评估项目实行备案制，下列项目由北京市国有资产监督管理机构负责备案：

（一）北京市国有资产监督管理机构批准协议转让所涉及的评估项目；

（二）经济行为涉及的评估范围资产总额账面值或资产总额评估值大于或等于 5000 万元人民币且小于 1 亿元人民币的评估项目。

除北京市国有资产监督管理机构负责备案的评估项目外，其他评估项目由所出资企业负责备案。

第二十七条 资产评估项目的备案按下列程序进行：

（一）企业收到资产评估机构出具的评估报告后应当逐级上报审核，经审核同意后，自评估基准日起 9 个月内向北京市国有资产监督管理机构或其所出资企业提出备案申请。

（二）北京市国有资产监督管理机构或者所出资企业自收到备案申请之日起 20 个工作日内审核资产评估报告，并对符合备案要求的予以备案；对不符合备案要求的，予以退回。

第二十八条 企业提出资产评估项目核准申请或备案申请时，应当向北京市国有资产监督管理机构报送下列文件材料：

（一）资产评估项目核准申请文件及核准表或资产评估项目备案申请文件及备案表；

（二）与评估目的相对应的经济行为批准文件或有效材料；

（三）所涉及的资产重组方案或者改制方案、发起人协议等材料；

（四）资产评估机构出具的资产评估报告（包括评估报告书、附件、评估说明、评估明细表及电子文档）；

（五）与经济行为相对应的专项审计报告；

（六）其他有关材料。

第二十九条 北京市国有资产监督管理机构对核准的资产评估项目，实行专家审核制度；对备案的资产评估项目，必要时可组织专家进行评审。

第三十条 资产评估报告的审核内容主要包括：

（一）评估基本事项

1. 所出资企业初审意见是否明确；

2. 经济行为批准文件是否齐全有效，对核准项目，企业是否在评估前按本办法第二十四条规定提供了书面报告；

3. 资产评估机构和签字注册资产评估师是否符合本办法第八条规定；

4. 评估目的表述是否准确；

5. 评估基准日的选择是否适当，评估结果的使用有效期是否明示；

6. 评估范围与经济行为批准文件确定的资产范围是否一致；

7. 评估依据是否合理，选取的价值类型和评估方法是否适当；

8. 评估假设是否合理；

9. 评估过程是否符合相关规定；

10. 可能影响评估结果的特别事项是否充分披露；

11. 企业撰写的“关于进行资产评估有关事项的说明”是否符合有关规定；

12. 评估说明是否对评估报告相关内容进行了充分、适当的阐述，评估增减值原因分析是否充分、合理。

（二）评估报告附件

1. 企业出具的承诺函是否对如实反映账外资产（含无形资产）及账外负债做出承诺；

2. 涉及企业价值评估的项目，企业是否按本办法第十二条的规定，提供了评估基准日专项审计报告（含相关试算平衡表、审计调整分录和审计事项说明等）；

3. 重要的合同文件是否齐备；

4. 房屋建筑物、土地及其他无形资产等资产的权属证明文件是否合法、有效；

5. 资产评估业务约定书是否符合相关规定；

6. 所需签章是否齐全。

（三）北京市国有资产监督管理机构认为需要审核的其他事项

第三十一条 北京市国有资产监督管理机构下达的资产评估项目核准文件和北京市国有资产监督管理机构、所出资企业备案的资产评估项目备案表是企业办理产权登记、股权设置和产权转让等相关手续的必备文件。

第三十二条 经核准或备案的资产评估结果使用有效期为自评估基准日起 1 年。

第三十三条 企业进行与资产评估相应的经济行为时，应当以经核准或备案的资产评估结果为作价参考依据。

第五章 监督检查

第三十四条 所出资企业应当建立、健全企业国有资产评估管理工作制度，配备专人管理资产评估项目，做好资产评估项目的审核、备案、档案管理和评估项目统计分析工作。

各区（县）国有资产监督管理机构、所出资企业，应当于每季度终了 10 个工作日内将其评估项目情况的统计分析资料上报北京市国有资产监督管理机构。

第三十五条 北京市国有资产监督管理机构对企业国有资产评估工作进行监督检查的主要内容包括：

（一）资产评估管理制度的建立、执行情况和评估管理人员配备情况；

（二）选定资产评估机构及签字注册资产评估师是否符合本办法第八条的规定；

（三）企业经济行为是否合规；

（四）评估的资产范围与有关经济行为所涉及的资产范围是否一致；

（五）企业提供的资产权属证明文件、财务会计资料及生产经营管理资料是否真实、合法和完整；

（六）评估依据是否合理、评估方法是否适当、评估程序是否合规、重要事项的披露是否充分，必要时可调取评估工作底稿；

（七）资产账面价值与评估结果的差异及其原因；

（八）经济行为的实际成交价格与评估结果的差异原因；

（九）一份评估报告是否只用于一项经济行为；

（十）其他有关情况。

第三十六条 北京市国有资产监督管理机构逐步建立国有资产评估项目质量评价体系，对执业水平低下的资产评估机构建议企业不再选聘其从事国有资产评估业务。

第六章 罚 则

第三十七条 企业违反本办法，有下列情形之一的，由北京市国有资产监督管理机构通报批评并责令改正，必要时可依法向人民法院提起诉讼，确认其相应的经济行为无效。对负有直接责任的主管人员和其他直接责任人员，依法给予处分；涉嫌犯罪的，移送司法机关依法处理：

（一）应当进行资产评估而未进行评估，应当重新评估而未重新评估；

（二）聘请不具备相应资质条件的资产评估机构从事资产评估活动；

（三）向资产评估机构提供虚假情况和资料，或者与资产评估机构串通作弊导致评估结果失实；

（四）应当办理核准、备案而未办理；

（五）不正当使用评估报告。

第三十八条 受托资产评估机构违反本办法，有下列情形之一的，由北京市国有资产监督管理机构将有关情况通报其行业主管部门，建议给予相应处罚；情节严重的，可要求企业不得委托该中介机构及其当事人从事资产评估业务；涉嫌犯罪的，依法移送司法机关处理：

（一）在资产评估过程中违规执业的；

（二）评估报告存在重大问题的；

（三）不配合评估项目监督检查工作的。

第三十九条 各级国有资产监督管理机构工作人员违反本规定，造成国有资产流失的，依法给予相应处分；涉嫌犯罪的，依法移送司法机关处理。

第七章　附　　则

第四十条　境外国有资产评估，遵照相关法规执行。

第四十一条　政企尚未分开单位所属企事业单位的国有资产评估项目，报北京市国有资产监督管理机构核准或备案。国家另有规定的，从其规定。

第四十二条　各区(县)国有资产监督管理机构可以根据本办法，制定本地区实施细则，并报北京市国有资产监督管理机构备案。

第四十三条　本办法自2008年3月1日起施行。

北京市国资委《关于深化企业国有资产评估管理改革工作有关事项的通知》

京国资发[2019]2号

各市管企业：

按照以管资本为主加强国有资产监管的工作要求，为进一步完善企业国有资产评估管理方式，优化资产评估管理工作流程，落实资产评估监管责任，提升资产评估监管效能，现将深化企业国有资产评估管理改革工作有关事项通知如下：

一、调整核准备案管理权限

（一）调整内容

经市政府、市国资委批准的经济行为涉及的资产评估项目由市国资委负责核准；除核准以外的资产评估项目由市管企业负责备案。

市国资委核准项目涉及的经济行为包括但不限于以下事项：

1. 转让所出资企业、所属重要企业产权事项；
2. 因增资导致所出资企业股东及持股比例发生变化以及所属重要企业增资事项；
3. 集团外部非公开协议方式转让产权、非公开协议方式增资事项；
4. 国有股东所持上市公司股份向本企业集团外的非公开协议转让事项；
5. 国有股东与非控股上市公司资产重组或国有股东与所控股上市公司进行资产重组，属于中国证监会规定的重大资产重组范围的事项；
6. 国有股东所持上市公司股份间接转让事项；
7. 国有股东间接受让上市公司股份事项；
8. 上市公司国有股权变动涉及受让方为境外投资者的事项；
9. 京内土地房屋资产处置，即土地再利用以及土地房屋转让，包括含有土地房屋资产的股权转让失去控股权、合资合作或土地作价入股失去控股权等事项；
10. 其他法规、规章或规范性文件规定须经市政府和市国资委批准的经济行为。

（二）调整范围

综合考虑目前企业管理基础水平以及资产评估业务工作等实际情况，并注重与已开展的各类国资国企改革试点工作相衔接，按照先部分授权后全面实行的原则，分批调整管理权限（第一批授权名单附后，以下统称授权企业，其他企业统称非授权企业），根据资产评估管理工作质量，动态调整授权范围，及时总结经验，适时将调整权限范围扩大至全部市管企业。

（三）工作要求

授权企业作为资产评估管理工作的责任主体，应当明确工作机制，落实相关领导责任，严格按照有关规定做好资产评估备案管理工作，及时批复所属企业资产评估项目备案申请，备案管理权限不得下放。非授权企业应参照本通知要求，尽快建立健全内部制度，提高资产评估管理工作水平，做好承接资产评估管理权限的准备工作。

二、建立健全工作规范

市管企业应建立健全企业内部国有资产评估管理工作制度，包括但不限于以下内容：

（一）确定职责部门，设置资产评估专职岗位，配备专人管理资产评估工作。按照有关规定程序和要求刻制“××（单位名称）国有资产评估项目备案专用章”（即专用章名称），并将资产评估管理工作制度及备案专用章印模报市国资委备案。

（二）建立资产评估机构选聘管理制度，明确资产评估机构选聘条件，完善资产评估机构选聘工作程序，按照“公开、公平、公正”的原则建立资产评估机构备选库，开展资产评估机构执业质量评价工作，关注资产评估机构违法违规

行为及受处罚情况。根据执业质量评价结果、资产评估业务需要和实际工作情况，对资产评估机构备选库实行动态管理，原则上每 2 年调整一次，并将备选库名单及调整情况报市国资委备案。

（三）建立资产评估项目公示制度，依法保障资产评估项目相关各方的知情权和监督权，具体包括：

公示范围，包括市管企业、评估委托方、被评估单位等，涉及国家秘密或企业商业秘密的应当在内部可知悉范围内公示。

公示途径，包括企业内部信息系统、公示栏、书面文件等。

公示内容，包括经济行为批准文件、资产评估机构选聘方式及资质、报告摘要、特别事项说明、资产评估结果汇总表等。

公示期限，一般不得少于 5 个工作日。

市管企业应当及时处理公示反馈意见，公示结论及反馈意见处理情况作为资产评估项目核准、备案的必要文件。

（四）完善内部审核机制，建立内部会审及专家评审制度，规范备案审核程序。市管企业要认真组织资产评估报告的审核，可以根据实际情况，整合内部资产管理、财务审计、法务监察等部门以及中介机构和评审专家等相关专业力量，共同进行资产评估报告审核工作。市管企业应当明确重大项目或涉及金额较大的项目标准，组织相关专家参与评审。

（五）制定并落实资产评估检查制度。加强内部检查力度，不断提高检查质量和效率。

三、加强动态管理和监督检查

（一）市管企业应当通过“北京市资产评估信息管理系统”及时上报资产评估审核管理工作情况，并于每季度终了 10 个工作日内将备案资产评估项目分析情况报送市国资委。

对于资产评估过程中的重大事项和重要问题可通过书面方式及时向市国资委进行报告。

（二）市国资委通过加强产权登记管理、建立资产评估备案项目检查机制等方式，加大对市管企业国有资产评估管理工作的监督检查力度，督促市管企业对照问题及时落实整改，并将监督检查结果和整改情况纳入董事会评价和企业经营业绩考核。

（三）问题严重或整改不力的，取消其授权资格；造成国有资产流失的，按规定追究相关人员责任。

四、建立行业管理沟通机制

市国资委将与资产评估行业协会建立工作机制，督促资产评估机构规范履职，及时发现并通报市管企业资产评估机构违法、违规开展资产评估工作等影响资产评估结果的情形，并建议行业协会按照有关规定进行相应处理。

五、明确时间要求

授权企业应于 2019 年 4 月 20 日前将资产评估管理制度和备案专用章印模报市国资委备案。资产评估核准备案权限自 2019 年 5 月 1 日起调整执行。

各企业在执行本通知过程中的问题和建议请及时报告市国资委。

上海市国资委关于印发《上海市企业国有资产评估管理暂行办法》的通知

沪国资委评估〔2019〕366号

各监管企业、各委托监管单位、各区国资委：

为规范本市企业国有资产评估行为，维护国有资产出资人合法权益，促进本市企业国有产权有序流转，防止国有资产流失，根据《中华人民共和国公司法》《中华人民共和国企业国有资产法》《中华人民共和国资产评估法》《企业国有资产监督管理暂行条例》(国务院令第378号)和《企业国有资产评估管理暂行办法》(国务院国资委令第12号)等文件规定，我委制定了《上海市企业国有资产评估管理暂行办法》(以下简称《评估暂行办法》)，现印发给你们。请结合实际，遵照执行。

《上海市企业国有资产评估项目核准备案操作手册》(沪国资委评估〔2012〕468号)与《评估暂行办法》不符的，以《评估暂行办法》为准。

特此通知。

上海市国有资产监督管理委员会

2019年12月25日

附件

上海市企业国有资产评估管理暂行办法

第一章　总　　则

第一条　为规范本市企业国有资产评估行为，维护国有资产出资人合法权益，促进本市企业国有产权有序流转，防止国有资产流失，根据《中华人民共和国公司法》《中华人民共和国企业国有资产法》《中华人民共和国资产评估法》、《企业国有资产监督管理暂行条例》(国务院令第378号)《国有资产评估管理办法》(国务院令第91号)和《企业国有资产评估管理暂行办法》(国务院国资委令第12号)等有关法律法规，制定本办法。

第二条　本市国有及国有控股企业和国有实际控制企业(以下简称企业)及其各级子企业涉及的资产评估，适用本办法。

第三条　上海市国有资产监督管理委员会(以下简称市国资委)负责其监管企业和委托监管单位的国有资产评估监管工作。

市国资委负责对全市企业国有资产评估监管工作进行指导和监督。

第四条 本市企业国有资产评估项目实行核准制和备案制。

备案管理单位是指经授权或批准对监管范围内企业国有资产评估事项履行备案等监督管理职责的单位，包括具有评估备案权的市国资委监管企业(以下简称监管企业)和委托监管单位等。

经上海市人民政府批准实施的重大经济事项涉及的资产评估项目，由市国资委负责核准；

经市国资委批准经济行为涉及的资产评估项目，由市国资委负责备案；

经具有评估备案权的监管企业及其各级子企业批准经济行为的事项涉及的资产评估项目，由监管企业负责备案；

经委托监管单位及其监管企业和各级子企业批准经济行为事项涉及的资产评估项目，由委托监管单位负责备案；

经非备案管理单位及其各级子企业批准经济行为的事项涉及的资产评估项目，由市国资委负责备案。

第二章 资产评估

第五条 企业有下列行为之一的，应当对相关资产进行评估，并办理评估项目的核准或备案手续：

(一) 整体或部分改建为有限责任公司或者股份有限公司；

(二) 以非货币资产对外投资；

(三) 合并、分立、破产、解散；

(四) 非上市公司国有股东股权比例变动；

(五) 产权转让；

(六) 资产转让、置换；

(七) 整体资产或者部分资产租赁给非国有企业；

(八) 以非货币资产偿还债务；

(九) 资产涉讼；

(十) 收购非国有单位的资产；

(十一) 接受非国有单位以非货币资产出资；

(十二) 接受非国有单位以非货币资产抵债；

(十三) 法律、行政法规规定的其他需要进行资产评估的事项。

第六条 企业有下列行为之一的，可按经核准或备案的评估值或最近一期审计报告确认的净资产值为基准确定相应价格：

(一) 市国资委对国有全资企业增资；

(二) 按规定实施的无偿划转；

(三) 国有全资企业之间进行的国有产权置换、产权协议转让等行为；

(四) 增资或减资企业和投资方均为国有全资企业；

(五) 企业与其下属全资企业之间(或企业下属全资企业之间)产权协议转让、国有产权置换、非同比例增减资等，且不影响国有权益和其他股东权益的行为；

（六）上级国有单位收回且不涉及资产处置的国有全资企业的解散清算行为。

第七条 企业发生第五条所列行为的，应当依照相关规定委托具有相应资质、符合条件的评估机构进行评估。

第八条 企业应当积极配合评估机构开展工作，不得以任何形式干预其正常执业行为。

第九条 企业应当向评估机构如实提供有关情况和资料，并对所提供情况和资料的真实性、合法性和完整性负责，不得隐匿或虚报资产、负债。

第三章 评估管理

第十条 备案管理单位应当承担国有资产监督管理职责，建立健全企业国有资产评估相关管理制度，并报市国资委备案。

第十一条 备案管理单位应当合理设置评估管理岗位，配置相应人员，做好相关业务培训。

第十二条 备案管理单位应建立评估机构备选库并实施动态管理。备选评估机构名单应按规定报市国资委备案。重大、特殊项目可单独进行招投标选择评估机构。

第十三条 备案管理单位在重大资产评估项目实施过程中，应当建立信息沟通机制。备案管理单位可对资产评估项目进行跟踪指导和现场检查。

第十四条 备案管理单位应当建立健全资产评估报告专家评审机制，按规定召开专家评审会。

第十五条 除国有全资企业之间产权交易、国有独资企业改制为国有独资公司的资产评估项目外，其他资产评估项目核准、备案前应按规定进行公示。

第十六条 备案管理单位应按相关规定使用市国资委资产评估信息系统，并做好评估管理相关基础信息的录入和更新。

第十七条 评估项目核准、备案原则上由委托方申报。委托方收到评估机构正式出具的评估报告后，原则上按委托方最大国有资产出资者的隶属关系逐级报送核准或备案。

第四章 核准与备案

第十八条 资产评估项目的核准按照下列程序进行：

（一）核准项目转报前应按规定召开专家评审会。转报单位应自评估基准日起 8 个月内向市国资委提出核准申请；涉及房地产开发企业或主要资产为房地产的企业的评估报告，应自评估基准日起 6 个月内向市国资委提出核准申请；破产清算项目，应自评估基准日起 4 个月内向市国资委提出核准申请。

（二）经审核符合规范要求的，在 7 个工作日内下达《核准通知书》；经审核需修改报告或补充材料的，待修改、补充完备后重新转报。市国资委可组织现场核查等，核准时间顺延。

第十九条 市国资委对下列事项进行审核：

（一）资产评估项目所涉及的经济行为是否获得批准；

（二）评估机构是否具备相应评估资质并符合相关选聘规定；

（三）资产评估师是否具备相应的职业资格；

（四）评估基准日的选择是否适当，评估结果的使用有效期是否明示；

（五）资产评估范围与经济行为批准文件确定的资产范围是否一致；

（六）评估依据是否适当、完整和适用；

（七）企业是否就所提供的资产权属证明文件、财务会计资料及生产经营管理资料的真实性、合法性和完整性做出承诺；

（八）评估过程是否符合相关评估准则的规定；

（九）相关单位是否按规定完成公示并形成公示结论说明；

（十）是否按照相关规定召开专家评审会并审议通过。

第二十条 资产评估项目的备案按照下列程序进行：

（一）转报单位应自评估基准日起 9 个月内按规定转报相关单位备案；涉及房地产开发企业或主要资产为房地产的企业的评估报告，应自评估基准日起 6 个月内按规定转报相关单位备案；破产清算项目，应自评估基准日起 4 个月内按规定转报相关单位备案。

（二）经审核符合规范，一般在 5 个工作日内予以备案。经审核需修改报告或补充材料的，待修改、补充完备后重新转报。发现有严重问题的不予备案。备案管理单位可组织现场抽查、专家评审会等，备案时间顺延。

第二十一条 市国资委、备案管理单位根据下列情况确定是否对资产评估项目予以备案：

（一）资产评估项目所涉及的经济行为是否获得批准；

（二）评估机构是否具备相应评估资质并符合相关选聘规定；

（三）资产评估师是否具备相应的职业资格；

（四）评估基准日的选择是否适当，评估结果的使用有效期是否明示；

（五）资产评估范围与经济行为批准文件确定的资产范围是否一致；

（六）企业是否就所提供的资产权属证明文件、财务会计资料及生产经营管理资料的真实性、合法性和完整性做出承诺；

（七）评估程序是否符合相关评估准则的规定；

（八）相关单位是否按规定完成公示并形成公示结论说明；

（九）是否按照相关规定召开专家评审会并审议通过。

第二十二条 资产评估项目核准或备案文件是企业办理产权登记、股权设置和产权转让等相关手续的必备文件。

第二十三条 经核准或备案的资产评估结果使用有效期为自评估基准日起 1 年。破产清算项目资产评估结果使用有效期为自评估基准日起半年。

第二十四条 企业进行与资产评估相应的经济行为时，应当以经核准或备案的资产评估结果为作价参考依据，并符合相关规定。

第二十五条 企业应将评估报告等相关资料作为长期档案妥善保管，做好资产评估项目档案管理工作。

第五章　监督检查

第二十六条　市国资委负责组织实施对企业国有资产评估管理的监督检查，包括评估管理工作检查和评估项目抽查等。

第二十七条　被监督检查单位应当做好企业国有资产评估工作的自查和相关配合工作。

第二十八条　企业国有资产评估监督检查结果应当正式反馈被检查单位。对发现的问题，被检查单位应当及时整改并报告整改结果。

第六章　罚　则

第二十九条　企业有下列情形之一的，市国资委可以采取约谈企业相关人员、下发整改通知书、公开通报批评等方式责令企业改正，必要时可依法向人民法院提起诉讼，确认其相应的经济行为无效：

1. 应当进行资产评估而未进行评估；
2. 聘请不符合相应资质条件的评估机构从事国有资产评估活动；
3. 向评估机构提供虚假情况和资料，或者与评估机构串通作弊导致评估结果失实的；
4. 应当办理核准、备案而未办理。

第三十条　企业在国有资产评估中发生违法违规行为或者不正当使用评估报告的，对负有直接责任的主管人员和其他直接责任人员，依法给予处分；涉嫌犯罪的，依法移送司法机关处理。

第三十一条　受托评估机构及评估专业人员在资产评估过程中违规执业的，市国资委将有关情况通报其行业主管部门，建议给予相应处罚；情节严重的，可要求企业不得再委托该中介机构及其当事人进行国有资产评估业务；涉嫌犯罪的，依法移送司法机关处理。

第三十二条　有关评估机构对资产评估项目抽查工作不予配合的，备案管理单位可以要求企业不得再委托该评估机构及其当事人进行国有资产评估业务。

第三十三条　国有资产监督管理机构工作人员违反本规定，造成国有资产流失的，依法给予处分；涉嫌犯罪的，依法移送司法机关处理。

第七章　附　　则

第三十四条　企业境外国有资产评估，遵照相关法规执行。

第三十五条　区属企业的国有资产评估，参照本办法执行。

第三十六条　本办法自 2020 年 1 月 1 日起施行。

上海市国资委关于印发《上海市企业国有资产评估报告专家评审工作指引》的通知

沪国资委评估(2019)104号

各监管企业、各委托监管单位、各区国资委：

《上海市企业国有资产评估报告专家评审工作指引》已经市国资委主任办公会议(2019-9)审议通过，现印发给你们，请认真贯彻执行。

市国资委2009年印发的《关于印发〈关于在评估管理办法调整试点中加强评估管理有关事项的通知〉的通知》(沪国资委评估[2009]587号)附件3《国资委系统企业重大项目资产评估报告专家评审会办法》同步废止。

特此通知。

上海市国有资产监督管理委员会

2019年5月27日

上海市企业国有资产评估报告专家评审工作指引

为进一步规范与完善本市国有资产评估报告专家评审工作，充分发挥各行业专家作用，不断提高资产评估报告审核质量，加大国有资产评估管理“放管服”工作力度，根据《企业国有资产评估管理暂行办法》(国务院国资委令第12号，以下简称“12号令”)和本市国有资产评估管理相关规定，制定本工作指引。

第一章　功能定位

第一条　本工作指引用于规范和完善本市国有资产评估报告核准备案管理单位召开国有资产评估报告专家评审会议，主要涉及评审范围、会议组织、评审程序、评审结论及评审专家等内容。

本工作指引所指核准备案管理单位包括市国资委、具有备案管理权的监管企业和委托监管单位。

第二条　评审专家的职责是对资产评估报告进行评审，独立、客观、公正发表专家意见，形成《专家个人评审意见》(以下简称《专家个人意见》)。专家评审会议的职责是根据《专家个人意见》归纳形成《专家评审会意见》(以下简称《评审会意见》)。

第三条　《专家个人意见》和《评审会意见》作为专业咨询意见，为核准备案管理单位审核资产评估报告提供重要参考，但不能取代核准备案管理单位的审核意见。

第四条　专家评审会为核准备案管理单位在重大项目资产评估报告审核过程中提供专

业技术支持，并不减少或替代核准备案管理单位的审核职责，也不减少或替代资产评估报告出具单位的相关责任。

第二章　评审范围

第五条　涉及下列情况之一的资产评估项目，应当召开专家评审会：

1. 核准项目；
2. 重大项目；
3. 核准备案管理单位评估管理制度规定的项目；
4. 实行市国资委事前备案管理的投资项目；
5. 市国资委要求的其他项目。

第六条　核准备案管理单位应当在企业评估管理制度中明确规定重大项目的标准；未明确规定的，按评估项目预估值占监管企业上一会计年度经审计合并报表净资产10%及以上的予以确定。

实行市国资委事前备案管理的投资项目是指《上海市国资委监管企业投资监督管理办法》（沪国资委规划[2018]72号）所规定的投资项目。

核准备案项目采用估值报告的，核准备案管理单位应当就估值报告的审核制定相关专家评审制度。

第七条　评审专家应当按照12号令、《上海市企业国有资产评估项目核准备案操作手册》（沪国资委评估[2012]468号）、《上海市企业国有资产评估报告审核手册》（沪国资委评估[2018]353号）、《企业国有资产评估报告指南》（中评协[2017]42号）等文件和评估准则要求进行评审。重点关注包括但不限于下列事项：

1. 核准备案相关事项的合规性；
2. 评估范围的完整性与规范性；
3. 评估基准日的选择合理性；
4. 评估依据的适当性、完整性和适用性，以及评估假设、评估方法、评估模型、技术参数、预测数据、评估结果的合理性；
5. 特别事项及期后事项披露的完整性及适当性。

第三章　会议组织

第八条　专家评审会一般由核准备案管理单位负责组织。市国资委核准备案项目按规定应召开专家评审会的，由市国资委会同监管企业或委托监管单位共同组织。

第九条　专家评审组织单位应认真履行资产评估报告预审核、评审专家选定、评审会议组织、评审专家合法权益维护、会议资料归档等职责。

第十条　预审核是指专家评审组织单位在评审会召开前对评估报告进行初步审核，并将意见反馈至评估机构等相关单位。对沟通一致的意见，评估机构应对资产评估报告作相应修改。

第十一条 专家评审组织单位根据项目情况，分析评估项目的重要性、复杂程度、风险大小等因素，并在此基础上确定专家人数及人选。评审专家一般由 5-9 人组成，专家人选中至少应包含 3 名资产评估专家，还可根据评估项目特点合理选择财务审计专家、房地产评估专家、法律专家、其他行业专家等。

第十二条 专家评审组织单位应认真做好会前准备工作，组织好专家评审会议，维护会议现场秩序，保障与会专家充分讨论，并独立、客观、公正发表评审意见。

第十三条 专家评审组织单位应对评审专家个人评审意见予以保密，不得随意向有利益冲突的相关方或在专家评审会以外的场合，透露评审专家个人发表的评审意见。

第十四条 会议组织单位应在会后及时整理会议资料、录入评估管理信息系统并存档备查。会议资料可采用视频文件或书面记录等多种形式保存，包括但不限于以下资料：

1. 会议出席名单；
2. 履职承诺函(见附件 1)；
3. 被评估企业关于评估标的及项目背景的介绍资料；
4. 审计机构关于审计主要情况及重要信息的介绍资料；
5. 评估机构关于评估主要情况及重要信息的介绍资料；
6. 专家评审组织单位对评估报告预审意见及修改情况、会前与评审专家交流情况资料；
7.《专家个人意见》和《评审会意见》；
8. 专家评审会会议纪要；
9. 对照《专家个人意见》和《评审会意见》，评估机构等单位对评估报告修改或情况说明的书面答复；
10. 评审专家对修改情况的书面意见；
11. 重要事项专项情况说明等其他重要资料。

第四章　评审程序

第十五条 同时满足以下条件的，可正式启动该项目的专家评审程序：

1. 资产评估项目在召开专家评审会的要求范围之内；
2. 专家评审组织单位对评估项目已完成预审核程序；
3. 已履行召开专家评审会组织单位的相关批准程序。

第十六条 专家评审组织单位会前应根据项目特点和预审情况梳理出项目评审的重点和要点，并选定合适的、符合规定数量的评审专家。

第十七条 专家评审组织单位与评审专家签署履职承诺函。

第十八条 专家评审组织单位确定会议日期后，应当至少提前 5 个工作日将评估报告、说明及相关文件资料提供给受邀专家。在会前与专家交流审核意见，如发现评估报告存在重大差错或重大不确定性的，专家评审组织单位应及时与评估机构进行沟通，并在会前修改完善。

第十九条 专家评审会议主要议程

1. 专家评审组织单位介绍专家基本情况、参会人员及会议议程；

2. 在评审专家中推选产生专家组组长。专家组组长应具有资产评估师资质和较为丰富的专家评审经验。由专家组组长主持评审会；

3. 由被评估企业或相关方介绍评估标的和项目背景情况，充分披露重要信息；

4. 审计机构介绍审计主要情况，充分披露重要信息；

5. 评估机构介绍评估报告主要情况，充分披露重要信息；

6. 专家评审组织单位通报评估初审情况及与专家初步交流情况；

7. 专家质询，由审计机构、评估机构等相关方进行情况说明；

8. 中介机构（包括评估机构、审计机构等单位，下同）及被评估企业等相关单位人员离场，与会专家进行讨论、发表意见和表决，形成书面《专家个人意见》和《评审会意见》；

9. 所有参会人员到场，专家组组长宣读《评审会意见》。

第五章　评审结论

第二十条　《专家个人意见》和《评审会意见》评审结论一般可分为"通过""需修改完善后通过"和"不予通过"三种类型。《专家个人意见》模版见附件 2，《评审会意见》模版见附件 3。

第二十一条　每位专家需形成《专家个人意见》并书面签字表决，《专家个人意见》内容较多的可附页处理。根据会议讨论和《专家个人意见》汇总情况，由专家组组长归纳形成《评审会意见》，所有专家同意后书面签字：

1.《评审会意见》"通过"：是指《专家个人意见》全票"通过"的；

2.《评审会意见》"需修改完善后通过"：是指《专家个人意见》表决"通过"、"需修改完善后通过"合计票数达到或超过出席评审会专家人数三分之二的；

3.《评审会意见》"不予通过"：是指《专家个人意见》表决"通过"、"需修改完善后通过"合计票数未达到出席评审会专家人数三分之二的。

第二十二条　《评审会意见》"需修改完善后通过"的，与会专家可根据意见复杂程度提出评估机构修改完善时间建议。经与相关单位协商后，由专家评审组织单位确定修改时间并督促办理。对超出修改时间的，相关单位应提供合理解释。

中介机构及相关单位应按照《评审会意见》，在限定时间内对评估报告及相关材料进行修改及完善。经修改的评估报告或补充资料需经专家复审，修改内容需经全部专家人数超过三分之二认可后方可进入核准备案程序。

第二十三条　评估机构应高度重视对评估报告的修改工作质量。专家评审组织单位应在评估机构执业质量评价中体现评估机构报告修改情况。

第二十四条　《评审会意见》"不予通过"的，专家评审组织单位应充分关注和分析"不予通过"的原因，形成专项情况说明备查。资产评估工作继续推进的，中介机构与相关单位应积极整改，整改完成后应由专家评审组织单位重新启动专家评审程序。如无特殊情况，一般应由首次参与评审的专家参与评审。第二次评审意见将是终审意见。如果再次评审仍未通过的，则该项目需更换评估机构重新进行评估。

第二十五条 中介机构及相关单位对《评审会意见》有异议的，可反馈评审组织单位。专家评审组织单位负责与专家组协调后作出最终处理决定，并形成专项情况说明备查。

第六章 评审专家管理

第二十六条 评审专家包括评估专家、审计专家、法律专家及各行业专家等。评估专家包括资产评估、土地估价、矿业权评估、房地产估价、旧机动车鉴定估价、保险公估等专家。

第二十七条 市国资委根据上海市资产评估行业协会或相关单位按条件推荐的人选，汇总形成资产评估评审专家库建议名单，经公示后形成上海市企业国有资产评估评审专家库(以下简称专家库)。市国资委对专家库实施动态管理，每三年更新一次。专家评审组织单位可以从专家库中选取资产评估专家。如不在库内选择资产评估专家的，应符合本工作指引第二十八条对资产评估专家的选择条件。其他类型评审专家的选择条件由评审组织单位参照相关行业标准自行确定。

第二十八条 资产评估专家需同时具备以下条件：

1. 遵守国家有关法律、法规及规章，有良好的社会信誉，近三年内没有违法违规职业记录；

2. 具有较高的专业知识、工作能力和职业操守，在评审过程中能独立、客观、公正提出审核意见，并做到廉洁自律、遵纪守法；

3. 具有资产评估师资质且执业满 8 年(以取得评估师资质并从业的时间起算)，精通评估业务，具有丰富的大型企业评估经验，在其专业领域享有一定声誉；

4. 身体健康，能够胜任审核工作；

5. 具有相关国家部委专业委员、资产评估协会专业委员会委员、评估行业检查工作经验，以及资产评估行业优秀人才、领军人才称号的人员优先考虑。

第二十九条 纳入专家库的资产评估专家应向市国资委提供下列信息：

1. 个人身份证明复印件；

2. 资产评估资格证书复印件；

3. 个人从业简历；

4. 个人工作成就简况(包括学术论文、科研成果、发明创造、专业背景及业务专长等内容)；

5. 推荐单位意见。

第三十条 评审专家以个人名义参加评审工作，独立发表评审意见，不受任何单位和个人的影响。

第三十一条 评审专家对与自身有利害关系的评审项目应主动提出回避。专家评审组织单位应当支付给评审专家合理劳务报酬。除评审劳动报酬之外，评审专家不得收受或索取与评审项目有关的任何单位或个人的馈赠。

第三十二条 资产评估评审专家库名单应在市国资委官网中公布。征得专家本人同意后，专家姓名、联系方式、专业工作经历、专业特长等信息随专家库名单一并在本市企业国有资产评估管理相关信息系统中公布。

第三十三条 受到刑事处罚、行政处罚、行业协会处罚或者发生其他不适合继续担任专家的情况，资产评估专家应及时告知市国资委，主动申请不再担任专家。

第三十四条 经核实情况后存在下列情形之一的，市国资委可将相关人员从资产评估评审专家库中移除，并在评估管理信息系统中作相应信息公告：

1. 一年内多次被选定参与评估项目评审会，但未按规定时间参与评审的；
2. 违反法律法规、职业道德和廉洁自律相关规定的；
3. 违反履职承诺，造成不良影响或后果的；
4. 在评估管理检查、评估项目核准备案审核中发现有重大职业差错的；
5. 因本人原因，任期内从未参加过专家评审工作的；
6. 符合本工作指引第三十三条的情形。

第七章　附　　则

第三十五条 各区国资委可结合本单位具体情况，参照执行。

第三十六条 本工作指引由市国资委负责解释。

第三十七条 本工作指引自发布之日起施行。

附件：1. ＊＊评估项目专家评审会评审专家履职承诺函

2. 专家个人评审意见模板

3. 专家评审会意见模板及填表说明

上海市国资委关于印发《上海市企业国有资产评估报告审核手册》的通知

沪国资委评估〔2018〕353号

各监管企业、各委托监管单位、各区国资委：

为进一步加强国有资产评估项目管理，规范国有资产评估报告审核工作，提高资产评估报告审核质量。根据《资产评估法》（2016年主席令第46号）、《企业国有资产评估管理暂行办法》（国务院国有资产监督管理委员会令第12号）、《企业国有资产评估报告指南》（中评协〔2017〕42号）等文件及有关准则，我委对《上海市企业国有资产评估项目核准备案操作手册》（沪国资委评估〔2012〕468号）第二部分评估报告审核注意事项进行了修订，形成《上海市企业国有资产评估报告审核手册》，现印发给你们。请结合实际，遵照执行。

《上海市企业国有资产评估项目核准备案操作手册》（沪国资委评估〔2012〕468号）第二部分不再执行。

特此通知。

附件：《上海市企业国有资产评估报告审核手册》

上海市国有资产监督管理委员会

2018年10月10日

附件：上海市企业国有资产评估报告审核手册

目 录

一、资产评估项目核准备案审核主要事项

（一）国有资产监督管理部门根据下列情况确定是否对资产评估项目予以核准：

1. 资产评估项目所涉及的经济行为是否获得批准；

2. 资产评估机构是否具备相应评估资质并符合相关选聘规定；

3. 评估人员是否具备相应职业资格；

4. 评估基准日的选择是否适当，评估结果的使用有效期是否明示；

5. 资产评估范围与经济行为批准文件确定的资产范围是否一致；

6. 评估依据是否适当、完整和适用；

7. 企业是否就所提供的资产权属证明文件、财务会计资料及生产经营管理资料的真实性、合法性和完整性做出承诺；

8. 评估过程是否符合相关评估准则的规定；

9. 相关单位是否按规定完成公示并形成公示结论说明；

10. 参与审核的专家是否就评审意见达成一致。

（二）国有资产监督管理部门及备案管理单位根据下列情况确定是否对资产评估项目予以备案：

1. 资产评估项目所涉及的经济行为是否获得批准；

2. 资产评估机构是否具备相应评估资质并符合相关选聘规定；

3. 评估人员是否具备相应职业资格；

4. 评估基准日的选择是否适当，评估结果的使用有效期是否明示；

5. 资产评估范围与经济行为批准文件确定的资产范围是否一致；

6. 企业是否就所提供的资产权属证明文件、财务会计资料及生产经营管理资料的真实性、合法性和完整性做出承诺；

7. 评估程序是否符合相关评估准则的规定；

8. 相关单位是否按规定完成公示并形成公示结论说明；

9. 按规定需要专家评审的，与会专家是否就评审意见达成一致。

二、资产评估报告审核

核准备案管理单位应当严格按照《企业国有资产评估管理暂行办法》（国资委令第12号）、《企业国有资产评估报告指南》（中评协［2017］42号）等企业国有资产评估管理法规和评估准则，对核准备案的资产评估报告进行审核。

（一）资产评估报告格式与内容的审核

资产评估报告格式与内容应符合《资产评估准则——评估报告》（中评协［2017］32号）、《企业国有资产评估报告指南》（中评协［2017］42号）的要求。

（二）委托人、报告使用人概况的审核

应当关注相关报告使用人介绍是否全面，是否包含了委托人、被评估单位和资产评估合同约定的其他资产评估报告使用人。

企业价值评估中，应当关注是否对被评估单位的历史沿革、股权结构(图)、经营管理、股权交易及评估、股权变更等情况进行了必要说明，是否反映了近三年的资产负债和经营状况。涉及协议交易的，应介绍受让方及其基本情况。存在交叉持股的，应列示交叉持股图并简述交叉持股关系及是否属于同一控制的情形。存在关联交易的，应披露关联方、交易方式等基本情况。

(三) 评估目的审核

应清晰、明确地说明本次资产评估的经济行为目的，以及评估所对应的经济行为获得批准的情况或者其他经济行为依据。涉及协议交易的，应声明评估结果仅适用于本次交易，如交易方式转变为其他方式的，则评估报告不适用。

(四) 评估对象和评估范围的审核

1. 应当关注评估对象的基本情况，包括法律权属状况、经济状况和物理状况等。

2. 针对评估报告中对评估范围的描述及资产清查情况的说明，结合经济行为批文、审计报告、特别事项说明、明细表、权证附件等对评估范围进行审核：

(1) 关注评估范围是否与经济行为批准文件、评估业务委托合同等确定的资产范围一致。

(2) 企业价值评估中，评估范围是否包括了企业拥有的实物资产和无形资产，以及明确的未来权利、义务(负债)。重点关注土地使用权、探矿权、采矿权等无形资产，以及房地产、长期投资等重大资产是否有隐匿或遗漏。

(3) 企业价值评估时，一般应包括企业全部无形资产。要根据企业实际情况关注是否存在商标、专利、专有技术、专利权、特许经营权、销售网络、客户关系、合同权益、域名、商誉等单项无形资产或无形资产组合。

(4) 关注是否存在权利人与实际使用人不一致等情形(如房地产、车辆等)。

3. 关注实际存在但未入账或已摊销完毕的无形资产、未来义务及或有事项等是否纳入评估范围并在《企业关于进行资产评估有关事项的说明》中进行了详细说明。

4. 涉及企业改制或重组时，若方案设计中并非全部资产、负债进行改制或重组，存在如土地使用权、房屋、无形资产等租赁使用而不纳入评估范围、部分长期投资划出等情形的，评估范围应与经批准的改制或重组方案的资产负债范围保持一致，并在特别事项中予以披露。委托评估的资产是经剥离部分资产后的整体资产时，应说明被剥离资产的明细、剥离原因及处置方案。

5. 对于经营租入资产、特许使用的资产，应当特别说明是否纳入评估范围及其理由。

(五) 价值类型和定义的审核

应当关注评估报告是否列明所选择的价值类型及其定义。选择市场价值以外的价值类型，应当关注其选择理由和选取的合理性。

(六) 评估基准日的审核

1. 应关注评估基准日的选择是否妥当，评估结果的使用有效期是否明示。重点关注评估基准日选择的合理性，是否符合有关评估准则的规定要求。

2. 基准日后是否有对评估结果产生重大影响使评估结果无法有效地服务于评估目的

的事项，如汇率、利率等的变动、国家重大政策调整、企业资产权属、数量及价值发生重大变化等，如有，应重新选择评估基准日或调整评估结果。

3. 建筑施工类企业的评估基准日一般应选择 12 月 31 日（如选择其他评估基准日，应能对建筑施工类企业的收入、成本等进行准确划分和配比）。

4. 涉及国有股东所持上市公司股份间接转让项目时，应当关注所选择的评估基准日是否符合《上市公司国有股权监督管理办法》（国资委 财政部 证监会令第 36 号）规定。上市公司股份价值确定的基准日应与国有股东资产评估的基准日一致，且与国有股东产权直接持有单位对该产权变动决策的日期相差不得超过一个月。

5. 涉及上市公司的资产置换、发行股份收购资产等产权变动，评估基准日应为上市公司公告（停牌日）前后一个月内；如停牌期限较长，也可选择停牌期间的某月末为基准日。

（七）评估依据的审核

重点关注经济行为依据的合规性和完整性、评估工作过程中所引用的法律法规和技术参数资料等的依据是否适当。

1. 评估依据应当明确、规范、具体，便于查阅和理解；评估依据应当具有代表性，且在评估基准日有效。

2. 评估依据应当完整，相关法律法规、规章、国资管理规范和制度是否列示完整。

3. 收集的价格信息、工程定额标准等应当与评估对象具有较强的关联性。结合评估目的、业务性质和行业特点等，重点关注取价依据、法律法规依据的相关性及其对资产评估结果的影响。

4. 应当关注土地、房屋建筑物及无形资产等特殊资产的权属和使用状况。被评估资产应当权属清晰、权属证明文件齐备，房地产应获取交易中心的产权信息。对重要资产权属资料不全面或存在瑕疵的，企业应当妥善解决，并在特别事项中予以披露，提请报告使用者关注。

（八）评估方法的审核

1. 重点审核评估方法、过程是否符合相关准则和规范规定，对于价值量较大、增减值较大的资产、负债应重点审核，同时应分析其评估结果的合理性。

2. 以持续经营为前提进行企业价值评估时，对企业及其拥有实际控制权的长期股权投资企业，是否采用了两种或两种以上方法进行评估；采用两种以上方法评估的应分别说明选取每种评估方法的理由及确定评估结果的依据；未采用两种或两种以上评估方法进行评估的，应在报告中分析并披露其他基本评估方法不适用的原因或所受的操作限制；重大资产如房地产是否采用两种以上评估方法评估。

3. 评估机构是否选取有代表性、价值量大的资产、负债作为评估案例进行评估分析说明。评估机构是否在评估报告中对企业拥有的全部土地、无形资产进行分析说明。对企业拥有的房屋建筑物是否进行分类，并将每一类中有代表性、价值量大的房屋建筑物作为评估案例进行分析说明。

（九）评估程序的审核

关注评估程序是否符合评估准则的要求，重点审核评估机构在评估过程中是否履行了必要评估程序，评估过程是否完整，是否存在未履行评估准则规定的必要程序等。关注评估受限的情形以及对评估结果的影响，如果程序受限对评估结果产生重大影响或者无法判断其影响程度的，不得出具资产评估报告。

（十）评估假设的审核

评估假设是评估结果成立的前提条件，审核应关注评估假设的科学性、合理性和相关性，以及评估假设对评估结果的影响。评估假设不可取代必要的评估分析判断。

（十一）评估结果的审核

应当关注评估结果是否与评估范围一致，及其与评估目的和经济行为的一致性和适用性。采用两种或两种以上方法进行企业价值评估时，应当关注不同评估方法结果的差异及其原因和最终确定评估结果的理由。

（十二）特别事项说明的审核

1. 重点关注评估程序受到限制、评估特殊处理、评估结果瑕疵等特别事项及期后事项的真实性及其评估处理的合理性。

2. 评估报告应当说明上述事项的形成原因、性质、处理方式、和对评估结果可能产生的影响，并提示评估报告使用者关注其对经济行为的影响。

3. 对权属资料不全面、评估资料不完整、经济行为有瑕疵的，应关注企业是否已补充完善、中介机构是否履行了必要程序，是否已妥善解决。

4. 对引用其他机构出具评估结果的情况，是否说明承担引用不当的责任。

5. 期后事项（评估基准日至评估报告日期间发生的相关事项）可能对评估结果产生影响的，评估处理原则：期后事项对评估结果有重大影响的，应调整评估基准日；期后事项对评估结果有一定影响，且影响是确定的，应在评估结果中考虑，并在报告中披露；期后事项对评估结果有一定影响，但影响不确定的，应在报告中披露。

6. 评估对应的经济行为中，可能对评估结果产生重大影响的瑕疵情形，有条件的应披露影响的具体数值。

7. 对评估中已查明的盘盈、盘亏、毁损、报废、资金挂账、呆坏账、无需支付的负债等原因造成的资产价值变化，评估结果中应作增减值处理，如因企业尚未报经有关部门批准而未对上述资产进行会计处理，评估机构应在评估报告中提示企业按现行规定程序报批后进行处理。

8. 披露企业未纳入评估范围的相关资产和负债账面情况，以及剥离资产的处置方案。

9. 对企业实收资本不实或注册资本尚在认缴期内等情况，资产评估报告应作相应披露。

（十三）签字盖章及评估报告日的审核

关注资产评估报告签字盖章是否齐全、规范、清晰。资产评估报告应当由至少两名承办该评估业务的资产评估师签字，并加盖评估机构公章（不包括分支机构公章）。资产评估师必须签字并盖章，不得使用签字章。关注《企业关于进行资产评估有关事项的说明》是否已经由委托人单位负责人和被评估单位(产权持有单位)负责人签字，加盖相应单位公章并签署日期。

资产评估报告应当载明评估报告日，通常为评估结果形成的日期，可以不同于资产评估报告签发日。评估审核中如有修改完善事项，应视为评估结果尚未形成。审核人员还应关注评估报告日至审核期间是否有对价值重大影响的事项。

(十四) 附件的审核

1. 应当关注附件是否齐全，评估报告附件内容及其所涉及的签章是否清晰、完整，相关内容是否与评估报告摘要、正文一致。

2. 关注是否存在未在评估报告中披露的重大事项；是否存在应予评估或披露而未予评估、披露的情况；相关承诺函是否齐备等。

3. 附件不得缺少与评估目的相对应的经济行为文件。

4. 企业价值评估中，应提供标的企业及其控股二级子企业两年又一期审计报告，包括合并及母公司报表(含企业资产负债表、损益表、现金流量表、所有者权益变动表及附注)。三级及以下控股子企业至少应提供经审计机构盖章的两年又一期审定财务报表。

评估基准日后发生重大资产变动的，应出具模拟资产变动后的审计报告，但模拟事项需在评估备案前完成，模拟事项的审计报告原则上追溯两年又一期。

涉及国有参股股权转让不具备单独进行专项审计条件的，国有参股方至少应当取得转让标的企业最近一期年度审计报告。

审计报告为非标准意见的，企业应对该审计意见涉及的事项进行整改方可予以受理。如有关事项无法进行整改，且非标准意见不构成对企业改制或一般股权变动的重大影响的，企业应提供相关说明，并经国有产权持有单位同意，该审计报告可作为企业改制或一般股权变动的评估依据。

5. 审核《资产评估委托合同》，应当关注资产评估项目的委托人是否合规，签署内容是否完整，委托经济行为和范围是否与评估报告披露内容是否一致等。

6. 引用其他机构出具的报告结果，所引用的报告如需经相应主管部门批准(备案)的，应当将相应主管部门相关批准(备案)文件作为评估报告附件。

7. 附件应当归类并编制目录及序号，并按序号装订，必要时应单独装订成册。

8. 评估报告附件为复印件的，应当与原件一致；提供的相关问题证明材料是复印件的，原则上应有该证明材料的提供方盖章；有些证明材料需要由发证机关盖章证明的，原则上需要由发证机关盖章。提交核准备案的评估报告，评估机构应在提供相关问题的证明材料的复印件上，加盖评估机构公章。

(十五) 评估说明的审核

评估说明是评估报告申请核准备案材料的必备部分，评估说明应当做到内容完整、表述清晰，并充分考虑不同经济行为和不同评估方法的特点，其内容应同评估报告所阐述的内容一致。

（十六）资产评估明细表的审核

1. 资产评估明细表包括目录、资产评估结果汇总表（表一）、资产评估结果分类汇总表（表二）、评估明细表。表一、二应加盖评估机构公章。表格内容应填写完整，原则上不得有缺项。

2. 企业价值评估采用市场法、收益法评估的，一般情况下应报送资产负债清查明细表，评估结果汇总表中对应的评估值栏可不填写。收益法应提供收入、成本及费用、折旧和摊销、营运资金、资本性支出等预测表格。市场法应提供相关测算表格。

3. 评估明细表应当按被评估单位分别装订成册。

三、流动资产评估审核

1. 对于企业内部往来对账不平，记账分类错误，记账不实、应摊未摊、应提未提、费用记入往来账等情况，应由审计机构进行调整。

2. 应收款项应按明细清查，适当函证，函证比例原则上应不低于应收款项笔数的10%和金额的50%；对于年限长、金额大及有疑问的应收款项必须函证；无回函或者无法函证的，应采用适当的替代程序。为同一经济行为服务的，评估机构可与审计机构共同进行函证或采用审计机构的函证，并根据需要，在审计函证的基础上进行追加函证。评估机构引用审计机构的函证等资料，应承担引用资料的相关责任。对应收款项的评估，评估人员应根据可收回程度做出职业判断。

3. 对应收账款、其他应收款等虽无确凿证据但预计无法收回的债权可作为坏账评减。具体操作如下：

（1）对于很可能收不回部分款项的，在难以确定收不回债权的数额时，可以根据企业历史资料估计出这部分可能收不回的债权作为评估减项，确定评估值。

（2）对于符合有关管理制度规定应予以核销的或有确凿根据（具有法律效力的外部证据）表明无法收回的，应按零值计算。评估人员须在评估报告中单独说明，列示相关证明材料，并注明国有单位需办妥有关手续。

具有法律效力的外部证据，是指司法机关的判决或者裁定；公安机关的立案结案证明、回复；工商管理部门出具的注销、吊销及停业证明；企业的破产清算公告及清偿文件；政府部门的公文及明令禁止的文件；国家及授权专业技术鉴定部门的鉴定报告；保险公司对投保资产出具的出险调查单、理赔计算单；符合法律条件的其他证据等书面文件。

（3）对账面上的“坏账准备”科目应按零值评估。

四、长期投资评估审核

1. 可供出售金融资产中的股权投资审核要求与长期投资要求一致。

2. 评估机构原则上应对企业的全部长期投资单位（包括歇业的）进行资产清查。

3. 资产评估师应当对长期股权投资项目进行分析，根据相关项目的具体资产、盈利状况、股权比例、清查情况及其对评估结果的影响程度等因素，合理确定评估方法和评估程序，不能简单地按照账面值以及审计值进行评估。

长期投资（不论级次、是否控股）原则上应对被投资企业进行股权价值评估。应重点关注拥有房地产、无形资产等重大资产或经营状况较好的长期投资企业。

4. 如果被投资单位成立期限较短，价值变化不大，资产账实相符，则可根据核实后的被投资企业资产负债表或经审计的净资产数额测算股权投资的价值。

5. 长期股权投资实际股权比例与工商登记比例不一致的，一般应根据工商登记股权比例评估，但资产评估师应关注以往实际变更情况，取得合法证据后做出职业判断。

6. 长期投资单位在注册资本在认缴期内，原则上应按照章程、协议履行出资义务后才能享有相应股东权益，在企业实缴状态符合公司法、章程约定的情况下，评估可以按照以下方式确认股东权益价值：部分股东权益价值=（评估基准日全部股东权益价值评估值+应缴未缴出资额）×该股东认缴的出资比例-该股东应缴未缴出资额。

7. 存在交叉持股的，应当列示交叉持股图并简述交叉持股关系及是否属于同一控制的情形。

交叉持股公司企业价值评估值可通过以下两个公式来计算。

A 公司企业价值=除对 B 公司股权价值外的 A 公司其他资产价值+B 公司企业价值×A 公司占 B 公司的股权比例

B 公司企业价值=除对 A 公司股权价值外的 B 公司其他资产价值+A 公司企业价值×B 公司占 A 公司的股权比例

8. 对于净资产评估为负值的长期投资应作具体分析，应当结合其与母公司之间往来款、相关权利义务约定及资本实缴等情况予以判断，不可简单将其长期投资直接评估为零。

五、房地产评估审核

1. 房地产原则上应采用两种以上方法评估。

2. 房地产权证记载的内容与规划许可证记载的内容不一致时，评估应以权证记载内容为准。

3. 房地产实际状态、用途与权证记载状态、用途不一致时，一般应按权证用途确认。但资产评估师应当调查了解被评估对象所在区域的规划情况，分析房地产实际状态、用途的可持续性。对于实际状态、用途与房地产权证记载用途不一致，但明确符合规划用途的，应当充分考虑规划用途调整及相对应市场的实际交易情况对被评估房地产价值的影响。对于房地产实际状态、用途无法持续的视具体情况进行评估。当房地产存在多种利用方式时，应当在合法的前提下，以最优利用方式进行评估。

4. 无权证建筑应结合其形成原因和合法性等情况按照贡献原则考虑其价值，评估时应在评估报告的“特别事项说明”及评估说明中披露权证情况以及对价值的影响。

5. 应对企业在租赁土地上建造的房屋建筑物进行评估，评估时应在评估报告的“特别事项说明”及评估说明中披露权证情况以及对价值的影响。

6. 房地产评估应严格按照规定的程序操作，操作中还应该特别注意下列程序：

（1）核实权证记载内容与实际情况的异同；

(2) 全面了解被评估对象所在区域的规划情况及该地块的规划情况；

(3) 充分调查被评估对象周边的市场情况；对所选择的交易案例作全面调查，充分掌握案例的交易背景、交易条件、受让方的情况、案例对象的区域因素、个别因素及其他因素等。

(4) 一般情况下，应当对所评估的房地产进行现场勘察，明确其存在的状态并关注其权属状况。因客观原因无法进行实地查看的部分，应采取适当措施加以判断并予以适当披露。房地产开发企业或房地产资产价值量较大的其他企业，应在评估说明或附件中增加房地产的位置图和照片信息。

(5) 企业价值评估中对于有权证的房地产，评估时应在市场价值外考虑契税的影响，其他办理权证的费用，如交易手续费、印花税、登记费、图纸费等可适当考虑。

(6) 在企业价值评估中，应重点关注作为存货的房地产、投资性房地产和自用房地产的价值影响因素存在差异。

7. 土地使用权评估方法的选择。

在选择土地使用权评估方法时，应充分考虑评估目的、被评估地块的现状、规划用途等因素，选择能充分反映被评估地块市场价值的合理方法。

土地使用权评估方法一般为市场法、收益法、假设开发法。当被评估土地处于上海市八级地区域以外(含八级地区域)或相邻区域内近期有征地案例的，如果无法使用前述三种方法时，可以考虑采用成本法。土地使用权评估一般不宜单独使用基准地价系数修正法。工业用地使用权评估，评估价不得低于国土资源部制定的《全国工业用地出让最低价标准》或各地方标准。

8. 被评估企业无房屋建筑物的，评估时应在评估报告的“特别事项说明”中揭示被评估企业生产、经营用房的权属情况。

六、机器设备评估审核

1. 评估机构应对超出本机构专业知识和经验的机器设备采取恰当的弥补措施，必要时应当聘请专家协助工作。

2. 资产评估师应当通过恰当方式获得机器设备的市场信息，并对其真实性、可靠性进行必要的判断。

3. 资产评估师执行机器设备评估业务，应当根据评估目的、评估假设等条件，明确评估范围是否包括设备的安装、基础、附属设施，是否包括软件、技术服务、技术资料等无形资产。对于附属于不动产的机器设备，资产评估师应当合理划分不动产与机器设备的评估范围，避免重复或者遗漏。

4. 车辆评估时应考虑牌照的价值，其价值可参考市场车辆牌照交易价格。

5. 对于明显处于盘亏、报废，或经过鉴定和检验无效或价值损失严重的机器设备，评估值一般为清理变现后的净收入。对于上述资产盘亏、毁损可以收回的保险赔偿和过失人的赔偿，应在评估值中考虑。

七、在建工程评估审核

选择在建工程评估方法时，应充分考虑评估目的、实际付款额、工程进度和建设工期等因素，选择能充分反映被评估在建工程市场价值的合理方法。

1. 正常在建工程评估，应考虑符合合同规定标的物完工后市场价值、未付工程款、建设工期、合理利润、相关税费等因素，不可以简单地按照账面值或者按照工程进度进行评估。

2. 停建在建工程评估，应了解停建原因和续建可能性，分析判断是否存在贬值情况。对于长期停建在建工程评估应考虑贬值因素。

3. 报废、无效等价值严重损失的在建工程评估，应当关注其价值损失是否经过专业鉴定和检验，其评估值一般为清理变现后的净收入。

八、无形资产评估审核

1. 企业价值评估时，应对企业是否拥有无形资产进行分析和判断，应当对所有的无形资产进行清查和评估。谨慎区分可辨认无形资产和不可辨认无形资产，单项无形资产和无形资产组合。

2. 无形资产应当在评估报告明确以下事项：

（1）无形资产权利的法律文件、权属有效性文件或者其他证明资料；

（2）无形资产是否能带来持续的可辨识经济利益；

（3）无形资产的性质和特点，历史取得和目前的使用状况；

（4）无形资产的剩余经济寿命和法定寿命，无形资产的保护措施；

（5）无形资产实施的地域范围、领域范围、获利能力与获利方式；

（6）无形资产以往的评估及交易情况；

（7）无形资产实施过程中所受到国家法律、法规或者其他资产的限制；

（8）无形资产转让、出资、质押等的可行性；

（9）类似无形资产的市场价格信息；

（10）宏观经济环境；

（11）行业状况及发展前景；

（12）企业状况及发展前景；

（13）其他相关信息。

3. 资产评估师应当根据评估目的、评估对象、价值类型、资料收集情况等相关条件，分析收益法、市场法和成本法三种评估方法及其衍生方法的适用性，恰当选择评估方法。

（1）采用收益法评估时，应重点分析无形资产经济收益的可预测性，考虑收益法的适用性；预期收益口径与折现率口径的一致性；收益期限的确定应综合分析无形资产的剩余经济寿命、法定寿命及其他相关因素。

（2）采用市场法评估时，应考虑该无形资产是否存在活跃的市场并选择具有可比性的交易案例。

（3）无形资产评估一般不采用成本法评估。如果采用成本法评估，应当详尽分析说明无法采用收益法、市场法的原因。

九、债务类科目评估审核

1. 应付款项应按明细清查，适当函证，函证比例原则上应不低于应付款项笔数的10%和金额的50%。

2. 账龄在两年以上的应付款项，对于确需支付且被评估企业提供追讨证明的，评估机构可以不进行函证；如不能提供追讨证明的，金额较大或有疑问的款项，评估机构必须逐笔函证；金额较小的款项，评估机构可以抽样函证。对于无需支付的款项一般应评估为零；对于无回函或无法函证的，应根据具体情况做相应处理。

3. 除企业因职工提供服务而产生的现实支付义务的款项外，应付职工薪酬应评估为零。

4. 对于解除或终止劳动合同的职工的经济补偿、离退休人员、内退人员有关费用等职工安置费用，应按照《关于企业重组有关职工安置费用财务管理问题的通知》（财企[2009]117号）处理。职工安置费用的确定须经国资监管机构或监管企业审核同意。

5. 国家统一了计提基础和计提比例的企业职工薪酬，应核实并提供根据有关法定程序制订的支付计划，符合规定的，评估时予以确认。按规定不能预提的，应评估为零。

十、企业价值市场法及收益法评估审核

1. 运用收益法、市场法评估企业价值时，评估机构至少应收集企业前三年经审计的会计报表，对企业进行全面的资产清查核实。应当对所采用的被评估单位和可比企业财务指标的合理性进行分析和判断。评估报告应披露影响企业经营的宏观、区域经济因素；所在行业现状和发展前景；企业业务分析情况；企业资产、财务状况分析和调整情况。

2. 采用收益法评估的，审核时应当重点关注以下内容：

（1）对企业资产、财务状况的分析是否充分、合理。是否对企业前三年的经营、收益等情况进行分析；是否对被评估企业财务报表的编制基础、不具有代表性的收入和支出，如非正常和偶然性的收入和支出等进行了合理调整；是否对被评估企业的非经营性资产、负债和溢余资产进行单独分析，合理判断资产、负债、经营业务配置的有效性，划分与收益存在直接相关性的资产、债务情况，对于不能或不需归集的，是否单独进行评估。

（2）收益预测是否合理。是否根据企业所处行业、资本结构、经营模式、收益情况、发展趋势等选择恰当的现金流收益模型。折现率确定过程和依据是否合理，是否与收益口径保持一致，是否综合考虑评估基准日的利率水平、市场投资收益率等资本市场相关信息和所在行业、企业的特定风险等相关因素。收益预测期确定，是否合理考虑被评估企业经营状况和发展前景，及其所在行业现状、发展前景，国家相关行业政策、企业经营期限及主要产品的经济寿命年限等，并恰当考虑稳定预测期后的收益情况及相关终值的计算。是否合理预测了相关参数，如被评估企业的收入、成本及费用、折旧和摊销、营运资金、资本性支出、付息负债、溢余资产和非经营性资产等。关注相关参数确定的依据是否充分，

测算过程是否完整。

（3）关注未来收益预测中经营管理、业务架构、主营业务收入、毛利率、营运资金、资本性支出、资本结构等主要参数与评估假设、价值类型的一致性。当预测趋势与历史业绩和现实经营状况存在重大差异时，资产评估专业人员应当要求委托人和其他相关当事人说明差异的合理性及可持续性，与评估假设、价值类型核查一致后，在资产评估报告中予以披露。

3. 对使用市场法评估的，审核时应当重点关注以下内容：

（1）选择的可比案例是否与被评估企业具有可比性。是否根据业务结构、经营模式、企业规模、资产配置和使用情况、企业所处经营阶段、成长性、经营风险、财务风险等因素，恰当选择与被评估单位进行比较分析的可比企业。是否处于同一行业或相近行业，或者是受共同因素决定或影响。是否对可比案例及被评估企业的数据进行了必要的分析调整，并消除了偶然性因素的影响。选择可比案例，是否考虑控制权和流动性对评估值的影响。

（2）选择的可比因素是否是企业价值的决定因素，选择的盈利比率、资产比率、收入比率和其他特定比率等价值比率是否适当可靠，是否经过了必要的修正调整。是否选择了多种可比因素，对于不同可比因素得到的不同评估值是否能够合理的选择计算。

十一、境外资产评估或估值报告审核

1. 对境外企业国有资产评估或估值项目，备案管理单位应当关注评估或估值机构是否协助企业进行尽职调查、询价，是否参与交易过程。

2. 审核境外评估及估值机构出具的评估或估值报告，应当关注是否明示了所依据的评估准则，是否合理参考了境内评估准则及要求。评估或估值结果是否以人民币为计量币种。使用其他币种计量的，是否注明了该币种与人民币在评估基准日的汇率。如果评估或估值结果为区间值的，应关注是否在区间之内确定了一个最大可能值，并说明确定依据。

3. 备案管理单位可以使用备案表或者备案确认函的方式对境外评估或估值机构出具的评估或者估值报告予以备案。

十二、其他报告审核关注要点

1. 审计报告中应关注的内容

（1）审计报告与评估报告之间数据勾稽关系是否合理一致；审计范围是否与经济行为批准文件、审计业务委托约定书等确定的资产范围一致，以及合并报表的合并范围是否合理。

（2）审计报告报表与报表附注之间勾稽关系是否一致；主要会计政策是否合理，包括收入确认原则、成本核算原则等。

（3）企业整体改制涉及资产剥离时，剥离原则是否与改制方案一致，以及模拟的时点是否合理。

（4）涉及计提减值准备时，各项资产计提减值准备的依据和比例是否合理。

（5）应当充分关注审计披露情况以及评估师引用审计结果的合理性。资产评估师应当对引用的审计结果进行核实并做出相应的职业判断，不得以审计结果替代评估判断。对审计报告提示的重要重大事项，资产评估师应在核实的基础上在评估报告中予以披露。

2. 土地使用权估价报告中应关注的内容

（1）土地估价范围、权属、土地资产处置审批与土地估价报告备案情况。如果评估基准日存在划拨土地，应当重点关注划拨土地的处置情况：

① 关注是否有划拨土地处置审批文件，审批文件是否合法有效、审批内容是否与实际评估土地一致等；

② 如果是未经处置的划拨土地，应当关注其未处置理由的合规性以及评估中处理方式的合理性等。

（2）土地地价定义是否符合相关准则要求。关注估价方法选取的合理性；相关参数选取依据是否充分、计算过程是否完整及评估结果选取是否合理等。

3. 矿业权评估报告中应关注的内容：

（1）矿业权评估范围、权属、矿产资源储量评审备案情况、有偿处置情况。

对于有偿取得的矿业权，应当关注有偿取得时矿业权价款对应的开采深度、范围、矿种等是否与本次评估一致；是否存在分期缴纳矿业权价款情形；本次评估矿业权对应的资源储量是否为有偿取得时对应的资源储量，是否经过评审，是否属于企业法人资产；对于无偿取得的矿业权，应当关注矿业权价款对评估结果的影响。

如矿业权评估确定的收益期长于矿产资源勘查许可证、采矿许可证载有效期，应当关注到期续展是否涉及矿业权价款及相关费用的缴纳，以及对资产评估结果的影响。

（2）应当关注矿业权评估报告是否符合相关准则要求。关注评估方法选取是否合理；相关参数选取依据是否充分、计算过程是否完整，及确定的结果是否合理、是否与资产评估相矛盾等。

如依据企业财务报表确定矿业权评估参数，应当关注企业财务报表是否经过审计、是否与企业经营状况相符；如依据矿山设计文件等确定矿业权评估参数，应关注有关文件是否经过审核、是否与市场状况相符；

对采用收益途径评估的矿业权，应当重点关注矿产品价格、无风险收益率等参数与其他估值报告的一致性；关注利用固定资产评估结果作为矿业权评估固定资产投资额时，口径的一致性、取值的合理性；关注利用土地估价结果作为矿业权评估无形资产投资额时，口径的一致性、取值的合理性。

4. 资产评估结果引用土地使用权、矿业权或者其他相关专业评估报告评估结果的，应当关注：

（1）资产评估师是否对所引用报告进行了必要的专业判断，并声明其了解所引用报告结果的取得过程，承担引用报告结果的相关责任。

（2）所引用报告评估基准日、结果使用有效期是否一致；评估假设是否一致，资产评估引用结果是否与所引用报告披露的结果一致，所引用报告披露的相关事项说明是否与资产评估报告一致。

附件：相关文件目录

一、国有资产评估管理相关文件

1. 中华人民共和国企业国有资产法（2008年主席令第五号，2009年5月1日起实施）

2. 中华人民共和国资产评估法（2016年主席令第四十六号，2016年12月1日起实施）

3. 国有资产评估管理办法（国务院令第91号）

4. 企业国有资产评估管理暂行办法（国务院国有资产监督管理委员会令第12号）

5. 上市公司国有股权监督管理办法（国务院国有资产监督管理委员会 财政部 中国证券监督管理委员会令第36号）

6. 国有资产评估管理若干问题的规定（中华人民共和国财政部令第14号）

7. 国有资产评估违法行为处罚办法（中华人民共和国财政部令第15号）

8. 关于印发《国有资产评估管理办法施行细则》的通知（国资办发（1992）36号）

9. 国务院办公厅转发财政部关于改革国有资产评估行政管理方式加强资产评估监督管理工作意见的通知（国办发[2001]102号）

10. 财政部关于印发《国有资产评估项目核准管理办法》的通知（财企[2001]801号）

11. 财政部关于印发《国有资产评估项目备案管理办法》的通知（财企[2001]802号）

12. 国务院办公厅转发国资委关于进一步规范国有企业改制工作实施意见的通知（国办发[2005]60号）

13. 关于加强企业国有资产评估管理工作有关问题的通知（国资委产权[2006]274号）

14. 关于加强以非货币财产出资的评估管理若干问题的通知（财企[2009]46号）

15. 关于企业重组有关职工安置费用财务管理问题的通知（财企[2009]117号）

16. 关于印发《上海市企业国有资产评估项目核准备案操作手册》的通知（沪国资委评估[2012]468号）

17. 上海市国有资产评估监督检查办法（沪国资委评[2011]448号）

18. 上海市企业境外国有资产监督管理暂行办法（沪国资委办[2012]230号）

19. 关于印发《企业国有资产评估项目备案工作指引》的通知（国资发产权[2013]64号）

20. 关于印发《本市国有企业混合所有制改制操作指引（试行）》的通知（沪国资委改革[2016]26号）

21. 关于印发《上海市国资委系统受托评估机构执业质量综合评价办法》的通知（沪国资委评估[2013]48号）

22. 关于转发国务院国资委《关于建立中央企业资产评估项目公示制度有关事项的通知》（沪国资委评估[2016]338号）

23. 关于规范本市国有资产评估项目评估机构选聘工作的指导意见（沪国资委评估[2016]354号）

二、国有资产产权管理相关文件

1. 关于印发《企业国有产权无偿划转管理暂行办法》的通知（国资发产权[2005]239号）

2. 企业国有资产交易监督管理办法（国务院国有资产监督管理委员会、财政部令第32号）

3. 关于印发《上海市企业国有产权无偿划转暂行办法》的通知(沪国资委产[2006]362号)

4. 关于印发《企业国有产权(股权)管理有关事项办理程序及报批材料指引》的通知(沪国资委办发[2009]10号)

5. 关于中央企业国有产权协议转让有关事项的通知(国资发产权[2010]11号)

三、国有资产财务审计管理相关文件

1. 关于印发《上海市国有企业改制财务审计管理暂行办法》(修订版)等文件的通知(沪国资委评价[2011]153号)

四、资产评估准则、指南、指导意见

1.《资产评估基本准则》(财资[2017]43号)

2.《资产评估职业道德准则》(中评协[2017]30号)

3.《资产评估执业准则——资产评估程序》(中评协[2017]31号)

4.《资产评估执业准则——资产评估报告》(中评协[2017]32号)

5.《资产评估执业准则——资产评估委托合同》(中评协[2017]33号)

6.《资产评估执业准则——资产评估档案》(中评协[2017]34号)

7.《资产评估执业准则——利用专家工作及相关报告》(中评协[2017]35号)

8.《资产评估执业准则——企业价值》(中评协[2017]36号)

9.《资产评估执业准则——无形资产》(中评协[2017]37号)

10.《资产评估执业准则——不动产》(中评协[2017]38号)

11.《资产评估执业准则——机器设备》(中评协[2017]39号)

12.《资产评估执业准则——珠宝首饰》(中评协[2017]40号)

13.《资产评估执业准则——森林资源资产》(中评协[2017]41号)

14.《企业国有资产评估报告指南》(中评协[2017]42号)

15.《金融企业国有资产评估报告指南》(中评协[2017]43号)

16.《知识产权资产评估指南》(中评协[2017]44号)

17.《资产评估价值类型指导意见》(中评协[2017]47号)

18.《资产评估对象法律权属指导意见》(中评协[2017]48号)

19.《专利资产评估指导意见》(中评协[2017]49号)

20.《著作权资产评估指导意见》(中评协[2017]50号)

21.《商标资产评估指导意见》(中评协[2017]51号)

22.《金融不良资产评估指导意见》(中评协[2017]52号)

23.《投资性房地产评估指导意见》(中评协[2017]53号)

24.《实物期权评估指导意见》(中评协[2017]54号)

上海市国资委关于印发《估值报告审核指引(试行)》的通知

沪国资委评估〔2020〕413 号

各监管企业：

为加强国有资产评估监管，规范估值报告的审核和使用，提高估值报告的专业性和规范性，强化对出具估值报告估值机构的质量管控。我们研究制定了《估值报告审核指引(试行)》，已经市国资委主任办公会(2020-23)审议通过，现予印发。请各监管企业认真贯彻执行。各委托监管单位，区国资委结合实际参照执行。

特此通知。

上海市国有资产监督管理委员会

2020 年 12 月 14 日

估值报告审核指引(试行)

第一章　总　　则

第一条　为加强国有资产评估监管，规范估值报告的审核和使用，提高估值报告的专业性和规范性，强化对出具估值报告估值机构的质量管控。根据《上海市企业国有资产评估报告审核手册》(沪国资委评估〔2018〕353 号)等国有资产评估管理有关规定、资产评估行业相关准则，特制定本指引。

第二条　估值报告审核应遵循以下原则：

(一) 合规性原则；遵守法律、行政法规的规定，依据本指引及相关行业准则，合理使用估值假设，恰当运用估值方法，履行必要估值程序，形成估值结论。

(二) 独立性原则；估值机构和估值专业人员应诚实守信，勤勉尽责，独立进行分析和估算，形成专业意见，不得直接以预先设定的价值作为估值结论。

(三) 专业性原则；估值专业人员应具备相应的估值专业知识和实践经验，符合估值程序、估值假设、估值测算等各项估值工作的专业性需要，能够胜任所执行的估值业务。

(四) 完整性原则；估值报告应对项目背景、估值目的、估值范围、信息获取、核验、分析、计算过程、估值结果等进行充分披露。

(五) 规范性原则；估值报告内容应完整、规范，表达严谨准确；估值的相关资料、数据应经过核查验证；估值依据和估值结论充分、合理。

第三条　本指引根据国资评估管理要求，结合估值特点，重点在三个方面体现估值报告的审核要求：

（一）估值程序方面：应执行估值工作的相关程序，对于执行估值程序中可能影响估值结论的相关因素，应采取必要的应对措施，并进行充分披露。

（二）估值报告方面：估值报告内容突出估值结论和主要依据，对估值结论影响较弱的相关信息披露、估值报告附件类型等，可以进行相应简化。

（三）估值方法方面：支持估值方法的适用性应用，适应行业和企业特点，可采取市场法、收益法和资产基础法三种基本方法及其衍生方法。

第四条 市国资委监管企业及其下属企业，在国有资产评估管理中对估值报告的审核和使用，应遵循本指引。

第二章 估值程序审核

第五条 估值工作应执行以下基本程序：明确估值基本事项、编制估值工作计划、尽职调查和资料勘验、估值测算形成结论、编制出具估值报告、整理归集估值档案。

因客观条件限制，无法完全履行估值基本程序的，应采取必要的弥补措施，并判断对估值结论的影响。

第六条 估值工作应明确下列基本事项：

（一）估值目的；

（二）估值对象及其基本情况；

（三）估值范围；

（四）价值类型；

（五）估值基准日；

（六）估值报告使用范围；

（七）估值假设和限制条件；

（八）估值报告提交期限及方式；

（九）需要明确的其他事项。

第七条 根据项目具体情况，编制估值工作计划，包括估值项目基本情况、估值工作主要过程、时间进度、人员安排等。

第八条 应获取估值工作需要的相关资料，了解估值对象现状，关注估值对象法律权属。

估值工作需要的相关资料主要包括：涉及估值对象和估值范围等相关资料，以及从政府部门、各类专业机构和市场等渠道获取的其他资料。

第九条 开展尽职调查，对估值中使用的资料进行核查和验证，进行必要的合理性分析，保证资料的真实性、完整性、合法性。因客观条件限制无法实施核查、验证的事项，应予以说明，分析判断对估值结论的影响程度，并在估值报告中予以披露。

第十条 根据估值目的、估值对象、价值类型、资料收集等情况，分析估值方法的适用性，选择合适的估值方法进行估值测算。

第十一条 建立分级审核等质量控制制度，履行内部审核程序，进行审核和修改，形成估值报告。

第十二条 估值工作底稿、估值报告及其他相关资料应进行及时整理，做好档案归档工作。

第三章 估值报告审核

第十三条 估值报告应包含标题、文号、目录、摘要、正文及附件等基本要素。估值报告内容应当完整，文字描述应清晰、准确，不得使用误导性的表述。

第十四条 估值报告标题一般应采用“企业名称+经济行为关键词+估值对象+估值报告”的形式。估值报告文号应包括种类特征字、年份、报告序号等。

第十五条 估值报告摘要应简明扼要地反映经济行为、估值目的、估值对象和估值范围、价值类型、估值基准日、估值方法、主要假设、重要参数、估值结论及其使用有效期、对估值结论产生影响的特别事项等关键内容。

第十六条 估值报告正文应包括：

（一）项目背景；

（二）估值目的；

（三）估值对象和估值范围；

（四）价值类型；

（五）估值基准日；

（六）估值依据；

（七）估值方法；

（八）估值程序实施过程和情况；

（九）估值假设；

（十）估值结论；

（十一）特别事项说明；

（十二）估值报告使用限制说明；

（十三）估值报告日；

（十四）签名盖章。

第十七条 估值报告载明的估值目的应当唯一。

第十八条 估值报告应明确价值类型及其定义，并说明选择价值类型的理由。

第十九条 在满足方法适用性的前提下，应选择两种或者两种以上估值方法进行估值，并对各种估值方法形成的测算结果进行分析比较，形成合理的估值结论。未采用两种以上估值方法进行估值的，估值报告应披露其他基本估值方法不适用的原因或者所受的限制。

第二十条 估值报告应说明估值所使用的假设，结合估值对象的人力资源、技术水平、资本结构、经营状况、历史业绩、发展趋势，考虑宏观经济因素、所在行业现状与发展前景，合理确定估值假设，形成未来收益预测等。

第二十一条 估值报告应以文字和数字形式清晰、准确表述估值结论，并明确估值结论的使用有效期；估值结论通常是确定的数值，估值结论若采用区间值的，应在区间之内确定一个最大可能值，并说明确定依据。

第二十二条 估值报告应对特别事项及其处理方式，对估值结论和经济行为可能产生的影响进行说明。

第二十三条 估值报告的附件内容应与估值目的、估值方法和估值结论相关联，主要包括下列内容：

（一）与估值目的相对应的经济行为文件；

（二）估值对象涉及的主要核心资产权属证明资料；

（三）估值对象的法人营业执照和单位产权登记证；

（四）取得的项目相关方承诺函；

（五）审计报告、财务报表、尽调报告、法律意见等材料；

（六）与估值相关的分析汇总表，估值明细表；

（七）其他估值相关文件。

估值对象为境外企业，由于商业保密等原因受到限制而无法取得上述附件材料的，应予以披露说明。

第四章 估值方法审核

第二十四条 估值方法主要包括市场法、收益法和资产基础法三种基本方法及其衍生方法。估值过程应结合企业不同发展阶段、不同行业的特性，选择恰当、适用的估值方法（详见附件：《估值方法选择参考》）进行估值。

第二十五条 资产基础法及其衍生方法的选用

（一）前提条件：估值对象未来持续经营；估值对象资产负债表内及表外的各项资产、负债可识别；各项资产、负债的历史资料、权属文件、技术资料等可获得。

（二）基本原则：对估值对象估值基准日的资产及负债账面值的真实性进行分析和判断，剔除非正常因素；当存在对估值对象价值有重大影响且难以识别和估值的资产或者负债时，应当考虑不同方法的适用性。

（三）衍生方法：主要包括重置投资成本法、复原重置成本法、更新重置成本法等。

第二十六条 收益法及其衍生方法的选用

（一）前提条件：估值对象的未来收益可以合理预期并用货币计量；预期收益所对应的风险能够度量；收益期限能够确定或者合理预期。

（二）基本原则：结合估值对象的行业特点、企业性质、资产规模、历史经营情况、未来收益可预测情况、所获取估值资料的充分性，恰当考虑收益法的适用性。

（三）衍生方法：主要包括现金流量折现法、股利折现法、管线估值法等；其中管线估值法多用于估算初创医药企业价值。

第二十七条 市场法及其衍生方法的选用

（一）前提条件：估值对象的可比参照物具有公开的市场，以及活跃的交易；有关交易的必要信息可获得。

（二）基本原则：根据所获取可比企业经营和财务数据的充分性和可靠性，可收集到的可比企业数量，考虑市场法的适用性。

（三）衍生方法：主要包括上市公司比较法、交易案例比较法、最近融资价格调整法、行业指标倍数法等。

第五章　估值机构选聘审核

第二十八条　企业应建立估值机构选聘制度，明确估值机构选聘标准和准入条件，建立估值机构备选库，并实行动态管理；通过公开、透明的选聘程序，委托估值机构及估值专业人员。境外估值机构，可暂不纳入备选库管理，企业根据项目实际情况选用。

第二十九条　企业应与估值机构订立估值委托合同，约定估值机构应承担的职责和义务。估值机构相关资格证明文件、法人营业执照副本、估值专业人员资格证明文件、估值委托合同等应作为估值报告附件一并归档。

第三十条　企业参照《上海市国有资产评估项目受托评估机构执业质量评价办法》（沪国资委评估〔2020〕145 号），对受托估值机构在具体估值项目中的执业质量、服务水平和专业能力进行评价。

第六章　附　　则

第三十一条　本市各委托监管单位、区国资委结合实际参照执行。

第三十二条　本指引由市国资委负责解释。

第三十三条　本指引自 2021 年 1 月 1 日起施行。

附件：《估值方法选择参考》

估值方法选择，应结合企业不同发展阶段、不同行业企业的特性，分析三种基本方法及其衍生方法的适用性，基于专家建议和相关实践经验，相关估值方法选择参考介绍如下。

一、企业不同发展阶段估值方法的选择

企业发展通常会经历种子期、起步期、成型期、发展期和成熟期等发展阶段，结合不同估值方法的使用前提和基本原则，企业在不同发展阶段的估值方法选择参考如下：

成立初期企业，企业产品往往处于概念阶段或准备面市，公司规模较小，尚未形成收入、利润。此类企业通常适用资产基础法进行估值；若企业最近一年有融资且融资价格公允，或已形成可比关键行业指标的，最近融资价格调整法、行业指标倍数法可作为复核估值结论是否合理的重要参考。

早期发展企业，企业产品通常已经上市，并逐步被市场认知，客户群体和收入水平稳步发展；此类企业通常适用收益法进行估值；市场法中销售市场倍数法、行业指标倍数法及最近融资价格调整法可进行交叉复核。

稳定发展企业，企业产品通常已经成型，市场认知度逐步提高，客户和收入水平较为稳定，此类企业通常适用收益法和市场法进行估值。

二、重点创新领域估值方法的选择

（一）生物医药

生物医药企业通常单个药品开发周期长、投入大、风险高。创新药品从开发立项到最终商业化，需经过临床前研究、药监局待批临床、临床试验、药监局批准及试生产等多个阶段。

生物医药企业的估值，管线估值法、交易案例比较法、上市公司比较法等估值方法较为适用。通常需关注：主要产品所处的研发阶段、市场需求、药品许可证的知识产权等重要影响因素，并关注与价值密切相关的主要经营指标，如：市销率(P/S)、股价/销售峰值(P/Peak sales)等。

（二）人工智能

人工智能企业基于大数据和互联网资源，通过数据工程和模型算法，高效解决标准化、个性化的各类需求。人工智能技术广泛应用在各个领域，行业细分程度较高，具有典型的轻资产特征，新技术、新业态、新模式在人工智能行业广泛应用。

人工智能企业的估值，现金流量折现法、交易案例比较法、最近融资价格调整法、行业指标倍数法、重置投资成本法、上市公司比较法等估值方法较为适用。通常需关注研发投入、技术成熟度、市场需求、专有技术产权价值、交易案例的可比性等重要影响因素，并关注与价值密切相关的主要经营指标，如：企业价值与销售收入比(EV/S)、企业价值与息税折旧摊销前收益之比(EV/EBITDA)等。

（三）集成电路

集成电路企业具有技术难度高、研发周期长、产品迭代快、资金投入大、客户认证周期长、行业集中度高等特点。

集成电路企业的估值，现金流量折现法、交易案例比较法、最近融资价格调整法、行业指标倍数法、重置投资成本法、上市公司比较法等估值方法较为适用。通常需关注经营模式(无生产线设计(Fabless)、芯片生产制造(Foundry)、国际整合元件(IDM)等)、研发投入、技术壁垒、应用领域、市场需求、商标和专有技术产权价值、交易案例的可比性等重要影响因素，并关注与价值密切相关的主要经营指标，如：收入类价值指标 EV/S、利润类价值指标 EV/EBITDA 等。应重点关注对成长性、技术壁垒等差异的修正。

（四）互联网

互联网企业通常指以计算机网络技术为基础，利用网络平台提供服务并获得收入的企业。

互联网企业的估值，现金流量折现法、交易案例比较法、最近融资价格调整法、行业指标倍数法、重置投资成本法、上市公司比较法等估值方法较为适用。通常需关注：客户规模、技术成熟度、商标和专有技术产权价值、交易案例的可比性等重要影响因素，并关注与价值密切相关的主要经营指标，如：市销率(P/S)，企业价值/每用户平均收入(EV/ARPU)，市价/月(日)活用户数(P/MAU(DAU))等。

（五）文化创意

文化创意企业通常依靠创意人的智慧、技能和天赋，借助于高科技对文化资源进行创造与提升，通过知识产权的开发和运用，产生出高附加值产品或服务。文化创意产业具有社会性、艺术性、历史性、民族性、群众性等显著特点，精神性的观念价值往往大于其物质性的使用价值。

文化创意企业的估值，收益法和市场法及其衍生方法较为适用。通常需关注文化类型、技术成熟度、使用期限、转让内容、市场需求、风险因素、同行业价格、更新换代情况、交易案例的可比性等重要影响因素。

三、境外投资并购估值方法的选择

境外投资并购的目标公司一般处于稳定期和成熟期，选择收益法和市场法及其衍生方法，更适合体现企业未来持续经营发展能力及潜力所反映的企业价值。

境外投资并购项目的估值，除需关注估值对象的企业性质、资产规模、经营状况；考虑宏观经济因素、所在行业现状与发展前景，交易案例的可比性等基本因素以外，通常需同时关注会计准则差异，汇率波动，文化差异，法律体系，收购后的融合成本，进入的结构要求和管制，以及货币换算和国际资金成本等影响因素。

上海市国资委关于印发《上海市企业国有资产评估核准备案操作手册》的通知

沪国资委评估〔2020〕100号

各监管企业、委托监管单位，各区国资委：

为规范本市企业国有资产评估行为，促进本市企业国有资产评估核准、备案工作规范有序开展，根据《中华人民共和国企业国有资产法》《中华人民共和国资产评估法》《企业国有资产评估管理暂行办法》(国务院国资委令第12号)、《企业国有资产交易监督管理办法》(国务院国资委令第32号)和《上海市企业国有资产评估管理暂行办法》(沪国资委评估〔2019〕366号)等文件规定，我委对《上海市企业国有资产评估项目核准备案操作手册》(沪国资委评估〔2012〕468号)第一部分进行了修订，形成《上海市企业国有资产评估核准备案操作手册》，现印发给你们，请遵照执行。

区属企业的国有资产评估核准、备案工作，结合实际参照执行。

《上海市企业国有资产评估项目核准备案操作手册》(沪国资委评估〔2012〕468号)即行废止。

特此通知。

上海市国有资产监督管理委员会

2020年5月12日

附件

上海市企业国有资产评估核准备案操作手册

目　录

上海市企业国有资产评估项目核准、备案的程序为：确定是否需要评估、确定评估机构委托方、聘请评估机构、资产评估、项目预沟通（报市国资委项目）、备案管理单位/转报单位审核、召开专家评审会（根据规定）、评估结果公示（根据规定）、核准备案申报（含执业质量评价）、核准备案审核、出具核准文件或备案表（流程图见附件三）。

一、评估项目确定

（一）应评估的经济行为类型

国有企业有下列行为之一的，应当对相关资产进行评估：

1. 国有企业产权变动涉及的经济行为：

（1）整体或部分改建为有限责任公司或者股份有限公司；

（2）合并、分立、破产、解散；

“合并”是指一个企业以承担债务、购买、股份化和控股等形式有偿接收其他企业的产权，使被合并方丧失法人资格或改变法人实体。合并分为新设合并和吸收合并。

“分立”是指将一个企业拆分为两个或两个以上的企业。分立分为新设分立和存续分立。

（3）非上市公司国有股东股权比例变动；

指非上市公司由于非同比例增资、减资等行为引起企业股权比例变动。

（4）产权转让；

指将一个非上市公司的所有权（即国有出资人拥有对企业的出资或股份）由原出资人转让给受让方的行为。

（5）整体资产租赁给非国有企业。

2. 国有企业资产处置涉及的经济行为：

（1）以非货币资产对外投资；

（2）资产转让、置换；

（3）部分资产租赁给非国有企业；

指国有企业非主业经营过程中发生的资产出租给非国有企业行为。

（4）以非货币资产偿还债务；

（5）资产涉讼。

3. 对相关非国有资产进行评估的经济行为：

（1）收购非国有单位的资产（产权）；

（2）接受非国有单位以非货币资产出资；

（3）接受非国有单位以非货币资产抵债。

4. 国有参股企业涉及国有股权变动的经济行为，包括企业国有股权比例变动、企业合并等。

5. 法律、行政法规规定的其他需要进行资产评估的事项。

（二）可免于评估的经济行为类型

国有企业有下列行为之一的，可按经核准或备案的评估值或最近一期审计报告确认的净资产值为基准确定相应价格：

1. 市国资委对国有全资企业增资的；

2. 按规定实施的无偿划转；

3. 国有全资企业之间进行的国有产权置换、产权协议转让等行为；

4. 增资或减资企业和投资方均为国有全资企业；

5. 国有企业与其下属全资企业之间（或国有企业下属全资企业之间）产权协议转让、国有产权置换、非同比例增减资等，且不影响国有权益和其他股东权益的行为；

6. 上级国有单位收回且不涉及资产处置的国有全资企业的解散清算行为。

申请以最近一期审计报告确认的净资产值为基准确定相应价格的，需提供下列材料：

（1）免于评估的申请；

（2）经济行为批准文件；

（3）交易各方的产权证明材料；

（4）关于产权转让、非同比例增减资的股东会或董事会决议；如涉及其他股东优先收购权的，在决议中应明确表示其他股东放弃优先收购或另行提供股东放弃优先收购权承诺；涉及增减资的，决议中应明确所有股东增减资金额或比例；

（5）企业集团及交易各方对因未评估引起的相关债权债务纠纷和劳动纠纷将由其负责妥善处理的承诺；

（6）法务部门出具的法律意见。

二、评估前期准备工作

（一）经济行为批文

1. 按规定需要对相关经济行为做出决定的，应提供股东（大）会决议、董事会决议、经理办公会决议等决策性文件。

2. 按规定需经产权持有单位、相关部门或单位批准的，资产评估前应先取得相关单位、部门的初步意见。评估核准、备案时，应提供正式文件。

（二）评估委托方的确定

序号	评估项目	评估委托方
1	涉及国有产权变动的	由拟变动国有产权的产权持有单位委托
	其中：涉及多个国有股股东产权变动的	由国有股最大股东委托；各国有股东持股比例相同的，由相关股东协商后确定其中一家股东委托，并负责履行相关批准程序
	其中：涉及市国资委监管企业产权变动的	由市国资委授权监管企业委托
	其中：涉及国有企业增资的	由被增资企业或产权持有单位单方委托或共同委托
	其中：涉及国有企业与上市公司重组的	由国有产权持有单位和上市公司共同委托
2	涉及国有企业资产处置的	由资产的产权持有单位委托
3	涉及相关非国有资产	一般由接受非国有资产的国有企业委托或其与非国有企业共同委托

（三）评估机构的选择

1. 备案管理单位应根据相关规定，建立评估机构备选库，并实施动态管理。

2. 重大、特殊项目可单独进行招投标选择评估机构。重大项目招投标工作中，委托单位应充分考虑评估机构的承接能力。如委托方需要选聘两家及以上评估机构的，应选择其中一家作为牵头机构组织协调评估工作。

（四）其他有关事项

1. 产权持有单位应根据需要，进行清产核资、审计等评估前准备工作。

2. 企业改制涉及土地使用权有偿使用的，必须经土地确权登记并明确土地使用权的处置方式。涉及国有划拨、空转土地使用权的，必须在改制前按照国家土地管理有关规定办理土地使用权有偿使用手续，由区土地管理部门组织开展地价市场评估，经区政府确定土地出让价款、签订土地出让合同。对确实无法办理出让的划拨、空转土地使用权，企业应与土地管理部门沟通明确处置方式。进入企业改制资产范围的国有划拨、空转土地使用权出让金的评估，应先选择由市规划和自然资源局认可的房地产估价机构进行估价，并纳入企业整体资产中评估。

3. 企业改制涉及探矿权、采矿权有关事项的，必须由国土资源主管部门明确探矿权、采矿权的处置方式。进入企业改制资产范围的探矿权、采矿权，必须经由市规划和自然资源局认可的具有矿业权评估资格的中介机构进行评估作价（矿业权评估结果报国土资源主管部门备案），并纳入企业整体资产中评估。

4. 没有进入企业改制资产范围的实物资产和专利权、非专利技术、商标权、土地使用权、探矿权、采矿权、特许经营权等资产，改制后的企业不得无偿使用；若需使用的，有偿使用费或租赁费计算标准应参考资产评估价或同类资产的市场价确定。

5. 涉及职工安置费用的评估事项。对于解除或终止劳动合同职工的经济补偿、离退休人员、内退人员有关费用等职工安置费用，按照《关于企业重组有关职工安置费用财务管理问题的通知》(财企〔2009〕117号)处理。职工安置费用的确定须经国资监管机构或监管企业审核同意。

三、评估过程管理

(一) 确定评估基准日

评估基准日由委托方与评估机构协商确定，并尽可能与评估目的实现日接近。一般采用评估机构进场前三个月内的某月末为评估基准日，如不是应说明原因。

(二) 项目预沟通

对于应报市国资委核准、备案的评估项目，备案管理单位应在评估机构进场清查后，与市国资委就评估方案等内容进行汇报或沟通，沟通一致后方可进行后续评估工作。

评估方案主要包括：

(1) 项目背景(经济行为依据及内容)；

(2) 被评估单位基本情况：

① 股权结构和变动情况；

② 业务情况(包括经营模式介绍和单位组织架构)；

③ 财务情况(包括两年一期的资产负债简表和经营状况简表)。

(3) 评估思路说明，主要包括以下内容：

① 评估基准日的选定说明；

② 企业价值评估方法的确定及理由；

③ 主要、特殊(如矿业权等)资产的评估方法、原则及参数标准；

④ 资产清查情况；

⑤ 股权投资基本情况列表，包括长期投资和可供出售金融资产中的股权投资；

⑥ 不动产基本情况列表；

⑦ 主要无形资产基本情况列表；

⑧ 需要说明的往来款项；

⑨ 可能涉及的特别事项和重大事项(如表外/或有资产、负债，租赁资产，期后事项，担保、抵押、诉讼以及其他对企业权益形成影响的事项)；

⑩ 审计相关情况(提供财务审计备案表)。

(4) 评估工作计划。

(三) 评估相关各方职责

1. 被评估单位和委托方应当积极配合评估机构开展工作，向评估机构如实提供有关情况和资料，并对其所提供情况和资料的真实性、合法性和完整性负责。

2. 评估机构及评估专业人员对其出具的评估报告承担法律责任。

四、评估报告转报审核

（一）内部审核

1. 备案管理单位应按照《上海市企业国有资产评估报告审核手册》（沪国资委评估〔2018〕353 号）的相关要求，对评估项目进行审核，并按规定进行转报或备案，备案管理单位承担相应的审核或备案责任。

2. 备案管理单位应落实专门部门、专门人员负责评估项目的审核和转报工作。原则上应由参加过评估业务培训的人员负责项目的审核和转报工作。

3. 各级单位要认真组织评估报告的审核工作，并于审核完成后形成评估报告审核工作小结。

4. 备案管理单位和转报单位可以根据实际情况，整合内部资产管理、财务、审计、法务等部门相关专业力量，共同进行评估报告审核。

5. 重大项目或涉及金额较大的项目必须实行内部会审，对涉及范围较广、比较复杂、确有疑难的项目，备案管理单位可以组织有关专家参与项目评审。

6. 在审核过程中，备案管理单位和转报单位应加强对不动产、无形资产等资产的审核，应对该类资产的使用状况（性质）的变化、价值变化、市场潜力等因素做出适当调查、分析，判断其评估的合规性、合理性。对重大、疑难事项，转报时应出具专项审核意见。

（二）组织专家评审会

1. 备案管理单位应根据《上海市企业国有资产评估报告专家评审工作指引》（沪国资委评估〔2019〕104 号）的规定，组织召开评估报告专家评审会。

2. 涉及下列情况之一的资产评估项目，应当召开专家评审会：

（1）核准项目；

（2）重大项目；

（3）备案管理单位评估管理制度规定的项目；

（4）实行市国资委事前备案管理的投资项目；

（5）市国资委要求的其他项目。

3. 评审会专家一般由 5-9 人组成，应结合评估项目的重要性、复杂程度、风险大小等因素，确定专家人数及人选。专家人选中至少应包含 3 名资产评估专家。可根据评估项目特点合理选择财务审计、房地产、法律及其他行业专家等。

4. 项目预审

专家评审组织单位在评审会召开前应对评估报告进行初步审核，并将意见反馈至评估机构等相关单位。对沟通一致的意见，评估机构应对评估报告作相应修改。

专家评审组织单位确定会议日期后，应当至少提前 5 个工作日将评估报告、说明及相关文件资料提供给受邀专家。可在会前与专家交流审核意见，如发现评估报告存在重大差错或重大不确定性的，专家评审组织单位应及时与评估机构进行沟通，并在会前修改完善。

5. 会议资料

（1）会议组织单位应在会后及时整理会议资料并存档备查。会议资料可采用视频文件或书面记录等多种形式保存。

（2）《评审会意见》、《专家个人意见》、评估机构修改答复及专家对报告修改的确认书应作为评估项目核准、备案的申报材料。

6. 审核责任

（1）《专家个人意见》和《评审会意见》作为专业咨询意见，为备案管理单位审核评估报告提供重要参考，但不能取代备案管理单位的审核意见。

（2）专家评审会为备案管理单位在评估报告审核过程中提供专业技术支持，并不减少或替代备案管理单位的审核职责，也不减少或替代评估报告出具单位的相关责任。

（三）评估结果公示

除国有全资企业之间产权交易、国有独资企业改制为国有独资公司的资产评估项目外，其他资产评估项目核准、备案前应按规定进行公示。具体要求如下：

1. 公示主体

公示主体为：监管企业，委托监管单位或其监管的单位，其他委办局或其管理的直属企业。

2. 公示范围

一般包括公示主体、评估委托方、资产占有方等资产评估项目涉及的相关单位。涉及国家秘密或商业秘密的，应在内部可知悉范围内公示。被评估单位为非国有企业的，应在被评估单位或委托方范围内公示。

3. 公示期限及方式

公示不应少于5个工作日。可通过企业内部公示栏、信息系统等途径进行公示。

4. 评估结果公示的内容

一般包括经济行为批文（因特殊情况尚未取得的，可公示告知评估目的以及尚须履行的批准程序）、评估机构选聘方式、评估机构及评估师资质、评估程序履行情况、评估报告摘要和特别事项说明、评估结果汇总表、评估资料查阅方式、反馈意见收集及处理方式等。

5. 关于资产评估情况公示结论的说明；

公示主体或公示范围内各方应出具加盖公章的《关于资产评估情况公示结论的说明》。该《说明》应明确公示的内容、结论及处理情况等。如相关企业职工对本次资产评估范围和内容的真实性有异议的，应说明有异议如何反馈、如何解决，最终结论如何等。同时，被评估单位或委托方应在《资产占有方、委托方的承诺函》中，对所提供的《关于资产评估情况公示结论的说明》的真实性作出承诺。

公示反馈意见经核实对经济行为和评估结果有重大影响的，应在妥善解决相关问题后重新履行公示程序。

6. 公示完成后，评估机构应根据反馈意见相应调整评估结果，出具正式的评估报告。

五、核准、备案办理

(一) 核准、备案申报

1. 申报主体的确定

评估项目核准、备案原则上由委托方申报。委托方收到评估机构正式出具的评估报告后，原则上按委托方最大国有资产出资者的隶属关系逐级报送核准或备案。

2. 申报前应完成的事项

转报单位将评估报告报相关单位申请核准、备案前，应当完成以下事项：

(1) 取得与资产评估项目相对应的经济行为批准文件。

(2) 确认所聘请中介机构及相关人员具有相应资质。

(3) 纳入评估范围的房产、土地及矿产资源等资产权属要件齐全、手续齐备。权属资料或要件不全面或者存在瑕疵的应妥善解决。

(4) 纳入评估范围的资产与经济行为批复、重组改制方案内容一致；方案应避免存在可能对评估结论产生重大影响的瑕疵。

(5) 对评估报告进行审核并督促评估机构修改完善。

(6) 按规定履行公示程序。

(7) 按规定完成《上海市企业国有资产评估项目执业质量评价表》的填写。

① 相关单位应根据市国资委有关评估机构执业质量评价的相关要求，对评估机构执业情况进行评价，并将评价信息录入评估管理相关信息系统。

② 需报市国资委核准、备案的项目，转报单位应将填写完整的《上海市国有资产评估执业质量评价表》(纸质和电子版) 转报市国资委。

3. 申报表格填写

(1) 办理评估项目核准、备案手续需报送的文件材料清单详见附件一、二。

(2) 办理评估项目核准、备案手续需报送的文件材料清单中 1-3 项涉及的表格应登陆评估管理相关信息系统在线填写，按系统格式使用 A4 纸双面打印各表，不得随意分页。

(3) 应按要求如实填写，做到准确、完整、清晰，不得漏项、涂改、手工填写。

(二) 核准、备案受理

1. 受理要求

(1) 评估项目已通过评估管理相关信息系统进行网上申报。

(2) 评估机构的委托符合规定。

(3) 申请核准时，核准申请表、核准备案转报表、转报单位承诺表、评估机构承诺表填写完整规范；

办理备案时，备案表、核准备案转报表、转报单位承诺表、评估机构承诺表填写完整规范。

(4) 表格中经济行为类型选择得当，与本次评估相匹配的经济行为批准文件或有效材料齐全。

(5) 表格中数据、信息与评估报告正文、评估说明、评估明细表、评估备查材料中数据信息一致。

（6）评估目的、评估对象和资产范围与经济行为批准文件或有效材料相匹配。

（7）如需公示的，相关单位按规定完成公示并形成公示结论说明。

（8）评估报告完整，内容、格式符合规定。评估报告应符合《资产评估准则——评估报告》、《企业国有资产评估报告指南》的要求。其他类型报告内容及格式应满足国资管理的基本要求。

（9）符合受理时限要求：

申请核准时，转报单位应自评估基准日起 8 个月内向市国资委提出核准申请；涉及房地产开发企业或主要资产为房地产的企业的评估报告，应自评估基准日起 6 个月内向市国资委提出核准申请；破产清算项目，应自评估基准日起 4 个月内向市国资委提出核准申请；

办理备案时，转报单位应自评估基准日起 9 个月内按规定转报相关单位备案；涉及房地产开发企业或主要资产为房地产的企业的评估报告，应自评估基准日起 6 个月内按规定转报相关单位备案；破产清算项目，应自评估基准日起 4 个月内按规定转报相关单位备案。

（10）转报单位相关审核意见及评估机构修改答复齐全合规。按规定召开专家评审会，且评审会相关材料齐全合规。

（11）被评估单位如不动产、无形资产等资产存在评估重大、疑难问题的，应提供转报单位的专项审核意见。

（12）涉及企业价值评估的，原则上需采用两种以上评估方法评估，且评估基准日及前两年母公司及合并的会计报表和审计报告齐备。

（13）资产权属清晰，权属证明文件齐备。没有法定权属文件的，需提供相关证明文件。

（14）《上海市企业国有资产评估项目执业质量评价表》填写规范、盖章符合规定。

（15）评估机构评估资质或证券业评估资质证书真实有效。

（16）资产评估师职业资格证书登记卡真实有效，登记单位与评估机构一致。

（17）附件中被评估单位、委托方、评估机构及资产评估师承诺函齐全合规。

（18）附件中提供资产评估委托合同。

（19）评估报告及各式表项签字、盖章符合规定。

（20）相关书面材料的电子文档完整上传至评估管理相关信息系统。

2. 核准、备案审核

（1）对于市国资委、备案管理单位出具的评估报告审核意见，转报单位应当及时组织相关中介机构逐条答复审核意见，并根据审核要求对评估报告、审计报告、土地估价报告、矿业权评估报告等进行补充修改，并将调整完善后的申请材料和审核意见答复在 10 个工作日内重新报送。评估机构根据审核意见修改完善评估报告后，应相应调整资产评估报告日。

（2）核准项目经审核符合规范要求的，一般在 7 个工作日内下达《核准通知书》；经审核需修改报告或补充材料的，待修改、补充完备后重新转报。市国资委认为必要时可组织现场核查、专家会审等，核准时间顺延。

（3）备案项目经审核符合规范，一般在5个工作日内予以备案。经审核需修改报告或补充材料的，待修改、补充完备后重新转报。发现有严重问题的不予备案。市国资委、备案管理单位可组织现场抽查、专家会审、专家评审会等，备案时间顺延。

六、核准、备案后续工作

（一）资产评估项目核准或备案文件是企业办理产权登记、股权设置和产权转让等相关手续的必备文件。

（二）经核准或备案的资产评估结果使用有效期为自评估基准日起1年。破产清算项目资产评估结果使用有效期为自评估基准日起6个月。

（三）企业进行与资产评估相应的经济行为时，应当以经核准或备案的资产评估结果为作价参考依据；当交易价格低于评估结果的90%时，应当暂停交易，在获得原经济行为批准机构同意后方可继续交易。

（四）备案管理单位使用评估报告时，应关注评估基准日后委估资产的状况、价格变化等期后事项，并按有关规定进行适当处理。

（五）备案管理单位应将评估报告等相关资料作为长期档案妥善保管。

七、企业境外国有资产评估管理

（一）监管企业、委托监管单位所监管企业及各级子企业独资或者控股的境外企业所拥有的境内企业国有资产评估的管理，比照境内企业国有资产评估管理的相关规定执行。

（二）监管企业、委托监管单位所监管企业及各级子企业以其拥有的境内企业国有产权向境外企业注资或者转让，或者以其拥有的境外企业国有产权向境内企业注资或者转让，应当依照《企业国有资产评估管理暂行办法》（国资委令第12号）等相关规定，聘请具有相应资质的境内评估机构对标的物进行评估，并办理评估备案或者核准。

（三）监管企业、委托监管单位所监管企业及各级子企业独资或者控股的境内外企业在境外（标的物在境外）发生转让或者受让产权、以非货币资产出资、非上市公司国有股东股权比例变动、合并、分立、破产、解散等经济行为时，应当聘请具有相应资质、专业经验和良好信誉的专业机构对标的物进行评估或者估值，其中标的物主要资产在境内的，一般应对标的物进行评估，并办理评估备案或者核准。上述经济行为的交易对价应当以经核准或备案的评估或者估值结果为基准。

报送备案或核准的评估或者估值报告书及其相关说明等资料应为中文文本。

境外投资项目评估核准、备案应关注该项目是否符合企业发展战略；应关注该项目是否具有后续管理运营计划；应关注该项目的交易条件和风险，是否满足集团规定的风险控制和投资回报率要求。

（四）选择的境内评估机构应当具有国家相关部门确认的专业资质；选择的境外评估或估值机构应当遵守标的物所在国家或地区对评估或估值机构专业资质的相关规定。

（五）境外评估核准、备案项目范围同《上海市企业国有资产评估管理暂行办法》（沪国资委评估〔2019〕366号）第四条。

（六）监管企业、委托监管单位所监管企业内部实施资产重组，转让方为上述主体及其直接或者间接全资拥有的境外企业，受让方为上述主体及其直接或者间接全资拥有的境内外企业的，转让价格可以以经核准或备案的评估值或者审计确认的净资产值为底价确定。

国有全资企业之间进行的国有产权置换、产权协议转让、非同比例增减资等行为，转让方为境外国有全资企业，受让方为境内外国有全资企业的，转让价格可以以经核准或备案的评估值或者审计确认的净资产值为底价确定。

（七）监管企业、委托监管单位应当落实境外企业国有评估管理工作责任，完善档案管理，制定境外企业国有评估管理制度，并报市国资委备案。

八、禁止行为

（一）涉及需进行资产评估的经济行为，企业不得使用未经评估核准、备案的评估报告进行相关操作。

（二）评估报告载明的评估目的应当唯一，企业必须在评估报告限定的评估目的下使用评估报告，不得使用与限定评估目的不一致的评估报告进行相关操作。同一标的企业股权比例变动行为采取不同方式的除外。

（三）国有及国有控股企业的负责人以及领导班子的其他成员拟通过增资扩股或其他方式持有企业股权的，不得参与决策制订改制方案、确定国有产权折股价、选择中介机构，以及清产核资、财务审计、离任审计、资产评估中的重大事项。

（四）被评估单位、委托方不得隐匿或虚报资产、负债，不得以任何形式干预评估机构的正常执业行为。

（五）评估报告发现代签字代敲章的，建议评估协会、行业主管部门对代签字者、相关评估机构做出相应处罚。评估报告退回转报单位不予备案。

九、释义

（一）本文所称“国有企业”，是指本市国有及国有控股企业和国有实际控制企业及其各级子企业。

（二）本文所称“备案管理单位”，是经授权或批准对监管范围内企业国有资产评估事项履行备案职责的单位，包括具有评估备案权的市国资委监管企业和委托监管单位等。

其中：市国资委监管企业，以市国资委公布的名单为准；委托监管单位，指受市国资委委托对本系统经营性国资实施监督管理的市属委办局。

（三）本文所称“国有全资企业”，是指国有独资企业、国有独资公司以及股东均为国有投资主体的公司。

（四）本文所称“评估机构”，是指根据《中华人民共和国资产评估法》和有关法律法规设立，聘用评估专业人员开展评估业务，并到有关评估行政管理部门备案的评估机构。

（五）本文所称“评估报告”，是指格式与内容应符合《资产评估准则——评估报告》

（中评协〔2017〕32号）、《企业国有资产评估报告指南》（中评协〔2017〕42号）要求的评估报告。

（六）备案管理单位应当在企业评估管理制度中明确规定重大项目的标准；未明确规定的，按评估项目预估值占监管企业上一会计年度经审计合并报表净资产10%及以上的予以确定。

附件：1. 评估项目核准申报资料清单（略）；
2. 评估项目备案申报资料清单（略）；
3. 评估项目核准、备案流程图（略）。

上海市国资委关于印发《上海市国有资产评估监督检查办法》的通知

沪国资委评估[2011]448号

各委管单位、委托监管单位：

为加强对企业国有资产评估工作的监督管理，切实保障国有资产评估的工作质量，我委制定了《上海市国有资产评估监督检查办法》，现予印发，请按照执行。

二〇一一年十月十一日

上海市国有资产评估监督检查办法

第一章　总　　则

第一条　为切实有效地加强对企业国有资产评估工作的监督管理，维护国有资产出资人合法权益，促进企业国有产权有序流转，根据《中华人民共和国企业国有资产法》、《国有资产评估管理办法》(国务院第91号令)、《企业国有资产评估管理暂行办法》(2005年国务院国资委第12号令，下称“暂行办法”)和《上海市人民政府办公厅转发市国资委关于对部分市属经营性国资实施委托监管意见的通知》(沪府办发〔2009〕45号)等文件规定，制定本办法。

第二条　本办法适用于市国资委对市国资委管理单位(下称“委管单位”)以及对市属委、办、局等单位进行的国有资产评估监督检查；也适用于市国资委委托监管单位(下称“委托监管单位”)对其下属企业的国有资产评估监督检查。

第三条　本办法将监督检查分为评估管理工作检查(下称“管理工作检查”)和评估项目抽查(下称“项目抽查”)两类。管理工作检查是指市国资委对委管单位的评估管理工作进行检查的行为；项目抽查是指市国资委或委托监管单位对评估项目进行现场核查的行为。

第二章　监督检查的内容

第四条　管理工作检查的内容

(一) 被查单位评估管理工作制度的建设和执行情况；

(二) 评估管理岗位人员配置及培训情况；

(三) 评估项目备案的流转及评估报告审核情况；

(四) 评估机构选聘及受托机构执业质量评价工作情况；

(五) 评估项目信息报送情况(项目预报、备案和统计等)；

（六）评估档案管理情况；

（七）对下属企业的评估项目抽查情况；

（八）其他相关情况。

第五条 项目抽查的内容

（一）企业经济行为的合规性；

（二）被评估的资产范围与有关经济行为所涉及的资产范围是否一致；

（三）企业提供的产权证明文件、生产经营资料及财务资料等的真实性、合法性和完整性；

（四）评估机构和评估人员的执业资格；

（五）资产帐面价值与评估结果差异的合理性；

（六）评估工作底稿（必要的资产清查、函证工作）；

（七）评估依据的合理性；

（八）评估报告对重大事项及其影响评估结果情况的披露程度，以及该披露与实际情况间的差异；

（九）经济行为的实际成交价与评估结果差异的分析；

（十）其他相关情况。

第三章 监督检查的程序

第六条 检查对象的确定

管理工作检查的检查对象原则上从委管单位中选取，每季度不少于2家。管理工作检查涉及的评估项目从委管单位上报的《备案项目统计表》及市联合产权交易所的交易项目清单中挑选。

市国资委负责的项目抽查，其对象一般从市国资委核准、备案的评估项目和委管单位备案的评估项目中随机抽选；委托监管单位和委管单位应定期或不定期地对其备案的项目进行抽查。

第七条 检查人员组成

检查人员应为两人以上。市国资委检查（抽查）小组一般由市国资委相关处室根据具体情况，会同市国资委稽查中心、市产管办和委管单位、市属委、办、局等部门、单位的相关人员组成；委托监管单位抽查小组人员组成，可由负责单位视情况而定。

第八条 管理工作检查的工作程序

（一）下达检查通知

检查小组实施检查时，应提前10-15个工作日，向被查单位下达检查通知，其内容包括：检查目的、范围、内容、时间安排、检查工作程序、以及需提供的资料等。

（二）自查

收到检查通知后，被查单位应按照通知要求进行自查，认真填写自查表格（另发）并撰写自查报告。自查报告的内容应包括：

1. 被查单位评估管理工作基本情况；

2. 被查单位资产评估管理工作制度的建设和执行情况；

3. 评估管理专业人员的配备及培训情况；

4. 评估项目备案工作的内部流转及评估报告审核情况；

5. 评估项目的预报、统计分析资料上报及归档等情况；

6. 被查单位已备案的评估项目相对应经济行为的实施情况；

7. 被查单位有无应当进行资产评估而未进行评估的项目，应当办理核准、备案而未办理的项目；

8. 评估项目有无涉案情况；

9. 自查中发现的问题和改进措施；

10. 评估管理工作的经验和建议；

11. 其他相关情况。

（三）检查工作的实施

检查小组在听取被查单位汇报并收集有关检查资料后，应按规定的检查内容开展对企业评估管理工作的整体检查。在检查中，检查小组应保持独立、客观、公正，并遵守法律、法规及有关规定，认真履行工作职责。在检查评估项目中，检查小组可要求被查单位通知项目的委托方、相关资产占有方及相关中介机构对检查工作予以配合，必要时可向被查单位、被评估企业及相关中介机构进行质询、实地复核勘察。检查小组如认为有必要，可进行对审计、产权交易等环节的延伸检查。

（四）形成检查报告和反馈检查意见

检查小组根据检查情况，集中讨论并形成检查报告，检查报告的主要内容包括：检查范围和内容、检查程序、被查单位自查情况、检查中发现的主要问题和检查结论等。检查小组应将检查中发现的主要问题和检查结论形成书面检查意见，向被查单位反馈，被查单位如对检查意见有异议，可以书面形式向检查小组反馈、说明。

（五）检查整改

被查单位应按照检查意见进行整改，并提交书面整改报告，必要时检查小组可对整改结果进行跟踪回访。

（六）建立检查工作档案

检查工作完成后，应建立检查工作档案。检查工作档案主要内容应包括：企业自查报告、评估管理工作的相关制度、检查报告、整改报告等。

第九条 项目抽查的工作程序

（一）拟定抽查计划，下达抽查通知

抽查小组在确定抽查项目后，拟定抽查计划。实施项目抽查时，应提前三个工作日向评估项目所属委管单位或市属委、办、局等单位下达抽查通知，内容包括：抽查项目的名称、抽查的内容、抽查目的、时间安排、需提供的相关资料等。

（二）项目抽查的实施

抽查小组根据拟定的抽查计划，对评估项目的具体工作内容进行抽查。抽查工作可采取实地勘察和检查评估工作底稿等方式，对重大、疑难的问题可组织专家进行会审，并作出相关结论。

（三）分析总结

抽查小组对每次抽查的情况应及时进行分析和总结，并在抽查现场工作完成后的五个工作日内上报《评估项目抽查小结》。抽查结果应及时向被查单位进行反馈。

（四）建立抽查工作档案

抽查工作完成后，抽查小组应及时建立抽查档案。主要内容包括：抽查通知、抽查小结、抽查工作中形成的相关其他资料等。

第四章　罚　　则

第十条　对发现有下列违法、违规情形的，由国资监管机构根据《中华人民共和国企业国有资产法》、《国有资产评估管理办法》和《暂行办法》责令改正并通报批评，必要时可依法向人民法院提起诉讼，确认其相应的经济行为无效。违法、违规情形包括：

1. 应当进行资产评估而未进行评估；

2. 应当办理核准、备案而未办理；

3. 企业向评估机构提供虚假情况和资料，或者与评估机构串通作弊并导致评估结果失实的；

4. 聘请不符合资质条件的评估机构从事国有资产评估活动。

在施行上述处罚时，对玩忽职守、故意造假、乱用评估结果造成国有资产损失的相关责任人，启动责任追究程序，或依法给予处分；涉嫌犯罪的，依法移送司法机关处理。对在监督检查中提出的薄弱环节，企业应积极落实整改，形成整改报告，举一反三，进一步加强和完善管理。

第十一条　受托资产评估机构在资产评估过程中违规执业的，由国资监管机构将有关情况通报其行业主管部门，建议给予相应处罚；情节严重的，可要求企业不得再委托该中介机构及其当事人进行国有资产评估业务；涉嫌犯罪的，依法移送司法机关处理。有关资产评估机构对资产评估项目抽查工作不予配合的，国资监管机构可以要求企业不得再委托该资产评估机构及其当事人进行国有资产评估业务。

第五章　附　　则

第十二条　本办法由上海市国有资产监督管理委员负责解释。

第十三条　委托监管单位应于每年度终结后一个月内，将其年度内的国有资产评估监督检查情况上报市国资委；委管单位应于每年度终结后一个月内，将其评估管理工作年度总结上报市国资委。

第十四条　区、县国资委对其下属企业的国有资产评估监督检查，可以参照本办法。

第十五条　本办法自发布之日起施行。

上海市国资委关于印发《上海市企业国有资产评估项目受托评估机构执业质量评价办法》的通知

沪国资委评估〔2020〕145号

各监管企业、各委托监管单位、各区国资委：

自2013年施行《上海市国资委系统受托评估机构执业质量综合评价办法》（沪国资委评估〔2013〕48号，以下简称48号文）以来，各有关单位按照规定开展评估机构执业质量综合评价工作，取得了较好的成效。为进一步规范本市企业国有资产评估项目受托评估机构执业质量评价工作，促进受托评估机构规范资产评估行为，保证执业质量，现将48号文修订后形成的《上海市企业国有资产评估项目受托评估机构执业质量评价办法》印发给你们，请认真按照执行。

《上海市国资委系统受托评估机构执业质量综合评价办法》（沪国资委评估〔2013〕48号）即行废止。

特此通知。

上海市国有资产监督管理委员会

2020年6月24日

上海市企业国有资产评估项目受托评估机构执业质量评价办法

第一章　总　　则

第一条　为进一步规范本市国有资产评估项目受托评估机构执业质量评价工作，促进受托评估机构诚信执业、不断提高执业质量、服务水平和专业能力，引导评估机构配备优秀团队服务国有资产评估项目，适应国有企业防控评估风险需要。根据《中华人民共和国资产评估法》等法律法规和《上海市企业国有资产评估管理暂行办法》（沪国资委评估〔2019〕366号）等有关文件，制定本办法。

第二条　对本市国有企业资产评估项目受托评估机构执业质量、服务水平和专业能力的评价，适用本办法。

第三条　评价主体为资产评估项目涉及的备案管理单位、非备案管理单位、区国资委。市国资委核准备案的项目，由转报单位负责评价。评价主体应按照"谁负责，谁评价"的原则，对受托评估机构完成评估项目的情况进行评价。评价应客观公正，标准统一。

第二章　评价内容、指标和标准

第四条　评价主体依据对受托评估机构评估项目的审核意见等，对受托评估机构在具体评估项目中的执业质量、服务水平和专业能力进行评价。

第五条　评价内容由分类评价和总体评价两部分组成：

1. 分类评价，包括：项目计划安排、项目现场核查程序、报告形式要件、评估报告规范、评估技术质量、评估明细表、审核沟通共七个有关“程序履行情况、评估报告质量”方面的评价指标。

2. 总体评价，包括：评估项目团队配置、项目初期方案计划、项目实施过程沟通、评估人员对项目特点把握、评估报告修改次数共五个有关“服务水平、专业能力”方面的评价指标。

具体评价内容、指标和标准详见《上海市企业国有资产评估项目执业质量评价表》(以下简称《评价表》，详见附件)。

第六条　评价实行百分制和附加分制组合方式，分类评价与总体评价分数合计后得出每个评估项目的评价总计分值。

第三章　评价管理和程序

第七条　市国资委负责指导和监管评价主体对受托评估机构执业质量评价工作。

市国资委定期汇总评估项目评价分值，结合行业监管情况，作出评估机构综合评价，并以适当的形式发布。同时，根据《评价表》执行情况，结合评估管理工作要求适时更新有关评价指标及其权重。

第八条　评价主体应通过评估管理信息系统打印生成《评价表》，由部门负责人签字并加盖单位公章后，作为评估核准或备案必备要件。

第九条　评价主体可以将评价结果反馈给受托评估机构。

在评价结果中出现下列情况之一，评价主体应在评估管理信息系统作出特别说明，并及时将评价结果向受托评估机构反馈：

1. 评估管理信息系统出现分值异常预警；

2. 总体评价指标有加减分值。

第十条　在评价周期内出现下列情况之一，评价主体应调整《评价表》评价分值：

1. 评价主体未按“客观公正，标准统一”的要求进行评价，导致评价结果严重失实的，应重新评价并修正评价结果。

2. 国家司法机关判定评估报告内容失实，且主要原因是由于评估机构造成的，评价主体应及时将评价结果调整为零分。

第十一条　如出现第十条所列评价结果为零分的情形及其他异常情况时，评价主体应及时约谈评估机构。发现评估机构存在执业质量等重大问题并经相关行业技术论证，评价主体应及时向市国资委报告，市国资委将按国有资产评估管理有关规定处理。

第十二条 评价主体应针对评价工作中反映的问题，加强对资产评估相关环节的管理和控制，进一步选优选好评估机构，切实保证国有资产评估质量。

第四章 附　　则

第十三条 企业境外国有资产评估项目暂不适用本办法。

第十四条 本办法由上海市国有资产监督管理委员会负责解释。

第十五条 本办法自 2020 年 7 月 1 日起施行。

广州市国资委关于印发《广州市国资委监管企业资产评估管理办法》的通知

穗国资产权〔2021〕15号

各监管企业、受托监管部门、各区国资监管机构：

为加强资产评估业务管理，进一步规范、简化资产评估核准、备案工作流程，明晰工作要求，我们对2017年颁布的《广州市国资委监管企业资产评估管理办法(试行)》(穗国资评估〔2017〕5号)进行了修订，现予印发，请遵照执行。执行中有何问题，请及时反馈我委。

附件：广州市国资委监管企业资产评估管理办法

广州市人民政府国有资产监督管理委员会

2021年12月7日

附件

广州市国资委监管企业资产评估管理办法

第一章 总 则

第一条 为进一步规范国有企业资产评估行为，加强资产评估业务管理，保证企业国有产权有序流转，维护国有资产出资人合法权益，根据《中华人民共和国资产评估法》《中华人民共和国企业国有资产法》《企业国有资产监督管理暂行条例》(国务院令第378号)、《国有资产评估管理办法》(国务院令第91号)、《企业国有资产交易监督管理办法》(国务院国资委 财政部令第32号)、《企业国有资产评估管理暂行办法》(国务院国资委令第12号)等法律法规，制定本办法。

第二条 本办法适用于广州市人民政府国有资产监督管理委员会(以下简称"市国资委")代表广州市人民政府履行出资人职责的国有及国有控股企业、国有实际控制企业(以下简称"监管企业")及其各级国有及国有控股、国有实际控制企业(以下简称"各级子企业")。

第三条 本办法所称资产评估，是指评估机构及其评估专业人员根据委托对不动产、动产、无形资产、企业价值、资产损失或者其他经济权益进行评定、估算，并出具评估报告的专业服务行为。

本办法所称国有单位，是指各级党政机关，事业单位，国有独资、全资企业(公司)。

第四条 市国资委履行下列职责：

（一）制定监管企业资产评估相关管理制度；

（二）指导和监督监管企业资产评估工作；

（三）按规定权限组织或指导资产评估项目专家评审会；

（四）按规定权限对相关资产评估项目进行核准或备案；

（五）负责监管企业资产评估数据汇总、统计、分析和上报；

（六）履行市政府和上级国资委赋予的其他监管职责。

第五条 监管企业履行下列职责：

（一）制定企业内部资产评估管理制度，明确内部管理部门及责任人；

（二）执行国家和省、市关于资产评估管理的相关规定，组织、指导本企业及所属各级子企业开展资产评估工作；

（三）按规定权限组织本企业及所属各级子企业资产评估项目专家评审；

（四）按规定权限做好资产评估报告备案工作，恰当使用资产评估报告；

（五）负责本企业及所属各级子企业资产评估数据的汇总、统计、分析和上报。

第六条 企业应当积极配合资产评估机构开展工作，如实提供评估所需的相关情况及资料，并对所提供情况和资料的真实性、合法性和完整性负责，不得隐匿或虚报资产，不得以任何形式干扰评估机构的正常执业。

资产评估机构应当对企业提供的相关情况和资料保密。

第二章 资产评估

第七条 发生下列经济行为之一的，应对相关国有资产进行评估：

（一）产权变动涉及的经济行为：

1. 企业整体或部分改建为有限公司或者股份有限公司；

2. 企业合并、分立、清算；

3. 非上市公司国有股东股权比例变动；

4. 产权转让。

（二）非货币资产处置涉及的经济行为：

1. 以非货币资产对外投资、合资、合作；

2. 资产转让、置换；

3. 资产抵押、质押；

4. 以非货币资产偿还债务；

5. 整体资产或部分资产租赁给非国有单位；

6. 确定涉讼资产价值。

（三）其他确需进行资产评估的经济行为。

第八条 发生下列经济行为之一且按有关规定相应履行了完备决策程序的，可以不对相关国有资产进行评估：

（一）经市政府或市国资委批准，无偿划转企业产权及资产；

（二）国有独资、全资企业与其下属全资企业（事业单位）之间或其下属全资企业（事业单位)之间的合并或无偿划转；

（三）国有控股企业或国有实际控制企业及其下属全资子企业之间或其下属全资子企业之间的合并，经监管企业论证不会造成国有资产流失的；

（四）账面原值低于100万元人民币且占企业全部固定资产原值20%以下的单宗或批次实物资产(土地、房屋、车位除外)转让；

严禁故意拆分拟转让实物资产规避资产评估。

（五）账面净值低于30万元人民币且占企业全部固定资产

净值5%以下的单宗或批次固定资产报废；

（六）整体或部分资产租赁给国有单位；

（七）位于广州市内四区(越秀区、海珠区、荔湾区、天河区)内，单次合计建筑面积小于500平方米或土地面积小于1000平方米的物业，或位于广州市内上述四区以外，单次合计建筑面积小于1000平方米或土地面积小于2000平方米的物业，以广州市房屋租金参考价进入依法设立的产权交易机构进行公开招租且租赁期不超过6年；

（八）采取非公开协议转让方式转让企业产权或资产，并存在以下情形的：

1. 同一国家出资企业内部实施重组整合，转让方和受让方为该国家出资企业及其直接或间接全资拥有的子企业；

2. 同一国有控股企业或国有实际控制企业内部实施重组整合，转让方和受让方为该国有控股企业或国有实际控制企业及其直接、间接全资拥有的子企业。

（九）企业增资，并存在以下情形的：

1. 增资企业原股东同比例增资的；

2. 履行出资人职责的机构对国家出资企业(仅限全资)增资的；

3. 国有控股或国有实际控制企业对其独资子企业增资的；

4. 增资企业和投资方均为国有独资或国有全资企业的。

其中，存在第(八)项、第(九)项情形的，如不进行资产评估，应以最近一期审计报告为基础确定转让价格、企业资本及股权比例。

（十）政府已有明确规定，需按其已确定的指导价格实施的资产出租行为。

（十一）其他法律法规、国资监管机构相关规定可以不进行评估的情形。

第九条 有下列经济行为之一的，应当对相关非国有资产进行评估：

（一）接受非国有单位以非货币资产出资；

（二）收购非国有单位产权、股权或其他资产；

（三）与非国有单位置换产权、股权或其他资产；

（四）接受非国有单位以非货币资产抵债；

（五）其他确需进行资产评估的经济行为。

第十条 企业应当按照“公平、公开、公正”的原则，采取招标、竞价、竞争性谈判、综合性评议等方式委托具备下列基本条件的资产评估机构进行资产评估，并签订资产评估委托合同，主要内容包括：评估目的、评估对象和评估范围、评估基准日、评估报告提交期限和方式、评估服务费总额或者支付标准、违约责任和争议解决等。

（一）遵守国家有关法律法规以及资产评估管理相关规定，近3年内无违法违规从业记录；

（二）具有与评估事项相适应的资质条件。其中，涉及土地评估的，评估机构应同时具备资产评估资质和土地估价资质。企业整体价值评估涉及土地的，资产评估机构如无土地估价资质，应当在具备土地估价资质的中介机构对土地进行估价的基础上出具整体资产评估报告；

（三）具备与评估事项相适应的评估专业人员；

（四）与企业及相关责任人员无经济利益关系。

发生第七条第(一)项所列经济行为的，除企业增资由增资标的企业负责委托评估机构并办理核准或备案手续外，其他情形均由拟发生产权变动企业的出资人负责委托评估机构并办理核准或备案手续。其中，涉及多个国有股东的，经协商一致，可由其中持股比例最大的国有股东负责委托评估，并按照产权关系办理核准或备案手续；国有股股东持股比例相等的，经协商一致，可由其中一方负责委托评估，并按照产权关系办理核准或备案手续。

发生第七条第(二)项所列经济行为的，由拟被处置资产的产权持有单位负责委托评估机构，并办理核准或备案手续。

发生第九条所列经济行为的，一般由接受非国有资产的国有企业负责委托评估机构，并办理核准或备案手续。

第十一条　开展资产评估，除以下情形外，应当选择两种以上评估方法，经综合分析，最终选择一种作为评估结论，编制评估报告：

（一）基于相关法律、行政法规和财政部部门规章的规定可以采用一种评估方法；

（二）由于评估对象仅满足一种评估方法的适用条件而采用一种评估方法；

（三）因操作条件限制而采用一种评估方法。操作条件限制应当是资产评估行业通常的执业方式普遍无法排除的，而不得以个别资产评估机构或者个别资产评估专业人员的操作能力和条件作为判断标准。

因适用性受限而选择一种评估方法的，应当在资产评估报告中披露其他基本评估方法不适用的原因；因操作条件受限而选择一种评估方法的，应当对所受的操作条件限制进行分析、说明和披露。

第三章　资产评估项目核准和备案

第十二条　国有资产评估项目实行核准制和备案制。市国资委和监管企业分别按权限做好资产评估项目的核准和备案工作。

第十三条　经市政府批准的经济行为所涉及的资产评估项目，以及经市国资委批准的上市公司的经济行为所涉及的资产评估项目，由市国资委负责核准；其他经市国资委批准的经济行为所涉及的资产评估项目，由市国资委负责备案。相关工作程序如下：

（一）资产评估机构出具正式评估报告后，由企业按照本办法第六章的规定就资产评估报告进行公示；

（二）由监管企业就资产评估项目出具初审意见，并自评估基准日起 8 个月内向市国资委提出核准申请，或自评估基准日起 9 个月内向市国资委提出备案申请。初审意见应加盖监管企业公章并由法定代表人签名确认；

（三）市国资委收到资产评估项目核准或备案申请后，对符合要求的，应在 20 个工作日内完成核准或备案；对不符合要求的，予以退回。

第十四条 监管企业向市国资委提出评估核准或备案申请时，视经济行为，对应报送下列材料：

（一）监管企业审查同意并转报核准或备案的申请文件；

（二）申请核准的，提交《资产评估项目核准申请表》（附件 1）；申请备案的，提交《国有资产评估项目备案表》（附件 2）或《接受非国有资产评估项目备案表》（附件 3）；

（三）与资产评估目的相对应的经济行为批准文件或有效资料。《企业国有资产交易监督管理办法》有规定的，从其规定；

（四）资产评估项目公示情况材料和公示反馈的书面意见；

（五）《初审意见表》（附件 4）；

（六）专家评审意见及资产评估机构反馈说明；

（七）资产重组改制方案，发起人协议等有关材料；

（八）企业国有资产产权登记证、登记表及相关产权证明，企业法人营业执照；

（九）拟上市项目或已上市公司的重大资产置换与收购项目，评估基准日在 6 月 30 日（含）之前的，需提供最近三个完整会计年度和本年度截至评估基准日的审计报告；评估基准日在 6 月 30 日之后的，需提供最近两个完整会计年度和本年度截至评估基准日的审计报告。其他经济行为需提供最近一个完整会计年度和本年度截至评估基准日的审计报告。

（十）资产评估各方的协议书；

（十一）资产评估机构信用信息记录；

（十二）资产评估机构提交的资产评估报告（包括评估报告书、评估说明、评估明细表及其电子文档。其中，评估报告书必须附上资产评估机构和资产评估人员的资格证明文件、身份证复印件及资产评估各方的承诺函）；

（十三）其他必要的材料。

第十五条 市国资委对资产评估项目进行核准或备案，重点从以下方面进行审核：

（一）资产评估项目所涉经济行为是否获得批准；

（二）资产评估机构是否具备相应资质；

（三）评估人员是否具备相应从业资格，资产评估报告是否有评估师签名；

（四）评估基准日的选择是否适当，评估结果的使用有效期是否明示；

（五）资产评估范围与经济行为批准文件确定的资产范围是否一致；

（六）评估依据是否适当；

（七）企业是否就所提供的资产权属证明文件、财务会计资料及生产经营管理资料的真实性、合法性和完整性做出承诺；

（八）评估方法的选择及评估过程、步骤是否符合相关评估准则及规范性文件的要求；

(九) 专家评审意见及资产评估机构反馈说明;

(十) 其他需审核的事项。

第十六条 除本办法第十三条规定由市国资委负责核准或备案的资产评估项目外，其他资产评估项目由监管企业负责备案，相关工作程序由监管企业参照本办法第十三条、第十四条的规定自行制定，对相关材料的审核参照本办法第十五条的规定执行。

第十七条 各监管企业应当建立资产评估项目档案管理及统计分析报告制度，对经核准、备案的资产评估项目进行登记、汇总、分析，并于每年度终了前20个工作日，将逐级汇总的统计数据和分析报告(包括电子版)报市国资委。

第十八条 经核准或备案的资产评估结果使用有效期为自评估基准日起1年。

在评估报告有效期内进入产权市场进行企业产权及资产转让的，自首次正式披露信息之日起超过12个月未征集到合格受让方的，转让方应当重新履行资产评估工作程序。

第十九条 未经核准或备案的资产评估结果，不得作为企业处置产权、股权或其他资产的作价依据。

第四章　境外资产评估管理

第二十条 各监管企业及其各级子企业以其拥有的境内国有产权向境外企业注资或转让，或者以其拥有的境外国有产权向境内企业注资或转让，应当聘请具有相应资质的境内评估机构对标的物进行评估，并参照本办法第三章的相关规定办理评估备案或者核准。

第二十一条 各监管企业及其各级子企业独资或者控股的境外企业在境外发生转让或者受让产权、以非货币资产出资、非上市公司国有股东股权比例变动、合并分立、解散清算等经济行为时，应当聘请具有相应资质、专业经验和良好信誉的专业机构对标的物进行评估或者估值，并参照本办法第三章的相关规定办理评估备案或者核准。报送备案或核准的评估或者估值报告书及其相关说明等资料应当提供为中文文本，且确保中文文本内容与原文内容文意一致。

第五章　专家评审管理

第二十二条 市国资委或各监管企业在由市国资委确定的资产评估评审专家库中抽选专家并组织对下列资产评估项目进行专家评审：

(一) 涉及企业转制、产权交易(本办法第八条第(八)项规定的情形除外)、企业增资(本办法第八条第(九)项规定的情形除外)以及房屋处置的资产评估事项;

(二) 涉及评估基准日账面价值1000万元(含1000万元)以上非货币资产出资的资产评估事项;

(三) 涉及商标、老字号、土地使用权等无形资产的资产评估事项;

(四) 涉及评估基准日账面价值1000万元(含1000万元)以上单项实物资产处置的资产评估事项;

(五) 租赁期限超过12年的物业出租资产评估事项

（六）需由市国资委核准或备案的其他资产评估事项；

（七）其他有必要进行专家评审的资产评估事项。

属于第二十一条所规定情形，且聘请境外机构出具评估或估值报告的，是否组织专家评审，由负责核准或备案的单位视情况决定。

第二十三条 市国资委负责核准、备案的资产评估项目，由市国资委负责组织召开专家评审会；各监管企业负责备案的资产评估项目，由各监管企业负责组织召开专家评审会。专家评审会的参会人员应当包括但不限于评审专家、资产评估机构代表、审计机构代表、资产评估委托方及所属监管企业监事会、审计部门及该项经济行为管理部门的相关人员。

评审专家由市国资委或各监管企业根据资产评估项目情况及相关工作纪律从专家库随机抽取，人数不得少于3名。

第二十四条 评审专家接受市国资委或监管企业委托，以独立身份从行业操作规范、专业技术、经济和法律等角度，为评估机构出具的评估报告提出客观、公正、明确、专业的书面评审意见，并对所签署的评审意见负责。

评审专家不得参加与自己有利害关系的评估项目的评审活动，并严格遵守市国资委关于专家评审的纪律规定。评审专家在评审过程中有违纪违规行为的，专家评审会组织方应当及时制止、纠正，并中止评审活动。

第二十五条 资产评估机构应当充分考虑专家评审意见，就是否根据评审意见调整或修改评估报告书面反馈专家评审会组织方，并由评审专家对调整和修改内容在5个工作日内予以书面确认。如评估相关各方无法就专家评审意见达成一致，评估委托企业可视情况重新委托评估，也可报请行业协会协调或寻求法律途径解决。

第二十六条 专家评审结果应当作为各监管企业出具资产评估项目核准或备案初审意见的重要依据。专家评审会出具否定性意见的，市国资委及各监管企业不得采用相关资产评估结果。

第二十七条 专家评审过程中所产生的专家评审意见、评估机构反馈意见、专家确认意见等相关资料应注意保存整理，并随资产评估报告一并归档备查。

第六章 资产评估结果公示

第二十八条 资产评估机构出具正式评估报告后，资产评估委托方应根据报告内容就以下事项在企业公共场所进行公示：

（一）资产评估对应经济行为的批准情况；

（二）资产评估机构的选聘情况(包括但不限于选聘方式和中选条件)；

（三）相关审计结果；

（四）选用的评估方法及对应的评估结果；

（五）最终选用的评估方法及评估结果；

（六）对公示内容提出异议的途径和方法；

（七）其他需要公示的内容。

第二十九条 有下列情形的，相关资产评估事项可不予公示：

（一）涉及国家秘密和商业机密的；

（二）经市国资委同意不予以公示的；

（三）其他与法律法规相冲突的情形。

第三十条 公示期应不少于5个工作日，对公示内容有异议的单位和个人应在公示期间内将有关意见书面向资产评估委托方或其上级单位提出。

第三十一条 资产评估委托方应认真核实公示的反馈意见，并及时处理。对提出异议的单位和个人应保障其合法权益。

第七章 监督检查

第三十二条 市国资委应加强对资产评估工作的监督和管理，严格规范资产评估活动中各有关主体的行为，指导企业正确、合理使用评估结果，定期或不定期对各监管企业的资产评估工作进行抽查，并就抽查中存在的问题进行通报。各监管企业监事会应重点关注资产评估工作的开展情况，对检查发现的问题应及时向市国资委报告。

第三十三条 市国资委对资产评估工作进行抽查的内容包括：

（一）企业经济行为的合规性；

（二）资产评估范围与经济行为批准文件确定的资产范围是否一致；

（三）企业提供的资产权属证明文件、财务会计资料及生产经营管理资料的真实性、合法性和完整性；

（四）资产评估机构的执业资质和评估人员的执业资格；

（五）评估对象的账面值与评估结果的差异；

（六）经济行为的实际成交价与评估结果的差异；

（七）评估依据的合理性；

（八）评估报告对重大事项及其对评估结果影响的披露程度，以及该披露与实际情况的差异；

（九）评估报告的公示情况；

（十）其他有关情况。

第三十四条 市国资委在检查过程中，可以调阅资产评估项目相关资料，如有必要，可组织专家评审会对抽查的资产评估项目进行审核。

第三十五条 市国资委在抽查中发现评估结果失实的，可以撤销核准或备案，撤销的核准文书、项目备案表由原核准或备案部门收回。对抽查不予配合或经查实存在重大问题的评估机构，市国资委将向各监管企业进行通报，并将相关违规情况抄送有关评估行政管理部门及行业协会，市国资委监管企业及其各级国有及国有控股、国有实际控制企业三年内不得委托该资产评估机构和相关责任人员从事国有资产评估业务。

第八章 责任追究

第三十六条 企业有下列情形之一的，情节轻微的，由市国资委责令改正；情节严重的，对直接负责的主管人员和其他直接责任人员依法予以处分；造成损失的，依法承担赔偿责任；涉嫌犯罪的，依法移送司法机关处理：

（一）应当进行资产评估而未进行资产评估的；

（二）应当办理核准、备案手续而未办理的；

（三）未依法选择评估机构的；

（四）索要、收受或者变相索要、收受回扣的；

（五）串通、唆使资产评估机构或者评估师出具虚假评估报告的；

（六）不如实向资产评估机构提供权属证明、财务会计信息和其他资料的；

（七）未按照法律规定和评估报告载明的使用范围使用评估报告的；

（八）没有按规定组织专家评审或没有进行资产评估报告公示的；

（九）其他违反法律法规或者本办法规定的。

第九章　附则

第三十七条　本办法未涉及事项，遵照国家和省相关规定执行。金融、文化类监管企业资产评估行为，另有规定的，遵照其规定。国有资本投资公司、国有资本运营公司以及国有创业投资企业资产评估事项，另有规定的，从其规定。

第三十八条　委托监管企业参照本办法执行。

第三十九条　各区国资监管机构参照本办法制定本地区资产评估管理办法，并报市国资委备案。其中，需由区国资监管机构报市国资委审批的国有产权非公开协议转让和非公开协议增资行为涉及的资产评估事项由区国资监管机构核准或备案后，以向市国资委报告的形式完成备案。

第四十条　本办法由市国资委负责解释。

第四十一条　本办法自印发之日起执行，《广州市国资委关于印发〈广州市国资委监管企业资产评估管理办法（试行）〉的通知》（穗国资评估〔2017〕5 号）同时废止。以往市国资委制定的与本办法关于资产评估管理事项不一致的规定，自本办法印发之日起以本办法为准。

广州市国资委关于印发《广州市国资委关于国有创业投资企业资产评估管理试点的实施意见》的通知

穗国资产权〔2021〕16号

各监管企业、受托监管部门、各区国资监管机构：

现将《广州市国资委关于国有创业投资企业资产评估管理试点的实施意见》印发给你们，请遵照执行。执行中遇到问题，请及时向我委反应。

附件：广州市国资委关于国有创业投资企业资产评估管理试点的实施意见

广州市人民政府国有资产监督管理委员会

2021年12月7日

附件

广州市国资委关于国有创业投资企业资产评估管理试点的实施意见

第一条 为进一步促进国有创业投资企业发展，鼓励投资中小企业特别是中小高新技术企业，规范创业投资行为中的资产评估监督管理工作，防范国有资产流失，根据《中华人民共和国公司法》《中华人民共和国企业国有资产法》《创业投资企业管理暂行办法》《广州市国企改革三年行动实施方案(2020—2022)》《广州市国资委监管企业资产评估管理办法》《广州市国资委关于鼓励市属国有企业参与创业投资的若干意见》(穗国资资本〔2020〕1号)等有关法律法规及政策，制定本实施意见。

第二条 本实施意见所称国有创业投资企业是指在中华人民共和国境内注册设立的由广州市人民政府国有资产监督管理委员会(以下简称"市国资委")代表广州市人民政府履行出资人职责的国有及国有控股企业、国有实际控制企业(以下简称"监管企业")及其各级国有及国有控股、国有实际控制的，在相关部门完成备案，主要从事创业投资(管理)的公司制企业(以下简称"国有创投企业")。

本实施意见所称创业企业是指国有创投企业通过直接投资入股形成权益，处于种子期、初创期、成长期等早中期的以科技创新为主的中小企业。

第三条 同时符合以下条件的监管企业，可向市国资委申请开展国有创投企业资产评估管理试点，市国资委按照因企施策、逐企审批的原则，对具备条件的企业，成熟一个、审批一个：

(一) 公司治理结构健全，已通过我委规范董事会建设验收，已建立权责对等、运转协调、有效制衡的决策执行监督机制；

(二) 按照市场化、规范化、专业化的原则，已建立职责清晰、精简高效、运行专业的管控模式；

（三）具有健全的业务规程、项目风险评估和管控系统，并具备相应的研究和投后管理等后台支持能力；

（四）集团内部具有符合行业管理规定、专业结构合理、业务水平良好的投资业务团队和风控团队，从业人员数量及从业资格符合基金从业人员相关管理规定，注册会计师、具备法律职业资格等专业人才数量应当与企业创投业务规模发展战略相匹配；

（五）近三年未出现重大资产损失且已由具有资质的会计师事务所出具了无保留意见的年度审计报告。

第四条 经市国资委批准开展资产评估管理试点的监管企业（下称“试点监管企业”）以已建立完善的评估管理制度并依规实施跟投机制为必要条件，结合工作实际，确定本企业纳入试点的国有创投企业名单，并报市国资委备案。

第五条 纳入试点的国有创投企业对创业企业进行股权投资或转让所持有的创业企业股权，所涉项目实施核心团队跟投的，可以使用第三方机构估值报告结果作为交易价格确定基础。已投资项目发生非同比例增减资，且国有创投企业不参与增减资的，可以使用企业内部估值方式。

上述事项涉及的资产评估报告或估值报告可以实行事后备案，事后备案可以不进行专家评审，具体备案程序参照《广州市国资委监管企业资产评估管理办法》执行。

第六条 纳入试点的国有创投企业对创业企业进行股权投资，可在公司章程、投资协议、合伙协议中约定退出价格或退出价格计算方式，退出时可不对拟转让的股权进行资产评估。

第七条 除第五条、第六条情形外，国有创投企业应按照《广州市国资委监管企业资产评估管理办法》的规定开展相关资产评估工作，依法依规履行备案程序。

第八条 纳入试点的国有创投企业是创业投资的决策主体、执行主体和责任主体，应当科学制定创业投资决策程序，做好风险防控，充分利用党内研究讨论、投资决策委员会评审、专家咨询、纪检监督等方式开展创业投资的自我监管。

第九条 试点监管企业应当对纳入试点的国有创投企业进行科学、有效管控，以把握投资方向、预设风险防控、程序合法合规为重点，切实履行监管责任和股东职责，定期对纳入评估试点情况进行检查、评估。

第十条 试点监管企业应于每年第一季度结束后5个工作日内，将上一年度本企业国有创投企业资产评估管理试点工作情况，包括但不限于投资项目基本情况、估值情况、决策情况、实施情况、投后评价情况等报市国资委。

第十一条 市国资委在压实主体责任、强化监管制约的同时，支持企业大胆探索，对国有创投企业资产评估管理试点工作开展情况实施综合评估、动态监管，对管理不完善、不到位，机制不落实，或未正确履行职责，不宜继续实施试点的监管企业，取消试点资格。

第十二条 试点监管企业未履行或未正确履行职责造成国有资产损失或者其他不良后果的，依据《广州市市属企业违规经营投资责任追究实施办法（试行）》（穗国资监管〔2020〕1号）追究相关责任人责任，涉嫌犯罪的，依法移送司法机关处理。

深圳市属国有企业资产评估管理办法（2021年修订）

第一章　总　　则

第一条　为规范市属国有企业资产评估管理工作，维护国有资产合法权益，根据《中华人民共和国企业国有资产法》《中华人民共和国资产评估法》《国有资产评估管理办法》《企业国有资产评估管理暂行办法》及相关法律、行政法规和规章，制定本办法。

第二条　本办法适用于深圳市人民政府国有资产监督管理委员会（以下简称市国资委）及其直接履行出资人职责的国有独资企业、国有独资公司和国有控股公司（以下统称直管企业）及其所属各级全资、控股企业（直管企业及其所属全资、控股企业以下统称企业）资产评估工作。

第三条　企业资产评估应当遵守国家法律、行政法规、规章和有关政策规定，遵循公平、公开、公正的原则，按照有关规定进行，严格落实责任，防止国有资产流失。

第四条　资产评估项目实行核准制和备案制。

资产评估项目有下列情形之一的，由市国资委负责办理核准手续：

（一）经深圳市人民政府批准经济行为涉及的资产评估项目；

（二）市国资委作为委托单位的资产评估项目；

（三）市国资委认为需要核准的其他重大资产评估项目。

核准项目以外的资产评估项目，由直管企业负责办理备案手续。

第五条　企业进行与资产评估相应的经济行为时，应当以经核准或备案的资产评估结果为作价参考依据。

第六条　市国资委是市属国有企业资产评估的监督管理机构，履行下列监管职责：

（一）执行国家法律、行政法规、规章的规定，制定市属国有企业资产评估监督管理相关制度；

（二）依照规定的权限，对资产评估项目进行核准；

（三）依照规定的资产评估项目核准权限，相应组织资产评估项目的专家评审；

（四）对企业资产评估工作进行指导、监督和检查；

（五）对企业资产评估信息进行收集、统计、分析和报告；

（六）本级政府和上级国有资产监管部门赋予的其他监管职责。

第七条　直管企业对资产评估管理履行下列职责：

（一）贯彻执行国家和深圳市有关资产评估的规定，制定企业内部资产评估管理制度，指定专门部门和人员负责资产评估管理工作，并报市国资委备案；

（二）依照规定的权限，对资产评估项目进行备案；

（三）依照规定的资产评估项目备案权限，相应组织资产评估项目的专家评审；

（四）对报市国资委核准的资产评估项目提出书面审核意见；

（五）完善资产评估档案管理，做好资产评估项目统计分析和上报工作；

（六）对所属企业开展的资产评估工作进行业务指导、监督和检查，配合市国资委的监督检查工作；

（七）市国资委赋予的其他职责。

第二章 经济行为类型

第八条 企业有下列行为之一的，应当对相关资产进行评估并履行核准或备案程序：

（一）国有产权变动行为，包括股权以及固定资产、投资性房产、无形资产、知识产权、债权、合同权益等资产通过转让方式进行处置，企业增资扩股引起市属国有控股股东持股比例减少或者控股权发生变化等；

（二）企业投资行为，包括收购股权或资产、以非货币资产对外投资、企业增资扩股引起市属国有控股股东持股比例增加等；

（三）法律、行政法规、规章规定的其他需要进行资产评估的事项。

第九条 企业涉及第八条所列行为且属于下列情形之一的，经经济行为批准单位同意，可以不开展相关国有资产评估：

（一）经济行为在市属全资国有单位之间进行的；

（二）经济行为在企业内部全资企业（含股权合并计算后为全资的企业）之间进行的；

（三）法律、行政法规、规章规定的其他可以免予相关国有资产评估的事项。

第三章 资产评估工作程序

第十条 企业在委托具有相应资质的资产评估机构开展资产评估工作前，应当履行内部程序并形成关于开展资产评估工作的书面文件，书面文件应当包括评估目的及评估对象等相关内容。

第十一条 企业开展资产评估相关工作时，应当同步将有关数据信息录入“深圳市属企业国有产权监管系统”（以下简称产权监管系统）。企业应当建立相应的工作机制，保证录入信息的及时性、完整性和准确性。

第十二条 资产评估的委托单位应当按照下列要求确定：

（一）涉及国有产权变动的，由产权单位（产权转让方或拟增资扩股企业）作为委托单位；

（二）涉及投资的，由投资单位作为委托单位；

（三）涉及以增资扩股方式实施企业管理层和核心骨干持股的，由该增资扩股企业及持股比例最大的国有股东共同作为委托单位；

（四）有特殊情况的，由经济行为批准单位确定委托单位。

第十三条 企业选聘资产评估机构应当坚持公开、公平、公正的原则，按规定择优选聘具有相应资质的资产评估机构。经济行为如涉及股权的，企业须按规定选聘审计机构开展专项审计工作。其中，由市国资委批准经济行为的资产评估项目，企业应当将中介机构选聘情况通过产权监管系统上报市国资委。

第十四条 资产评估机构选聘完成后，委托单位与资产评估机构签订合同，在合同中应当明确约定评估目的、评估对象、评估范围和评估基准日等基本事项，并约定资产评估机构及其签字的资产评估师对资产评估报告独立承担法律责任及履行职责。

第十五条 委托单位、被评估企业应当配合资产评估机构履行下列工作职责：

（一）积极协助资产评估机构，不得以任何形式干预其正常执业行为；

（二）保证向资产评估机构提供的有关情况及财务会计等资料真实、完整、有效，保证所提供情况及材料对有关重大事项揭示充分，不得隐匿或虚报资产；

（三）保证委托进行评估的资产范围与经济行为所涉及的资产范围一致，纳入评估范围的资产权属明确，出具的资产权属证明文件合法有效。

第十六条 企业应当对机构出具的资产评估报告进行审核，并履行内部集体决策程序对评估报告相关的下列事项进行确认：

（一）资产评估报告；

（二）评估目的与对应的经济行为文件一致；

（三）评估基准日的选择适当；

（四）影响价值的因素已充分考虑；

（五）评估结果合理；

（六）依据的法律、行政法规、规章和政策适当。

第四章　核准和备案

第十七条 资产评估项目有下列情形之一的，应当进行专家评审：

（一）经深圳市人民政府或市国资委批准经济行为涉及的资产评估项目；

（二）在评估过程中存在较大争议的资产评估项目；

（三）涉及管理层和核心骨干持股的资产评估项目；

（四）备案单位或市国资委派出的财务总监认为需要进行专家评审的其他资产评估项目。

专家评审意见是资产评估项目核准或备案的重要依据。

第十八条 资产评估项目的公示按照项目公示相关制度执行。

第十九条 企业应当自资产评估报告使用有效期届满 3 个月前向核准或备案单位申请办理资产评估项目核准或备案手续。

第二十条 委托单位应当依照产权关系申请办理核准或备案手续。涉及多个国有股东的资产评估项目，由持股比例最大的国有股东申请办理核准或备案手续；持股比例相等的，经协商一致可以由其中一方依照其产权关系申请办理核准或备案手续。

第二十一条 核准或备案单位主要从下列方面对资产评估项目予以审核：

（一）评估目的是否与对应的经济行为文件一致；

（二）资产评估机构选聘是否符合规定，资产评估机构是否具备相应评估资质；

（三）评估人员是否具备执业资格；

（四）评估基准日的选择是否适当，评估结果的使用有效期是否明示；

（五）评估对象及评估范围与评估机构委托合同约定的评估对象及评估范围是否一致；

（六）评估所依据的法律、行政法规、规章和政策是否适当；

（七）委托单位、被评估企业是否就所提供的资产权属证明文件、财务会计资料及生产经营管理资料的真实性、合法性和完整性做出承诺；

（八）资产评估报告列示的评估程序是否符合相关评估准则的规定；

（九）涉及专家评审的项目，专家评审是否通过；

（十）核准或备案单位认为需要审核的其他内容。

第二十二条 办理资产评估项目核准或备案，应当具备下列文件：

（一）资产评估项目核准或备案申请文件（涉及委托单位和备案单位不一致的项目）；

（二）《资产评估项目核准表》或《资产评估项目备案表》；

（三）与评估目的对应的经济行为文件及产权变动方案、投资方案等其他材料，经济行为文件须为经济行为批准单位出具的立项批复或正式批复、或企业出具的书面决定等文件；

（四）资产评估机构提交的资产评估报告，包括资产评估报告书、资产评估说明和资产评估明细表；

（五）审计机构提交的专项审计报告（涉及企业价值评估的项目）；

（六）资产评估各方当事人的承诺函；

（七）政府主管部门的土地、房产处置方案批准文件及土地资产评估报告电子备案号（涉及企业改制土地、房产处置的项目）；

（八）企业法人注册登记资料；

（九）专家评审意见（涉及专家评审的项目）；

（十）市国资委派出的监事会主席在中介机构选聘说明上签署意见的文件；

（十一）市国资委派出的财务总监对资产评估项目出具的独立审核意见；

（十二）资产评估项目公示的书面反馈意见等相关资料；

（十三）《深圳市属国有企业资产评估报告审核评价表》及《审核意见表》；

（十四）核准或备案单位认为必要的其他资料。

第二十三条 核准或备案单位收齐材料后，对符合要求的资产评估项目，在10个工作日内完成核准或备案；不符合要求的，应当及时提出处理意见。

第二十四条 资产评估项目核准或备案后，在资产评估报告使用有效期内确实需要对评估结果进行调整的，企业应当自调整完毕之日起15个工作日内向原核准或备案单位重新办理核准或备案手续，核准或备案单位收回原核准或备案相关文件。

第五章 报告使用

第二十五条 企业应当根据资产评估目的规范使用资产评估报告，充分保障国有出资人权益。

第二十六条 资产评估报告使用有效期为自评估基准日起1年。资产评估报告应在有效期内使用，逾期应聘请资产评估机构重新评估。

第二十七条 核准或备案单位出具的资产评估项目核准表和资产评估项目备案表是企业办理产权交易、股权设置等相关手续的必备文件。

第二十八条 企业在使用资产评估报告时，要充分考虑资产评估报告中载明的假设和限定条件及特别事项说明对评估结论的影响。资产评估报告中披露的评估假设条件和限定条件发生重大变化，导致原评估结果不能作为相应经济行为的作价参考依据时，企业应当聘请资产评估机构重新评估或进行相应调整。

第六章 监督检查与责任追究

第二十九条 市国资委对市属国有企业资产评估工作进行监督检查，重点检查企业内部国有资产评估管理制度的建立、执行情况和评估管理人员配备情况，定期或者不定期地对资产评估项目进行抽查。监督检查方式包括：

（一）每年定期对市属国企资产评估项目情况组织开展专项监督检查；

（二）通过产权监管系统等方式，不定期对市属国企资产评估项目全过程进行动态监测。发现问题时，督促企业整改规范。

第三十条 企业违反本办法，经查实有下列情形之一的，由市国资委依据法律法规、《深圳市属国有企业违规经营投资责任追究实施办法（试行）》等有关规定给予相应处罚；造成国有资产损失的，除依规依纪依法追究有关责任人员的相应责任之外，市国资委将按规定追究其经济赔偿责任。

（一）应当进行资产评估而未进行资产评估的；

（二）聘请不符合资质条件的资产评估机构从事国有资产评估活动的；

（三）向资产评估机构提供虚假情况和资料，或者与资产评估机构串通作弊并导致评估结果失实的；

（四）应当办理核准或备案手续而未办理的；

（五）违反相关法律、行政法规和规章的其他行为。

发现已办理核准或备案手续的资产评估项目违反上述规定的，市国资委可以宣布该资产评估项目核准或备案手续无效。

第三十一条 企业相关人员违反本办法，一经查实的，依据法律法规、《深圳市属国有企业违规经营投资责任追究实施办法（试行）》等有关规定，由市国资委和企业按照干部管理权限追究责任。涉嫌违纪的，移送纪检监察部门处理。涉嫌犯罪的，移送监察机关或司法机关处理。

第三十二条 资产评估机构及其工作人员在资产评估过程中，违反本办法，导致资产评估报告和评估结果严重失实的，市国资委可以宣布该资产评估项目已办理的备案或核准手续无效。中介机构在资产评估过程中存在违规执业行为的，相关企业应当及时报告市国资委，市国资委可以要求市属国有企业不得再委托其开展相关业务；情节严重的，将有关情况通报其行业主管部门，建议给予其相应处罚；造成国有资产损失的，应当追究赔偿责任。

第七章　附　　则

第三十三条　本办法所称国有单位，是指政府部门、机构、事业单位、国有企业等国有资产产权持有单位。

第三十四条　有关上市公司的法律、法规、规章对其资产评估管理另有规定的，从其规定。

第三十五条　深圳市属国有文化集团的资产评估管理工作参照本办法执行。

第三十六条　各区（新区）、深汕特别合作区可以参照本办法，制定区属国有企业资产评估管理的具体办法。

第三十七条　本办法由市国资委负责解释。

第三十八条　本办法自发布之日起施行，原《深圳市属国有企业资产评估管理规定》（深国资局〔2009〕66号）同时废止。

五、清产核资及统计类

国有企业清产核资办法

（2003 年 9 月 9 日国务院国有资产监督管理委员会令第 1 号公布自 2003 年 9 月 9 日起施行）

第一章　总　　则

第一条　为加强对企业的国有资产监督管理，规范企业清产核资工作，真实反映企业的资产及财务状况，完善企业基础管理，为科学评价和规范考核企业经营绩效及国有资产保值增值提供依据，根据《企业国有资产监督管理暂行条例》等法律、法规，制定本办法。

第二条　本办法所称清产核资，是指国有资产监督管理机构根据国家专项工作要求或者企业特定经济行为需要，按照规定的工作程序、方法和政策，组织企业进行账务清理、财产清查，并依法认定企业的各项资产损溢，从而真实反映企业的资产价值和重新核定企业国有资本金的活动。

第三条　国务院，省、自治区、直辖市人民政府，设区的市、自治州级人民政府履行出资人职责的企业及其子企业或分支机构的清产核资，适用本办法。

第四条　企业清产核资包括账务清理、资产清查、价值重估、损溢认定、资金核实和完善制度等内容。

第五条　企业清产核资清出的各项资产损失和资金挂账，依据国家清产核资有关法律、法规、规章和财务会计制度的规定处理。

第六条　各级国有资产监督管理机构是企业清产核资工作的监督管理部门。

第二章　清产核资的范围

第七条　各级国有资产监督管理机构对符合下列情形之一的，可以要求企业进行清产核资：

（一）企业资产损失和资金挂账超过所有者权益，或者企业会计信息严重失真、账实严重不符的；

（二）企业受重大自然灾害或者其他重大、紧急情况等不可抗力因素影响，造成严重资产损失的；

（三）企业账务出现严重异常情况，或者国有资产出现重大流失的；

（四）其他应当进行清产核资的情形。

第八条 符合下列情形之一，需要进行清产核资的，由企业提出申请，报同级国有资产监督管理机构批准：

（一）企业分立、合并、重组、改制、撤销等经济行为涉及资产或产权结构重大变动情况的；

（二）企业会计政策发生重大更改，涉及资产核算方法发生重要变化情况的；

（三）国家有关法律法规规定企业特定经济行为必须开展清产核资工作的。

第三章 清产核资的内容

第九条 账务清理是指对企业的各种银行账户、会计核算科目、各类库存现金和有价证券等基本财务情况进行全面核对和清理，以及对企业的各项内部资金往来进行全面核对和清理，以保证企业账账相符，账证相符，促进企业账务的全面、准确和真实。

第十条 资产清查是指对企业的各项资产进行全面的清理、核对和查实。在资产清查中把实物盘点同核实账务结合起来，把清理资产同核查负债和所有者权益结合起来，重点做好各类应收及预付账款、各项对外投资、账外资产的清理，以及做好企业有关抵押、担保等事项的清理。

企业对清查出的各种资产盘盈和盘亏、报废及坏账等损失按照清产核资要求进行分类排队，提出相关处理意见。

第十一条 价值重估是对企业账面价值和实际价值背离较大的主要固定资产和流动资产按照国家规定方法、标准进行重新估价。

企业在以前清产核资中已经进行资产价值重估或者因特定经济行为需要已经进行资产评估的，可以不再进行价值重估。

第十二条 损溢认定是指国有资产监督管理机构依据国家清产核资政策和有关财务会计制度规定，对企业申报的各项资产损溢和资金挂账进行认证。

企业资产损失认定的具体办法另行制定。

第十三条 资金核实是指国有资产监督管理机构根据企业上报的资产盘盈和资产损失、资金挂账等清产核资工作结果，依据国家清产核资政策和有关财务会计制度规定，组织进行审核并批复准予账务处理，重新核定企业实际占用的国有资本金数额。

第十四条 企业占用的国有资本金数额经重新核定后，应当作为国有资产监督管理机构评价企业经营绩效及考核国有资产保值增值的基数。

第四章 清产核资的程序

第十五条 企业清产核资除国家另有规定外，应当按照下列程序进行：

（一）企业提出申请；

（二）国有资产监督管理机构批复同意立项；

（三）企业制定工作实施方案，并组织账务清理、资产清查等工作；

（四）聘请社会中介机构对清产核资结果进行专项财务审计和对有关损溢提出鉴证证明；

（五）企业上报清产核资工作结果报告及社会中介机构专项审计报告；

（六）国有资产监督管理机构对资产损溢进行认定，对资金核实结果进行批复；

（七）企业根据清产核资资金核实结果批复调账；

（八）企业办理相关产权变更登记和工商变更登记；

（九）企业完善各项规章制度。

第十六条　所出资企业由于国有产权转让、出售等发生控股权转移等产权重大变动需要开展清产核资的，由同级国有资产监督管理机构组织实施并负责委托社会中介机构。

第十七条　子企业由于国有产权转让、出售等发生控股权转移等重大产权变动的，可以由所出资企业自行组织开展清产核资工作。对有关资产损溢和资金挂账的处理，按规定程序申报批准。

第十八条　企业清产核资申请报告应当说明清产核资的原因、范围、组织和步骤及工作基准日。

对企业提出的清产核资申请，同级国有资产监督管理机构根据本办法和国家有关规定进行审核，经同意后批复企业开展清产核资工作。

第十九条　企业实施清产核资按下列步骤进行：

（一）指定内设的财务管理机构、资产管理机构或者多个部门组成的清产核资临时办事机构，统称为清产核资机构，负责具体组织清产核资工作；

（二）制定本企业的清产核资实施方案；

（三）聘请符合资质条件的社会中介机构；

（四）按照清产核资工作的内容和要求具体组织实施各项工作；

（五）向同级国有资产监督管理机构报送由企业法人代表签字、加盖公章的清产核资工作结果申报材料。

第二十条　企业清产核资实施方案以及所聘社会中介机构的名单和资质情况应当报同级国有资产监督管理机构备案。

第二十一条　企业清产核资工作结果申报材料主要包括下列内容：

（一）清产核资工作报告。主要反映本企业的清产核资工作基本情况，包括：企业清产核资的工作基准日、范围、内容、结果，以及基准日资产及财务状况；

（二）按规定表式和软件填报的清产核资报表及相关材料；

（三）需申报处理的资产损溢和资金挂账等情况，相关材料应当单独汇编成册，并附有关原始凭证资料和具有法律效力的证明材料；

（四）子企业是股份制企业的，还应当附送经该企业董事会或者股东会同意对清产核资损溢进行处理的书面证明材料；

（五）社会中介机构根据企业清产核资的结果，出具经注册会计师签字的清产核资专项财务审计报告并编制清产核资后的企业会计报表；

（六）其他需提供的备查材料。

第二十二条 国有资产监督管理机构收到企业报送的清产核资工作结果申报材料后，应当进行认真核实，在规定时限内出具清产核资资金核实的批复文件。

第二十三条 企业应当按照国有资产监督管理机构的清产核资批复文件，对企业进行账务处理，并将账务处理结果报国有资产监督管理机构备案。

第二十四条 企业在接到清产核资的批复30个工作日内，应当到同级国有资产监督管理机构办理相应的产权变更登记手续，涉及企业注册资本变动的，应当在规定的时间内到工商行政管理部门办理工商变更登记手续。

第五章 清产核资的组织

第二十五条 企业清产核资工作按照统一规范、分级管理的原则，由同级国有资产监督管理机构组织指导和监督检查。

第二十六条 各级国有资产监督管理机构负责本级人民政府批准或者交办的企业清产核资组织工作。

第二十七条 国务院国有资产监督管理委员会在企业清产核资中履行下列职责：

（一）制定全国企业清产核资规章、制度和办法；

（二）负责所出资企业清产核资工作的组织指导和监督检查；

（三）负责对所出资企业的各项资产损溢进行认定，并对企业占用的国有资本进行核实；

（四）指导地方国有资产监督管理机构开展企业清产核资工作。

第二十八条 地方国有资产监督管理机构在企业清产核资中履行下列监管职责：

（一）依据国家有关清产核资规章、制度、办法和规定的工作程序，负责本级人民政府所出资企业清产核资工作的组织指导和监督检查；

（二）负责对本级人民政府所出资企业的各项资产损溢进行认定，并对企业占用的国有资本进行核实；

（三）指导下一级国有资产监督管理机构开展企业清产核资工作；

（四）向上一级国有资产监督管理机构及时报告工作情况。

第二十九条 企业清产核资机构负责组织企业的清产核资工作，向同级国有资产监督管理机构报送相关资料，根据同级国有资产监督管理机构清产核资批复组织企业本部及子企业进行调账。

第三十条 企业投资设立的各类多元投资企业的清产核资工作，由实际控股或协议主管的上级企业负责组织，并将有关清产核资结果及时通知其他有关各方。

第六章 清产核资的要求

第三十一条 各级国有资产监督管理机构应当加强企业清产核资的组织领导，加强监督检查，对企业清产核资工作结果的审核和资产损失的认定，应当严格执行国家清产核资有关的法律、法规、规章和有关财务会计制度规定，严格把关，依法办事，严肃工作纪律。

第三十二条 各级国有资产监督管理机构应当对企业清产核资情况及相关社会中介机构清产核资审计情况进行监督，对社会中介机构所出具专项财务审计报告的程序和内容进行检查。

第三十三条 企业进行清产核资应当做到全面彻底、不重不漏、账实相符，通过核实“家底”，找出企业经营管理中存在的矛盾和问题，以便完善制度、加强管理、堵塞漏洞。

第三十四条 企业在清产核资工作中应当坚持实事求是的原则，如实反映存在问题，清查出来的问题应当及时申报，不得瞒报虚报。

企业清产核资申报处理的各项资产损失应当提供具有法律效力的证明材料。

第三十五条 企业在清产核资中应当认真清理各项长期积压的存货，以及各种未使用、剩余、闲置或因技术落后淘汰的固定资产、工程物资，并组织力量进行处置，积极变现或者收回残值。

第三十六条 企业在完成清产核资后，应当全面总结，认真分析在资产及财务日常管理中存在的问题，提出相应整改措施和实施计划，强化内部财务控制，建立相关的资产损失责任追究制度，以及进一步完善企业经济责任审计和企业负责人离任审计制度。

第三十七条 企业清产核资中产权归属不清或者有争议的资产，可以在清产核资工作结束后，依据国家有关法规，向同级国有资产监督管理机构另行申报产权界定。

第三十八条 企业对经批复同意核销的各项不良债权、不良投资及实物资产损失，应当加强管理，建立账销案存管理制度，组织力量或成立专门机构积极清理和追索，避免国有资产流失。

第三十九条 企业应当在清产核资中认真清理各项账外资产、负债，对经批准同意入账的各项盘盈资产及同意账务处理的有关负债，应当及时纳入企业日常资产及财务管理的范围。

第四十条 企业对清产核资中反映出的各项管理问题应当认真总结经验，分清工作责任，建立各项管理制度，并严格落实。应当建立健全不良资产管理机制，巩固清产核资成果。

第四十一条 除涉及国家安全的特殊企业以外，企业清产核资工作结果须委托符合资质条件的社会中介机构进行专项财务审计。

第四十二条 社会中介机构应当按照独立、客观、公正的原则，履行必要的审计程序，认真核实企业的各项清产核资材料，并按规定进行实物盘点和账务核对。对企业资产损溢按照国家清产核资政策和有关财务会计制度规定的损溢确定标准，在充分调查研究、论证的基础上进行职业推断和合规评判，提出经济鉴证意见，并出具鉴证证明。

第四十三条 进行清产核资的企业应当积极配合社会中介机构的工作，提供审计工作和经济鉴证所必要的资料和线索。企业和个人不得干预社会中介机构的正常执业行为。社会中介机构的审计工作和经济鉴证工作享有法律规定的权力，承担法律规定的义务。

第四十四条 企业及社会中介机构应当根据会计档案管理的要求，妥善保管有关清产核资各项工作的底稿，以备检查。

第七章 法律责任

第四十五条 企业在清产核资中违反本办法所规定程序的，由同级国有资产监督管理机构责令其限期改正；企业清产核资工作质量不符合规定要求的，由同级国有资产监督管理机构责令其重新开展清产核资。

第四十六条 企业在清产核资中有意瞒报情况，或者弄虚作假、提供虚假会计资料的，由同级国有资产监督管理机构责令改正，根据《中华人民共和国会计法》和《企业国有资产监督管理暂行条例》等有关法律、法规规定予以处罚；对企业负责人和直接责任人员依法给予行政和纪律处分。

第四十七条 企业负责人和有关工作人员在清产核资中，采取隐瞒不报、低价变卖、虚报损失等手段侵吞、转移国有资产的，由同级国有资产监督管理机构责令改正，并依法给予行政和纪律处分；构成犯罪的，依法追究刑事责任。

第四十八条 企业负责人对申报的清产核资工作结果真实性、完整性承担责任；社会中介机构对企业清产核资审计报告的准确性、可靠性承担责任。

第四十九条 社会中介机构及有关当事人在清产核资中与企业相互串通，弄虚作假、提供虚假鉴证材料的，由同级国有资产监督管理机构会同有关部门依法查处；构成犯罪的，依法追究刑事责任。

第五十条 国有资产监督管理机构工作人员在对企业清产核资工作结果进行审核过程中徇私舞弊，造成重大工作过失的，应当依法给予行政和纪律处分；构成犯罪的，依法追究刑事责任。

第八章 附 则

第五十一条 各省、自治区、直辖市和计划单列市的国有资产监督管理机构可依据本办法制定本地区的具体实施办法。

第五十二条 各中央部门管理的企业的清产核资工作参照本办法执行。

第五十三条 本办法实施前的有关企业清产核资工作的规章制度与本办法不一致的，依照本办法的规定执行。

第五十四条 本办法由国务院国有资产监督管理委员会负责解释。

第五十五条 本办法自发布之日起施行。

国资委关于印发《国有企业清产核资工作规程》的通知

国资评价[2003]73号

党中央有关部门，国务院各部委、各直属机构，各省、自治区、直辖市及计划单列市国有资产监督管理机构，新疆生产建设兵团，各中央企业：

为了加强对企业国有资产监督管理，规范企业清产核资工作，根据《国有企业清产核资办法》(国资委令第1号)及清产核资政策的有关规定，我们制定了《国有企业清产核资工作规程》，现印发给你们。请结合企业自身实际，认真遵照执行，并及时反映工作中有关情况和问题。

国务院国有资产监督管理委员会

二〇〇三年九月十三日

国有企业清产核资工作规程

第一章　总　　则

第一条　为规范国有及国有控股企业(以下简称企业)清产核资工作，保证工作质量，提高工作效率，根据《国有企业清产核资办法》和国家有关财务会计制度，制定本工作规程。

第二条　企业开展清产核资工作，应当依据《国有企业清产核资办法》规定及本工作规程明确的工作程序、工作方法、工作要求和工作步骤等组织进行。

第三条　企业开展清产核资工作，有关立项申请、账务清理、资产清查、价值重估、损溢认定、报表编制、中介审计、结果申报、资金核实、账务处理、完善制度等工作任务，应当遵循本工作规程相关要求。

第四条　制定企业清产核资工作规程的目的，是为了促进建立依法管理、公开透明、监督制衡的企业清产核资工作基本程序和工作规范。

第二章　立项申请

第五条　企业开展清产核资工作，除国有资产监督管理机构特殊规定外，均应当根据实际情况和国家清产核资有关要求提出申请，经批准同意后组织实施。

属于由国有资产监督管理机构要求开展清产核资工作的，企业依据国有资产监督管理机构的工作通知或者工作方案，组织实施。

第六条　企业发生《国有企业清产核资办法》第八条所规定的有关经济行为的，依据国家清产核资有关政策和企业经济行为需要，由母公司统一向同级国有资产监督管理机构提出开展清产核资工作申请报告。

第七条 企业清产核资工作申请报告主要包括以下内容：

（一）企业情况简介；

（二）开展清产核资工作的原因；

（三）开展清产核资工作基准日（清查时点）；

（四）清产核资工作范围；

（五）清产核资工作组织方式；

（六）需要说明的其他事项。

第八条 企业清产核资工作申请报告，应当附报能够说明开展清产核资理由的相关文件或材料。

国有控股企业开展或者参加清产核资工作，应当附报企业董事会或者股东会的相关决议。

第九条 企业开展清产核资工作的范围应当包括：企业总部及所属全部的子企业（含下属事业单位、分支机构、境外子企业等，下同）。对于因特殊原因不能参加清产核资工作的子企业，企业应当附报有关名单并说明原因，经批准后可以账面数作为清产核资工作结果。

第十条 企业所属下列子企业可以不列入参加清产核资工作范围，直接以企业账面数作为企业清产核资工作结果：

（一）子企业新成立不到1年的；

（二）子企业因某种特定经济行为在上一年度已组织进行过资产评估的；

（三）子企业资产、财务状况良好，经财务审计确实不存在较大资产损失或者潜亏挂账的。

第十一条 国有资产监督管理机构在收到企业报送的清产核资工作申请报告后，应当依据清产核资制度及时予以审核和答复。

（一）对于符合开展清产核资工作条件的，国有资产监督管理机构应在规定时间内出具同意企业开展清产核资工作的文件；

（二）对于不符合开展清产核资工作条件的，国有资产监督管理机构应当及时通知企业并告之原因。

第十二条 企业经核准同意开展清产核资工作后，应当指定内设的财务管理或资产管理等机构或者成立多部门组成的临时机构作为具体工作办事机构，负责本企业清产核资有关工作的组织和协调，并与国有资产监督管理机构建立工作联系。

第十三条 企业经核准同意开展清产核资工作后，应当于接到同意文件15个工作日内，根据国家有关清产核资工作政策、工作制度和工作要求，制定本企业清产核资工作的具体实施方案，并报同级国有资产监督管理机构备案（其中应当抄报本企业监事会1份）。

第十四条 企业清产核资工作的具体实施方案，主要包括以下内容：

（一）企业开展清产核资工作目标；

（二）企业清产核资办事机构基本情况；

（三）企业清产核资工作组织方式；

（四）企业清产核资工作内容；

（五）企业清产核资工作步骤和时间安排；

（六）企业清产核资工作要求及工作纪律；

（七）需要说明的其他事项。

第十五条　企业在清产核资中，应当认真做好本企业内部户数清理工作，确定基本清查单位或项目，明确工作范围，落实工作责任制。基本清查单位和清产核资工作组织，原则上按照企业财务隶属关系划分和确定。

第三章　账务清理

第十六条　为保证企业的账账相符、账证相符，企业在清产核资工作中必须认真做好账务清理工作，即：对企业总公司及子企业所有账户进行清理，以及总公司同各子企业之间的各项内部资金往来、存借款余额、库存现金和有价证券等基本账务情况进行全面核对和清理，以保证企业各项账务的全面和准确。

第十七条　企业账务清理应当以清产核资工作基准日为时点，采取倒轧账的方式对各项账务进行全面清理，认真做好内部账户结算和资金核对工作。

通过账务清理要做到总公司内部各部门、总公司同各子企业之间、子企业相互之间往来关系清楚、资金关系明晰。

第十八条　企业对在金融机构开立的人民币支付结算的银行基本存款账户、一般存款账户、临时存款账户、专用存款账户，以及经常项目外汇账户、资本项目外汇账户等要进行全面清理。

第十九条　企业在清产核资中，应当认真清理企业及所属子企业各种违规账户或者账外账，按照国家现行有关金融、财会管理制度规定，检查本企业在各种金融机构中开立的银行账户是否合规，对违规开立的银行账户应当坚决清理；对于账外账的情况，一经发现，应当坚决纠正。

第二十条　企业在清产核资工作中，应当认真清查公司总部及所有子企业的各项账外现金，对违反国家财经法规及其他有关规定侵占、截留的收入，或者私存私放的各项现金（即“小金库”）进行全面清理，应当认真予以纠正，及时纳入企业账内。

第二十一条　企业在清产核资中，应当认真对企业总部及所属子企业对内或者对外的担保情况、财产抵押和司法诉讼等情况进行全面清理，并根据实际情况分类排队，并采取有效措施防范风险。

第二十二条　企业在账务清理中，对清理出来的各种由于会计技术性差错因素造成的错账，应当根据会计准则关于会计差错调整的规定自行进行账务调整。

第四章　资产清查

第二十三条　企业应当在清产核资过程中认真组织力量做好资产清查工作，对企业的各项资产进行全面的清理、核对和查实。社会中介机构应按照独立审计准则的相关规定对资产盘点进行监盘。

第二十四条 企业在组织资产清查时，应当把实物盘点同核实账务结合起来，在盘点过程中要以账对物、以物核账，做好细致的核对工作，保证企业做到账实相符。

（一）企业资产清查工作应当把清理资产同核查负债和所有者权益结合起来，对企业的负债、权益认真清理，对于因会计技术差错造成的不实债权、债务进行甄别并及时改正；对清查出来的账外权益、负债要及时入账，以确保企业的资产、负债及权益的真实、准确。

（二）企业资产清查工作应当重点做好各类应收及预付账款、各项对外投资、账外资产的清理，查实应收账款的债权是否存在，核实对外投资初始成本的现有实际价值。

第二十五条 企业对流动资产清查核实的范围和内容包括现金、各种存款、各种应收及预付款项、短期投资和存货等。

第二十六条 现金清查主要是确定货币资金是否存在；货币资金的收支记录是否完整；库存现金、银行存款以及其他货币资金账户的余额是否正确。

第二十七条 对库存现金的清查，应当查看库存现金是否超过核定的限额，现金收支是否符合现金管理规定；核对库存现金实际金额与现金日记账户余额是否相符；编制库存现金盘点表。对库存外币依币种清查，并以清查时点当日之银行外币买入牌价换算。

备用金余额加上各项支出凭证的金额应等于当初设置备用金数额。截止清查时点时，应当核对企业现金日记账的余额与库存现金的盘点金额是否相符；如有差异，应说明原因。

第二十八条 对其他货币资金，主要是清查外埠存款、银行汇票存款、银行本票存款、在途货币资金、信用卡存款、信用证存款等，按其他货币资金账户及其明细分类账逐一核对。

第二十九条 对银行存款，主要清查企业在开户银行及其他金融机构各种存款账面余额与银行及其他金融机构中该企业的账面余额是否相符；对银行存款的清查，应根据银行存款对账单、存款种类及货币种类逐一查对、核实。检查银行存款余额调节表中未达账项的真实性；检查非记账本位币折合记账本位币所采用的折算汇率是否正确，折算差额是否已按规定进行账务处理。

（一）存款明细要依不同银行账户分列明细，应当区分人民币及各种外币；

（二）定期存款应当出具银行定期存款单；

（三）各项存款应当由银行出具证明文件；

（四）外币存款应当按外币币种及银行分列；

（五）银行存款账列有利息收入时应当详加注明。

第三十条 应收及预付款项的清查内容包括应收票据、应收账款、其他应收款、预付账款和待摊费用。

（一）清查应收票据时，企业应当按其种类逐笔与购货单位或者银行核对查实；

（二）清查应收账款、其他应收款和预付账款时，企业应当逐一与对方单位核对，以双方一致金额记账。对有争议的债权要认真清理、查证、核实，重新明确债权关系。对长期拖欠，要查明原因，积极催收；对经确认难以收回的款项，应当明确责任，做好有关取证工作；

（三）应当认真清理企业职工个人借款并限期收回。

第三十一条 短期投资的清查主要对国库券、各种特种债券、股票及其他短期投资进行清理，取得股票、债券及基金账户对账单，与明细账余额核对，盘点库存有价证券，与相关账户余额进行核对。

第三十二条 存货的清查内容主要包括：原材料、辅助材料、燃料、修理用备件、包装物、低值易耗品、在产品、半成品、产成品、外购商品、协作件以及代保管、在途、外存、外借、委托加工的物资(商品)等。

（一）各企业都应当认真组织清仓查库，对所有存货全面清查盘点；对清查出的积压、已毁损或需报废的存货，应当查明原因，组织相应的技术鉴定，并提出处理意见；

（二）对长期外借未收回的存货，应当查明原因，积极收回或按规定作价转让；

（三）代保管物资由代保管单位协助清查，并将清查结果告知产权单位。

第三十三条 固定资产清查的范围主要包括房屋及建筑物、机器设备、运输设备、工具器具和土地等。

（一）对固定资产要查清固定资产原值、净值，已提折旧额，清理出已提足折旧的固定资产、待报废和提前报废固定资产的数额及固定资产损失、待核销数额等；

（二）租出的固定资产由租出方负责清查，没有登记入账的要将清查结果与租入方进行核对后，登记入账；

（三）对借出和未按规定手续批准转让出去的资产，应当认真清理收回或者补办手续；

（四）对清查出的各项账面盘盈(含账外)、盘亏固定资产，要认真查明原因，分清工作责任，提出处理意见；

（五）经过清查后的各项固定资产，依据用途(指生产性或非生产性)和使用情况(指在用、未使用或不需用等)进行重新登记，建立健全实物账卡；

（六）对清查出的各项未使用、不需用的固定资产，应当查明购建日期、使用时间、技术状况和主要参数等，按调拨(其价值转入受拨单位)、转生产用、出售、待报废等提出处理意见；

（七）土地清查的范围包括企业依法占用和出租、出借给其他企业使用的土地，企业举办国内联营、合资企业以使用权作价投资或入股的土地，企业与外方举办的中外合资、合作经营企业以使用权作价入股的土地。

第三十四条 长期投资的清查主要包括总公司和子企业以流动资产、固定资产、无形资产等各种资产的各种形式投资。

（一）在清查对外长期投资时，凡按股份或者资本份额拥有实际控制权的，一般应采用权益法进行清查；没有实际控制权的，按企业目前对外投资的核算方式进行清查。核查内容包括：有关长期投资的合同、协议、章程，有权力部门的批准文件，确认目前拥有的实际股权、原始投入、股权比例、分红等项内容；

（二）企业在境外的长期投资清查主要包括以资金、实物资产、无形资产在境外投资举办的各类独资、合资、联营、参股公司等企业中的各项资产，由中方投资企业认真查明管理情况和投资效益。

第三十五条 在建工程(包括基建项目)清查的范围和内容主要是在建或停缓建的国家基建项目、技术改造项目，包括完工未交付使用(含试车)、交付使用未验收入账等工程项目、长期挂账但实际已经停工报废的项目。在建工程要由建设单位负责按项目逐一进行清查，主要登记在建工程的项目性质、投资来源、投资总额、实际支出、实际完工进度和管理状况。

对在建工程的毁损报废要详细说明原因，提供合规证明材料。对清理出来的在建工程中已完工未交付使用和交付使用未验收入账的工程，企业应当及时入账。

第三十六条 无形资产清查的范围和内容包括各项专利权、商标权、特许权、版权、商誉、土地使用权及房屋使用权等。对无形资产的清查进行全面盘点，确定其真实价值及完整内容，核实权属证明材料，检查实际摊销情况。

第三十七条 递延资产及其他资产清查的范围和内容包括开办费、租入固定资产改良支出及特准储备物资等，应当逐一清理，认真核查摊销余额。

第三十八条 负债清查的范围和内容包括各项流动负债和长期负债。流动负债要清查各种短期借款、应付及预收款项、预提费用及应付福利费等；长期负债要清查各种长期借款、应付债券、长期应付款、住房周转金等。对负债清查时企业、单位要与债权单位逐一核对账目，达到双方账面余额一致。

第三十九条 企业在对以上资产进行全面清查的基础上，根据国家有关清产核资损失认定的有关规定，在社会中介机构的配合下，收集相关证据，为资产损失、资金挂账的认定工作做好准备。

第五章 价值重估

第四十条 企业凡在以前开展清产核资工作(包括第五次全国清产核资工作，配合军队、武警部队和政法机关移交企业，中央党政机关脱钩企业，科研机构整体转制及日常开展的清产核资工作)时已进行过资产价值重估的，或者因特定经济行为需要已经组织过资产评估工作的，原则上不再进行资产价值重估。

第四十一条 中央企业在清产核资中，属第四十条规定以外，且企业账面价值和实际价值背离较大的主要固定资产和流动资产确需进行重新估价的，须在企业清产核资立项申请报告中就有关情况及原因进行专项说明，由国务院国有资产监督管理委员会审批。

第四十二条 地方所出资企业需在清产核资中进行资产价值重估的，须由省级国有资产监督管理机构核准同意。

第四十三条 企业在清产核资中经核准同意进行资产价值重估工作的，原则上应当采取物价指数法。对于特殊情况经批准后，也可采用重置成本法等其他方法进行。

第四十四条 物价指数法是以资产购建年度价格为基准价格，按国家有关部门制定的《清产核资价值重估统一标准目录》(1995 年)中列出的价格指数，对资产价值进行统一调整估价的方法。

第六章 损溢认定

第四十五条 企业在进行账务清理、资产清查的基础上，对各项清理出来的资产盘盈、资产损失和资金挂账，依据国家清产核资政策和有关财务会计制度规定，认真、细致地做好资产损溢的认定工作。

第四十六条 企业在清产核资中对清理出来的各项资产盘盈、资产损失和资金挂账的核实和认定，具体按照《国有企业资产损失认定工作规则》的有关规定进行。

第四十七条 企业在清产核资中对各项资产盘盈、资产损失和资金挂账的核实和认定都必须取得合法证据。合法证据包括：

（一）具有法律效力的外部证据；

（二）社会中介机构的经济鉴证证明；

（三）特定经济行为的企业内部证据。

第四十八条 企业在清产核资中，要认真组织做好资产盘盈、资产损失和资金挂账有关证明的取证与证据甄别。在取得各项相关证据和资料后，企业应当认真甄别各项证明材料的可靠性和合理性；承担清产核资专项财务审计业务的社会中介机构要对企业提供的各项证据真实性、可靠性进行核实和确认。

第四十九条 企业在清产核资中对清理出的各种账外资产以及账外的债权、债务等情况在进行认真分析的基础上，作出详细说明，报国有资产监督机构审核批准后及时调整入账。

第五十条 企业在清产核资工作中，对证据充分、事实确凿的各项资产损失、资金挂账，经社会中介机构专项财务审计后，可以按照国家清产核资政策规定向国有资产监督管理机构申报认定和核销。

第五十一条 企业在清产核资中应当严格区分内部往来、内部关联交易的损失情况，在上报子企业的资产损失时，作为投资方采用权益法核算的，母公司不重复确认为损失。

第七章 报表编制

第五十二条 《企业清产核资报表》是在清产核资各项工作的基础上，依据各工作阶段所获得的数据和资料，进行整理、归类、汇总和分析，编制反映企业清产核资基准日资产状况、清查结果和资金核实的报告文件。

国务院国有资产监督管理委员会负责统一制定和下发《企业清产核资报表》格式。

第五十三条 企业在清产核资工作中，在进行账务清理、资产清查等工作并填制《清产核资工作基础表》的基础上，应当认真、如实的分别填制《企业清产核资报表》。

第五十四条 《清产核资工作基础表》是企业开展资产清查工作的基本底表。企业在清产核资过程中可根据企业自身情况对《清产核资工作基础表》进行必要的修改或调整。

第五十五条 《企业清产核资报表》分为清产核资工作情况表和清产核资损失挂账分项明细表两个部分：

（一）清产核资工作情况表主要包括：资产清查表、基本情况表、资金核实申报表、资金核实分户表、损失挂账情况表；

（二）清产核资损失挂账分项明细表反映企业申报的资产盘盈、资产损失和资金挂账分项明细情况，具体按照不同单位、损失类别等列示。

第五十六条 《企业清产核资报表》编制工作，要明确分工，精心组织，积极做好内部相关业务机构的协调和配合，确保报表数据的真实、合法和完整，并依次装订成册，由企业法人签字并加盖公章。

第五十七条 企业在清产核资工作中编制的《企业清产核资报表》和《清产核资工作基础表》应当作为工作档案的一部分，按照有关档案管理的要求妥善保管。

第八章　中介审计

第五十八条 企业清产核资工作结果应当按照规定委托符合资质条件的社会中介机构进行专项财务审计。涉及国家安全的特殊企业经同意后，由企业自行组织开展清产核资工作。

第五十九条 社会中介机构要按照独立、客观、公正的原则，履行必要的审计程序，依据独立审计准则等相关规定，认真核实企业的各项清产核资材料，并按照规定参与清点实物实施监盘。

第六十条 企业在清产核资工作中要分清与社会中介机构的职责分工，明确工作关系，细化工作程序，分清工作责任。如选择多家社会中介机构的，应当指定其中一家社会中介机构为主审机构牵头负责，并明确主审所与协作所的分工、责任等关系。

第六十一条 社会中介机构在清产核资专项财务审计工作和经济鉴证中享有法律规定的权力，承担法律规定的义务。任何企业和个人不得干涉社会中介机构正常职业行为。社会中介机构要在清产核资工作中保守企业的各项商业秘密。

第六十二条 社会中介机构对企业资产损溢，应当在充分调查研究、论证的基础上，进行职业推断和客观评判，出具经济鉴证证明，并对其真实性、可靠性负责。

社会中介机构对企业清产核资结果，应当在认真核实和详细分析的基础上，根据独立、客观、公正原则，出具专项财务审计报告，并对其准确性、可靠性负责。

第六十三条 社会中介机构在清产核资专项财务审计工作结束后，应当对企业的内控机制等情况进行审核的基础上，出具管理意见书，提出企业的改进相关管理的具体措施和建议。

第九章　结果申报

第六十四条 企业对清查出的各项资产盘盈（包括账外资产）、资产损失和资金挂账等，应当区别情况，按照国家有关清产核资政策规定，分别提出具体处理意见，及时向同级国有资产监督管理机构报送清产核资结果申报材料。

第六十五条 从企业收到清产核资立项批复文件起，应于6个月内完成清产核资各项主体工作，并向国有资产监督管理机构报送清产核资工作报告；在规定时间内不能完成工作的，需报经国有资产监督管理机构同意。

第六十六条 清产核资结果申报材料具体包括：清产核资工作报告、清产核资报表、专项财务审计报告及有关备查材料。

第六十七条 企业清产核资工作报告主要包含以下内容：

（一）企业清产核资基本情况简介；

（二）清产核资工作结果；

（三）对清产核资暴露出来的企业资产、财务管理中存在的问题、原因进行分析并提出改进措施等。

第六十八条 企业清产核资报表应包括企业总部及所属全部子企业的资产状况，以反映企业总体经营实力，并采取合并方式编制。企业所属子企业的清产核资报表以送电子文档格式附报。

第六十九条 专项财务审计报告由社会中介机构出具，主要内容包括：清产核资范围及内容；清产核资行为依据及法律依据；清产核资组织实施情况；清产核资审核意见；社会中介机构认为需要专项说明的重大事项；报告使用范围说明等。另外，还应当附申报资产损失分项明细表；资产损失申报核销项目说明及相关工作材料等。

第七十条 企业各项资产损失、资金挂账的原始凭证资料及具有法律效力证明材料的复印件，如材料较多应单独汇编成册，编注页码，列出目录。

清产核资企业及相关社会中介机构要对所提供证明材料的复印件与原件的一致性负责。

第十章 资金核实

第七十一条 国有资产监督管理机构对企业经过账务清理、资产清查等基础工作后上报的各项资产盘盈、资产损失、资金挂账等进行认定，重新核实企业实际占用的全部法人财产和国家资本金。

第七十二条 国有资产监督管理机构在收到企业报送的清产核资报告后，按照国家有关清产核资政策、国家现行的财务会计制度及相关规定，对上报材料的内容进行审核。

属于国有控股企业的应向国有资产监督管理机构附报董事会或者股东会相关决议。

第七十三条 对企业上报的各项资产损失、资金挂账有充分证据的，国有资产监督管理机构在清产核资企业申报的处理意见及社会中介机构的专项财务审计意见基础上，依据企业的承受能力等实际情况，提出相应的损失挂账处理意见。企业有消化能力的应以企业自行消化为主；如企业确无消化能力的可按相关规定冲减所有者权益。

第七十四条 对确实因客观原因在企业申报清产核资资金核实结果时，相关资产损失、资金挂账的证据不够充分，国有资产监督管理机构无法审定核准的，经同意企业可继续收集证据，在不超过一年的时间内另行补报(1 次)。

第十一章　账务处理

第七十五条　企业在接到清产核资资金核实批复文件后，依据批复文件的要求，按照国家现行的财务、会计制度的规定，对企业总公司及子企业进行账务处理。

第七十六条　企业对因采用权益法核算引起的由于子企业损失被核销造成的长期投资损失，在经批准核销后，按照会计制度的规定同时调整相关会计科目。

第七十七条　企业在接到清产核资的批复60个工作日内要将账务处理结果报同级国有资产监督管理机构并抄送企业监事会(1份)。主要内容有：

(一) 总公司按照国有资产监督管理机构批复的清产核资资金核实结果，对列入清产核资范围的各子企业下达的账务调整批复；

(二) 企业应当对未能按照国有资产监督管理机构批复的清产核资资金核实结果调账部分的原因进行详细说明并附相关证明材料；

(三) 企业所属控股、参股子企业按照批复的损失额等比例进行摊销。

第七十八条　企业对经同意核销的各项不良债权、不良投资，要建立账销案存管理制度，组织力量和建立相关机构积极清理和追索；对同意核销的各项实物资产损失，应当组织力量积极处置、回收残值，避免国有资产流失。

第七十九条　企业在接到清产核资的批复30个工作日内，按规定程序到同级国有资产监督管理机构办理相应的产权变更登记手续。企业注册资本发生变动的，在接到清产核资的批复后，在规定的时间内，按规定程序到工商行政管理部门办理工商变更登记手续。

第十二章　完善制度

第八十条　企业在清产核资的基础上，应当针对清产核资工作中暴露出来的资产及财务管理等方面问题，对资产盘盈、资产损失和资金挂账等形成原因进行认真分析，分清管理责任，提出相关整改措施，巩固清产核资工作成果，防止前清后乱。

第八十一条　企业在清产核资的基础上，按照国家现行的财务、会计及资产管理制度规定并结合企业实际情况，建立健全各项资产包括固定资产、流动资产、无形资产、递延资产、在建工程等管理制度，完善内部资产与财务管理办法。

第八十二条　企业在清产核资的基础上，应当进一步加强会计核算，完善各项内控机制，加强对企业内部各级次的财务监督，建立资产损失责任制度，完善经济责任审计和子企业负责人离任审计制度。

第八十三条　企业在清产核资的基础上，应当认真研究各项风险控制管理制度，尤其是对企业担保、委托贷款资金等事项，提出控制风险的可行的办法，加强担保及委托资金的管理与控制。

第八十四条　企业在清产核资的基础上，应当建立和完善财务信息披露制度，将本企业投资、经营、财务以及企业经营过程中的重大事项，按照国家法律、法规的要求及时向出资人、董事会和股东披露，规范会计信息的披露。

第八十五条 企业应当根据清产核资工作结果，对所属各子企业的资产及财务状况进行认真分析，对确已资不抵债或不能持续经营的，应当根据实际情况提出合并、分立、解散、清算和关闭破产等工作措施，促进企业内部结构的调整，提高企业资产营运效益。

第八十六条 企业内部的纪检监察部门应当积极介入本企业的清产核资工作，对发现的严重违纪违规问题，应当移交有关部门调查处理；涉嫌违法的问题，应当及时移送司法机关处理。

第十三章 附 则

第八十七条 企业应当按照《会计档案管理办法》的规定，妥善保管清产核资工作档案。清产核资各种工作底稿、各项证明材料原件等会计基础材料应装订成册，按规定存档。

第八十八条 本工作规程自公布之日起施行。

国资委关于印发《国有企业清产核资资金核实工作规定》的通知

国资评价[2003]74号

党中央有关部门，国务院各部委、各直属机构，各省、自治区、直辖市及计划单列市国有资产监督管理机构，新疆生产建设兵团，各中央企业：

为规范国有及国有控股企业清产核资工作，真实反映企业的资产质量和财务状况，依据《国有企业清产核资办法》(国资委令第1号)及国家有关清产核资政策，我们制定了《国有企业清产核资资金核实工作规定》，现印发给你们。请结合企业实际，认真遵照执行，并及时反映工作中有关情况和问题。

国务院国有资产监督管理委员会

二〇〇三年九月十三日

国有企业清产核资资金核实工作规定

第一条 为规范国有及国有控股企业(以下简称企业)清产核资工作，促使解决企业历史遗留问题，真实反映企业的资产质量和财务状况，依据《国有企业清产核资办法》和国家有关清产核资政策，制定本规定。

第二条 资金核实是指国有资产监督管理机构根据清产核资企业上报的各项资产盘盈、资产损失和资金挂账等清产核资工作结果，依据国家清产核资政策和有关财务会计制度规定，组织进行审核并批复予以账务处理，重新核定企业实际占用国有资本金数额的工作。

第三条 企业开展清产核资工作，应当按照《国有企业清产核资办法》的有关规定，认真组织做好账务清理、资产清查等各项基础工作，如实反映企业资产质量和财务状况，做到全面彻底、账账相符、账实相符，保证企业清产核资结果的真实性、可靠性和完整性，严禁弄虚作假，避免国有资产流失。

第四条 企业清产核资工作结果应当按照规定经社会中介机构进行专项财务审计，查出的资产盘盈、资产损失和资金挂账应当提供相关合法证据或者社会中介机构经济鉴证证明等具有法律效力的证明材料。

承担企业清产核资专项财务审计工作和出具经济鉴证证明的社会中介机构，应当依据《独立审计准则》等有关规定，对企业清理出的各项资产盘盈、资产损失和资金挂账等清产核资工作结果进行客观、公正审计和经济鉴证，并对审计结果和经济鉴证证明的真实性、可靠性承担责任。

第五条 企业清理出的各项资产盘盈、资产损失和资金挂账等的认定与处理，按照事实确凿、证据充分、程序合规的原则，依据《企业清产核资办法》规定的工作程序和工作要求，由清产核资企业向国有资产监督管理机构申报批准，并按照资金核实批复结果调整账务。

第六条 企业应当按照规定要求在清产核资资金核实工作中向国有资产监督管理机构提交以下申报材料：

（一）企业清产核资工作报告，主要包括：清产核资工作基准日、工作范围、工作内容、工作结果和基准日的资产财务状况，以及相关处理意见；

（二）企业清产核资报表，包括：基准日企业基本情况表、各类资产损失明细情况表等；

（三）社会中介机构专项财务审计报告；

（四）企业申报处理的资产盘盈、资产损失和资金挂账的有关意见专项说明。企业申报处理的资产盘盈、资产损失和资金挂账的专项说明和各类资产损失明细情况表，应当逐笔写明发生日期、损失原因、政策依据、处理方式以及有关原始凭证资料和具有法律效力的证明材料齐全情况，并分类汇编成册；

（五）有关资产盘盈、资产损失和资金挂账备查材料，主要包括：企业清产核资原始凭证材料和具有法律效力的证明材料（可以用复印件），作为企业清产核资工作备查和存档资料，应当分类汇编成册，并列出目录，以便于工作备查；

（六）需要提供的其他材料。

第七条 企业清产核资资金核实工作按照以下程序进行：

（一）企业在账务清理、资产清查等工作基础上，经社会中介机构对清产核资专项财务审计和有关资产损失提出合规证据或者经济鉴证证明后，对清理出的各项资产盘盈、资产损失和资金挂账，按照国家清产核资政策和有关财务会计制度，分项提出处理意见，编制清产核资报表，撰写企业清产核资工作报告；

（二）企业向国有资产监督管理机构上报企业清产核资工作报告、清产核资报表、社会中介机构专项财务审计报告，并附相关合法证据及经济鉴证证明等材料；

（三）国有资产监督管理机构在规定工作时限内，对上报的企业清产核资工作报告、清产核资报表、社会中介机构专项财务审计报告及相关材料进行审核，并对资金核实结果进行批复；

（四）企业按照国有资产监督管理机构有关资金核实批复文件，依据国家财务会计制度有关规定，调整企业会计账务，并按照有关规定办理相关产权变更登记及工商变更登记。

第八条 对于企业在清产核资中查出的资产盘盈与资产损失相抵后，盘盈资产大于资产损失部分，根据财政部等六部门联合下发的《关于进一步贯彻落实国务院办公厅有关清产核资政策的通知》（财清〔1994〕15 号，以下简称财清 15 号文件）的规定，经国有资产监督管理机构审核批准后，相应增加企业所有者权益。

第九条 依据《国务院办公厅关于扩大清产核资试点工作有关政策的通知》（国办发〔1993〕29 号）和财清 15 号文件规定，企业清产核资中查出的各项资产损失和资金挂账数额较小，企业能够自行消化的，可以按照国家有关财务会计制度规定，经国有资产监督管理机构征求财政部门意见批准后分年计入损益处理；对查出的企业各项资产损失和资金挂账数额较大、企业无能力自行消化弥补的，经国有资产监督管理机构审核批准后，可冲减企业所有者权益。

第十条 企业查出的各项资产损失和资金挂账，经国有资产监督管理机构审核批准冲减所有者权益的，可依次冲减盈余公积金、资本公积金和实收资本。

对企业执行《企业会计制度》查出的各项资产损失和资金挂账，依据国家有关清产核资政策规定，以及财政部《关于国有企业执行〈企业会计制度〉有关财务政策问题的通知》(财企〔2002〕310号，以下简称企业310号文件)有关规定，经国有资产监督管理机构审核批准的，可以依次冲减以前年度未分配利润、公益金、盈余公积金、资本公积金和实收资本。

第十一条 企业应当依据国有资产监督管理机构资金核实批复文件，及时调整会计账务，并将调账结果在规定时限内报国有资产监督管理机构备案(其中抄送国有重点大型企业监事会1份)。

第十二条 企业有关资产损失和资金挂账经国有资产监督管理机构审核批准后，冲减所有者权益应当保留的资本金数额不得低于法定注册资本金限额，不足冲减部分依据财企310号文件规定，暂作待处理专项资产损失，并在3年内分期摊销，尚未摊销的余额，在资产负债表“其他长期资产”项目中列示，并在年度财务决算报告中的会计报表附注中加以说明。

第十三条 企业经批准冲销的有关不良债权、不良投资和有关实物资产损失等，应当建立“账销案存”管理制度，并组织力量或者成立专门机构进一步清理和追索，避免国有资产流失；对以后追索收回的残值或者资金应当按国家有关财务会计制度规定，及时入账并作有关收入处理。

第十四条 企业对清产核资各项基础工作资料应当认真整理，建立档案，妥善保管，并按照会计档案保管期限予以保存。

第十五条 企业对清产核资中反映出的各项经营管理中的矛盾和问题，应当认真总结经验，分清责任，建立和健全各项管理制度，完善相关内部控制机制，并做好组织落实工作。企业应当在清产核资工作的基础上，建立资产损失责任追究制度和健全企业不良资产管理制度，巩固清产核资成果。

第十六条 本规定自公布之日起施行。

国资委关于印发《国有企业资产损失认定工作规则》的通知

国资评价〔2003〕72 号

党中央有关部门，国务院各部委、各直属机构，各省、自治区、直辖市及计划单列市国有资产监督管理机构，新疆生产建设兵团，各中央企业：

为了加强对国有及国有控股企业清产核资工作的监督管理，规范企业资产损失的核实和认定工作，根据《国有企业清产核资办法》(国资委令第 1 号)和国家有关财务会计制度，我们制定了《国有企业资产损失认定工作规则》，现印发给你们。请结合企业自身实际，认真遵照执行，并及时反映工作中有关情况和问题。

国务院国有资产监督管理委员会

二〇〇三年九月十三日

国有企业资产损失认定工作规则

第一章　总　　则

第一条　为加强对国有及国有控股企业(以下简称企业)清产核资工作的监督管理，规范企业资产损失的核实和认定工作，根据《国有企业清产核资办法》和国家有关财务会计制度，制定本规则。

第二条　本规则所称的资产损失，是指企业清产核资清查出的在基准日之前，已经发生的各项财产损失和以前年度的经营潜亏及资金挂账等。

第三条　企业清产核资中清查出的各项资产损失，依据《国有企业清产核资办法》及本规则规定进行核实和认定。

第四条　企业清产核资中清查出各项资产损失的核实和认定，依据有关会计科目，按照货币资金损失、坏账损失、存货损失、待摊费用挂账损失、投资损失、固定资产损失、在建工程和工程物资损失、无形资产损失、其他资产损失等分类分项进行。

第五条　国有资产监督管理机构按照国家有关规定负责对企业清产核资中清查出的资产损失进行审核和认定工作。

第二章　资产损失认定的证据

第六条　在清产核资工作中，企业需要申报认定的各项资产损失，均应提供合法证据，包括：具有法律效力的外部证据、社会中介机构的经济鉴证证明和特定事项的企业内部证据。

第七条 具有法律效力的外部证据，是指企业收集到的司法机关、公安机关、行政部门、专业技术鉴定部门等依法出具的与本企业资产损失相关的具有法律效力的书面文件，主要包括：

（一）司法机关的判决或者裁定；

（二）公安机关的立案结案证明、回复；

（三）工商管理部门出具的注销、吊销及停业证明；

（四）企业的破产清算公告及清偿文件；

（五）政府部门的公文及明令禁止的文件；

（六）国家及授权专业技术鉴定部门的鉴定报告；

（七）保险公司对投保资产出具的出险调查单，理赔计算单等；

（八）符合法律条件的其他证据。

第八条 社会中介机构的经济鉴证证明，是指社会中介机构按照独立、客观、公正的原则，在充分调查研究、论证和分析计算基础上，进行职业推断和客观评判，对企业的某项经济事项发表的专项经济鉴证证明或鉴证意见书，包括：会计师事务所、资产评估机构、律师事务所、专业鉴定机构等出具的经济鉴证证明或鉴证意见书。

第九条 特定事项的企业内部证据，是指本企业在财产清查过程中，对涉及财产盘盈、盘亏或者实物资产报废、毁损及相关资金挂账等情况的内部证明和内部鉴定意见书等，主要包括：

（一）会计核算有关资料和原始凭证；

（二）资产盘点表；

（三）相关经济行为的业务合同；

（四）企业内部技术鉴定小组或内部专业技术部门的鉴定文件或资料（数额较大、影响较大的资产损失项目，应当聘请行业内专家参加技术鉴定和论证）；

（五）企业的内部核批文件及有关情况说明；

（六）由于经营管理责任造成的损失，要有对责任人的责任认定及赔偿情况说明。

第十条 对作为资产损失的所有证据，企业都应当根据内部控制制度和财务管理制度，进行逐级审核，认真把关；承担企业清产核资专项财务审计业务的中介机构应根据独立审计准则规定做好相关证据的复核、甄别工作，逐项予以核实和确认。

第三章 资产损失认定的原则

第十一条 为保证企业资产状况的真实性和财务信息的准确性，企业对清产核资中清查出的已丧失了使用价值或者转让价值、不能再为企业带来经济利益的账面无效资产，凡事实确凿、证明充分的，依据国家财务会计制度和清产核资政策规定，认定为损失，经批准后可予以财务核销。

第十二条 企业对清产核资中清查出的各项资产损失，应当积极组织力量逐户逐项进行认真清理和核对，取得足以说明损失事实的合法证据，并对损失的资产项目及金额按规定的工作程序和工作要求进行核实和认定。

对数额较大、影响较大的资产损失项目，企业应当逐项作出专项说明，承担专项财务审计业务的中介机构应当重点予以核实。

第十三条 企业对清产核资中清查出的各项资产损失，虽取得外部法律效力证明，但其损失金额无法根据证据确定的，或者难以取得外部具有法律效力证明的有关资产损失，应当由社会中介机构进行经济鉴证后出具鉴证意见书。

第十四条 企业对经批准核销的不良债权、不良投资等损失，应当认真加强管理，建立"账销案存"管理制度，组织力量或成立专门机构进一步清理和追索，避免国有资产流失。

第十五条 企业对经批准核销的报废毁损固定资产、存货、在建工程等实物资产损失，应当分类排队，进行认真清理，对有利用价值或者能收回残值的，应当积极进行处理，以最大限度降低损失。

第十六条 企业清查出的由于会计技术性差错引起的资产不实，不属于资产损失的认定范围，应当由企业依据会计准则规定的会计差错更正办法，经会计师事务所审计提出相关意见后自行处理。

第十七条 企业集团内部单位之间、母公司与子公司之间的互相往来款项、投资和关联交易，债务人核销债务要与债权人核销债权同等金额、同时进行，并签订书面协议，互相提供处理债权或者债务的财务资料。

第四章 货币资金损失的认定

第十八条 货币资金损失是指企业清查出的现金短缺和各类金融机构存款发生的有关损失。

第十九条 企业清查出的现金短缺，将现金短缺数扣除责任人赔偿后的数额，依据下列证据，确认为损失：

（一）现金保管人确认的现金盘点表(包括倒推至基准日的记录)；

（二）现金保管人对于短款的说明及相关核准文件；

（三）由于管理责任造成的，应当有对责任人的责任认定及赔偿情况说明；

（四）涉及刑事犯罪的应当提供有关司法涉案材料。

第二十条 企业清查出的存款中金融机构已付、企业未付的款项，依据财产清查基准日的银行对账单及相应的银行存款余额调节表，要逐笔查明银行已付、企业未付款项的形成原因，确认与收款人的债权债务关系，核实情况分清责任。对不能收回款项，比照本规则坏账损失的认定要求，进行损失认定。

第五章 坏账损失的认定

第二十一条 坏账损失是指企业不能收回的各项应收款项造成的损失，主要包括：应收账款和其他应收款、应收票据、预付账款等发生坏账造成的损失。

第二十二条 对在清产核资中清查出的各项坏账，企业应当逐项分析形成原因，对有合法证据证明确实不能收回的应收款项，分别不同情况，认定为损失。

第二十三条 债务单位已被宣告破产、注销、吊销工商登记或者被政府责令关闭等，造成应收款项无法收回的，依据下列证据，认定为损失：

（一）法院的破产公告和破产清算的清偿文件；

（二）工商部门的注销、吊销证明；

（三）政府部门有关行政决定文件。

对上述情形中已经清算的，应当扣除债务人清算财产实际清偿部分后，对不能收回的款项，认定为损失。

对尚未清算的，由社会中介机构进行职业推断和客观评判后出具经济鉴证证明，对确实不能收回的部分，认定为损失。

第二十四条 债务人已失踪、死亡的应收款项，在取得公安机关出具的债务人已失踪、死亡的证明后，确定其遗产不足清偿部分或无法找到承债人追偿债务的，由社会中介机构进行职业推断和客观评判后出具经济鉴证证明，认定为损失。

第二十五条 债务人因遭受战争、国际政治事件及自然灾害等不可抗力因素影响，对确实无法收回的应收款项，由企业作出专项说明，经社会中介机构进行职业推断和客观评判后出具经济鉴证证明，认定为损失。

第二十六条 逾期不能收回的应收款项，有败诉的法院判决书、裁定书，或者胜诉但无法执行或债务人无偿债能力被法院裁定终（中）止执行的，依据法院的判决、裁定或终（中）止执行的法律文书，认定为损失。

第二十七条 在逾期不能收回的应收款项中，单笔数额较小、不足以弥补清收成本的，由企业作出专项说明，经社会中介机构进行职业推断和客观评判后出具经济鉴证证明，认定为损失。

第二十八条 逾期3年以上的应收款项，企业有依法催收磋商记录，确认债务人已资不抵债、连续3年亏损或连续停止经营3年以上的，并能认定在最近3年内没有任何业务往来，由社会中介机构进行职业推断和客观评判后出具鉴证证明，认定为损失。

第二十九条 逾期3年以上的应收款项，债务人在境外及港、澳、台地区的，经依法催收仍不能收回的，在取得境外中介机构出具的有关证明，或者取得我国驻外使（领）馆或商务机构出具的有关证明后，认定为损失。

第三十条 对逾期3年以上的应收款项，企业为了减少坏账损失而与债务人协商，按一定比例折扣后收回（含收回的实物资产）的，根据企业董事会或者经理（厂长）办公会审议决定（二级及以下企业应有上级母公司的核准文件）和债权债务双方签订的有效协议，以及已收回资金的证明，其折扣部分，认定为损失。

第六章 存货损失的认定

第三十一条 存货损失是指有关商品、产成品、半成品、在产品以及各类材料、燃料、包装物、低值易耗品等发生的盘盈、盘亏、变质、毁损、报废、淘汰、被盗等造成的净损失，以及存货成本的高留低转资金挂账等。

第三十二条 对盘盈和盘亏的存货，扣除责任人赔偿后的差额部分，依据下列证据，认定为损失：

（一）存货盘点表；

（二）社会中介机构的经济鉴证证明；

（三）其他应当提供的材料：

1. 存货保管人对于盘盈和盘亏的情况说明；

2. 盘盈存货的价值确定依据（包括相关入库手续、相同相近存货采购发票价格或者其他确定依据）；

3. 盘亏存货的价值确定依据；

4. 企业内部有关责任认定、责任人赔偿说明和内部核批文件。

第三十三条 对报废、毁损的存货，将其账面价值扣除残值及保险赔偿或责任人赔偿后的差额部分，依据下列证据，认定为损失：

（一）单项或者批量金额较小的存货，由企业内部有关部门出具技术鉴定证明；

（二）单项或者批量金额较大的存货，应取得国家有关技术鉴定部门或具有技术鉴定资格的社会中介机构出具的技术鉴定证明；

（三）涉及保险索赔的，应当有保险公司理赔情况说明；

（四）其他应当提供的材料：

1. 企业内部关于存货报废、毁损情况说明及审批文件；

2. 残值情况说明；

3. 企业内部有关责任认定、责任人赔偿说明和内部核批文件。

第三十四条 对被盗的存货，将其账面价值扣除保险理赔以及责任人赔偿后的差额部分，依据以下证据，认定为损失：

（一）向公安机关的报案记录；公安机关立案、破案和结案的证明材料；

（二）涉及责任人的责任认定及赔偿情况说明；

（三）涉及保险索赔的，应有保险公司理赔情况说明。

第三十五条 对已削价、折价处理的存货，由企业有关部门说明情况，依据有关会计凭证将原账面价值与已收回价值的差额部分，认定为损失。

第三十六条 对清查出的存货成本高留低转部分，由企业作出专项说明，经社会中介机构进行职业推断和客观评判后出具经济鉴证证明，认定为损失。

第七章 待摊费用挂账损失的认定

第三十七条 企业清查出的已经失去摊销意义的费用项目，由企业作出相关事项说明，经社会中介机构进行职业推断和客观评判后出具经济鉴证证明，认定为损失。

第三十八条 企业清查出的长期应摊未摊费用，由企业作出难以自行消化的未摊销专项说明，经社会中介机构进行职业推断和客观评判后出具经济鉴证证明，认定为损失。

第三十九条 企业清查出的有关应提未提费用，由企业作出专项说明，经社会中介机构进行职业推断和客观评判后出具经济鉴证证明，认定为损失。

第四十条 企业清查出的以前年度由于国家外汇汇率政策调整引起的汇兑损失挂账，由企业作出专项说明，经社会中介机构进行职业推断和客观评判后出具经济鉴证证明，认定为损失。

第八章 投资损失的认定

第四十一条 投资损失是指企业发生的不良股权或者债权投资造成的损失，包括长期投资损失和短期投资损失。对清查出的不良投资，企业要逐项进行原因分析，对有合法证据证明不能收回的，认定为损失。

第四十二条 被投资单位已破产、清算、被撤销、关闭或被注销、吊销工商登记等，造成难以收回的不良投资，依据下列证据，认定为损失：

（一）法院的破产公告或者破产清算的清偿文件；

（二）工商部门的注销、吊销文件；

（三）政府部门的有关行政决定文件；

对已经清算的，扣除清算财产清偿后的差额部分，认定为损失。

尚未清算的，由社会中介机构经过职业推断和客观评判后出具经济鉴证证明，对被投资单位剩余财产确实不足清偿投资的差额部分，认定为损失。

第四十三条 对企业有关参股投资项目金额较小，确认被投资单位已资不抵债、连续经营亏损 3 年以上或连续停止经营 3 年以上的，由社会中介机构进行职业推断和客观评判后出具经济鉴证证明，对确实不能收回的部分，认定为损失。

第四十四条 企业经营期货、证券、外汇等短期投资未进行交割或清理的，不能认定为损失。

第九章 固定资产损失的认定

第四十五条 固定资产损失是指企业房屋建筑物、机器设备、运输设备、工具器具等发生的盘盈、盘亏、淘汰、毁损、报废、丢失、被盗等造成的净损失。

第四十六条 对盘盈的固定资产，依据下列证据，确认为固定资产盘盈入账。

（一）固定资产盘点表；

（二）使用保管人对于盘盈情况说明材料；

（三）盘盈固定资产的价值确定依据（同类固定资产的市场价格、类似资产的购买合同、发票或竣工决算资料）；

（四）单项或批量数额较大固定资产的盘盈，企业难以取得价值确认依据的，应当委托社会中介机构进行估价，出具估价报告。

第四十七条 对盘亏的固定资产，将其账面净值扣除责任人赔偿后的差额部分，依据下列证据，认定为损失：

（一）固定资产盘点表；

（二）盘亏情况说明（单项或批量金额较大的固定资产盘亏，企业要逐项作出专项说明，由社会中介机构进行职业推断和客观评判后出具经济鉴证证明）；

（三）社会中介机构的经济鉴证证明；

（四）企业内部有关责任认定和内部核准文件等。

第四十八条 对报废、毁损的固定资产，将其账面净值扣除残值、保险赔偿和责任人赔偿后的差额部分，依据下列证据，认定为损失：

（一）企业内部有关部门出具的鉴定证明；

（二）单项或批量金额较大的固定资产报废、毁损，由企业作出专项说明，应当委托有技术鉴定资格的机构进行鉴定，出具鉴定证明；

（三）不可抗力原因（自然灾害、意外事故）造成固定资产毁损、报废的，应当有相关职能部门出具的鉴定报告。如消防部门出具的受灾证明；公安部门出具的事故现场处理报告、车辆报损证明；房管部门的房屋拆除证明；锅炉、电梯等安检部门的检验报告等；

（四）企业固定资产报废、毁损情况说明及内部核批文件；

（五）涉及保险索赔的，应当有保险理赔情况说明。

第四十九条 对被盗的固定资产，将其账面净值扣除责任人的赔偿和保险理赔后的差额部分，依据下列证据，认定为损失：

（一）向公安机关的报案记录；公安机关立案、破案和结案的证明材料；

（二）企业内部有关责任认定、责任人赔偿说明和内部核批文件；

（三）涉及保险索赔的，应当有保险理赔情况说明。

第十章　在建工程和工程物资损失的认定

第五十条 在建工程损失和工程物资损失是指企业已经发生的因停建、废弃和报废、拆除的在建工程项目造成的损失，以及因此而引起的相应工程物资报废或者削价处理等发生的损失。

第五十一条 因停建、废弃和报废、拆除的在建工程，将其账面投资扣除残值后的差额部分，依据下列证据，认定为损失：

（一）国家明令停建项目的文件；

（二）规划等有关政府部门出具的工程停建、拆除通知文件；

（三）企业对报废、废弃的在建工程项目出具的鉴定意见和原因说明及核批文件；单项数额较大的在建工程报废，应当有行业专家参与的技术鉴定意见；

（四）工程项目实际投入的价值确定依据。

第五十二条 由于自然灾害和意外事故毁损的在建工程，将其账面投资扣除残值、保险赔偿及责任赔偿后的差额部分，依据下列证据，认定为损失：

（一）有关自然灾害或者意外事故证明；

（二）涉及保险索赔的，应当有保险理赔情况说明；

（三）企业内部有关责任认定、责任人赔偿说明和核准文件。

第五十三条 工程物资发生损失的，比照本规则存货损失的认定要求，进行损失认定。

第十一章　无形资产和其他资产损失的认定

第五十四条　无形资产损失是指某项无形资产已经被其他新技术所代替或已经超过了法律保护的期限，已经丧失了使用价值和转让价值，不能给企业再带来经济利益，而使该无形资产成为无效资产，其账面尚未摊销的余额，形成无形资产损失。

第五十五条　企业清查出的无形资产损失，依据有关技术部门提供的鉴定材料，或者已经超过了法律保护的期限证明文件，将尚未摊销的无形资产账面余额，认定为损失。

第五十六条　企业或有负债(包括担保、抵押、委托贷款等行为造成的损失)成为事实负债后，对无法追回的债权，分别按有关资产损失认定要求，进行损失认定。

(一)对外提供担保损失。被担保人由于不能按期偿还债务，本企业承担了担保连带还款责任，经清查和追索，被担保人无偿还能力，对无法追回的，比照本规则坏账损失的认定要求，进行损失认定。

(二)抵押损失。由于企业没能按期赎回抵押资产，使抵押资产被拍卖或变卖，其账面价值与拍卖或变卖价值的差额部分，依据拍卖或变卖证明，认定为损失。

(三)委托贷款损失。企业委托金融机构向其他单位贷出的款项，对贷款单位不能按期偿还的，比照本规则投资损失的认定要求，进行损失认定。

第五十七条　国家特准储备物资发生损失的，按有关规定的审批程序另行报批。

第十二章　附　　则

第五十八条　企业应按照《会计档案管理办法》的规定，妥善保管清产核资工作档案，清产核资各种工作底稿、各项资产损失认定证明和会计基础材料，应分类装订成册，按规定期限保存。

第五十九条　本规则自公布之日起施行。

北京市国资委关于印发《北京市国有企业资产减值准备财务核销工作规则》的通知

京国资评价字〔2005〕129号

各企(事)业单位:

为加强企业财务监督,规范企业资产减值准备财务核销行为,促进企业建立和完善内部控制制度,参照国务院国资委《中央企业资产减值准备财务核销工作规则》,结合北京市国有企业的具体情况,我委制定了《北京市国有企业资产减值准备财务核销工作规则》和《关于〈北京市国有企业资产减值准备财务核销工作规则〉实施的有关说明》,现印发给你们,请遵照执行。

二〇〇五年十二月七日

北京市国有企业资产减值准备财务核销工作规则

第一章 总 则

第一条 为加强北京市人民政府国有资产监督管理委员会(以下简称市国资委)依法履行出资人职责的企(事)业单位(以下简称企业)财务监督,规范企业资产减值准备财务核销行为,促进企业建立和完善内部控制制度,按照《北京市企业财务决算报告管理办法》(京国资评价字〔2004〕32号)和国家有关财务会计制度规定,制定本规则。

第二条 企业按照国家有关财务会计制度规定计提的各项资产减值准备财务核销工作,适用本规则。

第三条 本规则所称资产减值准备财务核销是指企业按照国家有关财务会计制度和市国资委有关财务监督规定,对取得合法、有效证据证明确实发生事实损失的资产进行处置,并对其账面余额和相应的资产减值准备进行财务核销的工作。

资产减值准备具体包括企业按照国家有关财务会计制度规定计提的短期投资跌价准备、委托贷款减值准备、存货跌价准备、坏账准备、长期投资减值准备、在建工程减值准备、固定资产减值准备和无形资产减值准备等。

第四条 本规则所称事实损失是指企业已计提资产减值准备的资产,有确凿和合法证据表明该项资产的使用价值和转让价值发生了实质性且不可恢复的灭失,已不能给企业带来未来经济利益流入。

第五条 市国资委依法对企业资产减值准备财务核销工作进行监督。

第二章　资产减值准备财务核销原则

第六条　企业执行《企业会计制度》，应当按照国家有关财务会计制度规定，定期对各项资产进行全面清理核实，遵循谨慎性原则，规范建立资产减值准备计提制度，合理预计潜在损失和计提相应的资产减值准备，并做好资产减值准备的转回和核销工作。

第七条　企业应当对已计提减值准备的各项资产进行认真甄别分类，对不良资产要建立专项管理制度，组织力量进行认真清理和追索，清理和追索收回的资金或残值应当及时入账，对形成事实损失的资产按规定要求和工作程序进行财务核销。

第八条　企业资产减值准备财务核销应当遵循客观性原则。当已计提资产减值准备的资产成为事实损失时，不论该项资产是否已提足资产减值准备，企业都应当按照规定对该项资产账面余额与已计提的资产减值准备进行财务核销。

第九条　企业应当对已发生的资产损失事实进行认真确认，取得确凿证据，履行规定的财务核销程序。

第十条　企业资产减值准备财务核销应当认真执行资产损失责任追究相关规定，在查明资产损失事实和原因基础上，分清责任，提出整改措施，并对相关责任人进行责任追究。

第三章　资产减值准备财务核销依据

第十一条　企业进行资产减值准备财务核销，应当取得合法证据，具体包括：具有法律效力的相关证据，社会中介机构的法律鉴证或公证证明以及特定事项的企业内部证据等。

第十二条　短期投资跌价准备和长期投资跌价准备依据下列证据进行财务核销：

（一）上市流通的短期投资和长期债权投资发生事实损失的，应当取得企业内部业务授权投资和处置的相关文件，以及有关证券交易结算机构出具的合法交易资金结算单据；

（二）被投资单位被宣告破产的，应当取得法院破产清算的清偿文件及执行完毕证明；

（三）被投资单位被注销、吊销工商登记或被有关机构责令关闭的，应当取得当地工商部门注销、吊销公告，或有关机构的决议或行政决定文件，以及被投资单位清算报告及清算完毕证明；

（四）涉及诉讼的，应当取得司法机关的判决或裁定及执行完毕的证据；无法执行或被法院终止执行的，应当取得法院终止裁定等法律文件；

（五）涉及仲裁的，应当取得相应仲裁机构出具的仲裁裁决书，以及仲裁裁决执行完毕的相关证明；

（六）其他足以证明该短期投资或长期投资发生事实损失的合法、有效证据。

第十三条　坏账准备依据下列证据进行财务核销：

（一）债务单位被宣告破产的，应当取得法院破产清算的清偿文件及执行完毕证明；

（二）债务单位被注销、吊销工商登记或被有关机构责令关闭的，应当取得当地工商部门注销、吊销公告、有关机构的决议或行政决定文件，以及被投资单位清算报告及清算完毕证明；

（三）债务人失踪、死亡(或被宣告失踪、死亡)的，应当取得有关方面出具的债务人已失踪、死亡的证明及其遗产(或代管财产)已经清偿完毕或确实无财产可以清偿，或没有承债人可以清偿的证明；

（四）涉及诉讼的，应当取得司法机关的判决或裁定及执行完毕的证据；无法执行或被法院终止执行的，应当取得法院终止裁定等法律文件；

（五）涉及仲裁的，应当取得相应仲裁机构出具的仲裁裁决书，以及仲裁裁决执行完毕的相关证明；

（六）与债务单位(人)进行债务重组的，应当取得债务重组协议及执行完毕证明；

（七）债权超过诉讼时效的，应当取得债权超过诉讼时效的法律文件；

（八）清欠收入不足以弥补清欠成本的，应当取得清欠部门的情况说明以及企业董事会或经理(厂长)办公会议批准的会议纪要；

（九）其他足以证明应收款项确实发生损失的合法、有效证据。

第十四条 委托贷款减值准备财务核销，根据委托贷款的性质，比照短期投资和长期投资减值准备的核销依据进行。

第十五条 存货跌价准备、固定资产减值准备和在建工程减值准备依据下列证据进行财务核销：

（一）发生盘亏的，应当取得完整、有效的资产清查盘点表和有关责任部门审核决定；

（二）报废、毁损的，应当取得相关专业质量检测或技术部门出具的鉴定报告，以及清理完毕的证明；有残值的应当取得残值入账证明；

（三）因故停建或被强令拆除的，应当取得国家明令停建或政府市政规划等有关部门的拆除通知文件，以及拆除清理完毕证明；

（四）对外折价销售的，应当取得合法的折价销售合同和收回资金的证明；

（五）涉及诉讼的，应当取得司法机关的判决或裁定及执行完毕的证据；无法执行或被法院终止执行的，应当取得法院终止裁定等法律文件；

（六）应由责任人或保险公司赔偿的，应当取得责任人缴纳赔偿的收据或保险公司的理赔计算单及银行进账单；

（七）抵押资产发生事实损失的，应当取得抵押资产被拍卖或变卖证明；

（八）其他足以证明存货、固定资产和在建工程确实发生损失的合法、有效证据。

第十六条 无形资产减值准备依据下列证据进行财务核销：

（一）已被其他新技术所替代，且已无使用价值和转让价值的，应当取得相关技术、管理部门专业人员提供的鉴定报告；

（二）已超过法律保护期限，且已不能给企业带来未来经济利益的，应当取得已超过法律保护的合法、有效证明；

（三）其他足以证明无形资产确实发生损失的合法、有效证据。

第四章　资产减值准备财务核销程序

第十七条　企业应当对资产减值准备财务核销建立完善的内控制度，规范资产减值准备财务核销管理工作，明确审批工作程序，并依据企业实际划定内部核准权限。

第十八条　企业应当加强对计提减值准备资产的管理工作，组织力量采取有效措施积极进行清理和追索，定期或至少每年进行一次全面复查，按照国家有关财务会计制度和企业相关内控制度规定的工作程序，认真组织做好企业及所属子企业的资产减值准备财务核销管理、备案及核准工作。

第十九条　企业资产减值准备财务核销，应当遵循以下基本工作程序：

（一）企业内部相关部门提出核销报告，说明资产损失原因和清理、追索及责任追究等工作情况，并逐笔逐项提供符合规定的证据；

（二）企业内部审计、监察、法律或其他相关部门对该项资产损失发生原因及处理情况进行审核，提出审核意见；

（三）企业财务部门对核销报告和核销证据材料进行复核，并提出复核意见；

（四）设立董事会的企业由董事会核准同意；未设立董事会的企业由经理（厂长）办公会议核准同意，并形成会议纪要；

（五）按照企业内部核准权限，需报上级企业（单位）核准确认的，应当报上级企业（单位）核准确认；

（六）根据企业会议纪要、上级企业（单位）批复及相关证据，由企业负责人、总会计师（或主管财务负责人）签字确认后，进行相关资产的账务处理和资产减值准备财务核销。

第二十条　企业按照内部核准程序进行资产减值准备财务核销后，应当在年度财务决算中由会计师事务所对资产减值准备财务核销情况进行重点审计，形成资产减值准备财务核销专项报告，随年度财务决算一并向市国资委报备，并在财务决算情况说明书中单独披露。

第二十一条　企业每年随年度财务决算向市国资委报备相关资产减值准备财务核销情况时，应提供如下报备材料：

（一）企业资产减值准备财务核销情况报告，包括：核销资产减值准备的类别、核销资产的清理与追索情况、核销金额与原因、企业内部核销审批程序等；

（二）属于较大资产损失的财务核销，企业应当逐笔逐项附报资产确认为事实损失的相关合法证据、企业董事会或经理（厂长）办公会会议纪要、上级企业（单位）批复文件以及有关资产损失的责任认定和责任追究情况；

（三）会计师事务所出具的企业资产减值准备财务核销审核说明（涉及国家安全的企业，由企业内审机构出具）；

（四）企业资产减值准备财务核销备案表及其他相关材料。

第二十二条　市国资委对企业资产减值准备财务核销管理建立备案和抽查制度，对企业较大资产损失的财务核销建立合规性核准制度，并作为企业年度财务决算审核工作内容之一，以加强对企业资产减值准备财务核销工作的监督。

第五章　资产减值准备财务核销的审计与信息披露

第二十三条　会计师事务所及企业内审机构在年度财务决算审计中应当对企业资产减值准备财务核销的情况进行审计(对较大资产损失的财务核销，应当逐笔逐项进行审计)，出具资产减值准备财务核销审核说明，并作为年度财务决算审计报告的附件进行单独披露。

第二十四条　主审会计师事务所应当对参审会计师事务所审计的相关子企业资产减值准备财务核销情况进行复核确认，并发表审计意见。

第二十五条　会计师事务所在年度财务决算审计报告及附件中披露的企业资产减值准备财务核销信息基本内容包括：

（一）企业资产减值准备财务核销证据的充分性与确凿性；

（二）企业资产减值准备财务核销工作程序的合规性；

（三）企业资产减值准备财务核销账务处理的正确性；

（四）企业资产减值准备财务核销年度决算信息披露的真实性与完整性等。

第二十六条　主审会计师事务所对参审会计师事务所审计的企业资产减值准备财务核销情况发表的审计意见披露如下：

（一）参审会计师事务所是否对参审企业的资产减值准备财务核销进行重点审计，特别是对较大资产损失的财务核销是否进行了逐笔逐项审计；

（二）参审会计师事务所对参审企业的资产减值准备财务核销审计意见及信息披露情况；

（三）参审会计师事务所对参审企业的资产减值准备财务核销审计确认结果的合规性；

（四）主审会计师事务所与参审会计师事务所对参审企业的资产减值准备财务核销审计确认结果存在的差异及原因等；

（五）其他需披露的信息。

第六章　工作责任与监督

第二十七条　企业主要负责人、总会计师(主管财务负责人)应当对企业资产减值准备财务核销负领导责任，企业财务部门应当对企业资产减值准备财务核销工作负具体管理责任，企业审计、监察、法律等部门应当对企业资产减值准备财务核销工作负审核与监督责任，企业内部相关部门应负责提供审核与监督工作所需的相关材料；企业集团总部对所属子企业资产减值准备财务核销工作负组织和监督责任。

第二十八条　企业应当对向会计师事务所和市国资委提供的资产减值准备财务核销相关资料的真实性、合法性和完整性承担责任。会计师事务所对企业资产减值准备财务核销审核说明的真实性、可靠性承担相应责任。

第二十九条　企业在资产减值准备财务核销过程中，未履行相关内部审批程序和未取得有效、合法证据，弄虚作假，擅自处置的，市国资委责令予以纠正，并对企业给予通报批评；违反国家有关法律法规，情节严重，造成国有资产流失的，追究企业负责人及相关责任人的责任；有犯罪嫌疑的，依法移交司法机关处理。

第三十条 会计师事务所及注册会计师在承办企业资产减值准备财务核销审计业务过程中，违反国家有关法律法规规定，弄虚作假，提供虚假财务信息，情节严重的，移交有关部门依法进行处罚。

第三十一条 市国资委有关工作人员在企业资产减值准备财务核销抽查和监督及对企业重大资产损失财务核销审核过程中徇私舞弊，造成重大工作失误的，依法追究工作责任；有犯罪嫌疑的，移交司法机关处理。

第七章 附 则

第三十二条 企业应当依据本规则规定制定本企业的资产减值准备财务核销管理工作制度。

第三十三条 企业未提取减值准备的资产发生事实损失的财务核销工作，参照本规则执行。

第三十四条 总部设在港澳地区的企业和企业所属境外子企业的相关资产拨备核销工作，原则参照本规则执行。

第三十五条 各区县国有资产监督管理机构可参照本规则规定制定本地区管理工作规则。

第三十六条 本规则自印发之日起施行。

关于《北京市国有企业资产减值准备财务核销工作规则》实施的有关说明

为了帮助企业更好地理解《北京市国有企业资产减值准备财务核销工作规则》（以下简称“规则”）有关精神，认真落实和执行“规则”的相关规定，现将企业在实施“规则”中应注意的几个问题说明如下：

一、关于“规则”适用范围的有关说明

按照《企业会计制度》的规定，资产减值准备是企业根据谨慎性原则，预计的可能会发生的资产损失，这些预计的资产损失并非全部会形成事实资产损失；同时企业在日常生产经营中，由于各种不确定因素，企业尚未计提或未提足资产减值准备的部分资产也可能会成为事实资产损失。因此，“规则”的适用范围是：只要企业的资产成为事实损失，不论该项资产是否计提了资产减值准备，也不论该项资产是否提足了资产减值准备，企业都应当按照“规则”的有关规定进行相关资产损失的处置和相关资产减值准备的财务核销。

二、关于“规则”中所称“较大资产损失”标准的有关说明

根据“规则”的有关规定，为加强对企业减值准备财务核销工作的监督，市国资委将对企业资产减值准备财务核销管理建立抽查制度，对其中较大资产损失的财务核销建立合规性核准制度，并作为企业年度财务决算审核工作内容之一。各企业可以在每年的财务决算中将当年核销的资产减值准备情况进行反映，待财务决算审核后，根据核准情况，再进行

相关账务的调整。根据现阶段企业财务管理总体情况，对于“较大资产损失”的标准暂定为：

（一）资产总额小于10亿元（含10亿元，合并口径，下同）的企业，核销资产减值准备所对应的单笔资产原价或资金超过10万元；

（二）资产总额在10-50亿元（含）的企业，核销资产减值准备所对应的单笔资产原价或资金超过20万元；

（三）资产总额在50-100亿元（含）的企业，核销资产减值准备所对应的单笔资产原价或资金超过50万元；

（四）资产总额超过100亿元的企业，核销资产减值准备所对应的单笔资产原价或资金超过100万元。

三、关于涉及国家安全企业资产减值准备财务核销审计的有关说明

根据“规则”的有关规定，企业按照内部核准程序进行资产减值准备财务核销后，应当在年度财务决算中由会计师事务所对资产减值准备财务核销情况进行审计，但对属涉及国家安全的企业或资产由企业内审机构按照“规则”相关要求进行内部审计和出据审核说明；企业集团的资产减值准备财务核销情况，可由企业总部内审机构内部审计和出据审核说明。

四、关于资产减值准备财务核销备案表的有关说明

根据“规则”的有关规定，企业每年随年度财务决算向市国资委备案本年资产减值准备财务核销时，应附报资产减值准备财务核销备案表。备案表共两张（见附表）：表一主要综合反映企业每个年度所核销的资产减值准备和中介机构（企业内审机构）审计确认应核销的资产减值准备总体情况；表二主要反映的是企业应报市国资委核准的较大资产损失的资产减值准备财务核销情况，要求企业逐笔逐项填列。

附表：1. 企业资产减值准备财务核销备案表（一）

2. 企业资产减值准备财务核销备案表（二）

深圳市国资委关于印发《深圳市属国有企业资产减值准备管理暂行规定》的通知

深国资委〔2007〕175号

各直管企业：

为加强市属国有企业财务监督，规范企业资产减值准备计提、转回及财务核销行为，我委制定了《深圳市属国有企业资产减值准备管理暂行规定》，现印发你们，请遵照执行，并及时反映执行中有关情况和问题。

自本通知下发之日起，企业生产经营中发生的资产损失财务核销均应执行《深圳市属国有企业资产减值准备管理暂行规定》。改制企业资产损失核销仍执行《深圳市属国有企业资产损失核销管理暂行规定》（深国资委〔2005〕150号）。

附件一：深圳市属国有企业资产减值准备管理暂行规定

深圳市人民政府国有资产监督管理委员会

二〇〇七年六月二十日

深圳市属国有企业资产减值准备管理暂行规定

第一章　总　　则

第一条　为加强深圳市属国有企业财务监督，规范企业资产减值准备计提、转回及财务核销行为，促进企业建立和完善内部控制制度，依据财政部《企业会计准则》及其应用指南，参照国务院国资委《中央企业资产减值准备参考标准》、《中央企业资产减值准备财务核销工作规则》，制定本规定。

第二条　本规定适用于深圳市人民政府国有资产监督管理委员会（以下简称市国资委）直接履行出资人职责的国有独资企业、国有独资公司和国有控股公司（以下统称直管企业）及其下属独资企业、独资公司和控股公司（直管企业及其下属企业，以下统称企业）。

改制企业资产损失核销适用《深圳市属国有企业资产损失核销管理暂行规定》。

上市公司资产减值准备计提和核销应当同时遵守国家有关上市公司监管的规定。

第三条　市国资委对企业资产减值准备计提、转回及财务核销工作进行监督。对年度内企业资产减值准备计提、转回及财务核销实行备案管理，对其中较大资产损失的财务核销实行合规性核准。

第四条　企业计提、转回及核销资产减值准备，应当以客观反映资产质量、提高财务数据真实性为根本目标，并遵循以下原则：

（一）谨慎性原则。企业应当定期对各项资产进行全面清理核实，如实预计潜在损失和合理计提资产减值准备，并做好资产减值准备的转回和财务核销工作。如有确凿证据表明企业不恰当运用谨慎性原则而计提秘密准备的，应作为前期重大会计差错予以更正。

（二）一贯性原则。资产减值准备计提、转回及财务核销的标准和方法等前后各期应当保持一致，不得随意变更。确需变更的，应当报董事会或类似决策机构批准，并将变更的内容和理由、变更的累积影响数，以及累积影响数不能合理确定的理由等，在会计报表附注中予以说明。

（三）客观性原则。当已计提资产减值准备的资产成为事实损失时，不论该项资产是否提足了资产减值准备，企业都应当按照规定对该项资产进行财务核销。

（四）及时性原则。对已形成事实损失的资产，企业应当及时按照本规定进行财务核销，核销时间应在取得该资产损失确凿证据的六个月之内。

第五条 企业对计提了减值准备的资产应当进行认真甄别分类，对不良资产建立专项管理制度，组织力量进行清理和追索，清理和追索的资金或残值应当及时入账，对形成事实损失的资产按规定要求和工作程序进行财务核销。

第六条 本规定所称资产减值准备计提，是指企业按照有关规定，定期对各项资产进行全面检查，并根据谨慎性原则的要求，对存在减值迹象的资产，合理估计其可收回金额，对其可收回金额低于账面价值部分进行账务处理的行为。

第七条 本规定所称资产减值准备转回，是指企业按照有关规定，对确有客观证据表明资产价值已经恢复，对原确认的资产减值准备金额进行冲回，并计入当期损益的行为。

第八条 本规定所称资产减值准备财务核销，是指企业按照有关规定，对预计可能发生损失的资产，经取得合法、有效证据证明确实已发生事实损失，对该项资产进行处置，并对其账面余额和相应的资产减值准备进行账务处理的行为。

第九条 本规定所称事实损失，是指有确凿、合法证据表明该项资产的使用价值和转让价值发生了实质性且不可恢复的灭失，已不能给企业带来未来经济利益流入的资产损失。

第十条 本规定所称较大资产损失，是指资产减值准备财务核销所对应的单笔资产原值或资金在300万元以上(含本数)的资产损失。

第二章　资产减值准备计提标准

第十一条 金融资产减值准备。企业应当在期末对以公允价值计量且其变动计入当期损益的金融资产以外的金融资产的账面价值进行检查，有客观证据表明该金融资产发生减值的，应当计提减值准备。

金融资产减值准备具体包括坏账准备、持有至到期投资减值准备、委托贷款减值准备、可供出售金融资产准备等。

第十二条 坏账准备。企业应当在期末对各项应收款项的可收回性作出具体评估，预计可能产生的坏账损失，并对可能发生的坏账损失计提坏账准备，计提的方法由企业自行确定。一般采用个别认定与账龄分析相结合的方法确定具体计提标准。

（一）采用个别认定法计提坏账准备的，应视下列情况而定：

1. 对企业应收非关联方的款项，金额较大、收回有困难的，结合实际情况和经验计提专项坏账准备。除有确凿证据表明该项应收款项不能收回，或收回的可能性很小（如债务单位撤销、破产、资不抵债、现金流量严重不足、发生严重的自然灾害等导致停产而在短时间内无法偿付债务等，以及应收款项逾期3年以上）外，下列情况一般不能全额计提坏账准备：

（1）当年发生的应收款项；

（2）计划对应收款项进行重组；

（3）其他已逾期，但无确凿证据表明不能收回的应收款项。

2. 对企业与关联方之间发生的应收款项，根据预计可能发生的坏账损失计提相应的坏账准备。企业与关联方之间发生的应收款项一般不全额计提坏账准备，但如果有确凿证据表明关联方（债务单位）已撤销、破产、资不抵债、现金流量严重不足等，并且不准备对应收款项进行重组或无其他收回方式的，则对预计无法收回的应收关联方的款项也应当全额计提坏账准备。

（二）采用账龄分析法计提坏账准备的，应视下列情况而定：

1. 对于个别认定坏账准备之外的应收账款，应于资产负债表日按照账龄分析法确定合理的比例，提取坏账准备。计提比例参考以下标准确定：

逾期3个月到1年之内（含1年）的计提比例范围为0-10%；逾期1年-2年（含2年）的计提比例范围为10-30%；逾期2年-3年（含3年）的计提比例范围为30-50%；逾期3年-5年（含5年）的计提比例范围为50-80%；逾期5年之上的计提比例范围为80-100%。

2. 采用账龄分析法计提坏账准备时，收到债务单位当期偿还的部分债务后，剩余的应收款项，不改变其账龄，仍应按原账龄加上本期应增加的账龄确定。在存在多笔应收款项、且各笔应收款项账龄不同的情况下，对收到债务单位当期偿还的部分债务，应当逐笔认定收到的是哪一笔应收款项；如果确实无法认定的，按照先发生先收回的原则确定，剩余应收款项的账龄按上述同一原则确定。

3. 其他应收款坏账准备可以比照本企业应收账款坏账准备标准确定。

4. 对于持有未到期的应收票据，如有确凿证据表明不能够收回或收回的可能性不大时，应将其账面价值余额转入应收账款，并计提相应的坏账准备。

5. 对于预付账款，如有确凿证据表明其不符合预付账款性质，或者因供给单位破产、撤销等原因而无法收到所购货物的，应当将原计入预付账款的金额转入其他应收款，并按规定计提坏账准备。

第十三条 持有至到期投资减值准备

（一）上市流通的长期债权投资，应按照单项投资的市价与成本孰低计量，市价低于成本的部分，应当计提长期投资跌价准备。

（二）非上市流通的长期债权投资，投资期限即将届满预计能够全部收回的，不计提减值准备。对于会计期末未收回的长期债权投资，应当视以下情况计提减值准备：

1. 未逾期、但未按期收到债券利息的，应分析债券发行单位的性质及实际财务状况，如有确凿证据表明该项资产发生减值，应当计提减值准备；

2. 已经逾期的长期债权投资，根据逾期时间长短确定减值准备计提比例。计提比例参考以下标准确定：

逾期不超过1年(含1年)的计提比例范围为10-30%；逾期1年-2年(含2年)的计提比例范围为30-50%；逾期2年-3年(含3年)的计提比例范围为50-80%；逾期3年之上的计提比例范围为80-100%。

3. 如果被投资单位已经宣告破产或进入破产、清算程序进行清理整顿而难以持续经营的，在取得相关政府批文、公告等条件下，应对该项债权投资全额计提减值准备。

（三）对于政府债券，一般不计提减值准备。

第十四条 委托贷款减值准备。企业应当在期末对委托贷款本金进行检查，并按委托贷款本金与可收回金额孰低计量，可收回金额低于委托贷款本金的差额，应当计提减值准备。

（一）委托贷款减值准备应按单项委托贷款本金与可收回金额孰低计量。

（二）根据委托贷款风险的归属，确定减值准备的计提：

1. 如果协议规定，由受托放贷的金融机构选择贷款对象，并承担可能的损失风险，该项委托贷款不计提减值准备；

2. 如果协议规定，由委托企业指定贷款对象，通过受托放贷金融机构发放贷款，并由委托企业承担可能的损失风险时，应当视以下具体情况进行处理：

（1）尚未逾期的委托贷款，在贷款期限内，借款单位生产经营正常，且按期支付贷款利息的，不计提减值准备。贷款期限内，贷款单位不能按期支付贷款利息，应分析贷款单位财务状况，如有确凿证表明该项贷款发生减值，应当计提减值准备；

（2）已经逾期的委托贷款，应按逾期时间长短，确定减值准备计提比例。计提比例参考以下标准确定：

逾期不超过1年(含1年)的计提比例范围为10-30%；逾期1年-3年(含3年)的计提比例范围为30-50%；逾期3年之上的计提比例范围为80-100%。

第十五条 可供出售金融资产减值准备。可供出售金融资产应当以公允价值计量。企业应当在期末对可供出售金融资产进行检查，有客观证据表明该金融资产发生减值，应当计提减值准备。

（一）可供出售金融资产减值的客观证据包括：

1. 发行方发生严重的财务困难；

2. 因发行方发生重大财务困难，该金融资产无法在活跃市场继续交易；

3. 可供出售金融资产的公允价值发生严重或非暂时性下跌；

4. 其他表明可供出售金融资产减值的客观证据。

（二）可供出售金融资产发生减值时，即使该金融资产没有终止确认，原直接计入所有者权益的因公允价值下降形成的累计损失，也应当予以转出，计入当期损益。该转出的累计损失，为可供出售金融资产的初始取得成本扣除已收回本金和已摊销金额、当前公允价值和原已计入损益的减值损失后的余额。

第十六条 存货跌价准备。企业在期末对存货进行全面清查时，如果由于存货毁损、全部或部分陈旧过时或销售价格低于成本等原因，使存货成本高于可变现净值，应按可变现净值低于存货成本部分，计提存货跌价准备。

（一）存货跌价准备应按单项存货的成本与可变现净值孰低计量，可变现净值低于成本的部分，应当计提存货跌价准备。存货的可变现净值要有相关技术、管理等部门提供的依据。如果某些存货具有类似用途并与在同一地区生产和销售的产品系列相关，且实际上难以将其与该产品系列的其他项目区别开来进行估价的，可以合并计量成本与可变现净值；对于数量繁多、单价较低的存货，可以按存货类别计量成本与可变现净值。

（二）存货存在下列情况之一时，应当计提存货跌价准备：

1. 市价持续下跌，并且在可预见的未来无回升的希望；

2. 企业使用该项原材料生产的产品的成本大于产品的销售价格；

3. 企业因产品更新换代，原有库存原材料已不适应新产品的需要，而该原材料的市场价格又低于其账面成本；

4. 因企业所提供的商品或劳务过时或消费者偏好改变而使市场的需求发生变化，导致市场价格逐渐下跌；

5. 其他足以证明该项存货实际上已经发生减值的情形。

（三）存货存在以下一项或若干项情况时，应当全额计提减值准备：

1. 已霉烂变质且无转让价值的存货；

2. 已过期且无转让价值的存货；

3. 生产中已不再需要，并且已无使用价值和转让价值的存货；

4. 其他足以证明无使用价值和转让价值的存货。

（四）存货跌价准备的几种特殊计提方法：

1. 用于生产而持有的材料（"材料"指原材料、在产品、委托加工材料等），如果用其生产的产成品的可变现净值高于成本（此"成本"是指产成品的生产成本），则该材料仍然应当按成本计量；如果材料价格的下降表明产成品的可变现净值低于成本，则该材料应当按可变现净值计量。

2. 可变现净值低于账面成本的存货：根据基准日存货的库存状况，取得最接近清查基准日的可变现净值，并与基准日账面余额作出比较，确定期末可变现净值。

3. 为执行销售合同或者劳务合同而持有的存货，通常应当以合同价格作为其可变现净值的计量基础；如果企业持有存货的数量多于销售合同订购数量，超出部分的存货可变现净值应当以市场销售价格为计量基础。用于出售的材料等，应当以市场销售价格作为其可变现净值的计量基础。没有销售合同或者劳务合同约定的存货，不包括用于出售的材料，其可变现净值应当以产成品或商品市场销售价格作为计量基础。

第十七条 长期股权投资减值准备。企业应当在期末对长期投资逐项进行检查，如果由于市价持续下跌、被投资单位经营状况变化等原因导致其可收回金额低于投资的账面价值，应将可收回金额低于长期投资账面价值发生的损失，计提长期投资减值准备。

（一）有市价的长期股权投资存在下列迹象之一，并取得确凿证据后，以单项投资账面价值与市价孰低计提减值准备：

1. 市价持续 2 年低于账面价值；

2. 该项投资暂停交易 1 年或 1 年以上；

3. 被投资单位当年发生严重亏损；

4. 被投资单位持续 2 年发生亏损；

5. 被投资单位进行清理整顿、清算或出现其他不能持续经营的迹象。

如果被投资单位上述计提减值准备的各种迹象存在，但长期股权投资市价高于成本，企业也应当按被投资单位实际财务状况预计未来可收回金额，并计提减值准备。

（二）无市价的长期股权投资，在被投资单位存在下列迹象之一，并取得确凿证据后，应当计提减值准备：

1. 影响被投资单位经营的政治或法律等环境的变化，如税收、贸易等法规的颁布或修订，可能导致被投资单位出现巨额亏损；

2. 被投资单位所供应的商品或提供的劳务因产品过时或消费者偏好改变而使市场的需求发生变化，从而导致被投资单位财务状况发生严重恶化；

3. 被投资单位所从事产业的生产技术等发生重大变化，以致失去竞争能力，从而导致财务状况发生严重恶化，正在或即将进行清理整顿、清算等；

4. 有证据表明该项投资实质上已经不能再给企业带来经济利益的其他情形。

第十八条 固定资产减值准备。企业应当在期末对固定资产逐项进行检查，如果由于技术陈旧、损坏、长期闲置等原因，导致其可收回金额低于其账面价值的，对可收回金额低于账面价值的差额，应当计提固定资产减值准备。

（一）固定资产减值准备应按单项资产账面价值与可收回金额孰低计量。固定资产可收回金额应当有相关技术、管理等部门提供内部或外部独立鉴定报告作为判断依据。

（二）判断固定资产是否发生减值，一般应考虑以下因素：

1. 资产的市价在当期大幅下跌，其跌幅大大高于因时间推移或正常使用而引起的下跌；

2. 技术、市场、经济或法律等企业经营环境，在当期发生或在近期发生重大变化，对企业产生负面影响；

3. 市场利率或市场的其他投资回报率在当期已经提高，从而很可能影响企业计算固定资产可收回金额的折现率，并导致固定资产的可收回金额大幅度降低；

4. 有证据表明，资产已经陈旧过时或实体损坏；

5. 资产的使用或预计使用方式或程度已在当期发生或在近期将发生重大变化，如企业计划终止或重组该资产所属的经营业务，或提前处置该资产等情形，从而对企业产生负面影响；

6. 企业内部报告提供的证据表明，资产的经济绩效已经低于或者将低于预期，如资产所创造的净现金流量或者实现的营业利润（或者亏损）远远低于（或者高于）预计金额等。

（三）对存在下列情况之一的固定资产，应当全额计提减值准备：

1. 长期闲置不用，在可预见的未来不会再使用，且已无转让价值的固定资产；

2. 由于技术进步等原因，已不可使用的固定资产；

3. 虽然固定资产尚可使用，但使用后产生大量不合格品的固定资产；

4. 已遭毁损，以至于不再具有使用价值的固定资产；

5. 其他实质上已经不能再给企业带来经济利益的固定资产。

第十九条 在建工程减值准备。企业在建工程预计发生减值时，如长期停建并且预计在3年内不会重新开工的在建工程，按照账面价值与可收回金额孰低计量，对可收回金额低于账面价值的差额，应当计提在建工程减值准备。

（一）在建工程减值准备应按单项资产账面价值与可收回金额孰低计量。在建工程应当根据工程部门提供的工程项目预算、工程进度、预计完工程度及有关技术管理部门鉴定资料作为计提减值准备的依据。

（二）存在下列情形时，应当计提在建工程减值准备：

1. 除因国防等特殊原因外，在建工程停建、缓建，并且预计在未来3年内不会重新开工的(停建当年计提的减值准备不得超过在建工程账面价值的30%)；

2. 所建项目在性能上、技术上已经落后，并且给企业带来的经济利益具有很大的不确定性。如工程在建期间由于技术更新、拟进行改建或重建，致使在建工程发生减值的；

3. 其他足以证明在建工程已经发生减值准备的情况，如在建工程遭受灾害影响而部分毁损、经技术测试无法达到设计使用要求而实际发生减值等等。

第二十条 无形资产减值准备。企业应当定期对无形资产进行检查，至少应当在每年年度终了进行减值测试，对可收回金额低于账面价值的差额，应当计提无形资产减值准备。

（一）无形资产减值准备应按单项资产账面价值与可收回金额孰低计量。可收回金额应当有相关技术、管理等部门专业人员提供内部或外部独立鉴定报告，作为判断依据。

（二）存在下列情形之一时，应当计提无形资产减值准备：

1. 该无形资产已被其他新技术等所替代，使其为企业创造经济利益的能力受到重大不利影响；

2. 该无形资产的市价在当期大幅下跌，并在剩余摊销年限内可能不会恢复；

3. 其他足以表明该无形资产的账面价值已超过可收回金额的情形。

（三）存在下列情形时，应当全额计提减值准备：

1. 某项无形资产已被其他新技术所替代，并且该项无形资产已无使用价值和转让价值；

2. 某项无形资产已超过法律保护期限，并且已不能为企业带来经济利益；

3. 其他足以证明某项无形资产已经丧失了使用价值和转让价值的情形。

第二十一条 其他资产减值准备按照《企业会计准则》及其应用指南的规定执行。

第三章 资产减值准备财务核销依据

第二十二条 企业进行资产减值准备财务核销，应当在对资产损失组织认真清理调查的基础上，取得合法证据，具体包括：具有法律效力的相关证据，社会中介机构的法律鉴证或公证证明以及特定事项的企业内部证据等。

第二十三条 坏账准备依据下列证据进行财务核销：

（一）债务单位被宣告破产的，应当取得法院破产清算的清偿文件及执行完毕证明；

（二）债务单位被注销、吊销工商登记或被有关机构责令关闭的，应当取得当地工商部门注销、吊销公告、有关机构的决议或行政决定文件，以及被投资单位清算报告及清算完毕证明；

（三）债务人失踪、死亡（或被宣告失踪、死亡）的，应当取得有关方面出具的债务人已失踪、死亡的证明及其遗产（或代管财产）已经清偿完毕或确实无财产可以清偿，或没有承债人可以清偿的证明；

（四）涉及诉讼的，应当取得司法机关的判决或裁定及执行完毕的证据；无法执行或被法院终止执行的，应当取得法院终止裁定等法律文件；

（五）涉及仲裁的，应当取得相应仲裁机构出具的仲裁裁决书，以及仲裁裁决执行完毕的相关证明；

（六）与债务单位（人）进行债务重组的，应当取得债务重组协议及执行完毕证明；

（七）债权超过诉讼时效的，应当取得债权超过诉讼时效的法律文件；

（八）清欠收入不足以弥补清欠成本的，应当取得清欠部门的情况说明以及企业董事会或经理（厂长）办公会议批准的会议纪要；

（九）其他足以证明应收款项确实发生损失的合法、有效证据。

第二十四条 除坏帐准备外的其他金融资产减值准备和长期股权投资减值准备依据下列证据进行财务核销：

（一）上市流通的短期投资和长期债权投资发生事实损失的，应当取得企业内部业务授权投资和处置的相关文件，以及有关证券交易结算机构出具的合法交易资金结算单据；

（二）被投资单位被宣告破产的，应当取得法院破产清算的清偿文件及执行完毕证明；

（三）被投资单位被注销、吊销工商登记或被有关机构责令关闭的，应当取得当地工商部门注销、吊销公告，或有关机构的决议或行政决定文件，以及被投资单位清算报告及清算完毕证明；

（四）涉及诉讼的，应当取得司法机关的判决或裁定及执行完毕的证据；无法执行或被法院终止执行的，应当取得法院终止裁定等法律文件；

（五）涉及仲裁的，应当取得相应仲裁机构出具的仲裁裁决书，以及仲裁裁决执行完毕的相关证明；

（六）其他足以证明该短期投资或长期投资发生事实损失的合法、有效证据。

第二十五条 存货跌价准备、固定资产减值准备和在建工程减值准备依据下列证据进行财务核销：

（一）发生盘亏的，应当取得完整、有效的资产清查盘点表和有关责任部门审核决定；

（二）报废、毁损的，应当取得相关专业质量检测或技术部门出具的鉴定报告，以及清理完毕的证明；有残值的应当取得残值入账证明；

（三）因故停建或被强令拆除的，应当取得国家明令停建或政府市政规划等有关部门的拆除通知文件，以及拆除清理完毕证明；

（四）对外折价销售的，应当取得合法的折价销售合同和收回资金的证明；

（五）涉及诉讼的，应当取得司法机关的判决或裁定及执行完毕的证据；无法执行或被法院终止执行的，应当取得法院终止裁定等法律文件；

（六）应由责任人或保险公司赔偿的，应当取得责任人缴纳赔偿的收据或保险公司的理赔计算单及银行进账单；

（七）抵押资产发生事实损失的，应当取得抵押资产被拍卖或变卖证明；

（八）其他足以证明存货、固定资产和在建工程确实发生损失的合法、有效证据。

第二十六条 无形资产减值准备依据下列证据进行财务核销：

（一）已被其他新技术所替代，且已无使用价值和转让价值的，应当取得相关技术、管理部门提供的鉴定报告；

（二）已超过法律保护期限，且已不能给企业带来未来经济利益的，应当取得已超过法律保护的合法、有效证明；

（三）其他足以证明无形资产确实发生损失的合法、有效证据。

第二十七条 其他资产减值准备财务核销依据比照上述规定执行。

第四章 资产减值准备计提、转回及财务核销程序

第二十八条 企业计提资产减值准备，应当遵循以下基本工作程序：

（一）企业内部相关部门提出预计资产损失申请（个别认定或单项损失），申请内容应包括预计损失金额和原因，并附相关证明资料；

（二）企业财务部门根据预计资产损失申请及所附相关证明材料，提出当期的资产减值准备计提方案，方案应详细说明计提减值准备的依据、方法、比例和金额，以及对企业财务状况和经营成果的影响等；

（三）设立财务总监的，财务总监应出具独立审核意见；

（四）资产减值准备计提方案由董事会或类似决策机构批准实施。董事会或类似决策机构应逐项表决通过，形成专门决议，同时应对计提资产减值准备是否符合企业实际情况做出评价；

（五）按照企业决策权限，应报股东（大）会批准的，提交股东（大）会批准。

按帐龄分析法计提的资产减值准备，计提方法和计提比例由董事会或类似决策机构确定后，企业财务部门月度或季度可直接进行账务处理。但年度终了应向董事会或类似决策机构做出详细报告。

第二十九条 企业对《企业会计准则》允许转回的资产减值准备转回时，应当遵循以下基本工作程序：

（一）企业内部相关部门提出书面转回报告，说明资产价值恢复情况及处理意见，并逐笔逐项提供符合规定的证据；

（二）企业财务部门对转回报告和证据材料进行复核，并提出复核意见；

（三）设立财务总监的，财务总监应出具独立审核意见；

（四）资产减值准备转回由董事会或类似决策机构批准实施，并形成会议纪要；

（五）按照企业决策权限，应报股东（大）会批准的，提交股东（大）会批准。

第三十条 企业进行资产减值准备财务核销，应当遵循以下基本工作程序：

（一）企业内部相关部门提出核销报告，说明资产损失原因和清理、追索及责任追究等工作情况，并逐笔逐项提供符合规定的证据，并提出初步处理意见；

（二）企业内部审计、监察、法律或其他相关部门对该项资产损失发生原因及处理情况进行审核，提出审核意见；

（三）企业财务部门对核销报告和核销证据材料进行复核，并提出复核意见；

（四）设立财务总监的，财务总监应出具独立审核意见；

（五）资产减值准备财务核销由董事会或类似决策机构批准实施。董事会或类似决策机构应逐项表决通过，形成专门决议，同时应对涉及的有关责任人员提出处理意见；

（六）按照企业决策权限，需报股东（大）会批准的，提交股东（大）会批准。

第三十一条 企业进行较大资产损失的财务核销，应当遵循以下基本工作程序：

（一）直管企业较大资产损失的财务核销，由直管企业国有产权代表向市国资委书面报告；直管企业下属企业较大资产损失的财务核销，由企业国有产权代表报直管企业进行审核后，再由直管企业国有产权代表向市国资委书面报告；

（二）市国资委对企业申报的较大资产损失财务核销进行合规性核准，核准的工作内容包括：企业较大资产损失核销申报材料的完整性、合法性；企业较大资产损失核销工作程序的合规性等；

（三）企业国有产权代表或股东代表应当按照市国资委的核准意见在企业决策会议上行使表决权；

（四）为保证年度财务决算工作和集中管理，市国资委接受企业较大资产损失财务核销的申报时间为每年的 4 月和 10 月。

第三十二条 直管企业申报较大资产损失财务核销时，应当提供如下材料：

（一）企业资产减值准备财务核销情况报告。报告至少包括下列内容：核销资产减值准备的类别、核销资产的清理与追索情况、核销金额与原因、企业内部核销审批程序等；

（二）资产损失的相关合法证据；

（三）有关资产损失的责任认定和责任追究情况；

（四）设立财务总监的，应提供财务总监的独立审核意见；

（五）会计师事务所出具的企业资产减值准备财务核销审核报告（涉及国家安全的企业和境外投资企业，可由企业内审机构出具）；

（六）资产减值准备财务核销申报表及审核汇总表；

（七）其他需要提交的材料。

第三十三条 资产减值准备实行年度报备制度。直管企业负责汇总所属企业年度内资产减值准备计提、转回及财务核销情况，于每年年度审计结束后一个月内形成专项报告向市国资委报备。

第三十四条 直管企业进行资产减值准备年度报备时，应当提供如下材料：

（一）书面专项报告。报告至少包括下列内容：资产减值准备计提、转回及财务核销的金额和原因，对企业财务状况和经营成果的影响，追踪催讨和改进措施，企业内部审批程序，责任追究情况等；

（二）资产减值准备年度备案表。

第五章　资产减值准备内部控制与信息披露

第三十五条　企业应本着审慎经营、有效防范化解资产损失风险的原则，责成相关部门拟定(或修订)资产减值准备内部控制制度，经企业董事会或类似决策机构审议通过后实施。

第三十六条　企业资产减值准备内部控制制度主要包括：资产减值准备计提、转回及财务核销的原则、依据、审批程序、权限划分、披露要求及责任追究等。

第三十七条　企业应当加强资产管理工作，落实各项资产管理的责任部门和责任人，并制定相关的资产管理办法。特别应当加强对计提减值准备资产的管理工作，组织力量采取有效措施积极进行清理和追索，定期(至少每年一次)进行全面复查。

第三十八条　企业应当结合月报、季报、年报等财务动态报告，形成规范的资产减值信息定期披露制度，及时、准确地反映资产减值准备发生的重大变化。

第三十九条　企业应当按以下要求披露资产减值准备相关信息：

（一）企业计提的各项资产减值准备，在期末对外提供财务会计报告时，以“资产负债表报表附注”的形式披露。对已经计提减值准备的资产，应在“资产负债表”中以相应资产的账面余额减去相应的减值准备后的净值列示，同时，各项资产减值准备在报表附注中单独披露，披露内容包括：各减值准备的年初金额，本期增减变动金额及年末金额。

（二）企业应检查资产负债表日后事项有关资产减值事项，对资产负债表日后发生的重大资产减值及重大变化事项予以披露。应当充分披露企业因计提资产减值准备致使其持续经营假设不再合理的迹象。

（三）企业按照核准程序进行资产减值准备转回及财务核销后，应当在年度会计报表附注中进行详细披露，并在财务情况说明书中单独披露。

第六章　责任追究

第四十条　企业主要负责人对企业资产减值准备计提、转回及财务核销负领导责任，企业财务部门负具体管理责任，企业审计、监察、法律等部门负审核与监督责任，企业内部相关部门应负责提供审核与监督工作所需的相关材料；直管企业对所属企业资产减值准备计提、转回及财务核销工作负组织和监督责任。

第四十一条　企业应当对向市国资委提供的资产减值准备计提、转回及财务核销相关资料的真实性、合法性和完整性承担责任。

第四十二条　企业在资产减值准备财务核销过程中，未履行相关内部审批程序和未取得有效、合法证据，弄虚作假，擅自处置的，市国资委责令予以纠正，并对企业给予批评；违反国家有关法律法规，情节严重，造成国有资产流失的，追究企业负责人及相关责任人的责任；有犯罪嫌疑的，依法移交司法机关处理。

第四十三条 会计师事务所及注册会计师在承办企业资产减值准备财务核销专项审核业务过程中，违反国家有关法律法规规定，弄虚作假，提供虚假财务信息，情节较轻的，市国资委依法予以警示谈话并记录在案；情节严重的，提请有关部门依法依规进行处理或处罚。

第四十四条 市国资委有关工作人员在企业资产减值准备检查和监督及对企业重大资产损失财务核销审核过程中徇私舞弊，造成重大工作失误的，依法追究工作责任；涉嫌犯罪的，依法移交司法机关处理。

第四十五条 企业计提和核销资产减值准备，应当认真执行资产损失责任追究相关规定，在查明资产损失事实和原因基础上，分清责任，提出整改措施，追究相关人员的责任，造成损失数额较大的，应报纪检、监察部门查处；涉嫌犯罪的，依法移交司法机关处理。

第七章　附　　则

第四十六条 企业未提取减值准备的资产发生事实损失的财务核销工作，参照本规定执行。

第四十七条 总部设在港澳地区的企业和企业所属境外企业的相关资产拨备核销工作，参照本规定执行。

第四十八条 本规定由市国资委负责解释。

第四十九条 本规定自公布之日起施行。

企业国有资产统计报告办法

国务院国有资产监督管理委员会令第4号

（2004年2月12日国务院国有资产监督管理委员会令第4号公布自2004年2月12日起施行）

第一章　总　　则

第一条　为加强企业国有资产监督管理，了解掌握企业国有资产营运等情况，建立全国国有资本金统计报告工作规范，依据《企业国有资产监督管理暂行条例》及国家有关财务会计制度，制定本办法。

第二条　国有及国有控股企业、国有参股企业的国有资产统计报告工作，适用本办法。

第三条　本办法所称国有资产统计报告，是指企业按照国家财务会计制度规定，根据统一的报告格式和填报要求，编制上报的反映企业年度会计期间资产质量、财务状况、经营成果等企业国有资产营运基本情况的文件。

第四条　各省、自治区、直辖市国有资产监督管理机构（以下简称省级国有资产监督管理机构）和各有关部门应当按照本办法的统一要求，认真组织实施本地区、本部门监管企业国有资产统计报告工作，并依据规定向国务院国有资产监督管理委员会（以下简称国务院国资委）报备。

第五条　凡占用国有资产的企业应当按照《企业国有资产监督管理暂行条例》和国家财务会计制度有关规定，在做好财务会计核算工作的基础上，根据国家统一的要求，认真编制国有资产统计报告，如实反映本企业占用的国有资产及其营运情况。

第二章　报告内容

第六条　国有资产年度统计报告由企业会计报表和国有资产营运分析报告两部分构成。

第七条　企业会计报表按照国家财务会计统一规定由资产负债表、利润及利润分配表、现金流量表、所有者权益变动表、资产减值准备计提情况表及相关附表构成。企业会计报表应当经过中介机构审计。

第八条　国有资产营运分析报告是对本地区、本部门或者本企业占用的国有资产及营运情况进行分析说明的文件，具体包括：

（一）国有资产总量与分布结构；

（二）企业资产质量、财务状况及经营成果分析；

（三）国有资产增减变动情况及其原因分析；

（四）国有资产保值增值结果及其影响因素分析；

（五）其他需说明的事项。

第三章　编制范围

第九条　应当编制国有资产统计报告的企业包括：由国务院，省、自治区、直辖市人民政府，设区的市、自治州级人民政府履行出资人职责的具有法人资格、独立核算、能够编制完整会计报表的境内外国有及国有控股企业。

第十条　国有参股企业的国有资产及投资收益依据合并会计报表的规定，纳入国有投资单位的国有资产统计范围，原则上不单独编制国有资产统计报告。但对于重要参股企业，应当根据国有资产监管需要单独编制国有资产统计报告。

重要参股企业的标准或者名单由相关国有资产监督管理机构确定。

第十一条　企业国有资产统计报告基本填报单位的级次为：大型企业（含大型企业集团）为第三级以上（含第三级）各级子企业，第三级以下子企业并入第三级进行填报；中小型企业为第二级以上（含第二级）各级子企业，第二级以下子企业并入第二级进行填报。

第十二条　企业应当组织做好总部及各级境内外子企业的国有资产统计报告编制工作，并编制集团或者总公司合并（汇总）的国有资产统计报告，以全面反映企业国有资产营运情况，并与所属境内外子企业的分户国有资产统计数据一同报送同级国有资产监督管理机构或者主管部门。

第四章　组织管理

第十三条　企业国有资产统计报告工作应当遵循统一规范、分级管理的原则，按照企业的财务关系或者产权关系分别组织实施。

第十四条　省级国有资产监督管理机构、各有关部门应当编制本地区、本部门所监管企业的汇总国有资产统计报告，并与所监管企业的分户国有资产统计数据一同报送国务院国资委。

第十五条　国务院国资委在国有资产统计报告工作中履行下列职责：

（一）制定全国企业国有资产统计报告规章、制度和工作规范；

（二）统一制定企业国有资产统计报告格式、编报要求和数据处理软件；

（三）负责所出资企业国有资产统计报告工作具体组织实施；

（四）负责收集、审核和汇总各地区、各有关部门国有资产统计报告，并向国务院报告全国企业国有资产营运情况；

（五）组织开展对企业国有资产统计报告质量监控工作，并组织开展企业国有资产统计报告编报质量的抽样核查。

第十六条 省级国有资产监督管理机构在企业国有资产统计报告工作中履行下列职责：

（一）依据统一的企业国有资产统计报告规章制度和工作规范，负责本地区监管企业国有资产统计报告工作的组织实施和监督检查；

（二）指导下一级国有资产监督管理机构开展企业国有资产统计报告工作；

（三）负责收集、审核、汇总本地区管理企业国有资产统计报告，并向同级人民政府报告本地区监管企业国有资产营运情况；

（四）负责向国务院国资委报送本地区监管企业国有资产统计报告；

（五）组织开展对本地区监管企业国有资产统计报告质量的核查工作。

第十七条 各有关部门在企业国有资产统计报告工作中履行下列职责：

（一）依据统一的企业国有资产统计报告规章制度和工作规范，负责本部门监管企业国有资产统计报告工作的组织实施和监督检查；

（二）负责收集、审核、汇总本部门监管企业国有资产统计报告；

（三）负责向国务院国资委报送本部门监管企业国有资产统计报告；

（四）组织开展对本部门监管企业国有资产报告质量的核查工作。

第十八条 省级国有资产监督管理机构和各有关部门应当指定专门机构或者人员具体负责国有资产统计报告工作，并与国务院国资委建立相应工作联系。

第十九条 省级国有资产监督管理机构和各有关部门应当加强对企业国有资产统计报告相关数据资料的管理，做好归档整理、建档建库和保密管理等工作。

第五章 编报规范

第二十条 企业应当在全面清理核实资产、负债、收入、支出并做好财务核算的基础上，按照统一的报告格式、内容、指标口径和操作软件，认真编制并按时上报企业国有资产统计报告，做到账实相符、账证相符、账账相符、账表相符。

第二十一条 企业应当严格按照国家财务会计制度和统一的编制要求，编制企业国有资产统计报告，做到内容完整、数字真实，不得虚报、漏报、瞒报和拒报，并按照财务关系或产权关系采取自下而上方式层层审核和汇总。

第二十二条 企业应当在认真做好总部及各级子企业分户报表编制范围与编制质量的审核工作基础上，编制集团或总公司合并报表，并按照国家财务会计制度的统一规定，做好合并范围和抵销事项的审核工作，对于未纳入范围和未抵销或者未充分抵销的事项应当单独说明。

第二十三条 企业主要负责人对本企业编制的国有资产统计报告的真实性和完整性负责。

企业财务会计等人员应当按照统一规定认真编制国有资产统计报告，如实反映本企业有关财务会计和国有资产营运信息。

第二十四条 省级国有资产监督管理机构和各有关部门应当加强对本地区、本部门监管企业国有资产统计报告工作的组织领导，加强督促指导，对企业报送的国有资产统计报告各项内容进行规范性审核。审核内容主要包括：

（一）编制范围是否全面完整；

（二）编制方法是否符合国家统一的财务会计制度，是否符合企业国有资产统计报告的编制要求；

（三）填报内容是否全面、真实；

（四）报表中相关指标之间、表间相关数据之间、分户数据与汇总数据之间、报表数据与计算机录入数据之间是否衔接一致。

第二十五条 省级国有资产监督管理机构和各有关部门应当认真做好本地区、本部门监管企业国有资产统计报告的审核工作，确保国有资产统计报告各项数据资料的完整和真实。凡发现报表编制不符合规定，存在漏报、错报、虚报、瞒报以及相关数据不衔接等情况，应当要求有关企业立即纠正，并限期重报。

第二十六条 企业国有资产统计报告采取自下而上、逐户审核、层层汇总方式收集上报。企业应当将国有资产统计报告经企业负责人、总会计师或主管财务工作负责人和报告编制人员签字并盖章后，于规定时间内上报。

第二十七条 中央企业国有资产统计报告工作应当遵守财务决算报告工作的相关规定。

第六章 奖 惩

第二十八条 授意、指使、强令企业财务会计等人员编制和提供虚假国有资产统计报告的，除依照《中华人民共和国会计法》、《企业国有资产监督管理暂行条例》和《企业财务会计报告条例》等有关法律法规处理外，还应对企业负责人给予纪律处分；有犯罪嫌疑的，依法移送司法机关处理。

第二十九条 对于玩忽职守、编制虚假财务会计信息，严重影响国有资产统计报告质量的，除依照《中华人民共和国会计法》、《企业国有资产监督管理暂行条例》和《企业财务会计报告条例》等有关法律法规处理外，还应对有关责任人员给予纪律处分；有犯罪嫌疑的，依法移送司法机关处理。

第三十条 省级国有资产监督管理机构和各有关部门工作组织不力或者不当，给企业国有资产统计报告工作造成不良影响的，应当给予通报。

第三十一条 省级国有资产监督管理机构和各有关部门应当认真做好本地区、本部门监管企业国有资产统计报告的总结工作，对在企业国有资产统计报告工作中取得优秀成绩的单位和个人给予表彰。

第七章 附 则

第三十二条 省级国有资产监督管理机构和各有关部门可依据本办法，结合各自实际，制定相应的实施细则。

第三十三条 本办法自公布之日起施行。

六、控制与评价类

中华人民共和国预算法

（2019 年 1 月）

（1994 年 3 月 22 日第八届全国人民代表大会第二次会议通过根据 2014 年 8 月 31 日第十二届全国人民代表大会常务委员会第十次会议《关于修改〈中华人民共和国预算法〉的决定》第一次修正根据 2018 年 12 月 29 日第十三届全国人民代表大会常务委员会第七次会议《关于修改〈中华人民共和国产品质量法〉等五部法律的决定》第二次修正）

目　　录

第一章　总　　则

第一条　为了规范政府收支行为，强化预算约束，加强对预算的管理和监督，建立健全全面规范、公开透明的预算制度，保障经济社会的健康发展，根据宪法，制定本法。

第二条　预算、决算的编制、审查、批准、监督，以及预算的执行和调整，依照本法规定执行。

第三条　国家实行一级政府一级预算，设立中央，省、自治区、直辖市，设区的市、自治州，县、自治县、不设区的市、市辖区，乡、民族乡、镇五级预算。

全国预算由中央预算和地方预算组成。地方预算由各省、自治区、直辖市总预算组成。

地方各级总预算由本级预算和汇总的下一级总预算组成；下一级只有本级预算的，下一级总预算即指下一级的本级预算。没有下一级预算的，总预算即指本级预算。

第四条 预算由预算收入和预算支出组成。

政府的全部收入和支出都应当纳入预算。

第五条 预算包括一般公共预算、政府性基金预算、国有资本经营预算、社会保险基金预算。

一般公共预算、政府性基金预算、国有资本经营预算、社会保险基金预算应当保持完整、独立。政府性基金预算、国有资本经营预算、社会保险基金预算应当与一般公共预算相衔接。

第六条 一般公共预算是对以税收为主体的财政收入，安排用于保障和改善民生、推动经济社会发展、维护国家安全、维持国家机构正常运转等方面的收支预算。

中央一般公共预算包括中央各部门(含直属单位，下同)的预算和中央对地方的税收返还、转移支付预算。

中央一般公共预算收入包括中央本级收入和地方向中央的上解收入。中央一般公共预算支出包括中央本级支出、中央对地方的税收返还和转移支付。

第七条 地方各级一般公共预算包括本级各部门(含直属单位，下同)的预算和税收返还、转移支付预算。

地方各级一般公共预算收入包括地方本级收入、上级政府对本级政府的税收返还和转移支付、下级政府的上解收入。地方各级一般公共预算支出包括地方本级支出、对上级政府的上解支出、对下级政府的税收返还和转移支付。

第八条 各部门预算由本部门及其所属各单位预算组成。

第九条 政府性基金预算是对依照法律、行政法规的规定在一定期限内向特定对象征收、收取或者以其他方式筹集的资金，专项用于特定公共事业发展的收支预算。

政府性基金预算应当根据基金项目收入情况和实际支出需要，按基金项目编制，做到以收定支。

第十条 国有资本经营预算是对国有资本收益作出支出安排的收支预算。

国有资本经营预算应当按照收支平衡的原则编制，不列赤字，并安排资金调入一般公共预算。

第十一条 社会保险基金预算是对社会保险缴款、一般公共预算安排和其他方式筹集的资金，专项用于社会保险的收支预算。

社会保险基金预算应当按照统筹层次和社会保险项目分别编制，做到收支平衡。

第十二条 各级预算应当遵循统筹兼顾、勤俭节约、量力而行、讲求绩效和收支平衡的原则。

各级政府应当建立跨年度预算平衡机制。

第十三条 经人民代表大会批准的预算，非经法定程序，不得调整。各级政府、各部门、各单位的支出必须以经批准的预算为依据，未列入预算的不得支出。

第十四条 经本级人民代表大会或者本级人民代表大会常务委员会批准的预算、预算调整、决算、预算执行情况的报告及报表，应当在批准后二十日内由本级政府财政部门向社会公开，并对本级政府财政转移支付安排、执行的情况以及举借债务的情况等重要事项作出说明。

经本级政府财政部门批复的部门预算、决算及报表，应当在批复后二十日内由各部门向社会公开，并对部门预算、决算中机关运行经费的安排、使用情况等重要事项作出说明。

各级政府、各部门、各单位应当将政府采购的情况及时向社会公开。

本条前三款规定的公开事项，涉及国家秘密的除外。

第十五条 国家实行中央和地方分税制。

第十六条 国家实行财政转移支付制度。财政转移支付应当规范、公平、公开，以推进地区间基本公共服务均等化为主要目标。

财政转移支付包括中央对地方的转移支付和地方上级政府对下级政府的转移支付，以为均衡地区间基本财力、由下级政府统筹安排使用的一般性转移支付为主体。

按照法律、行政法规和国务院的规定可以设立专项转移支付，用于办理特定事项。建立健全专项转移支付定期评估和退出机制。市场竞争机制能够有效调节的事项不得设立专项转移支付。

上级政府在安排专项转移支付时，不得要求下级政府承担配套资金。但是，按照国务院的规定应当由上下级政府共同承担的事项除外。

第十七条 各级预算的编制、执行应当建立健全相互制约、相互协调的机制。

第十八条 预算年度自公历一月一日起，至十二月三十一日止。

第十九条 预算收入和预算支出以人民币元为计算单位。

第二章 预算管理职权

第二十条 全国人民代表大会审查中央和地方预算草案及中央和地方预算执行情况的报告；批准中央预算和中央预算执行情况的报告；改变或者撤销全国人民代表大会常务委员会关于预算、决算的不适当的决议。

全国人民代表大会常务委员会监督中央和地方预算的执行；审查和批准中央预算的调整方案；审查和批准中央决算；撤销国务院制定的同宪法、法律相抵触的关于预算、决算的行政法规、决定和命令；撤销省、自治区、直辖市人民代表大会及其常务委员会制定的同宪法、法律和行政法规相抵触的关于预算、决算的地方性法规和决议。

第二十一条 县级以上地方各级人民代表大会审查本级总预算草案及本级总预算执行情况的报告；批准本级预算和本级预算执行情况的报告；改变或者撤销本级人民代表大会常务委员会关于预算、决算的不适当的决议；撤销本级政府关于预算、决算的不适当的决定和命令。

县级以上地方各级人民代表大会常务委员会监督本级总预算的执行；审查和批准本级

预算的调整方案；审查和批准本级决算；撤销本级政府和下一级人民代表大会及其常务委员会关于预算、决算的不适当的决定、命令和决议。

乡、民族乡、镇的人民代表大会审查和批准本级预算和本级预算执行情况的报告；监督本级预算的执行；审查和批准本级预算的调整方案；审查和批准本级决算；撤销本级政府关于预算、决算的不适当的决定和命令。

第二十二条 全国人民代表大会财政经济委员会对中央预算草案初步方案及上一年预算执行情况、中央预算调整初步方案和中央决算草案进行初步审查，提出初步审查意见。

省、自治区、直辖市人民代表大会有关专门委员会对本级预算草案初步方案及上一年预算执行情况、本级预算调整初步方案和本级决算草案进行初步审查，提出初步审查意见。

设区的市、自治州人民代表大会有关专门委员会对本级预算草案初步方案及上一年预算执行情况、本级预算调整初步方案和本级决算草案进行初步审查，提出初步审查意见，未设立专门委员会的，由本级人民代表大会常务委员会有关工作机构研究提出意见。

县、自治县、不设区的市、市辖区人民代表大会常务委员会对本级预算草案初步方案及上一年预算执行情况进行初步审查，提出初步审查意见。县、自治县、不设区的市、市辖区人民代表大会常务委员会有关工作机构对本级预算调整初步方案和本级决算草案研究提出意见。

设区的市、自治州以上各级人民代表大会有关专门委员会进行初步审查、常务委员会有关工作机构研究提出意见时，应当邀请本级人民代表大会代表参加。

对依照本条第一款至第四款规定提出的意见，本级政府财政部门应当将处理情况及时反馈。

依照本条第一款至第四款规定提出的意见以及本级政府财政部门反馈的处理情况报告，应当印发本级人民代表大会代表。

全国人民代表大会常务委员会和省、自治区、直辖市、设区的市、自治州人民代表大会常务委员会有关工作机构，依照本级人民代表大会常务委员会的决定，协助本级人民代表大会财政经济委员会或者有关专门委员会承担审查预算草案、预算调整方案、决算草案和监督预算执行等方面的具体工作。

第二十三条 国务院编制中央预算、决算草案；向全国人民代表大会作关于中央和地方预算草案的报告；将省、自治区、直辖市政府报送备案的预算汇总后报全国人民代表大会常务委员会备案；组织中央和地方预算的执行；决定中央预算预备费的动用；编制中央预算调整方案；监督中央各部门和地方政府的预算执行；改变或者撤销中央各部门和地方政府关于预算、决算的不适当的决定、命令；向全国人民代表大会、全国人民代表大会常务委员会报告中央和地方预算的执行情况。

第二十四条 县级以上地方各级政府编制本级预算、决算草案；向本级人民代表大会作关于本级总预算草案的报告；将下一级政府报送备案的预算汇总后报本级人民代表大会常务委员会备案；组织本级总预算的执行；决定本级预算预备费的动用；编制本级预算的调整方案；监督本级各部门和下级政府的预算执行；改变或者撤销本级各部门和下级政府关于预算、决算的不适当的决定、命令；向本级人民代表大会、本级人民代表大会常务委员会报告本级总预算的执行情况。

乡、民族乡、镇政府编制本级预算、决算草案；向本级人民代表大会作关于本级预算草案的报告；组织本级预算的执行；决定本级预算预备费的动用；编制本级预算的调整方案；向本级人民代表大会报告本级预算的执行情况。

经省、自治区、直辖市政府批准，乡、民族乡、镇本级预算草案、预算调整方案、决算草案，可以由上一级政府代编，并依照本法第二十一条的规定报乡、民族乡、镇的人民代表大会审查和批准。

第二十五条 国务院财政部门具体编制中央预算、决算草案；具体组织中央和地方预算的执行；提出中央预算预备费动用方案；具体编制中央预算的调整方案；定期向国务院报告中央和地方预算的执行情况。

地方各级政府财政部门具体编制本级预算、决算草案；具体组织本级总预算的执行；提出本级预算预备费动用方案；具体编制本级预算的调整方案；定期向本级政府和上一级政府财政部门报告本级总预算的执行情况。

第二十六条 各部门编制本部门预算、决算草案；组织和监督本部门预算的执行；定期向本级政府财政部门报告预算的执行情况。

各单位编制本单位预算、决算草案；按照国家规定上缴预算收入，安排预算支出，并接受国家有关部门的监督。

第三章 预算收支范围

第二十七条 一般公共预算收入包括各项税收收入、行政事业性收费收入、国有资源(资产)有偿使用收入、转移性收入和其他收入。

一般公共预算支出按照其功能分类，包括一般公共服务支出，外交、公共安全、国防支出，农业、环境保护支出，教育、科技、文化、卫生、体育支出，社会保障及就业支出和其他支出。

一般公共预算支出按照其经济性质分类，包括工资福利支出、商品和服务支出、资本性支出和其他支出。

第二十八条 政府性基金预算、国有资本经营预算和社会保险基金预算的收支范围，按照法律、行政法规和国务院的规定执行。

第二十九条 中央预算与地方预算有关收入和支出项目的划分、地方向中央上解收入、中央对地方税收返还或者转移支付的具体办法，由国务院规定，报全国人民代表大会常务委员会备案。

第三十条 上级政府不得在预算之外调用下级政府预算的资金。下级政府不得挤占或者截留属于上级政府预算的资金。

第四章 预算编制

第三十一条 国务院应当及时下达关于编制下一年预算草案的通知。编制预算草案的具体事项由国务院财政部门部署。

各级政府、各部门、各单位应当按照国务院规定的时间编制预算草案。

第三十二条 各级预算应当根据年度经济社会发展目标、国家宏观调控总体要求和跨年度预算平衡的需要，参考上一年预算执行情况、有关支出绩效评价结果和本年度收支预测，按照规定程序征求各方面意见后，进行编制。

各级政府依据法定权限作出决定或者制定行政措施，凡涉及增加或者减少财政收入或者支出的，应当在预算批准前提出并在预算草案中作出相应安排。

各部门、各单位应当按照国务院财政部门制定的政府收支分类科目、预算支出标准和要求，以及绩效目标管理等预算编制规定，根据其依法履行职能和事业发展的需要以及存量资产情况，编制本部门、本单位预算草案。

前款所称政府收支分类科目，收入分为类、款、项、目；支出按其功能分类分为类、款、项，按其经济性质分类分为类、款。

第三十三条 省、自治区、直辖市政府应当按照国务院规定的时间，将本级总预算草案报国务院审核汇总。

第三十四条 中央一般公共预算中必需的部分资金，可以通过举借国内和国外债务等方式筹措，举借债务应当控制适当的规模，保持合理的结构。

对中央一般公共预算中举借的债务实行余额管理，余额的规模不得超过全国人民代表大会批准的限额。

国务院财政部门具体负责对中央政府债务的统一管理。

第三十五条 地方各级预算按照量入为出、收支平衡的原则编制，除本法另有规定外，不列赤字。

经国务院批准的省、自治区、直辖市的预算中必需的建设投资的部分资金，可以在国务院确定的限额内，通过发行地方政府债券举借债务的方式筹措。举借债务的规模，由国务院报全国人民代表大会或者全国人民代表大会常务委员会批准。省、自治区、直辖市依照国务院下达的限额举借的债务，列入本级预算调整方案，报本级人民代表大会常务委员会批准。举借的债务应当有偿还计划和稳定的偿还资金来源，只能用于公益性资本支出，不得用于经常性支出。

除前款规定外，地方政府及其所属部门不得以任何方式举借债务。

除法律另有规定外，地方政府及其所属部门不得为任何单位和个人的债务以任何方式提供担保。

国务院建立地方政府债务风险评估和预警机制、应急处置机制以及责任追究制度。国务院财政部门对地方政府债务实施监督。

第三十六条 各级预算收入的编制，应当与经济社会发展水平相适应，与财政政策相衔接。

各级政府、各部门、各单位应当依照本法规定，将所有政府收入全部列入预算，不得隐瞒、少列。

第三十七条 各级预算支出应当依照本法规定，按其功能和经济性质分类编制。

各级预算支出的编制，应当贯彻勤俭节约的原则，严格控制各部门、各单位的机关运行经费和楼堂馆所等基本建设支出。

各级一般公共预算支出的编制，应当统筹兼顾，在保证基本公共服务合理需要的前提下，优先安排国家确定的重点支出。

第三十八条 一般性转移支付应当按照国务院规定的基本标准和计算方法编制。专项转移支付应当分地区、分项目编制。

县级以上各级政府应当将对下级政府的转移支付预计数提前下达下级政府。

地方各级政府应当将上级政府提前下达的转移支付预计数编入本级预算。

第三十九条 中央预算和有关地方预算中应当安排必要的资金，用于扶助革命老区、民族地区、边疆地区、贫困地区发展经济社会建设事业。

第四十条 各级一般公共预算应当按照本级一般公共预算支出额的百分之一至百分之三设置预备费，用于当年预算执行中的自然灾害等突发事件处理增加的支出及其他难以预见的开支。

第四十一条 各级一般公共预算按照国务院的规定可以设置预算周转金，用于本级政府调剂预算年度内季节性收支差额。

各级一般公共预算按照国务院的规定可以设置预算稳定调节基金，用于弥补以后年度预算资金的不足。

第四十二条 各级政府上一年预算的结转资金，应当在下一年用于结转项目的支出；连续两年未用完的结转资金，应当作为结余资金管理。

各部门、各单位上一年预算的结转、结余资金按照国务院财政部门的规定办理。

第五章 预算审查和批准

第四十三条 中央预算由全国人民代表大会审查和批准。

地方各级预算由本级人民代表大会审查和批准。

第四十四条 国务院财政部门应当在每年全国人民代表大会会议举行的四十五日前，将中央预算草案的初步方案提交全国人民代表大会财政经济委员会进行初步审查。

省、自治区、直辖市政府财政部门应当在本级人民代表大会会议举行的三十日前，将本级预算草案的初步方案提交本级人民代表大会有关专门委员会进行初步审查。

设区的市、自治州政府财政部门应当在本级人民代表大会会议举行的三十日前，将本级预算草案的初步方案提交本级人民代表大会有关专门委员会进行初步审查，或者送交本级人民代表大会常务委员会有关工作机构征求意见。

县、自治县、不设区的市、市辖区政府应当在本级人民代表大会会议举行的三十日前，将本级预算草案的初步方案提交本级人民代表大会常务委员会进行初步审查。

第四十五条 县、自治县、不设区的市、市辖区、乡、民族乡、镇的人民代表大会举行会议审查预算草案前，应当采用多种形式，组织本级人民代表大会代表，听取选民和社会各界的意见。

第四十六条 报送各级人民代表大会审查和批准的预算草案应当细化。本级一般公共预算支出，按其功能分类应当编列到项；按其经济性质分类，基本支出应当编列到款。本级政府性基金预算、国有资本经营预算、社会保险基金预算支出，按其功能分类应当编列到项。

第四十七条 国务院在全国人民代表大会举行会议时，向大会作关于中央和地方预算草案以及中央和地方预算执行情况的报告。

地方各级政府在本级人民代表大会举行会议时，向大会作关于总预算草案和总预算执行情况的报告。

第四十八条 全国人民代表大会和地方各级人民代表大会对预算草案及其报告、预算执行情况的报告重点审查下列内容：

（一）上一年预算执行情况是否符合本级人民代表大会预算决议的要求；

（二）预算安排是否符合本法的规定；

（三）预算安排是否贯彻国民经济和社会发展的方针政策，收支政策是否切实可行；

（四）重点支出和重大投资项目的预算安排是否适当；

（五）预算的编制是否完整，是否符合本法第四十六条的规定；

（六）对下级政府的转移性支出预算是否规范、适当；

（七）预算安排举借的债务是否合法、合理，是否有偿还计划和稳定的偿还资金来源；

（八）与预算有关重要事项的说明是否清晰。

第四十九条 全国人民代表大会财政经济委员会向全国人民代表大会主席团提出关于中央和地方预算草案及中央和地方预算执行情况的审查结果报告。

省、自治区、直辖市、设区的市、自治州人民代表大会有关专门委员会，县、自治县、不设区的市、市辖区人民代表大会常务委员会，向本级人民代表大会主席团提出关于总预算草案及上一年总预算执行情况的审查结果报告。

审查结果报告应当包括下列内容：

（一）对上一年预算执行和落实本级人民代表大会预算决议的情况作出评价；

（二）对本年度预算草案是否符合本法的规定，是否可行作出评价；

（三）对本级人民代表大会批准预算草案和预算报告提出建议；

（四）对执行年度预算、改进预算管理、提高预算绩效、加强预算监督等提出意见和建议。

第五十条 乡、民族乡、镇政府应当及时将经本级人民代表大会批准的本级预算报上一级政府备案。县级以上地方各级政府应当及时将经本级人民代表大会批准的本级预算及下一级政府报送备案的预算汇总，报上一级政府备案。

县级以上地方各级政府将下一级政府依照前款规定报送备案的预算汇总后，报本级人民代表大会常务委员会备案。国务院将省、自治区、直辖市政府依照前款规定报送备案的预算汇总后，报全国人民代表大会常务委员会备案。

第五十一条 国务院和县级以上地方各级政府对下一级政府依照本法第五十条规定报送备案的预算，认为有同法律、行政法规相抵触或者有其他不适当之处，需要撤销批准预算的决议的，应当提请本级人民代表大会常务委员会审议决定。

第五十二条 各级预算经本级人民代表大会批准后，本级政府财政部门应当在二十日内向本级各部门批复预算。各部门应当在接到本级政府财政部门批复的本部门预算后十五日内向所属各单位批复预算。

中央对地方的一般性转移支付应当在全国人民代表大会批准预算后三十日内正式下达。中央对地方的专项转移支付应当在全国人民代表大会批准预算后九十日内正式下达。

省、自治区、直辖市政府接到中央一般性转移支付和专项转移支付后，应当在三十日内正式下达到本行政区域县级以上各级政府。

县级以上地方各级预算安排对下级政府的一般性转移支付和专项转移支付，应当分别在本级人民代表大会批准预算后的三十日和六十日内正式下达。

对自然灾害等突发事件处理的转移支付，应当及时下达预算；对据实结算等特殊项目的转移支付，可以分期下达预算，或者先预付后结算。

县级以上各级政府财政部门应当将批复本级各部门的预算和批复下级政府的转移支付预算，抄送本级人民代表大会财政经济委员会、有关专门委员会和常务委员会有关工作机构。

第六章　预算执行

第五十三条 各级预算由本级政府组织执行，具体工作由本级政府财政部门负责。

各部门、各单位是本部门、本单位的预算执行主体，负责本部门、本单位的预算执行，并对执行结果负责。

第五十四条 预算年度开始后，各级预算草案在本级人民代表大会批准前，可以安排下列支出：

（一）上一年度结转的支出；

（二）参照上一年同期的预算支出数额安排必须支付的本年度部门基本支出、项目支出，以及对下级政府的转移性支出；

（三）法律规定必须履行支付义务的支出，以及用于自然灾害等突发事件处理的支出。

根据前款规定安排支出的情况，应当在预算草案的报告中作出说明。

预算经本级人民代表大会批准后，按照批准的预算执行。

第五十五条 预算收入征收部门和单位，必须依照法律、行政法规的规定，及时、足额征收应征的预算收入。不得违反法律、行政法规规定，多征、提前征收或者减征、免征、缓征应征的预算收入，不得截留、占用或者挪用预算收入。

各级政府不得向预算收入征收部门和单位下达收入指标。

第五十六条 政府的全部收入应当上缴国家金库（以下简称国库），任何部门、单位和个人不得截留、占用、挪用或者拖欠。

对于法律有明确规定或者经国务院批准的特定专用资金，可以依照国务院的规定设立财政专户。

第五十七条 各级政府财政部门必须依照法律、行政法规和国务院财政部门的规定，及时、足额地拨付预算支出资金，加强对预算支出的管理和监督。

各级政府、各部门、各单位的支出必须按照预算执行，不得虚假列支。

各级政府、各部门、各单位应当对预算支出情况开展绩效评价。

第五十八条 各级预算的收入和支出实行收付实现制。

特定事项按照国务院的规定实行权责发生制的有关情况，应当向本级人民代表大会常务委员会报告。

第五十九条 县级以上各级预算必须设立国库；具备条件的乡、民族乡、镇也应当设立国库。

中央国库业务由中国人民银行经理，地方国库业务依照国务院的有关规定办理。

各级国库应当按照国家有关规定，及时准确地办理预算收入的收纳、划分、留解、退付和预算支出的拨付。

各级国库库款的支配权属于本级政府财政部门。除法律、行政法规另有规定外，未经本级政府财政部门同意，任何部门、单位和个人都无权冻结、动用国库库款或者以其他方式支配已入国库的库款。

各级政府应当加强对本级国库的管理和监督，按照国务院的规定完善国库现金管理，合理调节国库资金余额。

第六十条 已经缴入国库的资金，依照法律、行政法规的规定或者国务院的决定需要退付的，各级政府财政部门或者其授权的机构应当及时办理退付。按照规定应当由财政支出安排的事项，不得用退库处理。

第六十一条 国家实行国库集中收缴和集中支付制度，对政府全部收入和支出实行国库集中收付管理。

第六十二条 各级政府应当加强对预算执行的领导，支持政府财政、税务、海关等预算收入的征收部门依法组织预算收入，支持政府财政部门严格管理预算支出。

财政、税务、海关等部门在预算执行中，应当加强对预算执行的分析；发现问题时应当及时建议本级政府采取措施予以解决。

第六十三条 各部门、各单位应当加强对预算收入和支出的管理，不得截留或者动用应当上缴的预算收入，不得擅自改变预算支出的用途。

第六十四条 各级预算预备费的动用方案，由本级政府财政部门提出，报本级政府决定。

第六十五条 各级预算周转金由本级政府财政部门管理，不得挪作他用。

第六十六条 各级一般公共预算年度执行中有超收收入的，只能用于冲减赤字或者补充预算稳定调节基金。

各级一般公共预算的结余资金，应当补充预算稳定调节基金。

省、自治区、直辖市一般公共预算年度执行中出现短收，通过调入预算稳定调节基金、减少支出等方式仍不能实现收支平衡的，省、自治区、直辖市政府报本级人民代表大会或者其常务委员会批准，可以增列赤字，报国务院财政部门备案，并应当在下一年度预算中予以弥补。

第七章 预算调整

第六十七条 经全国人民代表大会批准的中央预算和经地方各级人民代表大会批准的地方各级预算，在执行中出现下列情况之一的，应当进行预算调整：

（一）需要增加或者减少预算总支出的；

（二）需要调入预算稳定调节基金的；

（三）需要调减预算安排的重点支出数额的；

（四）需要增加举借债务数额的。

第六十八条 在预算执行中，各级政府一般不制定新的增加财政收入或者支出的政策和措施，也不制定减少财政收入的政策和措施；必须作出并需要进行预算调整的，应当在预算调整方案中作出安排。

第六十九条 在预算执行中，各级政府对于必须进行的预算调整，应当编制预算调整方案。预算调整方案应当说明预算调整的理由、项目和数额。

在预算执行中，由于发生自然灾害等突发事件，必须及时增加预算支出的，应当先动支预备费；预备费不足支出的，各级政府可以先安排支出，属于预算调整的，列入预算调整方案。

国务院财政部门应当在全国人民代表大会常务委员会举行会议审查和批准预算调整方案的三十日前，将预算调整初步方案送交全国人民代表大会财政经济委员会进行初步审查。

省、自治区、直辖市政府财政部门应当在本级人民代表大会常务委员会举行会议审查和批准预算调整方案的三十日前，将预算调整初步方案送交本级人民代表大会有关专门委员会进行初步审查。

设区的市、自治州政府财政部门应当在本级人民代表大会常务委员会举行会议审查和批准预算调整方案的三十日前，将预算调整初步方案送交本级人民代表大会有关专门委员会进行初步审查，或者送交本级人民代表大会常务委员会有关工作机构征求意见。

县、自治县、不设区的市、市辖区政府财政部门应当在本级人民代表大会常务委员会举行会议审查和批准预算调整方案的三十日前，将预算调整初步方案送交本级人民代表大会常务委员会有关工作机构征求意见。

中央预算的调整方案应当提请全国人民代表大会常务委员会审查和批准。县级以上地方各级预算的调整方案应当提请本级人民代表大会常务委员会审查和批准；乡、民族乡、镇预算的调整方案应当提请本级人民代表大会审查和批准。未经批准，不得调整预算。

第七十条 经批准的预算调整方案，各级政府应当严格执行。未经本法第六十九条规定的程序，各级政府不得作出预算调整的决定。

对违反前款规定作出的决定，本级人民代表大会、本级人民代表大会常务委员会或者上级政府应当责令其改变或者撤销。

第七十一条 在预算执行中，地方各级政府因上级政府增加不需要本级政府提供配套资金的专项转移支付而引起的预算支出变化，不属于预算调整。

接受增加专项转移支付的县级以上地方各级政府应当向本级人民代表大会常务委员会报告有关情况；接受增加专项转移支付的乡、民族乡、镇政府应当向本级人民代表大会报告有关情况。

第七十二条 各部门、各单位的预算支出应当按照预算科目执行。严格控制不同预算科目、预算级次或者项目间的预算资金的调剂，确需调剂使用的，按照国务院财政部门的规定办理。

第七十三条 地方各级预算的调整方案经批准后，由本级政府报上一级政府备案。

第八章 决 算

第七十四条 决算草案由各级政府、各部门、各单位，在每一预算年度终了后按照国务院规定的时间编制。

编制决算草案的具体事项，由国务院财政部门部署。

第七十五条 编制决算草案，必须符合法律、行政法规，做到收支真实、数额准确、内容完整、报送及时。

决算草案应当与预算相对应，按预算数、调整预算数、决算数分别列出。一般公共预算支出应当按其功能分类编列到项，按其经济性质分类编列到款。

第七十六条 各部门对所属各单位的决算草案，应当审核并汇总编制本部门的决算草案，在规定的期限内报本级政府财政部门审核。

各级政府财政部门对本级各部门决算草案审核后发现有不符合法律、行政法规规定的，有权予以纠正。

第七十七条 国务院财政部门编制中央决算草案，经国务院审计部门审计后，报国务院审定，由国务院提请全国人民代表大会常务委员会审查和批准。

县级以上地方各级政府财政部门编制本级决算草案，经本级政府审计部门审计后，报本级政府审定，由本级政府提请本级人民代表大会常务委员会审查和批准。

乡、民族乡、镇政府编制本级决算草案，提请本级人民代表大会审查和批准。

第七十八条 国务院财政部门应当在全国人民代表大会常务委员会举行会议审查和批准中央决算草案的三十日前，将上一年度中央决算草案提交全国人民代表大会财政经济委员会进行初步审查。

省、自治区、直辖市政府财政部门应当在本级人民代表大会常务委员会举行会议审查和批准本级决算草案的三十日前，将上一年度本级决算草案提交本级人民代表大会有关专门委员会进行初步审查。

设区的市、自治州政府财政部门应当在本级人民代表大会常务委员会举行会议审查和批准本级决算草案的三十日前，将上一年度本级决算草案提交本级人民代表大会有关专门委员会进行初步审查，或者送交本级人民代表大会常务委员会有关工作机构征求意见。

县、自治县、不设区的市、市辖区政府财政部门应当在本级人民代表大会常务委员会举行会议审查和批准本级决算草案的三十日前，将上一年度本级决算草案送交本级人民代表大会常务委员会有关工作机构征求意见。

全国人民代表大会财政经济委员会和省、自治区、直辖市、设区的市、自治州人民代表大会有关专门委员会，向本级人民代表大会常务委员会提出关于本级决算草案的审查结果报告。

第七十九条 县级以上各级人民代表大会常务委员会和乡、民族乡、镇人民代表大会对本级决算草案，重点审查下列内容：

（一）预算收入情况；

（二）支出政策实施情况和重点支出、重大投资项目资金的使用及绩效情况；

（三）结转资金的使用情况；

（四）资金结余情况；

（五）本级预算调整及执行情况；

（六）财政转移支付安排执行情况；

（七）经批准举借债务的规模、结构、使用、偿还等情况；

（八）本级预算周转金规模和使用情况；

（九）本级预备费使用情况；

（十）超收收入安排情况，预算稳定调节基金的规模和使用情况；

（十一）本级人民代表大会批准的预算决议落实情况；

（十二）其他与决算有关的重要情况。

县级以上各级人民代表大会常务委员会应当结合本级政府提出的上一年度预算执行和其他财政收支的审计工作报告，对本级决算草案进行审查。

第八十条 各级决算经批准后，财政部门应当在二十日内向本级各部门批复决算。各部门应当在接到本级政府财政部门批复的本部门决算后十五日内向所属单位批复决算。

第八十一条 地方各级政府应当将经批准的决算及下一级政府上报备案的决算汇总，报上一级政府备案。

县级以上各级政府应当将下一级政府报送备案的决算汇总后，报本级人民代表大会常务委员会备案。

第八十二条 国务院和县级以上地方各级政府对下一级政府依照本法第八十一条规定报送备案的决算，认为有同法律、行政法规相抵触或者有其他不适当之处，需要撤销批准该项决算的决议的，应当提请本级人民代表大会常务委员会审议决定；经审议决定撤销的，该下级人民代表大会常务委员会应当责成本级政府依照本法规定重新编制决算草案，提请本级人民代表大会常务委员会审查和批准。

第九章 监　　督

第八十三条 全国人民代表大会及其常务委员会对中央和地方预算、决算进行监督。

县级以上地方各级人民代表大会及其常务委员会对本级和下级预算、决算进行监督。

乡、民族乡、镇人民代表大会对本级预算、决算进行监督。

第八十四条 各级人民代表大会和县级以上各级人民代表大会常务委员会有权就预算、决算中的重大事项或者特定问题组织调查，有关的政府、部门、单位和个人应当如实反映情况和提供必要的材料。

第八十五条 各级人民代表大会和县级以上各级人民代表大会常务委员会举行会议时，人民代表大会代表或者常务委员会组成人员，依照法律规定程序就预算、决算中的有关问题提出询问或者质询，受询问或者受质询的有关的政府或者财政部门必须及时给予答复。

第八十六条 国务院和县级以上地方各级政府应当在每年六月至九月期间向本级人民代表大会常务委员会报告预算执行情况。

第八十七条 各级政府监督下级政府的预算执行；下级政府应当定期向上一级政府报告预算执行情况。

第八十八条 各级政府财政部门负责监督本级各部门及其所属各单位预算管理有关工作，并向本级政府和上一级政府财政部门报告预算执行情况。

第八十九条 县级以上政府审计部门依法对预算执行、决算实行审计监督。

对预算执行和其他财政收支的审计工作报告应当向社会公开。

第九十条 政府各部门负责监督检查所属各单位的预算执行，及时向本级政府财政部门反映本部门预算执行情况，依法纠正违反预算的行为。

第九十一条 公民、法人或者其他组织发现有违反本法的行为，可以依法向有关国家机关进行检举、控告。

接受检举、控告的国家机关应当依法进行处理，并为检举人、控告人保密。任何单位或者个人不得压制和打击报复检举人、控告人。

第十章　法律责任

第九十二条 各级政府及有关部门有下列行为之一的，责令改正，对负有直接责任的主管人员和其他直接责任人员追究行政责任：

（一）未依照本法规定，编制、报送预算草案、预算调整方案、决算草案和部门预算、决算以及批复预算、决算的；

（二）违反本法规定，进行预算调整的；

（三）未依照本法规定对有关预算事项进行公开和说明的；

（四）违反规定设立政府性基金项目和其他财政收入项目的；

（五）违反法律、法规规定使用预算预备费、预算周转金、预算稳定调节基金、超收收入的；

（六）违反本法规定开设财政专户的。

第九十三条 各级政府及有关部门、单位有下列行为之一的，责令改正，对负有直接责任的主管人员和其他直接责任人员依法给予降级、撤职、开除的处分：

（一）未将所有政府收入和支出列入预算或者虚列收入和支出的；

（二）违反法律、行政法规的规定，多征、提前征收或者减征、免征、缓征应征预算收入的；

（三）截留、占用、挪用或者拖欠应当上缴国库的预算收入的；

（四）违反本法规定，改变预算支出用途的；

（五）擅自改变上级政府专项转移支付资金用途的；

（六）违反本法规定拨付预算支出资金，办理预算收入收纳、划分、留解、退付，或者违反本法规定冻结、动用国库库款或者以其他方式支配已入国库库款的。

第九十四条 各级政府、各部门、各单位违反本法规定举借债务或者为他人债务提供担保，或者挪用重点支出资金，或者在预算之外及超预算标准建设楼堂馆所的，责令改正，对负有直接责任的主管人员和其他直接责任人员给予撤职、开除的处分。

第九十五条 各级政府有关部门、单位及其工作人员有下列行为之一的，责令改正，追回骗取、使用的资金，有违法所得的没收违法所得，对单位给予警告或者通报批评；对负有直接责任的主管人员和其他直接责任人员依法给予处分：

（一）违反法律、法规的规定，改变预算收入上缴方式的；

（二）以虚报、冒领等手段骗取预算资金的；

（三）违反规定扩大开支范围、提高开支标准的；

（四）其他违反财政管理规定的行为。

第九十六条 本法第九十二条、第九十三条、第九十四条、第九十五条所列违法行为，其他法律对其处理、处罚另有规定的，依照其规定。

违反本法规定，构成犯罪的，依法追究刑事责任。

第十一章 附 则

第九十七条 各级政府财政部门应当按年度编制以权责发生制为基础的政府综合财务报告，报告政府整体财务状况、运行情况和财政中长期可持续性，报本级人民代表大会常务委员会备案。

第九十八条 国务院根据本法制定实施条例。

第九十九条 民族自治地方的预算管理，依照民族区域自治法的有关规定执行；民族区域自治法没有规定的，依照本法和国务院的有关规定执行。

第一百条 省、自治区、直辖市人民代表大会或者其常务委员会根据本法，可以制定有关预算审查监督的决定或者地方性法规。

第一百零一条 本法自1995年1月1日起施行。1991年10月21日国务院发布的《国家预算管理条例》同时废止。

中华人民共和国审计法

（2021）

（1994年8月31日第八届全国人民代表大会常务委员会第九次会议通过　根据2006年2月28日第十届全国人民代表大会常务委员会第二十次会议《关于修改〈中华人民共和国审计法〉的决定》第一次修正　根据2021年10月23日第十三届全国人民代表大会常务委员会第三十一次会议《关于修改〈中华人民共和国审计法〉的决定》第二次修正）

目　　录

第一章　总　　则

第一条　为了加强国家的审计监督，维护国家财政经济秩序，提高财政资金使用效益，促进廉政建设，保障国民经济和社会健康发展，根据宪法，制定本法。

第二条　国家实行审计监督制度。坚持中国共产党对审计工作的领导，构建集中统一、全面覆盖、权威高效的审计监督体系。

国务院和县级以上地方人民政府设立审计机关。

国务院各部门和地方各级人民政府及其各部门的财政收支，国有的金融机构和企业事业组织的财务收支，以及其他依照本法规定应当接受审计的财政收支、财务收支，依照本法规定接受审计监督。

审计机关对前款所列财政收支或者财务收支的真实、合法和效益，依法进行审计监督。

第三条　审计机关依照法律规定的职权和程序，进行审计监督。

审计机关依据有关财政收支、财务收支的法律、法规和国家其他有关规定进行审计评价，在法定职权范围内作出审计决定。

第四条 国务院和县级以上地方人民政府应当每年向本级人民代表大会常务委员会提出审计工作报告。审计工作报告应当报告审计机关对预算执行、决算草案以及其他财政收支的审计情况，重点报告对预算执行及其绩效的审计情况，按照有关法律、行政法规的规定报告对国有资源、国有资产的审计情况。必要时，人民代表大会常务委员会可以对审计工作报告作出决议。

国务院和县级以上地方人民政府应当将审计工作报告中指出的问题的整改情况和处理结果向本级人民代表大会常务委员会报告。

第五条 审计机关依照法律规定独立行使审计监督权，不受其他行政机关、社会团体和个人的干涉。

第六条 审计机关和审计人员办理审计事项，应当客观公正，实事求是，廉洁奉公，保守秘密。

第二章 审计机关和审计人员

第七条 国务院设立审计署，在国务院总理领导下，主管全国的审计工作。审计长是审计署的行政首长。

第八条 省、自治区、直辖市、设区的市、自治州、县、自治县、不设区的市、市辖区的人民政府的审计机关，分别在省长、自治区主席、市长、州长、县长、区长和上一级审计机关的领导下，负责本行政区域内的审计工作。

第九条 地方各级审计机关对本级人民政府和上一级审计机关负责并报告工作，审计业务以上级审计机关领导为主。

第十条 审计机关根据工作需要，经本级人民政府批准，可以在其审计管辖范围内设立派出机构。

派出机构根据审计机关的授权，依法进行审计工作。

第十一条 审计机关履行职责所必需的经费，应当列入预算予以保证。

第十二条 审计机关应当建设信念坚定、为民服务、业务精通、作风务实、敢于担当、清正廉洁的高素质专业化审计队伍。

审计机关应当加强对审计人员遵守法律和执行职务情况的监督，督促审计人员依法履职尽责。

审计机关和审计人员应当依法接受监督。

第十三条 审计人员应当具备与其从事的审计工作相适应的专业知识和业务能力。

审计机关根据工作需要，可以聘请具有与审计事项相关专业知识的人员参加审计工作。

第十四条 审计机关和审计人员不得参加可能影响其依法独立履行审计监督职责的活动，不得干预、插手被审计单位及其相关单位的正常生产经营和管理活动。

第十五条 审计人员办理审计事项，与被审计单位或者审计事项有利害关系的，应当回避。

第十六条 审计机关和审计人员对在执行职务中知悉的国家秘密、工作秘密、商业秘密、个人隐私和个人信息，应当予以保密，不得泄露或者向他人非法提供。

第十七条 审计人员依法执行职务，受法律保护。

任何组织和个人不得拒绝、阻碍审计人员依法执行职务，不得打击报复审计人员。

审计机关负责人依照法定程序任免。审计机关负责人没有违法失职或者其他不符合任职条件的情况的，不得随意撤换。

地方各级审计机关负责人的任免，应当事先征求上一级审计机关的意见。

第三章 审计机关职责

第十八条 审计机关对本级各部门(含直属单位)和下级政府预算的执行情况和决算以及其他财政收支情况，进行审计监督。

第十九条 审计署在国务院总理领导下，对中央预算执行情况、决算草案以及其他财政收支情况进行审计监督，向国务院总理提出审计结果报告。

地方各级审计机关分别在省长、自治区主席、市长、州长、县长、区长和上一级审计机关的领导下，对本级预算执行情况、决算草案以及其他财政收支情况进行审计监督，向本级人民政府和上一级审计机关提出审计结果报告。

第二十条 审计署对中央银行的财务收支，进行审计监督。

第二十一条 审计机关对国家的事业组织和使用财政资金的其他事业组织的财务收支，进行审计监督。

第二十二条 审计机关对国有企业、国有金融机构和国有资本占控股地位或者主导地位的企业、金融机构的资产、负债、损益以及其他财务收支情况，进行审计监督。

遇有涉及国家财政金融重大利益情形，为维护国家经济安全，经国务院批准，审计署可以对前款规定以外的金融机构进行专项审计调查或者审计。

第二十三条 审计机关对政府投资和以政府投资为主的建设项目的预算执行情况和决算，对其他关系国家利益和公共利益的重大公共工程项目的资金管理使用和建设运营情况，进行审计监督。

第二十四条 审计机关对国有资源、国有资产，进行审计监督。

审计机关对政府部门管理的和其他单位受政府委托管理的社会保险基金、全国社会保障基金、社会捐赠资金以及其他公共资金的财务收支，进行审计监督。

第二十五条 审计机关对国际组织和外国政府援助、贷款项目的财务收支，进行审计监督。

第二十六条 根据经批准的审计项目计划安排，审计机关可以对被审计单位贯彻落实国家重大经济社会政策措施情况进行审计监督。

第二十七条 除本法规定的审计事项外，审计机关对其他法律、行政法规规定应当由审计机关进行审计的事项，依照本法和有关法律、行政法规的规定进行审计监督。

第二十八条 审计机关可以对被审计单位依法应当接受审计的事项进行全面审计，也可以对其中的特定事项进行专项审计。

第二十九条 审计机关有权对与国家财政收支有关的特定事项，向有关地方、部门、单位进行专项审计调查，并向本级人民政府和上一级审计机关报告审计调查结果。

第三十条 审计机关履行审计监督职责，发现经济社会运行中存在风险隐患的，应当及时向本级人民政府报告或者向有关主管机关、单位通报。

第三十一条 审计机关根据被审计单位的财政、财务隶属关系或者国有资源、国有资产监督管理关系，确定审计管辖范围。

审计机关之间对审计管辖范围有争议的，由其共同的上级审计机关确定。

上级审计机关对其审计管辖范围内的审计事项，可以授权下级审计机关进行审计，但本法第十八条至第二十条规定的审计事项不得进行授权；上级审计机关对下级审计机关审计管辖范围内的重大审计事项，可以直接进行审计，但是应当防止不必要的重复审计。

第三十二条 被审计单位应当加强对内部审计工作的领导，按照国家有关规定建立健全内部审计制度。

审计机关应当对被审计单位的内部审计工作进行业务指导和监督。

第三十三条 社会审计机构审计的单位依法属于被审计单位的，审计机关按照国务院的规定，有权对该社会审计机构出具的相关审计报告进行核查。

第四章　审计机关权限

第三十四条 审计机关有权要求被审计单位按照审计机关的规定提供财务、会计资料以及与财政收支、财务收支有关的业务、管理等资料，包括电子数据和有关文档。被审计单位不得拒绝、拖延、谎报。

被审计单位负责人应当对本单位提供资料的及时性、真实性和完整性负责。

审计机关对取得的电子数据等资料进行综合分析，需要向被审计单位核实有关情况的，被审计单位应当予以配合。

第三十五条 国家政务信息系统和数据共享平台应当按照规定向审计机关开放。

审计机关通过政务信息系统和数据共享平台取得的电子数据等资料能够满足需要的，不得要求被审计单位重复提供。

第三十六条 审计机关进行审计时，有权检查被审计单位的财务、会计资料以及与财政收支、财务收支有关的业务、管理等资料和资产，有权检查被审计单位信息系统的安全性、可靠性、经济性，被审计单位不得拒绝。

第三十七条 审计机关进行审计时，有权就审计事项的有关问题向有关单位和个人进行调查，并取得有关证明材料。有关单位和个人应当支持、协助审计机关工作，如实向审计机关反映情况，提供有关证明材料。

审计机关经县级以上人民政府审计机关负责人批准，有权查询被审计单位在金融机构的账户。

审计机关有证据证明被审计单位违反国家规定将公款转入其他单位、个人在金融机构账户的，经县级以上人民政府审计机关主要负责人批准，有权查询有关单位、个人在金融机构与审计事项相关的存款。

第三十八条 审计机关进行审计时，被审计单位不得转移、隐匿、篡改、毁弃财务、会计资料以及与财政收支、财务收支有关的业务、管理等资料，不得转移、隐匿、故意毁损所持有的违反国家规定取得的资产。

审计机关对被审计单位违反前款规定的行为，有权予以制止；必要时，经县级以上人民政府审计机关负责人批准，有权封存有关资料和违反国家规定取得的资产；对其中在金融机构的有关存款需要予以冻结的，应当向人民法院提出申请。

审计机关对被审计单位正在进行的违反国家规定的财政收支、财务收支行为，有权予以制止；制止无效的，经县级以上人民政府审计机关负责人批准，通知财政部门和有关主管机关、单位暂停拨付与违反国家规定的财政收支、财务收支行为直接有关的款项，已经拨付的，暂停使用。

审计机关采取前两款规定的措施不得影响被审计单位合法的业务活动和生产经营活动。

第三十九条 审计机关认为被审计单位所执行的上级主管机关、单位有关财政收支、财务收支的规定与法律、行政法规相抵触的，应当建议有关主管机关、单位纠正；有关主管机关、单位不予纠正的，审计机关应当提请有权处理的机关、单位依法处理。

第四十条 审计机关可以向政府有关部门通报或者向社会公布审计结果。

审计机关通报或者公布审计结果，应当保守国家秘密、工作秘密、商业秘密、个人隐私和个人信息，遵守法律、行政法规和国务院的有关规定。

第四十一条 审计机关履行审计监督职责，可以提请公安、财政、自然资源、生态环境、海关、税务、市场监督管理等机关予以协助。有关机关应当依法予以配合。

第五章　审计程序

第四十二条 审计机关根据经批准的审计项目计划确定的审计事项组成审计组，并应当在实施审计三日前，向被审计单位送达审计通知书；遇有特殊情况，经县级以上人民政府审计机关负责人批准，可以直接持审计通知书实施审计。

被审计单位应当配合审计机关的工作，并提供必要的工作条件。

审计机关应当提高审计工作效率。

第四十三条 审计人员通过审查财务、会计资料，查阅与审计事项有关的文件、资料，检查现金、实物、有价证券和信息系统，向有关单位和个人调查等方式进行审计，并取得证明材料。

向有关单位和个人进行调查时，审计人员应当不少于二人，并出示其工作证件和审计通知书副本。

第四十四条 审计组对审计事项实施审计后，应当向审计机关提出审计组的审计报告。审计组的审计报告报送审计机关前，应当征求被审计单位的意见。被审计单位应当自接到审计组的审计报告之日起十日内，将其书面意见送交审计组。审计组应当将被审计单位的书面意见一并报送审计机关。

第四十五条 审计机关按照审计署规定的程序对审计组的审计报告进行审议，并对被审计单位对审计组的审计报告提出的意见一并研究后，出具审计机关的审计报告。对违反国家规定的财政收支、财务收支行为，依法应当给予处理、处罚的，审计机关在法定职权范围内作出审计决定；需要移送有关主管机关、单位处理、处罚的，审计机关应当依法移送。

审计机关应当将审计机关的审计报告和审计决定送达被审计单位和有关主管机关、单位，并报上一级审计机关。审计决定自送达之日起生效。

第四十六条 上级审计机关认为下级审计机关作出的审计决定违反国家有关规定的，可以责成下级审计机关予以变更或者撤销，必要时也可以直接作出变更或者撤销的决定。

第六章 法律责任

第四十七条 被审计单位违反本法规定，拒绝、拖延提供与审计事项有关的资料的，或者提供的资料不真实、不完整的，或者拒绝、阻碍检查、调查、核实有关情况的，由审计机关责令改正，可以通报批评，给予警告；拒不改正的，依法追究法律责任。

第四十八条 被审计单位违反本法规定，转移、隐匿、篡改、毁弃财务、会计资料以及与财政收支、财务收支有关的业务、管理等资料，或者转移、隐匿、故意毁损所持有的违反国家规定取得的资产，审计机关认为对直接负责的主管人员和其他直接责任人员依法应当给予处分的，应当向被审计单位提出处理建议，或者移送监察机关和有关主管机关、单位处理，有关机关、单位应当将处理结果书面告知审计机关；构成犯罪的，依法追究刑事责任。

第四十九条 对本级各部门(含直属单位)和下级政府违反预算的行为或者其他违反国家规定的财政收支行为，审计机关、人民政府或者有关主管机关、单位在法定职权范围内，依照法律、行政法规的规定，区别情况采取下列处理措施：

（一）责令限期缴纳应当上缴的款项；

（二）责令限期退还被侵占的国有资产；

（三）责令限期退还违法所得；

（四）责令按照国家统一的财务、会计制度的有关规定进行处理；

（五）其他处理措施。

第五十条 对被审计单位违反国家规定的财务收支行为，审计机关、人民政府或者有关主管机关、单位在法定职权范围内，依照法律、行政法规的规定，区别情况采取前条规定的处理措施，并可以依法给予处罚。

第五十一条 审计机关在法定职权范围内作出的审计决定，被审计单位应当执行。

审计机关依法责令被审计单位缴纳应当上缴的款项，被审计单位拒不执行的，审计机关应当通报有关主管机关、单位，有关主管机关、单位应当依照有关法律、行政法规的规定予以扣缴或者采取其他处理措施，并将处理结果书面告知审计机关。

第五十二条 被审计单位应当按照规定时间整改审计查出的问题，将整改情况报告审计机关，同时向本级人民政府或者有关主管机关、单位报告，并按照规定向社会公布。

各级人民政府和有关主管机关、单位应当督促被审计单位整改审计查出的问题。审计机关应当对被审计单位整改情况进行跟踪检查。

审计结果以及整改情况应当作为考核、任免、奖惩领导干部和制定政策、完善制度的重要参考；拒不整改或者整改时弄虚作假的，依法追究法律责任。

第五十三条 被审计单位对审计机关作出的有关财务收支的审计决定不服的，可以依法申请行政复议或者提起行政诉讼。

被审计单位对审计机关作出的有关财政收支的审计决定不服的，可以提请审计机关的本级人民政府裁决，本级人民政府的裁决为最终决定。

第五十四条 被审计单位的财政收支、财务收支违反国家规定，审计机关认为对直接负责的主管人员和其他直接责任人员依法应当给予处分的，应当向被审计单位提出处理建议，或者移送监察机关和有关主管机关、单位处理，有关机关、单位应当将处理结果书面告知审计机关。

第五十五条 被审计单位的财政收支、财务收支违反法律、行政法规的规定，构成犯罪的，依法追究刑事责任。

第五十六条 报复陷害审计人员的，依法给予处分；构成犯罪的，依法追究刑事责任。

第五十七条 审计人员滥用职权、徇私舞弊、玩忽职守或者泄露、向他人非法提供所知悉的国家秘密、工作秘密、商业秘密、个人隐私和个人信息的，依法给予处分；构成犯罪的，依法追究刑事责任。

第七章 附 则

第五十八条 领导干部经济责任审计和自然资源资产离任审计，依照本法和国家有关规定执行。

第五十九条 中国人民解放军和中国人民武装警察部队审计工作的规定，由中央军事委员会根据本法制定。

审计机关和军队审计机构应当建立健全协作配合机制，按照国家有关规定对涉及军地经济事项实施联合审计。

第六十条 本法自 1995 年 1 月 1 日起施行。1988 年 11 月 30 日国务院发布的《中华人民共和国审计条例》同时废止。

中华人民共和国预算法实施条例

中华人民共和国国务院令第 729 号

现公布修订后的《中华人民共和国预算法实施条例》，自 2020 年 10 月 1 日起施行。

总理　李克强

2020 年 8 月 3 日

中华人民共和国预算法实施条例

（1995 年 11 月 22 日中华人民共和国国务院令第 186 号发布　2020 年 8 月 3 日中华人民共和国国务院令第 729 号修订）

第一章　总　　则

第一条　根据《中华人民共和国预算法》（以下简称预算法），制定本条例。

第二条　县级以上地方政府的派出机关根据本级政府授权进行预算管理活动，不作为一级预算，其收支纳入本级预算。

第三条　社会保险基金预算应当在精算平衡的基础上实现可持续运行，一般公共预算可以根据需要和财力适当安排资金补充社会保险基金预算。

第四条　预算法第六条第二款所称各部门，是指与本级政府财政部门直接发生预算缴拨款关系的国家机关、军队、政党组织、事业单位、社会团体和其他单位。

第五条　各部门预算应当反映一般公共预算、政府性基金预算、国有资本经营预算安排给本部门及其所属各单位的所有预算资金。

各部门预算收入包括本级财政安排给本部门及其所属各单位的预算拨款收入和其他收入。各部门预算支出为与部门预算收入相对应的支出，包括基本支出和项目支出。

本条第二款所称基本支出，是指各部门、各单位为保障其机构正常运转、完成日常工作任务所发生的支出，包括人员经费和公用经费；所称项目支出，是指各部门、各单位为完成其特定的工作任务和事业发展目标所发生的支出。

各部门及其所属各单位的本级预算拨款收入和其相对应的支出，应当在部门预算中单独反映。

部门预算编制、执行的具体办法，由本级政府财政部门依法作出规定。

第六条　一般性转移支付向社会公开应当细化到地区。专项转移支付向社会公开应当细化到地区和项目。

政府债务、机关运行经费、政府采购、财政专户资金等情况，按照有关规定向社会公开。

部门预算、决算应当公开基本支出和项目支出。部门预算、决算支出按其功能分类应当公开到项；按其经济性质分类，基本支出应当公开到款。

各部门所属单位的预算、决算及报表，应当在部门批复后20日内由单位向社会公开。单位预算、决算应当公开基本支出和项目支出。单位预算、决算支出按其功能分类应当公开到项；按其经济性质分类，基本支出应当公开到款。

第七条 预算法第十五条所称中央和地方分税制，是指在划分中央与地方事权的基础上，确定中央与地方财政支出范围，并按税种划分中央与地方预算收入的财政管理体制。

分税制财政管理体制的具体内容和实施办法，按照国务院的有关规定执行。

第八条 县级以上地方各级政府应当根据中央和地方分税制的原则和上级政府的有关规定，确定本级政府对下级政府的财政管理体制。

第九条 预算法第十六条第二款所称一般性转移支付，包括：

（一）均衡性转移支付；

（二）对革命老区、民族地区、边疆地区、贫困地区的财力补助；

（三）其他一般性转移支付。

第十条 预算法第十六条第三款所称专项转移支付，是指上级政府为了实现特定的经济和社会发展目标给予下级政府，并由下级政府按照上级政府规定的用途安排使用的预算资金。

县级以上各级政府财政部门应当会同有关部门建立健全专项转移支付定期评估和退出机制。对评估后的专项转移支付，按照下列情形分别予以处理：

（一）符合法律、行政法规和国务院规定，有必要继续执行的，可以继续执行；

（二）设立的有关要求变更，或者实际绩效与目标差距较大、管理不够完善的，应当予以调整；

（三）设立依据失效或者废止的，应当予以取消。

第十一条 预算收入和预算支出以人民币元为计算单位。预算收支以人民币以外的货币收纳和支付的，应当折合成人民币计算。

第二章 预算收支范围

第十二条 预算法第二十七条第一款所称行政事业性收费收入，是指国家机关、事业单位等依照法律法规规定，按照国务院规定的程序批准，在实施社会公共管理以及在向公民、法人和其他组织提供特定公共服务过程中，按照规定标准向特定对象收取费用形成的收入。

预算法第二十七条第一款所称国有资源（资产）有偿使用收入，是指矿藏、水流、海域、无居民海岛以及法律规定属于国家所有的森林、草原等国有资源有偿使用收入，按照规定纳入一般公共预算管理的国有资产收入等。

预算法第二十七条第一款所称转移性收入，是指上级税收返还和转移支付、下级上解收入、调入资金以及按照财政部规定列入转移性收入的无隶属关系政府的无偿援助。

第十三条 转移性支出包括上解上级支出、对下级的税收返还和转移支付、调出资金以及按照财政部规定列入转移性支出的给予无隶属关系政府的无偿援助。

第十四条 政府性基金预算收入包括政府性基金各项目收入和转移性收入。

政府性基金预算支出包括与政府性基金预算收入相对应的各项目支出和转移性支出。

第十五条 国有资本经营预算收入包括依照法律、行政法规和国务院规定应当纳入国有资本经营预算的国有独资企业和国有独资公司按照规定上缴国家的利润收入、从国有资本控股和参股公司获得的股息红利收入、国有产权转让收入、清算收入和其他收入。

国有资本经营预算支出包括资本性支出、费用性支出、向一般公共预算调出资金等转移性支出和其他支出。

第十六条 社会保险基金预算收入包括各项社会保险费收入、利息收入、投资收益、一般公共预算补助收入、集体补助收入、转移收入、上级补助收入、下级上解收入和其他收入。

社会保险基金预算支出包括各项社会保险待遇支出、转移支出、补助下级支出、上解上级支出和其他支出。

第十七条 地方各级预算上下级之间有关收入和支出项目的划分以及上解、返还或者转移支付的具体办法，由上级地方政府规定，报本级人民代表大会常务委员会备案。

第十八条 地方各级社会保险基金预算上下级之间有关收入和支出项目的划分以及上解、补助的具体办法，按照统筹层次由上级地方政府规定，报本级人民代表大会常务委员会备案。

第三章 预算编制

第十九条 预算法第三十一条所称预算草案，是指各级政府、各部门、各单位编制的未经法定程序审查和批准的预算。

第二十条 预算法第三十二条第一款所称绩效评价，是指根据设定的绩效目标，依据规范的程序，对预算资金的投入、使用过程、产出与效果进行系统和客观的评价。

绩效评价结果应当按照规定作为改进管理和编制以后年度预算的依据。

第二十一条 预算法第三十二条第三款所称预算支出标准，是指对预算事项合理分类并分别规定的支出预算编制标准，包括基本支出标准和项目支出标准。

地方各级政府财政部门应当根据财政部制定的预算支出标准，结合本地区经济社会发展水平、财力状况等，制定本地区或者本级的预算支出标准。

第二十二条 财政部于每年 6 月 15 日前部署编制下一年度预算草案的具体事项，规定报表格式、编报方法、报送期限等。

第二十三条 中央各部门应当按照国务院的要求和财政部的部署，结合本部门的具体情况，组织编制本部门及其所属各单位的预算草案。

中央各部门负责本部门所属各单位预算草案的审核，并汇总编制本部门的预算草案，按照规定报财政部审核。

第二十四条 财政部审核中央各部门的预算草案，具体编制中央预算草案；汇总地方预算草案或者地方预算，汇编中央和地方预算草案。

第二十五条 省、自治区、直辖市政府按照国务院的要求和财政部的部署，结合本地区的具体情况，提出本行政区域编制预算草案的要求。

县级以上地方各级政府财政部门应当于每年 6 月 30 日前部署本行政区域编制下一年度预算草案的具体事项，规定有关报表格式、编报方法、报送期限等。

第二十六条 县级以上地方各级政府各部门应当根据本级政府的要求和本级政府财政部门的部署，结合本部门的具体情况，组织编制本部门及其所属各单位的预算草案，按照规定报本级政府财政部门审核。

第二十七条 县级以上地方各级政府财政部门审核本级各部门的预算草案，具体编制本级预算草案，汇编本级总预算草案，经本级政府审定后，按照规定期限报上一级政府财政部门。

省、自治区、直辖市政府财政部门汇总的本级总预算草案或者本级总预算，应当于下一年度 1 月 10 日前报财政部。

第二十八条 县级以上各级政府财政部门审核本级各部门的预算草案时，发现不符合编制预算要求的，应当予以纠正；汇编本级总预算草案时，发现下级预算草案不符合上级政府或者本级政府编制预算要求的，应当及时向本级政府报告，由本级政府予以纠正。

第二十九条 各级政府财政部门编制收入预算草案时，应当征求税务、海关等预算收入征收部门和单位的意见。

预算收入征收部门和单位应当按照财政部门的要求提供下一年度预算收入征收预测情况。

第三十条 财政部门会同社会保险行政部门部署编制下一年度社会保险基金预算草案的具体事项。

社会保险经办机构具体编制下一年度社会保险基金预算草案，报本级社会保险行政部门审核汇总。社会保险基金收入预算草案由社会保险经办机构会同社会保险费征收机构具体编制。财政部门负责审核并汇总编制社会保险基金预算草案。

第三十一条 各级政府财政部门应当依照预算法和本条例规定，制定本级预算草案编制规程。

第三十二条 各部门、各单位在编制预算草案时，应当根据资产配置标准，结合存量资产情况编制相关支出预算。

第三十三条 中央一般公共预算收入编制内容包括本级一般公共预算收入、从国有资本经营预算调入资金、地方上解收入、从预算稳定调节基金调入资金、其他调入资金。

中央一般公共预算支出编制内容包括本级一般公共预算支出、对地方的税收返还和转移支付、补充预算稳定调节基金。

中央政府债务余额的限额应当在本级预算中单独列示。

第三十四条 地方各级一般公共预算收入编制内容包括本级一般公共预算收入、从国有资本经营预算调入资金、上级税收返还和转移支付、下级上解收入、从预算稳定调节基金调入资金、其他调入资金。

地方各级一般公共预算支出编制内容包括本级一般公共预算支出、上解上级支出、对下级的税收返还和转移支付、补充预算稳定调节基金。

第三十五条 中央政府性基金预算收入编制内容包括本级政府性基金各项目收入、上一年度结余、地方上解收入。

中央政府性基金预算支出编制内容包括本级政府性基金各项目支出、对地方的转移支付、调出资金。

第三十六条 地方政府性基金预算收入编制内容包括本级政府性基金各项目收入、上一年度结余、下级上解收入、上级转移支付。

地方政府性基金预算支出编制内容包括本级政府性基金各项目支出、上解上级支出、对下级的转移支付、调出资金。

第三十七条 中央国有资本经营预算收入编制内容包括本级收入、上一年度结余、地方上解收入。

中央国有资本经营预算支出编制内容包括本级支出、向一般公共预算调出资金、对地方特定事项的转移支付。

第三十八条 地方国有资本经营预算收入编制内容包括本级收入、上一年度结余、上级对特定事项的转移支付、下级上解收入。

地方国有资本经营预算支出编制内容包括本级支出、向一般公共预算调出资金、对下级特定事项的转移支付、上解上级支出。

第三十九条 中央和地方社会保险基金预算收入、支出编制内容包括本条例第十六条规定的各项收入和支出。

第四十条 各部门、各单位预算收入编制内容包括本级预算拨款收入、预算拨款结转和其他收入。

各部门、各单位预算支出编制内容包括基本支出和项目支出。

各部门、各单位的预算支出，按其功能分类应当编列到项，按其经济性质分类应当编列到款。

第四十一条 各级政府应当加强项目支出管理。各级政府财政部门应当建立和完善项目支出预算评审制度。各部门、各单位应当按照本级政府财政部门的规定开展预算评审。

项目支出实行项目库管理，并建立健全项目入库评审机制和项目滚动管理机制。

第四十二条 预算法第三十四条第二款所称余额管理，是指国务院在全国人民代表大会批准的中央一般公共预算债务的余额限额内，决定发债规模、品种、期限和时点的管理方式；所称余额，是指中央一般公共预算中举借债务未偿还的本金。

第四十三条 地方政府债务余额实行限额管理。各省、自治区、直辖市的政府债务限额，由财政部在全国人民代表大会或者其常务委员会批准的总限额内，根据各地区债务风险、财力状况等因素，并考虑国家宏观调控政策等需要，提出方案报国务院批准。

各省、自治区、直辖市的政府债务余额不得突破国务院批准的限额。

第四十四条 预算法第三十五条第二款所称举借债务的规模，是指各地方政府债务余额限额的总和，包括一般债务限额和专项债务限额。一般债务是指列入一般公共预算用于公益性事业发展的一般债券、地方政府负有偿还责任的外国政府和国际经济组织贷款转贷债务；专项债务是指列入政府性基金预算用于有收益的公益性事业发展的专项债券。

第四十五条 省、自治区、直辖市政府财政部门依照国务院下达的本地区地方政府债务限额，提出本级和转贷给下级政府的债务限额安排方案，报本级政府批准后，将增加举借的债务列入本级预算调整方案，报本级人民代表大会常务委员会批准。

接受转贷并向下级政府转贷的政府应当将转贷债务纳入本级预算管理。使用转贷并负有直接偿还责任的政府，应当将转贷债务列入本级预算调整方案，报本级人民代表大会常务委员会批准。

地方各级政府财政部门负责统一管理本地区政府债务。

第四十六条 国务院可以将举借的外国政府和国际经济组织贷款转贷给省、自治区、直辖市政府。

国务院向省、自治区、直辖市政府转贷的外国政府和国际经济组织贷款，省、自治区、直辖市政府负有直接偿还责任的，应当纳入本级预算管理。省、自治区、直辖市政府未能按时履行还款义务的，国务院可以相应抵扣对该地区的税收返还等资金。

省、自治区、直辖市政府可以将国务院转贷的外国政府和国际经济组织贷款再转贷给下级政府。

第四十七条 财政部和省、自治区、直辖市政府财政部门应当建立健全地方政府债务风险评估指标体系，组织评估地方政府债务风险状况，对债务高风险地区提出预警，并监督化解债务风险。

第四十八条 县级以上各级政府应当按照本年度转移支付预计执行数的一定比例将下一年度转移支付预计数提前下达至下一级政府，具体下达事宜由本级政府财政部门办理。

除据实结算等特殊项目的转移支付外，提前下达的一般性转移支付预计数的比例一般不低于90%；提前下达的专项转移支付预计数的比例一般不低于70%。其中，按照项目法管理分配的专项转移支付，应当一并明确下一年度组织实施的项目。

第四十九条 经本级政府批准，各级政府财政部门可以设置预算周转金，额度不得超过本级一般公共预算支出总额的1%。年度终了时，各级政府财政部门可以将预算周转金收回并用于补充预算稳定调节基金。

第五十条 预算法第四十二条第一款所称结转资金，是指预算安排项目的支出年度终了时尚未执行完毕，或者因故未执行但下一年度需要按原用途继续使用的资金；连续两年未用完的结转资金，是指预算安排项目的支出在下一年度终了时仍未用完的资金。

预算法第四十二条第一款所称结余资金，是指年度预算执行终了时，预算收入实际完成数扣除预算支出实际完成数和结转资金后剩余的资金。

第四章 预算执行

第五十一条 预算执行中，政府财政部门的主要职责：

（一）研究和落实财政税收政策措施，支持经济社会健康发展；

（二）制定组织预算收入、管理预算支出以及相关财务、会计、内部控制、监督等制度和办法；

（三）督促各预算收入征收部门和单位依法履行职责，征缴预算收入；

（四）根据年度支出预算和用款计划，合理调度、拨付预算资金，监督各部门、各单位预算资金使用管理情况；

（五）统一管理政府债务的举借、支出与偿还，监督债务资金使用情况；

（六）指导和监督各部门、各单位建立健全财务制度和会计核算体系，规范账户管理，健全内部控制机制，按照规定使用预算资金；

（七）汇总、编报分期的预算执行数据，分析预算执行情况，按照本级人民代表大会常务委员会、本级政府和上一级政府财政部门的要求定期报告预算执行情况，并提出相关政策建议；

（八）组织和指导预算资金绩效监控、绩效评价；

（九）协调预算收入征收部门和单位、国库以及其他有关部门的业务工作。

第五十二条 预算法第五十六条第二款所称财政专户，是指财政部门为履行财政管理职能，根据法律规定或者经国务院批准开设的用于管理核算特定专用资金的银行结算账户；所称特定专用资金，包括法律规定可以设立财政专户的资金，外国政府和国际经济组织的贷款、赠款，按照规定存储的人民币以外的货币，财政部会同有关部门报国务院批准的其他特定专用资金。

开设、变更财政专户应当经财政部核准，撤销财政专户应当报财政部备案，中国人民银行应当加强对银行业金融机构开户的核准、管理和监督工作。

财政专户资金由本级政府财政部门管理。除法律另有规定外，未经本级政府财政部门同意，任何部门、单位和个人都无权冻结、动用财政专户资金。

财政专户资金应当由本级政府财政部门纳入统一的会计核算，并在预算执行情况、决算和政府综合财务报告中单独反映。

第五十三条 预算执行中，各部门、各单位的主要职责：

（一）制定本部门、本单位预算执行制度，建立健全内部控制机制；

（二）依法组织收入，严格支出管理，实施绩效监控，开展绩效评价，提高资金使用效益；

（三）对单位的各项经济业务进行会计核算；

（四）汇总本部门、本单位的预算执行情况，定期向本级政府财政部门报送预算执行情况报告和绩效评价报告。

第五十四条 财政部门会同社会保险行政部门、社会保险费征收机构制定社会保险基金预算的收入、支出以及财务管理的具体办法。

社会保险基金预算由社会保险费征收机构和社会保险经办机构具体执行，并按照规定向本级政府财政部门和社会保险行政部门报告执行情况。

第五十五条 各级政府财政部门和税务、海关等预算收入征收部门和单位必须依法组织预算收入，按照财政管理体制、征收管理制度和国库集中收缴制度的规定征收预算收入，除依法缴入财政专户的社会保险基金等预算收入外，应当及时将预算收入缴入国库。

第五十六条 除依法缴入财政专户的社会保险基金等预算收入外，一切有预算收入上缴义务的部门和单位，必须将应当上缴的预算收入，按照规定的预算级次、政府收支分类科目、缴库方式和期限缴入国库，任何部门、单位和个人不得截留、占用、挪用或者拖欠。

第五十七条 各级政府财政部门应当加强对预算资金拨付的管理，并遵循下列原则：

（一）按照预算拨付，即按照批准的年度预算和用款计划拨付资金。除预算法第五十四条规定的在预算草案批准前可以安排支出的情形外，不得办理无预算、无用款计划、超预算或者超计划的资金拨付，不得擅自改变支出用途；

（二）按照规定的预算级次和程序拨付，即根据用款单位的申请，按照用款单位的预算级次、审定的用款计划和财政部门规定的预算资金拨付程序拨付资金；

（三）按照进度拨付，即根据用款单位的实际用款进度拨付资金。

第五十八条 财政部应当根据全国人民代表大会批准的中央政府债务余额限额，合理安排发行国债的品种、结构、期限和时点。

省、自治区、直辖市政府财政部门应当根据国务院批准的本地区政府债务限额，合理安排发行本地区政府债券的结构、期限和时点。

第五十九条 转移支付预算下达和资金拨付应当由财政部门办理，其他部门和单位不得对下级政府部门和单位下达转移支付预算或者拨付转移支付资金。

第六十条 各级政府、各部门、各单位应当加强对预算支出的管理，严格执行预算，遵守财政制度，强化预算约束，不得擅自扩大支出范围、提高开支标准；严格按照预算规定的支出用途使用资金，合理安排支出进度。

第六十一条 财政部负责制定与预算执行有关的财务规则、会计准则和会计制度。各部门、各单位应当按照本级政府财政部门的要求建立健全财务制度，加强会计核算。

第六十二条 国库是办理预算收入的收纳、划分、留解、退付和库款支拨的专门机构。国库分为中央国库和地方国库。

中央国库业务由中国人民银行经理。未设中国人民银行分支机构的地区，由中国人民银行商财政部后，委托有关银行业金融机构办理。

地方国库业务由中国人民银行分支机构经理。未设中国人民银行分支机构的地区，由上级中国人民银行分支机构商有关地方政府财政部门后，委托有关银行业金融机构办理。

具备条件的乡、民族乡、镇，应当设立国库。具体条件和标准由省、自治区、直辖市政府财政部门确定。

第六十三条 中央国库业务应当接受财政部的指导和监督，对中央财政负责。

地方国库业务应当接受本级政府财政部门的指导和监督，对地方财政负责。

省、自治区、直辖市制定的地方国库业务规程应当报财政部和中国人民银行备案。

第六十四条 各级国库应当及时向本级政府财政部门编报预算收入入库、解库、库款拨付以及库款余额情况的日报、旬报、月报和年报。

第六十五条 各级国库应当依照有关法律、行政法规、国务院以及财政部、中国人民银行的有关规定，加强对国库业务的管理，及时准确地办理预算收入的收纳、划分、留解、退付和预算支出的拨付。

各级国库和有关银行业金融机构必须遵守国家有关预算收入缴库的规定，不得延解、占压应当缴入国库的预算收入和国库库款。

第六十六条 各级国库必须凭本级政府财政部门签发的拨款凭证或者支付清算指令于当日办理资金拨付，并及时将款项转入收款单位的账户或者清算资金。

各级国库和有关银行业金融机构不得占压财政部门拨付的预算资金。

第六十七条 各级政府财政部门、预算收入征收部门和单位、国库应当建立健全相互之间的预算收入对账制度，在预算执行中按月、按年核对预算收入的收纳以及库款拨付情况，保证预算收入的征收入库、库款拨付和库存金额准确无误。

第六十八条 中央预算收入、中央和地方预算共享收入退库的办法，由财政部制定。地方预算收入退库的办法，由省、自治区、直辖市政府财政部门制定。

各级预算收入退库的审批权属于本级政府财政部门。中央预算收入、中央和地方预算共享收入的退库，由财政部或者财政部授权的机构批准。地方预算收入的退库，由地方政府财政部门或者其授权的机构批准。具体退库程序按照财政部的有关规定办理。

办理预算收入退库，应当直接退给申请单位或者申请个人，按照国家规定用途使用。任何部门、单位和个人不得截留、挪用退库款项。

第六十九条 各级政府应当加强对本级国库的管理和监督，各级政府财政部门负责协调本级预算收入征收部门和单位与国库的业务工作。

第七十条 国务院各部门制定的规章、文件，凡涉及减免应缴预算收入、设立和改变收入项目和标准、罚没财物处理、经费开支标准和范围、国有资产处置和收益分配以及会计核算等事项的，应当符合国家统一的规定；凡涉及增加或者减少财政收入或者支出的，应当征求财政部意见。

第七十一条 地方政府依据法定权限制定的规章和规定的行政措施，不得涉及减免中央预算收入、中央和地方预算共享收入，不得影响中央预算收入、中央和地方预算共享收入的征收；违反规定的，有关预算收入征收部门和单位有权拒绝执行，并应当向上级预算收入征收部门和单位以及财政部报告。

第七十二条 各级政府应当加强对预算执行工作的领导，定期听取财政部门有关预算执行情况的汇报，研究解决预算执行中出现的问题。

第七十三条 各级政府财政部门有权监督本级各部门及其所属各单位的预算管理有关工作，对各部门的预算执行情况和绩效进行评价、考核。

各级政府财政部门有权对与本级各预算收入相关的征收部门和单位征收本级预算收入的情况进行监督，对违反法律、行政法规规定多征、提前征收、减征、免征、缓征或者退还预算收入的，责令改正。

第七十四条 各级政府财政部门应当每月向本级政府报告预算执行情况，具体报告内容、方式和期限由本级政府规定。

第七十五条 地方各级政府财政部门应当定期向上一级政府财政部门报送本行政区域

预算执行情况，包括预算执行旬报、月报、季报，政府债务余额统计报告，国库库款报告以及相关文字说明材料。具体报送内容、方式和期限由上一级政府财政部门规定。

第七十六条 各级税务、海关等预算收入征收部门和单位应当按照财政部门规定的期限和要求，向财政部门和上级主管部门报送有关预算收入征收情况，并附文字说明材料。

各级税务、海关等预算收入征收部门和单位应当与相关财政部门建立收入征管信息共享机制。

第七十七条 各部门应当按照本级政府财政部门规定的期限和要求，向本级政府财政部门报送本部门及其所属各单位的预算收支情况等报表和文字说明材料。

第七十八条 预算法第六十六条第一款所称超收收入，是指年度本级一般公共预算收入的实际完成数超过经本级人民代表大会或者其常务委员会批准的预算收入数的部分。

预算法第六十六条第三款所称短收，是指年度本级一般公共预算收入的实际完成数小于经本级人民代表大会或者其常务委员会批准的预算收入数的情形。

前两款所称实际完成数和预算收入数，不包括转移性收入和政府债务收入。

省、自治区、直辖市政府依照预算法第六十六条第三款规定增列的赤字，可以通过在国务院下达的本地区政府债务限额内发行地方政府一般债券予以平衡。

设区的市、自治州以下各级一般公共预算年度执行中出现短收的，应当通过调入预算稳定调节基金或者其他预算资金、减少支出等方式实现收支平衡；采取上述措施仍不能实现收支平衡的，可以通过申请上级政府临时救助平衡当年预算，并在下一年度预算中安排资金归还。

各级一般公共预算年度执行中厉行节约、节约开支，造成本级预算支出实际执行数小于预算总支出的，不属于预算调整的情形。

各级政府性基金预算年度执行中有超收收入的，应当在下一年度安排使用并优先用于偿还相应的专项债务；出现短收的，应当通过减少支出实现收支平衡。国务院另有规定的除外。

各级国有资本经营预算年度执行中有超收收入的，应当在下一年度安排使用；出现短收的，应当通过减少支出实现收支平衡。国务院另有规定的除外。

第七十九条 年度预算确定后，部门、单位改变隶属关系引起预算级次或者预算关系变化的，应当在改变财务关系的同时，相应办理预算、资产划转。

第五章 决　　算

第八十条 预算法第七十四条所称决算草案，是指各级政府、各部门、各单位编制的未经法定程序审查和批准的预算收支和结余的年度执行结果。

第八十一条 财政部应当在每年第四季度部署编制决算草案的原则、要求、方法和报送期限，制发中央各部门决算、地方决算以及其他有关决算的报表格式。

省、自治区、直辖市政府按照国务院的要求和财政部的部署，结合本地区的具体情况，提出本行政区域编制决算草案的要求。

县级以上地方政府财政部门根据财政部的部署和省、自治区、直辖市政府的要求，部署编制本级政府各部门和下级政府决算草案的原则、要求、方法和报送期限，制发本级政府各部门决算、下级政府决算以及其他有关决算的报表格式。

第八十二条 地方政府财政部门根据上级政府财政部门的部署，制定本行政区域决算草案和本级各部门决算草案的具体编制办法。

各部门根据本级政府财政部门的部署，制定所属各单位决算草案的具体编制办法。

第八十三条 各级政府财政部门、各部门、各单位在每一预算年度终了时，应当清理核实全年预算收入、支出数据和往来款项，做好决算数据对账工作。

决算各项数据应当以经核实的各级政府、各部门、各单位会计数据为准，不得以估计数据替代，不得弄虚作假。

各部门、各单位决算应当列示结转、结余资金。

第八十四条 各单位应当按照主管部门的布置，认真编制本单位决算草案，在规定期限内上报。

各部门在审核汇总所属各单位决算草案基础上，连同本部门自身的决算收入和支出数据，汇编成本部门决算草案并附详细说明，经部门负责人签章后，在规定期限内报本级政府财政部门审核。

第八十五条 各级预算收入征收部门和单位应当按照财政部门的要求，及时编制收入年报以及有关资料并报送财政部门。

第八十六条 各级政府财政部门应当根据本级预算、预算会计核算数据等相关资料编制本级决算草案。

第八十七条 年度预算执行终了，对于上下级财政之间按照规定需要清算的事项，应当在决算时办理结算。

县级以上各级政府财政部门编制的决算草案应当及时报送本级政府审计部门审计。

第八十八条 县级以上地方各级政府应当自本级决算经批准之日起30日内，将本级决算以及下一级政府上报备案的决算汇总，报上一级政府备案；将下一级政府报送备案的决算汇总，报本级人民代表大会常务委员会备案。

乡、民族乡、镇政府应当自本级决算经批准之日起30日内，将本级决算报上一级政府备案。

第六章 监 督

第八十九条 县级以上各级政府应当接受本级和上级人民代表大会及其常务委员会对预算执行情况和决算的监督，乡、民族乡、镇政府应当接受本级人民代表大会和上级人民代表大会及其常务委员会对预算执行情况和决算的监督；按照本级人民代表大会或者其常务委员会的要求，报告预算执行情况；认真研究处理本级人民代表大会代表或者其常务委员会组成人员有关改进预算管理的建议、批评和意见，并及时答复。

第九十条 各级政府应当加强对下级政府预算执行情况的监督，对下级政府在预算执行中违反预算法、本条例和国家方针政策的行为，依法予以制止和纠正；对本级预算执行中出现的问题，及时采取处理措施。

下级政府应当接受上级政府对预算执行情况的监督；根据上级政府的要求，及时提供资料，如实反映情况，不得隐瞒、虚报；严格执行上级政府作出的有关决定，并将执行结果及时上报。

第九十一条 各部门及其所属各单位应当接受本级政府财政部门对预算管理有关工作的监督。

财政部派出机构根据职责和财政部的授权，依法开展工作。

第九十二条 各级政府审计部门应当依法对本级预算执行情况和决算草案，本级各部门、各单位和下级政府的预算执行情况和决算，进行审计监督。

第七章 法律责任

第九十三条 预算法第九十三条第六项所称违反本法规定冻结、动用国库库款或者以其他方式支配已入国库库款，是指：

（一）未经有关政府财政部门同意，冻结、动用国库库款；

（二）预算收入征收部门和单位违反规定将所收税款和其他预算收入存入国库之外的其他账户；

（三）未经有关政府财政部门或者财政部门授权的机构同意，办理资金拨付和退付；

（四）将国库库款挪作他用；

（五）延解、占压国库库款；

（六）占压政府财政部门拨付的预算资金。

第九十四条 各级政府、有关部门和单位有下列行为之一的，责令改正；对负有直接责任的主管人员和其他直接责任人员，依法给予处分：

（一）突破一般债务限额或者专项债务限额举借债务；

（二）违反本条例规定下达转移支付预算或者拨付转移支付资金；

（三）擅自开设、变更账户。

第八章 附　　则

第九十五条 预算法第九十七条所称政府综合财务报告，是指以权责发生制为基础编制的反映各级政府整体财务状况、运行情况和财政中长期可持续性的报告。政府综合财务报告包括政府资产负债表、收入费用表等财务报表和报表附注，以及以此为基础进行的综合分析等。

第九十六条 政府投资年度计划应当和本级预算相衔接。政府投资决策、项目实施和监督管理按照政府投资有关行政法规执行。

第九十七条 本条例自 2020 年 10 月 1 日起施行。

国务院关于进一步深化预算管理制度改革的意见

国发〔2021〕5号

各省、自治区、直辖市人民政府，国务院各部委、各直属机构：

预算体现国家的战略和政策，反映政府的活动范围和方向，是推进国家治理体系和治理能力现代化的重要支撑，是宏观调控的重要手段。党的十八大以来，按照党中央、国务院决策部署，预算管理制度不断改革完善，为建立现代财政制度奠定了坚实基础。当前和今后一个时期，财政处于紧平衡状态，收支矛盾较为突出，加之预算管理中存在统筹力度不足、政府过紧日子意识尚未牢固树立、预算约束不够有力、资源配置使用效率有待提高、预算公开范围和内容仍需拓展等问题，影响了财政资源统筹和可持续性。为落实《中华人民共和国预算法》及其实施条例有关规定，规范管理、提高效率、挖掘潜力、释放活力，现就进一步深化预算管理制度改革提出以下意见。

一、总体要求

（一）指导思想

以习近平新时代中国特色社会主义思想为指导，深入贯彻党的十九大和十九届二中、三中、四中、五中全会精神，全面贯彻党的基本理论、基本路线、基本方略，坚持稳中求进工作总基调，立足新发展阶段、贯彻新发展理念、构建新发展格局，以推动高质量发展为主题，以深化供给侧结构性改革为主线，以改革创新为根本动力，以满足人民日益增长的美好生活需要为根本目的，更加有效保障和改善民生，进一步完善预算管理制度，更好发挥财政在国家治理中的基础和重要支柱作用，为全面建设社会主义现代化国家提供坚实保障。

（二）基本原则

坚持党的全面领导。将坚持和加强党的全面领导贯穿预算管理制度改革全过程。坚持以人民为中心，兜牢基本民生底线。坚持系统观念，加强财政资源统筹，集中力量办大事，坚决落实政府过紧日子要求，强化预算对落实党和国家重大政策的保障能力，实现有限公共资源与政策目标有效匹配。

坚持预算法定。增强法治观念，强化纪律意识，严肃财经纪律，更加注重强化约束，着力提升制度执行力，维护法律的权威性和制度的刚性约束力。明确地方和部门的主体责任，切实强化预算约束，加强对权力运行的制约和监督。

坚持目标引领。按照建立现代财税体制的要求，坚持目标导向和问题导向相结合，完善管理手段，创新管理技术，破除管理瓶颈，推进预算和绩效管理一体化，以信息化推进预算管理现代化，加强预算管理各项制度的系统集成、协同高效，提高预算管理规范化、科学化、标准化水平和预算透明度。

坚持底线思维。把防风险摆在更加突出的位置，统筹发展和安全、当前和长远，杜绝脱离实际的过高承诺，形成稳定合理的社会预期。加强政府债务和中长期支出事项管理，牢牢守住不发生系统性风险的底线。

二、加大预算收入统筹力度，增强财政保障能力

（一）规范政府收入预算管理

实事求是编制收入预算，考虑经济运行和实施减税降费政策等因素合理测算。严禁将财政收入规模、增幅纳入考核评比。严格落实各项减税降费政策，严禁收取过头税费、违规设置收费项目或提高收费标准。依照法律法规及时足额征收应征的预算收入，如实反映财政收入情况，提高收入质量，严禁虚收空转。不得违法违规制定实施各种形式的歧视性税费减免政策，维护全国统一市场和公平竞争。严禁将政府非税收入与征收单位支出挂钩。

（二）加强政府性资源统筹管理

将依托行政权力、国有资源（资产）获取的收入以及特许经营权拍卖收入等按规定全面纳入预算，加大预算统筹力度。完善收费基金清单管理，将列入清单的收费基金按规定纳入预算。将应当由政府统筹使用的基金项目转列一般公共预算。合理确定国有资本收益上交比例。

（三）强化部门和单位收入统筹管理

各部门和单位要依法依规将取得的各类收入纳入部门或单位预算，未纳入预算的收入不得安排支出。各部门应当加强所属单位事业收入、事业单位经营收入等非财政拨款收入管理，在部门和单位预算中如实反映非财政拨款收入情况。加强行政事业性国有资产收入管理，资产出租、处置等收入按规定上缴国库或纳入单位预算。

（四）盘活各类存量资源

盘活财政存量资金，完善结余资金收回使用机制。新增资产配置要与资产存量挂钩，依法依规编制相关支出预算。严格各类资产登记和核算，所有资本性支出应当形成资产并予以全程登记。各级行政事业单位要将资产使用管理责任落实到人，确保资产安全完整、高效利用。推动国有资产共享共用，促进长期低效运转、闲置和超标准配置资产以及临时配置资产调剂使用，有条件的部门和地区可以探索建立公物仓，按规定处置不需使用且难以调剂的国有资产，提高财政资源配置效益。

三、规范预算支出管理，推进财政支出标准化

（一）加强重大决策部署财力保障

各级预算安排要将落实党中央、国务院重大决策部署作为首要任务，贯彻党的路线方针政策，增强对国家重大战略任务、国家发展规划的财力保障。完善预算决策机制和程

序，各级预算、决算草案提请本级人大或其常委会审查批准前，应当按程序报本级党委和政府审议；各部门预算草案应当报本部门党组(党委)审议。

(二) 合理安排支出预算规模

坚持量入为出原则，积极运用零基预算理念，打破支出固化僵化格局，合理确定支出预算规模，调整完善相关重点支出的预算编制程序，不再与财政收支增幅或生产总值层层挂钩。充分发挥财政政策逆周期调节作用，安排财政赤字和举借债务要与经济逆周期调节相适应，将政府杠杆率控制在合理水平，并预留应对经济周期变化的政策空间。

(三) 大力优化财政支出结构

各级预算安排要突出重点，坚持“三保”(保基本民生、保工资、保运转)支出在财政支出中的优先顺序，坚决兜住“三保”底线，不留硬缺口。严格控制竞争性领域财政投入，强化对具有正外部性创新发展的支持。不折不扣落实过紧日子要求，厉行节约办一切事业，建立节约型财政保障机制，精打细算，严控一般性支出。严禁违反规定乱开口子、随意追加预算。严格控制政府性楼堂馆所建设，严格控制和执行资产配置标准，暂时没有标准的要从严控制、避免浪费。清理压缩各种福利性、普惠性、基数化奖励。优化国有资本经营预算支出结构，强化资本金注入，推动国有经济布局优化和结构调整。

(四) 完善财政资金直达机制

在保持现行财政体制、资金管理权限和保障主体责任基本稳定的前提下，稳步扩大直达资金范围。完善直达资金分配审核流程，加强对地方分配直达资金情况的监督，确保资金安排符合相关制度规定、体现政策导向。建立健全直达资金监控体系，加强部门协同联动，强化从资金源头到使用末端的全过程、全链条、全方位监管，资金监管“一竿子插到底”，确保资金直达使用单位、直接惠企利民，防止挤占挪用、沉淀闲置等，提高财政资金使用的有效性和精准性。

(五) 推进支出标准体系建设

建立国家基础标准和地方标准相结合的基本公共服务保障标准体系，由财政部会同中央有关职能部门按程序制定国家基础标准，地方结合公共服务状况、支出成本差异、财政承受能力等因素因地制宜制定地方标准，按程序报上级备案后执行。鼓励各地区结合实际在国家尚未出台基础标准的领域制定地方标准。各地区要围绕“三保”等基本需要研究制定县级标准。根据支出政策、项目要素及成本、财力水平等，建立不同行业、不同地区、分类分档的预算项目支出标准体系。根据经济社会发展、物价变动和财力变化等动态调整支出标准。加强对项目执行情况的分析和结果运用，将科学合理的实际执行情况作为制定和调整标准的依据。加快推进项目要素、项目文本、绩效指标等标准化规范化。将支出标准作为预算编制的基本依据，不得超标准编制预算。

四、严格预算编制管理，增强财政预算完整性

(一) 改进政府预算编制

上级政府应当依法依规提前下达转移支付和新增地方政府债务限额预计数，增强地方

预算编制的完整性、主动性。下级政府应当严格按照提前下达数如实编制预算，既不得虚列收支、增加规模，也不得少列收支、脱离监督。进一步优化转移支付体系，完善转移支付资金分配方法，健全转移支付定期评估和动态调整、退出机制，提高转移支付管理的规范性、科学性、合理性。规范国有资本经营预算编制，经本级人大或其常委会批准，国有资本规模较小或国有企业数量较少的市县可以不编制本级国有资本经营预算。

（二）加强跨年度预算平衡

加强中期财政规划管理，进一步增强与国家发展规划的衔接，强化中期财政规划对年度预算的约束。对各类合规确定的中长期支出事项和跨年度项目，要根据项目预算管理等要求，将全生命周期内对财政支出的影响纳入中期财政规划。地方政府举借债务应当严格落实偿债资金来源，科学测算评估预期偿债收入，合理制定偿债计划，并在中期财政规划中如实反映。鼓励地方结合项目偿债收入情况，建立政府偿债备付金制度。

（三）加强部门和单位预算管理

政府的全部收入和支出都应当依法纳入预算，执行统一的预算管理制度。落实部门和单位预算管理主体责任，部门和单位要对预算完整性、规范性、真实性以及执行结果负责。各部门要统筹各类资金资产，结合本部门非财政拨款收入情况统筹申请预算，保障合理支出需求。将项目作为部门和单位预算管理的基本单元，预算支出全部以项目形式纳入预算项目库，实施项目全生命周期管理，未纳入预算项目库的项目一律不得安排预算。有关部门负责安排的建设项目，要按规定纳入部门项目库并纳入预算项目库。实行项目标准化分类，规范立项依据、实施期限、支出标准、预算需求等要素。建立健全项目入库评审机制和项目滚动管理机制。做实做细项目储备，纳入预算项目库的项目应当按规定完成可行性研究论证、制定具体实施计划等各项前期工作，做到预算一经批准即可实施，并按照轻重缓急等排序，突出保障重点。推进运用成本效益分析等方法研究开展事前绩效评估。依法依规管理预算代编事项，除应急、救灾等特殊事项外，部门不得代编应由所属单位实施的项目预算。

（四）完善政府财务报告体系

建立完善权责发生制政府综合财务报告制度，全面客观反映政府资产负债与财政可持续性情况。健全财政总预算会计制度，将财政财务信息内容从预算收支信息扩展至资产、负债、投资等信息。推动预算单位深化政府会计改革，全面有效实施政府会计标准体系，完善权责发生制会计核算基础。完善国有资产管理情况报告制度，做好与政府综合财务报告的衔接。

五、强化预算执行和绩效管理，增强预算约束力

（一）强化预算对执行的控制

严格执行人大批准的预算，预算一经批准非经法定程序不得调整。对预算指标实行统一规范的核算管理，精准反映预算指标变化，实现预算指标对执行的有效控制。坚持先有预算后有支出，严禁超预算、无预算安排支出或开展政府采购，严禁将国库资金违规拨入财政专户。严禁出台溯及以前年度的增支政策，新的增支政策原则上通过以后年度预算安

排支出。规范预算调剂行为。规范按权责发生制列支事项，市县级财政国库集中支付结余不再按权责发生制列支。严禁以拨代支，进一步加强地方财政暂付性款项管理，除已按规定程序审核批准的事项外，不得对未列入预算的项目安排支出。加强对政府投资基金设立和出资的预算约束，提高资金使用效益。加强国有资本管理与监督，确保国有资本安全和保值增值。

（二）推动预算绩效管理提质增效

将落实党中央、国务院重大决策部署作为预算绩效管理重点，加强财政政策评估评价，增强政策可行性和财政可持续性。加强重点领域预算绩效管理，分类明确转移支付绩效管理重点，强化引导约束。加强对政府和社会资本合作、政府购买服务等项目的全过程绩效管理。加强国有资本资产使用绩效管理，提高使用效益。加强绩效评价结果应用，将绩效评价结果与完善政策、调整预算安排有机衔接，对低效无效资金一律削减或取消，对沉淀资金一律按规定收回并统筹安排。加大绩效信息公开力度，推动绩效目标、绩效评价结果向社会公开。

（三）优化国库集中收付管理

对政府全部收入和支出实行国库集中收付管理。完善国库集中支付控制体系和集中校验机制，实行全流程电子支付，优化预算支出审核流程，全面提升资金支付效率。根据预算收入进度和资金调度需要等，合理安排国债、地方政府债券的发行规模和节奏，节省资金成本。优化国债品种期限结构，发挥国债收益率曲线定价基准作用。完善财政收支和国库现金流量预测体系，建立健全库款风险预警机制，统筹协调国库库款管理、政府债券发行与国库现金运作。

（四）拓展政府采购政策功能

建立政府采购需求标准体系，鼓励相关部门结合部门和行业特点提出政府采购相关政策需求，推动在政府采购需求标准中嵌入支持创新、绿色发展等政策要求。细化政府采购预算编制，确保与年度预算相衔接。建立支持创新产品及服务、中小企业发展等政策落实的预算编制和资金支付控制机制。对于适合以市场化方式提供的服务事项，应当依法依规实施政府购买服务，坚持费随事转，防止出现“一边购买服务，一边养人办事”的情况。

六、加强风险防控，增强财政可持续性

（一）健全地方政府依法适度举债机制

健全地方政府债务限额确定机制，一般债务限额与一般公共预算收入相匹配，专项债务限额与政府性基金预算收入及项目收益相匹配。完善专项债券管理机制，专项债券必须用于有一定收益的公益性建设项目，建立健全专项债券项目全生命周期收支平衡机制，实现融资规模与项目收益相平衡，专项债券期限要与项目期限相匹配，专项债券项目对应的政府性基金收入、专项收入应当及时足额缴入国库，保障专项债券到期本息偿付。完善以债务率为主的政府债务风险评估指标体系，建立健全政府债务与项目资产、收益相对应的制度，综合评估政府偿债能力。加强风险评估预警结果应用，有效前移风险防控关口。依法落实到期法定债券偿还责任。健全地方政府债务信息公开及债券信息披露机制，发挥全

国统一的地方政府债务信息公开平台作用，全面覆盖债券参与主体和机构，打通地方政府债券管理全链条，促进形成市场化融资自律约束机制。

（二）防范化解地方政府隐性债务风险

把防范化解地方政府隐性债务风险作为重要的政治纪律和政治规矩，坚决遏制隐性债务增量，妥善处置和化解隐性债务存量。完善常态化监控机制，进一步加强日常监督管理，决不允许新增隐性债务上新项目、铺新摊子。强化国有企事业单位监管，依法健全地方政府及其部门向企事业单位拨款机制，严禁地方政府以企业债务形式增加隐性债务。严禁地方政府通过金融机构违规融资或变相举债。金融机构要审慎合规经营，尽职调查、严格把关，严禁要求或接受地方党委、人大、政府及其部门出具担保性质文件或者签署担保性质协议。清理规范地方融资平台公司，剥离其政府融资职能，对失去清偿能力的要依法实施破产重整或清算。健全市场化、法治化的债务违约处置机制，鼓励债务人、债权人协商处置存量债务，切实防范恶意逃废债，保护债权人合法权益，坚决防止风险累积形成系统性风险。加强督查审计问责，严格落实政府举债终身问责制和债务问题倒查机制。

（三）防范化解财政运行风险隐患

推进养老保险全国统筹，坚持精算平衡，加强基金运行监测，防范待遇支付风险。加强医疗、失业、工伤等社保基金管理，推进省级统筹，根据收支状况及时调整完善缴费和待遇政策，促进收支基本平衡。各地区出台涉及增加财政支出的重大政策或实施重大政府投资项目前，要按规定进行财政承受能力评估，未通过评估的不得安排预算。规范政府和社会资本合作项目管理。各部门出台政策时要考虑地方财政承受能力。除党中央、国务院统一要求以及共同事权地方应负担部分外，上级政府及其部门不得出台要求下级配套或以达标评比、考核评价等名目变相配套的政策。加强政府中长期支出事项管理，客观评估对财政可持续性的影响。

七、增强财政透明度，提高预算管理信息化水平

（一）改进预决算公开

加大各级政府预决算公开力度，大力推进财政政策公开。扩大部门预决算公开范围，各部门所属预算单位预算、决算及相关报表应当依法依规向社会公开。推进政府投资基金、收费基金、国有资本收益、政府采购意向等信息按规定向社会公开。建立民生项目信息公示制度。细化政府预决算公开内容，转移支付资金管理办法及绩效目标、预算安排情况等应当依法依规向社会公开。细化部门预决算公开内容，项目预算安排、使用情况等项目信息应当依法依规向社会公开。推进按支出经济分类公开政府预决算和部门预决算。

（二）发挥多种监督方式的协同效应

充分发挥党内监督的主导作用，加强财会监督，促进财会监督与党内监督、监察监督、行政监督、司法监督、审计监督、统计监督、群众监督、舆论监督等协同发力。各级政府、各部门要依法接受各级人大及其常委会、审计部门的监督。推进人大预算联网监督工作。各级财政部门要做好财税法规和政策执行情况、预算管理有关监督工作，构建日常监管与专项监督协调配合的监督机制。强化监督结果运用，对监督发现的问题，严格依规

依纪依法追究有关单位和人员责任，加大处理结果公开力度。

（三）实现中央和地方财政系统信息贯通

用信息化手段支撑中央和地方预算管理，规范各级预算管理工作流程等，统一数据标准，推动数据共享。以省级财政为主体加快建设覆盖本地区的预算管理一体化系统并与中央财政对接，动态反映各级预算安排和执行情况，力争2022年底全面运行。中央部门根据国家政务信息化建设进展同步推进相关信息系统建设。建立完善全覆盖、全链条的转移支付资金监控机制，实时记录和动态反映转移支付资金分配、拨付、使用情况，实现资金从预算安排源头到使用末端全过程来源清晰、流向明确、账目可查、账实相符。

（四）推进部门间预算信息互联共享

预算管理一体化系统集中反映单位基础信息和会计核算、资产管理、账户管理等预算信息，实现财政部门与主管部门共享共用。积极推动财政与组织、人力资源和社会保障、税务、人民银行、审计、公安、市场监管等部门实现基础信息按规定共享共用。落实部门和单位财务管理主体责任，强化部门对所属单位预算执行的监控管理职责。

各地区、各部门要充分认识到进一步深化预算管理制度改革的重要意义，把思想认识和行动统一到党中央、国务院的决策部署上来，增强“四个意识”、坚定“四个自信”、做到“两个维护”，主动谋划，精心组织，扎实推进改革。各地区要按照本意见要求，结合本地区实际，细化各项政策措施，切实加强制度建设，夯实改革基础，推进人才队伍建设，确保各项改革任务及时落地见效，推动预算管理水平再上新台阶。

国务院办公厅关于建立国有企业违规经营投资责任追究制度的意见

国办发〔2016〕63号

各省、自治区、直辖市人民政府，国务院各部委、各直属机构：

根据《中共中央 国务院关于深化国有企业改革的指导意见》、《国务院办公厅关于加强和改进企业国有资产监督防止国有资产流失的意见》（国办发〔2015〕79号）等要求，为落实国有资本保值增值责任，完善国有资产监管，防止国有资产流失，经国务院同意，现就建立国有企业违规经营投资责任追究制度提出以下意见。

一、总体要求

（一）指导思想

全面贯彻党的十八大和十八届三中、四中、五中全会精神，按照“五位一体”总体布局和“四个全面”战略布局，牢固树立和贯彻落实创新、协调、绿色、开放、共享的发展理念，深入贯彻习近平总书记系列重要讲话精神，认真落实党中央、国务院决策部署，坚持社会主义市场经济改革方向，按照完善现代企业制度的要求，以提高国有企业运行质量和经济效益为目标，以强化对权力集中、资金密集、资源富集、资产聚集部门和岗位的监督为重点，严格问责、完善机制，构建权责清晰、约束有效的经营投资责任体系，全面推进依法治企，健全协调运转、有效制衡的法人治理结构，提高国有资本效率、增强国有企业活力、防止国有资产流失，实现国有资本保值增值。

（二）基本原则

1. 依法合规、违规必究。以国家法律法规为准绳，严格执行企业内部管理规定，对违反规定、未履行或未正确履行职责造成国有资产损失以及其他严重不良后果的国有企业经营管理有关人员，严格界定违规经营投资责任，严肃追究问责，实行重大决策终身责任追究制度。

2. 分级组织、分类处理。履行出资人职责的机构和国有企业按照国有资产分级管理要求和干部管理权限，分别组织开展责任追究工作。对违纪违法行为，严格依纪依法处理。

3. 客观公正、责罚适当。在充分调查核实和责任认定的基础上，既考虑量的标准也考虑质的不同，实事求是地确定资产损失程度和责任追究范围，恰当公正地处理相关责任人。

4. 惩教结合、纠建并举。在严肃追究违规经营投资责任的同时，加强案例总结和警示教育，不断完善规章制度，及时堵塞经营管理漏洞，建立问责长效机制，提高国有企业经营管理水平。

（三）主要目标

在2017年年底前，国有企业违规经营投资责任追究制度和责任倒查机制基本形成，责任追究的范围、标准、程序和方式清晰规范，责任追究工作实现有章可循。在2020年年底前，全面建立覆盖各级履行出资人职责的机构及国有企业的责任追究工作体系，形成职责明确、流程清晰、规范有序的责任追究工作机制，对相关责任人及时追究问责，国有企业经营投资责任意识和责任约束显著增强。

二、责任追究范围

国有企业经营管理有关人员违反国家法律法规和企业内部管理规定，未履行或未正确履行职责致使发生下列情形造成国有资产损失以及其他严重不良后果的，应当追究责任：

（一）集团管控方面

所属子企业发生重大违纪违法问题，造成重大资产损失，影响其持续经营能力或造成严重不良后果；未履行或未正确履行职责致使集团发生较大资产损失，对生产经营、财务状况产生重大影响；对集团重大风险隐患、内控缺陷等问题失察，或虽发现但没有及时报告、处理，造成重大风险等。

（二）购销管理方面

未按照规定订立、履行合同，未履行或未正确履行职责致使合同标的价格明显不公允；交易行为虚假或违规开展“空转”贸易；利用关联交易输送利益；未按照规定进行招标或未执行招标结果；违反规定提供赊销信用、资质、担保（含抵押、质押等）或预付款项，利用业务预付或物资交易等方式变相融资或投资；违规开展商品期货、期权等衍生业务；未按规定对应收款项及时追索或采取有效保全措施等。

（三）工程承包建设方面

未按规定对合同标的进行调查论证，未经授权或超越授权投标，中标价格严重低于成本，造成企业资产损失；违反规定擅自签订或变更合同，合同约定未经严格审查，存在重大疏漏；工程物资未按规定招标；违反规定转包、分包；工程组织管理混乱，致使工程质量不达标，工程成本严重超支；违反合同约定超计价、超进度付款等。

（四）转让产权、上市公司股权和资产方面

未按规定履行决策和审批程序或超越授权范围转让；财务审计和资产评估违反相关规定；组织提供和披露虚假信息，操纵中介机构出具虚假财务审计、资产评估鉴证结果；未按相关规定执行回避制度，造成资产损失；违反相关规定和公开公平交易原则，低价转让企业产权、上市公司股权和资产等。

（五）固定资产投资方面

未按规定进行可行性研究或风险分析；项目概算未经严格审查，严重偏离实际；未按规定履行决策和审批程序擅自投资，造成资产损失；购建项目未按规定招标，干预或操纵招标；外部环境发生重大变化，未按规定及时调整投资方案并采取止损措施；擅自变更工程设计、建设内容；项目管理混乱，致使建设严重拖期、成本明显高于同类项目等。

（六）投资并购方面

投资并购未按规定开展尽职调查，或尽职调查未进行风险分析等，存在重大疏漏；财务审计、资产评估或估值违反相关规定，或投资并购过程中授意、指使中介机构或有关单位出具虚假报告；未按规定履行决策和审批程序，决策未充分考虑重大风险因素，未制定风险防范预案；违规以各种形式为其他合资合作方提供垫资，或通过高溢价并购等手段向关联方输送利益；投资合同、协议及标的企业公司章程中国有权益保护条款缺失，对标的企业管理失控；投资参股后未行使股东权利，发生重大变化未及时采取止损措施；违反合同约定提前支付并购价款等。

（七）改组改制方面

未按规定履行决策和审批程序；未按规定组织开展清产核资、财务审计和资产评估；故意转移、隐匿国有资产或向中介机构提供虚假信息，操纵中介机构出具虚假清产核资、财务审计与资产评估鉴证结果；将国有资产以明显不公允低价折股、出售或无偿分给其他单位或个人；在发展混合所有制经济、实施员工持股计划等改组改制过程中变相套取、私分国有股权；未按规定收取国有资产转让价款；改制后的公司章程中国有权益保护条款缺失等。

（八）资金管理方面

违反决策和审批程序或超越权限批准资金支出；设立“小金库”；违规集资、发行股票（债券）、捐赠、担保、委托理财、拆借资金或开立信用证、办理银行票据；虚列支出套取资金；违规以个人名义留存资金、收支结算、开立银行账户；违规超发、滥发职工薪酬福利；因财务内控缺失，发生侵占、盗取、欺诈等。

（九）风险管理方面

内控及风险管理制度缺失，内控流程存在重大缺陷或内部控制执行不力；对经营投资重大风险未能及时分析、识别、评估、预警和应对；对企业规章制度、经济合同和重要决策的法律审核不到位；过度负债危及企业持续经营，恶意逃废金融债务；瞒报、漏报重大风险及风险损失事件，指使编制虚假财务报告，企业账实严重不符等。

（十）其他违反规定，应当追究责任的情形。

三、资产损失认定

对国有企业经营投资发生的资产损失，应当在调查核实的基础上，依据有关规定认定损失金额及影响。

（一）资产损失包括直接损失和间接损失。直接损失是与相关人员行为有直接因果关系的损失金额及影响。间接损失是由相关人员行为引发或导致的，除直接损失外、能够确认计量的其他损失金额及影响。

（二）资产损失分为一般资产损失、较大资产损失和重大资产损失。涉及违纪违法和犯罪行为查处的损失标准，遵照相关党内法规和国家法律法规的规定执行；涉及其他责任追究处理的，由履行出资人职责的机构和国有企业根据实际情况制定资产损失程度划分标准。

（三）资产损失的金额及影响，可根据司法、行政机关出具的书面文件，具有相应资质的会计师事务所、资产评估机构、律师事务所等中介机构出具的专项审计、评估或鉴证报告，以及企业内部证明材料等进行综合研判认定。相关经营投资虽尚未形成事实损失，经中介机构评估在可预见未来将发生的损失，可以认定为或有资产损失。

四、经营投资责任认定

国有企业经营管理有关人员任职期间违反规定，未履行或未正确履行职责造成国有资产损失以及其他严重不良后果的，应当追究其相应责任；已调任其他岗位或退休的，应当纳入责任追究范围，实行重大决策终身责任追究制度。经营投资责任根据工作职责划分为直接责任、主管责任和领导责任。

（一）直接责任是指相关人员在其工作职责范围内，违反规定，未履行或未正确履行职责，对造成的资产损失或其他不良后果起决定性直接作用时应当承担的责任。

企业负责人存在以下情形的，应当承担直接责任：本人或与他人共同违反国家法律法规和企业内部管理规定；授意、指使、强令、纵容、包庇下属人员违反国家法律法规和企业内部管理规定；未经民主决策、相关会议讨论或文件传签、报审等规定程序，直接决定、批准、组织实施重大经济事项，并造成重大资产损失或其他严重不良后果；主持相关会议讨论或以文件传签等其他方式研究时，在多数人不同意的情况下，直接决定、批准、组织实施重大经济事项，造成重大资产损失或其他严重不良后果；将按有关法律法规制度应作为第一责任人（总负责）的事项、签订的有关目标责任事项或应当履行的其他重要职责，授权（委托）其他领导干部决策且决策不当或决策失误造成重大资产损失或其他严重不良后果；其他失职、渎职和应当承担直接责任的行为。

（二）主管责任是指相关人员在其直接主管（分管）工作职责范围内，违反规定，未履行或未正确履行职责，对造成的资产损失或不良后果应当承担的责任。

（三）领导责任是指主要负责人在其工作职责范围内，违反规定，未履行或未正确履行职责，对造成的资产损失或不良后果应当承担的责任。

五、责任追究处理

（一）根据资产损失程度、问题性质等，对相关责任人采取组织处理、扣减薪酬、禁入限制、纪律处分、移送司法机关等方式处理。

1. 组织处理。包括批评教育、责令书面检查、通报批评、诫勉、停职、调离工作岗位、降职、改任非领导职务、责令辞职、免职等。

2. 扣减薪酬。扣减和追索绩效年薪或任期激励收入，终止或收回中长期激励收益，取消参加中长期激励资格等。

3. 禁入限制。五年内直至终身不得担任国有企业董事、监事、高级管理人员。

4. 纪律处分。由相应的纪检监察机关依法依规查处。

5. 移送司法机关处理。依据国家有关法律规定，移送司法机关依法查处。

以上处理方式可以单独使用，也可以合并使用。

（二）国有企业发生资产损失，经过查证核实和责任认定后，除依据有关规定移送司法机关处理外，应当按以下方式处理：

1. 发生较大资产损失的，对直接责任人和主管责任人给予通报批评、诫勉、停职、调离工作岗位、降职等处理，同时按照以下标准扣减薪酬：扣减和追索责任认定年度50%~100%的绩效年薪、扣减和追索责任认定年度（含）前三年50%~100%的任期激励收入并延期支付绩效年薪，终止尚未行使的中长期激励权益、上缴责任认定年度及前一年度的全部中长期激励收益、五年内不得参加企业新的中长期激励。

对领导责任人给予通报批评、诫勉、停职、调离工作岗位等处理，同时按照以下标准扣减薪酬：扣减和追索责任认定年度30%~70%的绩效年薪、扣减和追索责任认定年度（含）前三年30%~70%的任期激励收入并延期支付绩效年薪，终止尚未行使的中长期激励权益、三年内不得参加企业新的中长期激励。

2. 发生重大资产损失的，对直接责任人和主管责任人给予降职、改任非领导职务、责令辞职、免职和禁入限制等处理，同时按照以下标准扣减薪酬：扣减和追索责任认定年度100%的绩效年薪、扣减和追索责任认定年度（含）前三年100%的任期激励收入并延期支付绩效年薪，终止尚未行使的中长期激励权益、上缴责任认定年度（含）前三年的全部中长期激励收益、不得参加企业新的中长期激励。

对领导责任人给予调离工作岗位、降职、改任非领导职务、责令辞职、免职和禁入限制等处理，同时按照以下标准扣减薪酬：扣减和追索责任认定年度70%~100%的绩效年薪、扣减和追索责任认定年度（含）前三年70%~100%的任期激励收入并延期支付绩效年薪，终止尚未行使的中长期激励权益、上缴责任认定年度（含）前三年的全部中长期激励收益、五年内不得参加企业新的中长期激励。

3. 责任人在责任认定年度已不在本企业领取绩效年薪的，按离职前一年度全部绩效年薪及前三年任期激励收入总和计算，参照上述标准追索扣回其薪酬。

4. 对同一事件、同一责任人的薪酬扣减和追索，按照党纪政纪处分、责任追究等扣减薪酬处理的最高标准执行，但不合并使用。

（三）对资产损失频繁发生、金额巨大、后果严重、影响恶劣的，未及时采取措施或措施不力导致资产损失扩大的，以及瞒报、谎报资产损失的，应当从重处理。对及时采取措施减少、挽回损失并消除不良影响的，可以适当从轻处理。

（四）国有企业违规经营投资责任追究处理的具体标准，由各级履行出资人职责的机构根据资产损失程度、应当承担责任等情况，依照本意见制定。

六、责任追究工作的组织实施

（一）开展国有企业违规经营投资责任追究工作，应当遵循以下程序：

1. 受理。资产损失一经发现，应当立即按管辖规定及相关程序报告。受理部门应当对掌握的资产损失线索进行初步核实，属于责任追究范围的，应当及时启动责任追究工作。

2. 调查。受理部门应当按照职责权限及时组织开展调查，核查资产损失及相关业务情况、核实损失金额和损失情形、查清损失原因、认定相应责任、提出整改措施等，必要时可经批准组成联合调查组进行核查，并出具资产损失情况调查报告。

3. 处理。根据调查事实，依照管辖规定移送有关部门，按照管理权限和相关程序对相关责任人追究责任。相关责任人对处理决定有异议的，有权提出申诉，但申诉期间不停止原处理决定的执行。责任追究调查情况及处理结果在一定范围内公开。

4. 整改。发生资产损失的国有企业应当认真总结吸取教训，落实整改措施，堵塞管理漏洞，建立健全防范损失的长效机制。

（二）责任追究工作原则上按照干部管理权限组织开展，一般资产损失由本企业依据相关规定自行开展责任追究工作，上级企业或履行出资人职责的机构认为有必要的，可直接组织开展；达到较大或重大资产损失标准的，应当由上级企业或履行出资人职责的机构开展责任追究工作；多次发生重大资产损失或造成其他严重不良影响、资产损失金额特别巨大且危及企业生存发展的，应当由履行出资人职责的机构开展责任追究工作。

（三）对违反规定，未履行或未正确履行职责造成国有资产损失的董事，除依法承担赔偿责任外，应当依照公司法、公司章程及本意见规定对其进行处理。对重大资产损失负有直接责任的董事，应及时调整或解聘。

（四）经营投资责任调查期间，对相关责任人未支付或兑现的绩效年薪、任期激励收入、中长期激励收益等均应暂停支付或兑现；对有可能影响调查工作顺利开展的相关责任人，可视情采取停职、调离工作岗位、免职等措施。

（五）对发生安全生产、环境污染责任事故和重大不稳定事件的，按照国家有关规定另行处理。

七、工作要求

（一）各级履行出资人职责的机构要明确所出资企业负责人在经营投资活动中须履行的职责，引导其树立责任意识和风险意识，依法经营，廉洁从业，坚持职业操守，履职尽责，规范经营投资决策，维护国有资产安全。国有企业要依据公司法规定完善公司章程，建立健全重大决策评估、决策事项履职记录、决策过错认定等配套制度，细化各类经营投资责任清单，明确岗位职责和履职程序，不断提高经营投资责任管理的规范化、科学化水平。履行出资人职责的机构和国有企业应在有关外聘董事、职业经理人聘任合同中，明确违规经营投资责任追究的原则要求。

（二）各级履行出资人职责的机构和国有企业要按照本意见要求，建立健全违规经营投资责任追究制度，细化经营投资责任追究的原则、范围、依据、启动机制、程序、方式、标准和职责，保障违规经营投资责任追究工作有章可循、规范有序。国有企业违规经营投资责任追究制度应当报履行出资人职责的机构备案。

（三）国有企业要充分发挥党组织、审计、财务、法律、人力资源、巡视、纪检监察等部门的监督作用，形成联合实施、协同联动、规范有序的责任追究工作机制，重要情况和问题及时向履行出资人职责的机构报告。履行出资人职责的机构要加强与外派监事会、巡视组、审计机关、纪检监察机关、司法机关的协同配合，共同做好国有企业违规经营投资责任追究工作。对国有企业违规经营投资等重大违法违纪违规问题应当发现而未发现或敷衍不追、隐匿不报、查处不力的，严格追究企业和履行出资人职责的机构有关人员的失职渎职责任。

（四）各级履行出资人职责的机构和国有企业要做好国有企业违规经营投资责任追究相关制度的宣传解释工作，凝聚社会共识，为深入开展责任追究工作营造良好氛围；要结合对具体案例的调查处理，在适当范围进行总结和通报，探索向社会公开调查处理情况，接受社会监督，充分发挥警示教育作用。

本意见适用于国有及国有控股企业违规经营投资责任追究工作。金融、文化等国有企业违规经营投资责任追究工作，中央另有规定的依其规定执行。

审计署关于内部审计工作的规定

《审计署关于内部审计工作的规定》已经审计署审计长会议审议通过，现予公布，自2018年3月1日起施行。

审计长　胡泽君

2018年1月12日

审计署关于内部审计工作的规定

第一章　总　　则

第一条　为了加强内部审计工作，建立健全内部审计制度，提升内部审计工作质量，充分发挥内部审计作用，根据《中华人民共和国审计法》《中华人民共和国审计法实施条例》以及国家其他有关规定，制定本规定。

第二条　依法属于审计机关审计监督对象的单位(以下统称单位)的内部审计工作，以及审计机关对单位内部审计工作的业务指导和监督，适用本规定。

第三条　本规定所称内部审计，是指对本单位及所属单位财政财务收支、经济活动、内部控制、风险管理实施独立、客观的监督、评价和建议，以促进单位完善治理、实现目标的活动。

第四条　单位应当依照有关法律法规、本规定和内部审计职业规范，结合本单位实际情况，建立健全内部审计制度，明确内部审计工作的领导体制、职责权限、人员配备、经费保障、审计结果运用和责任追究等。

第五条　内部审计机构和内部审计人员从事内部审计工作，应当严格遵守有关法律法规、本规定和内部审计职业规范，忠于职守，做到独立、客观、公正、保密。

内部审计机构和内部审计人员不得参与可能影响独立、客观履行审计职责的工作。

第二章　内部审计机构和人员管理

第六条　国家机关、事业单位、社会团体等单位的内部审计机构或者履行内部审计职责的内设机构，应当在本单位党组织、主要负责人的直接领导下开展内部审计工作，向其负责并报告工作。

国有企业内部审计机构或者履行内部审计职责的内设机构应当在企业党组织、董事会(或者主要负责人)直接领导下开展内部审计工作，向其负责并报告工作。国有企业应当按照有关规定建立总审计师制度。总审计师协助党组织、董事会(或者主要负责人)管理内部审计工作。

第七条 内部审计人员应当具备从事审计工作所需要的专业能力。单位应当严格内部审计人员录用标准，支持和保障内部审计机构通过多种途径开展继续教育，提高内部审计人员的职业胜任能力。

内部审计机构负责人应当具备审计、会计、经济、法律或者管理等工作背景。

第八条 内部审计机构应当根据工作需要，合理配备内部审计人员。除涉密事项外，可以根据内部审计工作需要向社会购买审计服务，并对采用的审计结果负责。

第九条 单位应当保障内部审计机构和内部审计人员依法依规独立履行职责，任何单位和个人不得打击报复。

第十条 内部审计机构履行内部审计职责所需经费，应当列入本单位预算。

第十一条 对忠于职守、坚持原则、认真履职、成绩显著的内部审计人员，由所在单位予以表彰。

第三章 内部审计职责权限和程序

第十二条 内部审计机构或者履行内部审计职责的内设机构应当按照国家有关规定和本单位的要求，履行下列职责：

（一）对本单位及所属单位贯彻落实国家重大政策措施情况进行审计；

（二）对本单位及所属单位发展规划、战略决策、重大措施以及年度业务计划执行情况进行审计；

（三）对本单位及所属单位财政财务收支进行审计；

（四）对本单位及所属单位固定资产投资项目进行审计；

（五）对本单位及所属单位的自然资源资产管理和生态环境保护责任的履行情况进行审计；

（六）对本单位及所属单位的境外机构、境外资产和境外经济活动进行审计；

（七）对本单位及所属单位经济管理和效益情况进行审计；

（八）对本单位及所属单位内部控制及风险管理情况进行审计；

（九）对本单位内部管理的领导人员履行经济责任情况进行审计；

（十）协助本单位主要负责人督促落实审计发现问题的整改工作；

（十一）对本单位所属单位的内部审计工作进行指导、监督和管理；

（十二）国家有关规定和本单位要求办理的其他事项。

第十三条 内部审计机构或者履行内部审计职责的内设机构应有下列权限：

（一）要求被审计单位按时报送发展规划、战略决策、重大措施、内部控制、风险管理、财政财务收支等有关资料（含相关电子数据，下同），以及必要的计算机技术文档；

（二）参加单位有关会议，召开与审计事项有关的会议；

（三）参与研究制定有关的规章制度，提出制定内部审计规章制度的建议；

（四）检查有关财政财务收支、经济活动、内部控制、风险管理的资料、文件和现场勘察实物；

（五）检查有关计算机系统及其电子数据和资料；

（六）就审计事项中的有关问题，向有关单位和个人开展调查和询问，取得相关证明材料；

（七）对正在进行的严重违法违规、严重损失浪费行为及时向单位主要负责人报告，经同意作出临时制止决定；

（八）对可能转移、隐匿、篡改、毁弃会计凭证、会计账簿、会计报表以及与经济活动有关的资料，经批准，有权予以暂时封存；

（九）提出纠正、处理违法违规行为的意见和改进管理、提高绩效的建议；

（十）对违法违规和造成损失浪费的被审计单位和人员，给予通报批评或者提出追究责任的建议；

（十一）对严格遵守财经法规、经济效益显著、贡献突出的被审计单位和个人，可以向单位党组织、董事会（或者主要负责人）提出表彰建议。

第十四条 单位党组织、董事会（或者主要负责人）应当定期听取内部审计工作汇报，加强对内部审计工作规划、年度审计计划、审计质量控制、问题整改和队伍建设等重要事项的管理。

第十五条 下属单位、分支机构较多或者实行系统垂直管理的单位，其内部审计机构应当对全系统的内部审计工作进行指导和监督。系统内各单位的内部审计结果和发现的重大违纪违法问题线索，在向本单位党组织、董事会（或者主要负责人）报告的同时，应当及时向上一级单位的内部审计机构报告。

单位应当将内部审计工作计划、工作总结、审计报告、整改情况以及审计中发现的重大违纪违法问题线索等资料报送同级审计机关备案。

第十六条 内部审计的实施程序，应当依照内部审计职业规范和本单位的相关规定执行。

第十七条 内部审计机构或者履行内部审计职责的内设机构，对本单位内部管理的领导人员实施经济责任审计时，可以参照执行国家有关经济责任审计的规定。

第四章 审计结果运用

第十八条 单位应当建立健全审计发现问题整改机制，明确被审计单位主要负责人为整改第一责任人。对审计发现的问题和提出的建议，被审计单位应当及时整改，并将整改结果书面告知内部审计机构。

第十九条 单位对内部审计发现的典型性、普遍性、倾向性问题，应当及时分析研究，制定和完善相关管理制度，建立健全内部控制措施。

第二十条 内部审计机构应当加强与内部纪检监察、巡视巡察、组织人事等其他内部监督力量的协作配合，建立信息共享、结果共用、重要事项共同实施、问题整改问责共同落实等工作机制。

内部审计结果及整改情况应当作为考核、任免、奖惩干部和相关决策的重要依据。

第二十一条 单位对内部审计发现的重大违纪违法问题线索，应当按照管辖权限依法依规及时移送纪检监察机关、司法机关。

第二十二条 审计机关在审计中，特别是在国家机关、事业单位和国有企业三级以下单位审计中，应当有效利用内部审计力量和成果。对内部审计发现且已经纠正的问题不再在审计报告中反映。

第五章 对内部审计工作的指导和监督

第二十三条 审计机关应当依法对内部审计工作进行业务指导和监督，明确内部职能机构和专职人员，并履行下列职责：

（一）起草有关内部审计工作的法规草案；

（二）制定有关内部审计工作的规章制度和规划；

（三）推动单位建立健全内部审计制度；

（四）指导内部审计统筹安排审计计划，突出审计重点；

（五）监督内部审计职责履行情况，检查内部审计业务质量；

（六）指导内部审计自律组织开展工作；

（七）法律、法规规定的其他职责。

第二十四条 审计机关可以通过业务培训、交流研讨等方式，加强对内部审计人员的业务指导。

第二十五条 审计机关应当对单位报送的备案资料进行分析，将其作为编制年度审计项目计划的参考依据。

第二十六条 审计机关可以采取日常监督、结合审计项目监督、专项检查等方式，对单位的内部审计制度建立健全情况、内部审计工作质量情况等进行指导和监督。

对内部审计制度建设和内部审计工作质量存在问题的，审计机关应当督促单位内部审计机构及时进行整改并书面报告整改情况；情节严重的，应当通报批评并视情况抄送有关主管部门。

第二十七条审计机关应当按照国家有关规定对内部审计自律组织进行政策和业务指导，推动内部审计自律组织按照法律法规和章程开展活动。必要时，可以向内部审计自律组织购买服务。

第六章 责任追究

第二十八条 被审计单位有下列情形之一的，由单位党组织、董事会（或者主要负责人）责令改正，并对直接负责的主管人员和其他直接责任人员进行处理：

（一）拒绝接受或者不配合内部审计工作的；

（二）拒绝、拖延提供与内部审计事项有关的资料，或者提供资料不真实、不完整的；

（三）拒不纠正审计发现问题的；

（四）整改不力、屡审屡犯的；

（五）违反国家规定或者本单位内部规定的其他情形。

第二十九条 内部审计机构或者履行内部审计职责的内设机构和内部审计人员有下列情形之一的，由单位对直接负责的主管人员和其他直接责任人员进行处理；涉嫌犯罪的，移送司法机关依法追究刑事责任：

（一）未按有关法律法规、本规定和内部审计职业规范实施审计导致应当发现的问题未被发现并造成严重后果的；

（二）隐瞒审计查出的问题或者提供虚假审计报告的；

（三）泄露国家秘密或者商业秘密的；

（四）利用职权谋取私利的；

（五）违反国家规定或者本单位内部规定的其他情形。

第三十条 内部审计人员因履行职责受到打击、报复、陷害的，单位党组织、董事会（或者主要负责人）应当及时采取保护措施，并对相关责任人员进行处理；涉嫌犯罪的，移送司法机关依法追究刑事责任。

第七章 附 则

第三十一条 本规定所称国有企业是指国有和国有资本占控股地位或者主导地位的企业、金融机构。

第三十二条 不属于审计机关审计监督对象的单位的内部审计工作，可以参照本规定执行。

第三十三条 本规定由审计署负责解释。

第三十四条 本规定自2018年3月1日起施行。审计署于2003年3月4日发布的《审计署关于内部审计工作的规定》（2003年审计署第4号令）同时废止。

财政部关于印发《项目支出绩效评价管理办法》的通知

财预〔2020〕10号

有关中央预算单位，各省、自治区、直辖市、计划单列市财政厅(局)，新疆生产建设兵团财政局：

为深入贯彻落实《中共中央 国务院关于全面实施预算绩效管理的意见》精神，我们在《财政支出绩效评价管理暂行办法》(财预〔2011〕285号)的基础上，修订形成了《项目支出绩效评价管理办法》，现予印发，请遵照执行。

财政部

2020年2月25日

项目支出绩效评价管理办法

第一章 总 则

第一条 为全面实施预算绩效管理，建立科学、合理的项目支出绩效评价管理体系，提高财政资源配置效率和使用效益，根据《中华人民共和国预算法》和《中共中央 国务院关于全面实施预算绩效管理的意见》等有关规定，制定本办法。

第二条 项目支出绩效评价(以下简称绩效评价)是指财政部门、预算部门和单位，依据设定的绩效目标，对项目支出的经济性、效率性、效益性和公平性进行客观、公正的测量、分析和评判。

第三条 一般公共预算、政府性基金预算、国有资本经营预算项目支出的绩效评价适用本办法。涉及预算资金及相关管理活动，如政府投资基金、主权财富基金、政府和社会资本合作(PPP)、政府购买服务、政府债务项目等绩效评价可参照本办法执行。

第四条 绩效评价分为单位自评、部门评价和财政评价三种方式。单位自评是指预算部门组织部门本级和所属单位对预算批复的项目绩效目标完成情况进行自我评价。部门评价是指预算部门根据相关要求，运用科学、合理的绩效评价指标、评价标准和方法，对本部门的项目组织开展的绩效评价。财政评价是财政部门对预算部门的项目组织开展的绩效评价。

第五条 绩效评价应当遵循以下基本原则：

(一) 科学公正。绩效评价应当运用科学合理的方法，按照规范的程序，对项目绩效进行客观、公正的反映。

(二) 统筹兼顾。单位自评、部门评价和财政评价应职责明确，各有侧重，相互衔接。

单位自评应由项目单位自主实施，即“谁支出、谁自评”。部门评价和财政评价应在单位自评的基础上开展，必要时可委托第三方机构实施。

（三）激励约束。绩效评价结果应与预算安排、政策调整、改进管理实质性挂钩，体现奖优罚劣和激励相容导向，有效要安排、低效要压减、无效要问责。

（四）公开透明。绩效评价结果应依法依规公开，并自觉接受社会监督。

第六条 绩效评价的主要依据：

（一）国家相关法律、法规和规章制度；

（二）党中央、国务院重大决策部署，经济社会发展目标，地方各级党委和政府重点任务要求；

（三）部门职责相关规定；

（四）相关行业政策、行业标准及专业技术规范；

（五）预算管理制度及办法，项目及资金管理办法、财务和会计资料；

（六）项目设立的政策依据和目标，预算执行情况，年度决算报告、项目决算或验收报告等相关材料；

（七）本级人大审查结果报告、审计报告及决定，财政监督稽核报告等；

（八）其他相关资料。

第七条 绩效评价期限包括年度、中期及项目实施期结束后；对于实施期 5 年及以上的项目，应适时开展中期和实施期后绩效评价。

第二章　绩效评价的对象和内容

第八条 单位自评的对象包括纳入政府预算管理的所有项目支出。

第九条 部门评价对象应根据工作需要，优先选择部门履职的重大改革发展项目，随机选择一般性项目。原则上应以 5 年为周期，实现部门评价重点项目全覆盖。

第十条 财政评价对象应根据工作需要，优先选择贯彻落实党中央、国务院重大方针政策和决策部署的项目，覆盖面广、影响力大、社会关注度高、实施期长的项目。对重点项目应周期性组织开展绩效评价。

第十一条 单位自评的内容主要包括项目总体绩效目标、各项绩效指标完成情况以及预算执行情况。对未完成绩效目标或偏离绩效目标较大的项目要分析并说明原因，研究提出改进措施。

第十二条 财政和部门评价的内容主要包括：

（一）决策情况；

（二）资金管理和使用情况；

（三）相关管理制度办法的健全性及执行情况；

（四）实现的产出情况；

（五）取得的效益情况；

（六）其他相关内容。

第三章　绩效评价指标、评价标准和方法

第十三条　单位自评指标是指预算批复时确定的绩效指标，包括项目的产出数量、质量、时效、成本，以及经济效益、社会效益、生态效益、可持续影响、服务对象满意度等。

单位自评指标的权重由各单位根据项目实际情况确定。原则上预算执行率和一级指标权重统一设置为：预算执行率10%、产出指标50%、效益指标30%、服务对象满意度指标10%。如有特殊情况，一级指标权重可做适当调整。二、三级指标应当根据指标重要程度、项目实施阶段等因素综合确定，准确反映项目的产出和效益。

第十四条　财政和部门绩效评价指标的确定应当符合以下要求：与评价对象密切相关，全面反映项目决策、项目和资金管理、产出和效益；优先选取最具代表性、最能直接反映产出和效益的核心指标，精简实用；指标内涵应当明确、具体、可衡量，数据及佐证资料应当可采集、可获得；同类项目绩效评价指标和标准应具有一致性，便于评价结果相互比较。

财政和部门评价指标的权重根据各项指标在评价体系中的重要程度确定，应当突出结果导向，原则上产出、效益指标权重不低于60%。同一评价对象处于不同实施阶段时，指标权重应体现差异性，其中，实施期间的评价更加注重决策、过程和产出，实施期结束后的评价更加注重产出和效益。

第十五条　绩效评价标准通常包括计划标准、行业标准、历史标准等，用于对绩效指标完成情况进行比较。

（一）计划标准。指以预先制定的目标、计划、预算、定额等作为评价标准。

（二）行业标准。指参照国家公布的行业指标数据制定的评价标准。

（三）历史标准。指参照历史数据制定的评价标准，为体现绩效改进的原则，在可实现的条件下应当确定相对较高的评价标准。

（四）财政部门和预算部门确认或认可的其他标准。

第十六条　单位自评采用定量与定性评价相结合的比较法，总分由各项指标得分汇总形成。

定量指标得分按照以下方法评定：与年初指标值相比，完成指标值的，记该指标所赋全部分值；对完成值高于指标值较多的，要分析原因，如果是由于年初指标值设定明显偏低造成的，要按照偏离度适度调减分值；未完成指标值的，按照完成值与指标值的比例记分。

定性指标得分按照以下方法评定：根据指标完成情况分为达成年度指标、部分达成年度指标并具有一定效果、未达成年度指标且效果较差三档，分别按照该指标对应分值区间100%～80%（含）、80%～60%（含）、60%～0%合理确定分值。

第十七条　财政和部门评价的方法主要包括成本效益分析法、比较法、因素分析法、最低成本法、公众评判法、标杆管理法等。根据评价对象的具体情况，可采用一种或多种方法。

（一）成本效益分析法。是指将投入与产出、效益进行关联性分析的方法。

（二）比较法。是指将实施情况与绩效目标、历史情况、不同部门和地区同类支出情

况进行比较的方法。

（三）因素分析法。是指综合分析影响绩效目标实现、实施效果的内外部因素的方法。

（四）最低成本法。是指在绩效目标确定的前提下，成本最小者为优的方法。

（五）公众评判法。是指通过专家评估、公众问卷及抽样调查等方式进行评判的方法。

（六）标杆管理法。是指以国内外同行业中较高的绩效水平为标杆进行评判的方法。

（七）其他评价方法。

第十八条 绩效评价结果采取评分和评级相结合的方式，具体分值和等级可根据不同评价内容设定。总分一般设置为100分，等级一般划分为四档：90(含)~100分为优、80(含)~90分为良、60(含)~80分为中、60分以下为差。

第四章 绩效评价的组织管理与实施

第十九条 财政部门负责拟定绩效评价制度办法，指导本级各部门和下级财政部门开展绩效评价工作；会同有关部门对单位自评和部门评价结果进行抽查复核，督促部门充分应用自评和评价结果；根据需要组织实施绩效评价，加强评价结果反馈和应用。

第二十条 各部门负责制定本部门绩效评价办法，组织部门本级和所属单位开展自评工作，汇总自评结果，加强自评结果审核和应用；具体组织实施部门评价工作，加强评价结果反馈和应用。积极配合财政评价工作，落实评价整改意见。

第二十一条 部门本级和所属单位按照要求具体负责自评工作，对自评结果的真实性和准确性负责，自评中发现的问题要及时进行整改。

第二十二条 财政和部门评价工作主要包括以下环节：

（一）确定绩效评价对象和范围；

（二）下达绩效评价通知；

（三）研究制订绩效评价工作方案；

（四）收集绩效评价相关数据资料，并进行现场调研、座谈；

（五）核实有关情况，分析形成初步结论；

（六）与被评价部门(单位)交换意见；

（七）综合分析并形成最终结论；

（八）提交绩效评价报告；

（九）建立绩效评价档案。

第二十三条 财政和部门评价根据需要可委托第三方机构或相关领域专家(以下简称第三方，主要是指与资金使用单位没有直接利益关系的单位和个人)参与，并加强对第三方的指导，对第三方工作质量进行监督管理，推动提高评价的客观性和公正性。

第二十四条 部门委托第三方开展绩效评价的，要体现委托人与项目实施主体相分离的原则，一般由主管财务的机构委托，确保绩效评价的独立、客观、公正。

第五章 绩效评价结果应用及公开

第二十五条 单位自评结果主要通过项目支出绩效自评表的形式反映，做到内容完整、权重合理、数据真实、结果客观。财政和部门评价结果主要以绩效评价报告的形式体现，绩效评价报告应当依据充分、分析透彻、逻辑清晰、客观公正。

绩效评价工作和结果应依法自觉接受审计监督。

第二十六条 各部门应当按照要求随同部门决算向本级财政部门报送绩效自评结果。

部门和单位应切实加强自评结果的整理、分析，将自评结果作为本部门、本单位完善政策和改进管理的重要依据。对预算执行率偏低、自评结果较差的项目，要单独说明原因，提出整改措施。

第二十七条 财政部门和预算部门应在绩效评价工作完成后，及时将评价结果反馈被评价部门（单位），并明确整改时限；被评价部门（单位）应当按要求向财政部门或主管部门报送整改落实情况。

各部门应按要求将部门评价结果报送本级财政部门，评价结果作为本部门安排预算、完善政策和改进管理的重要依据；财政评价结果作为安排政府预算、完善政策和改进管理的重要依据。原则上，对评价等级为优、良的，根据情况予以支持；对评价等级为中、差的，要完善政策、改进管理，根据情况核减预算。对不进行整改或整改不到位的，根据情况相应调减预算或整改到位后再予安排。

第二十八条 各级财政部门、预算部门应当按照要求将绩效评价结果分别编入政府决算和本部门决算，报送本级人民代表大会常务委员会，并依法予以公开。

第六章 法律责任

第二十九条 对使用财政资金严重低效无效并造成重大损失的责任人，要按照相关规定追责问责。对绩效评价过程中发现的资金使用单位和个人的财政违法行为，依照《中华人民共和国预算法》、《财政违法行为处罚处分条例》等有关规定追究责任；发现违纪违法问题线索的，应当及时移送纪检监察机关。

第三十条 各级财政部门、预算部门和单位及其工作人员在绩效评价管理工作中存在违反本办法的行为，以及其他滥用职权、玩忽职守、徇私舞弊等违法违纪行为的，依照《中华人民共和国预算法》、《中华人民共和国公务员法》、《中华人民共和国监察法》、《财政违法行为处罚处分条例》等国家有关规定追究相应责任；涉嫌犯罪的，依法移送司法机关处理。

第七章 附　　则

第三十一条 各地区、各部门可结合实际制定具体的管理办法和实施细则。

第三十二条 本办法自印发之日起施行。《财政支出绩效评价管理暂行办法》（财预〔2011〕285 号）同时废止。

财政部关于印发《国有资本保值增值结果计算与确认办法》的通知

统字[2000]2号

为加强企业国有资本的监督管理，规范国有资本保值增值考核工作，提高国有资本营运效益，根据国家有关规定，我们制定了《国有资本保值增值结果计算与确认办法》，现印发给你们，请遵照执行。执行中有什么问题，请及时反映。

附件：国有资本保值增值结果计算与确认办法

财政部

国家经贸委

劳动和社会保障部

二〇〇〇年二月一日

国有资本保值增值结果计算与确认办法

第一章 总 则

第一条 为加强国有资本监督管理，维护国家所有者权益，提高国有资本营运效益，规范国有资本保值增值考核工作，制定本办法。

第二条 国有资本保值增值结果计算与确认，是指国有资本的出资人或政府有关部门根据企业年度会计报表资料，依法对列入考核范围的国家投资企业在一定经营期间所占有、使用的国有资本增值、保值或减值结果进行核实确认，并运用规定的方法分析判断国有资本运营效果及其所处行业水平，为实施企业考核工作提供准确的依据。

第三条 本办法所称的国有资本，是指国家对企业各种形式的投资和投资所形成的收益，以及依法认定的国家所有者权益。对于国有独资企业或公司，其国有资本等于该企业的所有者权益；对于拥有国家投资的有限责任公司和其他具有多元投资主体的企业，国有资本是企业所有者权益中国家应享有的份额。

第四条 国有资本保值增值考核的对象为各级人民政府投资设立的各类国有企业，包括：国有独资公司、国有控股公司和未进行公司制改造的国有企业。

第五条 国有资本保值增值考核的重点为各级人民政府直接监管的国有独资或控股的大中型骨干企业。凡实行经营者年薪制、风险抵押、持股试点和工效挂钩等将考核结果与收入分配制度挂钩的企业，均应纳入国有资本保值增值的重点考核范围，其具体范围由各级人民政府确定，或者由各级人民政府确定的国有资本出资人会同有关部门协商确定。

第二章 考核指标

第六条 国有资本保值增值结果主要通过国有资本保值增值率指标反映，同时设置有关分析指标。

第七条 国有资本保值增值率反映了企业国有资本的运营效益与安全状况，其计算公式为：

国有资本保值增值率＝(年末国家所有者权益÷年初国家所有者权益)×100%

第八条 国有资本保值增值结果的分析指标为资本积累率、净资产收益率、总资产报酬率和不良资产比率。分析指标主要对企业资本运营水平和质量，以及国有资本保值增值实际完成情况进行分析和验证。其中：

资本积累率＝(本年所有者权益增长额÷年初所有者权益)×100%

净资产收益率＝(净利润÷平均净资产)×100%

总资产报酬率＝[(利润总额+利息支出)÷平均资产总额]×100%

不良资产比率＝(年末不良资产总额÷年末资产总额)×100%

第九条 国有资本保值增值率完成值的确定，需剔除考核期内客观及非正常经营因素(包括增值因素和减值因素)对企业年末国家所有者权益的影响。其中，

(一) 增值因素为：

1. 国家直接或追加投资增加的国有资本；
2. 政府无偿划入增加的国有资本；
3. 按国家规定进行资产重估(评估)增加的国有资本；
4. 按国家规定进行清产核资增加的国有资本；
5. 住房周转金转入增加的国有资本；
6. 接受捐赠增加的国有资本；
7. 按照国家规定进行“债权转股权”增加的国有资本；
8. 中央和地方政府确定的其他客观因素增加的国有资本。

(二) 减值因素为：

1. 经专项批准核减的国有资本；
2. 政府无偿划出或分立核减的国有资本；
3. 按国家规定进行资产重估(评估)核减的国有资本；
4. 按国家规定进行清产核资核减的国有资本；
5. 因自然灾害等不可抗拒因素而核减的国有资本；
6. 中央和地方政府确定的其他客观因素减少的国有资本。

第三章 标准值与确认方法

第十条 国有资本保值增值标准值是衡量企业国有资本保值增值实现程度及完成情况的考核依据，应通过各企业的国有资本保值增值率实际值与国有资本保值增值标准值的对

比，客观、公正、真实地判断企业国有资本保值增值的实现程度和所处行业水平。

国有资本保值增值标准值由财政部根据全国国有资本总体运行状况，依据全国国有企业年度会计信息，按行业和规模等分类统一测算确定。

财政部应于每个会计年度终了后三个月内公布国有资本保值增值标准值，具体分为优秀值、较好值、平均值、较低值和较差值五个档次，并同时颁布分析指标的参考标准。

第十一条 为反映物价变动和资金成本等因素的影响，财政部将根据国家宏观经济运行状况和国民经济管理要求，在必要的年份会同有关部门颁布国有资本保值增值考核调整系数。

第十二条 国有资本保值增值结果计算与确认，采用直接确认与备案管理相结合的方式。

（一）被列入保值增值考核范围的企业，由国有资本保值增值结果计算与确认部门和机构逐户进行计算与确认，并出具确认意见。

（二）对未列入考核范围的企业，由财政（国资）部门利用企业年度会计报表生成国有资本保值增值基础资料，据此进行保值增值完成情况的汇总分析，不再逐户进行计算与确认。

（三）各级政府直接投资的企业（简称“一级企业”，下同）自行组织其所投资的下属企业（简称“二级企业”，下同）国有资本保值增值结果的计算与确认，其计算与确认工作情况应报同级财政（国资）、经贸部门和各级人民政府确定的国有企业监管机构备案。

第十三条 国有资本保值增值率实际值以100%为基本衡量尺度，并对照行业标准值进行比较、分析，产生国有资本保值增值确认结果。

（一）国有资本保值增值率实际值达到100%为保值，超过100%为增值，不足100%为减值。

（二）将国有资本保值增值率实际值与同行业标准值进行对比，判断其在行业中所处的水平。

（三）在国家颁布考核年度国有资本保值增值考核调整系数后，国有资本保值增值率实际值应作相应调整。

第十四条 负责国有资本保值增值结果计算与确认的部门和机构在取得实际结果后，可以运用分析指标对照其参考标准做深入分析，并在此基础上，出具国有资本保值增值确认文书。

第十五条 对于承担政府指令性计划或完成政府有关重点工作的特殊企业，负责国有资本保值增值结果计算与确认的部门和机构可以根据国家有关规定，对确认结果作出必要调整，但应将调整原因及相关情况在确认意见或确认文书中详细说明。如果不能调整数字，也应在确认意见和确认文书中作说明。

第十六条 对于亏损企业中的减亏或增亏企业，除计算和确认实际保值增值率外，还应计算其减亏或增亏幅度：

对由盈转亏和由亏变盈企业，按照上述办法计算和确认国有资本保值增值率，并在确认意见和确认文书中作说明。

第四章　确认程序和结果运用

第十七条　按照国有资产国家所有、分级监管的原则，国有资本保值增值结果的计算与确认工作，具体由各级财政(国资)部门会同经贸部门或由各级人民政府确定的国有企业监管机构分级组织实施。

第十八条　国有资本保值增值结果的计算与确认，一般以一个会计年度为计算期间，并以企业年度汇总会计报表为计算依据。

第十九条　被列入考核范围的企业，应在考核年度终了后三个月之内，根据年度会计报表资料，将本年度《国有资本保值增值计算表》、《国有资本保值增值结果确认表》及说明材料，连同企业会计决算报告一并报送国有资本保值增值结果计算与确认部门和机构。

第二十条　负责国有资本保值增值结果计算与确认的部门和机构，在收到被考核企业上报的材料后，应对以下内容进行详细审核，并根据确认结果和情况分析，出具明确的确认意见或确认文书。

（一）审核企业各项基础财务指标的真实性和完整性；

（二）审核各项客观因素和非正常经营因素的扣除是否符合规定；

（三）根据企业的国有资本保值增值率的实际值，对照标准值，判断企业的国有资本保值增值水平。

第二十一条　对已经实施国有资本金效绩评价的企业，可以以评价工作中确认的资本保值增值率为依据，进行保值、增值和减值分析判断，不再另行计算与确认。

第二十二条　各级国有资本保值增值计算与确认部门和机构应将确认意见提交本级政府和有关考核部门，作为进行经济决策、制定年薪制、持股制、工资分配等收入分配制度和对经营者进行奖惩、任免的重要依据。

第五章　附　　则

第二十三条　被考核企业应对上报的国有资本保值增值考核基础资料的真实性和完整性负责。

企业的会计报表必须经会计师事务所审计。企业和会计师事务所如有弄虚作假行为，依照《中华人民共和国会计法》和《中华人民共和国注册会计师法》，追究有关责任人的法律责任。

第二十四条　各级财政(国资)部门负责对本级政府所监管企业的国有资本保值增值确认结果进行汇总分析，并建立国有资本保值增值结果档案。

第二十五条　国有资本保值增值结果计算与确认工作结束后，各级国有资本保值增值结果计算与确认部门和机构须向本级政府报送年度国有资本保值增值结果确认情况报告，并抄送财政、经贸、劳动保障、组织人事等部门和国有企业监管机构。

第二十六条　本办法颁布前各部门制定的企业国有资产保值增值考核规定，凡与本办法有抵触的，以本办法为准。

第二十七条 对国有参股企业和一级企业对下属二级企业的国有资本保值增值结果的计算与确认，可参照本办法执行。

第二十八条 各地可以根据本办法，结合本地实际情况，制定具体的实施办法。

第二十九条 本办法由财政部负责解释。

第三十条 本办法自发布之日起执行。

附表：一、国有资本保值增值结果确认表(略)

二、国有资本保值增值计算表(略)

企业国有资本保值增值结果确认暂行办法

（2004年8月25日国务院国有资产监督管理委员会令第9号公布　自2004年8月30日起施行）

第一章　总　　则

第一条　为加强对企业国有资产的监督管理，真实反映企业国有资本运营状况，规范国有资本保值增值结果确认工作，维护国家所有者权益，根据《企业国有资产监督管理暂行条例》和国家有关财务会计规定，制定本办法。

第二条　国务院，各省、自治区、直辖市人民政府，设区的市、自治州级人民政府履行出资人职责的企业（以下简称企业）国有资本保值增值结果确认工作，适用本办法。

第三条　本办法所称企业国有资本，是指国家对企业各种形式的投资和投资所形成的权益，以及依法认定为国家所有的其他权益。对于国有独资企业，其国有资本是指该企业的所有者权益，以及依法认定为国家所有的其他权益；对于国有控股及参股企业，其国有资本是指该企业所有者权益中国家应当享有的份额。

第四条　本办法所称企业国有资本保值增值结果确认是指国有资产监督管理机构依据经审计的企业年度财务决算报告，在全面分析评判影响经营期内国有资本增减变动因素的基础上，对企业国有资本保值增值结果进行核实确认的工作。

第五条　国务院国有资产监督管理机构负责中央企业国有资本保值增值结果核实确认工作。

各地国有资产监督管理机构负责监管职责范围内的企业国有资本保值增值结果核实确认工作。

第六条　企业应当在如实编制年度财务决算报告的基础上，认真分析和核实经营期内国有资本增减变化的各项主客观因素，真实、客观地反映国有资本运营结果，促进实现国有资本保值增值经营目标，并为企业财务监管与绩效评价、企业负责人业绩考核、企业工效挂钩核定等出资人监管工作提供基础依据。

第二章　国有资本保值增值率的计算

第七条　企业国有资本保值增值结果主要通过国有资本保值增值率指标反映，并设置相应修正指标和参考指标，充分考虑各种客观增减因素，以全面、公正、客观地评判经营期内企业国有资本运营效益与安全状况。

第八条　本办法所称国有资本保值增值率是指企业经营期内扣除客观增减因素后的期

末国有资本与期初国有资本的比率。其计算公式如下：

国有资本保值增值率=（扣除客观因素影响后的期末国有资本÷期初国有资本）×100%

国有资本保值增值率分为年度国有资本保值增值率和任期国有资本保值增值率。

第九条 企业国有资本保值增值修正指标为不良资产比率。其计算公式为：

不良资产比率=（期末不良资产÷期末资产总额）×100%

本办法所称不良资产是指企业尚未处理的资产净损失和潜亏（资金）挂帐，以及按财务会计制度规定应提未提资产减值准备的各类有问题资产预计损失金额。

第十条 因经营期内不良资产额增加造成企业不良资产比率上升，应当在核算其国有资本保值增值率时进行扣减修正。

（一）暂未执行《企业会计制度》的企业，经营期内企业不良资产比率上升，其增加额在核算国有资本保值增值率时进行直接扣减。计算公式为：

修正后国有资本保值增值率=（扣除客观影响因素的期末国有资本－不良资产增加额）÷期初国有资本×100%

不良资产增加额=期末不良资产－期初不良资产

（二）已执行《企业会计制度》的企业，经营期内对有问题资产未按财务会计制度计提资产减值准备，应当在核算国有资本保值增值率时进行扣除修正。其计算公式为：

修正后国有资本保值增值率=（扣除客观影响因素的期末国有资本－有问题资产预计损失额）÷期初国有资本×100%

有问题资产预计损失额=各类有问题资产×相关资产减值准备计提比例

（三）国有控股企业修正国有资本保值增值率，应当按股权份额进行核算。

第十一条 企业国有资本保值增值参考指标为净资产收益率、利润增长率、盈余现金保障倍数、资产负债率。

（一）净资产收益率：指企业经营期内净利润与平均净资产的比率。计算公式如下：

净资产收益率=（净利润÷平均净资产）×100%

其中：平均净资产=（期初所有者权益+期末所有者权益）÷2

（二）利润增长率：指企业经营期内利润增长额与上期利润总额的比率。计算公式如下：

利润增长率=（利润增长额÷上期利润总额）×100%

其中：利润增长额=本期利润总额－上期利润总额

（三）盈余现金保障倍数：指企业经营期内经营现金净流量与净利润的比率。计算公式如下：

盈余现金保障倍数=经营现金净流量/净利润

（四）资产负债率：指本经营期负债总额与资产总额的比率。计算公式如下：

资产负债率=（负债总额÷资产总额）×100%

第十二条 本办法所称客观增加因素主要包括下列内容：

（一）国家、国有单位直接或追加投资：是指代表国家投资的部门（机构）或企业、事业单位投资设立子企业、对子企业追加投入而增加国有资本；

（二）无偿划入：是指按国家有关规定将其他企业的国有资产全部或部分划入而增加国有资本；

（三）资产评估：是指因改制、上市等原因按国家规定进行资产评估而增加国有资本；

（四）清产核资：是指按规定进行清产核资后，经国有资产监督管理机构核准而增加国有资本；

（五）产权界定：是指按规定进行产权界定而增加国有资本；

（六）资本（股票）溢价：是指企业整体或以主要资产溢价发行股票或配股而增加国有资本；

（七）税收返还：是指按国家税收政策返还规定而增加国有资本；

（八）会计调整和减值准备转回：是指经营期间会计政策和会计估计发生重大变更、企业减值准备转回、企业会计差错调整等导致企业经营成果发生重大变动而增加国有资本；

（九）其他客观增加因素：是指除上述情形外，经国有资产监督管理机构按规定认定而增加企业国有资本的因素，如接受捐赠、债权转股权等。

第十三条 本办法所称客观减少因素主要包括下列内容：

（一）专项批准核销：是指按国家清产核资等有关政策，经国有资产监督管理机构批准核销而减少国有资本；

（二）无偿划出：是指按有关规定将本企业的国有资产全部或部分划入其他企业而减少国有资本；

（三）资产评估：是指因改制、上市等原因按规定进行资产评估而减少国有资本；

（四）产权界定：是指因产权界定而减少国有资本；

（五）消化以前年度潜亏和挂帐：是指经核准经营期消化以前年度潜亏挂帐而减少国有资本；

（六）自然灾害等不可抗拒因素：是指因自然灾害等不可抗拒因素而减少国有资本；

（七）企业按规定上缴红利：是指企业按照有关政策、制度规定分配给投资者红利而减少企业国有资本；

（八）资本（股票）折价：是指企业整体或以主要资产折价发行股票或配股而减少国有资本；

（九）其他客观减少因素：是指除上述情形外，经国有资产监督管理机构按规定认定而减少企业国有资本的因素。

第十四条 国有资本保值增值率计算以企业合并会计报表为依据。企业所有境内外全资子企业、控股子企业，以及各类独立核算分支机构、事业单位和基建项目等应当按规定全部纳入合并会计报表编制范围。

第十五条 企业应当按国家有关财务会计制度和企业财务决算管理规定，委托会计师事务所审计经营期内影响企业国有资本变化的客观增减因素，并由会计师事务所在审计报告中披露或出具必要鉴证证明。

第十六条 企业本期期初国有资本口径应当与上期期末口径衔接一致。企业对期初国有资本进行口径调整应当符合国家财务会计制度有关规定，并对调整情况作出必要说明。本期期初国有资本口径调整范围具体包括：

（一）对企业年度财务决算进行追溯调整；

（二）经营期内子企业划转口径调整；

（三）企业财务决算合并范围变化口径调整；

（四）其他影响企业期初国有资本的有关调整。

第十七条 根据企业国有资产监督管理工作需要，企业保值增值结果按照会计年度、企业负责人任期分别确认。企业负责人任期国有资本保值增值结果以任职期间年度企业财务决算数据为依据。

第三章 国有资本保值增值结果的确认

第十八条 企业应当在规定的时间内，将经营期国有资本保值增值情况和相关材料随年度财务决算报告一并报送国有资产监督管理机构。报送材料应当包括：

（一）《国有资本保值增值结果确认表》及其电子文档；

（二）企业国有资本保值增值情况分析说明，具体内容包括国有资本保值增值完成情况、客观增减因素、期初数据口径、与上期确认结果的对比分析、相关参考指标大幅波动或异常变动的分析说明以及其他需要报告的情况；

（三）客观增减因素证明材料。

第十九条 企业国有资本保值增值客观增减因素的证明材料除年度财务决算审计报告外，还应当包括：

（一）国家有关部门的文件；

（二）有关专项鉴证证明；

（三）企业的有关入账凭证；

（四）其他证明材料。

第二十条 企业上报国有资本保值增值材料应当符合下列要求：

（一）各项指标真实、客观，填报口径符合规定；

（二）电子文档符合统一要求；

（三）各项客观增减因素的材料真实、完整，并分类说明有关情况。

第二十一条 企业负责人、总会计师或主管会计工作的负责人应当对企业上报的国有资本保值增值材料的真实性、完整性负责。承办企业年度财务决算审计业务的会计师事务所及注册会计师应当对其审计的企业国有资本保值增值材料及出具的相关鉴证证明的真实性、合法性负责。

第二十二条 根据出资人财务监督工作需要，国有资产监督管理机构依照《中央企业财务决算报告管理办法》（国资委令第5号）及其他有关规定，对企业财务会计资料及保值增值材料进行核查，并对企业国有资本保值增值结果进行核实确认。

第二十三条 国有资本保值增值结果核实确认工作，应当根据核批后的企业年度财务决算报表数据，剔除影响国有资本变动的客观增减因素，并在对企业不良资产变动因素分析核实的基础上，认定企业国有资本保值增值的实际状况，即国有资本保值增值率。

第二十四条 企业国有资本保值增值结果分为以下三种情况：

（一）企业国有资本保值增值率大于100%，国有资本实现增值；

（二）企业国有资本保值增值率等于100%，国有资本为保值；

（三）企业国有资本保值增值率小于100%，国有资本为减值。

第二十五条 企业国有资本存在下列特殊情形的，不核算国有资本保值增值率，但应当根据经营期国有资本变动状况分别作出增值或减值的判定。

（一）经调整后企业国有资本期初为正值、期末为负值，国有资本保值增值完成情况判定为减值；

（二）经调整后企业国有资本期初为负值、期末为正值，国有资本保值增值完成情况判定为增值。

第二十六条 国有资产监督管理机构应当以经核实确认的企业国有资本保值增值实际完成指标与全国国有企业国有资本保值增值行业标准进行对比分析，按照“优秀、良好、中等、较低、较差”五个档次，评判企业在行业中所处的相应水平。

中央企业国有资产保值增值率未达到全国国有企业保值增值率平均水平的，无论其在行业中所处水平，不予评判“优秀”档次。

第二十七条 下列情形之一的企业国有资本保值增值水平确认为“较差”档次：

（一）存在重大财务问题、年度财务决算严重失实的；

（二）年度财务决算报告被会计师事务所出具否定意见、无法表示意见审计报告的；

（三）持续资不抵债的。

持续资不抵债企业，在经营期间弥补国有资本亏损的，可确认其国有资本减亏率。

第二十八条 经营期内没有实现国有资本保值增值目标的企业，其负责人延期绩效年薪按《中央企业负责人经营业绩考核暂行办法》（国资委令第2号）及其他有关规定扣减。实行工效挂钩的企业，经营期内没有实现国有资本保值增值的，不得提取新增效益工资。

第二十九条 企业在对外提供国有资本保值增值结果时，应当以经国有资产监督管理机构核实确认的结果为依据。

第三十条 国有资本保值增值指标行业标准由国务院国有资产监督管理机构根据每年全国国有资本总体运营态势，以全国国有企业年度财务决算信息为基础，按行业分类统一测算并公布。

第四章 罚　　则

第三十一条 企业报送的年度财务决算报告及国有资本保值增值相关材料内容不完整、各项客观因素证据不充分或数据差错较大，造成企业国有资本保值增值确认结果不真实的，由国有资产监督管理机构责令其重新编报，并进行通报批评。

第三十二条 企业在国有资本保值增值结果确认工作中存在弄虚作假或者提供虚假材料，以及故意漏报、瞒报等情况的，由国有资产监督管理机构责令其改正；情节严重的，按照《企业国有资产监督管理暂行条例》等有关法律法规予以处罚，并追究有关人员责任。

第三十三条 会计师事务所及注册会计师在企业国有资本保值增值有关材料的审计工作中参与作假，提供虚假证明，造成国有资本保值增值结果严重不实的，国有资产监督管理机构应当禁止所出资企业聘请其承担相关审计业务，并通报或会同有关部门依法进行查处。

第三十四条 国有资产监督管理机构相关工作人员在国有资本保值增值结果核实确认过程中徇私舞弊，造成重大工作过失或者泄露企业商业秘密的，依法给予纪律处分；涉嫌犯罪的，依法移交司法机关处理。

第五章 附 则

第三十五条 各省、自治区、直辖市国有资产监督管理机构可依照本办法，结合本地区实际，制定相应工作规范。

第三十六条 本办法实施前的有关企业国有资本保值增值结果确认工作的规章制度与本办法不一致的，依照本办法的规定执行。

第三十七条 本办法自2004年8月30日起施行。

中共北京市委 北京市人民政府 关于全面实施预算绩效管理的实施意见

（2019 年 7 月 9 日）

为深入贯彻落实《中共中央、国务院关于全面实施预算绩效管理的意见》，加快建成全方位、全过程、全覆盖的预算绩效管理体系，结合本市实际，提出如下实施意见。

一、总体要求

（一）指导思想

以习近平新时代中国特色社会主义思想为指导，全面贯彻党的十九大和十九届二中、三中全会精神，深入贯彻落实党中央、国务院决策部署，坚持稳中求进工作总基调，坚持总体设计、统筹兼顾，全面推进、突出重点，科学规范、公开透明，权责对等、约束有力的基本原则，准确把握首都城市战略定位，紧紧围绕提高“四个服务”水平，以绩效为导向，以绩效目标管理为重点，以成本效益分析为抓手，建立预算绩效管理长效机制，着力解决好绩效管理中存在的突出问题，推动财政资金聚力增效，为首都高质量发展提供有力保障。

（二）总体目标

力争到 2020 年底，市、区、乡镇基本建成全方位格局、全过程闭环、全范围覆盖、全成本核算、多主体联动的全面预算绩效管理体系，实现预算和绩效管理一体化。

（三）主要任务

在全面总结本市预算绩效管理经验的基础上，创新预算管理方式，将绩效理念和成本意识贯穿于预算管理全过程，建立预算管理和绩效管理融合机制，着力提高财政资源配置效率和使用效益。一是构建全方位预算绩效管理格局，实施政府预算绩效管理，完善部门和单位预算绩效管理，深化政策和项目预算绩效管理。二是建立全过程预算绩效管理链条，优化事前绩效评估，加强绩效目标管理，强化绩效运行监控，拓展绩效评价范围，深化绩效结果应用，推进绩效信息公开，硬化绩效管理约束。三是完善全覆盖预算绩效管理体系，将一般公共预算、政府性基金预算、国有资本经营预算和社会保险基金预算全部纳入绩效管理。四是探索全成本预算绩效管理模式，以公共产品和服务为对象，运用成本效益分析法实施全成本核算，建立目标质量导向的新型预算资金分配与管理模式。五是推动形成市委、市政府统筹领导，财政部门组织协调，各区各部门主责落实，人大政协参与监督的多主体协同联动机制。

二、主要举措

（一）实施政府预算绩效管理

将各级政府收支预算全面纳入绩效管理。各级政府预算收入要实事求是、积极稳妥、讲求质量，必须与经济社会发展水平相适应。各级政府预算支出要统筹兼顾、突出重点、量力而行，围绕落实国家重大发展战略和重点领域改革，重点关注重大政策和项目支出的运行绩效，确保财政资源高效配置，增强财政可持续性。适时开展市对区财政运行绩效综合评价工作，引导各区围绕高质量发展，不断提高财政收入质量，优化财政支出结构，提升财政运行管理水平。

（二）实施部门和单位预算绩效管理

将部门和单位预算收支全面纳入绩效管理，建立部门和单位整体绩效报告制度。赋予部门和资金使用单位更多的管理自主权，围绕部门和单位职责、行业发展规划，以预算资金管理为主线，统筹考虑资产和业务活动，从运行成本、管理效率、履职效能、社会效应、可持续发展能力和服务对象满意度等方面，衡量部门和单位整体及核心业务实施效果，推动部门和单位整体绩效水平的提高。

（三）完善政策和项目预算绩效管理

从数量、质量、时效、成本、效益等方面，综合衡量政策和项目预算资金使用效果。对实施期超过一年的重大政策和项目实行全周期跟踪问效，建立动态评价调整机制，政策到期、绩效低下的政策和项目要及时清理和退出。

（四）加强一般公共预算绩效管理

收入方面，要重点关注收入结构、征收效率和优惠政策实施效果。支出方面，要重点关注预算资金配置效率、使用效益，特别是重大政策和项目实施效果，其中转移支付预算绩效管理要符合财政事权和支出责任划分规定，重点关注促进各区间财力协调和区域均衡发展。积极开展政府投资基金、政府和社会资本合作（PPP）、政府购买服务、政府债务项目等绩效管理，实现全过程跟踪问效。

（五）建立其他政府预算绩效管理体系

除一般公共预算外，各级政府还要将政府性基金预算、国有资本经营预算、社会保险基金预算全部纳入绩效管理。政府性基金预算绩效管理，要重点关注基金政策设立延续依据、征收标准、使用效果、退出机制、对专项债务的支撑能力等情况。国有资本经营预算绩效管理，要重点关注收益上缴、支出结构、使用效果等情况。社会保险基金预算绩效管理，要重点关注各类社会保险基金收支政策效果、基金管理、精算平衡、运行风险等情况。

（六）强化绩效目标管理

各级政府和各部门各单位编制预算时要分解细化各项工作要求，全面设置部门和单位整体绩效目标、政策及项目绩效目标，将绩效目标管理覆盖到所有预算资金和项目。市、区两级财政部门要将绩效目标设置作为预算安排的前置条件，加强绩效目标审核，将绩效目标与预算同步批复下达。

（七）深化事前绩效评估管理

各部门各单位要开展事前绩效评估，重点论证立项必要性、投入经济性、绩效目标合理性、实施方案可行性、筹资合规性等。投资主管部门要加强基建投资绩效评估，评估结果作为申请预算的必备要件。市、区两级财政部门要推动建立立项评估决策机制，对新出台重大政策、项目预算实行随报、随评、随入库管理，评估结果与部门政策调整和预算安排挂钩。

（八）提升绩效运行监控水平

各级政府和各部门各单位对绩效目标实现程度和预算执行进度实行“双监控”，着力推动绩效运行监控与部门内部控制管理相结合，发现问题及时纠正，确保绩效目标如期保质保量实现。市、区两级财政部门要建立重大政策、项目绩效跟踪机制，对存在严重问题的政策、项目，要暂缓或停止预算拨款，督促整改落实；要加强预算执行监督，盘活存量资金，切实提高资金使用效率。

（九）开展绩效评价

通过自评和外部评价相结合的方式，对预算执行情况开展绩效评价。各部门各单位要对预算执行情况以及政策、项目实施效果开展绩效自评，评价结果报送本级财政部门。市、区两级财政部门要建立重点绩效评价常态机制，每年选择重大政策、重大投资和重点民生项目组织开展绩效评价；探索建立跨部门、跨行业、跨层级战略性资金绩效评价机制。

（十）探索全成本预算绩效管理

各级政府和各部门各单位要将成本意识贯穿于预算管理各环节，运用成本效益分析法，对公共产品和服务实施全成本管理，科学测算、全面衡量各方投入成本，合理设置预期绩效目标和监督考核指标，在预算管理中实现成本定额标准、财政支出标准和公共服务标准相统一。市、区两级财政部门要强化成本效益分析结果的应用，完善财政支出定额标准体系，建立以服务质量、投入成本和实施效果为重要考核内容，以结果为导向配置公共资源的预算管理模式。

（十一）加强绩效结果应用

将预算绩效结果纳入政府绩效和干部政绩考核体系，作为领导干部选拔任用、公务员考核的重要参考。市、区两级财政部门要完善预算绩效结果与政策调整和预算安排挂钩机制，将本级部门整体绩效与部门预算安排挂钩，将下级政府财政运行综合绩效与转移支付分配挂钩。对绩效好的政策和项目原则上优先保障，对绩效一般的政策和项目要督促改进，对交叉重复、碎片化的政策和项目予以调整，对低效无效资金一律削减或取消，对长期沉淀的资金一律收回并按照有关规定统筹用于亟需支持的领域。

（十二）加大绩效信息公开力度

市、区两级财政部门要推进绩效目标和绩效评价报告“双公开”，搭建社会公众参与绩效管理的途径和平台，自觉接受人大和社会各界监督。预算编制阶段，绩效目标要随预算同步审核、同步批复、同步公开，实现绩效目标管理与预算管理全面融合。决算编制阶段，财政评价情况和部门自评报告要分别随政府决算和部门决算向社会公开，提高财政资金使用透明度。

三、保障措施

（一）加强组织领导

坚持党对全面实施预算绩效管理工作的领导，充分发挥党组织的领导作用，增强把方向、谋大局、定政策、促改革的能力和定力。市财政局要加强对全面实施预算绩效管理工作的组织协调。各区各部门要加强对本区本部门及所属单位预算绩效管理的组织领导，增强预算绩效管理力量，充实预算绩效管理人员，督促指导有关政策措施落实，确保预算绩效管理延伸至基层单位和资金使用终端，实现绩效管理的常态化和制度化。

（二）强化绩效管理责任约束

各级政府和各部门各单位是预算绩效管理的责任主体。各级党委和政府主要负责同志对本地区预算绩效负责，部门和单位主要负责同志对本部门本单位预算绩效负责，项目责任人对项目预算绩效负责，对重大项目的责任人实行绩效终身责任追究制，切实做到花钱必问效、无效必问责。

（三）严格考核监督

市、区两级财政部门分别负责对本级部门和预算单位绩效管理工作进行考核，市级财政部门对各区财政部门绩效管理工作进行考核。建立考核结果通报制度，按照中央有关要求对工作成效明显的区和部门给予表彰，对工作推进不力的进行约谈并责令限期整改。审计机关要依法对预算绩效管理情况开展审计监督，财政、审计等部门发现违纪违法问题线索，应当及时移送纪检监察机关。

（四）健全配套机制

市、区两级财政部门要优化预算绩效管理流程，制定和完善预算绩效管理制度和实施细则。完善专家咨询机制，引导和规范第三方参与预算绩效管理，严格执业质量监督管理。加快预算绩效管理信息化建设，搭建大数据分析平台，促进各级政府和各部门各单位的业务、财务、资产等信息互联互通。市、区两级财政部门要建立健全定量和定性相结合的共性绩效指标框架，各行业主管部门要加快构建分行业、分领域、分层次的核心绩效指标和标准体系，实现科学合理、细化量化、可比可测、动态调整、共建共享。创新评估评价方法，充分运用成本效益分析法、比较法、因素分析法、公众评判法、标杆管理法等，提高绩效评估评价结果的客观性和准确性。

（五）做好宣传培训

大力宣传绩效理念和成本意识，为全面实施预算绩效管理营造良好的舆论环境。围绕政策、制度、方法和操作流程等，开展不同层次、多种形式的预算绩效管理培训，提高预算绩效管理人员的业务素质和能力水平。

北京市财政局关于印发《北京市预算绩效目标管理办法》的通知

京财绩效〔2020〕2137号

为进一步加强本市预算绩效管理，提高绩效目标编制质量和财政资金使用效益，根据《中华人民共和国预算法》、《中共北京市委 北京市人民政府关于全面实施预算绩效管理的实施意见》(京发〔2019〕12号)等有关法律、法规，结合本市实际，我局制定了《北京市预算绩效目标管理办法》(见附件)。现予印发，请遵照执行。

附件：《北京市预算绩效目标管理办法》

北京市财政局

2020年10月28日

北京市预算绩效目标管理办法

第一章　总　　则

第一条　为了进一步加强预算绩效管理，提高预算绩效目标管理的科学性、规范性和有效性，根据《中华人民共和国预算法》、《中共北京市委 北京市人民政府关于全面实施预算绩效管理的实施意见》(京发〔2019〕12号)等有关法律、法规，结合北京市实际，制定本办法。

第二条　本办法适用于财政一般公共预算、政府性基金预算、国有资本经营预算、社保基金预算等纳入预算管理资金的绩效目标管理。涉及预算资金及相关管理活动，如政府投资基金、政府和社会资本合作(PPP)、政府债务资金的绩效目标可参照本办法执行。中央及北京市对绩效目标管理有单独管理要求的，按照相关政策执行。涉密部门及涉密项目应按照保密的相关规定执行。

第三条　绩效目标是指财政预算资金计划在一定期限内达到的产出和效果。

绩效目标是建设项目库、编制部门预算、进行事前绩效评估、实施绩效监控、开展绩效评价等工作的重要基础和依据。

第四条　本办法所称绩效目标：

(一) 按照预算支出的范围和内容划分，包括基本支出绩效目标、项目支出绩效目标、市对区专项转移支付绩效目标和部门(单位)整体支出绩效目标。

基本支出绩效目标是指市级预算部门预算中安排的基本支出在一定期限内对本部门或单位正常运转的预期保障程度，一般不单独设定，而是纳入部门或单位整体支出绩效目标统筹考虑。

项目支出绩效目标是指市级预算部门或单位依据职责和事业发展要求，设立并通过预算安排的项目支出在一定期限内预期达到的产出和效果。

市对区专项转移支付绩效目标是指市级财政部门设立的专项转移支付资金在一定期限内预期达到的产出和效果。

部门(单位)整体支出绩效目标是指市级预算部门或单位按照确定的职责，利用全部部门预算资金在一定期限内预期达到的总体产出和效果。

(二)按照时效性划分，包括总体绩效目标和年度绩效目标。

跨年度实施的项目，既要设置项目总体绩效目标，也要设置年度绩效目标。总体绩效目标是指部门预算跨年度项目在计划期内预期达到的产出和效果。年度绩效目标是指部门预算项目在一个预算年度内预期达到的产出和效果。

第五条　绩效目标管理是指市级财政部门、市级预算部门及所属预算单位、区级财政部门、区级预算部门及所属预算单位以绩效目标为对象，以绩效目标的设定、审核、批复等为主要内容所开展的预算管理活动。

第六条　市、区实行绩效目标分级管理。市级财政部门、市级预算部门及所属预算单位是市级绩效目标管理的主体。

第七条　市级财政部门主要职责：

(一)研究制定市级财政绩效目标管理的有关制度，建立完善与绩效目标管理相匹配的共性绩效指标框架；

(二)组织和指导市级预算部门编制绩效目标、审核绩效目标，审核、批复市本级绩效目标并批复市对区专项转移支付绩效目标；

(三)指导市级预算部门及区级财政部门开展绩效目标管理工作，并对部门绩效目标填报质量进行评价。

(四)搭建市级财政预算绩效指标库。

第八条　市级预算部门主要职责：

(一)负责本部门绩效目标及市对区专项转移支付绩效目标的编制、审核、申报、修正调整等工作；

(二)负责部门本级及所属单位和区级预算部门绩效目标运行监控；

(三)负责构建本行业、本领域、分层次的核心绩效指标和标准体系。

第九条　所属预算单位主要职责：

(一)负责本单位绩效目标编制、申报、修正调整等工作；

(二)实施完成所承担任务的绩效目标。

第二章　绩效目标的设定

第十条　绩效目标设定是指市级预算部门或单位按照部门预算管理和绩效目标管理的要求，在编制年度预算、申请追加预算、申请专项转移支付资金时填报绩效目标并随预算向市级财政部门报送的过程。

绩效目标是部门预算安排的重要依据。未按要求设定绩效目标的项目，不得纳入项目库管理，也不得申请部门预算资金。各市级预算部门和单位应按照年度预算编制的要求，设定和填报绩效目标。

第十一条 按照“谁申请资金，谁设定目标”的原则，绩效目标由市级预算部门或单位设定。

项目支出绩效目标，在该项目纳入市级预算部门或单位项目库之前编制，并按要求随同项目入库提交市级财政部门；

市对区专项转移支付绩效目标，由预算部门向财政部门提出资金申请时设定，并提交财政部门审核；

部门(单位)整体支出绩效目标，在申报市级部门预算时编制，并按要求提交市级财政部门。

第十二条 绩效目标要能清晰反映预算资金的预期产出和效果，并以相应的绩效指标予以细化、量化描述。主要包括：

(一)预期产出，是指预算资金在一定期限内预期提供的公共产品和服务情况。

(二)预期效果，是指上述产出可能对经济、社会、环境等带来的影响情况，以及服务或项目受益对象对该项产出和影响的满意程度等。

第十三条 绩效指标是绩效目标的细化和量化描述，主要包括产出指标、效益指标和满意度指标。

(一)产出指标是对预期产出的描述，包括数量指标、质量指标、时效指标、成本指标等。

(二)效益指标是对预期效益的描述，包括经济效益指标、社会效益指标、生态效益指标、可持续影响指标等。

(三)满意度指标是反映服务对象或项目受益人的认可程度的指标。

第十四条 绩效标准是设定绩效指标时所依据或参考的标准。一般包括：

(一)历史标准，是指同类指标的历史数据等；

(二)行业标准，是指国家和北京市公布的行业指标数据等；

(三)计划标准，是指预先制定的目标、计划、预算、定额等数据；

(四)财政部门认可的其他标准。

第十五条 绩效目标设定的依据包括：

(一)国家相关法律、法规和规章制度，国民经济和社会发展规划；

(二)北京市相关法规、规章制度；

(三)市对区事权与支出责任划分的有关规定，专项转移支付管理规定，设立专项转移支付的特定政策目标，各专项的资金管理办法及其实施细则、项目申报指南等；

(四)市级预算部门及单位职能、中长期发展规划、年度工作计划或项目规划；

(五)北京市中期财政规划；

(六)市级财政部门中期和年度预算管理要求，专项转移支付中期规划和年度预算；

(七)相关历史数据、行业标准、计划标准等；

（八）市级财政部门、市级预算部门事前评估结果；

（九）符合市级财政部门要求的其他依据。

第十六条 设定的绩效目标应当符合以下要求：

（一）指向明确。绩效目标要符合国民经济和社会发展规划、部门职能及事业发展规划等要求，并与相应的财政支出范围、方向、效果等紧密相关。

（二）细化量化。绩效目标应当从数量、质量、成本、进度以及效益等方面进行细化，尽量进行定量表述。不能以量化形式表述的，可采用定性表述，但应具有可衡量性。

（三）合理可行。设定绩效目标时要经过调查研究和科学论证，符合客观实际，能够在一定期限内如期实现。

（四）相应匹配。绩效目标要与计划期内的任务数或计划数相对应，与预算确定的投资额或资金量相匹配。

第十七条 绩效目标申报表是所设定绩效目标的表现形式（见附件1），绩效指标内容应与文本内容相对应；市对区专项转移支付绩效目标按照预算管理程序进行填报（见附件2）；部门（单位）整体支出绩效目标，按照确定格式和内容填报，纳入部门预算编报说明中（见附件3）。

第十八条 绩效目标设定的方法包括：

（一）部门（单位）整体支出绩效目标的设定。

1. 对市级预算部门或单位的职能进行梳理，确定各项工作职责。

2. 结合市级预算部门或单位中长期规划和年度工作计划、政策要求，明确年度主要工作任务，预计市级预算部门或单位在本年度内履职所需要达到的总体产出和效果，将其确定为市级预算部门或单位总体目标，并以定量和定性相结合的方式进行表述。

3. 依据市级预算部门或单位总体目标，结合市级预算部门或单位的各项具体工作职责和工作任务，确定每项工作任务预计要达到的产出和效果，从中概括、提炼出最能反映工作任务预期实现程度的关键性指标，并将其确定为相应的绩效指标。

4. 通过收集相关基准数据，确定绩效标准，并结合年度预算安排等情况，确定绩效指标的具体数值。

（二）市对区专项转移支付绩效目标的设定。

1. 对专项转移支付资金的功能进行梳理，包括资金性质、预期投入、支出范围、实施内容、工作任务、受益对象等，明确资金的功能特性。

2. 依据资金的功能特性，预计资金实施在一定时期内所要达到的总体产出和效果，确定资金所要实现的总体目标，并以定量和定性相结合的方式进行表述。

3. 对资金总体目标进行细化分解，从中概括、提炼出最能反映总体目标预期实现程度的关键性指标，并将其确定为相应的绩效指标。

4. 通过收集相关基准数据，确定绩效标准，并结合资金预期进展、预计投入等情况，确定绩效指标的具体数值。

（三）项目支出绩效目标的设定。

1. 对项目的功能进行梳理，包括资金性质、预期投入、支出范围、实施内容、工作任务、受益对象等，明确项目的功能特性。

2. 依据项目的功能特性，预计项目实施在一定时期内所要达到的总体产出和效果，确定项目所要实现的总体目标，并以定量和定性相结合的方式进行表述。

3. 对项目支出总体目标进行细化分解，从中概括、提炼出最能反映总体目标预期实现程度的关键性指标，并将其确定为相应的绩效指标。

4. 通过收集相关基准数据，确定绩效标准，并结合项目预期进展、预计投入等情况，确定绩效指标的具体数值。

第十九条 绩效目标申报程序：

（一）项目绩效目标申报。

1. 所属预算单位设定绩效目标。申请预算资金的单位按照要求设定绩效目标，随同本单位预算提交市级预算主管部门。根据预算主管部门审核意见，对绩效目标进行修改完善。

2. 市级预算部门设定绩效目标。市级预算部门按要求设定本级支出绩效目标，审核、汇总单位绩效目标，提交市级财政部门审核；根据财政部门审核意见对绩效目标进行修改完善。

（二）市对区专项转移支付绩效目标申报。

1. 区级预算部门设定绩效目标。申请转移支付资金的区级预算部门按要求设定绩效目标，并提交区级财政部门；根据区级财政部门审核意见对绩效目标进行修改完善。

2. 市级预算部门设定绩效目标。市级预算部门根据总体情况，按照要求设定绩效目标，并提交市级财政部门审核；根据市级财政部门审核意见对绩效目标进行修改完善。

第三章　绩效目标的审核

第二十条 绩效目标审核是指市级财政部门或市级预算部门对相关部门或单位报送的项目支出绩效目标、市对区专项转移支付绩效目标或部门（单位）整体支出绩效目标进行审查核实，并将审核意见反馈给相关被审核主体，指导其修改完善绩效目标的过程。

第二十一条 按照“谁分配资金，谁审核目标”的原则，绩效目标由市级财政部门或市级预算部门按照预算管理级次进行审核。

第二十二条 绩效目标审核是部门预算审核的有机组成部分。绩效目标不符合要求的，市级财政部门或市级预算部门应要求报送单位及时修改、完善。审核符合要求后，方可进入项目库，并进入下一步预算编审流程。

第二十三条 市级预算部门对部门本级和所属单位填报的项目支出绩效目标、市对区专项转移支付绩效目标、部门（单位）整体支出绩效目标进行审核。

第二十四条 市级财政部门根据部门预算审核的范围和内容，对市级预算部门报送的项目支出绩效目标、市对区专项转移支付绩效目标、部门（单位）整体支出绩效目标进行审核。

第二十五条 绩效目标审核的主要内容：

（一）完整性审核。绩效目标的内容是否完整，绩效目标是否明确、清晰。

（二）相关性审核。绩效目标的设定与部门职能、事业发展规划是否相关，是否对申报的绩效目标设定了相关联的绩效指标，绩效指标是否细化、量化。

（三）适当性审核。资金规模与绩效目标之间是否匹配，在既定资金规模下，绩效目标是否过高或过低；或者要完成既定绩效目标，资金规模是否过大或过小。

（四）可行性审核。绩效目标是否经过充分论证和合理测算；所采取的措施是否切实可行，并能确保绩效目标如期实现。综合考虑成本效益，是否有必要安排财政资金。

第二十六条 原则上，绩效目标应由市级预算部门自主审核。针对资金量大、受益范围广、社会影响力大的项目可根据需要委托第三方机构进行绩效目标审核。委托第三方审核应严格控制行政成本，根据服务标准、支出标准和工作量支付评价服务费，强化对第三方的指导、培训和质量监督，提高绩效目标审核质量。

第二十七条 绩效目标审核结果分为“优”“良”“中”“差”四个等级，作为预算安排的重要参考因素。审核结果为“优”的，直接进入下一步预算安排流程；审核结果为“良”的，可与相关市级预算部门或单位进行协商，直接对其绩效目标进行完善后，进入下一步预算安排流程；审核结果为“中”的，由相关市级预算部门或单位对其绩效目标进行修改完善，按程序重新报送审核；审核结果为“差”的，不得进入下一步预算安排流程。

第二十八条 绩效目标审核程序如下：

（一）项目支出绩效目标审核。

1. 市级预算部门审核。市级预算部门对部门本级和所属单位报送的绩效目标进行审核，提出审核意见并反馈给单位。单位根据审核意见对相关绩效目标进行修改完善，重新提交市级预算主管部门审核，审核通过后按程序报送市级财政部门。

2. 市级财政部门审核。市级财政部门对市级预算部门报送的绩效目标进行审核，提出审核意见并反馈给预算部门。市级预算部门根据市级财政部门意见对相关绩效目标进行修改完善，重新报送市级财政部门审核。市级财政部门根据绩效目标审核情况提出预算安排意见。

（二）市对区专项转移支付绩效目标审核。

1. 预算部门审核。预算部门对拟申报的市对区专项转移支付绩效目标进行审核，审核通过后提交本级财政部门审核，并根据财政部门审核意见对相关绩效目标进行修改完善。

2. 财政部门审核。财政部门对本级预算部门报送的专项转移支付绩效目标进行审核，提出审核意见并反馈预算部门。预算部门根据财政部门意见对相关绩效目标进行修改完善，重新报送财政部门审核。财政部门根据绩效目标审核情况提出预算安排意见。

第四章　绩效目标的批复、调整与应用

第二十九条 按照“谁批复预算，谁批复目标”的原则，市级财政部门在批复年初部门预算或调整预算时，按要求一并批复绩效目标。

第三十条 绩效目标确定后，一般不予调整。各市级预算部门向市级财政部门申请调剂预算的，应同步办理绩效目标调整，随预算调剂流程调整绩效目标。

第三十一条　市级预算部门或单位应按照批复的绩效目标组织预算执行，并根据设定的绩效目标开展绩效监控、单位自评、部门评价和财政评价，具体工作根据相关制度办法开展。

第三十二条　绩效目标按要求随预算报同级人大审议，并按要求随部门预算同步向社会公开。

第五章　附　　则

第三十三条　各区财政部门、各预算部门可结合实际，制定具体的管理办法和实施细则。

第三十四条　本办法由市财政局负责解释。

第三十五条　本办法自印发之日起施行。

附：1. 项目支出绩效目标申报表

　　2. 市对区专项转移支付绩效目标申报表

　　3. 部门(单位)整体支出绩效目标申报表

北京市国资委 北京市企业财务决算报告管理办法

（2009 年 3 月）

各企(事)业单位：

为贯彻落实《企业国有资本保值增值结果确认暂行办法》(国务院国资委令第 9 号)，加强企业国有资产的监督管理，规范国有资本保值增值结果确认工作，现就有关问题通知如下：

一、国有资本保值增值结果确认工作范围。北京市人民政府国有资产监督管理委员会(以下简称市国资委)履行出资人职责的各企(事)业单位(以下简称市国资委企(事)业单位)，都应按规定纳入国有资本保值增值结果确认工作的范围。

二、市国资委企(事)业单位在进行国有资本保值增值结果确认工作时，要严格遵循以下方法和工作程序：

(一) 国有资本保值增值结果确认工作中的基础数据，从经审计后的年度合并会计报表中的“所有者权益(或股东权益)增减变动表”([企财 05]表)自动提取，生成“国有资本保值增值结果确认表”。

(二) 报送材料：

1. 市国资委企(事)业单位法定代表人签字并加盖单位公章的“国有资本保值增值结果确认表”及其电子文档。

2. 市国资委企(事)业单位国有资本保值增值情况分析说明。具体内容包括国有资本保值增值完成情况、客观增减因素、期初数据口径与上期确认结果的对比分析、相关参考指标大幅波动或异常变动的分析说明以及其他需要报告的情况。

3. 客观增减因素证明材料。其中客观因素增减事项要提供有关部门或机构的批复文件、证明文件的复印件。

4. 会计师事务所对“企业财务决算报告”中“所有者权益(或股东权益)增减变动表”([企财 05]表)的专项审计报告。

上述材料装订成册，按一式两份上报市国资委核实确认。

三、市国资委企(事)业单位应当在企业财务决算工作完成并在国有资本保值增值任务参数公布后的 10 个工作日内，将经营期国有资本保值增值情况和相关材料报送市国资委统计评价处。

四、国有资本保值增值结果确认工作软件使用说明。

年度企业报表处理软件录入版需下载国有资本保值增值任务参数升级后，才可作为国有资本保值增值工作软件。操作程序：登录北京久其软件股份有限公司网(WWW.jiuqi.com.cn)，下载“××年度北京市国有资本保值增值考核任务软件”。

五、市国资委企(事)业单位国有资本保值增值率未达到全国国有企业保值增值率平均水平及市国资委下达的国有资产保值增值指标的，无论其在行业中所处何等水平，不予评判“优秀”档次，并在原档次的基础上下调一个档次。

六、市国资委企(事)业单位经营期内没有实现国有资本保值增值目标的，其负责人年薪按《北京市国有及国有控股企业负责人经营业绩考核暂行办法》、《北京市国有及国有控股企业负责人薪酬管理暂行办法》及其他有关规定扣减其绩效年薪；实行工效挂钩的企业，经营期内没有实现国有资本保值增值的，不得提取新增效益工资。

七、国有资本保值增值结果核实确认工作完成后，市国资委将对保值增值结果按照企业的经营规模、不同类型等进行排序，并反馈到企业。

八、市国资委企(事)业单位要加强国有资本保值增值结果确认工作的组织领导，严格按照《企业国有资本保值增值结果确认暂行办法》(国务院国资委令第9号)和本通知的要求，认真执行。

附件:《企业国有资本保值增值结果确认暂行办法》(国务院国资委令第9号)

北京市内部审计规定

北京市人民政府令　第289号

《北京市内部审计规定》已经2019年9月24日市人民政府第46次常务会议审议通过，现予公布，自2020年1月1日起施行。

市长　陈吉宁

2019年10月17日

北京市内部审计规定

第一条　为了建立健全内部审计制度，规范内部审计行为，加强对内部审计工作的指导和监督，充分发挥内部审计作用，根据《北京市审计条例》，结合本市实际情况，制定本规定。

第二条　本市行政区域内的内部审计工作及其指导和监督活动，适用本规定。

本规定所称内部审计，是指依法属于审计监督对象的国家机关、事业单位、社会团体以及国有、国有资本占控股地位或者主导地位的企业和金融机构等单位（以下统称为单位），对本单位及所属单位财政财务收支、经济活动、内部控制和风险管理实施独立、客观的监督并作出评价和建议，促进单位完善治理、实现目标的活动。

第三条　市和区审计机关负责本行政区域内内部审计工作的指导和监督，履行下列职责：

（一）指导单位建立健全内部审计制度；

（二）监督单位履行内部审计职责；

（三）组织单位实施内部审计项目；

（四）检查单位内部审计质量；

（五）指导内部审计协会工作；

（六）法律、法规规定的其他职责。

有关政府部门协助审计机关做好本行业或者本系统内部审计工作的指导和监督。

第四条　单位应当依照法律、法规和本规定建立健全与本单位业务规模和性质相适应的内部审计制度。

内部审计制度应当包括领导体制、机构设置、人员配备、职责权限、经费保障、审计实施、结果运用、责任追究和考核标准等内容。

第五条　单位主要负责人对本单位内部审计工作全面负责，履行下列职责：

（一）组织制定并督促落实内部审计制度；

（二）保证内部审计工作所需经费；

（三）定期研究内部审计工作，及时解决重大问题；

（四）批准年度内部审计计划和审计报告；

（五）检查内部审计工作，督促整改内部审计发现的问题。

第六条 国有、国有资本占控股地位或者主导地位的企业应当按照国家有关规定建立总审计师制度，协助本单位主要负责人管理内部审计工作。

第七条 国有、国有资本占控股地位或者主导地位的企业和金融机构应当按照国家和本市有关规定，设立独立的内部审计机构，配备专职的内部审计人员。

国家机关、事业单位、社会团体应当根据工作需要，设立独立的内部审计机构，配备专职的内部审计人员，或者明确履行内部审计职责的机构，配备专职或者兼职的内部审计人员。履行内部审计职责的机构应当与本单位财务工作相分离。

独立的内部审计机构和履行内部审计职责的机构以下统称为内部审计机构。

第八条 内部审计机构负责组织实施内部审计工作，对本单位管理和使用的公共资金、国有资产、国有资源和内部管理的领导人员履行经济责任情况进行审计。

第九条 内部审计人员应当具备从事内部审计工作所需要的专业知识和业务能力，定期接受内部审计业务岗位培训；担任内部审计机构负责人的，还应当具备审计、会计、经济、法律或者管理等工作背景。

第十条 单位应当保持内部审计人员的相对稳定；不得安排内部审计机构和内部审计人员从事可能影响独立、客观履行审计职责的工作。

第十一条 内部审计机构和内部审计人员依照法律、法规和本规定规定的职责、权限和程序，实施内部审计。

第十二条 内部审计机构在单位主要负责人或者其授权的总审计师的直接领导下开展内部审计工作，不受单位内部其他机构和个人的干涉。

第十三条 内部审计人员办理审计事项，应当遵守内部审计职业规范和本单位有关要求，恪守职业道德，保守国家秘密和商业秘密。

内部审计人员与被审计对象或者审计事项有利害关系的，应当主动申请回避。被审计对象有权申请内部审计人员回避。内部审计人员的回避，由内部审计机构负责人决定；内部审计机构负责人的回避，由本单位主要负责人决定。

第十四条 内部审计机构按照国家有关规定、本单位业务规模和性质，对下列事项履行内部审计职责：

（一）本单位及所属单位落实国家和本市重大政策措施情况；

（二）本单位及所属单位发展规划、战略决策、重大措施和年度业务计划执行情况；

（三）本单位及所属单位财政财务收支及相关经济活动；

（四）本单位及所属单位固定资产投资项目；

（五）本单位及所属单位自然资源资产管理和生态环境保护责任的履行情况；

（六）本单位及所属单位境外机构、境外资产和境外经济活动；

（七）本单位及所属单位经济管理和经济效益情况；

（八）本单位及所属单位内部控制和风险管理情况；

（九）本单位内部管理的领导人员履行经济责任情况；

（十）指导、监督和管理所属单位的内部审计工作；

（十一）国家和本市有关规定以及本单位要求审计的其他事项。

第十五条 内部审计机构和内部审计人员履行内部审计职责有权采取下列措施：

（一）要求被审计对象按时报送发展规划、战略决策、重大措施、内部控制、风险管理、财政财务收支等有关资料，以及必要的计算机信息系统技术文档；

（二）检查有关财政财务收支、经济活动、内部控制、风险管理的资料、文件和现场勘察实物；

（三）检查有关计算机信息系统及其电子数据和资料；

（四）就审计事项中的有关问题，向有关单位和个人开展调查和询问，取得相关证明材料；

（五）对正在进行的违法违规、损失浪费等行为，及时向单位主要负责人报告，经同意作出临时制止决定；

（六）对可能被转移、隐匿、篡改、毁弃的会计凭证、会计账簿、会计报表以及与经济活动有关的资料，经单位主要负责人批准，有权予以暂时封存；

（七）提出纠正、处理违法违规行为的意见和改进管理、提高绩效的建议；

（八）对违法违规和造成损失浪费的，给予通报批评或者提出追究责任的建议。

第十六条 内部审计机构和内部审计人员依法履行职责，被审计对象应当支持和配合，按照要求提供相关资料，并对所提供资料的真实性和完整性负责。

第十七条 内部审计机构应当根据本单位工作实际、审计力量和经费保障等情况，制定本单位年度内部审计计划，确定审计项目，经单位主要负责人批准后实施。

第十八条 内部审计机构根据确定的审计项目组成审计组，编制项目审计方案。审计组不得少于2名审计人员。

内部审计机构应当在实施审计3日前，向被审计对象送达审计通知书。

第十九条 审计组应当按照项目审计方案实施审计，获取审计证据，形成审计工作底稿。

第二十条 审计组根据审计工作底稿，编制内部审计报告，并书面征求被审计对象意见。被审计对象应当在5个工作日内反馈书面意见。被审计对象有异议的，审计组应当核实，并根据核实结果修改内部审计报告。

内部审计机构对审计组提交的内部审计报告进行复核，经单位主要负责人批准，出具内部审计报告，并送达被审计对象。

第二十一条 内部审计报告应当对审计事项作出评价，指出存在的问题，提出纠正和处理的意见以及改进的建议和措施。

第二十二条 内部审计项目委托社会审计机构实施的，应当经本单位主要负责人同意。内部审计机构应当核查社会审计机构出具的审计报告，并对采用的审计结果负责。

社会审计机构接受单位的委托实施内部审计的，应当遵守内部审计准则的规定，并对出具的审计报告负责。

第二十三条 被审计对象应当对内部审计报告提出的问题进行整改，并在规定的期限内向内部审计机构书面报告整改情况；对不能及时整改的，应当说明原因并制定整改计划。

第二十四条 内部审计机构应当检查被审计对象的整改情况，并向单位主要负责人报告。

内部审计结果及整改情况应当在本单位内部通报。

内部审计结果及整改情况应当作为本单位考核、任免、奖惩和相关决策的重要依据。

第二十五条 对内部审计发现的违法违纪问题线索，单位应当依法移送有权机关处理。

第二十六条 依法成立的内部审计协会是内部审计行业自律性组织，依照法律、法规、规章和章程开展活动，引导和规范内部审计机构和内部审计人员的职业行为，维护会员合法权益。

审计机关鼓励和支持内部审计协会采取学术研究、理论研讨、业务交流、宣传培训和职业教育等措施，提高内部审计人员专业素质和能力。

第二十七条 审计机关实施审计项目，应当对单位建立健全内部审计制度、开展内部审计工作等情况进行评价，并可以利用内部审计力量和成果。

对内部审计发现且已经纠正的问题，经审计机关核实，确认整改到位的，可以不再在审计报告中反映。

第二十八条 违反本规定第四条规定，单位未建立健全内部审计制度的，由审计机关责令限期改正；逾期仍不改正的，给予通报批评。

第二十九条 违反本规定第五条规定，单位主要负责人未履行内部审计职责的，由审计机关对单位主要负责人进行约谈；经约谈仍未履行职责的，移交有权机关追究责任。

第三十条 内部审计机构或者内部审计人员有下列情形之一的，由单位责令改正，对直接负责的主管人员和其他直接责任人员依法给予处分；涉嫌犯罪的，依法追究刑事责任：

（一）未按照项目审计方案实施内部审计的；

（二）隐瞒内部审计发现问题的；

（三）出具虚假内部审计报告的；

（四）泄露国家秘密或者商业秘密的；

（五）违反回避规定的。

第三十一条 被审计对象有下列情形之一的，由单位责令改正，对直接负责的主管人员和其他直接责任人员依法给予处分：

（一）拒绝接受或者拒绝配合内部审计工作的；

（二）拒绝、拖延提供与内部审计项目有关的资料，或者提供资料不真实、不完整的；

（三）拒绝整改内部审计发现问题的。

第三十二条 本规定自 2020 年 1 月 1 日起施行。

北京市国资委关于印发《企业财务决算审计工作规则》的通知

京国资评价字〔2004〕29号

第一章 总 则

第一条 为加强北京市人民政府授权北京市人民政府国有资产监督管理委员会(以下简称市国资委)依法履行出资人职责的企(事)业单位(以下简称企业)财务监督，规范企业年度财务决算审计工作，提高企业会计信息质量，依据《企业国有资产监督管理暂行条例》和国家有关财务会计制度规定，制定本规则。

第二条 本规则所称年度财务决算审计，是指按照有关规定委托具有资质条件的会计师事务所及注册会计师，以国家财务会计制度为依据，对企业编制的年度财务决算报告及经济活动进行审查并发表独立审计意见的监督活动。

第三条 本规则所称年度财务决算报告，是指企业按照国家财务会计制度规定，根据统一的编制口径、报表格式和编报要求，依据有关会计账簿记录和相关财务会计资料，编制上报的反映企业年末结账日资产及财务状况和年度经营成果、现金流量、国有资本保值增值等基本经营情况的文件。企业年度财务决算审计报告是企业年度财务决算报告的必备附件。

第四条 市国资委依法对企业年度财务决算的审计工作进行监督。

第二章 审计机构委托

第五条 为保证企业年度财务状况及经营成果的真实性，根据财务监督工作的需要，企业年度财务决算审计采取企业推荐会计师事务所报市国资委核准或者由市国资委委托会计师事务所对企业年度财务决算进行审计等方式进行。

第六条 企业应当按照“统一组织、统一标准、统一管理”的工作原则，由企业总部按照有关规定，推荐会计师事务所对企业及各级子企业年度财务决算进行审计，并报市国资委批准。

第七条 对于企业总部统一委托会计师事务所的企业，应当根据市国资委的批复，并在与所委托会计师事务所签定年度财务决算审计业务约定书15日之内，将约定书及会计师事务所有关资质证明材料报市国资委审核备案，备案材料应当符合下列要求：

(一)业务约定书应当明确企业与会计师事务所双方在年度财务决算审计工作中的权利、义务和责任。

业务约定书应当明确规定，会计师事务所不得将承揽企业的年度财务决算审计业务再转包或分包给其他会计师事务所。会计师事务所下属分所不得单独出具企业年度财务决算审计报告。

（二）会计师事务所相关资质证明材料包括：

1. 会计师事务所营业执照、执业证书复印件；

2. 注册会计师名单；

3. 会计师事务所最近3年执业情况总结；

4. 要求提供的其他有关证明材料。

第八条 对上一年度财务决算经市国资委复核发现有重大问题的企业，由市国资委按照“公开、公平、公正”的原则，采用公开招标等方式统一委托会计师事务所对企业年度财务决算进行审计。

第九条 承办企业年度财务决算审计的会计师事务所（含参审会计师事务所）应当具有较完善的内部执业质量控制管理制度，执业质量应当符合国家有关规定要求，并且其资质条件应当与企业规模相适应。承办企业年度财务决算审计的会计师事务所应具备以下条件：

（一）依法成立，具有财务审计业务执业资格；

（二）通过北京注册会计师协会上一年度年检，三年内未有不良记录，机构内部执业质量控制管理制度健全，且能保证正常实施的；

（三）在注册会计师协会上一年度北京地区年审计业务收入排名在100名（含100名）以前的能够做主审所审计大型企业；

（四）对于拥有上市公司控股权的集团公司，必须具有证券业的从业资格。

第十条 企业年度财务决算审计工作，原则上统一委托1家会计师事务所承办；对于所属子企业分布地域较广的，可由企业总部委托多家会计师事务所共同承办（一般不超过5家）。

第十一条 委托多家会计师事务所共同承办年度财务决算审计业务的，应当明确由承办企业总部审计业务的会计师事务所担任主审会计师事务所。主审会计师事务所承担的审计业务量一般不得低于50%（特殊情形企业另行规定），同时负责该企业全部审计工作的组织、质量控制及集团合并报表的审计，并对出具的该企业年度财务决算审计报告负责。

对于多家会计师事务所共同承办年度财务决算审计的，企业应当做好主审会计师事务所与参审会计师事务所的分工协作，并在业务约定书中予以明确。

第十二条 同一会计师事务所应当连续承办企业年度财务决算的审计业务不少于2年，但对同一企业年度财务决算的审计不应连续超过5年。

企业因特殊情形需变更会计师事务所的，应当将变更原因及重新委托的会计师事务所有关情况及时报市国资委批准。

被更换会计师事务所对变更有异议的，可以向市国资委提交陈述报告。

第十三条 企业与承办企业年度财务决算审计业务的会计师事务所及注册会计师之间不应当存有利害关系。

第三章 审计工作要求

第十四条 承办企业年度财务决算审计业务的会计师事务所及注册会计师实施审计的范围应当包括：

（一）资产负债表、利润及利润分配表、现金流量表、所有者权益变动表；

（二）会计报表附注；

（三）市国资委要求的专项审计事项；

（四）企业要求的其他专项审计事项。

第十五条 企业应当为会计师事务所及注册会计师开展年度财务决算审计、履行必要审计程序、取得充分审计证据提供必要条件，不得干预会计师事务所及注册会计师的审计活动，以保证审计结论的独立、客观、公正。

第十六条 承办企业年度财务决算审计业务的会计师事务所及注册会计师，应当认真遵照《独立审计准则》以及其他职业规范，并按照国家有关财务会计制度规定和市国资委对年度财务决算的统一工作要求，对企业年度财务决算实施审计。

第十七条 会计师事务所及注册会计师对企业年度财务决算出具的审计报告意见类型应当准确恰当，披露信息应当全面完整。

第十八条 会计师事务所应当在企业年度财务决算报告规定上报时间前完成审计业务工作，并出具审计报告。对不能按期完成企业年度财务决算审计工作的会计师事务所，企业报市国资委同意后可予以更换。

第十九条 承办企业年度财务决算审计业务的会计师事务所，应当按照国家有关规定，妥善保管好年度财务决算审计工作底稿及相关材料，并做好归档管理工作，以备查用。

第二十条 企业及各级子企业应当根据会计师事务所及注册会计师提出的审计意见进行财务决算调整；企业对审计意见或审计结论存有异议未进行财务决算调整的，应当在上报年度财务决算报告中向市国资委专门说明。

第二十一条 企业总部设在港澳地区的企业年度财务决算审计工作，以所在地区法律规定为依据。

第二十二条 企业对下列特殊情形的子企业，应当建立完善的内部审计制度，并出具内部审计报告，以保证年度财务决算的真实、完整。

（一）按照国家有关规定，涉及国家安全不适宜会计师事务所审计的特殊子企业；

（二）依据所在国家及地区法律规定进行审计的境外子企业；

（三）国家法律、法规未规定须委托会计师事务所审计的有关单位。

第四章 审计事项披露

第二十三条 承办企业年度财务决算审计业务的会计师事务所及注册会计师，在审计工作中要按照国家有关财务会计制度、独立审计准则和年度财务决算工作要求，对企业重要财务会计事项予以关注，并在审计报告中予以披露；对于市国资委提出的专项工作要求，可以专项报告的形式予以披露。

第二十四条 会计师事务所及注册会计师在年度财务决算审计中，应当重点关注企业年度财务决算编报范围是否齐全、报表合并口径和方法是否正确、合并内容是否完整及对资产和财务状况的影响，并应当对应纳入而未纳入合并范围的子企业对资产和财务状况的影响作重点说明。主要说明内容包括：

（一）未按照规定纳入合并报表范围的所属子企业户数情况；

（二）未按照规定将企业所属实行金融或者事业会计制度的子企业或者单位资产及效益并入年度财务决算报表情况；

（三）企业所属境外子企业和分支机构资产及效益是否并入年度财务决算报表情况；

（四）未按照规定对具有控制权或者重大影响力的长期投资情况进行权益法核算；

（五）其他需要说明的事项。

第二十五条 主审会计师事务所应当关注与披露企业所属各子企业的分户年度财务决算审计情况，逐户列明审计机构、审计结论及审计保留事项的原因，以及对企业财务状况的影响程度或金额。

第二十六条 会计师事务所及注册会计师应当关注与披露企业实际发生的各项经济业务是否按照国家统一的财务会计制度规定予以确认、计量和登记，会计核算方法和会计政策是否符合国家财务会计制度规定。具体披露内容应当包括：

（一）采用的会计核算方法和会计政策是否正确，年度间是否一致，发生变更是否经过核准或者备案；

（二）资产、负债和所有者权益的确认标准和计量方法是否准确；

（三）固定资产主要类型及计提折旧情况，在建工程项目及结算情况；

（四）各种资产损失情况及处理办法；

（五）各项减值准备的计提方法、变更情况及减值准备转回情况；

（六）企业从事高风险投资经营情况，如证券买卖、期货交易、房地产开发等业务占用资金和效益情况；

（七）财产抵押、对外担保、未决诉讼等或有事项，是否如实在年度财务决算中予以反映；

（八）财务成果的核算是否真实、完整，影响企业财务经营成果的各种因素是否合理及其金额；

（九）所有者权益增减变动因素是否真实可靠。

第二十七条 会计师事务所及注册会计师在审计过程中发现企业内部会计控制制度存在重大缺陷的，应当予以披露，并按照要求出具管理建议书。

第二十八条 会计师事务所及注册会计师在年度财务决算专项审计报告中，根据市国资委要求应当关注和披露下列有关专项审计事项：

（一）国有资本保值增值及主客观因素变动情况；

（二）企业年度财务决算中主要指标年初数与上年年末数不一致的情况及主要原因；

（三）按照国家政策开展清产核资、主辅分离、债务重组、改制改组、破产出售、资产处置、债转股等工作的企业，依据有关部门批复文件调整会计账务情况；

（四）企业本年度财务决算中依据会计师事务所对上年度财务决算出具的审计意见予以会计账务调整情况；

（五）企业本年度财务决算中依据会计师事务所审计意见所进行的主要账务调整事项；

（六）其他需要关注和披露事项。

第五章　审计意见处理

第二十九条　企业对会计师事务所及注册会计师对年度财务决算出具的审计报告中提出的意见和问题，应当依据国家有关财务会计制度，认真对照检查，对确实存在问题的，应当采取有效整改措施。

第三十条　对会计师事务所及注册会计师出具的审计报告有不同意见的，应当在年度财务决算报告中予以说明；存在较大分歧的，应当向市国资委提交专项报告予以说明。

第三十一条　对会计师事务所及注册会计师出具的审计报告为保留意见的，企业应当在年度财务决算报告中，对保留事项予以说明。

第三十二条　对会计师事务所及注册会计师出具审计报告属否定意见和无法表示意见的，企业应当在上报年度财务决算报告时提交专项报告予以说明。

第六章　审计工作责任

第三十三条　企业应当对向会计师事务所及注册会计师提供的会计记录和财务数据的真实性、合法性和完整性承担责任。会计师事务所及注册会计师应当对出具的审计报告承担相应责任。

对按照国家有关规定不适宜会计师事务所审计的子企业或所属单位，注册会计师和会计师事务所可以依据内部审计报告发表审计意见。企业应对内部审计报告的真实性、完整性承担责任。

第三十四条　会计师事务所及注册会计师对企业年度财务决算的审计工作或者审计质量不符合统一工作要求，市国资委可要求补充相关资料或者重新审计；审计结论及意见不准确或审计质量存在较多问题的，市国资委可更换或者要求企业更换会计师事务所重新审计。

第三十五条　企业拒绝或者故意不提供有关财务会计资料和文件，影响和妨碍注册会计师正常审计业务，会计师事务所应当及时向市国资委反映情况。

第三十六条　市国资委将建立企业年度财务决算审计工作质量档案管理制度，对于在企业年度财务决算审计工作中存在以下问题或行为的会计师事务所，将予以通报或者限制其审计业务：

（一）对企业年度财务决算审计程序、范围、依据、内容、审计工作底稿等存在问题和缺陷，以及审计结论避重就轻、含糊其词、依据严重不足的，予以通报。凡在企业年度财务决算审计工作中被给予通报的会计师事务所，3 年内不得承担企业有关审计业务；

（二）在企业年度财务决算审计中存在重大错漏，应当披露未披露重大财务事项，或者发生重大违法违规行为的，今后不得再承担企业审计业务。

第三十七条 会计师事务所和注册会计师违反《中华人民共和国注册会计师法》等有关法律法规，与企业及相关人员串通，弄虚作假，出具不实或虚假内容的审计报告的，市国资委将通报有关部门依法予以处罚。

第三十八条 市国资委通过企业年度财务决算审核和监事会稽核等工作制度，对企业年度财务决算审计质量进行监督。

第七章　附　　则

第三十九条 各区县国有资产监督管理机构可以参照本规则，制定本地区相关工作规范。

第四十条 本规则自印发之日起施行。

北京市国资委关于印发《关于贯彻执行〈企业国有资本保值增值结果确认暂行办法〉有关问题》的通知

京国资评价字〔2005〕110号

为了贯彻党的十六大、十六届三中全会和市委九届六次会议精神，推进股份制改革，完善公司法人治理结构，加快建立现代企业制度，适应新的国有资产管理体制的要求，依法规范地行使出资人权利，北京市人民政府国有资产监督管理委员会(以下简称市国资委)，依据《中华人民共和国公司法》(以下简称《公司法》)、《企业国有资产监督管理暂行条例》(以下简称《条例》)等法律法规，提出国有独资公司董事会建设的指导意见。

一、基本思路

(一) 董事会建设的根本宗旨是忠实代表所有者利益、对出资人负责、增强公司市场竞争力。

(二) 按照《公司法》的规定，对于国有独资形式的大型集团公司，要健全和完善董事会，形成符合现代企业制度要求的公司法人治理结构。

(三) 市国资委对国有独资公司履行出资人职责的重点是对董事会和监事会的管理，既实现出资人职责到位，又确保企业依法享有经营自主权。

(四) 完善董事会组织结构，健全董事会工作机构，完善董事会运作机制，确保董事会对公司进行有效的战略控制和监督。

二、董事会的职责

(一) 董事会依照《公司法》的规定行使以下职权：

1. 执行市国资委的决定，并向市国资委报告工作；

2. 选聘或者解聘公司总经理，并根据总经理的提名，聘任或者解聘公司副总经理、财务负责人等；负责对总经理的考核，决定其报酬事项，并根据总经理建议决定副总经理、财务负责人等的报酬；

3. 决定公司的经营计划、投资方案(含投资设立企业、收购股权和实物资产投资方案)，以及公司对外担保；

4. 制订公司的年度财务预算方案、决算方案；

5. 制订公司的利润分配方案和弥补亏损方案；

6. 制订公司增加或者减少注册资本的方案以及发行公司债券的方案；

7. 拟订公司合并、分立、变更公司形式、解散的方案；

8. 决定公司内部管理机构的设置，决定公司分支机构的设立或者撤销；

9. 制定公司的基本管理制度。

（二）根据公司具体情况，董事会可以行使以下职权：

1. 审核公司的发展战略和中长期发展规划，并对其实施情况进行监督；

2. 决定公司的年度经营目标；

3. 决定公司的风险管理体系，包括风险评估、财务控制、内部审计、法律风险控制，并对实施进行监控；

4. 制订公司主营业务资产的股份制改造方案(包括各类股权多元化方案和转让国有产权方案)、与其他企业重组方案；

5. 除公司重要子企业的重组和股份制改造方案须由市国资委审核批准外，决定公司其他内部业务重组和改革事项；

6. 除依照有关规定须由市国资委批准的重要子企业的重大事项外，依照法定程序决定或参与决定公司所投资的全资、控股、参股企业的有关事项；

7. 制订公司章程草案和公司章程的修改方案。

（三）董事会应对以下有关决策制度做出全面、明确、具体的规定，并将其纳入公司章程：

1. 应由董事会决定的重大事项的范围和数量界限(指可量化的标准，下同)，其中重大投融资应有具体金额或占公司净资产比重的规定；

2. 公司发展战略、中长期发展规划、重大投融资项目等决策的程序、方法，并确定投资收益的内部控制指标；

3. 董事会表决前必须对决策的风险进行讨论，出席董事会会议的董事应做出自己的判断；

4. 董事会对董事长、董事的授权事项应有具体的范围、数量和时间界限。

三、董事及外部董事制度

（一）董事通过出席董事会会议、参加董事会的有关活动行使权利。

（二）董事要讲求诚信，忠实履行职责，严格遵守法律、法规和公司章程的规定，依法承担保守商业秘密和竞业禁止义务，最大限度维护所有者的利益，追求国有资产的保值增值。

（三）董事对行使职权的结果负责，对失职、失察、重大决策失误等过失承担责任，违反《公司法》、《条例》等法律、法规规定的，追究其法律责任。

董事会决议违反法律、法规或公司章程规定，致使公司遭受损失，投赞成票和弃权票的董事个人承担直接责任(包括赔偿责任)，对经证明在表决时曾表明异议并载于会议记录的投反对票的董事，可免除个人责任。

（四）外部董事指由非本公司员工的外部人员担任的董事。外部董事不在公司担任除董事和董事会专门委员会有关职务外的其他职务。

外部董事与其担任董事的公司不应存在任何可能影响其公正履行外部董事职务的关系。

（五）专门在若干公司担任外部董事职务的为专职外部董事。除外部董事职务外，在其他单位还担任其他职务的为兼职外部董事。

（六）市国资委选聘外部董事，可以特别邀请国内外知名专家、学者、企业家；可以从所出资企业有关人员中挑选；可以面向社会公开选聘。

（七）外部董事应是公司主营业务投资、企业经营管理、财务会计、金融、法律、人力资源管理等某一方面的专家或具有实践经验的人士。

（八）除专职外部董事外，外部董事任期结束后不再续聘的为自动解聘，市国资委不承担为其另行安排职务的义务。

（九）外部董事薪酬由市国资委确定，由所任职公司支付。外部董事在履行职务时的出差、办公等有关待遇比照本公司非外部董事待遇执行。除此以外，外部董事不得在公司获得任何形式的其他收入或福利。

四、董事会的组成

（一）董事会成员原则上不少于 7 人，其中至少有 1 名由公司职工民主选举产生的职工代表，董事会成员中应有外部董事。

（二）实行决策层和经营层分离，国有独资公司经理层成员进入董事会的人数一般不超过 2 人。

（三）董事会设董事长 1 人，可视需要设副董事长 1 人。董事长、副董事长由出资人指定。董事长需定期向市国资委报告工作。

（四）董事长行使以下职权：

1. 召集和主持董事会会议；
2. 检查董事会决议的实施情况；
3. 组织制订董事会运作的各项制度，协调董事会的运作；
4. 签署董事会重要文件和法律法规规定的文件；
5. 在重大决策、参加对外活动等方面对外代表公司；
6.《公司法》等法律法规赋予的其他职权；
7. 董事会授予的其他职权，但应由董事会集体决策的重大事项不得授权董事长决定。

（五）董事会每届任期为 3 年。董事任期届满，经市国资委聘任可以连任。外部董事在一家公司连任董事不得超过两届。

（六）公司党委主要负责人应当进入董事会，党委书记和董事长可由一人担任。

（七）董事会可以下设战略投资委员会、审计委员会以及提名和薪酬委员会，也可设立法律风险监控委员会等董事会认为需要的其他专门委员会。

（八）专门委员会成员由董事组成。公司各业务部门有义务为董事会及其下设各专门委员会提供工作服务。经董事会同意，公司有关部门可参加专门委员会的有关工作。

（九）各专门委员会经董事会授权可聘请中介机构为其提供专业意见，费用由公司承担。

（十）董事会秘书列席董事会，负责作董事会会议记录。董事会秘书由董事长提名，董事会决定聘任或解聘。

五、董事会会议

（一）董事会会议分为定期董事会会议和临时董事会会议。公司章程应对定期董事会会议的内容、次数、召开的时间做出具体规定。有以下情况之一时，董事长应在7个工作日内签发召开临时董事会会议的通知：

1. 三分之一以上董事提议时；
2. 监事会提议时；
3. 董事长认为有必要时；
4. 市国资委认为有必要时。

（二）公司章程应对董事必须亲自出席的董事会会议的性质、内容等做出规定。

（三）定期董事会会议应在会议召开10日以前通知全体董事、监事及其他列席人员。临时董事会会议可以在章程中另定通知时限。对董事会会议审议的重大决策事项，必须事先向董事提供充分的资料，公司章程应对资料的充分性和提前的时限做出规定。当四分之一以上董事或2名以上(含2名)外部董事认为资料不充分或论证不明确时，可联名提出缓开董事会会议或缓议董事会会议所议议题，董事会应予采纳。

（四）董事会会议应由二分之一以上的董事出席方可举行。公司章程应对必须由全体董事三分之二以上表决同意方可通过的决议做出具体规定；其余决议可由全体董事过半数表决同意即为有效。董事会会议表决，各董事会成员均为一票。

（五）董事会会议应对所议事项做成详细的会议记录。该记录至少应包括会议召开的日期、地点、主持人姓名、出席董事姓名、会议议程、董事发言要点、决议的表决方式和结果(赞成、反对或弃权的票数及投票人姓名)。出席会议的董事和列席会议的董事会秘书应在会议记录上签名。会议记录应妥善保存于公司。

六、市国资委对董事会和董事的职权

（一）市国资委依照《公司法》、《条例》等法律法规行使以下职权：

1. 批准公司章程和章程修改方案；
2. 批准董事会提交的增加或减少注册资本和发行公司债券方案以及公司合并、分立、变更公司形式、解散和清算方案。重要的国有独资公司的合并、分立等重大事项，由市国资委审核后，报市政府批准；
3. 审核董事会提交的公司财务预算、决算和利润分配方案；
4. 批准董事会提交的公司经营方针、重大投资计划以及重要子企业的有关重大事项；
5. 批准董事会提交的公司重组、股份制改造方案；
6. 向董事会下达年度经营业绩考核指标，并进行考核、评价；
7. 选聘或解聘董事，决定董事的薪酬与奖惩；
8. 法律法规规定的其他职权。

七、组织实施

（一）按照建设完善的董事会的方向，从目前的实际情况出发，逐步健全和完善董事会。2006 年底前，国有独资公司董事会建设都要达到本指导意见提出的目标。

（二）市国资委将逐步建立健全对董事会和董事的管理制度，积极开发外部董事人力资源，加强对董事会建设工作的指导，及时调查研究、总结经验。根据外部董事人力资源开发情况，在平稳过渡的前提下，逐步提高外部董事在董事会成员中的比例。

（三）国有独资公司根据本意见要求，依照《公司法》、《条例》等法律法规，修改公司章程，报市国资委审批。

（四）各国有独资公司要结合自身实际，制定有关董事会建设的各项规章制度，完善董事会工作机制。

（五）各国有独资公司在加强董事会建设中遇到重大问题，要及时向市国资委报告。

北京市国资委 关于国有及国有控股企业重大事项报告制度的暂行规定

京国资改发字〔2004〕25 号

第一条 为了加强对国有资产的监督管理，切实履行出资人职责，根据《中华人民共和国公司法》和《企业国有资产监督管理物行条例》(国务院令第 378 号)等有关法律法规，制定本规定。

第二条 本规定所称国有及国有控股企业是指北京市人民政府直接出资设立，授权北京市人民政府国有资产监督管理委员会(以下简称市国资委)监管的国有独资企业、国有独资公司、国有控股公司以及实行企业化管理的事业单位(以下简称国有企业)。

本规定所称子企业是指国有企业出资设立的全资子企业、持有 50%以上股权的子公司或通过其他方式能够对其实施有效控制的企业。

第三条 本规定所称重大事项是指企业的发展战略、规划，对外投资、担保，国有股权转让，涉及企业经营发展战略的重大生产经营行为、事件，企业主要经营者及其他高级管理人员持有股份(票)情况等。

本规定未涉及的其他须报出资人批准(备案)的重大事项，按有关法律法规执行。

第四条 重大事项报告分为报告事项和备案事项。

报告事项须经市国资委审核同意后方可实施，备案事项为告知事项。

第五条 国有企业在决定全资子企业的重大事项或对其重要子公司的重大事项行使股东权利前，应按本规定征求市国资委的意见。

按本规定应向市国资委报告或备案的子企业的重大事项，统一由国有企业(总公司)上报。

第六条 报告事项和备案事项应以正式书面文件形式上报。上报文件主要包括：

(一) 董事会决议(非公司制企业为附有法定代表人签字的决策会议正式决议)；

(二) 有关事项的说明；

(三) 可行性研究报告；

(四) 其他有关文件。

第七条 以下事项为报告事项：

(一) 国有企业制订的发展战略、发展规划及其实施办法；

(二) 国有企业或其重要子企业未列入年度投资计划的投资项目，或超过年度投资计划中该项目预计投资额 10%以上的投资；

(三) 国有企业或其重要子企业向境外投资或拟从事股票、期货、证券等高风险业务的；

（四）国有企业变更主营业务（含与企业主营业务相关的各种资质的转移）、转让核心技术和著名品牌的；

（五）国有企业董事会成员、经理层及三总师持有本公司股份（票）的情况及国有企业董事会成员、经理层及三总师持有控股、参股公司股份（票）的情况。

（六）其他需要向出资人报告的事项。

第八条 以下事项为备案事项：

（一）国有企业或其重要子企业年度投资计划、经营计划。

（二）关于企业对外提供担保

1. 国有企业或其重要子企业向与其主营业务关联度较离的非控股企业提供3000万元以上担保或累计对外提供担保已达2亿元以上或累计对外提供担保达到净资产30%以上的；

2. 国有企业或其重要子企业向与其没有产权关系、主营业务关联度不高的企业提供担保的。

（三）企业重大生产经营行为

1. 国有企业或其重要子企业转移、转让主要盈利项目、主要业务销售渠道的；

2. 国有企业或其重要子企业转让国有划拨土地使用权的；

3. 国有企业或其重要子企业执行政府部门下达的有关任务的情况；

4. 国有企业年度工作总结报告。

第九条 国有企业董事会（非公司制企业为决策会议）依法负责企业重大事项的决策，并承担相应的责任。

第十条 国有企业制定的企业年度投资计划和经营计划须在上一年第四季度上报市国资委。遇特殊情况需调整企业年度经营计划，应及时将调整原因及调整内容报告市国资委。

第十一条 市国资委对国有企业重大事项依法履行出资人职责，并对国有企业上报的重大事项进行合规性审核或合理性审核。

合规性审核主要审核国有企业重大事项是否符合全市国有资产布局与国有企业结构调整规划、是否符合本企业的发展战略和发展规划、是否符合本企业年度经营计划、其决策程序是否符合法律法规和公司章程等。

合理性审核即在合规性审核的基础上对国有企业重大事项进行可行性审核。

第十二条 合理性审核的范围为国有企业重大事项的报告事项；合规性审核的范围为国有企业重大事项的备案事项。

第十三条 对于不按本规定报告企业重大事项的，或故意混报、瞒报重大事项的国有企业，市国资委将按有关规定追究企业负责人的领导责任；对于造成重大经济损失或严重后果的，市国资委将依法追究企业负责人的经济和法律责任。

第十四条 本规定由市国资委解释，自下发之日起实行。

北京市国资委 企业重大经营决策失误责任追究暂行办法

京国资考核字〔2006〕79号

第一条 为依法履行出资人职责，维护所有者权益，增强企业负责人在重大经营决策中的责任意识，防止国有资产流失，实现国有资产保值增值，根据国家有关法律、法规，结合本市实际情况，制定本办法。

第二条 本办法所称企业是指北京市人民政府直接出资设立，授权北京市人民政府国有资产监督管理委员会（以下简称市国资委）履行出资人职责的国有企业、国有控股企业（以下简称所出资企业）及其重要子企业。

第三条 本办法所称重大经营决策失误，是指在经营决策中违反法律法规规章和国务院、国务院国资委、市政府以及市国资委发布的规范性文件或者企业内部控制程序，越权审批、擅自决策，法律手续不完备等造成重大不良影响或国有资产损失的行为。

前款所称国有资产损失，是指国家对企业各种形式的投资和投资所形成的权益，以及依法认定为国家所有的其他权益的减少或灭失。

第四条 市国资委按照产权关系，对重大经营决策失误责任人予以或建议予以处理。

第五条 对重大经营决策失误责任人的处理，应当综合考虑行为过错与损失数额、企业资产规模大小与损失程度、历史原因与现实问题等因素，并遵循下列原则：

（一）权利和责任相统一的原则；

（二）谁决策谁负责的原则；

（三）教育与惩戒相结合的原则。

第六条 企业应当建立重大经营事项决策制度，保证科学、民主决策。按照议事规则应由集体讨论决策的事项，由决策层进行表决，表决结果以书面形式记录在案。属于集体决策行为，违反法律法规规章和国务院、国务院国资委、市政府以及市国资委发布的规范性文件或者企业内部控制程序，造成重大不良影响或国有资产损失的，追究决策层的责任，但经证明在表决时曾表明异议并记载于会议记录的，免除该个人的责任。属于个人决策行为，造成国有资产损失的，追究该个人的责任。

本办法所称集体决策是指企业董事会成员或经营班子对重大经营决策事项，通过董事会、总经理办公会等会议形式，研究讨论并获通过的决策。

第七条 重大经营决策的内容按照《关于国有及国有控股企业重大事项报告制度的暂行规定》（京国资改发字〔2004〕25号）所规定的内容执行。

第八条 市国资委发现企业重大经营决策失误，由派驻企业的监事会或组织调查组进行调查核实，涉及其他部门的，市国资委可以联合相关部门派员参加。

第九条 调查组应当重点调查造成企业国有资产损失的原因、数额。

第十条 国有资产损失的计算以直接经济损失为准。直接经济损失是指由责任人的行为直接造成的经济损失。

国有资产损失数额以调查组调查的时间为止计算实际损失数额，通过调查挽回的经济损失部分仍计算为实际损失数额。

第十一条 调查组有权要求企业及其法定代表人、企业有关机构及其人员介绍有关情况，提供调查所需的材料，查阅有关会议记录、财务资料等。

第十二条 市国资委依据监事会或调查组的工作报告和初步处理意见，在事先听取当事人的陈述和申辩后，做出最终处理意见的决定。依据此决定，市国资委对重大经营决策失误责任人给予或建议给予处理。

第十三条 对重大经营决策失误责任人的处理分为告诫、扣除绩效年薪、免职和禁入处理。

上述处理可单独适用，也可合并适用。

第十四条 因重大经营决策失误造成国有资产损失，企业净资产 25 亿元以下，损失数额 100 万元以上，500 万元以下的；企业净资产 25 亿元以上，损失数额占企业净资产 1‰至 2‰的，对责任人给予告诫、扣除绩效年薪处理。

第十五条 因重大经营决策失误造成国有资产损失，企业净资产在 25 亿元以下，损失数额 500 万元以上的；企业净资产在 25 亿元以上，损失数额占企业净资产 2‰以上的，对责任人给予扣除绩效年薪、给予或建议给予免职处理。

第十六条 对属于重大经营决策失误范围但其损失难以用金额衡量，造成严重后果和恶劣影响的，对责任人给予告诫、扣除绩效年薪处理；造成特别严重后果或极其恶劣影响的，对责任人给予或建议给予免职处理。

第十七条 有下列情形之一的，对责任人给予或建议给予禁入处理：

（一）重大经营决策失误有损国家的形象、声誉，或者在重大经营决策过程中故意损害国有资产的；

（二）弄虚作假，转移、销毁有关证据，或者以其他方法阻碍、干扰调查的。

第十八条 重大经营决策失误责任人及时采取行动减少部分损失的，可以从轻处理；重大经营决策失误责任人及时采取行动减少大部分损失的，应当从轻、减轻处理；重大经营决策失误责任人及时采取行动挽回全部损失的，应当减轻、免予处理。

第十九条 所出资企业要认真履行对重要子企业的监督管理职责。重要子企业的重大经营决策失误，造成国有资产损失的，其所出资企业的负责人应当向市国资委及时报告，提出处理意见并报市国资委备案。对隐瞒不报或者不及时、不如实报告，以及干扰、阻挠如实报告，对重大经营决策失误责任人不处理的给予告诫、扣除绩效年薪处理。

第二十条 市国资委监管的实行企业化管理的事业单位参照本办法执行。

第二十一条 本办法自印发之日起施行。

上海市国资委关于印发《上海市国资委监管企业合规管理办法》的通知

沪国资委规〔2022〕2号

各监管企业、委托监管单位、受托监管企业，各区国资委：

为进一步推动上海国有企业加强合规管理，切实防控合规风险，有力保障深化改革与高质量发展，根据《中华人民共和国公司法》《中华人民共和国企业国有资产法》等有关法律法规，结合企业经营管理实际，我委制定了《上海市国资委监管企业合规管理办法》。现印发给你们，请结合企业实际，认真贯彻落实。

特此通知。

附件：上海市国资委监管企业合规管理办法

上海市国有资产监督管理委员会

2022年12月16日

附件

上海市国资委监管企业合规管理办法

第一章　总　　则

第一条　为深入贯彻习近平法治思想，落实全面依法治国战略部署，深化法治国企建设，推动上海国有企业加强合规管理，切实防控合规风险，有力保障深化改革与高质量发展，根据《中华人民共和国公司法》《中华人民共和国企业国有资产法》等有关法律法规，参照《中央企业合规管理办法》《企业境外经营合规管理指引》，制定本办法。

第二条　本办法适用于上海市国有资产监督管理委员会（以下简称市国资委）根据上海市人民政府授权履行出资人职责的国有企业、按照相关规定监管的集体企业以及受托监管的国有企业（以下简称企业）。

第三条　本办法所称合规，是指企业经营管理行为和员工履职行为符合国家法律法规、监管规定、行业准则和国际条约、规则，以及公司章程、相关规章制度等要求。

本办法所称合规风险，是指企业及其员工在经营管理过程中因违规行为引发法律责任、造成经济或者声誉损失以及其他负面影响的可能性。

本办法所称合规管理，是指企业以有效防控合规风险为目的，以提升依法合规经营管理水平为导向，以企业经营管理行为和员工履职行为为对象，开展的包括建立合规制度、完善运行机制、培育合规文化、强化监督问责等有组织、有计划的管理活动。

第四条 企业应当健全合规管理制度，完善合规管理组织架构，明确合规管理责任，加强合规文化建设，全面构建合规管理体系，有效防控合规风险，确保企业依法合规经营。

第五条 市国资委负责指导监督、检查市国资委监管企业合规管理工作，对合规管理体系建设情况及其有效性进行考核评价，依据相关规定对违规行为开展责任追究。

第六条 企业合规管理工作应当遵循以下原则：

1. 坚持党的领导。充分发挥企业党委领导作用，落实全面依法治国战略部署有关要求，把党的领导贯穿合规管理全过程。

2. 坚持全面覆盖。将合规要求嵌入经营管理各领域各环节，贯穿决策、执行、监督全过程，落实到各部门、各分支机构、子企业和全体员工，实现多方联动、上下贯通。

3. 坚持权责清晰。按照“管业务必须管合规”要求，明确业务及职能部门、合规管理部门和监督部门职责，严格落实员工合规责任，对违规行为严肃问责。

4. 坚持务实高效。建立健全符合企业实际的合规管理体系，突出对重点领域、重点环节和重点人员的管理，充分利用大数据等信息化手段，切实提高管理效能。

第七条 企业应当在机构、人员、经费、技术等方面为合规管理工作提供必要条件，保障相关工作有序开展。

第二章 组织和职责

第八条 企业党委、董事会、经理层、企业主要负责人、合规委员会根据各自的职能定位，加强对合规管理工作的领导和统筹协调。

1. 企业党委发挥把方向、管大局、保落实的领导作用，推动合规要求在本企业得到严格遵循和落实，不断提升依法合规经营管理水平。

企业应当严格遵守党内法规制度，企业党建工作机构在党委领导下，按照有关规定履行相应职责，推动相关党内法规制度有效贯彻落实。

2. 企业董事会发挥定战略、作决策、防风险作用，主要履行以下职责：

（1）审议批准合规管理基本制度、体系建设方案和年度报告等。

（2）研究决定合规管理重大事项。

（3）推动完善合规管理体系并对其有效性进行评价。

（4）决定合规管理部门设置及职责。

（5）公司章程等规定的其他合规管理职责。

3. 企业经理层发挥谋经营、抓落实、强管理作用，主要履行以下职责：

（1）拟订合规管理体系建设方案，经董事会批准后组织实施。

（2）拟订合规管理基本制度，批准年度计划等，组织制定合规管理具体制度。

（3）根据董事会决定，建立健全合规管理组织架构。

（4）组织应对重大合规风险事件。

（5）指导监督各部门、各分支机构、所属企业合规管理工作。

（6）公司章程等规定的其他合规管理职责。

4. 企业主要负责人作为推进法治建设第一责任人，应当切实履行依法合规经营管理重要组织者、推动者和实践者的职责，积极推进合规管理各项工作。

5. 企业设立合规委员会，可以与企业法治建设领导机构等合署办公，统筹协调合规管理工作，定期召开会议，研究解决重点难点问题。

第九条 企业应当结合实际设立首席合规官(或合规总监)，不新增领导岗位和职数，由总法律顾问或企业相关负责人兼任，对企业主要负责人负责；首席合规官(或合规总监)由企业相关负责人兼任的，其本职工作不得与合规管理职责相冲突。

首席合规官(或合规总监)主要履行以下职责：

1. 组织起草合规管理年度报告等。

2. 参与企业重大事项决策，提出合规审查意见。

3. 指导开展合规管理体系有效性评价。

4. 领导合规管理部门组织开展相关工作，指导业务和职能部门、各分支机构、所属企业合规管理工作，并组织实施考核评价。

5. 向董事会和企业主要负责人汇报合规管理重大事项、合规管理工作开展情况。

6. 公司章程等规定的其他合规管理职责。

第十条 企业业务及职能部门承担合规管理主体责任，主要履行以下职责：

1. 建立健全本部门业务合规管理制度和流程，开展合规风险识别评估，编制风险清单和应对预案。

2. 定期梳理重点岗位合规风险，将合规要求纳入岗位职责。

3. 负责本部门经营管理行为的合规审查。

4. 及时报告合规风险，组织或者配合开展应对处置。

5. 组织或者配合开展违规问题调查和整改。

6. 公司章程等规定的其他合规管理职责。

企业应当在业务及职能部门设置合规管理员，由业务骨干担任，接受合规管理部门的业务指导和培训。

第十一条 企业应当设立合规管理部门或明确牵头负责本企业合规管理工作的部门；其他部门承担合规管理职责的，其职能与合规管理职能不得冲突。

合规管理部门主要履行以下职责：

1. 组织起草合规管理基本制度、具体制度、年度计划和工作报告等。

2. 负责规章制度、经济合同、重大决策、重大项目等的合规审查。

3. 组织开展合规风险识别、预警和应对处置，根据董事会授权开展合规管理体系有效性评价。

4. 指导、监督、检查业务及职能部门、各分支机构、所属企业合规管理工作，并组织实施考核评价。

5. 受理职责范围内的违规举报，提出分类处置意见，组织或者参与对违规行为的调查。

6. 组织或者协助业务及职能部门开展合规培训，受理合规咨询，推进合规管理信息化建设。

7. 公司章程等规定的其他合规管理职责。

企业应当配备与经营规模、业务范围、风险水平相适应的专职合规管理人员，加强业务培训，提升专业化水平。

境外经营重要地区、重点项目应当明确合规管理机构或配备专职人员，切实防范合规风险。

第十二条 企业纪检监察机构和审计、巡视巡察、监督追责等部门依据有关规定，在职权范围内对合规要求落实情况进行监督，对违规行为进行调查，按照规定开展责任追究。

第十三条 企业应当积极引导、支持公司律师充分参与企业合规管理工作，强化法律服务保障职能，推动完善企业合规管理体系，防范化解企业合规经营风险。

第三章 制度建设

第十四条 企业应当建立健全合规管理制度，根据适用范围、效力层级等，构建分级分类的合规管理制度体系。制度体系包括合规管理基本制度、具体制度或专项指南、操作指引等。

第十五条 企业应当制定合规管理基本制度，明确总体目标、机构职责、运行机制、考核评价、监督问责等内容。

第十六条 企业应当结合实际，针对重点领域以及合规风险较高的业务，制定反垄断、反商业贿赂、生态环保、安全生产、劳动用工、税务管理、数据保护、招标采购、关联交易、投资并购、资产租赁（管理）、融资担保等合规管理具体制度或者专项指南。

企业应当针对涉外业务重要领域，根据子企业所在国家（地区）法律法规等，结合实际制定专项合规管理制度。

第十七条 企业应当根据合规风险评估结果，制定相关制度操作指引，明确具体操作流程，将合规要求与合规风险管控机制嵌入制度流程。

第十八条 企业应当根据法律法规、监管政策等变化情况，以及日常经营管理中发现或暴露的合规管理缺陷，及时对规章制度进行修订完善，对执行落实情况进行检查。

第四章 运行机制

第十九条 企业应当推动风险防范关口前移，建立合规风险识别评估预警机制，全面梳理经营管理活动中的合规风险，建立并定期更新合规风险数据库，对风险发生的可能性、影响程度、潜在后果等进行分析，对典型性、普遍性或者可能产生严重后果的风险及时预警。

第二十条 企业应当将合规审查作为必经程序嵌入经营管理流程，重大决策事项的合规审查意见应当由首席合规官（或合规总监）签字，对决策事项的合规性提出明确意见。业务及职能部门、合规管理部门依据职责权限完善审查标准、流程、重点等，定期对审查情况开展后评估。合规管理部门可以主动跨前服务，及时提供合规建议。

第二十一条 企业应当结合实际，明确合规管理重点领域、重点环节和重点人员，切实防范各类合规风险。

第二十二条 企业应当强化合规检查，并将合规检查常态化、制度化。开展合规检查，应客观公正并保留相应的证据，企业主要负责人应给予支持，业务及职能部门应予以配合。

第二十三条 企业发生合规风险，相关业务及职能部门应当及时采取应对措施并按要求报告。

企业因违规行为引发重大法律纠纷案件、重大行政处罚、刑事案件，或者被国际组织制裁等重大合规风险事件，造成或者可能造成企业重大资产损失或者严重不良影响的，应当由首席合规官(或合规总监)牵头，合规管理部门统筹协调，相关部门协同配合，制定风险应对预案，及时采取措施妥善处置。

第二十四条 企业应当建立违规问题整改机制，及时制定和实施合规整改计划，通过健全规章制度、优化业务流程等，堵塞管理漏洞，提升依法合规经营管理水平。

第二十五条 企业应当建立合规报告机制。年度合规管理工作情况应纳入经理层年度经营报告，提交董事会审议后向市国资委报告。

企业发生合规风险事件，应当按照相关规定向合规管理部门、首席合规官(或合规总监)、合规委员会报告。发生重大合规风险事件，应当在收到诉讼材料、监管材料等15日内向市国资委和有关部门报告。

第二十六条 企业应当设立违规举报平台，公布举报电话、邮箱或者信箱，相关部门按照职责权限受理违规举报，并就举报问题进行调查和处理，对造成资产损失或者严重不良后果的，移交责任追究部门；对涉嫌违纪违法的，按照规定移交纪检监察等相关部门或者机构。

企业应当对举报人的身份和举报事项严格保密，对举报属实的举报人可以给予适当奖励。任何单位和个人不得以任何形式对举报人进行打击报复。

第二十七条 企业应当完善违规经营责任追究机制，明确责任追究情形和范围，细化问责标准，针对问题和线索及时开展核查，按照有关规定严肃追究违规人员责任。

企业应当建立所属单位经营管理和员工履职违规行为记录制度，将违规行为性质、发生次数、危害程度等作为考核评价、职级评定等工作的重要依据。

第二十八条 企业应当建立合规容错免责制度，制定尽职合规免责事项清单，把依法合规作为免责认定的重要依据。

第二十九条 企业应当建立专业化、高素质的合规管理队伍，根据业务规模、合规风险水平等因素加强专职、兼职合规管理员配备，通过持续加强业务培训，提升队伍能力水平。

第三十条 企业应当结合实际建立健全合规管理与法务管理、内部控制、风险管理等协同运作机制，加强统筹协调，避免交叉重复，提高管理效能。企业合规管理应当加强与审计监督、财会监督、司法监督等机制的协调联动，形成合力。

第三十一条 企业应当定期开展合规管理体系有效性评价，针对重点业务合规管理情况适时开展专项评价，强化评价结果运用。企业可以委托外部专业机构参与评价。

支持、鼓励企业按照国家标准，通过合规管理体系贯标认证。

第三十二条 企业应当将合规管理作为法治建设重要内容，细化评价指标，纳入对业务和职能部门、分支机构、所属企业负责人的年度考核评价。对员工和所属企业合规职责履行情况进行评价，评价结果作为员工考核、干部任用、评优评先等工作的重要依据。

第三十三条 企业应当引导、鼓励员工提出合规管理改进建议，宣扬守法诚信、合规经营典范，对在合规管理领域有突出贡献的员工给予激励奖励。

第五章 合规文化

第三十四条 企业应当培育具有企业特色的合规文化，将其作为企业文化建设的重要内容。引导全体员工自觉践行合规理念，树立依法合规、守法诚信的价值观，遵守合规要求、接受合规培训，对自身行为合规性负责，营造依规办事、按章操作的良好文化氛围。

第三十五条 企业应当将合规管理纳入党委法治专题学习，推动企业领导人员强化合规意识，带头依法依规开展经营管理活动。

第三十六条 企业应当建立常态化合规培训机制，制定年度培训计划，加强全员合规知识和能力的教育培训，并将合规管理作为初任领导干部、管理人员、重点岗位人员和新入职人员培训必修内容。

第三十七条 企业应当加强合规宣传教育，及时发布合规手册，组织签订合规承诺，强化全员守法诚信、合规经营意识。

第六章 信息化建设

第三十八条 企业应当加强合规管理信息化建设，结合实际将合规制度、风险预警、合规审查、合规检查、典型案例、合规培训、违规行为记录等纳入信息系统。

第三十九条 企业应当定期梳理业务流程，查找合规风险点，运用信息化手段将合规要求和防控措施嵌入流程，针对关键节点加强合规审查，强化过程管控。

第四十条 企业应当加强合规管理信息系统与财务、投资、采购等其他信息系统，以及市国资委监管信息系统的互联互通，实现数据共用共享。

第四十一条 企业应当利用大数据等技术，加强对重点领域、关键节点的实时动态监测，逐步实现合规风险即时预警、快速处置。

第七章 监督问责

第四十二条 企业违反本办法规定，因合规管理不到位引发违规行为的，市国资委按照《市国资委监管提示函、责任约谈和通报工作规则》提示或约谈相关企业并责成整改；造成损失或者不良影响的，市国资委根据相关规定开展责任追究。对企业合规管理体系有效建立并运行，因个别员工或利益相关方的不当行为导致发生违规风险的，市国资委可依据相关规定和程序，免除责任追究。

第四十三条 企业应当按照本办法第二十七条之规定，对在履职过程中因故意或者重大过失应当发现而未发现违规问题，或者发现违规问题存在失职渎职行为，给企业造成损失或者不良影响的单位和人员开展责任追究。

第八章 附 则

第四十四条 企业应当根据本办法，结合实际制定完善合规管理制度，推动所属企业建立健全合规管理体系。

第四十五条 金融监管机构对金融企业合规管理另有规定的，从其规定。

第四十六条 各区国资委、委托监管单位参照本办法，指导所出资企业、监管企业加强合规管理工作。

第四十七条 本办法由市国资委负责解释。

第四十八条 本办法自 2023 年 1 月 1 日起施行。

广州市国资委关于印发《广州市国资委监管企业全面预算管理办法》的通知

穗国资财〔2018〕16号

各监管企业：

《广州市国资委监管企业全面预算管理办法》已经市国资委主任办公会审议通过，现印发给你们，请结合实际，认真贯彻执行。执行中遇到问题，请向市国资委财务监管与经济运行处联系。

广州市人民政府国有资产监督管理委员会

2018年5月11日

广州市国资委监管企业全面预算管理办法

第一章　总　　则

第一条　为了推动广州市国资委监管企业全面预算管理，以预算管理为导向构建企业管理控制系统，提高企业经营管理和风险防控水平，强化对监管企业营运监督，维护国有资产出资人权益，根据《中华人民共和国公司法》、《中华人民共和国企业国有资产法》、《企业内部控制基本规范》、《企业内部控制配套指引》和国家财务会计制度等有关法律、法规，结合本市实际，制定本办法。

第二条　本办法所称广州市国资委监管企业是指由广州市人民政府国有资产监督管理委员会(以下简称市国资委)直接监管和委托监管的国有及国有控股企业、国有实际控制企业(以下统称监管企业)。

第三条　本办法所称监管企业全面预算管理，是指监管企业以发展战略为导向，在对未来环境预测的基础上，对预算年度内各类经济资源、经营、投融资等行为合理预计，确定预算期内经营管理目标，并围绕预算目标进行财务控制和监督的一系列管理过程。全面预算管理通常包括预算目标的确定、编制、执行控制、分析、调整、考核及监督等管理活动。

第四条　企业应当按照内部经济活动的责任权限实施全面预算管理，并遵循以下原则：

(一)战略导向。围绕企业战略目标推进全面预算管理，实现战略与预算结合，以预算促进企业战略的实现。

(二)效益优先。以经济效益为中心，注重企业资源的优化配置，提高企业竞争力。

（三）过程控制。以企业定额、标准为基础，通过差异分析，持续跟踪监控预算目标的实现进度，提高预算管理的过程管控能力，防范经营风险。

（四）融合业务。嵌入企业经营管理的各个领域、层次、环节，形成由业务预算、投资预算、筹资预算、财务预算等一系列预算组成的相互衔接和勾稽的综合预算体系。并制定土地出让收益等分配使用计划。

（五）平衡管理。预算管理应平衡长期目标与短期目标、整体利益与局部利益、收入与支出、结果与动因等关系，促进企业可持续发展。

（六）对标牵引。强化对标管理，利用内部比较和行业对标结果设定预算目标，通过预算目标牵引促进企业做强做优做大。

（七）权责对等。将企业层级、部门、个人等内部权责利关系规范化、明细化、具体化、可度量化，权责对等，促进各预算责任主体围绕预算目标开展沟通与协调，强化预算考核，确保预算执行刚性。

第五条　监管企业是全面预算管理的主体，应结合自身实际情况，建立相应的全面预算管理制度，组织开展内部全面预算编制、报告、执行、调整、监督和考核工作，完善全面预算工作体系，推进全面预算管理。

第六条　监管企业应在规定的时间内按照国家财务会计制度规定和市国资委的有关要求，以统一的编制口径、报表格式和编报规范，报送年度全面预算报告。

监管企业预算年度与其会计核算年度一致；监管企业预算口径与决算口径保持一致。

第七条　监管企业全面预算管理是市国有资本经营预算的基础环节，应与市国有资本经营预算的编制和管理要求相衔接。

第二章　全面预算管理的组织机构

第八条　市国资委是监管企业全面预算工作的监督管理部门。市国资委依据本办法对监管企业全面预算编制、执行和考核等实施事前、事中、事后的监督管理，引导和督促企业切实建立以全面预算目标为中心的各级责任体系。

第九条　监管企业应按照市国资委的要求，组织实施全面预算工作，规范全面预算的编制程序和方法，强化执行监督，并按照加强财务监督和完善内部控制机制的要求，建立健全全面预算管理的组织架构，明确职责权限，加强沟通协调。

第十条　监管企业的年度预算方案、年度预算调整方案由市国资委或股东大会（股东会）负责审议批准。其中市属国有独资企业、国有独资公司由市国资委审议批准。市属国有控股公司由股东大会（股东会）审议批准，市国资委派出的股东代表在股东大会（股东会）上发表市国资委意见。原则上委托监管国有独资企业、国有独资公司、国有控股公司预算方案由市国资委备案。

第十一条　监管企业董事会负责制订企业年度预算方案、年度预算调整方案。董事会应设置预算委员会，负责全面预算管理工作。

第十二条　董事会预算委员会应由熟悉企业预算、财务及经营管理等方面专业知识并具备相应业务和财务专业知识和组织能力的董事组成。预算委员会向董事会负责，履行以下职责：

（一）根据企业战略规划和年度经营目标，拟订符合本企业实际的预算目标，并确定预算目标分解方案、预算编制方法和程序；

（二）拟定本企业全面预算方案和全面预算调整方案；

（三）协调解决本企业全面预算编制和执行中的重大问题；

（四）检查本企业全面预算执行情况；

（五）根据全面预算执行情况提出对本企业预算执行单位考核和奖惩意见；

（六）其他全面预算管理事宜。

预算委员会拟定的有关全面预算管理的重大事项，应当报董事会审议通过，并按照相关法律法规及其企业章程的规定报市国资委或股东大会（股东会）审议批准。

第十三条 监管企业应设立全面预算管理综合工作机构，由财务部门和其他相关职能部门成员组成，在预算委员会领导下，履行以下职责：

（一）负责拟订全面预算管理相关制度、程序和方法；

（二）组织企业全面预算的编制、审核、汇总及报送工作；

（三）分解下达全面预算指标，监督企业全面预算执行情况；

（四）组织编订企业全面预算调整方案，交由预算委员会审议；

（五）协调解决企业全面预算编制和执行中的有关问题；

（六）分析和考核企业内部各业务机构及所属企业、托管企业预算完成情况。

第十四条 监管企业内部各业务机构和所属企业、托管企业为企业全面预算执行单位，在上述全面预算管理机构的统一指导下，履行以下职责：

（一）负责本单位全面预算编制和上报工作；

（二）负责分解经批准的全面预算指标，落实到各部门、各岗位；

（三）按授权审批程序严格执行各项预算，及时分析预算执行差异原因，解决预算执行中存在的问题；

（四）及时总结分析预算编制和执行情况；

（五）配合全面预算管理机构做好企业预算的综合平衡、协调、分析、控制、考核等工作。

第三章 全面预算的编制和审批

第十五条 监管企业编制全面预算应坚持以战略规划为导向，正确分析判断市场形势和政策走向，明确预算编制前提、科学应用预算编制方法和预测年度经营目标，合理配置内部资源，实行总量平衡和控制，避免预算指标过高或过低。

第十六条 监管企业编制全面预算应将内部各业务机构和所属企业、托管企业的全部经营活动纳入预算编制范围，全面预测财务收支和经营成果等情况，依据财务管理关系，按照“上下结合、分级编制、逐级汇总”的程序，层层组织做好所属企业、托管企业全面预算编制工作。

第十七条 监管企业年度全面预算报表与年终财务决算报表的编制范围、口径应当一致，对纳入合并财务报表范围的所属企业编制合并全面预算报表，对不纳入合并财务报表范围的所属停产、关闭、破产企业及托管企业编制汇总全面预算报表，做到不重报、不漏报。

第十八条 监管企业应建立全面预算编制协调管理制度。企业内部业务和职能部门应相互协调、配合做好全面预算编制工作。

第十九条 监管企业应根据行业特性和不同预算项目，合理选择固定预算、弹性预算、滚动预算、零基预算、概率预算等方法编制预算，并积极与行业先进水平、国际先进水平对接。

第二十条 监管企业编制全面预算应覆盖企业经营管理的各个领域、层次、环节，形成业务预算、投资预算、筹资预算、财务预算。其中业务预算应包括主要业务经营预算、主要业务损益预算、对外捐赠支出等预算；投资预算包括固定资产投资、股权投资、金融工具投资预算；筹资预算包括负债筹资和股权筹资预算；财务预算包括人工成本预算、成本费用预算、利润表预算、资产负债表预算、现金流量表预算等。

第二十一条 监管企业应根据行业特性和自身特点合理设计全面预算基础指标体系，并重点关注企业经营类指标及股东报酬类指标的编制，其中企业经营类指标主要包括营业总收入、营业总成本、营业利润、利润总额、归属于母公司所有者的净利润；股东报酬类指标包括归属于母公司所有者权益、净资产收益率、国有资本保值增值率等，具体重点关注指标注重与市国资委批准指标体系相衔接。

第二十二条 监管企业编制全面预算应严格按照国家相关规定，加强对外投资、固定资产投资以及金融性资产投资业务的风险评估和预算控制。对资产负债率过高、偿债能力低下以及投资回报差的企业，应严格控制投资规模；不具备从事高风险业务的条件、存在重大投资损失的企业不得安排高风险业务的投资预算。严格控制非主业投资预算，加强非主业投资和无效投资的清理。对已立项的投资项目，应编制资金筹措和资金投入进度预算。

第二十三条 监管企业编制全面预算应准确预测年度现金收支、结余和缺口，合理规划现金收支与配置，优化现金流量，加强应收应付款项的预算控制，增强现金保障和偿债能力，提高资金使用效率，平衡经营活动、投资活动及筹资活动现金流量。

第二十四条 监管企业编制全面预算应规范制定成本费用开支标准，严格控制成本费用开支范围和规模，加强投入产出的预算控制。对于成本费用增长快于收入增长且成本费用利润率下降的企业，编制全面预算时应重点突出降本增效，适当压低成本费用的预算规模。对人工成本的预算，要通过分析企业所处发展阶段的效益水平，以及企业所在行业人工成本的平均水平，按照市国资委考核分配及工资预算相关管理规定，合理确定人工成本的预算规模，做到总量控制、结构合理，经营效益下滑的企业应严格控制工资水平。结合政府对“三公经费”的管理要求，严控公务差旅费、接待费、会议费、汽车购置和运行等费用的预算开支。

第二十五条 监管企业编制全面预算应注重防范财务风险，严格控制担保、抵押和金融负债等规模。资产负债率过高、存在较大偿债压力的企业，应当适当压缩金融债务和控制担保预算规模，其中担保管理按照市国资委担保业务管理相关管理规定执行。

第二十六条 监管企业编制全面预算应将逾期担保、逾期债务、不良投资、不良债权等问题的清理和处置作为重要内容，在全面预算报告中予以重点分析说明，积极消化潜亏挂账，按企业会计准则合理预计资产减值准备，控制新潜亏的出现。

第二十七条 监管企业编制全面预算应统筹规划企业合并与分立、产权划拨与转让等产权变动及重大资产处置事项，合理预计其对企业带来的影响，保证国有资产保值增值。

第二十八条 监管企业编制全面预算应按照市国有资本收益收缴相关管理规定，以上年度财务决算归属母公司所有者净利润为依据，测算企业预算年度应上缴的国有资本经营收入，统筹保障上缴国有资本经营收入的资金。对留存在企业的未分配利润要实行严格规范的管理，未经批准不得随意处置。

第二十九条 监管企业编制全面预算应遵循以下基本工作程序：

（一）确定经营目标。监管企业全面预算管理机构应根据公司战略规划、生产经营计划、经济形势的变化以及对市场的预测分析等因素，确定企业年度经营目标，分解下达到各预算执行单位，同时以年度经营目标为基础，把初步编制的利润表、非经常性损益和重大事项等预算作为预算上报市国资委。

（二）编制预算草案。监管企业全面预算管理机构根据年度经营目标组织下属各预算执行单位进行预算目标沟通和预算方案编制，根据各预算执行单位的预算方案，全面预算管理机构经过逐级汇总、上下结合、沟通协调，形成监管企业全面预算草案，由预算委员会审核后报董事会审议。

（三）审议预算草案。董事会负责审议企业年度预算草案，董事应在预算审核中尽职尽责，重点关注年度预算草案的科学性和可行性，确保全面预算与企业发展战略、年度生产经营计划相协调。

（四）审议预算方案。企业年度预算草案经董事会审议通过后，由董事会审议预算方案后报市国资委或股东大会（股东会）审议批准。其中市属国有独资企业、国有独资公司由市国资委审议批准。市属国有控股公司预算方案由股东大会（股东会）审议批准。

（五）监管企业根据市国资委或股东大会（股东会）批准的全面预算方案，向下属各预算执行单位下达预算总体目标。

第四章 全面预算报告

第三十条 监管企业应按照市国资委各年度印发的企业全面预算编制工作的通知要求，编制上报年度全面预算报告。

第三十一条 监管企业年度全面预算报告按以下步骤及要求上报：

（一）企业确定年度全面预算总体目标后，编制预算年度主要预算指标预报表、非经常性损益情况表及重大经营、财务和非经等事项的说明（纸介和电子文档），于每年 11 月底前上报市国资委。

（二）监管企业按本办法第二十九条的工作程序编制监管企业全面预算方案并形成全面预算报告（纸介和电子文档），按相关决策程序审核通过后在次年 1 月中旬上报市国资委。

（三）监管企业年度全面预算报告由以下部分构成：

1. 年度全面预算报表（预算报表使用市国资委各年度统一发布的预算报表管理软件编报格式）；

2. 年度全面预算编制说明；

3. 董事会（总经理办公会）全面预算决议文件；

4. 其他相关材料。

（四）监管企业年度全面预算报表主要包括以下内容：

1. 企业预算年度内预计资产、负债及所有者权益规模、质量及结构；

2. 企业预算年度内主要业务预计实现经营成果及利润分配情况；

3. 企业预算年度内为组织经营、投资、筹资活动预计发生的现金流入和流出情况；

4. 企业预算年度内预计达到的生产、销售或者营业规模及其带来的各项收入、发生的各项成本和费用；

5. 企业预算年度内预计发生的产权并购、长短期投资以及固定资产投资的规模及资金来源，企业土地、物业出租收益情况；产权转让和重大资产处置资金回流、资金安排的情况；党建工作经费、安全生产经费安排情况；

6. 企业预算年度内预计对外筹资总体规模与分布结构。

7. 企业预算年度内预计发生营业成本、税金、销售费用、管理费用、财务费用的结构及金额及重点成本费用的预计开支情况，包括预计发生的人工成本、自主创新和研发支出、资产减值准备等。

（五）监管企业应通过年度全面预算编制说明对年度全面预算报表编制及全面预算管理有关情况进行分析说明。企业年度全面预算编制说明包括以下内容：

1. 全面预算编制工作组织情况；

2. 上一年度对预算管理工作进展情况、预算执行结果、执行差异原因及改进措施等分析和总结；

3. 预算年度内全面预算编制基础、基本假设及采用的重要会计政策及其变化情况；

4. 预算年度内全面预算编制范围及上年度预算编制范围的差异变化原因；

5. 预算年度内企业所面临的市场形势、主要业务经营情况、重大事项安排因素及生产经营主要预算指标的客观分析预测和说明；

6. 预算年度内全面预算执行保障措施以及可能影响主要预算指标的事项说明；

7. 其他需说明的情况。

第三十二条 监管企业应按规定组织所属企业开展全面预算报告收集、审核、汇总工作，并按时上报全面预算报告。除报送合并范围内所属企业的合并预算报告外，还应附送监管企业本部及二级子企业的分户预算报告电子文档。三级及三级以下企业的全面预算数据并入二级子公司报送。

第三十三条 监管企业按照下列程序，以书面形式向市国资委报送全面预算报告：

（一）设立董事会的国有独资企业、公司、国有控股公司，全面预算报告应当经董事会审议通过后报送；

（二）尚未设立董事会的国有独资公司和国有独资企业，全面预算报告应当经党政联席会或总经理办公室审议通过后报送；

第三十四条 监管企业全面预算报告应加盖企业公章，并由企业董事长（尚未设董事会的由总经理）、总会计师（或分管财务负责人）、全面预算管理部门负责人签章。

第三十五条 市国资委根据监管企业上报的全面预算报告编制质量，对市属国有独资企业和公司的全面预算方案进行审议批准。对于存在质量问题的，要求及时进行整改，其中对于严重脱离实际、各相关预算指标不衔接的，要求重新编制上报全面预算报告。

第五章 全面预算执行

第三十六条 监管企业全面预算一经市国资委或股东大会（股东会）审议批准下达，应及时将全面预算指标向下属各全面预算执行单位进行层层分解，各全面预算执行单位将分解下达的年度全面预算指标细化为季度、月度预算，通过实施分期预算控制，实现年度预算目标。

第三十七条 监管企业应严格执行经核定的年度全面预算，切实加强投资、融资、担保、资金调度、物资采购、产品销售等重大事项以及成本费用预算执行情况的跟踪和监督，明确超预算资金安排的审批程序和权限。

第三十八条 监管企业应当建立预算执行情况分析制度，定期召开预算执行分析会议，通报预算执行情况，研究、解决预算执行中存在的问题，提出改进措施。

企业分析预算执行情况，应当充分收集有关财务、业务、市场、技术、政策、法律等方面的信息资料，根据不同情况分别采用比率分析、比较分析、因素分析等方法，从定量与定性两个层面充分反映预算执行单位的现状、发展趋势及其存在的潜力。

第三十九条 监管企业应建立季度全面预算执行情况报告制度，应于每季度（第四季度除外）结束后6个工作日内，结合季度经营分析报告，向市国资委报告企业预算执行进展情况、存在的主要问题及其对预算目标的影响等信息。对年度预算执行期内预计将出现导致主要预算指标偏离预算目标超过10%的事项，应及时分析原因，提出改进措施，并及时报告市国资委。

第四十条 监管企业监事会应对企业全面预算的执行情况进行跟踪检查，发现违反审批程序或未经规范程序的预算外项目支出或项目超支的事项应予纠正，并在年度监督检查和工作报告中对企业预算执行情况作专项说明。

第六章 全面预算调整

第四十一条 经市国资委审议批准或备案的监管企业全面预算应当保持稳定，不得随意调整，强化预算刚性。预算执行过程中出现以下情形之一，导致全面预算编制基本假设发生重大变化的，可予以调整：

（一）自然灾害等不可抗力因素；

（二）国家经济政策发生重大调整；

（三）市场环境发生重大变化；

（四）企业发生分立、合并等重大资产重组行为；

（五）其他重大影响因素。

第四十二条 监管企业全面预算管理机构结合全面预算执行情况和调整事项，分析调整事项对年度预算目标的影响程度，提出符合企业实际的预算调整方案。预算调整方案按本办法第三十三条要求审议通过后，连同审议决议文件于当年9月底以前上报市国资委。预算调整应符合以下要求：

（一）对调整所依据的客观因素必须出具真实、准确的依据；

（二）调整重点应针对预算执行中的重大差异；

（三）差异调整后的预算目标应力求最优。

第四十三条 监管企业应当将全面预算调整情况及时上报市国资委审议批准或备案后分解执行，全面预算调整报告内容包括：

（一）主要指标的调整情况；

（二）调整的原因；

（三）预计执行情况及保障措施。

第七章 全面预算考核评价

第四十四条 市国资委负责对企业的预算进行考核。预算考核作为企业经营者业绩考核范围，作为年度综合评价计分的依据之一。预算考核的主要内容包括：

（一）预算目标准确性考核。将经市国资委审议批准的全面预算指标与经中介机构审计的年度财务决算财务指标进行对比，主要财务预算指标偏差率原则上控制在10%以内，作为全面预算准确性的考核指标。

（二）预算管理考核。重点考核企业预算管理工作的推进和完善情况，主要考核内容包括：

1. 预算组织机构的履职情况，主要考核监管企业预算组织机构的设立和履职情况。

2. 预算管理体系的建设情况，主要考核监管企业预算管理制度体系的建立和执行情况。

3. 预算目标确定的合理性情况，主要考核预算目标与战略规划的衔接。

4. 预算控制的有效性情况，主要考核预算管理体系的有效性及成本费用的控制、预算分析、跟踪落实等情况。

第四十五条 监管企业负责对下属预算执行单位进行考核评价。企业应当建立全面预算执行结果考核制度，将全面预算目标执行结果纳入各预算执行单位和个人考核体系，切实做到有奖有惩、奖惩分明。

第八章 责任追究

第四十六条 监管企业不按时上报本办法规定的相关报告或者上报全面预算报告不符

合统一编制要求、存在严重质量问题，以及全面预算执行监督不力的，由市国资委责令限期整改。不按期整改的，追究有关责任人员的责任。

第四十七条 监管企业在全面预算管理工作中弄虚作假，或者上报的全面预算报告与内部全面预算不符的，市国资委给予通报批评。

第四十八条 监管企业编制年度全面预算主要指标与实际完成值差异较大的，由市国资委要求监管企业作出专项说明，无正当理由的，市国资委给予警告。

第九章 附 则

第四十九条 有关法律、法规、规章对国有控股上市公司、在国外及港澳台地区设立的企业全面预算管理有特殊规定的，从其规定。

第五十条 人工成本、履职待遇及业务支出等子预算另有规定，从其规定。

第五十一条 本办法自发布之日起实施。

广州市国资委 广州市财政局
关于印发《广州市本级国有资本经营预算办法》的通知

穗国资〔2022〕6号

市政府各部门、各直属机构，各监管企业：

经市政府同意，现将《广州市本级国有资本经营预算办法》印发给你们，请认真贯彻执行。执行中遇到的问题，请径向市国资委和市财政局反映。

广州市人民政府国有资产监督管理委员会　广州市财政局

2022年6月16日

广州市本级国有资本经营预算办法

第一章　总　　则

第一条　为建立健全市本级国有资本经营预算制度，加强国有资本收益收支管理，根据《中华人民共和国公司法》《中华人民共和国企业国有资产法》《中华人民共和国预算法》等相关法律法规的规定，结合我市实际，制定本办法。

第二条　国有资本经营预算，是国家以所有者身份依法取得国有资本收益，并对所得收益进行分配而发生的各项收支预算，是政府预算的重要组成部分。

第三条　国有资本经营预算由预算收入和预算支出组成。预算收入根据当年预计取得的企业国有资本收益以及上年结转收入编制；预算支出根据预算收入规模编制，不列赤字。

第四条　本办法适用于广州市人民政府授权履行出资人职责的机构(以下简称市本级国有资产监管机构)监管的市属国家出资企业(不含金融企业，以下简称市属国有企业)。

第五条　市本级国有资本经营预算遵循以下原则：

(一) 收支平衡，量力而行。根据《中华人民共和国预算法》"国有资本经营预算应当按照收支平衡的原则编制，不列赤字"规定，国有资本经营预算应实事求是，按规定必须列入预算的收入不得隐瞒、少列，预算支出应根据预算收入规模编制，不列赤字。

(二) 加大力度，保障民生。加大国有资本收益收缴力度，安排一定比例的国有资本经营预算调入一般公共预算，强化国有资本收益用于重点民生项目建设支出。

(三) 统筹兼顾，确保重点。统筹安排用于重点民生项目建设、支持国有企业改革与发展和解决历史遗留问题，兼顾经济效益和社会效益。

(四) 相对独立，相互衔接。根据《中华人民共和国预算法》"一般公共预算、政府性基金预算、国有资本经营预算、社会保险基金预算应当保持完整、独立。政府性基金预算、国有资本经营预算、社会保险基金预算应当与一般公共预算相衔接”精神，既保持国有资本经营预算的完整性和相对独立性，又与一般公共预算相互衔接。

第六条 国有资本经营预算按财政年度编制，自公历1月1日至12月31日。

第七条 市财政局是市本级国有资本经营预算主管部门。市本级国有资产监管机构按照预算管理的要求，负责组织市属国有企业落实国有资本经营预算编制和执行工作，核定市属国有企业应上缴国有资本收益，按规定组织收缴，做好国有资本经营预算支出管理工作；市财政局负责指导和组织预算绩效管理工作，市本级国有资产监管机构负责组织实施预算绩效管理工作。

第二章 市本级国有资本经营预算的收支范围

第八条 市本级国有资本经营预算收入反映当年企业国有资本收益预计入库数及上年结转收入。当年企业国有资本收益预计入库数是指市本级国有资产监管机构监管的市属国有企业上交的国有资本收益，具体收取范围和比例为：

（一）利润收入。市属国有独资企业按规定上交国家的税后利润。除法律、行政法规另有规定外，以经审计年度合并财务报表反映的归属于母公司所有者的净利润（含本年数和调整以前年度数）为基础，在弥补以前年度亏损和计提法定公积金及抵扣其他国家规定允许扣除的项目后，按30%比例上交（如有调整，按新比例执行）。其中：

1. 可抵扣的以前年度亏损。经审计年度合并财务报表期初未分配利润为负数的，可予以抵扣。

2. 调整以前年度损益（经审计年度合并财务报表反映的归属于母公司所有者的净利润），应相应补交或抵减应交利润。

3. 可抵扣的法定公积金。按照市属国有独资企业经审计年度合并财务报表反映的归属于母公司所有者的净利润（含本年数和调整以前年度数），扣除以前年度亏损后的10%进行抵扣。

4. 其他国家规定允许扣除的项目是指符合国家法律法规、企业会计准则及国家相关规定的项目。

（二）股利、股息收入。广州市人民政府或市本级国有资产监管机构直接持有的国有控股、国有参股企业，按照股东会或者股东大会（没有设立股东会或者股东大会的为董事会，下同）表决通过的利润分配方案，应付市属国有股权（股份）的股利、股息，按100%上交。

市属国有控股、国有参股企业应当依法依规分配年度净利润。国有股东代表应参照市属国有独资企业的利润分配比例原则，依法依规在股东会或者股东大会发表意见并行使表决权；当年不予分配的，应当说明暂不分配的理由和依据，并出具股东会或股东大会的决议。

（三）产权转让收入。市属国有独资企业的产权和广州市人民政府或市本级国有资产监管机构直接持有的国有控股、参股企业国有股权（股份）的转让净收入，按100%上交。

（四）清算收入。市属国有独资企业清算收入和广州市人民政府或市本级国有资产监管机构直接持有的国有控股、参股企业国有股权(股份)享有的清算收入，扣除清算费用后按100%上交。

(五) 其他国有资本经营收入。包括经市政府批准同意处置特定土地等重大资产所形成的专项收入，按市政府确定的金额或比例上交。

第九条 市本级国有资本经营预算支出根据市重点民生项目建设、国有经济布局、结构调整升级、国有企业改革发展以及国资监管的实际情况等安排支出。

第十条 市本级国有资本经营预算每年应按照当年国有资本收益的一定比例调入一般公共预算，调入比例不低于30%。

第十一条 预算支出主要分为资本性支出、费用性支出和其他支出。

(一) 资本性支出，包括向新设市属企业注入国有资本金、向市属国有独资企业增加投资、认购公司制企业股权、股份(含增资、配股)以及政府调整产业结构，对重点企业、自主创新、研发投入和技术升级企业投资等方面的支出。

(二) 费用性支出，指用于弥补国有企业改革成本，处理历史遗留问题等方面的支出。

(三) 其他支出，指市政府根据国家宏观经济政策以及不同时期国有企业改革发展任务、国资监管、国资预算管理相关工作需要统筹安排除上述资本性支出和费用性支出之外的其他支出。

第三章　市本级国有资本经营预算的编制和下达

第十二条 市本级国有资本经营预算草案由市财政局组织市本级国有资产监管机构编制，经市政府审定后，报市人大批准。

第十三条 市本级国有资本经营预算的编制遵循年度部门预算编制意见规定的编制程序和时间要求，具体程序如下：

(一) 布置下达。结合年度部门预算的要求，市财政局向市本级国有资产监管机构下发编报下年度国有资本经营预算草案的通知；市本级国有资产监管机构向所监管的市属国有企业下发编报市本级国有资本经营预算草案的通知，组织、协调和督促所监管市属国有企业开展国有资本经营预算建议草案编制相关基础工作。

(二) 申报计划。市属国有企业按规定时间向市本级国有资产监管机构编报本企业国有资本经营预算建议草案(包括编制报告和市属企业国有资本经营预算表等，下同)。

(三) 审核上报。市本级国有资产监管机构根据所监管市属国有企业报送的国有资本经营预算建议草案，审核后按规定编制本单位国有资本经营预算建议草案，按规定时间报市财政局审核。市财政局根据市本级国有资产监管机构报送的预算建议草案，审核并汇总编制市本级国有资本经营预算草案，经市政府审定后按程序报市人大批准。

第十四条 市本级国有资本经营预算的编制内容由预算说明和国有资本经营预算表两部分组成。

(一) 预算说明包括：预算编制单位基本概况；预算编制的范围；预算编制情况说明，包括收支预算总体规模、其他需要说明事项等。

(二) 国有资本经营预算表包括：预算收支表；市本级国有资产监管机构国有资本经

营预算支出表；企业国有资本经营预算支出表等(附件1~7)。

第十五条 市本级国有资本经营预算收入由市财政局组织市本级国有资产监管机构，根据市属国有企业年度盈利情况和国有经济布局、结构调整计划进行编制。

第十六条 市属国有企业根据市本级国有资产监管机构下达的下年度预算支出项目计划编制要求，填报《企业国有资本经营预算支出项目表》(附件8)，编制本企业下年度预算支出计划，按企业内部决策程序审议后，形成书面申请报告(包括编制说明)报市本级国有资产监管机构。企业申报的预算支出包括资本性支出和费用性支出，其他支出由市本级国有资产监管机构直接提出。

第十七条 市属国有独资企业的预算支出项目计划由董事会审议(不设董事会的应由总经理办公会议审议)；市属国有控股、国有参股企业的预算支出项目计划按《中华人民共和国公司法》有关规定和公司章程审议。

第十八条 市属国有企业申报资本性支出项目应提供并专题报送如下文件资料：

(一) 申请资本性支出的市属国有企业与所涉及企业的基本情况；

(二) 资本性支出拟投入项目名称及主要内容；

(三) 实施项目要达到的主要目的和阶段目标；

(四) 项目投资依据、项目投入的必要性和可行性、建设方案、销售预测、投资估算、资金筹措(企业自有资金投入金额及比例)，项目盈亏平衡分析、经济效益、社会效益、环境评价、风险分析，企业内部决策情况，以及项目申报年度的实施进度与计划安排等，并填报《企业国有资本经营预算支出投资项目申请表》(附件9)；

(五) 落实绩效考核及其有关责任的措施，提交《财政支出项目入库申报表》(附件10)；

(六) 其他相关资料及附件，主要包括：项目可行性研究报告、专家论证意见、市属国有企业与项目投资企业董事会(不设董事会的由总经理办公会负责)决议、政府部门相关批复文件、项目申报年度的投资计划(对应报送项目主要实施内容或设备购置清单)及财政支出项目规定的相关资料。

第十九条 费用性支出项目计划编制说明及相关附件资料包括：

(一) 申请费用性支出的市属国有企业及项目承担企业的基本情况；

(二) 项目名称及主要内容；

(三) 实施项目要达到的主要目的和阶段目标；

(四) 项目实施方案，包括立项依据、项目具体的支出范围、项目资金测算依据、测算标准、计算方法等；

(五) 落实绩效考核及其有关责任的措施，提交《财政支出项目入库申报表》(附件10)；

(六) 其他相关资料及附件，主要包括财政支出项目规定的相关资料。

第二十条 市本级国有资产监管机构对市属国有企业报送的预算支出项目计划，建立项目库，实行滚动管理。

第二十一条 市本级国有资本经营预算草案经市人民代表大会批准后，市财政局在二十日内下达给市本级国有资产监管机构；市本级国有资产监管机构在市财政局下达本单位预算之日起十五日内批复所监管的市属国有企业。

第四章　市本级国有资本经营预算执行

第二十二条　市属国有企业应当按《中华人民共和国公司法》等有关法律、法规和企业章程的规定，及时进行利润分配，并在规定时间内向市本级国有资产监管机构申报国有资本收益。

（一）利润收入。由市属国有企业按照市本级国有资产监管机构下达收缴国有资本收益的通知要求进行申报，并附送会计师事务所出具的年度财务决算审计报告。国有企业利润收入的申报、审核、上缴工作应在收缴通知下达之日起6个月内完成(附件11)。

利润收入根据经会计师事务所审计的市属国有企业年度合并财务报表反映的归属于母公司所有者的净利润和规定的上交比例计算核定。计算公式：

应上交利润收入=〔归属于母公司所有者的净利润(含本年数和调整以前年度数)-弥补以前年度亏损额-提取法定公积金-其他国家规定允许扣除的项目〕×规定的上交比例。

（二）股利、股息收入。在股东会或股东大会决议通过利润分配方案后三十个工作日内，由市属国有企业据实申报，并附送股东会、股东大会的决议文件及会计师事务所出具的年度财务决算审计报告。根据市属国有控股、国有参股企业关于利润分配的决议核定(附件12)。计算公式：

股利、股息收入=企业股东会或者股东大会决议发放的归属市属国有股东的股利、股息×100%。

（三）产权转让收入。在签订产(股)权转让合同并收到产权转让款项后三十个工作日内，由市属国有企业申报，并附送产(股)权转让合同和资产评估报告。根据市属国有企业产(股)权转让协议和资产评估报告等资料核定(附件13)。计算公式：

产(股)权转让收入=〔国有产(股)权转让收入-相关成本、费用〕×100%。

（四）清算收入。在清算组或者管理人编制剩余财产分配方案并变现后三十个工作日内，由清算组或者管理人申报，并附送市属国有企业清算报告和会计师事务所出具的审计报告(附件14)。计算公式：

清算收入=〔(清算财产变价总收入-法律、法规规定的扣除项目金额)×国有资本占全部资本比例〕×100%。

（五）其他国有资本经营收入。在收益确定后三十个工作日内，由有关单位申报，并附送有关经济事项发生和金额确认等相关资料。根据有关经济行为的财务会计资料核定。

第二十三条　市本级国有资产监管机构收到所监管市属国有企业报送的申报材料后，应在二十个工作日内核定应交国有资本收益项目和金额，并下达缴款通知。市属国有企业应在收到缴款通知之日起二十个工作日内将应交国有资本收益上缴市财政。

第二十四条　市本级国有资本经营预算支出，按照批复的预算执行。资金拨付按照财政国库管理制度规定办理。

第二十五条　预算年度结束后，市本级国有资产监管机构按照市财政局下发的编报市本级国有资本经营决算草案通知，负责组织、协调和督促所监管市属国有企业开展市本级国有资本经营决算草案编制相关基础工作，市属国有企业在规定时间内向市本级国有资产监管机构报告预算支出项目的执行情况。市本级国有资产监管机构编制本单位国有资本经营决算草案报市财政局，由市财政局汇总编制市本级国有资本经营决算草案，按程序报批。

第五章　市本级国有资本经营预算调整调剂

第二十六条　市本级国有资本经营预算一经批复，相关单位应严格执行。

第二十七条　市本级国有资本经营预算调整方案由市财政局负责具体编制。

第二十八条　涉及市本级国有资本经营预算调剂的，按照市本级部门预算管理办法办理。

（一）资本性支出。因宏观政策调整、市场环境变化、企业战略规划调整等因素，项目无法按照预算批复用途继续实施的，市属国有企业应及时向市本级国有资产监管机构报送项目预算调剂申请。

（二）费用性支出。专项任务未完成且未使用的预算资金，符合相关规定的可结转至下年度继续使用。专项任务完成并组织清算后，实际支出小于预算安排的，或因宏观政策调整等因素影响，专项任务无法继续推进的，应当清理为结余资金，按照有关规定退回。

第六章　市本级国有资本经营预算绩效评价

第二十九条　建立市本级国有资本经营预算资金绩效评价制度。市属国有企业申请使用国有资本收益资金时，应以绩效目标为导向，提出资金使用的绩效目标，经市本级国有资产监管机构审核批复后，作为开展自评和重点评价的依据。

第三十条　市属国有企业应对资金使用情况开展自评。市本级国有资产监管机构对所监管市属国有企业的资金使用情况开展绩效评价。市财政局会同市本级国有资产监管机构对使用国有资本收益资金的重大项目开展重点绩效评价。

第三十一条　市本级国有资产监管机构组织实施国有资本收益资金的使用和绩效检查、评价，可聘请中介机构对项目进行专项审计，形成综合绩效评价意见。

第三十二条　市属国有企业应制定完善内部控制管理办法，加强国有资本收益资金使用的管理，确保资金的使用达到预期的目标。

第三十三条　建立绩效管理结果应用机制，评价结果作为下一年度编制预算支出草案的参考依据。

第七章　市本级国有资本经营预算的监督

第三十四条　市财政局负责向市政府报告市本级国有资本经营预算执行情况。

第三十五条　市本级国有资产监管机构负责监督、检查和评价所监管市属国有企业的国有资本经营预算执行情况，对在预算执行中违反法律、行政法规和国家政策的行为依法予以制止和纠正。

第三十六条　市审计局依法对市本级国有资本经营预算执行情况进行审计监督。

第三十七条　市属国有企业和资金使用单位应当按照规定用途使用和管理资金，并依法接受市审计局和市本级国有资产监管机构的监督检查，执行有关部门依法作出的监督检查意见。

第三十八条 市属国有企业必须按本办法规定及时足额上交国有资本收益。市属国有企业欠交国有资本收益的，市本级国有资产监管机构予以催交；逾期不交的，从逾期之日起按全国银行间同业拆借中心公布的逾期之日前最近一期一年期市场报价利率（LPR）计收逾期费用。市属国有企业国有资本收益上缴的完成情况纳入企业负责人年度经营业绩考核。凡拖欠、挪用、截留及私分国有资本收益的，按照《中华人民共和国预算法》和《财政违法行为处罚处分条例》（国务院令第427号）等有关规定处理，并在经营业绩考核时作相应处理。

第八章 附 则

第三十九条 市本级国有资产监管机构委托有关部门监管的市属国有企业国有资本经营预算建议草案，由受托监管部门按规定组织受托监管市属国有企业编制，并提出受托监管市属国有企业年度预算建议草案，报市本级国有资产监管机构审核汇总后按程序办理。

第四十条 市本级国有资产监管机构委托有关部门监管的市属国有企业国有资本收益收缴，由受托监管部门负责受托监管市属国有企业国有资本收益的核定和监缴工作，报市本级国有资产监管机构审核后上缴入库。

第四十一条 本办法由市国资委、市财政局负责解释。

第四十二条 本办法自发布之日起实施，有关法律依据政策变化，根据实施情况依法评估修订。《广州市人民政府关于印发广州市本级国有资本经营预算办法等文件的通知》（穗府〔2016〕1号）同时废止。

第四十三条 市属金融企业执行国有金融资本经营预算相关规定由市财政局另行制定。

附件：1. 广州市本级国有资本经营预算收支总表
2. 广州市本级国有资本经营预算收入表
3. 广州市本级国有资本经营预算支出表
4. 广州市本级国有资本经营预算支出明细表
5. 广州市本级国有资本经营预算支出项目表
6. 广州市本级国有资本经营预算支出经济分类表
7. 广州市国有资本经营预算补充表
8. 企业国有资本经营预算支出项目表
9. 企业国有资本经营预算支出投资项目申请表
10. 财政支出项目入库申报表
11. 企业国有资本收益（应交利润）申报表
12. 企业国有资本收益（国有股股息、股利）申报表
13. 企业国有资本收益〔国有产（股）权转让收入〕申报表
14. 企业国有资本收益（企业清算收入）申报表

广州市国资委直属企业财务决算报告管理暂行办法

（2008年11月）

第一章　总　　则

第一条　为加强广州市人民政府国有资产监督管理委员会（以下简称市国资委）直属企业（以下简称企业）的资产和财务监督，规范企业年度财务决算报告编制工作，确保财务决算报告全面、真实、准确反映资产质量、财务状况、经营成果及国有资本保值增值等基本经营情况，依据《企业国有资产法》及《企业国有资产监督管理暂行条例》、《企业财务会计报告条例》和国家有关财务会计制度规定，制定本办法。

第二条　企业编制上报的年度财务决算报告适用本办法。

本办法所称财务决算报告，是指企业按照国家财务会计制度规定，根据国家统一的编制口径、报表格式和编报要求，依据有关会计账簿记录和相关财务会计资料，编制上报反映企业年末资产、财务状况及年度经营成果、现金流量、国有资本保值增值等基本经营情况的文件。

企业财务决算报告由年度财务决算报表及会计报表附注、财务决算专项说明、财务情况说明书，以及市国资委要求上报的其他相关资料构成。

第三条　除涉及国家安全的特殊企业外，企业财务决算报表、会计报表附注及市国资委要求的其他事项应当按照国家有关规定，由符合资质条件的会计师事务所及注册会计师进行审计。

会计师事务所出具的审计报告是企业财务决算报告的必备附件，应当与企业财务决算报告一并上报。

第四条　市国资委依法对企业财务决算报告的编制工作、审计质量等进行监督，并组织对企业财务决算报告及审计报告的真实性、完整性进行核查。

第二章　编制原则

第五条　企业及其各级子企业在每个会计年度终了，应当严格按照国家财务会计制度及会计准则规定，在全面做好财产清查、债权债务确认、内部往来核对、资产质量核实、正确结转损益的基础上，认真组织编制财务决算报告，以全面、完整、真实、准确地反映企业资产、财务状况和经营成果。

本办法所称各级子企业包括企业所有境内外全资子企业、控股子企业，以及各类独立核算的分支机构、事业单位和基建项目。

第六条 企业及各级子企业编制财务决算报告应当遵循会计全面性、完整性原则，并符合下列要求：

（一）企业财务决算报告应当以经营年度内发生的全部经济业务事项及经过核对无误的相关会计账簿为基础进行编制，全面、完整地反映企业各项经济业务的收入、成本(费用)以及现金流入(出)等状况，做到账实相符、账证相符、账账相符、账表相符；

（二）企业编制财务决算报告应当根据真实的交易事项、会计记录等资料，按照规定的会计核算原则及具体会计处理方法，对各项会计要素进行合理确认和计量；

（三）企业应当严格遵守会计核算规定，不得应提不提、应摊不摊或者多提多摊成本(费用)，造成企业经营成果不实，影响企业财务决算报告的真实性；

（四）企业不得利用会计政策、会计估计变更，以及减值准备计提、转回等方式，掩饰企业真实经营状况，影响企业财务决算报告的真实性；

（五）企业应当客观地反映实际发生的资产损失，以保证企业财务决算报告的真实、可靠；

（六）企业不得存有未反映在决算报告中的财务、会计事项，不得有账外资产或设立账外账，不得以任何理由设立“小金库”；

（七）企业应当按规定将各级子企业全部纳入决算编制范围，以全面反映企业的资产及财务状况。年度间决算编制户数发生变化的，应书面报市国资委说明变化原因并列明增减企业名单。

（八）企业所属基建项目应当按照规定要求与企业财务并账。暂未并账的，应当将基建项目的相关财务决算内容一并纳入企业决算范围，以完整反映企业的资产状况。

第七条 企业及各级子企业应当遵循会计稳健性原则，按有关资产减值准备计提的标准和方法，合理预计各项资产可能发生的损失，定期对计提的各项资产减值准备逐项进行认定、计算。

第八条 企业及各级子企业编制财务决算报告应当遵循会计可比性原则，编制基础、编制原则、编制依据、编制方法及各项财务指标口径应当保持一致，各年度期间财务决算数据保持衔接，如实反映年度间企业资产及财务状况、经营成果的变动情况。

第九条 除国家另有规定外，企业及各级子企业所执行的会计制度或会计准则应当按照国家财务会计制度的有关规定和要求保持一致。因特殊情形不能保持一致的，应当事先报市国资委备案，并陈述相关理由。

企业所属经营性事业单位应当按照规定要求执行统一的企业会计制度或会计准则。暂未执行企业会计制度或会计准则的所属事业单位，应当将相关财务决算内容一并纳入企业财务决算范围，以完整反映企业的资产状况和经营成果；

第十条 企业及各级子企业的各项会计政策、会计估计一经确定，不得随意变更。因特殊情形发生变更的，应当事先报市国资委备案。

第十一条 企业在财务决算报告编制中，应准确填列报表各项指标数据，不得遗漏，报表内项目之间和表式之间各项相关指标数据应当相互衔接，保证勾稽关系正确。

第二章　报表合并

第十二条　执行《企业会计制度》的集团公司应当按照国家财务会计制度有关规定，将所属各级子企业财务决算报表进行层层合并，逐级编制财务决算合并报表。企业财务决算合并报表范围包括：

（一）执行企业会计制度的境内全部子企业；

（二）境外（含香港、澳门、台湾地区）子企业；

（三）所属事业单位；

（四）各类基建项目；

（五）按照规定执行金融会计制度的子企业；

（六）所属独立核算的其他经济组织。

执行《企业会计准则》的企业应当按照制度规定，将所能控制的各子企业财务决算报表进行合并。

实施委托管理方式暂未建立产权关系的企业，由受托主体企业纳入汇总范围。

第十三条　企业编制财务决算合并报表，应当将企业及其各级子企业之间的内部交易、内部往来进行充分抵销，对涉及资产、负债、所有者权益、收入、成本和费用、利润、现金流量等财务决算相应指标数据均应当按照合并口径编制。

第十四条　各级子企业执行的会计制度或会计准则与企业集团不一致的，企业集团在编制财务决算合并报表时，应当按照国家统一会计制度的规定和要求将子企业决算数据进行调整，然后再进行财务决算报表的合并工作。因特殊情况不能保持一致的，应当事先报市国资委备案，并陈述相关理由。

对于企业集团尚未执行《企业会计准则》，而所属子企业已执行《企业会计准则》的企业，可直接进行合并，编制企业集团合并会计报表。

第十五条　对于所属投资各方占等额股份的子企业，按约定由一方根据国家合并会计报表有关规定进行合并；或者根据实际执行的会计核算制度分别采用比例合并法进行合并或采用权益法进行核算。

第十六条　企业年度财务决算报表合并过程中，境外子企业与企业集团会计期间或者会计结账日不一致时，应当以企业集团的会计期间和会计结账日为准进行调整。

第十七条　凡年度内涉及产权变更的企业，财务决算报表合并原则上应当以企业年末结账日的产权隶属关系确定。结账日尚未办理产权变更手续的，由原企业合并编制；结账日已办理完产权变更关系的，由接收企业合并编制。

第十八条　按照国家财务会计制度有关规定，符合下列情形之一的各级子企业可以不纳入财务决算合并报表范围：

（一）已宣告破产的子企业；

（二）按照破产程序，已宣告被清理整顿的子企业；

（三）已实际关停并转的子企业；

（四）非持续经营的所有者权益为负数的子公司；

（五）受所在国或地区外汇管制及其他管制，资金调度受到限制的境外子企业。

企业财务决算报表合并范围发生变更，应当于年度终了日之前，将变更范围、原因及对报表整体的影响报市国资委核准。

执行《企业会计准则》的企业按照准则规定办理。

第四章　信息披露

第十九条　为便于理解企业财务决算报表，了解和分析企业资产质量、财务状况，核实企业真实经营成果，企业应当在会计报表附注、财务决算专项说明和财务情况说明书中，对企业财务决算报表的重要内容进行详尽说明和披露。

企业财务决算报告所披露的信息内容应当真实、全面、详尽，不得隐瞒企业有关重大违规事项。

第二十条　企业会计报表附注是对会计报表的编制基础、编制依据、编制原则、编制方法及报表重要项目等所作出的解释和补充说明，是企业财务决算报告的重要组成部分。会计报表附注应当重点披露以下内容：

（一）企业的历史沿革、注册地、注册资本、组织结构等基本情况；

（二）财务报表的编制基础、遵循企业会计准则的声明；

（三）企业报告期内采用的主要会计政策、会计估计和合并决算报表的编制方法，报告期内会计政策、会计估计变更及重大差错更正的说明；

（四）现金流量情况、资产负债表日后事项及或有事项、承诺事项的说明；

（五）企业合并、分离、重要资产转让及其出售等事项的说明，非货币性资产交换和债务重组的说明；

（六）关联方关系及其交易的披露；

（七）对企业财务决算报表中货币资金、长短期投资、固定资产及在建工程、商誉、各项负债、实收资本及各项公积金、营业收入及各项成本费用、外币折算、各项减值准备的计提等会计科目进行披露；

（八）企业财务决算报表合并的编制方法、范围及其依据，将未纳入合并决算报表范围的子企业资产、负债、销售收入、实现利润、税后利润以及对企业财务决算合并报表的影响逐户列示；

（九）企业集团公司的投资收益、从子企业分享的红利情况及收缴的管理费、给予子企业的补贴情况等决算主要项目的注释；

（十）企业重大涉讼案件、或有事项等情况；

（十一）按照规定应当披露的有助于理解和分析报表的其他重要财务会计事项，以及市国资委要求披露的其他事项。

第二十一条　企业财务决算专项说明是依据市国资委专项监管工作要求，对财务决算报表相关内容的专门说明，是企业向市国资委报送财务决算报告的重要组成部分。财务决算专项说明应当重点说明下列内容：

（一）期初重大调整事项的说明；

（二）非经常性损益、政府补助情况的说明；
（三）承诺事项及高风险业务的说明；
（四）人工成本情况的说明；
（五）国有资本保值增值情况的说明；
（六）资产损失管理、企业对外投资及借款、非主业投资等情况的说明；
（七）主辅分离辅业改制情况的说明；
（八）长短期投资及借款、未确认投资损失等重要会计科目的说明；
（九）审计及执行情况；
（十）市国有资本收益支持项目绩效情况的说明；
（十一）市国资委要求披露的其他事项。

第二十二条 企业财务情况说明书是对企业一定会计期间内生产经营、资金周转、利润实现及分配等资产状况和财务管理的综合性分析报告，是企业财务决算报告的重要组成部分。财务情况说明书主要包括以下内容：

（一）企业生产经营的基本情况；
（二）企业预算执行情况及利润实现、利润分配和企业亏损情况；
（三）企业重大投融资及资金增减、周转情况；
（四）对企业资产及财务状况、经营成果和现金流量、资本保值增值等有重大影响的其他事项；
（五）企业本年度科技投入和支出情况，环境保护和节能减排支出情况；
（六）上一会计年度企业经营管理、财务管理中存在的问题及整改情况；
（七）企业本年度经营管理、资产管理、财务管理中存在的问题，下年度拟采取的改进管理和提高经营业绩的具体措施，以及业务发展计划；
（八）市国资委要求说明的其他情况。

第二十三条 企业及其各级子企业对外提供的财务决算数据应当与报送市国资委的财务决算报告数据及披露的财务信息保持一致。

第五章 决算审计

第二十四条 为保证企业年度资产、财务状况及经营成果的真实性，市国资委或企业应委托会计师事务所对企业集团及其各级子企业财务决算进行审计。

第二十五条 选聘会计师事务所，应遵循“公开、公平、公正”的原则，由市国资委或企业集团按照“统一组织、统一标准、统一管理”的模式，采用招标等公开方式进行。

第二十六条 企业财务决算审计内容应当包括企业财务决算报表中资产负债表、利润表、现金流量表、所有者权益（或股东权益）变动表、资产减值准备情况表等相关指标数据和会计报表附注，以及市国资委要求的其他重要财务指标和有关数据。

第二十七条 企业及其各级子企业应当根据会计师事务所提出的审计意见进行决算调

整。企业对审计意见存有异议且未进行决算调整的，应当在企业财务决算专项说明中予以说明。

第二十八条 会计师事务所出具的审计报告应当按照有关规定，对企业违反国家财务会计制度规定或者未按注册会计师意见进行调整的重大会计事项进行披露。

第二十九条 企业应当为会计师事务所开展财务决算审计、履行必要的审计程序、取得充分审计证据提供必要的条件和协助，不得干预会计师事务所的审计业务，以保证审计结论的独立、客观、公正。

第三十条 境外子企业财务决算审计工作按照所在国家或地区的规定进行。为适应境外子企业的特殊性，对于未经会计师事务所审计的境外子企业财务决算，企业应当建立和完善对境外子企业的内审制度，并出具内审报告，以保证境外子企业财务决算数据的真实性、完整性。

第三十一条 对于涉及国家安全等无法实施社会中介机构审计的特殊子企业或单位，报经市国资委核准后，可由内部审计机构对财务决算报表实施审计。企业应当建立和完善该类财务决算报告的内审制度，并出具内部审计报告，以保证财务决算数据的真实性、完整性。

第六章 报告报送

第三十二条 企业应当负责各级子企业财务决算报告的组织、收集、审核、汇总、合并等工作，并按规定及时将企业财务决算报告报送市国资委。

第三十三条 企业向市国资委报送的财务决算报告应当做到“统一编报口径、统一编报格式、统一编报要求”。

（一）符合国家规定的报表格式、指标口径要求；

（二）使用统一下发的财务决算报表软件填报各项决算数据；

（三）按照要求报送纸质文件和电子文档的财务决算报表、会计报表附注、财务决算专项说明、财务情况说明书、审计报告及国有资本保值增值说明等资料。

第三十四条 企业财务决算报告的报送级次如下：

（一）企业集团除报送企业合并财务决算报告外，还应将集团本部及所属纳入合并报表范围的所有企业分户财务决算报告一并报送。对少数管理级次较多、股权结构复杂无法及时报送所有分户企业报表的企业集团，应将报送级次情况及未分户报送的企业名单列明报市国资委备案。

（二）企业所属上市子企业、金融子企业及其他重要子企业不分级次均应填报本套报表，并上报分户数据；

（三）设立在境外的子企业，除报送合并财务决算报告外，还应当报送境外的子企业及其所属子企业的分户决算报告。

（四）托管企业不纳入合并财务决算报告范围，由企业集团另行汇总报送。

第三十五条 企业财务决算报告具体内容如下：

（一）企业合并财务决算报表、会计报表附注、财务决算专项说明、财务情况说明书等材料，以及审计报告、审计管理意见书和审计情况说明的纸质文件与电子文档。

（二）二级子企业应当报送财务决算报表、会计报表附注、财务决算专项说明、财务情况说明书和审计报告的电子文档。

（三）三级子企业（含按规定应报送的三级以下重要子企业）仅报送财务决算报表数据的电子文档。

（四）上报的各种文字材料电子文档，均应将其复制到报表软件中的附报文档相应区域中，与财务决算报表数据一并上报。

第三十六条 企业应当以正式文件向市国资委报送财务决算报告。文件主要包括下列内容：

（一）企业年度间主要财务决算数据的变化情况；

（二）纳入企业财务决算合并的范围；

（三）对于被出具保留意见审计报告的企业，应当对有关情况进行说明；

（四）需要说明的其他有关情况。

第三十七条 企业财务决算报告应当加盖企业公章，并由企业的法定代表人、总会计师或主管会计工作的负责人、会计机构负责人、报告编制人签名并盖章。

企业报送财务决算报告及附送的各类资料应当按顺序装订成册，材料较多时应当编排目录，注明备查材料页码。

第三十八条 企业法定代表人、总会计师或主管会计工作的负责人、会计机构负责人、报告编制人等应当对企业编制的财务决算报告真实性、完整性负责。承办企业财务决算审计业务的会计师事务所及注册会计师对其出具的审计报告真实性、合法性负责。

第三十九条 企业报送财务决算报告后，市国资委应当在规定时间内对企业资产质量、财务状况及经营成果进行审核。并将审核后的财务决算报告作为企业负责人业绩考核、企业绩效评价和企业国有资本保值增值结果确认等工作的依据，有关办法另行制定。

第七章 考评奖惩

第四十条 为全面做好企业财务决算报告工作，保证企业财务决算报告的及时、准确和完整，提高国有资产决算数据分析研究水平，市国资委将对企业财务决算工作进行考评。根据财务决算报告的考评结果，对评定为优秀的单位，由市国资委给予通报表彰。企业财务报告报送不及时的，由市国资委责令其整改。

第四十一条 企业报送的财务决算报告内容不完整、信息披露不充分，或数据差错较大，造成财务决算不实，以及财务决算报告不符合规范要求的，由市国资委责令其重新编报，并予以通报批评。

第四十二条 企业在财务决算编制工作中弄虚作假、提供虚假财务信息，以及故意漏报、瞒报，尚未构成犯罪嫌疑的，由市国资委责令改正，并依照《会计法》、《企业国有资产法》、《企业国有资产监督管理暂行条例》等有关法律予以处罚；有犯罪嫌疑的，依法移送司法机关处理。

第四十三条 会计师事务所及注册会计师在企业年度财务决算报告审计工作中参与做

假账，或者在审计程序、审计内容、审计方法等方面存在严重问题和缺陷，造成审计结论失实的，市国资委应当禁止其今后承办企业财务决算审计业务，并通报或者会同有关部门依法查处；有犯罪嫌疑的，依法移送司法机关处理。

第四十四条 市国资委相关工作人员在对企业财务决算报告信息的收集、汇总、审核和管理过程中徇私舞弊，造成重大工作过失或者泄露国家机密或企业商业秘密的，依法给予行政处分；有犯罪嫌疑的，依法移送司法机关处理。

第八章 附 则

第四十五条 本办法由广州市人民政府国有资产监督管理委员会负责解释。

第四十六条 本办法自公布之日起施行。

广州市国资委关于印发《广州市市属企业合规管理指引(试行)》的通知

穗国资法〔2020〕9号

各监管企业，各受托监管部门：

为加快推动市属企业全面加强合规管理，有效提升依法合规经营管理水平，进一步保障企业持续稳定健康发展，我委制定了《广州市市属企业合规管理指引(试行)》，现印发给你们，请结合企业实际，认真遵照执行。工作中的问题和建议请及时反馈。

广州市人民政府国有资产监督管理委员会

2020年12月1日

广州市市属企业合规管理指引(试行)

第一章　总　　则

第一条　为推动广州市市属企业全面加强合规管理，加快提升依法合规经营管理水平，着力打造法治国企，保障企业持续健康发展，根据《中华人民共和国公司法》《中华人民共和国企业国有资产法》等有关法律法规规定，参照《中央企业合规管理指引(试行)》《广东省省属企业合规管理指引(试行)》，制定本指引。

第二条　本指引所称市属企业是指广州市人民政府国有资产监督管理委员会(以下简称“市国资委”)直接履行出资人职责的国有及国有控股企业、国有实际控制企业。

本指引所称合规，是指市属企业及其员工的经营管理行为符合法律法规、监管规定、行业准则和企业章程、规章制度以及国际条约、规则等要求。

本指引所称合规风险，是指市属企业及其员工因不合规行为，引发法律责任、受到相关处罚、造成经济或声誉损失以及其他负面影响的可能性。

本指引所称合规管理，是指以有效防控合规风险为目的，以企业和员工经营管理行为为对象，开展包括制度制定、风险识别、合规审查、风险应对、责任追究、考核评价、合规培训等有组织、有计划的管理活动。

第三条　市国资委负责指导监督市属企业合规管理工作。

第四条　市属企业应当建立健全合规管理制度，完善合规管理组织架构，明确合规管理责任，全面构建合规管理体系，树立依法合规、守法诚信的价值观，不断提升广大员工的合规意识和行为自觉，营造依规办事、按章操作的合规氛围，确保企业依法合规经营，有效防控合规风险。

第五条 市属企业应当按照以下原则建立健全合规管理体系：

（一）全面覆盖。坚持将合规要求覆盖各业务领域、各部门、各级子企业和分支机构、全体员工，贯穿决策、执行、监督全流程，树立全员合规理念，创建良好合规文化。

（二）强化责任。把加强合规管理作为企业主要负责人履行推进法治建设第一责任人职责的重要内容。建立全员合规责任制，明确管理人员和各岗位员工的合规责任并督促有效落实。

（三）协同联动。推动合规管理与法律风险防范、纪检监察、审计、内控、风险管理等工作相统筹、相衔接，确保合规管理体系有效运行。

（四）客观独立。严格依照法律法规等规定对企业和员工行为进行客观评价和处理。合规管理牵头部门独立履行职责，不受其他部门和人员的干涉。

第二章 合规管理职责

第六条 市属企业主要负责人作为履行推进合规体系建设第一责任人，应切实履行合规管理体系建设的重要组织者、推动者和实践者的职责，对重要工作亲自部署、重大问题亲自过问、重点环节亲自协调、重要任务亲自督办。具体合规职责主要包括：

（一）加强对本企业合规管理体系建设的组织领导，牵头制定合规管理工作规划和年度工作计划，及时研究解决合规管理体系建设有关重大问题，为合规管理体系建设提供保障、创造条件；

（二）严格执行“三重一大”决策法定程序，落实合规性审查制度；

（三）深入推进合规文化建设，推动企业形成浓厚合规企业文化氛围。

第七条 董事会的合规管理职责主要包括：

（一）批准企业合规管理战略规划、基本制度和年度报告；

（二）推动完善合规管理体系；

（三）决定合规管理负责人的任免；

（四）决定合规管理牵头部门的设置和职能；

（五）研究决定合规管理有关重大事项；

（六）按照权限决定有关违规人员的处理事项；

（七）合理配置合规管理工作所需的相关资源；

（八）公司章程规定的其他合规管理职责。

第八条 监事会的合规管理职责主要包括：

（一）监督董事会的决策与流程是否合规；

（二）监督董事和高级管理人员合规管理职责履行情况；

（三）对引发重大合规风险负有主要责任的董事、高级管理人员提出罢免建议；

（四）向董事会提出撤换公司合规管理负责人的建议；

（五）公司章程规定的其他合规职责。

第九条 经理层的合规管理职责主要包括：

（一）根据董事会决定，建立健全合规管理组织架构；

（二）批准合规管理具体制度规定；

（三）批准合规管理计划，采取措施确保合规制度得到有效执行；

（四）明确合规管理流程，确保合规要求融入业务领域；

（五）及时制止并纠正不合规的经营行为，按照权限对违规人员进行责任追究或提出处理建议；

（六）公司章程或者经董事会授权的其他事项。

第十条 市属企业应在董事会层面设立合规委员会，承担合规管理的组织领导和统筹协调工作，定期召开会议，研究合规管理重大事项或提出意见建议，指导、监督和评价合规管理工作。市属企业董事会已经设立审计委员会、风险管理委员会等类似机构的，可以由上述机构承担相应合规管理职责。

市属企业下属重要子企业应参照市属企业标准设立合规委员会，承担相应合规管理职责。

市属企业规模较小的下属企业可以不设合规委员会，由经理层承担相应合规管理职责。

第十一条 市属企业总法律顾问或相关负责人担任合规管理负责人，主要职责包括：

（一）组织制订合规管理战略规划；

（二）参与企业重大决策并提出合规意见；

（三）领导合规管理牵头部门开展工作；

（四）向董事会和总经理汇报合规管理重大事项；

（五）召集和主持合规联席会议；

（六）组织起草合规管理年度报告；

（七）公司章程、董事会或合规委员会确定的其他合规管理职责。

第十二条 市属企业可以单独设立合规管理牵头部门，也可以明确由法律事务部门或其他相关职能部门为合规管理牵头部门，组织、协调和监督合规管理工作，为其他部门提供合规支持。主要职责包括：

（一）研究起草合规管理计划、基本制度和具体制度规定；

（二）持续关注法律法规等规则变化，组织开展合规风险识别和预警，参与企业重大事项合规审查和风险应对；

（三）组织开展合规检查与考核，对制度和流程进行合规性评价，督促违规整改和持续改进；

（四）指导所属企业合规管理工作；

（五）受理职责范围内的违规举报，组织或参与对违规事件的调查，并提出处理建议；

（六）组织或协助业务部门、人事部门开展合规培训，为集团其他部门提供合规咨询与支持；

（七）参与业务部门对商业伙伴的合规调查；

（八）编制合规管理工作年度报告和合规风险事件报告；

（九）组织开展合规文化建设工作；

（十）合规委员会或合规管理负责人交办的其他工作。

市属企业规模较小的下属企业，可以设立合规团队或合规专员岗位，也可以将相应合规管理职责归入法律事务部门或相关职能部门，或者委托外部律师提供合规管理服务。

第十三条 市属企业的合规管理负责人、合规人员应当具有与其履行职责相适应的资质、经验和专业知识，熟练掌握法律法规、监管规定、行业准则、企业章程及规章制度等。

第十四条 市属企业应科学有效确立合规风险管理的三道防线：业务部门是防范合规风险的第一道防线，业务部门负责人及业务人员应当承担职责范围内的首要合规责任；合规管理牵头部门是防范合规风险的第二道防线，同时也是合规管理体系建设的责任单位；内部审计和纪检监察部门是防范合规风险的第三道防线，根据职责开展合规风险防控。

第十五条 业务部门负责本领域的日常合规管理工作，按照合规要求完善业务管理制度和流程，主动开展合规风险识别、分析和隐患排查，发布合规预警，组织合规审查，及时向合规管理牵头部门通报风险事项，妥善应对合规风险事件，做好本领域合规培训和商业伙伴合规调查等工作，组织或配合进行违规问题调查并及时整改。

法律、内控、风险管理、安全生产、质量环保等相关部门，在职权范围内履行合规管理职责。

内部审计部门负责对合规管理体系有效性、适当性和充分性进行独立监督评估及合规审计，纪检监察部门负责职权范围内的违规事件的监督、执纪、问责等工作。

第十六条 市属企业应明确其下属全资、控股和实际控制子企业的合规管理职责，相关职责的划分应与集团管控模式相结合。市属企业可根据下属企业的类别和现行集团管控模式，设置不同的合规管理管控模式。

第三章　合规管理重点

第十七条 市属企业应当根据外部环境变化，结合自身实际，在全面推进合规管理的基础上，突出重点领域、重点环节和重点人员，切实防范合规风险。

第十八条 市属企业应结合本企业实际加强对以下重点领域的合规管理：

（一）公司治理。全面落实“三重一大”决策制度，提升决策有效性，保障党委会、董事会、监事会、经理层等依法合规履职，实现党的领导与公司治理有效融合。

（二）市场交易。完善交易管理制度，严格履行决策批准程序，建立健全自律诚信体系，突出反欺诈、反商业贿赂、反垄断、反不正当竞争，规范资产交易、招投标等活动。

（三）投资管理。严格执行市属企业投资监管相关规章制度，建立健全事前、事中、事后管理工作体系，防止违规投资行为，强化违规投资责任追究。

（四）数据信息安全。强化数据信息安全防护体系的有效性与可执行性，采取全面可行的保护措施，防止重大商业信息与内幕信息泄露。尊重业务伙伴和客户的隐私信息。依法合规规范采集、处理、保存和使用个人信息。

（五）资本运作。严格遵守证券监管相关法律法规，规范所持上市公司股权变动行为。依法依规做好公众公司在证券交易所和全国中小企业股份转让系统、发债企业在债券市场的信息披露工作，保证披露信息的真实、准确、完整。

（六）安全环保。严格执行国家安全生产、环境保护法律法规，完善企业生产规范和安全环保制度，加强监督检查，加强对发包商、供应商、承包商等实施相同的安全环保合规要求，及时发现并整改违规问题。

（七）产品质量。完善质量体系，加强过程控制，严把各环节质量关，提供优质产品和服务。

（八）工程建设。建立健全工程建设项目合规管理工作体系，提升对工程项目招投标、质量、进度、安全、建设资金等环节全过程合规管控，规范履行施工、监理、设计等合同。强化土地开发建设环节的合规管理，保障建设项目在依法合规的基础上顺利实施。

（九）劳动用工。严格遵守劳动法律法规，健全完善劳动合同管理制度，规范劳动合同签订、履行、变更和解除，切实维护劳动者合法权益。

（十）财务税收。健全完善财务内部控制体系，严格执行财务事项操作和审批流程，严守财经纪律，强化依法纳税意识，严格遵守税收法律政策。

（十一）租赁性资产管理。建立健全租赁性资产管理制度，优化业务管理流程，完善租赁合同管理，加强对租赁性资产运行的审计和监督。加快推动表外租赁性资产处理工作，及时入账，防止国有资产流失。

（十二）土地资产管理。建立健全土地资产管理制度，规范土地资产获取、使用、开发、租赁及处置过程中的管理，严守土地管理的相关法律法规，依法使用及进行土地开发，强化土地处置的监督审计。

（十三）知识产权。及时申请注册知识产权成果，规范实施许可和转让，加强对商业秘密和商标的保护，依法规范使用他人知识产权，防止侵权行为。

（十四）出口管制。严格执行国家出口管制法律法规，防止出口产品及服务因违规受到处罚。严格遵守其他国家和国际组织的出口管制法律法规，避免受到相关制裁。

（十五）商业伙伴。对重要商业伙伴开展合规调查，通过签订合规协议、要求作出合规承诺等方式促进商业伙伴行为合规，依法合规采集、处理、保存和使用商业伙伴保密信息，保护商业伙伴隐私信息。

（十六）其他需要重点关注的领域。

第十九条　加强对以下重点环节的合规管理：

（一）制度制定环节。强化对公司章程、规章制度、议事规则等重要文件的合规审查，确保符合法律法规、监管规定等要求。

（二）经营决策环节。严格落实“三重一大”决策制度，细化各层级决策事项和权限，加强对决策事项的合规论证把关，保障决策依法合规。

（三）生产运营环节。严格执行合规制度，加强对重点流程的监督检查，确保生产经营过程依法办事、合规操作。

（四）其他需要重点关注的环节。

第二十条　加强对以下重点人员的合规管理：

（一）管理人员。促进管理人员切实提高合规意识，带头依法依规开展经营管理活动，认真履行承担的合规管理职责，强化考核与监督问责。

（二）重要风险岗位人员。根据合规风险评估情况明确界定重要风险岗位，有针对性加大培训力度，使重要风险岗位人员熟悉并严格遵守业务涉及的各项规定，加强监督检查和违规行为追责。

（三）境外人员。将合规培训作为境外人员任职、上岗的必备条件，确保遵守我国和所在国或地区法律法规等相关规定。

（四）其他需要重点关注的人员。

第二十一条 强化境外投资经营行为的合规管理：

（一）深入研究投资所在国或地区法律法规、国际通行规则及国际上具有广泛影响力的特定国家或地区合规要求，全面掌握禁止性规定及可能导致“长臂管辖”的合规风险点，明确境外投资经营行为的红线、底线。

（二）健全境外合规经营的制度、体系、流程，重视开展项目的技术、市场、财务、法律合规等方面的论证和尽职调查，按照要求履行资产评估或估值程序。依法加强对境外机构的管控，规范境外机构经营管理行为。

（三）定期开展对境外投资经营行为合规风险评估，形成境外投资经营行为合规风险书面评估报告，并提出整改或预防意见。

定期排查梳理境外投资经营业务的风险状况，重点关注投资保护、市场准入、外汇与贸易管制、环境保护、税收劳工等高风险领域以及重大决策、重大合同、大额资金管控和境外子企业公司治理等方面存在的合规风险。

（四）建立健全境外合规风险应对机制，妥善处理风险并及时报告，防止风险扩大蔓延，对识别评估的各类风险采取恰当的控制和补救措施。

第四章 合规管理运行

第二十二条 建立健全合规管理制度，制定全员普遍遵守的合规行为规范，针对重点领域制定专项合规管理制度，并根据法律法规变化和监管动态，及时将外部有关合规要求转化为内部规章制度。

第二十三条 建立合规风险识别预警机制，全面系统梳理经营管理活动中存在的合规风险，对风险发生的可能性、影响程度、潜在后果等进行系统分析，对于典型性、普遍性和可能产生较严重后果的风险及时发布预警。企业业务部门负责本领域合规风险预警工作。

第二十四条 建立合规联席会议机制，联席会议由合规管理负责人召集和主持，在企业部门层面通过定期会议等形式研究、指导、协调、部署跨部门的合规管理各项工作。

第二十五条 加强合规风险应对，针对发现的风险制定预案，采取有效措施，及时应对处置。对于重大合规风险事件，合规委员会统筹领导，合规管理负责人牵头，相关部门协同配合，最大限度化解风险、降低损失。

第二十六条 建立健全合规审查机制，将合规审查作为规章制度制定、重大事项决策、重要合同签订、重大项目运营等经营管理行为的必经程序，及时对不合规的内容提出修改建议，未经合规审查不得提交决策。经合规审查发现存在法律法规明令禁止的不合规内容且无法修改的，合规审查部门应提出否决该相关事项的建议。

合规审查按照业务涉及内容，由相应业务部门组织，属于重大事项决策、重要合同签订、重大项目运营等重大业务事项的，合规管理牵头部门应参与合规审查。

第二十七条 强化违规问责，完善违规行为处罚机制，明晰违规责任范围，细化惩处标准，建立容错免责制度，把是否依法合规作为免责认定的重要依据。畅通举报渠道，针对反映的问题和线索，及时开展合规调查，严肃追究违规人员责任。

企业可以设立违规问题反映的专门渠道，确立合规调查基本方式和程序，由合规管理牵头部门负责维护运行以及相关线索的后续跟进处理。发现问题线索涉及违纪违法的，合规管理牵头部门应将问题线索及材料移送纪检监察部门等有关单位。

第二十八条 开展合规管理评估，合规管理牵头部门定期对合规管理体系的有效性进行分析及评价，对重大或反复出现的合规风险和违规问题，深入查找根源，完善相关制度，堵塞管理漏洞，强化过程管控，持续改进提升。

内部审计部门应结合年度或者专项审计对企业合规管理体系的有效性、适当性和充分性进行合规审计，并及时将合规审计结果以及合规审计中发现的合规管理问题通报合规管理牵头部门。合规审计项目的开展可以通过专项审计的方式，也可以通过融合的方式，将合规审计的内容纳入其他审计项目的范围，统筹协调审计资源，实现“一审多项”“一审多果”“一果多用”。

第二十九条 市属企业的合规管理运行机制，可统筹协调企业原有的风险管理、内部控制等管理体系或机制，从组织架构、风险管理工具、管理工作及流程方面进行整合，提升企业在合规管理、风险管理及内部控制方面的效率效果。

第五章 合规管理保障

第三十条 加强合规考核评价，把合规经营管理情况纳入对各部门和所属企业负责人的年度综合考核。对所属企业和员工合规职责履行情况进行评价，并将结果作为员工考核、干部任用、选优评先等工作的重要依据。

第三十一条 强化合规管理信息化建设，通过信息化手段优化管理流程，记录和保存相关信息。运用大数据等工具，加强对经营管理行为依法合规情况的实时在线监控和风险分析，实现信息集成与共享。

第三十二条 完善激励约束机制，对在合规管理体系建设中作出重要成绩、有效防范重大合规风险或对挽回重大损失作出突出贡献的集体和个人，应当予以表彰和奖励；对于落实合规管理工作不力，忽视重大合规风险或违规经营造成重大损失的，要严肃问责，按照有关规定追究企业相关领导及人员责任。

第三十三条 建立专业化、高素质的合规管理队伍。各企业应当根据业务规模、合规风险水平等因素配备专职合规管理人员。持续加强业务培训，提升队伍能力水平。

境外经营重要地区、重点项目应当明确合规管理机构或配备专职人员，切实防范合规风险。

第三十四条 重视合规培训，结合法治宣传教育，建立制度化、常态化培训机制，确保员工理解、遵守企业合规目标和要求。

第三十五条 积极培育合规文化，通过制定发放合规手册、签订合规承诺书等方式，强化全员安全、质量、诚信和廉洁等意识，树立依法合规、守法诚信的价值观，筑牢合规经营的思想基础。

第三十六条 建立合规报告制度，发生较大合规风险事件，合规管理牵头部门和相关部门应当及时向合规管理负责人、分管领导报告。重大合规风险事件应当及时向市国资委和有关部门报告。

合规管理牵头部门应于每年年底全面总结合规管理工作情况，起草年度报告并及时报送市国资委。合规管理的年度报告根据企业实际，可以与企业的风险管理、内部控制、法务等其他工作报告合并编写及上报，年度报告应当提交企业董事会审议。

第六章 附　　则

第三十七条 市属企业应根据本指引，结合实际制定合规管理制度。国家法律法规对上市公司另有规定的，从其规定。

委托监管企业的合规管理工作，参照本指引操作。

第三十八条 本指引由市国资委负责解释。

第三十九条 本指引自公布之日起施行。

深圳市国资委 深圳市属国有企业年度财务决算审计工作暂行规定

（2018 年 5 月）

第一章　总　　则

第一条　为加强市属国有企业财务监督，规范企业年度财务决算审计工作，促进提高企业会计信息质量和经营管理水平，根据《中华人民共和国企业国有资产法》、《中华人民共和国公司法》、国务院国资委《关于印发<中央企业财务决算审计工作规则>的通知》等法律法规和有关规定，制定本规定。

第二条　本规定适用于深圳市人民政府国有资产监督管理委员会(以下简称市国资委)直接履行出资人职责的国有独资企业、国有独资公司、国有控股公司(以下统称直管企业)及其所属各级全资、控股企业(直管企业及其所属企业以下统称企业)。

第三条　本规定所称年度财务决算审计(以下简称年审)，是指委托具有资质条件的会计师事务所，以国家财务会计制度、相关准则等为依据，对企业编制的年度财务决算报告及经济活动进行审计并发表独立审计意见的监督活动。

第四条　市国资委依法对年审工作进行监督和管理。

第五条　企业应当支持会计师事务所独立执业，不得干预其正常审计工作。

第六条　会计师事务所及项目审计组人员应当遵循执业准则及职业道德规范，保证年审工作的独立、客观、公正。

第二章　审计工作组织

第七条　市国资委负责统筹企业年审工作，根据企业性质，采取分类监管方式，组织选聘会计师事务所相关工作。

第八条　上市的直管企业由股东大会、董事会依据上市公司监管规定及公司章程等规定，负责选聘承担年审的会计师事务所。市国资委作为股东依法表决。

第九条　非上市的直管企业由市国资委依据选聘中介机构管理办法及公司章程等规定，负责选聘承担年审的会计师事务所。

第十条　负责承办直管企业年审业务的会计师事务所为主审会计师事务所。主审会计师事务所应当符合以下资质条件：

(一) 注册会计师人数不低于 25 名。总部不在本市的会计师事务所，其深圳分所的注册会计师人数不低于 25 名(截止审计年度的 10 月 31 日)；

（二）具有符合国家规定的相应资质。企业合并范围内有上市公司、期货公司、证券公司、基金管理公司的，主审会计师事务所应当具有证券期货从业资格；

（三）近三年内没有被行业主管部门、证券监管部门对其违规行为予以处罚记录，并在承办市属国有企业年审、经济责任审计、改制审计等工作中未出现重大质量问题；

（四）签字注册会计师应当具备同行业、同等规模或更大规模企业审计项目经理从业经历，无行业惩戒等不良从业记录。

第十一条 负责承办下属子企业年审业务的会计师事务所为参审会计师事务所。参审会计师事务所应当符合以下资质条件：

（一）注册会计师人数不低于 15 名。总部不在本市的会计师事务所，其深圳分所的注册会计师人数不低于 15 名（截止审计年度的 10 月 31 日）；

（二）具有符合国家规定的相应资质。下属子企业有上市公司、期货公司、证券公司、基金管理公司的，参审会计师事务所应当具有证券期货从业资格；

（三）近三年内没有被行业主管部门、证券监管部门对其违规行为予以处罚记录，并在承办市属国有企业年审、经济责任审计、改制审计等工作中未出现重大质量问题；

（四）签字注册会计师应当具备同行业、同等规模或更大规模企业审计项目经理从业经历，无行业惩戒等不良从业记录。

第十二条 主审会计师事务所负责年审业务的组织协调及合并报表审计等工作，其承担的审计业务量应当不低于整体的 50%。参审会计师事务所负责下属子企业年审工作，应当及时向主审会计师事务所提供有关报表、资料。

同一家会计师事务所可以同时承担主审、参审工作。

第十三条 企业年审业务原则上统一委托一家会计师事务所承办。对于所属子企业分布地域较广、数量较多的，也可由直管企业组织选聘不超过五家会计师事务所共同承办年审业务。

审计费用可以根据审计业务量及市场收费标准变化情况，作出相应调整。

第十四条 主审、参审会计师事务所连续承办同一家企业年审业务应当不少于 2 年，不得超过 5 年。连续审计超过 5 年的，必须予以轮换。

对于不符合相应资质条件的会计师事务所，审计年限应当及时中止。

第三章 审计工作实施

第十五条 市国资委应当加强对企业年审业务的管理，督促会计师事务所组建专业高效的审计组，强化审计质量控制，并组织派驻企业财务总监对审计意见书出具独立审核意见。

第十六条 市国资委在企业和会计师事务所就年审中的审计分歧不能达成一致时，可以聘请专家进行专项论证。

第十七条 企业应当为会计师事务所提供必要的工作条件，做好与会计师事务所的沟通协调工作，并对所提供会计记录和财务数据等资料的真实性、合法性和完整性负责。

第十八条 企业应当保障和发挥董事会及审计委员会在年审工作中的作用。审计委员会应当加强对年审工作的指导与协调，每年度至少召开一次相关会议，并向董事会报告年审工作情况。

第十九条 企业与承办年审业务的会计师事务所之间不得存在利害关系。

第二十条 会计师事务所实施年审工作内容：

（一）审计报告。会计师事务所应当按照企业委托工作要求，依据有关制度、准则，对企业资产负债表、利润表、现金流量表、所有者权益变动表及会计报表附注等资料进行审计，独立发表审计意见，出具审计报告；

（二）审计意见书。会计师事务所应当按照市国资委委托工作要求，依据年审工作要点，对企业业绩考核、预算完成、投资活动、重大风险等做出客观评价，出具审计意见书。审计意见书包括内部控制、产权变动、资产租赁、期初重大调整事项、非经营性损益、国有资产保值增值、资产减值准备、对外借款、审计整改、落实国资监管制度等事项；

（三）其他委托事项。

第二十一条 会计师事务所应当加强与市国资委、企业的沟通。沟通内容主要有：

（一）审计工作进展情况，包括审计进点、审计实施、出具审计结果等；

（二）审计发现的影响企业经营发展和国有资产安全等方面问题；

（三）政府审计和年审中发现问题的整改落实情况；

（四）其他事项。

第二十二条 主审会计师事务所应当于每年 12 月 15 日前向市国资委报送审计工作方案，参审会计师事务所应当于每年 11 月 25 日前向主审会计师事务所报送审计工作方案。

审计工作方案应当包括审计目标、审计范围、审计内容、审计工作时间等，列明审计组人员具体信息，确保审计组人员素质。

第二十三条 会计师事务所应当加快审计工作进度，原则上于每年 4 月 10 日前完成上年度年审工作。上市公司审计报告披露时间应当符合有关监管规定。

第四章 审计质量评价和结果运用

第二十四条 市国资委负责开展年审质量评价，将质量评价结果作为选聘会计师事务所的重要依据，同时向行业主管部门、证券监管部门通报评价结果。

市国资委应当对签字注册会计师的工作质量进行评价，并建立个人审计质量档案。

第二十五条 市国资委应当加强审计结果运用，督促会计师事务所增强审计意见及建议的针对性、操作性、前瞻性；通过审计专报、审计意见书、审计约谈等方式，督促企业开展审计整改。

第二十六条 企业应当依据有关制度、准则，对年审中提出的意见建议，认真对照检查，及时采取整改措施，按规定完成审计整改工作，促进经营管理水平提升。

企业法定代表人作为整改第一责任人，应当认真负责抓好审计整改工作。审计整改情况列入企业年度经营业绩考核范围。

第五章　审计工作责任

第二十七条　会计师事务所及签字注册会计师，违反《注册会计师法》等法律法规，或与企业及相关人员串通，弄虚作假，出具不实或虚假内容审计结果的，市国资委将有关情况通报行业主管部门、证券监管部门，并建议其依法予以处罚。

市国资委对政府审计、经济责任审计等发现的问题，与相关年审结果进行核对。如发现年审存在重大质量问题的，将组织调查；涉及会计师事务所责任的，将按规定及依据合同进行处理。

第二十八条　企业拒绝提供财务数据、相关文件等资料，或提供虚假资料，影响和妨碍正常审计工作；或企业对年审发现问题未按规定进行整改的，会计师事务所应当及时向市国资委反映情况。市国资委经调查核实，对情况属实的，按规定追究企业有关人员的责任。

第六章　附　　则

第二十九条　各直管企业应当根据本规定，制定适合本企业的年审工作制度。

第三十条　市属三大文化集团企业开展年审工作，参照本规定执行。

第三十一条　本规定由市国资委负责解释。

第三十二条　本规定自发布之日起施行。

深圳市国资委 深圳市属国有企业内部审计管理规定

（2020年5月）

第一章 总 则

第一条 为加强市属国有企业内部审计监督，充分发挥内部审计作用，保障国有资产保值增值和企业可持续发展，根据《中华人民共和国企业国有资产法》、《中华人民共和国审计法》、《审计署关于内部审计工作的规定》等法律法规和国家有关规定，结合企业实际情况，制定本规定。

第二条 本规定适用于深圳市人民政府国有资产监督管理委员会（以下简称“市国资委”）直接履行出资人职责的国有独资公司和国有控股公司（以下统称“直管企业”）及其所属各级全资、控股企业（直管企业及其所属企业以下统称“企业”）。

第三条 本规定所称内部审计，是指企业内部审计部门和人员对财务收支、经济活动、内部控制、风险管理等，实施独立、客观监督并作出评价和建议，促进企业完善治理、实现目标的活动。

第四条 企业应当依照有关法律法规和国家有关规定，建立健全内部审计制度，明确内部审计工作的领导体制、职责权限、人员配备、经费保障、结果运用和责任追究等。

第五条 内部审计部门和人员应当严格遵守有关法律法规、国家有关规定和内部审计职业规范，忠于职守，勤勉尽责，做到独立、客观、公正、廉洁、保密。

第二章 内部审计部门和人员管理

第六条 直管企业应当设立独立的内部审计部门，选优配齐内部审计人员，确保审计人员数量能够充分履行审计职责。资产规模大、从业人员多的所属企业根据实际情况，可以设立内部审计部门。

第七条 企业应当建立内部审计向党组织、董事会负责的领导体制，内部审计工作由企业董事长分管，未设立董事会的企业由主要负责人分管。确因工作需要，企业董事长可以委托一名企业领导协管内部审计工作。为确保审计独立性，协管内部审计的企业领导不得同时分管被审计工作。总审计师制度按国家有关规定执行。

第八条 企业党组织、董事会及其审计委员会应当定期听取内部审计工作报告和审计整改情况报告，董事会依法审议批准企业年度审计计划和重要审计报告，增强董事会运用内部审计规范运营、管控风险的能力。

第九条 企业内部审计（风控）部门负责人应当具备审计、会计、工程、管理、经济、法律、计算机等中级以上(含中级)专业职称或职业资格，以及相关工作经验。内部审计人员应当具备审计、会计、工程、管理、经济、法律、计算机等专业职称或职业资格。

企业提名、考核内部审计(风控)部门负责人，应当充分听取纪委书记、监事会主席、财务总监意见。为防范关键岗位人员的廉政风险，对从事内部审计工作年限较长的人员，应当实行交流轮岗制度。

第十条 直管企业领导兼任所属企业主要负责人的经济责任审计，以及所属企业主要负责人提拔到直管企业领导岗位的经济责任审计，由市国资委组织实施或由市国资委委托直管企业组织实施。

第十一条 企业应当确立集团总部对内部审计的统领和管控地位。集团总部负责统领审计计划、人员调配和成果共享等，通过设立专项审计组、业务板块集中审计、抽调人员交叉审计等方式，提高审计资源利用效率。集团审计部门可以抽调总部及所属企业相关专业技术人员参加审计工作。

内部审计部门可以根据工作需要购买社会审计服务。内部审计部门应当参与社会审计机构的选聘，并对其服务质量进行监督评价。

第十二条 企业应当强化内部审计工作组织与管理，实行所属企业审计部门向直管企业审计部门工作报告制度。

内部审计部门应当对所属企业每三年内至少专项审计一次，实现审计监督全覆盖，促进提高所属企业经济效益。

第十三条 企业应当实行内部审计制度化、规范化、标准化，规范审计操作流程，创新审计方式方法，推进审计和风险管理深度融合，推进以大数据为核心的审计信息化建设，利用信息化手段提高审计效率，科学高效实施审计监督。

第十四条 企业应当制定内部审计人员职业发展激励政策，畅通审计人员的选拔任用通道，开展审计人员职业培训和后续教育，积极推动和鼓励审计人员参加职业资格考试，加强审计人员队伍建设，提升审计人员履职能力。

内部审计部门履行职责所需经费，应当列入企业财务预算并予以保证。

第十五条 被审计企业和人员应当积极配合内部审计工作，及时、真实、全面提供相关资料，被审计企业主要负责人对提供资料的真实性和完整性负责。

第十六条 内部审计部门和人员依照法律法规、国家有关规定，独立履行审计监督职责，不受本企业其他部门、所属企业或者个人的干涉。

第三章 内部审计职责和权限

第十七条 企业内部审计部门依法履行以下主要职责：

(一) 开展企业发展规划、战略决策、重大措施以及年度业务计划执行情况审计；

(二) 开展企业经济效益、经营管理、内部控制、风险管理审计；

(三) 开展企业财务收支、自然资源资产审计；

(四) 开展企业工程建设、对外投资(含境外投资)审计；

(五) 开展企业内部管理的领导人员经济责任审计；

（六）督促落实审计发现问题的整改工作；

（七）配合市国资委审计工作，推荐符合条件的审计人员参加专项审计工作组；

（八）配合国家审计机关以及内部审计协会审计工作；

（九）对所属企业内部审计工作进行指导、监督；

（十）有关法律法规、国家有关规定明确的其他职责。

第十八条 企业应当保证内部审计部门依法履行以下权限：

（一）参加企业有关会议，召开与审计事项有关会议；

（二）参与研究制定或修改企业战略规划、规章制度，制定内部审计制度；

（三）检查有关财务收支、经济活动等资料文件和现场勘查实物，检查有关计算机系统及其电子数据资料；

（四）对与审计项目有关的企业和个人进行调查和询问，并取得相关证明材料；

（五）对正在进行的违法违规或损失浪费行为，经主要负责人批准，可作出临时制止决定；

（六）对可能被转移、隐匿、篡改、毁弃的会计凭证、账簿、报表以及与经济活动有关资料，经主要负责人批准，可予以暂时封存；

（七）在企业范围内通报内部审计结果以及整改情况；

（八）提出纠正、处理违法违规行为的意见和改进管理、提高效益的建议；

（九）对严格遵守财经法规、经济效益显著、贡献突出的被审计企业和个人，可以向企业提出表彰建议；

（十）有关法律法规、国家有关规定明确的其他权限。

第四章 内部审计结果运用

第十九条 内部审计部门应当积极参与“六位一体”监督体系建设，与纪检监察、监事会、财务总监、内控、风控等监督资源相互配合，建立审计信息共享、监督结果共用、重要事项联动、整改问责协同等机制，提高内部审计权威性。

内部审计结果以及整改情况应当作为考核、任免、奖惩干部和相关决策的重要依据。内部管理领导人员经济责任审计结果应当归入其本人档案。

第二十条 企业应当建立健全审计发现问题整改机制，积极推进审计结果报告和公告制度，明确被审计企业主要负责人为整改第一责任人。对审计发现的问题和提出的建议，被审计企业应当及时整改，并将结果报告内部审计部门。

企业应当落实“制度未完善的不放过、资金未追回的不放过、责任未落实的不放过”的整改要求，对审计发现问题建立清单、台账，开展现场检查或跟踪审计，保证整改效果。

第二十一条 企业应当将审计问题整改与促进经营管理相结合，对典型性、普遍性问题，认真研究和剖析其成因，从管理体制和机制上加以改进，通过审计维护资产安全、推动企业发展。

企业内部审计部门应当将发现的违纪违规违法问题线索、失职渎职行为，及时移送企业纪委、监事会。企业纪委、监事会应当对审计移送问题及时处理，加强协调沟通。

第二十二条 对认真履职、忠于职守、坚持原则、成绩显著的内部审计人员，企业应当及时给予表彰表扬或奖励。

第五章 市国资委对内部审计工作的指导和监督

第二十三条 市国资委依法指导和监督企业内部审计工作的职责有：

（一）制定市属国有企业内部审计制度；

（二）督促企业落实内部审计制度，设立内部审计部门；

（三）组织实施企业专项审计工作；

（四）组织开展内部审计培训；

（五）配合国家审计机关，组织开展内部审计质量评价；

（六）有关法律法规、国家有关规定明确的其他职责。

第二十四条 市国资委应当建立健全出资人审计和企业内部审计协同机制，统筹运用年度财务报表审计、经济责任审计、绩效审计、专项审计等方式，指导企业内部审计部门加强对混合所有制改革、重大投资、产权转让、招标采购、工程建设、资金管理等重点环节审计监督。

市国资委应当将内部审计指导和监督工作纳入年度工作计划，加强对各企业内部审计工作的业务指导和监督。

第六章 责任追究

第二十五条 被审计企业有下列情形之一的，由企业党组织、董事会责令改正，并对直接负责的主管人员和其他直接责任人员进行处理：

（一）拒绝接受或者不配合内部审计工作的；

（二）拒绝、拖延提供与内部审计事项有关资料，或者提供资料不真实、不完整的；

（三）拒不纠正审计发现问题的；

（四）整改不力、屡审屡犯的；

（五）违反有关法律法规、国家有关规定的其他情形。

第二十六条 内部审计部门和人员有下列情形之一的，由企业对直接负责的主管人员和其他直接责任人员进行处理：

（一）未按照国家有关规定和内部审计职业规范实施审计，导致应当发现的问题未被发现并造成严重后果的；

（二）隐瞒审计查出的问题或者提供虚假审计报告的；

（三）泄露国家秘密或者商业秘密的；

（四）利用职权谋取私利的；

（五）违反有关法律法规、国家有关规定的其他情形。

第二十七条 内部审计人员因履行职责受到打击、报复、陷害的，有权直接向市国资委报告，企业党组织、董事会应当及时采取保护措施，并对相关责任人员进行处理。

第七章　附　　则

第二十八条　国家证券监管机构对上市公司内部审计有特殊规定的，上市公司应当执行其规定。

第二十九条　本规定由市国资委负责解释。

第三十条　本规定自发布之日起施行。《深圳市属国有企业内部审计管理暂行规定》（深国资委〔2012〕31号）同时废止。

深圳市国资委关于印发《深圳市属国有企业全面风险管理体系建设指导意见》的通知

深国资委〔2008〕241号

各直管企业：

经研究，现将《深圳市属国有企业全面风险管理体系建设指导意见》印发给你们，请按照要求结合实际推进落实。执行中如有意见和建议，请及时反馈我委。

附件：深圳市属国有企业全面风险管理体系建设指导意见

深圳市人民政府国有资产监督管理委员会

二〇〇八年十一月二十日

深圳市属国有企业全面风险管理体系建设指导意见

为保障和促进市属国有经济持续、健康、稳步发展，推动市属国有企业全面风险管理体系建设，开展有关全面风险管理工作，根据《中华人民共和国企业国有资产法》(以下简称《企业国有资产法》)以及国务院国资委发布的《中央企业全面风险管理指引》(国资发改革〔2006〕108号，以下简称《指引》)，结合我市实际，制定本指导意见。

一、认清形势，充分认识全面风险管理体系建设的必要性和紧迫性

风险是市场经济的灵魂，无处不在、无时不在。风险与收益紧密相关，既可能带来机会，也可能带来损失。企业作为市场经济微观主体，时刻面临着风险。如何在充满风险的环境中实现可持续发展是落实科学发展观的客观需要，也是市属国有企业发展的内在要求。当前，受美国经济危机和其他因素影响，国内外宏观经济运行的不稳定性加剧，国际国内经济环境更趋复杂，世界经济增长减缓，市属国有企业经营压力增大，面临的经营形势更加严峻。十一届全国人大常委会第五次会议通过的《企业国有资产法》明确要求国家出资企业应当建立健全自身内部监督管理和风险控制制度。国务院国资委发布的《指引》则对如何建设企业全面风险管理体系提供了科学指导。在这种形势下，推进市属国有企业全面风险管理体系建设具有十分重要的意义：有助于企业强化风险意识，统一风险认识；有助于企业适应市场规律和不断变化的市场形势需要，提升企业竞争力和可持续发展能力；有助于防范化解重大风险，维护国有资产安全，促进国有资产保增值。

二、加强学习，强化领导，做好整体安排和工作部署

全面风险管理是一项关系企业持续稳健发展的系统工程，专业性强，涉及面广，责任

重大，十分紧迫。各直管企业应当高度重视，切实加强该项工作的领导，主要领导要亲自抓，做好工作的分解落实。各直管企业要结合实际，将全面风险管理列入工作计划和重要议事日程，对该项工作进行周密部署和安排；要加强学习，以培训为起点，开展全员全面风险管理辅导和培训，学习和掌握全面风险管理系统性知识，树立全员全面风险管理意识，培育企业全面风险管理文化，使全面风险管理融入全员的日常工作中。

三、因企制宜，结合实际，有重点有步骤地开展全面风险管理体系建设

全面风险管理涉及流程、制度、组织体系、技术方法、文化、信息系统等企业经营管理的各个方面。各直管企业的公司治理和管理基础不一，面临的风险也不尽相同，直管企业应当结合各自实际和完善公司治理，深入研究，创新手段和方式，对标先进企业，突出本企业的重要风险，特别要关注自身所处的行业风险和宏观经济形势变化可能对企业带来的影响，制订工作方案，有重点有步骤地开展全面风险管理体系建设，着力建立有效的风险管理机制，提升企业竞争力和抗风险能力。

四、落实风险管理职责，逐步健全全面风险管理组织体系

各直管企业应当结合现有的组织架构和职能分工，以规范的公司治理为基础逐步健全合理有效的全面风险管理组织体系。董事会和经营班子应当明确各自在全面风险管理方面的职责。董事会就全面风险管理工作的有效性向股东(大)会负责。规模较大、业务复杂的企业，可在董事会下设立专业管理委员会。总经理按照职责分工，在职责范围内负责推进落实。企业应当结合实际，将全面风险管理职责落实到具体责任部门。同时，应当逐步完善内部监督机制，充分发挥内部各相关部门在全面风险管理方面的监督约束作用，形成各职能部门相互协调配合的全面风险管理立体防线。

五、全面进行风险评估，制定全面风险管理策略和解决方案

各直管企业应当持续关注自身经营管理面临的风险，结合实际，定期不定期对本企业实际经营发展中存在或潜在的战略、财务、市场、运营、法律等各种风险进行识别、分析和评价(每年在本企业范围内至少进行一次系统的风险辨识和评价)。对已经识别的各项风险进行比较，确定对各项风险的管理优先顺序，明确现阶段面临的重大风险。根据风险评估结果，应当权衡成本与效益，确定风险承受度，制定管理策略和解决方案。对于可能发生的重大风险事件，应当制定应急预案，避免风险事件发生给企业带来重大损失。直管企业应当做到风险评估全面，尽最大可能覆盖生产经营等各个环节的风险点；风险管理策略和解决方案有效；同时，制定的风险管理策略和解决方案应当符合有关法规、制度要求，杜绝高风险投机行为。

六、加强企业管理制度和流程建设，健全适应全面风险管理要求的制度流程体系

各直管企业应当将全面风险管理与企业经营管理相结合，根据风险评估结果和风险管

理需要，将全面风险管理的要求落实到各项内部管理制度和流程之中，不断完善企业内部管理制度和流程。同时，适应全面风险管理要求，结合国家有关规定，建立健全内部控制制度，以此为基础，加强全面风险管理体系建设。

七、根据需要建立健全信息系统，为全面风险管理体系建设提供技术信息支持

各直管企业根据实际需要，可以运用风险管理专业技术方法和信息技术，建立企业风险信息系统，为整个全面风险管理过程提供必要的技术信息支持；监控企业风险变化及风险管理策略的实施情况，对评估出的重大风险，可以设立监控预警体系，提高全面风险管理的效率，改进全面风险管理的效果。

八、加强对下属企业的全面风险管理，推进重要下属企业的全面风险管理体系建设

各直管企业应加强对下属企业的重大风险管理，尤其是对本企业经营结果产生重大影响的重点下属企业的重大风险管理，积极防范和化解各类风险。同时，结合各自实际和重点下属企业实际情况，推进重点下属企业全面风险管理体系建设，并加强相应的考核与监督。

九、加强监督检查，不断改进优化全面风险管理体系

检查和监督是全面风险管理体系建设的重要环节和必要保障。各直管企业应当定期对全面风险管理和内部控制情况进行检查监督，分析现有风险管理的效率和效果，从风险评估、风险管理策略、组织体系、内部控制、信息系统等方面总结全面风险管理的经验和不足，及时完善。直管企业监事会对董事会在企业全面风险管理体系的建设和有效实施方面进行监督；风险管理责任部门在日常工作中，要督促其他部门针对各自的风险制定应对措施，完善制度和流程；内部审计部门应该结合全面风险管理，制定内部审计计划，针对重大风险的控制措施进行审计检查，以确保其有效执行。

十、实行风险管理报告制度，完善全面风险管理手段

各直管企业要建立顺畅高效的风险管理信息报告制度，并每年编制《年度风险管理报告》(参考文本见附件)，向市国资委汇报风险管理的相关工作情况以及工作结果。《年度风险管理报告》应该由企业风险管理的专业部门组织编写，提请董事会审议。风险管理报告作为企业重要管理信息，企业应当加强管理，严格保密。

全面风险管理是企业持续、健康、稳定发展的重要基础。市国资委将加强对企业全面风险管理工作的监督检查，定期对直管企业风险评估、风险管理策略和方案、制度流程与内部控制、风险管理意识和文化的全面有效性进行检查，对企业开展全面风险管理体系建设的相关工作和风险管理机制的建立情况进行总结，并建立相应的考评机制。各直管企业应当高度重视全面风险管理体系建设，并以此为契机，切实提升企业竞争力和持续发展能力，把企业经营管理推向更高的水平。

附件：风险管理报告参考文本

附件

风险管理报告参考文本

一、上年度风险管理工作有关情况

（一）简要说明本企业及主要所属企业上年度企业风险管理工作计划的执行情况。

（二）简要说明上年度本企业管理重大风险的效果，包括在管理机会风险方面所取得的主要成效。

（三）简要说明本企业建立风险事件库的相关情况。

1. 企业建立风险事件库，收集整理分析本企业、国内同行业及国外企业发生的风险事件案例的相关情况。

2. 根据本企业确定的重大风险损失事件标准，对企业近三年来发生的重大风险损失事件，从发生过程、造成的损失或影响、产生原因、事件的处理以及为防止同类事件再次发生所采取的对策等方面，进行收集整理分析的相关情况。

企业在报告中可以仅从分类和数量方面，简要说明建立风险事件库、分析重大风险损失事件的有关情况。

二、今年风险管理工作有关情况

企业应高度重视当前及今后一定时期内更加复杂的经济形势对本企业的影响，在进行风险评估、制订重大风险管理策略及解决方案时，更具针对性，确保企业持续稳定健康发展。

（一）企业面临的重大风险。

1. 重大风险描述。

说明本企业经风险评估后确定的重大风险（包括纯粹风险和机会风险），并从风险类别、产生原因、涉及的主要所属企业、涉及的重要流程、风险发生后可能给企业带来的影响等方面逐一进行简要描述。

2. 其他重要风险描述。

对经评估后确定的其他重要风险（发生概率小，一旦发生将对企业的经营目标产生重大影响的风险），比照对重大风险的相关要求逐一进行简要描述。

3. 风险坐标图。

按照发生的可能性及发生后对经营目标的影响程度两个维度，将企业面临的重大风险和其他重要风险绘制成风险坐标图。

（二）重大风险管理基本流程执行情况。

1. 风险评估情况。

（1）简要说明企业为开展本年度风险评估，尤其是结合当前经济形势，进一步在战略风险、财务风险、市场风险、运营风险和法律风险等方面收集风险管理初始信息的情况。

（2）简要说明本企业开展风险评估的范围、方式及参与人员等情况。

（3）以附件形式说明本企业在分析风险发生的可能性、风险发生后对经营目标的影响程度时，所采用的评估标准。

（4）简要说明同去年相比，本企业今年年经风险评估后确定的重大风险的变化情况。

（5）按照风险分类，说明风险评估结果的数量分布情况。

2. 重大风险管理策略与解决方案。

（1）以附件形式说明本企业根据自身情况界定的企业重大风险判断标准。

（2）从以下两个方面，逐一简要说明各项重大风险的管理策略和解决方案。

① 风险管理策略。包括企业对每一项重大风险的风险偏好、风险承受度及据此确定的风险预警指标等。

② 风险解决方案。包括风险事件发生前、中、后拟采取的具体应对措施，所使用的风险管理工具，以及如何抓住重大风险中的机会等。

3. 风险管理的监督与改进。

（1）简要说明本企业对执行重大风险管理策略和解决方案的监督机制。

（2）简要说明参与风险管理的各业务单位、职能部门，根据可能发生的变化情况和管理中存在的缺陷，完善和改进重大风险管理的机制。

（三）企业全面风险管理工作总体规划及今年企业风险管理计划。

1. 简要说明本企业全面风险管理工作总体规划。

2. 简要说明本企业今年全面风险管理工作计划。

3. 说明董事会或经理办公会议对本企业今年全面风险管理工作提出的要求。

三、企业全面风险管理体系及风险管理文化建设现状

（一）风险管理组织体系。

1. 企业组织机构与风险管理组织机构。

以附件形式说明企业最新的组织结构图（三级公司以上）与风险管理组织机构图。

2. 董事会与企业经理层。

设立董事会的企业：

设立风险管理委员会或已确定履行相关职责的专门委员会的，说明该委员会的名称、构成、职责及履职情况；尚未设立的，说明相关工作计划；并说明本企业经理层分工负责风险管理工作的相关情况。

未设立董事会的企业：

说明本企业经理办公会议履行风险管理职责情况及经理层分工负责风险管理工作的相关情况；经理办公会议下设了风险管理机构（如全面风险管理领导小组、风险管理委员会等）的，说明该管理机构的名称、构成、职责及履职情况。

3. 风险管理职能部门。

设立风险管理专职部门的，说明该部门的名称、编制、主要职责及人员构成。

确定相关职能部门履行风险管理职责的，说明该部门的名称、风险管理专职或兼职岗位设置、人员配置及主要职责。

4. 主要所属企业的风险管理组织体系。

本企业主要所属企业的风险管理组织体系，可比照本节前述 2、3 的相关要求进行简要说明。

（二）内部控制系统。

1. 简要说明本企业及主要所属企业内部控制系统建设现状，包括重要流程的管理、内部控制评价等。

2. 已制订《内部控制手册》的企业，简要说明其主要内容及执行情况。

3. 简要说明本企业建设内部控制系统的工作计划。

（三）风险管理信息系统。

已建立风险管理信息系统（包括在企业管理信息系统的基础上，进行补充、调整、更新，使之具备风险信息管理功能）的企业，简要说明该系统覆盖的所属企业范围、主要管理及业务流程，监控的重大风险以及对这些风险的预警功能等情况。

（四）风险管理文化。

1. 简要说明本企业风险管理文化建设现状。

2. 简要说明本企业开展风险管理培训的有关情况，包括时间、内容、人次及师资等。

3. 企业已制定员工行为、道德诚信等有关规定的，简要说明其主要内容。

（五）风险管理与绩效考核。

企业已将风险管理纳入绩效考核体系的，简要说明风险管理考核指标及其权重等情况。

四、有关意见和建议

（一）需要国资委协助解决的有关重大风险管理问题。

（二）对国资委推动企业全面风险管理工作的建议。

深圳市国资委关于加强深圳市属国有企业内部审计工作的指导意见

为加强企业内部审计工作，强化企业内部监督，确保国有资产保值增值，更好地服务企业改革发展，根据《中共中央、国务院关于深化国有企业改革的指导意见》(中发〔2015〕22号)、《国务院办公厅关于加强和改进企业国有资产监督防止国有资产流失的意见》(国办发〔2015〕79号)和省、市有关内部审计工作规定，现提出以下指导意见：

一、指导思想和总体目标

(一) 指导思想

加强国有企业内部监督，加大内部审计力度，创新内部审计方式，强化对权力集中、资金密集、资源富集、资产聚集等重点部门、重点岗位和重点决策环节的审计监督，实现内部审计全覆盖，充分体现内部审计的严肃性、权威性、时效性，切实维护国有资产安全，促进企业领导人员廉洁从业和企业持续健康发展。

(二) 总体目标

以加强和改进国有资产审计监督、防止国有资产流失为总体目标，必须坚持问题导向，明确内部审计职责和工作要求，建立健全内部审计工作体系，狠抓内部审计发现问题整改，加强对内部审计工作的组织领导，进一步提升内部审计保障国有资产保值增值、服务企业改革发展的水平。

二、明确内部审计职责和工作要求

(一) 明确内部审计职责定位。发挥内部审计纠错防弊的作用，加强对财务收支的审计，加大对中央八项规定落实和薪酬费用情况的监督力度，保障国有资产的安全完整；发挥内部审计推动价值增值的作用，积极开展绩效审计、管理审计，通过揭隐患、促管理、增效益，保障政策制度落实；发挥内部审计保障科学决策的作用，加强对重大决策项目、重要专项资金的全过程跟踪审计，强化对决策规范性、科学性的监督评价，促进提高决策水平；发挥内部审计对权力的制约作用，深化经济责任审计，做到定期轮审、离任必审，形成对权力的长效监督机制，促进企业领导人员守法、尽责。

(二) 优选内部审计项目。加强审计项目计划的统筹协调，紧紧围绕企业改革发展中的热点难点问题，以发现问题、推动解决问题为导向，选准涉及全局性、根本性、重要性问题的审计项目，要把有限的审计人力投入到价值最大化的项目上。制定审计项目计划时要统筹安排市国资委组织的审计项目。通过优选审计项目，深度挖掘审计成果，做到揭露问题和深入研判并重，增强审计意见建议的针对性、操作性、前瞻性，提高审计工作效能。

（三）突出内部审计重点。对企业投资、工程建设、产权变动、重大财务异常、重大资产损失及风险隐患、境外国有资产等要开展专项审计。加强投资项目后评价及审计，关注投资布局是否合理、决策程序是否合规、运营管理是否规范、投资效益是否达标等；加强国有产权变动审计，关注转让价格是否公允、股权稀释对国有资本影响等；加强招投标、物资采购、基建工程、技改大修、变更签证等项目过程审计；加强对抵押担保、委托理财、股票、期货、金融衍生品等高风险投资业务的审计。

三、建立健全内部审计工作体系

（一）健全内部审计制度体系。加强审计制度建设，推动审计工作制度化、程序化和标准化。一是建立审计工作标准、操作手册等规范性制度，明确审计部门职责、工作内容和流程等，健全涉及财务、采购、工程、营销、投资等方面的审计制度和内控机制。二是切实抓好审计工作质量，要把审计质量作为审计工作的生命线，坚持依法依规审计，严格审计工作要求，定期开展审计项目质量检查，做到有错必究、过错必追。三是建立审计公告制度，严格披露审计发现问题，将审计通知、审计报告、审计整改等信息在企业内部适当公开，提高审计工作的透明度、影响力。

（二）构建内部审计信息化体系。加强审计信息化建设，创新内部审计方式，提高内部审计效率，探索在审计实践中运用大数据技术，建设企业内部审计数据系统，确保审计人员顺利获取企业各类工作信息，提高运用信息化技术查核问题、评价判断、宏观分析的能力，形成审计与财务系统、业务系统无缝衔接的信息化体系。

（三）建立内部审计质量评估体系。按照政府审计机关、内部审计协会关于加强内部审计工作的要求，建立健全内部审计质量评估工作体系，积极有序推进内部审计质量评估。市国资委负责指导直管企业内部审计质量评估，直管企业负责统筹下属企业内部审计质量评估，共同促进提高内部审计工作质量。

（四）完善外聘审计机构监管体系。企业内部审计力量不足时，可以从外部聘请审计机构参与审计，做到内外审计力量结合。各企业应完善购买审计服务办法，健全外聘审计机构监管体系，包括选聘程序、服务跟踪、质量后评价、责任追究等内容，开展审计机构受托业务检查，推动其规范执业，发挥第三方独立监督作用。

四、狠抓内部审计发现问题整改

（一）健全整改责任制。审计整改工作由分管审计企业领导负责协调，监事会主席和财务总监负责督促，审计部门负责推动，被审计单位配合整改。被审计单位的法定代表人作为整改第一责任人，应认真抓好审计整改，对重大问题要亲自管、亲自抓。

（二）加强整改督促检查。建立整改检查跟踪机制，通过召开交流会、通报会、警示会等方式，或提请企业有关部门协助落实整改意见，发挥审计的威慑、提醒功能，全力推动审计整改。

（三）严肃整改问责。要把审计结果及其整改情况作为考核、奖惩的重要依据，与企业负责人业绩考核挂钩。对审计发现的典型性、普遍性、倾向性问题，各企业应严肃问责，完善管理措施。

五、加强对内部审计工作的组织领导

（一）健全内部审计工作领导机制。各企业应按照中央关于深化国有企业改革的工作部署，于2016年底前建立审计部门向董事会负责的工作机制。董事会应领导审计部门工作，依法审议批准企业年度审计计划和重要审计报告，研究解决审计工作中的困难与问题，要把审计结果作为相关决策的依据，增强董事会运用内部审计规范运营、管控风险的能力。董事会下属审计委员会应认真履行对内部审计的指导监督职能，切实发挥专业机构作用。尚未设立董事会的企业，审计部门应对法定代表人负责。关于董事会领导审计部门工作的具体要求，按照《深圳市属国有企业内部审计管理暂行规定》（深国资委〔2012〕31号文）执行。

（二）加强内部审计队伍建设。直管企业应设立专门的审计部门，突出审计主业职能，配备审计工作岗位，配齐审计业务人员，建设一支具有较高政治素质和业务素质、作风过硬的审计队伍。优化审计队伍知识结构，重视提升审计队伍的综合素质和专业素养。加强对审计队伍日常管理，发挥审计人员积极性，健全与审计工作成效挂钩的激励约束机制，强化审计队伍履职保障。

（三）整合内部监督资源。优化审计资源配置，统筹本部和下属企业审计资源，建立集中管理的"大审计"监督机制，强化对子企业的纵向审计和各业务板块的横向审计。要求审计部门加强协同监督，协助监事会、纪委监察、财务总监等工作，通过联席会议、联合检查等方式，促进构建"大监督"体系。

（四）加大内部审计工作奖惩力度。对于获得全国内部审计工作先进集体、先进工作者荣誉的，或认真履行职责、作出显著成绩的审计部门和人员，企业应给予表彰、奖励，市国资委应总结推广企业内部审计工作经验。落实审计部门维护国有资产安全、防止流失的监督责任，对于重大违法违纪违规问题应当发现而未发现或敷衍不追、隐匿不报、查处不力、审计程序不到位的，应追究审计人员的责任。对于被审计单位相关人员不配合内部审计工作、拒绝审计或不提供资料、提供虚假资料、未按规定进行审计整改的，应追究相关人员的责任。

六、其他

（一）直管企业应根据本指导意见，完善内部审计相关制度。

（二）本规定由市国资委负责解释。

（三）本规定自发布之日起施行。

七、出租管理类

北京市国资委关于规范国有企业房屋出租管理工作的意见

京国资发〔2012〕34号

各企(事)业单位：

为规范北京市人民政府国有资产监督管理委员会(以下简称市国资委)履行出资人职责的企业(以下简称所出资企业)及其各级独资、控股子企业(以下简称子企业)的房屋出租管理行为，维护国有资产出资人合法权益，保证国有资产安全运营，根据《中华人民共和国企业国有资产法》等相关法律法规规定，结合工作实际，提出以下意见：

一、工作原则

所出资企业及其子企业(以下简称出租企业)在保证其办公、经营需要的前提下，将本企业拥有的房屋对外出租给承租人从事生产经营活动，应当遵循以下原则：

(一) 合法经营，规范操作

严格遵守国家相关法律、法规和政策的规定，规范开展房屋出租经营活动，确保国有资产安全运营。

(二) 健全制度，明确权责

建立健全房屋出租管理制度，明确房屋出租管理机构及其工作职责，规范决策程序，加强监督管理，防范经营风险。

(三) 高效利用，合理定价

盘活存量资产，提高房产出租利用效率，建立市场化定价机制，实现国有资产保值增值。

二、管理措施

出租企业应当加强对房屋出租的管理，确保出租经营依法合规。

(一) 规范承租人选择

1. 承租人的选择应当遵循公开、公平的原则，鼓励通过交易市场、媒体等广泛发布租赁信息，公开选择承租人。

2. 充分调查承租人的财务状况、经营状况和信用情况等，选择资信可靠、具备履约能力的承租人。

（二）规范合同文本

1. 出租企业应当与承租人依法订立书面租赁合同。

2. 房屋租赁合同应当内容完整，主要包括以下条款：房屋位置、面积、用途及设施等情况；租金水平及收取方式、租金调整约定；出租期限和续租条件；保证金条款；水、电、气、热等费用的约定；装修条款及安全责任；房屋及附属设施的维护责任；违约责任；终止条款；争议解决方式；合同的生效、变更与解除等。

3. 房屋租赁合同应当明确承租人发生下列违约行为时承担的责任：未按照约定的期限支付租金的；未经出租企业同意擅自改变房屋用途的；未经出租企业同意将房屋转租给第三人的；利用租赁房屋进行违法活动等情形的。

4. 房屋租赁合同应当明确下列情形发生时出租企业变更或解除租赁合同的权利：因不可抗力致使租赁合同不能继续履行的；未经出租企业书面同意，承租人擅自对租赁房屋进行装修改建的；因城市建设等原因征用或者拆迁出租房屋等情形的。

（三）规范决策程序

1. 建立房屋出租管理审核制度，财务、法务等部门对合同的经济性、合法性、严密性、可行性进行审核并出具意见。

2. 明确房屋出租管理决策权限和批准程序，重大项目应当履行集体决策程序。

（四）规范租金管理

1. 按照市场化的原则，在充分调研的基础上，原则上应当通过公开招租、竞争性谈判等方式确定房屋出租价格。

2. 出租企业应当与承租人在合同中约定租金调整机制，在租赁期限内依据市场行情、供需关系等因素合理调整租金水平。

3. 建立租金催收制度和预警机制，按照合同约定按时、足额收取租金，对于租金拖欠行为，应当及时采取有效措施进行追缴，必要时可以通过法律程序予以解决。

4. 出租企业应当加强租金收入管理，规范财务核算，严禁隐瞒、截留租金等行为。

（五）规范租期管理

1. 综合考虑企业经营业务、房屋实际用途以及承租人投入等情况，分类限定各类房屋的出租期限，原则上不超过 5 年。

2. 因承租人投入较大资金用于特定用途改造等情况的，经所出资企业审核批准后，可以适当延长出租期限。

（六）规范安全管理

1. 出租企业应当保证出租房屋及附属设备设施符合建筑、消防、治安等方面的安全要求。

2. 出租企业应当加强对出租房屋的安全管理和监督，与承租人签订出租房屋治安消防安全责任书，明确界定安全管理责任。

3. 出租企业发现承租人利用租赁房屋从事非法生产、加工、储存等违法行为的，应当予以制止，并及时报告执法部门。

（七）规范房屋日常管理

1. 出租企业应当明确专门机构或人员负责出租房屋的日常管理，建立房屋及其设施设备定期检查机制。

2. 对于承租人因装修改建、未按照合同约定使用房屋等原因造成房屋及其设施设备损坏的，应当及时要求承租人承担修复或者赔偿责任。

（八）规范档案管理

加强出租房屋的权证管理，建立完善房屋出租管理台帐，妥善保管房屋租赁合同、安全责任书等相关文件，及时掌握租赁合同的履行情况和变更情况，为房屋出租管理工作提供全面、准确、可靠的档案资料。

三、工作要求

（一）所出资企业应当按照本意见制定完善房屋出租管理办法，指导督促子企业健全房屋出租管理制度，全面掌握本企业及其子企业的房屋出租情况，规范房屋出租管理行为。

（二）所出资企业应当明确房屋出租工作的管理部门或机构，落实管理责任，加强对房屋出租工作的监督，对于违反本意见及企业内部管理制度的行为，应当及时予以纠正并进行整改。造成国有资产损失的，应当按照有关法律法规规定追究相关人员的责任。

（三）本意见施行前出租企业未与承租人签订房屋租赁合同的，应当按照本意见及时与承租人签订房屋租赁合同。原租赁合同内容不符合本意见要求的，出租企业应当按照本意见制定整改措施，与承租人协商解决。

（四）市国资委监管的实行企业化管理的事业单位按照本意见执行。

北京市国资委关于印发《关于进一步规范市管企业京内土地房屋资产处置、房屋出租及对外合作经营管理》的通知

京国资发〔2022〕12号

各市管企业：

为落实市委市政府工作要求，进一步完善市管企业土地房屋资产分类管理体系，提升市管企业存量空间资源经营管理质量与效益，现将进一步规范市管企业京内土地房屋资产处置和房屋出租管理有关事项通知如下：

一、适用范围

市管企业及其所属各级国有及国有控股企业、国有实际控制企业以及实行企业化管理的事业单位(以下简称"企业")京内土地房屋资产处置、房屋出租及对外合作经营管理均应按照本通知要求执行。

二、总体要求

落实北京城市总体规划要求，服务"四个中心"功能建设，引导国有企业空间资源优先承载高精尖产业、文化创意及现代服务业，推动企业实现转型升级；充分发挥市场机制作用，探索国有企业土地房屋高效利用和经营模式，提升土地房屋资产盘活利用效率，推动企业实现高质量发展；完善分类分层监管模式，实现政府对国有企业土地资源利用的引导和调控，并落实企业经营自主权；积极履行国有企业社会责任，鼓励将存量零散空间资源用于便民服务、健康养老等公共服务设施建设，围绕"七有"要求、"五性"需求，保障和改善民生。

三、土地房屋资产处置

（一）土地房屋资产处置是指土地再利用以及土地房屋转让，包括股权转让、合资合作和作价入股等情形导致国有企业失去土地房屋资产控制力的行为。

（二）市管企业负责审批本企业及所属各级企业土地房屋资产处置事项。其中，独立宗地面积超过5000平方米的，须在实施前上报市国资委；独立宗地面积超过10000平方米或涉及市委市政府关注的重点领域、重点区域的，须在实施前报经市国资委上报市政府。涉及建设用地使用权转让的，应按照《北京市人民政府办公厅关于完善建设用地使用权转让、出租、抵押二级市场的实施意见》(京政办发〔2021〕10号)等有关政策执行。

上述独立宗地是指土地使用者唯一且界线清楚的土地。

（三）存量土地再利用涉及改变土地用途的，须按照本市土地管理相关规定履行审批程序。

（四）由市、区政府主导的棚户区改造、老旧小区改造、市政设施建设、土地一级开发、土地征收以及收储等行为涉及占用企业土地房屋的，由企业按照政府有关规定执行。

（五）通过招拍挂方式取得建设用地使用权的房地产开发项目且在建设用地使用权出让合同或相关文件中无限制性处置条款的，可由企业按照相关规定执行。

四、房屋出租及对外合作经营管理

（一）市管企业应当按照新版《北京市新增产业的禁止和限制目录》等规定规范房屋出租及对外合作经营管理，新增出租项目的经营业态必须符合相关要求。

（二）企业将持有的房屋或通过合作经营、非公开协议等方式取得使用权和支配权的其他企业房屋进行出租或寻求合作经营方，房屋面积超过1000平方米或租期内平均年租金底价超过100万元的，均应通过实施企业国有资产交易的产权交易机构以公开招租的方式广泛征集承租人，对外合作经营项目也可在首都建设报、国资京京等媒体通过公开招标的方式广泛征集合作经营方，充分发挥市场机制作用，保证国有资产经营交易公开透明和国有资产保值增值。

（三）符合以下情形的房屋出租项目，也可采取非公开协议方式进行：

1. 同一市管企业所属企业之间出租房屋的；

2. 各级党政机关、承担行政职能或从事公益服务的事业单位以及在民政部门登记的非营利性社会组织承租并实际使用的；

3. 涉及国家部委、市、区政府及相关部门支持在京落地的重大项目，相关文件明确需租用房屋的；

4. 对于经市国资委批准的主业包含“商贸服务”的市管企业，其所属大型百货、购物中心以及农贸市场等开展专业零售及批发业务涉及出租，市管企业自行制定出租规则的。

（四）房屋公开招租原则上应采取网上竞价方式遴选承租方。对于孵化器、加速器等科创园区、文创园区或存在特定招商需要等不宜以最高报价确定承租方、须综合考量承租方情况的，经市管企业审批后，可采取综合评议方式。企业应确保交易过程公开透明，防止利益输送，评议指标应综合考虑地均产值、属地税收贡献、承租方信用状况等因素。

（五）用于会议会展、举办活动、施工占用等临时性用途且同一承租方年度累计租赁期限不超过6个月的，可由企业履行内部决策程序后自行出租。

（六）房屋租期原则上不超过5年。对于因承租方改造装修投入资金较大等情形，经市管企业审批后，可适当延长租期，延长期原则上不超过5年，并应在相关协议中明确约定租金调整原则、终止条款、添附物处理、违约责任等相关内容，严格控制经营风险。

五、工作要求

（一）完善制度体系。市管企业应当及时梳理本企业土地房屋管理制度及相关工作流程，严格按照相关文件要求完善本企业土地房屋管理制度。积极与属地政府建立沟通对接渠道，研究编制土地房屋资产利用方案。建立健全对土地利用、房屋出租及对外合作经营相关业务的考核体系，科学设计考核指标，层层传导落实考核责任，不断提升土地房屋利用效益。

（二）强化基础管理。市管企业应当健全土地房屋基础管理台账，及时动态掌握相关数据，优化管理流程，着重提升信息化水平，有条件的应当建立土地房屋资源信息化管理系统。高度重视土地房屋确权工作，按照先易后难的原则，逐步完善土地房屋的权属手续。全面掌握所属企业代征、代建和未按规划用途建设的土地情况，对于未移交的土地、房屋，各市管企业要加强统筹管理。

（三）加强监督检查。市管企业应当加强对所属企业土地房屋资产处置、房屋出租及对外合作经营管理的监督检查，加强法律合规、审计监督、纪检监察等工作联动，每年将相关情况形成年度报告报市国资委。市国资委将适时开展监督检查，各市管企业对检查中发现的问题，应当及时整改，并将整改情况上报市国资委。涉及违规违纪的，市国资委将按照有关规定进行严肃追责。

本通知自印发之日起实施，《关于进一步规范市属国有企业京内土地房屋资产处置和房屋出租对外合作经营管理的通知》（京国资发〔2018〕21号）同步废止。

上海市国资委关于规范市国资委监管企业房屋出租管理的指导意见

沪国资委产权〔2021〕143号

各监管企业：

为规范和加强监管企业房屋资产出租管理，提高国有资产运营效益，促进国有资产保值增值，防止国有资产流失，根据《中华人民共和国民法典》《中华人民共和国企业国有资产法》《企业国有资产监督管理暂行条例》《企业国有资产交易监督管理办法》等有关法律法规，现提出如下意见：

一、总体要求

（一）工作目标

进一步强化落实监管企业房屋出租管理主体责任，建立健全房屋出租管理制度，规范房屋出租工作流程，提升房屋资产管理水平。打造公平、公开、公正的房屋出租交易机制，提升房屋资产运营效益，防范廉政风险，维护国有权益。

（二）工作原则

坚持全面覆盖与分类管理相结合。各监管企业及其下属各级国有及国有控股、国有实际控制企业（以下简称“各级子企业”）的房屋出租行为均应纳入管理。各监管企业可以根据出租房屋属性、出租企业管理水平等特征，分类设置管理标准和管理权限，突出监管重点，兼顾原则性和灵活性。

坚持法律约束和内部治理相结合。国有房屋出租管理应符合相关法律法规和国资监管的规定，同时应作为企业资产管理的重要内容，与优化法人治理结构、完善内控制度等相结合，建立长效机制，推动出租行为规范有序、有章可循。

坚持公平公开和提质增效相结合。国有房屋出租应引入市场机制，充分发挥市场交易平台的作用，并统筹考虑企业发展战略、房屋经营业态、承租人履约能力等因素，择优选取承租人。

二、完善管理制度

（一）建立房屋台账

各监管企业要充分运用信息化手段加强房屋资产管理，建立房屋资产台账，梳理并完善房屋产权登记信息，对可供出租的房屋进行分类标识并建立动态跟踪管理机制。用于出租的房屋应权属清晰，存在法律、法规或本市相关文件规定不得出租的情形的房屋，不得对外出租。

（二）健全管理制度

各监管企业要依据相关法律法规并结合公司章程，按照权责明确、监管高效、规范透明的要求，建立健全房屋出租管理制度，明确房屋出租管理的责任部门、管理权限、决策程序和工作流程等，做到事前、事中、事后全程监督。

三、规范招租程序

（一）规范决策审批

各监管企业要依据租赁价格、租赁面积、租赁期限等要素，制定重大和一般房屋出租事项划分标准。重大房屋出租事项应提交监管企业或其授权的子公司决策审批，一般房屋出租事项由出租企业按其制度自行决策。重大房屋出租事项应纳入企业“三重一大”事项，履行集体决策程序。单次出租期限超过五年的出租行为应按重大房屋出租事项履行决策程序。

（二）明确招租要求

出租企业应结合主业发展规划和房屋实际情况制定招租方案，方案应包括出租期限、承租条件、租金底价及确定依据、租金递增幅度、招租方式、租金收付方式等内容，一般不得对承租对象设置限制竞争的歧视性条件。租金底价应在市场估价或询价、或者委托专业机构评估的基础上，综合考虑市场供需及资产实际情况等因素合理确定。

（三）坚持公开招租

房屋出租应当遵循公平、公开、公正的原则，租赁信息应通过产权交易机构、公共媒体等渠道公开发布。重大房屋出租事项鼓励通过产权交易机构等专业平台公开选择承租人。相关产权交易机构应具备健全的房屋出租交易规则和专业的房屋招租服务能力，能够充分发挥市场机制作用，保证国有资产交易的公开透明。确需采取非公开协议方式出租房屋的，由监管企业明确具体情形和审批权限。

（四）加强风险防范

出租企业应认真审查承租人的财务状况、经营状况和信用情况等信息，择优选取资信可靠、履约能力强的承租人。出租企业应与承租方签订书面租赁合同，并统一上报监管企业备案。租赁合同生效后不得随意变更，因特殊情况确需变更的，应由出租行为原决策机构审议。

四、加强租后管理

（一）及时收取租金

出租企业应建立租金催收制度和预警机制，按照合同约定按时、足额收取租金，对于租金拖欠行为，应当及时采取有效措施进行追缴。合同中约定租金调整事项的，应在出租期限内依据市场行情、供需关系等因素合理调整租金水平。

（二）严格控制转租

出租房屋一般不得擅自转租，特殊情况确需转租的，应在租赁合同中提前约定。未事先约定的，需将转租合同内容提交出租行为原决策机构审议通过后方可转租。

（三）定期检查房屋

出租企业应当定期实勘出租现场，确保承租方不存在违反租赁合同的行为，并建立安全管理责任体系，督促承租方做好安全生产相关工作。

五、加强监督检查

（一）明确责任主体

各监管企业是房屋出租管理的责任主体，负责指导各级子企业的房屋出租管理工作。市国资委负责指导督促各监管企业建立健全房屋出租管理制度、承担房屋出租管理责任。

（二）开展专项检查

监管企业应通过定期或不定期开展专项检查的方式，对本指导意见和企业内部管理制度的贯彻落实情况进行监督检查。市国资委按照国有资产监督职能，定期或不定期开展抽查。

（三）落实问责机制

出租企业在出租过程中出现滥用职权、玩忽职守、违法违规行为，造成国有资产损失的，监管企业要按管理权限，依法依纪进行追责。

本指导意见所称房屋出租，是指市国资委监管企业及其各级子企业作为出租方，将依法拥有、受托管理或其他有合法权属来源的、可用于出租的境内房屋资产，部分或全部出租给自然人、法人或非法人组织，并向承租方收取租金或其他费用的经营行为。

各监管企业应按照本指导意见制定完善内部房屋出租管理制度，涉及企业主业经营的专业市场、商业综合体、产业园区等房屋租赁事项，各监管企业可参照本指导意见精神并结合有关政策、市场规律、行业特点等制定实施细则。管理制度和实施细则应及时报市国资委备案。

广州市国资委关于规范我市国有企业物业租赁管理的指导意见

为进一步加强我市国有企业物业经营管理，规范物业租赁行为，指导国有企业科学、高效利用物业资源促进企业经济发展，根据《中华人民共和国企业国有资产法》（中华人民共和国主席令第5号）、《企业国有资产交易监督管理办法》（国务院国资委财政部令第32号）、《广州市房屋租赁管理规定》（广州市人民政府令第29号）等法律、法规和规章的有关规定，经市人民政府同意，现提出以下意见。

一、总体要求

认真贯彻落实市委市政府关于促进国资国企改革创新发展的有关精神，以完善物业租赁规范管理机制为支撑，构建我市国有企业物业租赁管理的责任体系、公开招租体系和监督体系，促进国有企业物业租赁工作更加公开透明、合法规范、高效务实，提升物业经济效益和社会效益，并从源头上预防和治理腐败，防止国有资产流失，实现国有资产保值增值。

二、适用范围

（一）本指导意见适用于广州市人民政府履行出资人职责的国有及国有控股企业、国有实际控制企业（以下简称“市属企业”）及其下属各级国有及国有控股企业、国有实际控制企业（与市属企业统称为“企业”）。

（二）本指导意见所称物业是指企业位于我国境内的房产（含地下建筑物）、土地及其附着物。

（三）本指导意见所称物业租赁，是指企业作为出租人，将本企业拥有产权或实际控制权的物业部分或者全部租赁给自然人、法人或者其他组织（以下统称承租方）使用，并由承租方支付租金的行为。企业的存量住宅用于分配给本企业职工租住的情形除外。政府对公有住房、保障性住房、停车位、公建配套等特殊物业租赁有规定的，从其规定。

三、工作职责

（一）市国资监管机构是企业物业租赁的监管主体，主要履行以下职责：

1. 引导市属企业加强物业资源整合，发挥协同效益；
2. 指导、督促市属企业建立健全物业租赁管理制度；
3. 建立物业租赁信息化管理系统，加强在租项目动态管理；
4. 市属企业重大物业租赁项目的审批；

5. 法律、法规、规章、规范性文件和市属企业相关管理制度所规定的其他职责。

（二）市属企业是企业物业租赁决策、实施的责任主体，主要履行以下职责：

1. 制定本企业物业租赁管理制度，建立“制定方案、决策审批、实施招租、日常管理、风险防控、监督检查、责任追究”的物业租赁流程并落实；

2. 组织实施、督导、检查本企业物业规范租赁工作；

3. 统筹利用本企业物业资源；

4. 审批本企业的物业租赁事项；

5. 承担并落实好本企业物业租赁各项安全生产责任工作。

四、决策审批

（一）企业物业租赁应严格按照本指导意见及本企业制定的物业租赁管理制度实施，并切实履行集体决策审批程序，严禁个人擅自决定或改变集体决策意见。对于重大物业租赁事项应按照“先党内、后提交”的原则实施。

（二）企业拟签订物业租赁合同单次租赁期限原则上不超过 6 年；若承租方对物业升级改造需投入较大的，经市属企业充分论证规范决策，租赁期方可适当延长，但最长不得超过 12 年。

（三）因公共利益、市政府产业引导、重大招商引资或其他扶持政策等原因需要延长租期超过 12 年的，市属企业应切实做好风险评估，严格履行内部决策程序，事前按资产管理关系征询市国资监管机构的意见，并及时将企业审议通过的租赁方案报市国资监管机构审批。上报文件包括物业权属证明、市属企业董事会（未设董事会的由企业根据内部制度经企业最高经营决策机构审议，下同）决议文件、监事会意见、法律意见书、外部专家评审结果、风险防范措施以及市国资监管机构认为需要的其他资料等。

五、公开招租

（一）企业物业租赁须坚持公开、公平、公正的原则进行。

（二）本指导意见所称的公开招租是指企业根据物业实际情况，采取的网络竞价、现场报价、专家评审、拍卖、招投标等公开交易方式。

（三）委托依法设立的产权交易机构公开招租。企业位于广州市行政区域内的物业租赁，有下列情形之一的，应委托依法设立的产权交易机构进行公开招租：

1. 位于广州市内四区（越秀区、海珠区、荔湾区、天河区）内，建筑面积超过 500 平方米或土地面积超过 1000 平方米的物业；

2. 位于广州市内上述四区以外，建筑面积超过 1000 平方米或土地面积超过 2000 平方米的物业；

企业不得通过拆分物业面积规避进场公开招租。

（四）企业自行公开招租。广州市行政区域内除本条第（三）款规定情形以外的物业租赁，企业可以自行组织公开招租。企业根据实际情况通过公开竞价、择优的原则确定承租方。招租信息须全部在依法设立的产权交易机构信息平台“挂网”规范发布，公告时间不得少于10个工作日；鼓励企业同步在房地产中介机构或市级及以上的公众媒体、信息平台发布招租信息。企业自行公开招租应严防出现任何走过场、弄虚作假、内外串通等行为。

（五）广州市行政区域外的物业租赁，市属企业应加强监管。市属企业结合租赁物业当地实际情况，明确应委托进场交易的物业标准（价格、面积等）和租赁流程，并严格落实；未达到应委托进场交易的或当地确无相应业务资质中介机构的，企业应按照公开竞价、择优的原则自行组织公开招租，招租信息应在当地市级及以上的公众媒体、信息平台发布，公告时间不得少于10个工作日。

（六）企业物业的租赁底价，应以具有评估资质的中介评估机构并经备案的评估结果作为定价基础。

其中，对于广州市行政区域内除本条第（三）款规定情形之外的物业租赁底价，属于市属企业物业租赁的，由市属企业按程序集体研究通过后方可实施；属于下属企业物业租赁的，按程序集体研究决定并报市属企业同意后方可实施。

（七）经公开招租只有一个符合条件的报名者，可按企务公开要求公示后，以不低于招租底价确定租赁价格。无报名者的，经市属企业审议决定，可按不低于原租赁底价的90%价格重新公开招租；仍无报名者的，可由市属企业按程序自主决策重新公开招租。

（八）可以不公开招租的情形有：

1. 涉及国计民生、公益性、文物保护等特殊要求的物业租赁，可能危及公共安全、影响公共卫生和社会秩序等，造成重大社会影响的物业租赁；

2. 市属国有全资企业（含不同国资监管机构所监管企业）、国有控股企业、国有实际控制企业之间及其下属国有全资企业、国有控股企业、国有实际控制企业之间的物业租赁；

3. 用于各级党政机关、事业单位（含学校、医疗机构、科研单位）及驻华使领馆办公、经认定的普惠性幼儿园物业租赁；

4. 租赁期不超过3个月的短期租赁行为（严禁以连续短租方式规避公开招租）；

5. 经市政府或市国资监管机构批准的特殊物业租赁。

除本条第2目情形以外，其余不公开招租物业严禁转租。

六、监督检查

（一）市国资监管机构应加强对企业物业租赁管理工作的指导，通过审计、专项检查等方式，对企业贯彻落实公开招租情况进行监督，推动企业规范租赁管理行为。

（二）企业是物业租赁的责任单位，企业主要负责人是本企业租赁行为第一责任人，企业纪检、审计等有关部门应对本企业的物业租赁工作进行全程监督，对物业租赁合同的履行情况进行定期检查和随机抽查（市属企业每年度应组织对本企业一定范围内的物业租赁审计抽查），及时纠正存在的问题，确保物业租赁管理工作规范有序进行。同时，市属企业应加强对物业租赁行为的企务信息公开，并建立对本企业物业租赁不规范行为的举报渠道，统一公布纪检举报邮箱或举报电话，并及时核实举报信息，发现违法违规行为线索的，及时移交纪检监察部门处理。

（三）企业监事会重点关注企业物业租赁过程中各项决策、执行和效果等情况，对发现的问题及时向企业进行提示；对于存在失控或国有资产流失风险的，应及时向企业发送提醒函或监督意见书，企业应予以积极主动回应。

（四）企业相关责任人在物业租赁过程中违反相关法律、法规、规章及租赁管理制度，以权谋私、滥用职权、玩忽职守，造成国有资产损失的，应当依法承担相应赔偿责任，并按照《国务院办公厅关于建立国有企业违规经营投资责任追究制度的意见》(国办发〔2016〕63号)等相关规定追究责任；涉嫌违法犯罪的，移交国家有关机关依法处理。

七、其他

（一）市属国有全资企业(含不同国资监管机构所监管企业)之间及其下属国有全资企业之间的物业租赁事项，可由相关企业自行协商确定。

（二）企业化管理的事业单位及其投资的企事业单位的物业租赁行为，参照本指导意见执行。

（三）广州市行政区域外(含境外)物业租赁，由企业结合当地实际，按照公开、公平、公正原则参照本指导意见执行，确保国有资产保值增值。

（四）各区政府结合当地实际，参照本指导意见规范物业租赁行为。

（五）本指导意见中“超过”不包括本数在内。

（六）本指导意见自发布之日起施行，原穗府办函〔2017〕147号文同时废止。

深圳市国资委关于加强市属国有企业资源性资产租赁综合监管的指导意见

发布时间 2023 年 3 月

为加强市属国有企业资源性资产租赁管理，规范资源性资产租赁行为，促进廉洁从业，实现企业经营效益提高和国有资产保值增值，根据《中华人民共和国企业国有资产法》等法律、法规和政策的有关规定，现提出如下指导意见。

一、指导思想和基本原则

（一）指导思想

进一步明确市国资委和市属国有企业在资源性资产租赁管理方面的职责权限，以提高国有资产经营效益为目标，以制度建设为保障，以信息化管理为支撑，构建市属国有企业资源性资产租赁管理的责任体系、风险防控体系、公开招租体系和监督体系，促进企业资产租赁工作更加公开透明、合法规范、高效务实，提升租赁资产经济效益，从源头上预防和治理腐败，防止国有资产流失，实现国有资产保值增值。

（二）基本原则

1. 坚持市国资委引导与市场运作相结合的原则。在市国资委的推动和引导下，建立面向市场的公开招租体系，充分发挥企业自主、市场配置的作用，实现国有资产保值增值。

2. 坚持公开、公平、公正与效率相结合的原则。大力推动企业资源性资产公开招租，提高资源性资产的管理和使用效益，提高企业租赁管理的透明度。

3. 坚持经济效益与社会效益相结合的原则。结合国企加快转变发展方式的契机，充分盘活企业存量资产，助力企业转变发展方式，提升发展质量；引导企业加强资源性资产的整合，促进协同规划与设计，发挥协同效益，以资源性资产租赁带动区域产业转型升级，切实履行企业社会责任。

二、适用范围

本指导意见适用于市国资委直接履行出资人职责的国有独资企业、国有独资公司、国有控股企业（以下统称直管企业）及其所属各级全资、控股企业（直管企业及其所属企业以下简称企业）、国有实际控制企业。

本指导意见所称资源性资产是指企业所有、受托管理或掌握实际控制权的，按法律法规可用于租赁，并可通过租赁获得收益的资产，包括房屋建筑物、土地、广告位、设施设备等(以下简称资产)。

本指导意见所称资产租赁是指企业将其资源性资产部分或全部出租给自然人、法人或其他组织(以下简称承租人)使用，并向承租人收取租金的行为。企业用于本企业职工居住的住宅不适用本指导意见。

本指导意见所称进场公开招租是指企业资产租赁通过市国资委认可的交易机构组织实施的行为。

三、构建责任体系

市国资委和企业应建立权限清晰、职责明确的租赁管理责任体系。

(一) 市国资委是企业实行资产租赁的监管主体，主要履行以下职责

1. 探索建立企业资产租赁的协同发展机制，推动协同规划，促进协同发展，提高经济效益与社会效益；

2. 督促企业建立健全资产租赁管理制度；

3. 推动企业资产进场公开招租，完善信息化管理系统；

4. 监管企业资产租赁管理行为；

5. 查处企业资产租赁违规行为；

6. 法律、法规、规章和规范性文件所规定的其他监管职责。

(二) 企业是资产租赁的实施主体，主要履行以下职责

1. 负责制定企业资产租赁监管制度，明确资产租赁的决策审批权限，完善租赁管理业务流程；

2. 负责企业资产的规划设计工作，制定资产租赁价格的指导区间；

3. 负责组织实施企业资产租赁工作；

4. 负责企业资产的日常管理与安全维稳工作，建立健全租赁管理机构，规范租赁管理行为；

5. 负责监管所属企业的资产租赁管理行为；

6. 查处所属企业资产租赁违规行为；

7. 法律、法规、规章、规范性文件和企业内控制度所规定的其他职责。

(三) 交易机构是企业进场公开招租的服务主体，主要履行以下职责

1. 制定交易制度和交易流程，建立健全操作规则；

2. 提供企业公开招租的信息发布平台、交易平台和服务平台；

3. 建立企业资产进场公开招租情况数据库，并及时向市国资委反馈；

4. 市国资委赋予的其他职责。

四、健全制度流程

(一) 健全租赁制度

企业必须结合自身实际情况，建立完整的租赁管理制度，建立健全资产租赁管理台账，加强资产分类管理，明确操作流程和相关责任部门、责任人。

（二）完善租赁流程

企业必须建立“制定方案、决策审批、实施招租、日常管理、风险防控、监督检查、责任追究”的闭环管理流程，从流程设计入手，建立高效、规范的租赁管理程序，实现招租工作可追溯、可考核、可问责，提高租赁管理水平。

五、规范决策审批

（一）规范决策程序

企业必须健全租赁管理的内部决策程序，明确决策主体、决策权限和决策责任，坚持科学民主决策、集体决策，杜绝“一言堂”。

（二）租赁方案制定及审批

企业资产租赁应当制定合理的租赁方案，内容应包括：租赁资产的基本情况（资产现状、地点、建筑面积、规划用途、产权归属情况等）、租赁目的、可行性、租赁期限及期限确定依据、市场询价或第三方估值情况、租金标准及用途、租金收缴办法、承租条件、招租底价及底价拟订依据、招租方式等。资产租赁方案应提交企业相关决策会议集体研究决定。

（三）租赁期限的审批

企业资产单次租赁期限原则上不超过 3 年，需要承租方对承租资产有较大投入的，可适当延长租期。企业资产单次租赁期限 6 年以上（含 6 年）的应纳入企业“三重一大”范围，由直管企业党委会前置研究，再按直管企业相关制度履行决策程序，但最长不得超过 12 年。

租期超过 6 年以上的，企业应严格做好风险评估，切实履行内部决策程序，程序文件应包括但不限于资产权属证明、相关决议文件、法律意见书、风险防范措施等资料。

六、规范日常管理

（一）加强合同管理

1. 合同签订。承租人确定后，企业应当依据《中华人民共和国合同法》及时订立书面租赁合同，企业应当加强对合同审核和管理。

2. 合同履行。企业应当按合同约定加强合同履约监管，保证合同正常履行。承租人不履行或不完全履行合同，企业应当按约定及时采取措施，维护企业合法权益。

3. 合同变更。租赁合同一旦签订生效，原则上不允许变更。确因重大情况需要变更的，由原决策机构审议。变更内容涉及租赁价格、租赁期限等核心条款的，应当重新公开招租。

（二）规范在租资产管理

1. 加强履约评价。资产出租后，企业应当及时收缴租金，建立承租人评价机制，定期对承租人进行履约评价。

2. 加强使用跟踪。资产出租后，企业应当做好跟踪管理和安全维稳工作。承租人不得擅自改变资产的结构和用途，不得擅自改建、扩建；否则，企业有权终止合同，采取措施保护资产安全，维护企业权益。

3. 加强续约管理。资产租赁期限届满前 3 个月，原承租人提请续租的，同时满足以下条件并经原决策机构批准可以续租：(1)履约记录良好；(2)原租赁合同通过公开招租签订；(3)接受企业的续租方案。

续租期限不得超过 3 年，且只能续租一次。

4. 加强转租管理。企业资产租赁原则上不允许转租。确因特殊情况需要转租的，承租人提出书面申请，企业应对次承租人进行资格审查，并由原决策机构批准后方可转租。转租合同的内容必须事先征得出租企业的同意，否则不得转租。资产出租后，承租人不得擅自转租，即不得将承租资产部分或全部再出租给第三人。

5. 加强长期空置资产管理。企业应做好资产空置情况记录，查找空置原因，对空置时间较长的资产优先招租，适当调整招租条件，增加配套设施，加快解决空置问题，降低空置率。

七、实行公开招租

(一) 有下列情形之一的，企业必须进场公开招租：

1. 企业单宗资产或一次性招租的资产租赁面积在 500 平方米以上；

2. 企业单宗资产或一次性招租的资产招租底价每年在 100 万元以上。

除上述二种情形以外的资产租赁，企业也应当自行采取公开招租。

企业不得以“化整为零”等方式规避进场公开招租。

特殊的不适宜公开招租的资产租赁，企业应当报直管企业备案。

(二) 公开招租应当以公开竞价的方式为主。企业在以公开竞价为主要方式的基础上，结合实际情况，进行公开招租。

(三) 企业资产的招租底价可根据市场询价及供求情况确定，以周边相同地段、类型、功能、用途相似的市场租赁价格及政府有关租金指导价作为参考依据，或者采取第三方估值方式确定招租底价。

(四) 企业进场公开招租及自行采取公开招租，招租信息应在本企业外部网站、市国资委认可的交易机构信息平台同时发布。进场公开招租公告时间不得少于 10 个工作日。企业可扩大信息发布范围，在房地产中介机构或知名的专业租赁网站媒体、市级及以上的公众媒体、信息平台发布招租信息。

(五) 企业及交易机构应对意向承租人进行资格审核，重点审核意向承租人是否符合招租条件、履约能力、信用记录等。

(六) 如公开招租只有一个符合条件的报名者，可以采取协议租赁方式，并按规定公示 3 个工作日后无异议方可实施，但租金标准仍不得低于原招租底价。无报名者，经原决策机构批准，可按不低于出租底价 90%的价格重新公开招租。

八、加强信息化建设

(一) 完善租赁管理系统

市国资委应当加强资产租赁管理信息化建设，进一步完善租赁管理信息系统功能，强化对企业资产的信息化管理，实现企业资产租赁信息全面归集、动态登记和实时监测。

（二）加强信息化运用

企业应当配合国资委做好租赁管理信息系统建设工作，安排专人负责填报、更新、审核租赁信息系统数据，确保数据的完整性、及时性和准确性。

企业应当利用信息化加强对相关环节的监督检查，实现全面精准监管，提高资产管理质量。

企业应当深入挖掘信息资源，建立企业资产数据库，系统分析企业资产的现状、分布、特点及市场租赁情况，提高资产租赁决策效率和租赁效益。

九、强化监督检查

（一）市国资委应当加强对企业资产租赁管理工作的指导，依法行使监督职能，综合运用审计、专项检查、考核等方式加大监督力度，强化对违规行为的责任追究。

（二）市国资委派驻企业的外派监督人员应对企业资产租赁工作进行全过程监督，充分发挥企业“六位一体”监督体系的职能作用，重点对未公开招租、租金明显过低、违规转租、长期空置等进行检查，并督促整改，确保资产租赁管理工作规范有序。

（三）企业每年应对资产租赁进行自查自纠，重点包括招租情况、续约转租、履约备案、数据填报等方面，形成自查报告报市国资委。

（四）企业应当将资产租赁情况纳入企务公开范围，向本企业职工公开，接受职工监督。

（五）企业相关责任人在资产租赁过程中违反相关法律、法规、规章及国资监管规定，以权谋私、滥用职权、弄虚作假、玩忽职守，造成国有资产损失的，应当依法承担赔偿责任，并按照相关规定进行责任追究。

（六）交易机构在企业进场公开招租过程中弄虚作假或者玩忽职守，损害交易双方合法权益或者造成国有资产损失的，应当依法承担赔偿责任，并按照相关规定进行责任追究。

十、其他

（一）企业自营的专业市场、大型城市商业综合体、产业园区、物流园区等资产可根据有关政府政策、市场规律、行业发展特点参照本指导意见执行。对产业用房等资产租赁，按国家、省、市有关规定执行。

（二）市国资委直管企业之间、直管企业所属全资和控股企业之间的资产租赁行为，可由有关企业自行协商确定。

（三）深圳市行政区域外（含境外）资产租赁，企业应当结合当地实际，按照公开、公平、公正原则参照本指导意见执行。

（四）企业应结合相关政策，明确实施细则，制定专项资产招租管理办法并报市国资委备案。

（五）本指导意见由市国资委负责解释。

（六）本指导意见自颁布之日起施行。《关于加强市属国有企业资源性资产租赁综合监管的指导意见》（深国资委〔2013〕98 号）同时废止。

八、交易流转类

企业国有资产交易监督管理办法

（2016 年 6 月 24 日国务院国有资产监督管理委员会、财政部令第 32 号公布　自 2016 年 6 月 24 日起施行）

第一章　总　　则

第一条　为规范企业国有资产交易行为，加强企业国有资产交易监督管理，防止国有资产流失，根据《中华人民共和国企业国有资产法》、《中华人民共和国公司法》、《企业国有资产监督管理暂行条例》等有关法律法规，制定本办法。

第二条　企业国有资产交易应当遵守国家法律法规和政策规定，有利于国有经济布局和结构调整优化，充分发挥市场配置资源作用，遵循等价有偿和公开公平公正的原则，在依法设立的产权交易机构中公开进行，国家法律法规另有规定的从其规定。

第三条　本办法所称企业国有资产交易行为包括：

（一）履行出资人职责的机构、国有及国有控股企业、国有实际控制企业转让其对企业各种形式出资所形成权益的行为（以下称企业产权转让）；

（二）国有及国有控股企业、国有实际控制企业增加资本的行为（以下称企业增资），政府以增加资本金方式对国家出资企业的投入除外；

（三）国有及国有控股企业、国有实际控制企业的重大资产转让行为（以下称企业资产转让）。

第四条　本办法所称国有及国有控股企业、国有实际控制企业包括：

（一）政府部门、机构、事业单位出资设立的国有独资企业（公司），以及上述单位、企业直接或间接合计持股为 100%的国有全资企业；

（二）本条第（一）款所列单位、企业单独或共同出资，合计拥有产（股）权比例超过 50%，且其中之一为最大股东的企业；

（三）本条第（一）、（二）款所列企业对外出资，拥有股权比例超过 50%的各级子企业；

（四）政府部门、机构、事业单位、单一国有及国有控股企业直接或间接持股比例未超过 50%，但为第一大股东，并且通过股东协议、公司章程、董事会决议或者其他协议安排能够对其实际支配的企业。

第五条 企业国有资产交易标的应当权属清晰，不存在法律法规禁止或限制交易的情形。已设定担保物权的国有资产交易，应当符合《中华人民共和国物权法》、《中华人民共和国担保法》等有关法律法规规定。涉及政府社会公共管理事项的，应当依法报政府有关部门审核。

第六条 国有资产监督管理机构（以下简称国资监管机构）负责所监管企业的国有资产交易监督管理；国家出资企业负责其各级子企业国有资产交易的管理，定期向同级国资监管机构报告本企业的国有资产交易情况。

第二章 企业产权转让

第七条 国资监管机构负责审核国家出资企业的产权转让事项。其中，因产权转让致使国家不再拥有所出资企业控股权的，须由国资监管机构报本级人民政府批准。

第八条 国家出资企业应当制定其子企业产权转让管理制度，确定审批管理权限。其中，对主业处于关系国家安全、国民经济命脉的重要行业和关键领域，主要承担重大专项任务子企业的产权转让，须由国家出资企业报同级国资监管机构批准。

转让方为多家国有股东共同持股的企业，由其中持股比例最大的国有股东负责履行相关批准程序；各国有股东持股比例相同的，由相关股东协商后确定其中一家股东负责履行相关批准程序。

第九条 产权转让应当由转让方按照企业章程和企业内部管理制度进行决策，形成书面决议。国有控股和国有实际控制企业中国有股东委派的股东代表，应当按照本办法规定和委派单位的指示发表意见、行使表决权，并将履职情况和结果及时报告委派单位。

第十条 转让方应当按照企业发展战略做好产权转让的可行性研究和方案论证。产权转让涉及职工安置事项的，安置方案应当经职工代表大会或职工大会审议通过；涉及债权债务处置事项的，应当符合国家相关法律法规的规定。

第十一条 产权转让事项经批准后，由转让方委托会计师事务所对转让标的企业进行审计。涉及参股权转让不宜单独进行专项审计的，转让方应当取得转让标的企业最近一期年度审计报告。

第十二条 对按照有关法律法规要求必须进行资产评估的产权转让事项，转让方应当委托具有相应资质的评估机构对转让标的进行资产评估，产权转让价格应以经核准或备案的评估结果为基础确定。

第十三条 产权转让原则上通过产权市场公开进行。转让方可以根据企业实际情况和工作进度安排，采取信息预披露和正式披露相结合的方式，通过产权交易机构网站分阶段对外披露产权转让信息，公开征集受让方。其中正式披露信息时间不得少于20个工作日。

因产权转让导致转让标的企业的实际控制权发生转移的，转让方应当在转让行为获批后10个工作日内，通过产权交易机构进行信息预披露，时间不得少于20个工作日。

第十四条 产权转让原则上不得针对受让方设置资格条件，确需设置的，不得有明确指向性或违反公平竞争原则，所设资格条件相关内容应当在信息披露前报同级国资监管机构备案，国资监管机构在5个工作日内未反馈意见的视为同意。

第十五条 转让方披露信息包括但不限于以下内容：

（一）转让标的基本情况；

（二）转让标的企业的股东结构；

（三）产权转让行为的决策及批准情况；

（四）转让标的企业最近一个年度审计报告和最近一期财务报表中的主要财务指标数据，包括但不限于资产总额、负债总额、所有者权益、营业收入、净利润等（转让参股权的，披露最近一个年度审计报告中的相应数据）；

（五）受让方资格条件（适用于对受让方有特殊要求的情形）；

（六）交易条件、转让底价；

（七）企业管理层是否参与受让，有限责任公司原股东是否放弃优先受让权；

（八）竞价方式，受让方选择的相关评判标准；

（九）其他需要披露的事项。

其中信息预披露应当包括但不限于以上（一）、（二）、（三）、（四）、（五）款内容。

第十六条 转让方应当按照要求向产权交易机构提供披露信息内容的纸质文档材料，并对披露内容和所提供材料的真实性、完整性、准确性负责。产权交易机构应当对信息披露的规范性负责。

第十七条 产权转让项目首次正式信息披露的转让底价，不得低于经核准或备案的转让标的评估结果。

第十八条 信息披露期满未征集到意向受让方的，可以延期或在降低转让底价、变更受让条件后重新进行信息披露。

降低转让底价或变更受让条件后重新披露信息的，披露时间不得少于 20 个工作日。新的转让底价低于评估结果的 90%时，应当经转让行为批准单位书面同意。

第十九条 转让项目自首次正式披露信息之日起超过 12 个月未征集到合格受让方的，应当重新履行审计、资产评估以及信息披露等产权转让工作程序。

第二十条 在正式披露信息期间，转让方不得变更产权转让公告中公布的内容，由于非转让方原因或其他不可抗力因素导致可能对转让标的价值判断造成影响的，转让方应当及时调整补充披露信息内容，并相应延长信息披露时间。

第二十一条 产权交易机构负责意向受让方的登记工作，对意向受让方是否符合受让条件提出意见并反馈转让方。产权交易机构与转让方意见不一致的，由转让行为批准单位决定意向受让方是否符合受让条件。

第二十二条 产权转让信息披露期满、产生符合条件的意向受让方的，按照披露的竞价方式组织竞价。竞价可以采取拍卖、招投标、网络竞价以及其他竞价方式，且不得违反国家法律法规的规定。

第二十三条 受让方确定后，转让方与受让方应当签订产权交易合同，交易双方不得以交易期间企业经营性损益等理由对已达成的交易条件和交易价格进行调整。

第二十四条 产权转让导致国有股东持有上市公司股份间接转让的，应当同时遵守上市公司国有股权管理以及证券监管相关规定。

第二十五条 企业产权转让涉及交易主体资格审查、反垄断审查、特许经营权、国有划拨土地使用权、探矿权和采矿权等政府审批事项的，按照相关规定执行。

第二十六条 受让方为境外投资者的，应当符合外商投资产业指导目录和负面清单管理要求，以及外商投资安全审查有关规定。

第二十七条 交易价款应当以人民币计价，通过产权交易机构以货币进行结算。因特殊情况不能通过产权交易机构结算的，转让方应当向产权交易机构提供转让行为批准单位的书面意见以及受让方付款凭证。

第二十八条 交易价款原则上应当自合同生效之日起 5 个工作日内一次付清。

金额较大、一次付清确有困难的，可以采取分期付款方式。采用分期付款方式的，首期付款不得低于总价款的 30%，并在合同生效之日起 5 个工作日内支付；其余款项应当提供转让方认可的合法有效担保，并按同期银行贷款利率支付延期付款期间的利息，付款期限不得超过 1 年。

第二十九条 产权交易合同生效后，产权交易机构应当将交易结果通过交易机构网站对外公告，公告内容包括交易标的名称、转让标的评估结果、转让底价、交易价格，公告期不少于 5 个工作日。

第三十条 产权交易合同生效，并且受让方按照合同约定支付交易价款后，产权交易机构应当及时为交易双方出具交易凭证。

第三十一条 以下情形的产权转让可以采取非公开协议转让方式：

（一）涉及主业处于关系国家安全、国民经济命脉的重要行业和关键领域企业的重组整合，对受让方有特殊要求，企业产权需要在国有及国有控股企业之间转让的，经国资监管机构批准，可以采取非公开协议转让方式；

（二）同一国家出资企业及其各级控股企业或实际控制企业之间因实施内部重组整合进行产权转让的，经该国家出资企业审议决策，可以采取非公开协议转让方式。

第三十二条 采取非公开协议转让方式转让企业产权，转让价格不得低于经核准或备案的评估结果。

以下情形按照《中华人民共和国公司法》、企业章程履行决策程序后，转让价格可以资产评估报告或最近一期审计报告确认的净资产值为基础确定，且不得低于经评估或审计的净资产值：

（一）同一国家出资企业内部实施重组整合，转让方和受让方为该国家出资企业及其直接或间接全资拥有的子企业；

（二）同一国有控股企业或国有实际控制企业内部实施重组整合，转让方和受让方为该国有控股企业或国有实际控制企业及其直接、间接全资拥有的子企业。

第三十三条 国资监管机构批准、国家出资企业审议决策采取非公开协议方式的企业产权转让行为时，应当审核下列文件：

（一）产权转让的有关决议文件。

（二）产权转让方案。

（三）采取非公开协议方式转让产权的必要性以及受让方情况。

（四）转让标的企业审计报告、资产评估报告及其核准或备案文件。其中属于第三十二条（一）、（二）款情形的，可以仅提供企业审计报告。

（五）产权转让协议。

（六）转让方、受让方和转让标的企业的国家出资企业产权登记表（证）。

（七）产权转让行为的法律意见书。

（八）其他必要的文件。

第三章　企业增资

第三十四条　国资监管机构负责审核国家出资企业的增资行为。其中，因增资致使国家不再拥有所出资企业控股权的，须由国资监管机构报本级人民政府批准。

第三十五条　国家出资企业决定其子企业的增资行为。其中，对主业处于关系国家安全、国民经济命脉的重要行业和关键领域，主要承担重大专项任务的子企业的增资行为，须由国家出资企业报同级国资监管机构批准。

增资企业为多家国有股东共同持股的企业，由其中持股比例最大的国有股东负责履行相关批准程序；各国有股东持股比例相同的，由相关股东协商后确定其中一家股东负责履行相关批准程序。

第三十六条　企业增资应当符合国家出资企业的发展战略，做好可行性研究，制定增资方案，明确募集资金金额、用途、投资方应具备的条件、选择标准和遴选方式等。增资后企业的股东数量须符合国家相关法律法规的规定。

第三十七条　企业增资应当由增资企业按照企业章程和内部管理制度进行决策，形成书面决议。国有控股、国有实际控制企业中国有股东委派的股东代表，应当按照本办法规定和委派单位的指示发表意见、行使表决权，并将履职情况和结果及时报告委派单位。

第三十八条　企业增资在完成决策批准程序后，应当由增资企业委托具有相应资质的中介机构开展审计和资产评估。

以下情形按照《中华人民共和国公司法》、企业章程履行决策程序后，可以依据评估报告或最近一期审计报告确定企业资本及股权比例：

（一）增资企业原股东同比例增资的；

（二）履行出资人职责的机构对国家出资企业增资的；

（三）国有控股或国有实际控制企业对其独资子企业增资的；

（四）增资企业和投资方均为国有独资或国有全资企业的。

第三十九条　企业增资通过产权交易机构网站对外披露信息公开征集投资方，时间不得少于40个工作日。信息披露内容包括但不限于：

（一）企业的基本情况；

（二）企业目前的股权结构；

（三）企业增资行为的决策及批准情况；

（四）近3年企业审计报告中的主要财务指标；

（五）企业拟募集资金金额和增资后的企业股权结构；

（六）募集资金用途；

（七）投资方的资格条件，以及投资金额和持股比例要求等；

（八）投资方的遴选方式；

（九）增资终止的条件；

（十）其他需要披露的事项。

第四十条　企业增资涉及上市公司实际控制人发生变更的，应当同时遵守上市公司国有股权管理以及证券监管相关规定。

第四十一条　产权交易机构接受增资企业的委托提供项目推介服务，负责意向投资方的登记工作，协助企业开展投资方资格审查。

第四十二条　通过资格审查的意向投资方数量较多时，可以采用竞价、竞争性谈判、综合评议等方式进行多轮次遴选。产权交易机构负责统一接收意向投资方的投标和报价文件，协助企业开展投资方遴选有关工作。企业董事会或股东会以资产评估结果为基础，结合意向投资方的条件和报价等因素审议选定投资方。

第四十三条　投资方以非货币资产出资的，应当经增资企业董事会或股东会审议同意，并委托具有相应资质的评估机构进行评估，确认投资方的出资金额。

第四十四条　增资协议签订并生效后，产权交易机构应当出具交易凭证，通过交易机构网站对外公告结果，公告内容包括投资方名称、投资金额、持股比例等，公告期不少于5个工作日。

第四十五条　以下情形经同级国资监管机构批准，可以采取非公开协议方式进行增资：

（一）因国有资本布局结构调整需要，由特定的国有及国有控股企业或国有实际控制企业参与增资；

（二）因国家出资企业与特定投资方建立战略合作伙伴或利益共同体需要，由该投资方参与国家出资企业或其子企业增资。

第四十六条　以下情形经国家出资企业审议决策，可以采取非公开协议方式进行增资：

（一）国家出资企业直接或指定其控股、实际控制的其他子企业参与增资；

（二）企业债权转为股权；

（三）企业原股东增资。

第四十七条　国资监管机构批准、国家出资企业审议决策采取非公开协议方式的企业增资行为时，应当审核下列文件：

（一）增资的有关决议文件。

（二）增资方案。

（三）采取非公开协议方式增资的必要性以及投资方情况。

（四）增资企业审计报告、资产评估报告及其核准或备案文件。其中属于第三十八条（一）、（二）、（三）、（四）款情形的，可以仅提供企业审计报告。

（五）增资协议。

（六）增资企业的国家出资企业产权登记表(证)。

（七）增资行为的法律意见书。

（八）其他必要的文件。

第四章　企业资产转让

第四十八条　企业一定金额以上的生产设备、房产、在建工程以及土地使用权、债权、知识产权等资产对外转让，应当按照企业内部管理制度履行相应决策程序后，在产权交易机构公开进行。涉及国家出资企业内部或特定行业的资产转让，确需在国有及国有控股、国有实际控制企业之间非公开转让的，由转让方逐级报国家出资企业审核批准。

第四十九条　国家出资企业负责制定本企业不同类型资产转让行为的内部管理制度，明确责任部门、管理权限、决策程序、工作流程，对其中应当在产权交易机构公开转让的资产种类、金额标准等作出具体规定，并报同级国资监管机构备案。

第五十条　转让方应当根据转让标的情况合理确定转让底价和转让信息公告期：

（一）转让底价高于100万元、低于1000万元的资产转让项目，信息公告期应不少于10个工作日；

（二）转让底价高于1000万元的资产转让项目，信息公告期应不少于20个工作日。

企业资产转让的具体工作流程参照本办法关于企业产权转让的规定执行。

第五十一条　除国家法律法规或相关规定另有要求的外，资产转让不得对受让方设置资格条件。

第五十二条　资产转让价款原则上一次性付清。

第五章　监督管理

第五十三条　国资监管机构及其他履行出资人职责的机构对企业国有资产交易履行以下监管职责：

（一）根据国家有关法律法规，制定企业国有资产交易监管制度和办法；

（二）按照本办法规定，审核批准企业产权转让、增资等事项；

（三）选择从事企业国有资产交易业务的产权交易机构，并建立对交易机构的检查评审机制；

（四）对企业国有资产交易制度的贯彻落实情况进行监督检查；

（五）负责企业国有资产交易信息的收集、汇总、分析和上报工作；

（六）履行本级人民政府赋予的其他监管职责。

第五十四条　省级以上国资监管机构应当在全国范围选择开展企业国有资产交易业务的产权交易机构，并对外公布名单。选择的产权交易机构应当满足以下条件：

（一）严格遵守国家法律法规，未从事政府明令禁止开展的业务，未发生重大违法违规行为；

（二）交易管理制度、业务规则、收费标准等向社会公开，交易规则符合国有资产交易制度规定；

（三）拥有组织交易活动的场所、设施、信息发布渠道和专业人员，具备实施网络竞价的条件；

（四）具有较强的市场影响力，服务能力和水平能够满足企业国有资产交易的需要；

（五）信息化建设和管理水平满足国资监管机构对交易业务动态监测的要求；

（六）相关交易业务接受国资监管机构的监督检查。

第五十五条 国资监管机构应当对产权交易机构开展企业国有资产交易业务的情况进行动态监督。交易机构出现以下情形的，视情节轻重对其进行提醒、警告、通报、暂停直至停止委托从事相关业务：

（一）服务能力和服务水平较差，市场功能未得到充分发挥；

（二）在日常监管和定期检查评审中发现问题较多，且整改不及时或整改效果不明显；

（三）因违规操作、重大过失等导致企业国有资产在交易过程中出现损失；

（四）违反相关规定，被政府有关部门予以行政处罚而影响业务开展；

（五）拒绝接受国资监管机构对其相关业务开展监督检查；

（六）不能满足国资监管机构监管要求的其他情形。

第五十六条 国资监管机构发现转让方或增资企业未执行或违反相关规定、侵害国有权益的，应当责成其停止交易活动。

第五十七条 国资监管机构及其他履行出资人职责的机构应定期对国家出资企业及其控股和实际控制企业的国有资产交易情况进行检查和抽查，重点检查国家法律法规政策和企业内部管理制度的贯彻执行情况。

第六章 法律责任

第五十八条 企业国有资产交易过程中交易双方发生争议时，当事方可以向产权交易机构申请调解；调解无效时可以按照约定向仲裁机构申请仲裁或向人民法院提起诉讼。

第五十九条 企业国有资产交易应当严格执行“三重一大”决策机制。国资监管机构、国有及国有控股企业、国有实际控制企业的有关人员违反规定越权决策、批准相关交易事项，或者玩忽职守、以权谋私致使国有权益受到侵害的，由有关单位按照人事和干部管理权限给予相关责任人员相应处分；造成国有资产损失的，相关责任人员应当承担赔偿责任；构成犯罪的，依法追究其刑事责任。

第六十条 社会中介机构在为企业国有资产交易提供审计、资产评估和法律服务中存在违规执业行为的，有关国有企业应及时报告同级国资监管机构，国资监管机构可要求国有及国有控股企业、国有实际控制企业不得再委托其开展相关业务；情节严重的，由国资监管机构将有关情况通报其行业主管部门，建议给予其相应处罚。

第六十一条 产权交易机构在企业国有资产交易中弄虚作假或者玩忽职守、给企业造成损失的，应当承担赔偿责任，并依法追究直接责任人员的责任。

第七章　附　　则

第六十二条　政府部门、机构、事业单位持有的企业国有资产交易，按照现行监管体制，比照本办法管理。

第六十三条　金融、文化类国家出资企业的国有资产交易和上市公司的国有股权转让等行为，国家另有规定的，依照其规定。

第六十四条　国有资本投资、运营公司对各级子企业资产交易的监督管理，相应由各级人民政府或国资监管机构另行授权。

第六十五条　境外国有及国有控股企业、国有实际控制企业在境内投资企业的资产交易，比照本办法规定执行。

第六十六条　政府设立的各类股权投资基金投资形成企业产(股)权对外转让，按照有关法律法规规定执行。

第六十七条　本办法自发布之日起施行，现行企业国有资产交易监管相关规定与本办法不一致的，以本办法为准。

公共资源交易平台管理暂行办法

中华人民共和国国家发展和改革委员会令第39号

（2016年6月24日国家发展改革委、工业和信息化部、财政部、国土资源部、环境保护部、住房城乡建设部、交通运输部、水利部、商务部、卫生计生委、国资委、国家税务总局、国家林业局、国管局令第39号公布　自2016年8月1日起施行）

第一章　总　　则

第一条　为规范公共资源交易平台运行，提高公共资源配置效率和效益，加强对权力运行的监督制约，维护国家利益、社会公共利益和交易当事人的合法权益，根据有关法律法规和《国务院办公厅关于印发整合建立统一的公共资源交易平台工作方案的通知》（国办发〔2015〕63号），制定本办法。

第二条　本办法适用于公共资源交易平台的运行、服务和监督管理。

第三条　本办法所称公共资源交易平台是指实施统一的制度和标准、具备开放共享的公共资源交易电子服务系统和规范透明的运行机制，为市场主体、社会公众、行政监督管理部门等提供公共资源交易综合服务的体系。

公共资源交易是指涉及公共利益、公众安全的具有公有性、公益性的资源交易活动。

第四条　公共资源交易平台应当立足公共服务职能定位，坚持电子化平台的发展方向，遵循开放透明、资源共享、高效便民、守法诚信的运行服务原则。

第五条　公共资源交易平台要利用信息网络推进交易电子化，实现全流程透明化管理。

第六条　国务院发展改革部门会同国务院有关部门统筹指导和协调全国公共资源交易平台相关工作。

设区的市级以上地方人民政府发展改革部门或政府指定的部门会同有关部门负责本行政区域的公共资源交易平台指导和协调等相关工作。

各级招标投标、财政、国土资源、国有资产等行政监督管理部门按照规定的职责分工，负责公共资源交易活动的监督管理。

第二章　平台运行

第七条　公共资源交易平台的运行应当遵循相关法律法规和国务院有关部门制定的各领域统一的交易规则，以及省级人民政府颁布的平台服务管理细则。

第八条 依法必须招标的工程建设项目招标投标、国有土地使用权和矿业权出让、国有产权交易、政府采购等应当纳入公共资源交易平台。

国务院有关部门和地方人民政府结合实际，推进其他各类公共资源交易纳入统一平台。纳入平台交易的公共资源项目，应当公开听取意见，并向社会公布。

第九条 公共资源交易平台应当按照国家统一的技术标准和数据规范，建立公共资源交易电子服务系统，开放对接各类主体依法建设的公共资源电子交易系统和政府有关部门的电子监管系统。

第十条 公共资源交易项目的实施主体根据交易标的专业特性，选择使用依法建设和运行的电子交易系统。

第十一条 公共资源交易项目依法需要评标、评审的，应当按照全国统一的专家专业分类标准，从依法建立的综合评标、政府采购评审等专家库中随机抽取专家，法律法规另有规定的除外。

有关行政监督管理部门按照规定的职责分工，对专家实施监督管理。

鼓励有条件的地方跨区域选择使用专家资源。

第十二条 公共资源交易平台应当按照省级人民政府规定的场所设施标准，充分利用已有的各类场所资源，为公共资源交易活动提供必要的现场服务设施。

市场主体依法建设的交易场所符合省级人民政府规定标准的，可以在现有场所办理业务。

第十三条 公共资源交易平台应当建立健全网络信息安全制度，落实安全保护技术措施，保障平台平稳运行。

第三章　平台服务

第十四条 公共资源交易平台的服务内容、服务流程、工作规范、收费标准和监督渠道应当按照法定要求确定，并通过公共资源交易电子服务系统向社会公布。

第十五条 公共资源交易平台应当推行网上预约和服务事项办理。确需在现场办理的，实行窗口集中，简化流程，限时办结。

第十六条 公共资源交易平台应当将公共资源交易公告、资格审查结果、交易过程信息、成交信息、履约信息等，通过公共资源交易电子服务系统依法及时向社会公开。涉及国家秘密、商业秘密、个人隐私以及其他依法应当保密的信息除外。

公共资源交易平台应当无偿提供依法必须公开的信息。

第十七条 交易服务过程中产生的电子文档、纸质资料以及音视频等，应当按照规定的期限归档保存。

第十八条 公共资源交易平台运行服务机构及其工作人员不得从事以下活动：

（一）行使任何审批、备案、监管、处罚等行政监督管理职能；

（二）违法从事或强制指定招标、拍卖、政府采购代理、工程造价等中介服务；

（三）强制非公共资源交易项目进入平台交易；

（四）干涉市场主体选择依法建设和运行的公共资源电子交易系统；

（五）非法扣押企业和人员的相关证照资料；

（六）通过设置注册登记、设立分支机构、资质验证、投标(竞买)许可、强制担保等限制性条件阻碍或者排斥其他地区市场主体进入本地区公共资源交易市场；

（七）违法要求企业法定代表人到场办理相关手续；

（八）其他违反法律法规规定的情形。

第十九条 公共资源交易平台运行服务机构提供公共服务确需收费的，不得以营利为目的。根据平台运行服务机构的性质，其收费分别纳入行政事业性收费和经营服务性收费管理，具体收费项目和收费标准按照有关规定执行。属于行政事业性收费的，按照本级政府非税收入管理的有关规定执行。

第二十条 公共资源交易平台运行服务机构发现公共资源交易活动中有违法违规行为的，应当保留相关证据并及时向有关行政监督管理部门报告。

第四章 信息资源共享

第二十一条 各级行政监督管理部门应当将公共资源交易活动当事人资质资格、信用奖惩、项目审批和违法违规处罚等信息，自作出行政决定之日起7个工作日内上网公开，并通过相关电子监管系统交换至公共资源交易电子服务系统。

第二十二条 各级公共资源交易平台应当依托统一的社会信用代码，记录公共资源交易过程中产生的市场主体和专家信用信息，并通过国家公共资源交易电子服务系统实现信用信息交换共享和动态更新。

第二十三条 国务院发展改革部门牵头建立国家公共资源交易电子服务系统，与省级公共资源交易电子服务系统和有关部门建立的电子系统互联互通，实现市场主体信息、交易信息、行政监管信息的集中交换和同步共享。

第二十四条 省级人民政府应当搭建全行政区域统一、终端覆盖市县的公共资源交易电子服务系统，对接国家公共资源交易电子服务系统和有关部门建立的电子系统，按照有关规定交换共享信息。有关电子招标投标、政府采购等系统应当分别与国家电子招标投标公共服务系统、政府采购管理交易系统对接和交换信息。

第二十五条 公共资源交易电子服务系统应当分别与投资项目在线审批监管系统、信用信息共享系统对接，交换共享公共资源交易相关信息、项目审批核准信息和信用信息。

第二十六条 市场主体已经在公共资源电子交易系统登记注册，并通过公共资源交易电子服务系统实现信息共享的，有关行政监督管理部门和公共资源交易平台运行服务机构不得强制要求其重复登记、备案和验证。

第二十七条 公共资源交易电子服务系统应当支持不同电子认证数字证书的兼容互认。

第二十八条 公共资源交易平台和有关行政监督管理部门在公共资源交易数据采集、汇总、传输、存储、公开、使用过程中，应加强数据安全管理。涉密数据的管理，按照有关法律规定执行。

第五章　监督管理

第二十九条　各级行政监督管理部门按照规定的职责分工，加强对公共资源交易活动的事中事后监管，依法查处违法违规行为。

对利用职权违规干预和插手公共资源交易活动的国家机关或国有企事业单位工作人员，依纪依法予以处理。

各级审计部门应当对公共资源交易平台运行依法开展审计监督。

第三十条　设区的市级以上地方人民政府应当推动建立公共资源交易电子监管系统，实现对项目登记，公告发布，开标评标或评审、竞价，成交公示，交易结果确认，投诉举报，交易履约等交易全过程监控。

公共资源交易电子服务系统和其对接的公共资源电子交易系统应当实时向监管系统推送数据。

第三十一条　建立市场主体公共资源交易活动事前信用承诺制度，要求市场主体以规范格式向社会作出公开承诺，并纳入交易主体信用记录，接受社会监督。

第三十二条　各级行政监督管理部门应当将公共资源交易主体信用信息作为市场准入、项目审批、资质资格审核的重要依据。

建立行政监督管理部门、司法机关等部门联合惩戒机制，对在公共资源交易活动中有不良行为记录的市场主体，依法限制或禁止其参加招标投标、国有土地使用权出让和矿业权出让、国有产权交易、政府采购等公共资源交易活动。

建立公共资源交易相关信息与同级税务机关共享机制，推进税收协作。

第三十三条　各级行政监督管理部门应当运用大数据技术，建立公共资源交易数据关联比对分析机制，开展监测预警，定期进行效果评估，及时调整监管重点。

第三十四条　各级行政监督管理部门应当建立联合抽查机制，对有效投诉举报多或有违法违规记录情况的市场主体，加大随机抽查力度。

行政监督管理部门履行监督管理职责过程中，有权查阅、复制公共资源交易活动有关文件、资料和数据。公共资源交易平台运行服务机构应当如实提供相关情况。

第三十五条　建立由市场主体以及第三方参与的社会评价机制，对所辖行政区域公共资源交易平台运行服务机构提供公共服务情况进行评价。

第三十六条　市场主体或社会公众认为公共资源交易平台运行服务机构及其工作人员存在违法违规行为的，可以依法向政府有关部门投诉、举报。

第三十七条　公共资源交易领域的行业协会应当发挥行业组织作用，加强自律管理和服务。

第六章　法律责任

第三十八条　公共资源交易平台运行服务机构未公开服务内容、服务流程、工作规范、收费标准和监督渠道，由政府有关部门责令限期改正。拒不改正的，予以通报批评。

第三十九条 公共资源交易平台运行服务机构及其工作人员违反本办法第十八条禁止性规定的，由政府有关部门责令限期改正，并予以通报批评。情节严重的，依法追究直接责任人和有关领导的责任。构成犯罪的，依法追究刑事责任。

第四十条 公共资源交易平台运行服务机构违反本办法第十九条规定收取费用的，由同级价格主管部门会同有关部门责令限期改正。拒不改正的，依照《中华人民共和国价格法》、《价格违法行为行政处罚规定》等给予处罚，并予以公示。

第四十一条 公共资源交易平台运行服务机构未按照本办法规定在公共资源交易电子服务系统公开、交换、共享信息的，由政府有关部门责令限期改正。拒不改正的，对直接负责的主管人员和其他直接责任人员依法给予处分，并予以通报。

第四十二条 公共资源交易平台运行服务机构限制市场主体建设的公共资源电子交易系统对接公共资源交易电子服务系统的，由政府有关部门责令限期改正。拒不改正的，对直接负责的主管人员和其他直接责任人员依法给予处分，并予以通报。

第四十三条 公共资源交易平台运行服务机构及其工作人员向他人透露依法应当保密的公共资源交易信息的，由政府有关部门责令限期改正，并予以通报批评。情节严重的，依法追究直接责任人和有关领导的责任。构成犯罪的，依法追究刑事责任。

第四十四条 有关行政监督管理部门、公共资源交易平台运行服务机构及其工作人员徇私舞弊、滥用职权、弄虚作假、玩忽职守，未依法履行职责的，依法给予处分；构成犯罪的，依法追究刑事责任。

第七章 附 则

第四十五条 公共资源电子交易系统是根据工程建设项目招标投标、土地使用权和矿业权出让、国有产权交易、政府采购等各类交易特点，按照有关规定建设、对接和运行，以数据电文形式完成公共资源交易活动的信息系统。

公共资源交易电子监管系统是指政府有关部门在线监督公共资源交易活动的信息系统。

公共资源交易电子服务系统是指联通公共资源电子交易系统、监管系统和其他电子系统，实现公共资源交易信息数据交换共享，并提供公共服务的枢纽。

第四十六条 公共资源交易平台运行服务机构是指由政府推动设立或政府通过购买服务等方式确定的，通过资源整合共享方式，为公共资源交易相关市场主体、社会公众、行政监督管理部门等提供公共服务的单位。

第四十七条 本办法由国务院发展改革部门会同国务院有关部门负责解释。

第四十八条 本办法自 2016 年 8 月 1 日起实施。

国资委《关于促进企业国有产权流转有关事项的通知》

国资发产权〔2014〕95号

各省、自治区、直辖市及计划单列市和新疆生产建设兵团国资委，各中央企业：

为全面贯彻党的十八届三中全会精神，进一步简政放权，促进国家出资企业加快结构调整，优化产权配置，降低改革成本，现就有关事项通知如下：

一、国有全资企业发生原股东增资、减资，经全体股东同意，可依据评估报告或最近一期审计报告确认的净资产值为基准确定股权比例。

本通知所称国有全资企业，是指全部由国有资本形成的企业。

二、国有控股的企业与其直接间接全资拥有的子企业，或其直接、间接全资拥有的子企业之间转让所持股权，按照《中华人民共和国公司法》、公司章程规定履行决策程序后，可依据评估报告或最近一期审计报告确认的净资产值为基准确定转让价格。

三、国有全资企业之间或国有全资企业与国有独资企业、国有独资公司之间，经双方全体股东一致同意，其所持股权可以实施无偿划转。具体程序按照《国有股东转让所持上市公司股份管理暂行办法》(国资委证监会令第19号)、《企业国有产权无偿划转管理暂行办法》(国资发产权〔2005〕239号)的规定办理。

四、国有股东因破产、清算、注销、合并、分立等原因导致上市公司股份持有人变更，以及国有股东质押所持上市公司股份，由国家出资企业依法办理，并通过国务院国资委上市公司国有股权管理信息系统，取得《上市公司股份持有人变更备案表》或《国有股东所持上市公司股份质押备案表》，到中国证券登记结算有限责任公司办理相关手续。

五、中央企业实施资产重组时，中央企业及其全资、绝对控股企业以所持企业产权，与该中央企业实际控制上市公司所持产权、资产进行交换，且现金作为补价占整个资产交换金额比例低于25%的，由中央企业按照内部决策程序批准或者出具意见，同时抄报国务院国资委备案。

六、国有股东参股的非上市企业参与非国有控股上市公司资产重组的，该国有股东所涉及的国有股权管理事项，由国家出资企业依法办理。重组后国有股东持有上市公司股份的，应按照《国有单位受让上市公司股份管理暂行规定》(国资发产权〔2007〕109号)等相关规定报省级以上国有资产监督管理机构备案，对其证券账户标注“SS”标识。

七、省级国资委报经省级人民政府同意，可将地市级以下企业国有产权协议转让的审批权限下放给地市级国有资产监督管理机构。下放相关审批权限的，省级国资委需建立相应的监督检查工作机制。

八、本通知规定事项适用于境内企业。境外企业的国有产权管理事项按照《中央企业境外国有产权管理暂行办法》(国资委令第 27 号)及相关规定办理。

九、地方国有资产监督管理机构、国家出资企业要严格执行相关法律、法规及本通知的有关规定，不得自行扩大适用范围。

各地方国有资产监督管理机构和中央企业在执行本通知过程中，遇到问题应当及时向国务院国资委反映。

国资委《关于企业国有资产交易流转有关事项的通知》

国资发产权规〔2022〕39号

各中央企业，各省、自治区、直辖市及计划单列市和新疆生产建设兵团国资委：

《企业国有资产交易监督管理办法》（国资委 财政部令第32号）等国有资产交易流转制度印发以来，在推动国有资产规范流转、防止国有资产流失方面发挥了重要作用。为推动国有经济布局优化和结构调整，助力企业实现高质量发展，加强国有资产交易流转管理，现将有关事项通知如下：

一、涉及政府或国有资产监督管理机构主导推动的国有资本布局优化和结构调整，以及专业化重组等重大事项，企业产权在不同的国家出资企业及其控股企业之间转让，且对受让方有特殊要求的，可以采取协议方式进行。

二、主业处于关系国家安全、国民经济命脉的重要行业和关键领域，主要承担重大专项任务的子企业，不得因产权转让、企业增资失去国有资本控股地位。国家出资企业内部重组整合中涉及该类企业时，以下情形可由国家出资企业审核批准：

（一）企业产权在国家出资企业及其控股子企业之间转让的。

（二）国家出资企业直接或指定其控股子企业参与增资的。

（三）企业原股东同比例增资的。

其他情形由国家出资企业报同级国有资产监督管理机构批准。

三、国家出资企业及其子企业通过发行基础设施REITs盘活存量资产，应当做好可行性分析，合理确定交易价格，对后续运营管理责任和风险防范作出安排，涉及国有产权非公开协议转让按规定报同级国有资产监督管理机构批准。

四、采取非公开协议方式转让企业产权，转让方、受让方均为国有独资或全资企业的，按照《中华人民共和国公司法》、企业章程履行决策程序后，转让价格可以资产评估报告或最近一期审计报告确认的净资产值为基础确定。

五、国有控股、实际控制企业内部实施重组整合，经国家出资企业批准，该国有控股、实际控制企业与其直接、间接全资拥有的子企业之间，或其直接、间接全资拥有的子企业之间，可比照国有产权无偿划转管理相关规定划转所持企业产权。

六、企业增资可采取信息预披露和正式披露相结合的方式，通过产权交易机构网站分阶段对外披露增资信息，合计披露时间不少于40个工作日，其中正式披露时间不少于20个工作日。信息预披露应当包括但不限于企业基本情况、产权结构、近3年审计报告中的主要财务指标、拟募集资金金额等内容。

七、产权转让可在产权直接持有单位、企业增资可在标的企业履行内部决策程序后进行信息预披露，涉及需要履行最终批准程序的，应当进行相应提示。

八、产权转让、资产转让项目信息披露期满未征集到意向受让方，仅调整转让底价后重新披露信息的，产权转让披露时间不少于10个工作日，资产转让披露时间不少于5个工作日。

九、产权转让、企业增资导致国家出资企业及其子企业失去标的企业实际控制权的，交易完成后标的企业不得继续使用国家出资企业及其子企业的字号、经营资质和特许经营权等无形资产，不得继续以国家出资企业子企业名义开展经营活动。上述要求应当在信息披露中作为交易条件予以明确，并在交易合同中对工商变更、字号变更等安排作出相应约定。

国资委《关于企业国有产权转让有关问题的通知》

国资发产权[2004]268 号

各中央企业，各省、自治区、直辖市国资委：

《企业国有产权转让管理暂行办法》(国资委、财政部令第 3 号，以下简称《办法》)施行后，一些中央企业和地方国资监管机构反映在企业国有产权转让操作过程中的一些问题，要求予以明确。经研究，现就有关问题通知如下：

一、关于实施主辅分离、辅业改制工作中资产处置与《办法》有关规定的衔接问题

在国有大中型企业主辅分离、辅业改制，分流安置富余人员过程中，经国资监管机构及相关部门确定列入主辅分离、辅业改制范围企业的资产处置，应当按照《关于国有大中型企业主辅分离辅业改制分流安置富余人员的实施办法》(国经贸企改〔2002〕859 号)及有关配套文件的规定执行。对于改制企业的国有净资产按规定进行各项支付的剩余部分，采取向改制企业的员工或外部投资者出售的，应当按照国家有关规定办理，具体交易方式可由所出资企业或其主管部门(单位)决定。

二、关于重要子企业的重大国有产权转让事项的确定问题

中央企业按国务院国资委印发的《关于贯彻落实〈国务院办公厅转发国务院国有资产监督管理委员会关于规范国有企业改制工作意见的通知〉的通知》(国资发改革〔2004〕4 号)的相关规定办理，暂由中央企业确定其转让行为报国务院国资委批准或自行决定；地方企业暂由地方国资监管机构按照有关规定，结合各地实际明确相应的管理要求。在国务院国资委对重要子企业的重大事项管理办法出台后按照新的规定办理。

三、关于转让企业国有产权涉及上市公司国有股性质变化的有关操作问题

转让企业国有产权涉及上市公司国有股性质变化的，应按照《办法》规定的程序进行，到经国资监管机构选择确定的产权交易机构中公开披露产权转让信息，广泛征集受让方。在确定受让方并草签产权转让合同后，由转让方按照国家对上市公司国有股转让管理的规定，将涉及的上市公司国有股性质变化事项报国务院国资委审核批准。其他事项按以下程序办理：

(一) 转让企业国有产权涉及上市公司国有股性质变化的事项获得批准后，转让方应当持批准文件、受让方的全额现金支付凭证到产权交易机构办理产权交易鉴证手续。

（二）转让、受让双方应持国务院国资委对涉及上市公司国有股性质变化事项的批准文件、受让方的全额现金支付凭证、产权交易机构出具的产权交易凭证或省级以上国资监管机构对直接采取协议方式转让国有产权的批准文件等，按照规定程序到证券登记结算机构办理上市公司国有股变更登记手续。

（三）转让企业国有产权涉及上市公司国有股性质变化的，转让方还应按照证券监管部门的有关规定履行信息披露义务，且信息披露时间不得晚于在产权交易机构中披露产权转让信息的时间。

四、关于企业国有产权转让方案的制定及落实问题

企业国有产权转让方案是相关批准机构审议、批准转让行为以及产权转让成交后转让方落实相关事项的重要依据，转让方应重点做好以下内容的研究和落实工作：

（一）转让方应当对企业国有产权转让行为进行充分论证和深入分析，必要时可以聘请相关专业咨询机构提出企业国有产权转让的咨询、论证意见。

（二）对转让标的企业涉及的职工安置方案，应当按照国家有关政策规定明确提出企业职工的劳动关系分类处理方式和有关补偿标准，经该企业职工代表大会讨论通过，并获企业所在地劳动保障行政部门审核同意。

（三）企业国有产权转让成交后，转让方应按照《国务院办公厅转发国务院国有资产监督管理委员会〈关于规范国有企业改制工作意见〉的通知》（国办发〔2003〕96 号）和《办法》的相关规定，做好转让方案各项内容的落实工作。除国家另有规定外，不得采取转让前将有关费用从净资产中抵扣的方法进行企业国有产权转让。

五、关于企业国有产权转让信息公开披露问题

为保证企业国有产权转让信息披露的充分性和广泛性，企业国有产权转让相关批准机构必须加强对转让公告内容的审核，产权交易机构也应当加强对企业国有产权转让信息披露的管理。

（一）产权转让公告应由产权交易机构按照规定的渠道和时间公开披露，对于重大的产权转让项目或产权转让相关批准机构有特殊要求的，转让方可以与产权交易机构通过委托协议另行约定公告期限，但不得少于 20 个工作日。转让公告期自报刊发布信息之日起计算。

（二）产权转让公告发布后，转让方不得随意变动或无故提出取消所发布信息。因特殊原因确需变动或取消所发布信息的，应当出具相关产权转让批准机构的同意或证明文件，并由产权交易机构在原信息发布渠道上进行公告，公告日为起算日。

（三）在产权转让公告中提出的受让条件不得出现具有明确指向性或违反公平竞争的内容。企业国有产权转让信息公开披露后，有关方面应当按照同样的受让条件选择受让方。

六、关于对意向受让方的登记管理问题

为保证有关方面能够按照公开、公正、公平的原则参与企业国有产权交易，在企业国

有产权转让公告发布后，对征集到的意向受让方按照以下规定进行管理：

（一）对征集到的意向受让方由产权交易机构负责登记管理，产权交易机构不得将对意向受让方的登记管理委托转让方或其他方面进行。产权交易机构要与转让方按照有关标准和要求对登记的意向受让方共同进行资格审查，确定符合条件的意向受让方的数量。

（二）产权交易机构要对有关意向受让方资格审查情况进行记录，并将受让方的登记、资格审查等资料与其他产权交易基础资料一同作为产权交易档案妥善保管。

（三）在对意向受让方的登记过程中，产权交易机构不得预设受让方登记数量或以任何借口拒绝、排斥意向受让方进行登记。

国资委《关于企业国有产权转让有关事项的通知》

国资发产权〔2006〕306 号

各省、自治区、直辖市及计划单列市、新疆生产建设兵团国资委，财政厅(局)，各中央企业：

《企业国有产权转让管理暂行办法》(国资委、财政部令第 3 号，以下简称《办法》)颁布以来，企业国有产权转让得到了进一步规范，市场配置资源的基础性作用在国有经济布局和结构调整中日渐加强，但在具体实施工作中还有一些事项需要进一步明确。经研究，现通知如下：

一、关于省级以上国资监管机构对协议转让方式的批准

企业国有产权转让应不断提高进场交易比例，严格控制场外协议转让。对于国民经济关键行业、领域的结构调整中对受让方有特殊要求，或者所出资企业(本通知所称所出资企业系指各级国有资产监督管理机构履行出资人职责的企业)内部资产重组中确需采取直接协议转让的，相关批准机构要进行认真审核和监控。

(一) 允许协议转让的范围

1. 在国有经济结构调整中，拟直接采取协议方式转让国有产权的，应当符合国家产业政策以及国有经济布局和结构调整的总体规划。受让方的受让行为不得违反国家经济安全等方面的限制性或禁止性规定，且在促进企业技术进步、产业升级等方面具有明显优势。标的企业属于国民经济关键行业、领域的，在协议转让企业部分国有产权后，仍应保持国有绝对控股地位。

2. 在所出资企业内部的资产重组中，拟直接采取协议方式转让国有产权的，转让方和受让方应为所出资企业或其全资、绝对控股企业。

(二) 所出资企业协议转让事项的批准权限，按照转让方的隶属关系，中央企业由国务院国资委批准，地方企业由省级国资监管机构批准。相关批准机构不得自行扩大协议转让范围，不得下放或分解批准权限。

(三) 协议转让项目的资产评估报告由该协议转让的批准机构核准或备案，协议转让项目的转让价格不得低于经核准或备案的资产评估结果。

(四) 相关批准机构应当在批准文件中明确协议转让事项执行的有效时限，并建立对批准协议转让事项的跟踪、报告制度。各省级国资监管机构应当将协议转让的批准和实施结果报告国务院国资委。

二、关于外商受让企业国有产权

在企业国有产权转让中，涉及受让方为外国的企业和其他经济组织或者个人的（以下统称外商），应当按以下规定办理：

（一）向外商转让企业国有产权应在产权交易市场中公开进行。特殊情况下，确需采取协议方式转让的，应符合《办法》及本通知中关于批准协议转让的相关规定。

（二）转让方在提出受让条件时，应对照《外商投资产业指导目录》及相关规定，对国家对外商受让标的企业产权有限制性或禁止性规定的，应在产权转让公告中予以提示。

（三）通过产权交易市场确定外商为受让主体的，由转让方按照国家有关管理规定报政府相关职能部门审核批准。

香港特别行政区、澳门特别行政区和台湾地区的投资者受让企业国有产权，参照以上规定办理。

三、关于企业国有产权受让条件的审核管理

广泛征集受让方是落实企业国有产权进场交易制度的关键环节，转让方、相关批准机构和产权交易机构要进一步加强受让条件的审核管理工作。

（一）转让方在制订企业国有产权转让方案时，应当根据转让标的企业的实际情况，明确提出对受让方的受让条件要求。

（二）对受让条件中表述不明确或者有违反公平竞争内容的，产权交易机构应及时向转让方提出修改建议，或要求转让方对受让条件的执行标准作出书面解释和具体说明。

（三）受让条件及其执行标准的书面解释和具体说明经相关批准机构审核后，由产权交易机构在产权转让公告中一并公布。未经公布的受让条件不得作为确认或否定意向受让方资格的依据。

（四）在产权转让公告中公布的受让条件，一经发布不得擅自变更。在产权交易机构尚未收到正式受让意向申请之前，确需变更受让条件的，应经产权转让相关批准机构批准后，在原信息发布渠道予以公告，公告期重新计算。

四、关于受让资格的审核确认

产权交易机构按照公布的受让条件提出对受让方资格的审核意见，并在征求转让方意见后，最终确认意向受让人资格。

（一）产权交易机构应当将正式表达受让意向的法人、自然人全部纳入登记管理范围，严格按照公布的受让条件进行资格审核后，提出具备受让资格的意向受让人名单。

（二）产权交易机构和转让方对意向受让人是否符合公告条件产生分歧时，产权交易机构可就有关分歧事项书面征求政府有关职能部门（机构）意见，也可通过产权交易争端协调机制，对分歧事项进行协调。

（三）对意向受让人资格审核确认完成后，产权交易机构应当及时将审核结果以书面形式告知相关各方。

（四）当登记的意向受让人没有响应产权转让公告中受让条件的全部要求，或提出带有附加条件的受让要求时，产权交易机构应当及时以书面形式对其进行提示，在规定的公告期限内该意向受让人没有作出调整、纠正的，应取消其受让资格。

五、关于企业国有产权转让价格

按照《办法》的规定，企业国有产权转让价格应当以资产评估结果为参考依据，在产权交易市场中公开竞价形成，产权交易机构应按照有利于竞争的原则积极探索新的竞价交易方式。

（一）转让企业国有产权的首次挂牌价格不得低于经核准或备案的资产评估结果。经公开征集没有产生意向受让方的，转让方可以根据标的企业情况确定新的挂牌价格并重新公告；如拟确定新的挂牌价格低于资产评估结果的90%，应当获得相关产权转让批准机构书面同意。

（二）对经公开征集只产生一个意向受让方而采取协议转让的，转让价格应按本次挂牌价格确定。

（三）企业国有产权转让中涉及的职工安置、社会保险等有关费用，不得在评估作价之前从拟转让的国有净资产中先行扣除，也不得从转让价款中进行抵扣。

（四）在产权交易市场中公开形成的企业国有产权转让价格，不得以任何付款方式为条件进行打折、优惠。

六、关于各级财政部门在企业国有产权转让中的管理工作

各级财政部门应当认真做好有关企业国有产权转让的监督检查以及标的企业财政政策清理等工作，并按以下规定进行审核或者审批：

（一）按照《办法》第26条审核企业国有产权转让时，重点审核涉及《办法》第28条、29条规定的事项是否符合国家有关企业财务管理的政策规定。

（二）按照《办法》第37条的规定，政企尚未分开单位以及其他单位所持有的企业国有产权转让，由政企尚未分开单位以及其他单位审核后，报同级财政部门批准。

国资委关于印发《企业国有产权交易操作规则》的通知

国资发产权[2009]120号

各省、自治区、直辖市及计划单列市和新疆生产建设兵团国资委，各中央企业，上海联合产权交易所、北京产权交易所、天津产权交易中心、重庆联合产权交易所：

为统一规范企业国有产权交易行为，根据《中华人民共和国企业国有资产法》、《企业国有资产监督管理暂行条例》(国务院令第378号)、《企业国有产权转让管理暂行办法》(国资委、财政部令第3号)等有关规定，我们制定了《企业国有产权交易操作规则》。现印发给你们，请结合实际遵照执行。执行中有何问题，请及时反馈我委。

国务院国有资产监督管理委员会

二〇〇九年六月十五日

企业国有产权交易操作规则

第一章　总　　则

第一条　为统一规范企业国有产权交易行为，根据《中华人民共和国企业国有资产法》、《企业国有资产监督管理暂行条例》(国务院令第378号)、《企业国有产权转让管理暂行办法》(国资委、财政部令第3号)等有关规定，制定本规则。

第二条　省级以上国资委选择确定的产权交易机构(以下简称产权交易机构)进行的企业国有产权交易适用本规则。

第三条　本规则所称企业国有产权交易，是指企业国有产权转让主体(以下统称转让方)在履行相关决策和批准程序后，通过产权交易机构发布产权转让信息，公开挂牌竞价转让企业国有产权的活动。

第四条　企业国有产权交易应当遵循等价有偿和公开、公平、公正、竞争的原则。产权交易机构应当按照本规则组织企业国有产权交易，自觉接受国有资产监督管理机构的监督，加强自律管理，维护市场秩序，保证产权交易活动的正常进行。

第二章　受理转让申请

第五条　产权转让申请的受理工作由产权交易机构负责承担。实行会员制的产权交易机构，应当在其网站上公布会员的名单，供转让方自主选择，建立委托代理关系。

第六条　转让方应当向产权交易机构提交产权转让公告所需相关材料，并对所提交材料的真实性、完整性、有效性负责。按照有关规定需要在信息公告前进行产权转让信息内容备案的转让项目，由转让方履行相应的备案手续。

第七条　转让方提交的材料符合齐全性要求的，产权交易机构应当予以接收登记。

第八条　产权交易机构应当建立企业国有产权转让信息公告的审核制度，对涉及转让标的信息披露的准确性和完整性，交易条件和受让方资格条件设置的公平性与合理性，以及竞价方式的选择等内容进行规范性审核。符合信息公告要求的，产权交易机构应当予以受理，并向转让方出具受理通知书；不符合信息公告要求的，产权交易机构应当将书面审核意见及时告知转让方。

第九条　转让方应当在产权转让公告中披露转让标的基本情况、交易条件、受让方资格条件、对产权交易有重大影响的相关信息、竞价方式的选择、交易保证金的设置等内容。

第十条　产权转让公告应当对转让方和转让标的企业基本情况进行披露，包括但不限于：

（一）转让方、转让标的及受托会员的名称；

（二）转让标的企业性质、成立时间、注册地、所属行业、主营业务、注册资本、职工人数；

（三）转让方的企业性质及其在转让标的企业的出资比例；

（四）转让标的企业前十名出资人的名称、出资比例；

（五）转让标的企业最近一个年度审计报告和最近一期财务报表中的主要财务指标数据，包括所有者权益、负债、营业收入、净利润等；

（六）转让标的（或者转让标的企业）资产评估的备案或者核准情况，资产评估报告中总资产、总负债、净资产的评估值和相对应的审计后账面值；

（七）产权转让行为的相关内部决策及批准情况。

第十一条　转让方在产权转让公告中应当明确为达成交易需要受让方接受的主要交易条件，包括但不限于：

（一）转让标的挂牌价格、价款支付方式和期限要求；

（二）对转让标的企业职工有无继续聘用要求；

（三）产权转让涉及的债权债务处置要求；

（四）对转让标的企业存续发展方面的要求。

第十二条　转让方可以根据标的企业实际情况，合理设置受让方资格条件。受让方资格条件可以包括主体资格、管理能力、资产规模等，但不得出现具有明确指向性或者违反公平竞争的内容。产权交易机构认为必要时，可以要求转让方对受让方资格条件的判断标准提供书面解释或者具体说明，并在产权转让公告中一同公布。

第十三条　转让方应当在产权转让公告中充分披露对产权交易有重大影响的相关信息，包括但不限于：

（一）审计报告、评估报告有无保留意见或者重要提示；

（二）管理层及其关联方拟参与受让的，应当披露其目前持有转让标的企业的股权比例、拟参与受让国有产权的人员或者公司名单、拟受让比例等；

（三）有限责任公司的其他股东或者中外合资企业的合营他方是否放弃优先购买权。

第十四条 产权转让公告中应当明确在征集到两个及以上符合条件的意向受让方时，采用何种公开竞价交易方式确定受让方。选择招投标方式的，应当同时披露评标方法和标准。

第十五条 转让方可以在产权转让公告中提出交纳交易保证金的要求。产权交易机构应当明示交易保证金的处置方式。

第三章 发布转让信息

第十六条 企业国有产权转让信息应当在产权交易机构网站和省级以上公开发行的经济或者金融类报刊上进行公告。

中央企业产权转让信息由相关产权交易机构在其共同选定的报刊以及各自网站联合公告，并在转让标的企业注册地或者转让标的企业重大资产所在地选择发行覆盖面较大的经济、金融类报刊进行公告。

第十七条 转让方应当明确产权转让公告的期限。首次信息公告的期限应当不少于20个工作日，并以省级以上报刊的首次信息公告之日为起始日。

第十八条 信息公告期按工作日计算，遇法定节假日以政府相关部门公告的实际工作日为准。产权交易机构网站发布信息的日期不应当晚于报刊公告的日期。

第十九条 信息公告期间不得擅自变更产权转让公告中公布的内容和条件。因特殊原因确需变更信息公告内容的，应当由产权转让批准机构出具文件，由产权交易机构在原信息发布渠道进行公告，并重新计算公告期。

第二十条 在规定的公告期限内未征集到符合条件的意向受让方，且不变更信息公告内容的，转让方可以按照产权转让公告的约定延长信息公告期限，每次延长期限应当不少于5个工作日。未在产权转让公告中明确延长信息公告期限的，信息公告到期自行终结。

第二十一条 企业国有产权转让首次信息公告时的挂牌价不得低于经备案或者核准的转让标的资产评估结果。如在规定的公告期限内未征集到意向受让方，转让方可以在不低于评估结果90%的范围内设定新的挂牌价再次进行公告。如新的挂牌价低于评估结果的90%，转让方应当重新获得产权转让批准机构批准后，再发布产权转让公告。

第二十二条 信息公告期间出现影响交易活动正常进行的情形，或者有关当事人提出中止信息公告书面申请和有关材料后，产权交易机构可以作出中止信息公告的决定。

第二十三条 信息公告的中止期限由产权交易机构根据实际情况设定，一般不超过1个月。产权交易机构应当在中止期间对相关的申请事由或者争议事项进行调查核实，也可转请相关部门进行调查核实，及时作出恢复或者终结信息公告的决定。如恢复信息公告，在产权交易机构网站上的累计公告期不少于20个工作日，且继续公告的期限不少于10个工作日。

第二十四条 信息公告期间出现致使交易活动无法按照规定程序正常进行的情形，并经调查核实确认无法消除时，产权交易机构可以作出终结信息公告的决定。

第四章 登记受让意向

第二十五条 意向受让方在信息公告期限内，向产权交易机构提出产权受让申请，并提交相关材料。产权交易机构应当对意向受让方逐一进行登记。

第二十六条 意向受让方可以到产权交易机构查阅产权转让标的的相关信息和材料。

第二十七条 产权交易机构应当对意向受让方提交的申请及材料进行齐全性和合规性审核，并在信息公告期满后5个工作日内将意向受让方的登记情况及其资格确认意见书面告知转让方。

第二十八条 转让方在收到产权交易机构的资格确认意见后，应当在5个工作日内予以书面回复。如对受让方资格条件存有异议，应当在书面意见中说明理由，并提交相关证明材料。转让方逾期未予回复的，视为同意产权交易机构作出的资格确认意见。

第二十九条 经征询转让方意见后，产权交易机构应当以书面形式将资格确认结果告知意向受让方，并抄送转让方。

第三十条 转让方对产权交易机构确认的意向受让方资格有异议，应当与产权交易机构进行协商，必要时可以就有关争议事项征询国有资产监督管理机构意见。

第三十一条 通过资格确认的意向受让方在事先确定的时限内向产权交易机构交纳交易保证金(以到达产权交易机构指定账户为准)后获得参与竞价交易资格。逾期未交纳保证金的，视为放弃受让意向。

第五章 组织交易签约

第三十二条 产权转让信息公告期满后，产生两个及以上符合条件的意向受让方的，由产权交易机构按照公告的竞价方式组织实施公开竞价；只产生一个符合条件的意向受让方的，由产权交易机构组织交易双方按挂牌价与买方报价孰高原则直接签约。涉及转让标的企业其他股东依法在同等条件下享有优先购买权的情形，按照有关法律规定执行。

第三十三条 公开竞价方式包括拍卖、招投标、网络竞价以及其他竞价方式。

第三十四条 产权交易机构应当在确定受让方后的次日起3个工作日内，组织交易双方签订产权交易合同。

第三十五条 产权交易合同条款包括但不限于：

（一）产权交易双方的名称与住所；

（二）转让标的企业的基本情况；

（三）产权转让的方式；

（四）转让标的企业职工有无继续聘用事宜，如何处置；

（五）转让标的企业的债权、债务处理；

（六）转让价格、付款方式及付款期限；

（七）产权交割事项；

（八）合同的生效条件；

（九）合同争议的解决方式；

（十）合同各方的违约责任；

（十一）合同变更和解除的条件。

第三十六条 产权交易机构应当依据法律法规的相关规定，按照产权转让公告的内容以及竞价交易结果等，对产权交易合同进行审核。

第三十七条 产权交易涉及主体资格审查、反垄断审查等情形，产权交易合同的生效需经政府相关部门批准的，交易双方应当将产权交易合同及相关材料报政府相关部门批准，产权交易机构应当出具政府相关部门审批所需的交易证明文件。

第六章 结算交易资金

第三十八条 产权交易资金包括交易保证金和产权交易价款，一般以人民币为计价单位。

产权交易机构实行交易资金统一进场结算制度，开设独立的结算账户，组织收付产权交易资金，保证结算账户中交易资金的安全，不得挪作他用。

第三十九条 受让方应当在产权交易合同约定的期限内，将产权交易价款支付到产权交易机构的结算账户。受让方交纳的交易保证金按照相关约定转为产权交易价款。产权交易合同约定价款支付方式为分期付款的，首付交易价款数额不低于成交金额的30%。

第四十条 受让方将产权交易价款交付至产权交易机构结算账户后，产权交易机构应当向受让方出具收款凭证。对符合产权交易价款划出条件的，产权交易机构应当及时向转让方划出交易价款。转让方收到交易价款后，应当向产权交易机构出具收款凭证。

第四十一条 交易双方为同一实际控制人的，经产权交易机构核实后，交易资金可以场外结算。

第四十二条 产权交易的收费标准应当符合产权交易机构所在地政府物价部门的有关规定，并在产权交易机构的工作场所和信息平台公示。

交易双方应当按照产权交易机构的收费标准支付交易服务费用，交易机构在收到服务费用后，应当出具收费凭证。

第七章 出具交易凭证

第四十三条 产权交易双方签订产权交易合同，受让方依据合同约定将产权交易价款交付至产权交易机构资金结算账户，且交易双方支付交易服务费用后，产权交易机构应当在3个工作日内出具产权交易凭证。

第四十四条 产权交易涉及主体资格审查、反垄断审查等情形时，产权交易机构应当在交易行为获得政府相关部门批准后出具产权交易凭证。

第四十五条 产权交易凭证应当载明：项目编号、签约日期、挂牌起止日、转让方全称、受让方全称、转让标的全称、交易方式、转让标的评估结果、转让价格、交易价款支付方式、产权交易机构审核结论等内容。

第四十六条 产权交易凭证应当使用统一格式打印，不得手写、涂改。

第八章 附 则

第四十七条 产权交易过程中发生争议时，当事人可以向产权交易机构申请调解。争议涉及产权交易机构时，当事人可以向产权交易机构的监管机构申请调解，也可以按照约定向仲裁机构申请仲裁或者向人民法院提起诉讼。

第四十八条 国有产权转让过程中，涉嫌侵犯国有资产合法权益的，国有资产监督管理机构可以要求产权交易机构终结产权交易。

第四十九条 产权交易中出现中止、终结情形的，应当在产权交易机构网站上公告。

第五十条 本规则自 2009 年 7 月 1 日起施行。

国资委关于印发《企业国有产权无偿划转管理暂行办法》的通知

国资发产权[2005]239号

各中央企业，各省、自治区、直辖市及计划单列市、新疆生产建设兵团国有资产监督管理机构：

为规范企业国有产权无偿划转行为，保障企业国有产权有序流动，防止国有资产流失，我们制定了《企业国有产权无偿划转管理暂行办法》，现印发给你们，请遵照执行。在执行中有何问题，请及时反馈我委。

国务院国有资产监督管理委员会

二〇〇五年八月二十九日

企业国有产权无偿划转管理暂行办法

第一章　总　　则

第一条　为规范企业国有产权无偿划转行为，保障企业国有产权有序流动，防止国有资产流失，根据《企业国有资产监督管理暂行条例》（国务院令第378号）等有关规定，制定本办法。

第二条　本办法所称企业国有产权无偿划转，是指企业国有产权在政府机构、事业单位、国有独资企业、国有独资公司之间的无偿转移。

国有独资公司作为划入或划出一方的，应当符合《中华人民共和国公司法》的有关规定。

第三条　各级人民政府授权其国有资产监督管理机构（以下简称国资监管机构）履行出资人职责的企业（以下统称所出资企业）及其各级子企业国有产权无偿划转适用本办法。

股份有限公司国有股无偿划转，按国家有关规定执行。

第四条　企业国有产权无偿划转应当遵循以下原则：

（一）符合国家有关法律法规和产业政策的规定；

（二）符合国有经济布局和结构调整的需要；

（三）有利于优化产业结构和提高企业核心竞争力；

（四）划转双方协商一致。

第五条　被划转企业国有产权的权属应当清晰。权属关系不明确或存在权属纠纷的企业国有产权不得进行无偿划转。被设置为担保物权的企业国有产权无偿划转，应当符合

《中华人民共和国担保法》的有关规定。有限责任公司国有股权的划转，还应当遵循《中华人民共和国公司法》的有关规定。

第二章 企业国有产权无偿划转的程序

第六条 企业国有产权无偿划转应当做好可行性研究。无偿划转可行性论证报告一般应当载明下列内容：

（一）被划转企业所处行业情况及国家有关法律法规、产业政策规定；

（二）被划转企业主业情况及与划入、划出方企业主业和发展规划的关系；

（三）被划转企业的财务状况及或有负债情况；

（四）被划转企业的人员情况；

（五）划入方对被划转企业的重组方案，包括投入计划、资金来源、效益预测及风险对策等；

（六）其他需说明的情况。

第七条 划转双方应当在可行性研究的基础上，按照内部决策程序进行审议，并形成书面决议。

划入方(划出方)为国有独资企业的，应当由总经理办公会议审议；已设立董事会的，由董事会审议。划入方(划出方)为国有独资公司的，应当由董事会审议；尚未设立董事会的，由总经理办公会议审议。所涉及的职工分流安置事项，应当经被划转企业职工代表大会审议通过。

第八条 划出方应当就无偿划转事项通知本企业(单位)债权人，并制订相应的债务处置方案。

第九条 划转双方应当组织被划转企业按照有关规定开展审计或清产核资，以中介机构出具的审计报告或经划出方国资监管机构批准的清产核资结果作为企业国有产权无偿划转的依据。

第十条 划转双方协商一致后，应当签订企业国有产权无偿划转协议。划转协议应当包括下列主要内容：

（一）划入划出双方的名称与住所；

（二）被划转企业的基本情况；

（三）被划转企业国有产权数额及划转基准日；

（四）被划转企业涉及的职工分流安置方案；

（五）被划转企业涉及的债权、债务(包括拖欠职工债务)以及或有负债的处理方案；

（六）划转双方的违约责任；

（七）纠纷的解决方式；

（八）协议生效条件；

（九）划转双方认为必要的其他条款。

无偿划转事项按照本办法规定程序批准后，划转协议生效。划转协议生效以前，划转双方不得履行或者部分履行。

第十一条 划转双方应当依据相关批复文件及划转协议，进行账务调整，按规定办理产权登记等手续。

第三章 企业国有产权无偿划转的批准

第十二条 企业国有产权在同一国资监管机构所出资企业之间无偿划转的，由所出资企业共同报国资监管机构批准。

企业国有产权在不同国资监管机构所出资企业之间无偿划转的，依据划转双方的产权归属关系，由所出资企业分别报同级国资监管机构批准。

第十三条 实施政企分开的企业，其国有产权无偿划转所出资企业或其子企业持有的，由同级国资监管机构和主管部门分别批准。

第十四条 下级政府国资监管机构所出资企业国有产权无偿划转上级政府国资监管机构所出资企业或其子企业持有的，由下级政府和上级政府国资监管机构分别批准。

第十五条 企业国有产权在所出资企业内部无偿划转的，由所出资企业批准并抄报同级国资监管机构。

第十六条 批准企业国有产权无偿划转事项，应当审查下列书面材料：

（一）无偿划转的申请文件；

（二）总经理办公会议或董事会有关无偿划转的决议；

（三）划转双方及被划转企业的产权登记证；

（四）无偿划转的可行性论证报告；

（五）划转双方签订的无偿划转协议；

（六）中介机构出具的被划转企业划转基准日的审计报告或同级国资监管机构清产核资结果批复文件；

（七）划出方债务处置方案；

（八）被划转企业职代会通过的职工分流安置方案；

（九）其他有关文件。

第十七条 企业国有产权无偿划转事项经批准后，划出方和划入方调整产权划转比例或者划转协议有重大变化的，应当按照规定程序重新报批。

第十八条 有下列情况之一的，不得实施无偿划转：

（一）被划转企业主业不符合划入方主业及发展规划的；

（二）中介机构对被划转企业划转基准日的财务报告出具否定意见、无法表示意见或保留意见的审计报告的；

（三）无偿划转涉及的职工分流安置事项未经被划转企业的职工代表大会审议通过的；

（四）被划转企业或有负债未有妥善解决方案的；

（五）划出方债务未有妥善处置方案的。

第十九条 下列无偿划转事项，依据中介机构出具的被划转企业上一年度（或最近一次）的审计报告或经国资监管机构批准的清产核资结果，直接进行账务调整，并按规定办理产权登记等手续。

（一）由政府决定的所出资企业国有产权无偿划转本级国资监管机构其他所出资企业的；

（二）由上级政府决定的所出资企业国有产权在上、下级政府国资监管机构之间的无偿划转；

（三）由划入、划出方政府决定的所出资企业国有产权在互不隶属的政府的国资监管机构之间的无偿划转；

（四）由政府决定的实施政企分开的企业，其国有产权无偿划转国资监管机构持有的；

（五）其他由政府或国资监管机构根据国有经济布局、结构调整和重组需要决定的无偿划转事项。

第四章　附　　则

第二十条　企业国有产权无偿向境外划转及境外企业国有产权无偿划转办法另行制定。

第二十一条　企业实物资产等无偿划转参照本办法执行。

第二十二条　本办法自公布之日起施行。

国资委关于印发《企业国有产权无偿划转工作指引》的通知

国资发产权〔2009〕25号

各中央企业：

为进一步规范中央企业国有产权无偿划转行为，更好地实施政务公开，服务企业，提高办事效率，国资委制定了《企业国有产权无偿划转工作指引》，现印发给你们，请遵照执行。执行中有何问题和建议，请及时反馈我委。

国资委

二○○九年二月十六日

企业国有产权无偿划转工作指引

第一条 为进一步规范中央企业国有产权无偿划转行为，根据国务院国有资产监督管理委员会(以下简称国资委)《企业国有产权无偿划转管理暂行办法》(以下简称《办法》)，制定本指引。

第二条 国有独资企业、国有独资公司、国有事业单位投资设立的一人有限责任公司及其再投资设立的一人有限责任公司(以下统称国有一人公司)，可以作为划入方(划出方)。

国有一人公司作为划入方(划出方)的，无偿划转事项由董事会审议；不设董事会的，由股东作出书面决议，并加盖股东印章。

国有独资企业产权拟无偿划转国有独资公司或国有一人公司持有的，企业应当依法改制为公司。

第三条 中央企业及其子企业无偿划入(划出)企业国有产权的，适用本指引。

第四条 中央企业及其子企业无偿划入企业国有产权，应当符合国资委有关减少企业管理层次的要求，划转后企业管理层次原则上不超过三级。

第五条 划转双方应当严格防范和控制无偿划转的风险，所作承诺事项应严谨合理、切实可行，且与被划转企业直接相关；划转协议的内容应当符合《办法》的规定，不得以重新划回产权等作为违约责任条款。

第六条 划入方(划出方)应当严格按照《办法》第二章的有关规定做好无偿划转的相关工作。无偿划转事项需报国资委批准的，按以下程序办理：

(一) 中央企业应按规定对无偿划转事项进行审核，履行内部程序后，向国资委报送申请文件及相关材料。

(二) 国资委收到申请文件及相关材料后，应当在5个工作日内提出初审意见。

对初审中发现的问题，国资委审核人员应及时与中央企业进行沟通；中央企业无异议的，应在5个工作日内修改完善相关材料并报国资委。对材料齐备、具备办理条件的，国资委应及时予以办理。

第七条 中央企业应当按照《办法》第十六条的规定向国资委报送文件材料，其中：

（一）申请文件的主要内容包括：

1. 请示的具体事项。

2. 划出方、划入方及被划转企业的基本情况。

主要包括设立时间、组织形式、注册资本、股权结构、级次、主营业务、生产经营和财务状况等。

3. 无偿划转的理由。

4. 划入方关于被划转企业发展规划、效益预测等。

5. 被划转企业风险（负担）情况。

（1）人员情况。在岗人员、内退人员及离退休人员人数，职工分流安置方案，离退休人员管理方式、统筹外费用等。

（2）或有负债情况。对外担保、未决诉讼等具体情况，相关解决方案，风险判断及其影响等。

（3）办社会职能情况。企业办各类社会职能情况，相关解决方案等。

6. 相关决策及协议签订情况。

划出方、划入方、职代会、中央企业、政府主管部门、地市级以上政府或国有资产监督管理机构相关决策（批准）情况。

涉及有限责任公司国有股权无偿划转的，相关股东会决议情况；涉及中外合资企业国有股权无偿划转的，相关董事会决议情况。

协议签订及主要内容。

7. 相关承诺事项。

（1）被划转企业国有产权权属清晰，不存在限制或者妨碍产权转移的情形。

（2）除已报送国资委的划转协议和承诺事项外，未与划转他方签订任何补充协议，也无其他承诺事项。

申请文件中有关被划转企业的主营业务、财务状况、或有负债、人员安置等内容，应与可行性论证报告、划转协议及审计报告等相关内容一致。

（二）需提交的其他有关文件主要指：

1. 中央企业子企业作为划入方（划出方）的，中央企业相关决议或批准文件；

2. 企业国有产权在中央企业与非中央企业之间无偿划转的，相关政府主管部门、地市级以上政府或国有资产监督管理机构的批准文件；

3. 涉及有限责任公司国有股权无偿划转的，相关股东会决议或有法律效力的其他证明文件；涉及中外合资企业国有股权无偿划转的，相关董事会决议或有法律效力的其他证明文件。

第八条 国资委主要从以下方面对无偿划转事项进行审核：

（一）划转双方主体资格适格，被划转企业产权关系清晰；

（二）符合中央企业主业及发展规划，有利于提高企业核心竞争力；

（三）划转所涉及各方决策程序合法合规，相关文件齐备、有效；

（四）相关风险防范和控制情况，划转协议规定内容齐备，无可能出现纠纷的条款。

第九条 本指引自公布之日起施行。

国资委、民政部、财政部、住房城乡建设部关于国有企业办市政、社区管理等职能分离移交的指导意见

国资发改革[2017]85号

各省、自治区、直辖市人民政府，新疆生产建设兵团，国务院各部委、各直属机构，各中央企业：

加快剥离国有企业办社会职能和解决历史遗留问题是深化国有企业改革的重要内容。为贯彻落实《中共中央国务院关于深化国有企业改革的指导意见》(中发〔2015〕22号)和《国务院关于印发加快剥离国有企业办社会职能和解决历史遗留问题工作方案的通知》(国发〔2016〕19号)精神，剥离与主业发展方向不符的国有企业办市政、社区管理等职能，经国务院同意，现提出如下意见。

一、总体要求

(一) 工作目标

将与主业发展方向不符的国有企业管理的市政设施、职工家属区的社区管理等职能移交地方政府负责，2017年底前完成。

(二) 工作要求

坚持政企分开，将国有企业配合承担的公共管理职能归位于相关政府部门和单位；实行专业化管理，将与主业发展方向不符的国有企业承担的公共服务职能移交地方政府实行集中统一管理；减轻企业负担，促进国有企业瘦身健体、提质增效。

二、主要任务

(一) 市政设施移交范围

国有企业管理的面向社会开放、提供公共服务的市政设施，包括道路桥梁及相应照明设施、环境卫生设施、市政管网及附属设施、生活污水处理设施、生活垃圾处理设施、城市供水设施、公共绿化设施、公共交通设施、公园、广场等，移交地方政府管理。

中央企业或省属国有企业所属与主业发展方向不符的，承担生活供水、供热、污水处理、垃圾处理等公共服务的企业，原则上划转地方政府管理。地方政府不能接收的，企业可自行关闭撤销或重组改制。

国有企业为职工服务的文化、体育设施，经与地方政府协商一致，可移交地方管理；也可由企业根据实际情况妥善处置，面向社会开放可按市场化方式合理收费。

(二) 市政设施移交程序

由国有企业向市县政府提出申请，市县政府要在15个工作日内明确具体接收部门或

单位。移交接收双方共同协商确定具体方案，办理移交接收事项。对于损坏、丧失使用功能的供排水等设施，经协商一致可由移交企业进行必要的维修完善。2018 年起国有企业不再承担已移交的市政设施相关费用。

（三）社区管理职能移交

国有企业职工家属区的社区管理职能移交市县政府负责，由国有企业向市县政府提出申请，市县政府在 15 个工作日内明确责任单位，与国有企业协商办理移交接收事项，做好相关工作衔接。已经建立的职工家属区街道办事处等机构、依法选举产生的社区居民委员会与企业完全脱钩，现有办公场所、服务场所及设备设施一并移交。仍未建立管理机构或未依法选举产生社区居民委员会的国有企业职工家属区，按区域划片移交区县政府、街道办事处管理。

三、保障措施

（一）加强组织领导

地方各级人民政府要高度重视，加强组织领导，认真做好国有企业办市政、社区管理等职能分离移交工作。省级人民政府要统筹协调推动本地区中央企业、地方国有企业开展工作。地市级人民政府要认真做好具体组织实施工作，对本地区承担公共服务的国有企业进行资源优化整合，实现专业化运营管理，进一步完善公共服务体系和社区服务功能，提高管理服务能力。地方各级财政部门要将移交的国有企业办市政设施、社区服务设施的建设与管理、社区工作以及信息化建设等方面的合理经费需求纳入接收部门等相关预算。

（二）落实企业责任

国有企业集团公司要加强组织协调，做好政策宣传和思想政治工作，积极推动所属企业办市政、社区管理等职能移交工作。企业办市政、社区管理等职能移交涉及的从业人员，在尊重职工意愿的基础上，接收方继续聘用的，按照有关规定变更劳动合同，或者签订聘用合同，其他人员由移交企业负责妥善分流安置。国有企业应履行社会责任，积极支持移交后社区的管理服务工作。

（三）资产无偿划转

国有企业办市政、社区管理等职能移交涉及的资产，依据《财政部关于企业分离办社会职能有关财务管理问题的通知》（财企〔2005〕62 号）的规定，实行无偿划转，由企业集团公司审核批准，报主管财政部门、同级国有资产监督管理机构备案。移交企业要做好移交资产清查、财务清理、审计评估、产权登记等工作。多元股东的企业应当经该企业董事会或股东会同意后，按照持有股权的比例核减国有权益。

（四）加强督促指导

国务院国资委、民政部、财政部、住房城乡建设部等有关部门要密切配合，加强督促指导，跟踪工作进展情况，及时协调解决国有企业办市政、社区管理等职能分离移交过程中的有关问题。民政部、住房城乡建设部等部门要指导推进社区治理，有效提升社区服务机构为移交社区居民提供管理服务的能力和水平。

北京市产权交易管理规定

北京市人民政府令〔2001〕90号

（2001年12月7日北京市人民政府第90号令公布根据2005年6月15日北京市人民政府第159号令第一次修改根据2010年11月27日北京市人民政府第226号令第二次修改）

《北京市产权交易管理规定》已经2001年11月13日市人民政府第41次常务会议通过，现予公布，自2002年1月1日起施行。

市长　刘淇

二〇〇一年十二月七日

第一章　总　　则

第一条　为培育和发展本市产权交易市场，规范产权交易行为，促进资源的优化配置，根据本市实际情况，制定本规定。

第二条　在本市产权交易机构从事产权交易活动，应当遵守本规定。法律、法规另有规定的，从其规定。

本规定所称产权交易是指企业财产所有权及相关财产权益的有偿转让行为。

第三条　从事产权交易应当遵守法律、法规，遵循自愿平等、诚实信用和公开、公平、公正的原则，不得侵犯他人的合法权益和损害社会公共利益。

产权交易当事人的合法权益受法律保护。

第四条　产权交易不受地区、行业、隶属关系、经济性质的限制。

涉及国家安全、国家秘密的产权交易应当按照国家有关规定办理。

第五条　本市所属企业国有产权的交易，应当在市国有资产监督管理机构选择确定的产权交易机构公开进行。

金融类企业国有产权转让和上市公司的国有股权转让，依照国家有关规定执行。

城镇集体企业产权以及其他产权的交易，可以在产权交易机构进行。

第六条　市发展改革部门负责指导和协调本市产权交易的监督管理工作。市国有资产监督管理机构负责企业国有产权转让的监督管理工作。

本市其他各有关部门按照各自的职责，做好有关产权交易的监督管理工作。

第二章　产权交易机构

第七条　产权交易机构是依法设立的，为产权交易提供场所、设施、信息等服务，并履行相关职责的法人。

第八条 产权交易机构可以实行会员制管理。

产权交易机构应当根据法律、法规和本规定的要求，制定本机构章程、产权交易规则和会员管理办法，报市发展改革部门备案。

第三章 产权交易行为规范

第九条 转让企业产权，应当履行下列手续：

（一）企业国有产权转让的，应当按照《企业国有产权转让管理暂行办法》规定的批准程序办理。

（二）城镇集体企业，应当经出资人同意并经职工（代表）大会讨论通过。

第十条 已经实行承包、租赁、托管等形式经营的企业，其产权交易，应当在承包、租赁或者托管合同期满后进行。

确需提前转让的，应当按照法律、法规的规定先行办理承包、租赁或者托管合同的终止手续，并处理未了事项后，再进行产权交易。

第十一条 产权交易的转让方应当委托具有合格资质的中介机构进行审计和资产评估。涉及国有资产评估的，应当按照有关法律、法规执行。

第十二条 产权交易机构应当建立产权交易信息披露制度，及时发布产权交易相关信息。

第十三条 出现下列情形之一的，转让方、受让方或者第三方可以申请中止交易：

（一）第三方与转让方对转让的产权有争议且尚未解决的；

（二）依法应当中止产权交易的其他情形。

中止交易的申请，应当向产权交易机构提出。

第十四条 出现下列情形之一的，应当终止交易：

（一）转让方或者受让方在转让合同生效前提出终止交易的；

（二）人民法院依法发出终止交易书面通知的；

（三）依法应当终止产权交易的其他情形。

第十五条 在产权交易活动中禁止下列行为：

（一）在市国有资产监督管理机构选择确定的产权交易机构之外进行本市所属企业国有产权的交易；

（二）操纵产权交易市场或者扰乱产权交易秩序；

（三）产权交易机构及其工作人员作为转让方、受让方或者第三方参与产权交易的；

（四）法律、法规、规章禁止的其他行为。

第十六条 产权交易机构收费的标准按照国家有关规定确定。

第四章 产权交易方式和程序

第十七条 产权交易可以采取拍卖、招标、协议转让等方式，也可以采取法律、法规、规章规定的其他方式。

第十八条 从事产权交易的转让方或者受让方，可以委托具有会员资格的经纪机构代理进行产权交易。

委托经纪机构代理进行产权交易的，委托方应当与受托的经纪机构签订产权交易委托代理合同。

在同一产权交易中，经纪机构不得同时接受转让方和受让方的代理委托。

第十九条 转让方申请产权交易，应当向受委托的经纪机构或者产权交易机构提交下列文件，并保证其真实、完整。

（一）企业产权转让的申请书；

（二）转让方的资格证明或者其他有效证明；

（三）企业产权权属的证明文件；

（四）出资人准予转让企业产权的证明；

（五）转让标的情况的说明；

（六）法律、法规、规章规定的其他文件。

第二十条 受让方申请产权交易，应当提交下列文件：

（一）购买企业产权的申请书；

（二）受让方的主体资格证明；

（三）受让方的资信证明；

（四）法律、法规、规章规定的其他材料。

第二十一条 产权交易价格可以采取拍卖、招标方式确定，也可以由转让方和受让方协议确定。

企业国有产权转让价格的确定依照《企业国有产权转让管理暂行办法》的规定执行。

集体企业产权的转让价格，以具有合格资质的资产评估机构的评估值作为参考依据；转让价格低于评估结果90%的，应当经集体企业产权所有者同意。

第二十二条 转让方与受让方达成转让意向后，应当签订产权交易合同。

产权交易合同主要包括下列内容：

（一）转让标的；

（二）转让方和受让方的名称、住所、法定代表人；

（三）转让价格、支付方式和支付期限；

（四）有关债权、债务的处理事项；

（五）产权交割事项；

（六）有关职工安置的事项；

（七）违约责任；

（八）合同争议解决方式；

（九）签约日期；

（十）需要约定的其他事项。

涉及企业国有产权转让内容的产权交易合同，应当符合《企业国有产权转让管理暂行办法》的规定。

第二十三条 产权交易合同经转让方和受让方签字、盖章后，由产权交易机构审核并出具产权交易凭证。

第二十四条 产权交易完成后，交易双方应依法办理产权变更登记手续。涉及企业国有产权变更的，市和区、县各有关部门依据产权交易机构出具的产权交易凭证并依照相关规定，为交易双方办理有关变更手续。

第五章 产权交易监督和管理

第二十五条 产权交易过程中转让方、受让方、中介机构及有关人员的违法、违规行为由有关部门依法查处；对违反国家和本市企业国有产权转让有关规定的，依法承担相应责任；构成犯罪的，依法追究刑事责任。

第二十六条 本市建立产权交易活动违法行为记录系统，记载转让方、受让方、中介机构等产权交易活动当事人的违法行为及处理结果。

单位和个人有权查询违法行为处理结果记录。

第二十七条 产权交易过程中发生产权交易纠纷的，当事人可以依据合同的约定申请仲裁；没有约定仲裁的，可以依法向人民法院提起诉讼。

第六章 附 则

第二十八条 行政事业单位的产权交易参照本规定执行。

第二十九条 本规定自 2002 年 1 月 1 日起施行。

北京市国资委关于印发《关于市属国有企业重组改革中土地使用权处置的意见》的通知

京国资发〔2008〕2号

各区(县)国土资源分局、各区(县)地方税务局、市地税局各分局、各企(事)业单位:

经市国资委、市国土局、市财政局、市地税局研究，制定了《关于市属国有企业重组改革中土地使用权处置的意见》，现印发给你们，请认真组织贯彻执行。

二〇〇八年二月十五日

关于市属国有企业重组改革中土地使用权处置的意见

为贯彻落实《国务院办公厅关于推进国有资本调整和国有企业重组指导意见的通知》(国办发〔2006〕97号)和《中共北京市委办公厅北京市人民政府办公厅转发市国资委关于加快推进北京市国有资本调整和国有企业重组的指导意见的通知》(京办发〔2007〕18号)，加快国有经济布局和结构调整，现就市属国有企业重组改革中土地使用权处置问题，提出以下意见。

一、国有企业持有的划拨土地使用权，原则上应依法逐步实行有偿使用制度。保留划拨用地方式处置的国有土地使用权应继续按原用途使用。

二、2001年10月22日《划拨用地目录》(国土资源部第9号令)实施前，经依法批准无偿取得的国有土地使用权，至今仍由其使用，且土地使用用途和使用现状未发生变化的，可按划拨方式进行初始登记。

三、在国有企业重组、注销过程中，对已按照土地有偿使用方式取得的国有土地，在未改变土地使用权性质和用途的前提下，可将土地使用权直接变更登记到重组后的企业名下。

在国有企业重组、注销过程中，对已按照划拨方式取得的工业、仓储用地，在未改变土地使用权性质和用途的前提下，可将土地使用权直接变更登记到重组后的企业名下，保留划拨用地方式的期限不超过五年。

四、国有企业将非经营性不动产移交其他国有企业，若地上建筑物的产权归国有企业所有，保留原土地使用权性质，依法变更登记不动产。

五、上述土地使用权处置行为所涉及的税费，按照国家相关规定，享受有关税收优惠。

北京市国资委关于加强国有企业土地资产管理的意见

京国资发〔2008〕6号

各企(事)业单位：

近年来，北京市国有企业通过“调、改、剥、退”等各种方式积极推进国有经济布局和结构调整，取得了一定成效。但是，在国有企业改革重组过程中，也出现了对土地资产处置管理不严和不够规范的现象。为全面贯彻落实《国务院办公厅关于推进国有资本调整和国有企业重组指导意见的通知》(国办发〔2006〕97号)和《中共北京市委办公厅北京市人民政府办公厅转发市国资委关于加快推进北京市国有资本调整和国有企业重组的指导意见的通知》(京办发〔2007〕18号)，现就加强国有企业土地资产管理工作提出以下意见：

一、指导思想和工作目标

(一) 北京市国有企业土地资产管理的指导思想和原则：按照中央和市委、市政府关于国有资产管理体制改革和国有企业改革重组的总体要求，遵循依法确权登记、适度集中管理、加大监管力度的原则，规范国有企业土地资产的处置和管理，加快推进国有资本调整和国有企业重组工作。

(二) 北京市国有企业土地资产管理的工作目标：基本形成国有企业土地资产管理体系框架，建立国有企业土地资产数据库；力争用两年左右时间，基本完成国有企业土地确权、登记、发证工作；通过规范土地资产管理、解决历史遗留问题，全面推动国有企业改革重组工作。

二、规范管理的主要措施

(一) 建立国有企业土地资产数据库和土地资产年报制度。以北京市国有土地现状及国有企业改革过程中土地处置调查工作为基础，初步建立北京市国有企业土地资产数据库。市国资委对国有企业土地资产进行动态监控，一级企业(市国资委履行出资人职责的企业)每年应将土地资产利用变化情况报告市国资委，并在数据库中进行更新。

(二) 国有企业土地资产处置(包括转让、划转、抵债等方式)，必须经一级企业审核批准。处置以下类型土地资产的，必须报市国资委备案：

1. 污染扰民搬迁、拆迁和房地产开发用地；

2. 六环以内土地面积超过1万平方米的土地，六环以外土地面积超过2万平方米的土地；

3. 六环以内地上建筑物面积超过2万平方米的土地，六环以外地上建筑物面积超过4

万平方米的土地；

4. 依法评估确认不动产（房屋、土地）价值超过5000万元的土地；

5. 国有企业之间重组涉及的土地；

6. 市国资委认为需要备案的其他类型的土地。

国有企业土地资产处置涉及政府社会公共管理审批事项的，须依照有关法律法规，报政府有关部门审批。

（三）国有企业通过出让方式取得的土地，如需转让的，一般应在市国资委指定的北京产权交易机构进行公开交易。

（四）国有企业采取增资扩股或股权转让方式进行改制的，进入企业改制资产范围的土地资产必须经具备土地估价资格的中介机构进行评估，并按国家有关规定核准或备案。

（五）纳入企业改制资产范围的国有划拨土地，如改变土地用途或转让的，按规定不再保留土地划拨方式，改制企业应在新公司章程和合作协议中明确土地资产价值超出原始价值部分的分配方式。

（六）一级企业整体改制或主业资产改制时，已列入污染扰民搬迁、拆迁和房地产开发范围的土地，经市国资委批准，土地资产不进入改制企业。

三、组织实施

（一）各企业要切实加强对土地资产管理工作的组织领导。制定企业内部土地资产处置或保有的管理办法及相应的工作流程。在土地资产处置的每一个环节都要做到依法运作，规范透明，落实责任。

（二）加大对国有企业土地处置的监督检查力度。企业领导人员严重失职、违规操作，造成土地资产流失的，要严肃调查处理；涉及违法犯罪的，依法移交司法机关处理，并追究责任。中介机构弄虚作假、故意压低评估价格、提供虚假评估报告的，市国资委系统国有及国有控股企业不得再聘用该中介机构及其责任人从事国有及国有控股企业的评估工作。

（三）企业应充分认识土地确权、登记、发证工作的重要性和紧迫性，尽快完成土地确权、登记工作，领取土地使用证。企业改制涉及土地使用权的，必须办理土地确权登记并明确土地使用权的处置方式。

（四）企业应对正在使用的农村集体土地进行清理。对符合土地利用总体规划和城市规划的土地，可以按规定申请补办土地征用手续。对过去租用且长期闲置的农村集体土地，应予清退。

北京市国资委市财政局关于贯彻落实企业国有资产交易监督管理办法的意见

京国资发〔2017〕10号

市属各企业、市级各行政事业单位、各区国有资产监督管理机构、各区财政局：

为贯彻落实《企业国有资产交易监督管理办法》(国务院国资委、财政部令第32号，以下简称《办法》)，进一步完善企业国有资产交易监督管理，防范国有资产流失，促进国有产权有序流转，提出以下意见：

一、充分认识《办法》出台的重要意义

《办法》将企业增资和资产转让行为纳入国有资产交易监管范围，规范了各类国有资产交易的审批权限和操作程序，促进了以“管资本”为主的监管方式转变。深入贯彻《办法》，有利于加强企业国有资产交易行为的监督管理，维护国有资本安全运行；有利于发挥市场在配置资源中的决定性作用，体现国有资产交易过程的公开、公平和公正；有利于深化国资国企改革，促进国有经济布局、结构调整和国有资本合理流动。

二、明确国有资产交易行为和交易主体

企业国有资产交易行为内容包括企业产权转让、企业增资和企业资产转让。交易主体是指履行出资人职责的机构、国有及国有控股企业、国有实际控制企业。

（一）国有及国有控股企业包括：

1. 政府部门、机构、事业单位出资设立的国有独资企业(公司)，以及上述单位、企业直接或间接合计持股为100%的国有全资企业；

2. 第1项所列单位、企业单独或共同出资，合计拥有产(股)权比例超过50%，且其中之一为最大股东的企业；

3. 第1、2项所列企业对外出资，拥有股权比例超过50%的各级子企业。

（二）国有实际控制企业包括：

政府部门、机构、事业单位、单一国有及国有控股企业直接或间接持股比例未超过50%，但为第一大股东，并且通过股东协议、公司章程、董事会决议或者其他协议安排能够对其实际支配的企业。

三、明确企业国有资产交易监管职责

北京市人民政府国有资产监督管理委员会(以下简称市国资委)会同北京市财政局(以

下简称市财政局）负责研究、制定本市企业国有资产交易监管制度和办法，按照规定审核批准企业国有资产交易事项，选择确定本市企业国有资产交易机构，指导和监督企业国有资产交易活动。

所出资企业、市级各行政事业单位、各区国有资产监督管理机构和财政部门应当认真贯彻落实《办法》，按照明确职责、严格监管、有序流转、推动改革的原则，根据本意见规定，制定本企业、本部门、本地区的国有资产交易管理办法，报市国资委和市财政局备案；按照管理权限批准或决定企业国有资产交易事项，并负责交易信息的收集、汇总、分析和上报工作。

四、严格落实进场交易制度

（一）企业国有资产交易须在北京产权交易所有限公司（以下简称北交所）进行。北交所是经市政府批准设立的、市国资委选择确定的实施企业国有资产交易的产权交易机构，负责发布企业国有资产交易信息、组织相关国有资产交易活动，并出具国有资产交易凭证。

（二）北交所应当保证国有资产交易的规范开展，根据国务院国资委及本市有关规定的要求，制订国有资产交易规则，完善交易制度和工作流程，核定交易服务收费标准，报市国资委、市财政局和有关部门备案，并向社会公开。

五、规范履行国有资产交易审批程序

国有资产监督管理机构负责审核所出资企业的企业产权转让事项、企业增资事项、报送应由本级人民政府批准的事项。所出资企业审核决定企业国有资产交易事项。

所出资企业应当按照企业章程和内部管理制度对国有资产交易行为进行决策，形成书面决议。国有控股企业、国有实际控制企业中国有股东委派的股东代表，应当按照《办法》和本意见的规定及委派单位的指示发表意见，行使表决权，并将履职情况和结果及时报告委派单位。

（一）企业产权转让

1. 审批管理权限

（1）转让所出资企业产权，由国有资产监督管理机构负责审核，报本级人民政府批准。

（2）所出资企业负责审核、决定其各级子企业产权转让事项。其中，转让主业涉及重要行业和关键领域以及承担政府重大专项任务的重要企业的产权，由所出资企业报同级国有资产监督管理机构审核批准。

2. 以下企业产权转让事项，可以采取非公开协议方式进行，并在北交所办理相关交易手续。

（1）主业涉及重要行业和关键领域以及承担政府重大专项任务的重要企业，重组整合对受让方有特殊要求，经同级国有资产监督管理机构批准，企业产权在国有及国有控股企业之间转让的；

(2) 所出资企业在本企业内部实施资产重组，转让方和受让方均为所出资企业及其各级控股企业或实际控制企业，经所出资企业审议决策，并在实施前以报告形式上报同级国有资产监督管理机构备案的。

3. 批准或决定企业产权转让行为时，应当审核下列文件：

(1) 产权转让的有关决议文件；

(2) 产权转让方案；

(3) 转让标的企业审计报告、资产评估报告及其核准或备案文件；

(4) 转让方和转让标的企业的《国家出资企业产权登记表(证)》(《企业国有资产产权登记表》)；

(5) 产权转让行为的法律意见书；

(6) 拟采取非公开协议方式转让产权的，还应提交采取非公开协议方式转让产权的必要性以及受让方情况报告、产权转让协议和受让企业的《国家出资企业产权登记表(证)》(《企业国有资产产权登记表》)。

(7) 其他必要的文件。

4. 产权转让方案一般应包括下列内容：

(1) 转让标的企业国有产权的基本情况；

(2) 企业国有产权转让的可行性和必要性；

(3) 转让标的企业涉及的职工安置方案；

(4) 转让标的企业涉及的债权、债务等处理情况；

(5) 企业国有产权转让收益处置方案；

(6) 社会稳定风险评估报告；

(7) 产权转让涉及国有股东持有上市公司股份间接转让的，应提交相关情况说明和后续工作方案；

(8) 企业国有产权转让披露信息的主要内容。

5. 产权转让公开交易，原则上不得针对受让方设置资格条件。确需设置受让方资格条件的，所出资企业应当在审核产权转让过程中将拟设资格条件及相关说明与同级国有资产监督管理机构进行预沟通，并在信息披露前将受让方资格条件备案报告上报同级国有资产监督管理机构，国有资产监督管理机构在5个工作日内未反馈意见的视为同意。

6. 北交所与转让方对于意向受让方是否符合受让条件意见不一致，北交所应当向转让方同级国有资产监督管理机构提交意向受让方基本情况、双方认定意见及情况说明、法律依据及相关证明文件等材料，由国有资产监督管理机构做出决定。

(二) 企业增资

1. 审批管理权限

(1) 所出资企业增资由国有资产监督管理机构负责审核。其中，因增资导致所出资企业股东及持股比例发生变化的行为，由国有资产监督管理机构报本级人民政府批准。

(2) 所出资企业负责审核、决定其各级子企业的增资行为。其中，主业涉及重要行业和关键领域以及承担政府重大专项任务的重要企业等的增资行为由所出资企业报同级国有资产监督管理机构审核批准。

2. 以下企业增资事项，可采取非公开协议方式进行，并在北交所办理相关交易手续。

（1）因国有资本布局结构调整需要，经同级国有资产监督管理机构批准，由特定的国有及国有控股企业或国有实际控制企业参与增资的；

（2）因所出资企业承担政府项目或政府相关部门批准的合作项目，需与特定投资方建立战略合作伙伴或利益共同体，经同级国有资产监督管理机构批准，由该投资方参与所出资企业或其子企业增资的；

（3）经所出资企业审议决策，所出资企业直接或指定其控股、实际控制的其他子企业参与增资的；

（4）经所出资企业审议决策，企业债权转为股权的；

（5）经所出资企业审议决策，企业原股东增资的。

3. 批准或决定企业增资行为时，应当审核下列文件：

（1）增资的有关决议文件；

（2）增资方案；

（3）增资企业审计报告、资产评估报告及其核准或备案文件；

（4）增资企业的《国家出资企业产权登记表（证）》（《企业国有资产产权登记表》）；

（5）增资行为的法律意见书；

（6）采取非公开协议方式增资的，还应提交采取非公开协议方式增资的必要性分析以及投资方情况报告和增资协议。

（7）其他必要的文件。

4. 增资方案一般应包括下列内容：

（1）增资企业国有产权的基本情况；

（2）募集资金金额、用途、投资方应具备的条件、选择标准和遴选方式；

（3）增资行为的可行性和必要性；

（4）增资企业涉及的职工安置方案；

（5）增资企业涉及的债权、债务等处理情况；

（6）社会稳定风险评估报告；

（7）未来股权调整退出条件；

（8）企业增资涉及国有股东持有上市公司股份间接转让的，应提交相关情况说明和后续工作方案；

（9）企业增资信息披露的主要内容。

5. 企业增资信息披露中，增资企业不得对业绩、股权回购价格作出承诺。在正式披露信息期间，增资企业不得变更信息披露中公布的内容，确需调整或补充披露信息内容的，应相应延长信息披露时间。

6. 股份有限公司同次增资，增发价格应当相同。

7. 企业产权转让和企业增资，原则上应当分次进行。意向受让方与意向投资人一致，产权转让与增资确需同时进行的，应按照产权转让的相关规定公开征集受让方，信息披露时间不得少于40个工作日。

（三）企业资产转让

1. 企业房产、机动车、特种车辆、在建工程、土地使用权和一定金额以上的债权、知识产权、生产设备及其他资产等对外转让，应当按照企业内部管理制度履行相应决策程序后，在北交所公开进行。涉及所出资企业内部或特定行业的资产转让，确需在国有及国有控股、国有实际控制企业之间非公开转让的，由转让方逐级报所出资企业审核批准。

2. 所出资企业应当进一步建立并完善各类资产转让的管理制度，明确资产转让管理的职责部门、管理权限、决策程序、工作流程，对其中应当在北交所公开转让的债权、知识产权、生产设备及其他资产的种类、金额标准等作出具体规定，并报同级国有资产监督管理机构备案。

六、开展审计评估规范交易定价

（一）企业国有资产交易应当按规定委托具有相应资质的中介机构开展审计和资产评估。

（二）企业产权转让首次正式信息披露的转让底价，不得低于经核准或备案的资产评估结果；企业增资的交易价格以经核准或备案的评估结果为基础确定。

（三）国有资产交易项目自首次正式披露信息之日起超过12个月未征集到符合条件的受让（投资方）的，应当重新履行审计、资产评估以及信息披露等国有资产交易工作程序。

七、及时进行产权登记和统计分析工作

（一）企业国有资产交易必须按要求提供《国家出资企业产权登记表（证）》（《企业国有资产产权登记表》）。所出资企业及各级子企业应当按照《办法》和本意见的规定，在股东协议、公司章程、董事会决议或者其他协议安排中明确国有实际控制企业。交易完成后，应当按照规定及时办理产权登记手续。

（二）所出资企业应当做好国有资产交易档案的归集整理工作。企业增资完成后，所出资企业进行存档的同时，还应当将增资项目的全部档案提交北交所归集保存。

（三）所出资企业、各区国资委应当做好本企业、本地区的国有资产交易项目统计分析工作，每季度终了5个工作日内，将本季度审议决策的内部非公开协议转让和非公开协议增资事项汇总上报市国资委；每年度终了20个工作日内，将年度办理的国有资产交易情况统计汇总，连同分析报告一并报市国资委。

八、建立企业国有资产交易监督检查制度

（一）各级国有资产监督管理机构应建立企业国有资产交易日常检查和跟踪机制，加强对企业国有资产交易活动的监督检查。

（二）所出资企业应对各级子企业的国有资产交易实施情况建立监督检查制度，并纳入集团内部审计范围。

（三）国有企业监事会对所出资企业的国有资产交易进行日常监督检查。

（四）国有资产监督管理机构定期对所出资企业及其各级企业国有资产交易过程中国家法律法规政策和企业内部管理制度的贯彻执行情况进行检查和抽查，并将国有资产交易情况纳入企业领导人员经济责任审计范围。检查结果和审计结果纳入董事会评价和经营者业绩考核范围。

（五）市国资委、市财政局建立定期沟通机制，对北交所国有资产交易业务的开展进行监督检查，指导北交所进一步加强信息化建设，完善信息发布、交易管理服务等平台功能，提高市场影响力、综合专业能力和服务管理水平。

九、本市政府部门、机构、事业单位持有的企业国有资产交易，按照现行监管体制，比照本通知规定管理

其中行政事业单位所办一级企业国有资产交易事项报主管部门审批，其他企业的国有资产交易事项报一级企业审批；致使国家不再拥有控股权的企业产权转让和增资事项报同级财政部门审批，交易金额超过5000万元的报市政府批准。涉及行政事业单位追加投资的，应按照同级财政部门对行政事业单位对外投资管理的相关规定执行。

十、金融、文化类国家出资企业的国有资产交易和上市公司的国有资产交易行为，政府设立的各类股权投资基金投资形成企业产（股）权对外转让，国家或我市另有规定的，依照其规定执行。

上海市国资委《关于本市企业国有产权置换有关事项的通知》

沪国资委产权[2012]343号

各出资监管企业、委托监管单位：

为贯彻落实《关于进一步推进上海国资国企改革发展的若干意见》(沪委发〔2008〕9号)，推动本市企业国有产权重组整合，缩短产权层级、理顺产权关系，根据《中华人民共和国企业国有资产法》、《企业国有资产监督管理暂行办法》(国务院令第378号)、《企业国有产权转让管理暂行办法》(国资委、财政部令第3号)等有关规定，参照《关于中央企业国有产权置换有关事项的通知》(国资发产权[2011]121号)等中央企业管理的有关政策，现将本市企业国有产权置换有关事项通知如下：

一、适用范围

本通知所称企业国有产权置换，是指上海市国有资产监督管理委员会(以下简称市国资委)出资监管企业、委托监管单位所监管企业及其全资、绝对控股企业(以下简称市属国有单位)之间以所持企业产权进行交换，或者市属国有单位与市属国有单位实际控制企业以其所持产权、资产进行交换，且现金作为补价占整个资产交换金额比例低于25%的置换行为。

本通知所称实际控制企业，是指市属国有单位虽未直接或者间接绝对控股，但为第一大股东并通过章程、董事会或者其他安排能够实际支配，且其他股东不构成一致行动人的企业。

二、置换条件

1. 符合国家有关法律法规和产业政策的规定；

2. 符合本市国有经济布局和结构调整的需要；

3. 有利于缩短企业管理层级、做强企业主业和优化资源配置，促进企业技术进步、产业升级，提高企业核心竞争能力；

4. 置换标的权属清晰，标的交付或者转移不存在法律障碍；

5. 市国资委认可的其他情形。

三、置换程序

1. 可行性研究：市属国有单位应当做好企业国有产权置换的可行性研究，认真分析本次置换对经营业绩和未来发展的影响、与出资监管企业或委托监管单位所监管企业结构调整和发展规划的关系，提出可行性论证报告；如果涉及职工安置和债权债务处理等事宜，应当制订相关解决方案。

2. 内部审核：市属国有单位应当按照有关法律法规以及企业章程的相关规定，履行内部决策程序，并形成书面决议。

市属国有单位为公司制企业，且置换事项需由股东会或股东大会作出决议的，应当在出资监管企业、委托监管单位或者市国资委出具意见后，提交股东会或股东大会审议。

3. 资产评估：置换双方应当委托具有相应资质的资产评估机构对相关标的进行评估，并按照规定办理评估备案手续。

4. 签订置换协议：置换双方协商一致后，应当签订置换协议，明确置换价格及补价方式(包括现金补价的计算方式及补价金额等)、标的交割、违约责任、纠纷解决方式以及协议生效条件等。

四、价格确定

企业国有产权置换一般以经备案的资产评估结果作为确定置换价格的依据。

对于市属国有单位内部重组，产权置换双方均为市属国有单位直接或者间接全资拥有的子企业的，置换价格可以经备案的资产评估结果作为依据，也可以审计报告确认的净资产值为基准，且不得低于经审计的净资产值。

五、审批权限

1. 按照本市相关规定完善董事会建设的董事会试点企业，其内部资产重组涉及的产权置换事项经董事会审议后由其批准或者决定，同时抄报市国资委；其中，置换一方为实际控制企业或上市公司的，由市国资委审核批准或者出具意见。

2. 其他市属国有单位之间、市属国有单位与实际控制企业之间的产权置换事项，由出资监管企业或者委托监管单位报市国资委批准后实施。其中，市属国有单位与区县国资委监管企业之间的产权置换，区县国资委监管企业应事先报经区县国资委批准。

3. 上述产权置换中，如果置换事项涉及市属国有单位所持上市公司股份发生变动的，应当按照相关规定办理。

六、资料审核

对企业国有产权置换进行批准或者出具意见，应当审核以下资料：

1. 关于产权置换的请示以及相关决策文件；
2. 企业国有产权置换的可行性论证报告；
3. 企业国有产权置换协议；
4. 资产评估备案表或者审计报告；
5. 其他需要审核的事项。

七、监督检查

1. 出资监管企业、委托监管单位应当严格遵守有关法律法规及本通知的规定，落实工作责任，完善管理制度，明确内部程序，健全档案管理；不得自行扩大本通知所规定产权置换的范围和下放审批权限。

2. 产权置换应进入上海联合产权交易所办理交易登记手续。上海市产权交易管理办公室对出资监管企业、委托监管单位的企业国有产权置换事项进行监督检查。市国资委每年对部分出资监管企业、委托监管单位的企业国有产权置换事项进行抽查。

八、其他

1. 本通知由市国资委负责解释。
2. 本通知自发布之日起施行。

上海市国资委《关于规范国有及国有控股企业资产转让管理有关问题的通知》

沪国资委产权〔2014〕98号

各委管企业：

为进一步优化国资监管方式，充分体现企业自主决策，发挥市场配置资源决定作用，促进国有资产保值增值，依据《中华人民共和国企业国有资产法》、《企业国有资产监督管理暂行条例》等有关法律法规，现就国有及国有控股企业资产转让有关事项通知如下：

一、各委管企业要建立完善企业资产转让管理制度，明确资产转让管理的职责部门、管理权限、决策程序、工作流程，对应当进场交易的资产种类、金额标准作出具体规定，并将相关制度报我委备案。

本通知所称资产包括企业的房产、运输工具、生产设备、在建工程及土地使用权等，不包括企业正常生产销售的产品。

二、资产对外转让应当遵循公开、公平、公正的原则。委管企业及其各级控股子企业一定金额以上资产对外转让应当进入上海联合产权交易所等交易机构公开进行。委管企业下属控股企业之间资产协议转让的，由委管企业负责审核批准。

三、资产转让进场交易应遵守交易机构的交易规则，并满足以下要求。

（一）转让信息应当在交易机构网站、省级经济类报刊上公告，公开征集意向受让方。转让信息发布内容包括转让方情况、转让标的名称、资产状况描述、评估值、转让底价、交易方式及其他需要说明事项。

（二）转让方可以根据转让标的情况合理确定转让信息公告期限。挂牌价格高于100万元的资产转让项目，信息公告期应当不少于10个工作日；挂牌价格高于1000万元的资产转让项目，信息公告期应当不少于20个工作日。

（三）资产转让按规定需进行资产评估的，应当履行资产评估及相应的核准、备案手续。首次公告转让底价不得低于经核准、备案的资产评估结果；经公开征集没有产生意向受让方的，转让方可以根据标的情况确定新的转让底价并重新公告，如拟确定新的转让底价低于资产评估结果90%的，应获得相关资产转让行为批准机构书面同意。

（四）除国家法律法规或相关规定有明确要求的，一般不得对受让方的资格条件作出限制。特殊资产转让对受让人有特别要求的，由委管企业批准。经公开征集产生2个及以上意向受让方的，应当采用竞价方式进行交易。

（五）资产转让价款按照交易双方签订的转让合同结算，原则上应当一次性支付全部交易价款。如金额较大、一次付清确有困难的，可以采取分期付款的方式。采取分期付款方式的，受让方首期付款不得低于总价款的30%，并在合同生效之日起5个工作日内支付；其余款项应当提供合法的担保，并应当按同期银行贷款利率向转让方支付延期付款期间利息，付款期限不得超过1年。

（六）资产转让涉及权属变更登记的，交易完成后应按照相关法律法规办理变更登记。

四、市国资委将会同有关部门指导交易机构完善管理制度。交易机构要明确交易规则、完善交易系统、做好信息披露。国有及国有控股企业资产转让交易信息由上海联交所统一监测汇总，按季度报市国资委及上海市产权交易管理办公室。

五、市国资委会同上海市产权交易管理办公室不定期对委管企业资产转让情况进行监督检查，督促企业贯彻落实相关制度规定。

六、国家法律法规对企业资产转让有规定的从其规定。各委托监管单位、区县国资委可结合实际情况建立所监管企业资产转让管理制度，切实做好资产转让管理工作。

上海市国资委关于印发《上海市企业国有产权无偿划转管理办法》的通知

各监管企业、委托监管单位，各区国资委：为规范本市企业国有产权无偿划转行为，促进企业国有产权有序流动，优化国有资本布局结构，防止国有资产流失，根据《中华人民共和国企业国有资产法》《企业国有资产监督管理暂行条例》（国务院令第 378 号）等国家和本市有关法律、法规和规定，我们制定了《上海市企业国有产权无偿划转管理办法》，现予以发布，自 2021 年 1 月 1 日起实施，请遵照执行。

上海市国有资产监督管理委员会

2020 年 12 月 7 日

（此件公开发布）

上海市企业国有产权无偿划转管理办法

第一章　总　　则

第一条　为规范本市企业国有产权无偿划转行为，促进企业国有产权有序流动，优化国有资本布局结构，防止国有资产流失，根据《中华人民共和国企业国有资产法》《企业国有资产监督管理暂行条例》（国务院令第 378 号）等国家和本市有关法律、法规和规定，制定本办法。

第二条　本办法所称企业国有产权无偿划转，是指企业国有产权在国资监管机构、国有独资公司（企业）、国有全资公司及其他国有产权主体之间的无偿转移。

第三条　本办法适用于市（区）国资监管机构、市（区）国资监管机构监管企业及委托监管企业之间的企业国有产权无偿划转，市（区）国资监管机构监管企业、委托监管企业内部的企业国有产权无偿划转，以及市（区）国资监管机构、市（区）国资监管机构监管企业、委托监管企业向其他机构无偿划出或是从其他机构无偿划入企业国有产权的行为。

第四条　市（区）国资监管机构负责其监管企业国有产权无偿划转行为的监督管理。市（区）国资监管机构监管企业、委托监管企业应当对其各级出资企业的国有产权无偿划转行为实施内部监督管理。涉及应向国资监管机构报批事项，由监管企业、委托监管企业履行报批程序；实施委托监管的企业，应报委托监管单位履行相关决策程序。

划出方为多家国有股东共同持股的企业，由其国有实际控制方按出资管理关系负责履行相关批准、备案程序。

第五条　企业国有产权无偿划转应当遵循下列原则：

（一）符合国家法律法规和产业政策规定；

（二）有利于国有资本布局结构优化和保值增值；

（三）有利于国有企业聚焦主责主业和优化产权结构。

第六条 被无偿划转企业国有产权应当权属清晰。权属关系不清晰或存在权属纠纷的企业国有产权不得进行划转。

被无偿划转企业国有产权存在担保物权、法定优先权、租赁权等权利负担的，其无偿划转应当符合《中华人民共和国民法典》《中华人民共和国公司法》等相关法律的规定。

第七条 除由政府或国资监管机构决定的无偿划转外，有下列情形之一的，不得进行无偿划转：

（一）被无偿划转企业主营业务不符合划入方主业及企业战略发展规划的；

（二）中介机构对企业无偿划转依据的审计报告出具否定意见、无法表示意见或保留意见的；

（三）无偿划转所涉及的职工安置方案未经被无偿划转企业的职工大会或职工代表大会审议通过的；

（四）划出方债务未有妥善处置方案的。

第二章 企业国有产权无偿划转的申请及批准程序

第八条 企业国有产权无偿划转应当进行可行性研究。划转可行性研究报告一般载明下列内容：

（一）被无偿划转企业所处行业情况及国家有关法律法规、产业政策等规定；

（二）被无偿划转企业主营业务及与划入方、划出方企业主业和战略规划的关系；

（三）被无偿划转企业的财务状况及或有负债情况；

（四）无偿划转对划出方财务状况的影响，所涉及的债务处置事项及其处置方案；

（五）被无偿划转企业的人员情况，所涉及的人员安置事项及其安置方案；

（六）划入方对被无偿划转企业是否有重组安排及重组方案；

（七）其他需要说明的情况。

第九条 申请划转的双方应当在可行性研究的基础上，分别按照内部决策程序进行审议，形成书面决议。划出方、划入方为公司制企业的，应按《中华人民共和国公司法》及公司章程规定经股东(大)会或董事会审议；为全民所有制企业的，应当由总经理办公会议审议，已设立董事会的，由董事会审议。

第十条 划出方涉及债权债务处置事项的，应当符合国家相关法律法规的规定，制定相应的债务处置方案。

无偿划转涉及职工安置事项的，安置方案应当经被无偿划转企业职工大会或职工代表大会审议通过。

划转标的为公司制企业部分股权的，应按《中华人民共和国公司法》和公司章程规定征得被无偿划转企业其他股东同意。

第十一条 划转双方应共同委托有资质的中介机构按照有关规定对企业开展审计，以该中介机构出具的审计报告(如审计基准日为年末，可用最近一期年度审计报告)为企业国有产权无偿划转的依据。企业国有产权无偿划转审计基准日应与划转基准日一致。划转双方可用被无偿划转企业经审计的账面净值为调账依据，也可用划出方经审计的账面价值为调账依据。

第十二条 划转双方协商一致后，应当签订企业国有产权无偿划转协议。无偿划转协议应当包括下列内容：

（一）划出方、划入方的名称与住所；

（二）被无偿划转企业的基本情况；

（三）被无偿划转企业国有产权经审计的账面净值或划出方经审计的账面价值，以及无偿划转基准日；

（四）被无偿划转企业涉及的职工安置方案；

（五）无偿划转涉及的债权、债务(包括拖欠职工债务)以及或有负债的处理方案；

（六）涉及被无偿划转企业公司治理调整及企业管理移交的，相应的调整或安排方案；

（七）划转双方的违约责任；

（八）纠纷的解决方式；

（九）协议生效条件；

（十）划转双方认为必要的其他条款。

第十三条 企业国有产权在中央和本市之间、本市和外省市之间无偿划转的，依照《企业国有产权无偿划转管理暂行办法》(国资发产权〔2005〕239号)等国家关于无偿划转的有关规定报批。

企业国有产权在本市不同国资监管机构之间划转的，由划出方、划入方分别报同级国资监管机构批准。

企业国有产权在市(区)同一国资监管机构内不同监管企业之间无偿划转的，由划出方、划入方共同报同级国资监管机构批准。

企业国有产权在市(区)国资监管机构监管企业内部无偿划转的，由监管企业批准并抄送同级国资监管机构。

市(区)国资监管机构监管企业向其他机构无偿划出或从其他机构无偿划入企业国有产权的，应当按本办法规定报同级国资监管机构批准。

无偿划转事项涉及其他政府社会公共管理审批事项的，需报请政府有关部门批准。

第十四条 按照本章规定批准企业国有产权无偿划转，应当审核下列材料：

（一）无偿划转的申请文件；

（二）划转双方签订的无偿划转协议；

（三）本办法要求的书面决议和相关材料；

（四）无偿划转的可行性研究报告；

（五）中介机构出具的无偿划转所依据的审计报告；

（六）被无偿划转企业涉及职工安置的，经职工代表大会或职工大会审议通过的职工安置方案；

（七）划出方债务处置方案；

（八）划转双方及被无偿划转企业的产权登记证（表）；

（九）其他有关文件。

第十五条 本章规定的企业国有产权无偿划转的划转协议按本办法批准后生效。

经批准后，划转双方调整产权划转比例或者划转协议有其他重大变化的，应当按规定程序重新报批。

划转双方应当依据相关批复文件及划转协议，按规定及时办理国有产权登记、变更企业登记等手续。

第三章　市（区）政府或国资监管机构决定的企业国有产权无偿划转程序

第十六条 由市（区）政府或国资监管机构决定的企业国有产权无偿划转包括：

（一）政府、国资监管机构持有的所出资企业国有产权进行无偿划转；

（二）政府或国资监管机构根据国有资本布局结构调整和企业重组需要决定的，对国有独资公司（企业）、各级国有全资公司等持有的企业国有产权进行无偿划转。

第十七条 由市（区）政府决定的无偿划转，经市（区）政府决策后，由同级国资监管机构出具无偿划转通知。由市（区）国资监管机构决定的无偿划转，市（区）国资监管机构履行相应决策程序后，向相关企业下发无偿划转通知。

第十八条 由政府或国资监管机构决定的企业国有产权无偿划转，自无偿划转通知下发之日起生效。

企业国有产权的划出方、划入方以及被无偿划转企业，应当严格执行政府或国资监管机构的决定，在无偿划转通知下达后20个工作日内完成产权变更登记等；涉及管理关系调整的，应按照企业治理结构依法完成管理关系调整。

市（区）国资监管机构监管企业应当在被无偿划转企业完成变更登记后10个工作日内向同级国资监管机构报告完成情况。

第四章　附　　则

第十九条 各级国有控股、国有实际控制企业与其全资子公司或其全资子公司之间进行国有产权划转，可参照本办法相关规定，经各主体按公司治理结构决策，由监管企业批准后实施。

监管企业应建立相关管理制度，严格内控管理，确保合规操作。

第二十条 监管企业内部涉及境外企业国有产权划转，可参照本办法相关规定，经监管企业批准后，按照所在国家或地区法律法规，采用零对价、1元（或1单位相关货币）转让等方式进行。

第二十一条 企业房产、土地使用权、知识产权等划转可参照本办法执行。

上市公司国有股份无偿划转，国家和本市另有规定的，按有关规定执行。

第二十二条 委托监管单位、区国资监管机构可根据本办法制定实施细则并报上海市国有资产监督管理委员会备案。

第二十三条 本办法由上海市国有资产监督管理委员会负责解释。

第二十四条 本办法自2021年1月1日起施行。《关于印发〈上海市企业国有产权无偿划转暂行办法〉的通知》(沪国资委产〔2006〕362号)同时废止。

广州市国资委关于规范我市国有企业土地资产处置的指导意见

（2019 年 5 月）

各区人民政府，市政府各部门、各直属机构：

为加强我市国有企业土地资产管理，规范我市国有企业土地资产处置行为，防止国有资产流失，根据《中华人民共和国企业国有资产法》、《企业国有资产交易监督管理办法》（国务院国资委、财政部第 32 号令）等法律、法规和有关政策，经市人民政府同意，现提出以下意见。

一、适用范围

（一）本意见适用于广州市人民政府履行出资人职责的国有及国有控股企业、国有实际控制企业（以下简称市属企业）及其下属各级国有及国有控股企业、国有实际控制企业（市属企业及其下属各级国有及国有控股企业、国有实际控制企业以下统称企业）的土地资产处置工作。

（二）本意见所称土地资产是指企业拥有土地使用权（含原划拨用地）的土地及其附着物（含地下建筑物），含境外土地资产。

（三）本意见所称土地资产处置，是指企业依法对拥有的土地资产部分或者全部转让给自然人、法人或者其他组织，或以企业股权转让、土地使用权作价入股、合资合作等方式使土地国有权益发生变化的行为。

二、基本原则

企业的土地资产处置应遵循“先党内、后提交”的原则；坚持公开、公平、公正的原则；坚持政府引导与市场运作相结合的原则；坚持经济效益与社会效益相结合的原则。

三、规范管理

（一）国资监管机构建立企业土地资产数据库，实施动态监控，并通过统筹管理，提升企业土地资产的使用价值，进一步完善我市企业土地资产管理体系。

（二）市属企业对土地资产处置工作中按照国有资产管理相关规定需要报告的，应根据资产管理关系报告市国资监管机构（包括市国资委、财政局、文资办等，下同）。其中，国有控股企业、国有实际控制企业由市国资监管机构委派的股东代表或者董事组织报告。

（三）市属企业要根据实际情况制定企业内部土地资产处置管理制度，明确土地资产处置的决策程序、审批权限及工作流程，按照第三条第(二)项的要求进行报告。

（四）企业应建立企业土地资产动态管理机制及土地资产管理台帐，理顺土地资产权属关系，规范企业土地资产处置行为；市属企业应于每年 12 月 31 日前将企业当年所有的土地资产情况，包括土地资产年初、年末存量情况，本年度处置的土地资产情况，按照第三条第(二)项的要求进行报告。

四、决策程序

（一）企业土地资产处置必须经市属企业董事会审核(未设董事会的由市属企业根据内部制度经市属企业最高经营决策机构审议，下同)。市属企业对企业土地资产处置方案审核时，应在充分研究论证，并广泛听取法律顾问或法律中介机构等各方意见的基础上，严格按照市属企业决策程序进行。

决策时应充分体现拟处置土地资产的公允、合理价值，并结合城市更新政策对土地自行改造、交储收益进行统筹考虑，选择价值最大化及最优处置方案，确保国资权益及国有资产保值增值。

（二）市属国有全资企业(含不同国资监管机构所监管企业)之间，及其下属国有全资企业之间的土地资产处置，可由相关企业自行协商确定。

（三）企业因政府收储、政府征收或自行开发，未改变土地使用性质处置土地资产的，由市属企业董事会进行决策。

（四）广州市范围内，市属企业(含其下属企业)处置土地资产(含部分用地处置、分期合作开发、企业股权转让、土地使用权作价入股、增资扩股、合资合作等方式导致土地国有权益发生变化的行为，下同)，且土地资产处置后土地资产权益仍为市属国有控股或实际控制的，由市属企业董事会决策并严格按有关规定、程序实施。

（五）广州市范围内，土地资产处置后土地资产权益失去市属国有控股或实际控制的，若达到下列面积标准，属于国有独资企业，应报市国资监管机构审核；属于国有控股企业、国有实际控制企业，在决策前应事先征求市国资监管机构的意见：

1. 广州市中心六区(指越秀区、海珠区、荔湾区、天河区、白云区、黄埔区，下同)内土地面积(含分期开发)1.5 万平方米以上的土地，中心六区以外土地面积(含分期开发) 3 万平方米以上的土地；

2. 市国资监管机构认为需要审核或事先征求意见的其他类型土地资产。

市属企业上报的审核材料应包括：土地资产处置方案、可行性研究报告、董事会决议(或市属企业最高经营决策机构审议决策文件)、法律意见书及其他相关材料。

企业不得将土地资产化整为零处置规避监管。

（六）市属企业(含其下属企业)处置广州市范围外土地资产的，由市属企业董事会进行决策，国家法律法规以及当地政府另有规定的从其规定。

五、组织实施

（一）企业土地资产处置应制订科学的土地资产处置方案，内容包括：处置地块的基本情况(位置及四至范围、面积、权属、规划用途等)、土地权属文件、土地资产评估情况、资产处置方案、人员安置方案、土地资产处置目的、土地资产处置方式、土地资产处置后的用途、可行性分析、转让金标准及政策依据、受让方(合作方)条件等。

(二) 市属企业应对企业的土地资产处置方案进行可行性研究。对存在重大不确定因素的土地资产处置项目，不得进入企业的决策程序。

(三) 企业土地资产处置除符合国家有关规定可协议转让外，均应严格按照有关程序公开操作，并在依法设立的产权(公共资源)交易机构进行公开交易，严禁企业以任何形式规避在合法产权(公共资源)交易机构的公开交易程序，国家法律法规另有规定的从其规定。

(四) 有下列情形之一的土地资产，原则上不得处置：

1. 土地权属不清晰的；

2. 司法机关或行政机关依法裁定、决定查封或者以其他形式限制土地权利的；

3. 共有土地未取得其他共有人同意的；

4. 擅自更改土地使用性质的；

5. 已抵押的土地，未经抵押权人同意的；

6. 法律、法规规定不得处置的其他情形。

(五) 企业应委托同时具备土地资产评估资质和估价资质的中介机构，按照《中华人民共和国资产评估法》《企业国有资产交易监督管理办法》《企业国有资产评估管理暂行办法》(国务院国资委令第12号)、国土资源部《关于改革土地估价结果确认和土地资产处置审批办法的通知》(国土资发〔2001〕44号)、国土资源部《关于印发〈企业改制土地资产处置审批意见(试行)〉和〈土地估价报告备案办法(试行)〉的通知》(国土资厅发〔2001〕42号)等有关规定，对拟处置的土地资产进行评估，并严格依照国有资产管理规定办理资产评估报告核准或备案，作为确定价格的参考基础。

(六) 企业改革改制中涉及原划拨土地资产处置的，应按照《广东省实施〈中华人民共和国土地管理法〉办法》等有关规定执行。需改变土地使用性质的，应严格按规定程序办理规划变更等有关审批手续，并缴纳土地出让金及相关税费。企业将审核批准文件按照第三条第(二)项的要求进行报告。

(七) 企业土地资产处置涉及政府社会公共管理审批事项、城市更新范畴的，应按规定报有关部门审批或核准，并将审核批准文件按照第三条第(二)项的要求进行报告。

六、监督检查

(一) 市国资监管机构要切实履行出资人职责，加强对国有企业土地资产管理工作的指导和监督，不定期通过委托第三方专业机构等方式对企业土地资产管理和处置工作进行抽查。

企业监事会重点关注企业土地处置过程中各项决策、执行和效果等情况，对发现的问题及时向企业进行提示；对于存在失控或国有资产流失风险的，应及时向企业发送提醒函或监督意见书，企业应予以积极主动回应。

（二）企业纪检监察、审计等有关部门应对本企业的土地资产处置工作进行全过程监督，及时纠正存在的问题，确保土地资产处置管理工作规范有序进行。各集团应加强对土地资产处置行为的企务信息公开，并建立畅通的投诉举报渠道，统一对外公布纪检举报邮箱或举报电话；同时每年度各集团应对下属企业土地资产处置行为进行一定范围的审计抽查，及时查处不规范行为，发现违法违规行为线索的应及时移交纪检监察部门处理。

（三）企业作为土地资产管理的责任单位，企业主要负责人是本企业土地资产处置行为第一责任人，要切实履行管理责任，科学、规范提升企业土地资产价值，杜绝利益输送，防范土地腐败，不得违反有关规定和程序以部分用地处置、分期合作开发、企业股权转让、土地使用权作价入股、增资扩股、合资合作等方式对外转让或变相转让土地使用权。企业相关责任人在土地资产处置过程中违反相关法律、法规、规章及土地资产管理制度，以权谋私、滥用职权、玩忽职守，造成国有资产损失的，应当依法承担相应赔偿责任，并按照《国务院办公厅关于建立国有企业违规经营投资责任追究制度的意见》（国办发〔2016〕63号）等有关规定追究责任；涉嫌犯罪的，移交司法机关处理。

（四）对中介机构弄虚作假、故意压低评估价格、提供虚假评估报告的，纳入信用监管黑名单，市国资监管机构系统内的企业3年内不得再聘用该中介机构及其责任人从事评估工作。

七、其他

（一）以房地产开发为主业的企业土地资产处置行为，承担基础设施建设任务的准公益性企业因解决重点基础设施项目资金平衡融资需要的土地资产（包括枢纽站场、轨道交通、高快速路、治水、垃圾处理项目涉及用地）处置行为，由市属企业董事会审核决策并严格按有关规定、程序实施，确保国资权益和国有资产保值增值。

（二）证载用途为商业、商务、办公、住宅、车位等商品类房产物业涉及的土地资产处置事项，由市属企业结合公司章程自主决策规范实施。

（三）企业在处置土地资产的过程中，须严格按照国家、省、市有关土地交易管理政策法规以及《企业国有资产交易监督管理办法》规定的程序实施，并全部列入“三重一大”决策范围事项。

（四）企业化管理的事业单位及其投资的企事业单位、事业单位所办企业的土地资产处置行为，参照本意见执行。

（五）各区政府结合本地实际，参照本指导意见规范区属国有企业土地资产处置行为。

（六）本意见中“以上”包含本数在内。

（七）本意见自发布之日起施行。

深圳市国资委关于印发《深圳市属国有企业产权变动监管办法》(2021年修订)的通知

各直管企业：

《深圳市属企业国有产权变动监管办法》(2017年印发)自实施以来，对加强国有产权变动的监管发挥了积极作用。为贯彻落实中共中央、国务院关于“放管服”改革的精神，落实我委有关授权放权事项要求，进一步优化市属国有企业产权变动管理机制，结合企业实际运作情况，我委研究修订了《深圳市属国有企业产权变动监管办法》(2021年修订)，现印发给你们，请遵照执行。执行中有何问题与建议，请及时反馈我委。

特此通知。

市国资委

2021年3月16日

深圳市属国有企业产权变动监管办法(2021年修订)

第一章　总　　则

第一条　为规范企业国有产权变动行为，加强企业国有产权变动的监督管理，防止国有资产流失，根据《中华人民共和国企业国有资产法》《中华人民共和国公司法》《企业国有资产监督管理暂行条例》《企业国有资产交易监督管理办法》及其他有关法律、法规、规章，制定本办法。

第二条　本办法适用于深圳市人民政府国有资产监督管理委员会(以下简称市国资委)及其直接履行出资人职责的国有独资企业、国有独资公司和国有控股公司(以下统称直管企业)及其所属各级全资、控股企业(直管企业及其所属全资、控股企业以下统称企业)国有产权变动行为，包括：

(一)市国资委、企业持有的股权以及固定资产、无形资产、知识产权、债权、合同权益等资产通过转让或无偿划转方式进行处置的；

(二)企业进行增资扩股引起市属国有控股股东持股比例减少或控股权发生变化的。

本办法不适用国有参股企业所持有的产权变动行为。

第三条　本办法所称企业国有产权，是指国家对企业以各种形式出资所形成的权益、企业各种投资所形成的应享有的权益，以及依法认定为国家所有的其他权益。

本办法所称国有产权变动，是指因企业国有产权转让、国有产权无偿划转、增资扩股等引起国有产权权属变动或比例减少的行为。

第四条　金融、文化类企业国有产权变动，企业境外国有产权变动，以及国有创投企业所持有的创业企业股权变动，国家、深圳市另有规定的，从其规定。

上市公司国有股转让，按照国家有关规定执行。

第五条 企业国有产权变动应当遵循公开、公平、公正的原则，遵守国家法律、法规、规章和有关政策规定，有利于国有经济布局和结构的战略性调整，促进国有资本优化配置，保护国家和其他各方合法权益。

第六条 发生变动的企业国有产权权属应当清晰，权属关系不明确或存在权属纠纷的企业国有产权不得进行变动。

被设置为担保物权的企业国有产权转让，应当符合《中华人民共和国民法典》等相关法律的有关规定。

第七条 市国资委是企业国有产权变动的监督管理机构，履行下列监管职责：

（一）按照国家法律、法规、规章的规定，制定企业国有产权变动监管制度；

（二）按照本办法第十四条规定的权限，决定或批准企业国有产权变动事项，审议直管企业控股权变动事项并按规定报请深圳市人民政府批准；

（三）负责市属国有企业的资产评估管理工作；

（四）选择从事企业国有产权交易业务的产权交易机构，并对其从事的企业国有产权交易活动进行监督管理；

（五）负责企业国有产权变动情况的监督检查工作；

（六）负责企业国有产权变动信息的收集、汇总、分析和上报工作；

（七）履行本级政府赋予的其他监管职责。

第八条 直管企业对国有产权变动履行下列职责：

（一）按照国家及深圳市有关规定，制定所属企业国有产权变动管理制度和内部决策程序，指定专门部门和人员负责产权变动管理工作，并报市国资委备案；

（二）对所属企业国有产权变动行为是否有利于提高企业的核心竞争力，促进企业的持续发展，维护社会的稳定等进行研究论证；

（三）按照本办法第十四条规定的权限，决定所属企业国有产权变动事项，研究、审议重大产权变动事项，并按规定报市国资委批准；

（四）向市国资委报告有关国有产权变动情况；

（五）履行市国资委赋予的其他职责。

第二章 企业国有产权变动内部决策程序

第九条 产权转让方或拟增资扩股企业（以下简称产权单位）应当做好企业国有产权变动的可行性研究，通过充分论证、比较分析形成企业国有产权变动方案。

第十条 企业国有产权变动的可行性研究应当遵循有利于国有经济布局和结构调整优化，有利于提高企业核心竞争力、促进企业持续发展，有利于保护国家和其他各方合法权益。

第十一条 企业国有产权变动方案应当载明下列内容：

（一）产权变动企业国有产权的基本情况；

（二）企业国有产权变动行为的有关论证情况；

（三）产权变动企业涉及的债权、债务（包括拖欠职工债务）的处理方案；

（四）企业国有产权交易公开挂牌的主要内容，受让方资格条件的设置情况；

（五）企业国有产权变动收益处置意见。

第十二条 产权单位应当按照企业内部决策程序对企业国有产权变动方案进行审议，并作出书面决议。涉及职工安置事项的，安置方案应当经职工代表大会或职工大会审议通过；涉及债权债务处置事项的，应当符合国家相关法律法规的规定。

第十三条 产权变动企业的董事、监事、高级管理人员及其近亲属，以及这些人员所有或实际控制的企业拟受让国有产权或参与增资的，相关的董事、监事和高级管理人员不得参与变动方案的制定和组织实施等各项工作。

第三章 企业国有产权变动批准程序

第十四条 企业国有产权变动按下列权限决定或批准：

（一）市国资委直接持有的国有产权变动，由市国资委决定。其中，涉及直管企业控股权发生重大变化的，应当报请深圳市人民政府批准；

（二）直管企业及其所属企业所持有的国有产权变动，由直管企业决定或批准。其中，涉及保障城市运行和民生福利的国计民生等重要关键领域的控股权变动、具有重要战略意义或承担重大专项任务的企业国有产权变动事项，应当由直管企业审议后报市国资委批准。

第十五条 按照本办法第十四条规定的权限，产权单位应当逐级提出书面申请，并向产权变动批准机构报送下列资料：

（一）产权变动申请报告，报告内容应当包括对产权变动方案论证、职工安置、法律分析等工作情况的说明；

（二）企业国有产权变动方案；

（三）产权单位对企业国有产权变动的有关决议文件；

（四）产权归属的证明文件（如工商登记资料、出资证明书或股东名册等）；

（五）产权变动企业最近年度财务审计报告、近期会计报告；

（六）市国资委派出的财务总监的审核意见；

（七）批准机构要求的其他文件。

第十六条 产权变动批准机构应当对企业国有产权变动项目的产权归属的有效性、产权变动的合法性、内部决策程序的规范性以及报批资料的完整性等内容进行审核。批准文件应当包括下列内容：

（一）产权单位及变动产权的全称、变动产权的数量及比例、企业国有产权变动方案中的主要事项；

（二）进行资产评估并办理资产评估项目核准或备案手续；

（三）应当通过市国资委选择的产权交易机构公开交易；

（四）根据实际情况，规定批准文件的有效期。该有效期原则上不得超过1年。

第十七条 企业国有产权变动事项经批准后，如产权变动数量(比例)或其他内容有重大变化的，应当按照规定程序重新报批。

第四章 国有资产审计和评估

第十八条 企业国有产权变动事项经批准或决定后，产权单位应当委托具有相应资质的会计师事务所进行专项审计。转让参股企业股权不宜单独进行专项审计的，应当取得转让标的企业最近一期年度审计报告。

第十九条 对按照有关法律法规要求必须进行资产评估的产权变动事项，产权单位应当在审计的基础上，按照有关规定委托具有相应资质的资产评估机构进行资产评估。

第二十条 产权单位应当按照《深圳市属国有企业资产评估管理办法》(2021 年修订)等有关规定，办理资产评估项目核准或备案手续。

第二十一条 经核准或备案后的资产评估结果，作为企业国有产权定价的参考依据。按规定不进行资产评估的，应当以审计结果为参考依据。

第五章 企业国有产权交易程序

第一节 公开交易

第二十二条 除按照国家规定符合条件并经过批准或审议决策可以采取非公开协议方式进行的以外，企业国有产权转让、增资扩股引进投资者原则上应当通过市国资委选择确定的产权交易机构公开进行。

第二十三条 产权单位应当向产权交易机构提交产权交易材料，办理产权交易委托手续。产权单位提交的材料符合齐全性要求的，产权交易机构应当予以接收登记。

第二十四条 产权交易机构和产权单位应当遵循等价有偿和公开、公平、公正的原则，严格按照国家、深圳市企业国有产权交易的有关规定，组织进行产权交易。

第二十五条 产权交易机构应当按照有关规定进行产权交易公告，公开披露企业国有产权交易信息，广泛征集受让方或投资方。信息公告程序和时间要求如下：

(一) 企业国有产权转让

1. 股权：产权单位可以根据企业实际情况和工作进度安排，采取信息预披露和正式披露相结合的方式，通过产权交易机构网站分阶段对外披露股权转让信息，公开征集受让方。其中，正式披露信息时间不得少于 20 个工作日。涉及标的企业控股权转让的项目，产权单位应当在转让行为获批后 10 个工作日内，通过产权交易机构进行信息预披露，时间不得少于 20 个工作日。

2. 资产：转让底价低于 1000 万元的资产转让项目，信息披露时间不得少于 10 个工作日；转让底价 1000 万元以上(本办法所述“以上”均含本数，下同)的资产转让项目，信息披露时间不得少于 20 个工作日。

（二）增资扩股

企业增资扩股应当通过产权交易机构网站对外披露信息公开征集投资方，时间不得少于40个工作日。

第二十六条 产权交易公告中披露的产权交易信息应当包括下列内容：

（一）标的企业的基本情况；

（二）标的企业的股东结构；

（三）经济行为的决策及批准情况；

（四）标的企业的主要财务指标，包括但不限于资产总额、负债总额、所有者权益、营业收入、净利润等；

（五）受让方(适用于产权转让对受让方有特殊要求的)或投资方的资格条件；

（六）产权转让项目的交易条件、挂牌底价；增资扩股项目的拟募集资金金额、募集资金用途以及增资扩股后的企业股权结构；

（七）企业管理层是否参与受让或增资，有限责任公司原股东是否放弃优先受让权；

（八）公开竞价方式，受让方或投资方的评判标准和遴选方式；

（九）其他需要披露的事项。

其中信息预披露应当包括但不限于以上(一)、(二)、(三)、(四)、(五)项内容。

第二十七条 产权转让项目首次正式信息披露的转让底价，不得低于经核准或备案的转让标的评估结果。

第二十八条 股权转让原则上不得针对受让方设置资格条件，确需设置的，不得有明确指向性或违反公平竞争原则，所设资格条件相关内容应当在信息披露前报市国资委备案，市国资委在5个工作日内未反馈意见的视为同意。

除国家法律法规或相关规定另有要求的以外，资产转让不得对受让方设置资格条件。

第二十九条 在正式披露信息期间，产权单位不得变更产权交易公告中公布的内容。由于非产权单位原因或其他不可抗力因素导致可能对交易标的价值判断造成影响的，产权单位应当及时调整补充披露信息内容，并相应延长信息披露时间。

第三十条 信息披露期满未征集到意向方的，可以延期或在降低挂牌底价、变更受让条件后重新进行信息披露。降低挂牌底价或变更受让条件后重新披露信息的，披露时间不得少于20个工作日。新的挂牌底价低于评估结果的90%时，应当经产权变动批准机构书面同意。

第三十一条 自首次正式披露信息之日起超过12个月未征集到合格意向方的，应当重新履行审计、资产评估以及信息披露等工作程序。

第三十二条 产权交易机构负责意向受让方或投资方的登记工作，对意向方是否符合资格条件提出审查意见并反馈产权单位。产权交易机构与产权单位意见不一致的，由产权变动批准机构决定意向方是否符合资格条件。

第三十三条 产权转让项目经过公开挂牌征集，只产生1个符合条件的意向受让方的，由产权交易机构组织交易双方按挂牌价与买方报价孰高原则直接签约；产生两个及以上符合条件的意向受让方时，应当按照产权交易公告中披露的公开竞价方式组织竞价。公开竞价方式包括拍卖、招投标、竞投、网络竞价以及其他竞价方式，且不得违反国家法律法规的规定。

第三十四条 增资扩股项目通过资格审查的意向投资方数量较多时，可以采用竞价、竞争性谈判、综合评议等方式进行多轮次遴选。产权交易机构负责统一接收意向投资方的投标和报价文件，组织开展投资方遴选有关工作。企业董事会或股东会以资产评估结果为基础，结合意向投资方的条件和报价等因素审议选定投资方。

第三十五条 在确定受让方或投资方后的次日起3个工作日内，交易双方签订产权交易合同，交易双方不得以交易期间企业经营性损益等理由对已达成的交易条件和交易价格进行调整。

第三十六条 产权交易合同生效后，产权交易机构应当将交易结果通过交易机构网站对外公告，公告内容包括转让项目的交易标的名称、转让标的评估结果、转让底价、交易价格，增资扩股项目的投资方名称、投资金额、持股比例等，公告期不少于5个工作日。

第三十七条 企业国有产权交易价款原则上应当在合同生效之日起5个工作日内一次付清。金额较大、一次付清确有困难的，可以采取分期付款方式。采用分期付款方式的，首期付款不得低于总价款的30%，并在合同生效之日起5个工作日内支付；其余款项应当提供合法有效担保，并按同期银行贷款利率支付延期付款期间的利息，付款期限不得超过1年。在产权交易价款未全额支付且余款未提供等值合法担保的情况下，不得办理产权交割和变更手续。

增资扩股项目投资方以非货币资产出资的，应当经增资企业董事会或股东会审议同意，并委托具有相应资质的评估机构进行评估，确认投资方的出资金额。

第三十八条 除国家另有规定外，不得采取转让前将有关费用从净资产中抵扣的方法进行企业国有产权转让，也不得从转让价款中进行抵扣。

第三十九条 产权变动导致国有股东持有上市公司股份间接转让的，应当同时遵守上市公司国有股权管理以及证券监管相关规定。

第四十条 企业产权变动涉及交易主体资格审查、反垄断审查、特许经营权、国有划拨土地使用权、探矿权和采矿权等政府审批事项的，按照相关规定执行。

第四十一条 受让方或投资方为境外投资者的，应当符合外商投资产业指导目录和负面清单管理要求，以及外商投资安全审查有关规定。

第四十二条 交易价款应当以人民币计价，通过产权交易机构以货币进行结算。因特殊情况不能通过产权交易机构结算的，应当向产权交易机构提供产权变动批准机构的书面意见以及交易价款付款凭证。

第四十三条 产权交易合同生效，并且受让方或投资方按照合同约定支付交易价款后，产权交易机构应当及时为交易双方出具交易凭证。

第四十四条 转让企业国有产权取得的净收益，按照国家及深圳市有关规定处置。

第二节　非公开协议交易

第四十五条 属于下列情形之一的，经市国资委批准，可以免予公开挂牌征集，采取协议方式进行交易：

（一）因国有资本布局结构调整或涉及主业处于关系国家安全、国民经济命脉的重要行业和关键领域企业的重组整合，对受让方有特殊要求，企业产权需要在国有及国有控股企业之间转让的；

（二）因国有资本布局结构调整需要，由特定的国有及国有控股企业参与增资的；

（三）确因直管企业与特定投资方建立战略合作伙伴或利益共同体需要，由该投资方参与直管企业或其子企业增资的。

第四十六条 属于下列情形之一的，经直管企业审议决策，可以免予公开挂牌征集，采取协议方式进行交易：

（一）因实施内部重组整合，国有产权在直管企业内部全资及控股企业之间进行转让的；

（二）直管企业直接或指定其全资及控股的其他子企业参与增资的；

（三）技术类无形资产经直管企业批准可以采取协议方式转让，但转让信息应当通过产权交易机构或其他专业化交易平台等途径公开发布，选择的受让方应当有利于促进技术转化。

第四十七条 采取非公开协议转让方式进行交易的，交易价格不得低于经核准或备案的评估结果。

以下情形按照《中华人民共和国公司法》、企业章程履行决策程序后，交易价格可以资产评估报告或最近一期审计报告确认的净资产值为基础确定，且不得低于经评估或审计的净资产值：

（一）企业内部实施重组整合，转让方和受让方为其直接、间接全资拥有的子企业的；

（二）增资企业和投资方均为国有独资或国有全资企业的。

第四十八条 市国资委、直管企业批准或决定采取非公开协议方式的企业产权变动行为时，应当审核下列文件：

（一）产权变动的有关决议文件；

（二）产权变动方案；

（三）采取非公开协议方式的必要性以及受让方或投资方情况；

（四）标的企业审计报告、资产评估报告及其核准或备案文件。其中，属于第四十七条规定可以不进行资产评估的，仅需提供企业审计报告；

（五）产权转让或增资扩股协议；

（六）产权变动行为的法律意见书；

（七）其他必要的文件。

第六章　变更登记和档案管理

第四十九条 企业国有产权交易程序完成后，产权单位应当按照有关规定及时办理相关企业国有产权变更、注销登记手续。

第五十条 产权单位、产权交易机构和产权变动批准机构应当建立企业国有产权变动专项档案，建立文件收集、使用、查询管理办法，加强档案管理。

第五十一条 根据有关法律、法规的规定，产权单位要负责指导和协调产权变动企业的档案管理和移交工作，特别要做好财务、产权、法律、人事等重要文件档案的备份和交接工作，避免档案遗失和损毁。

第五十二条 企业国有产权变动档案应当包括下列文件材料：

（一）企业国有产权变动的有关决议文件；

（二）产权变动企业产权归属的证明文件；

（三）产权变动申请报告及批准机构的批复；

（四）审计报告，资产损失的认定与核销及上级部门的批复；

（五）经核准或备案的资产评估报告及相关资料；

（六）有关产权变动的合同或协议文本；

（七）涉及公开交易的，由产权交易机构出具的产权交易凭证；

（八）产权变更或注销登记的相关资料；

（九）市国资委派出的财务总监的审核意见；

（十）其他有关文件。

第五十三条 企业国有产权变动中形成的档案，由形成单位承办部门立卷归档后，向本单位或有关档案部门移交。

第七章 企业国有产权变动监管

第五十四条 产权单位开展国有产权变动相关工作时，应当同步将有关数据信息录入“深圳市属企业国有产权监管系统”（以下简称产权监管系统）。直管企业应当建立相应的工作机制，保证产权监管系统中所属企业相关数据信息的及时性、完整性和准确性。直管企业对产权登记信息进行审核确认，审核结果作为国有产权登记的证明。

第五十五条 企业国有产权变动管理实行定期汇总报告制度。每月开始的10日内，直管企业应当对上月所属企业国有产权变动情况进行汇总，通过产权监管系统上报市国资委，确保产权信息及时、完整、准确。

第五十六条 市国资委负责对企业国有产权变动过程的合法性、合规性进行督促指导和监督检查。指导和检查对象包括发生国有产权变动行为的企业、涉及的产权交易机构以及相关社会中介机构。

第五十七条 市国资委通过产权监管系统等多种途径、方式对企业国有产权变动的全过程进行监测。发现问题的，应当督促、指导相关企业及时规范。

第五十八条 市国资委每年组织开展国有产权变动情况年度监督检查，采取企业自查和有关部门联合检查等方式进行。检查内容包括：

（一）企业国有产权变动规定程序的执行情况；

（二）企业国有产权交易情况；

（三）产权变动合同的实施、交易价款的支付以及账务处理情况；

（四）企业国有产权变动涉及各方按规定履职情况；

（五）企业国有产权变动中涉及上市公司国有股权管理、向外商转让国有产权、国有划拨土地使用权转让的，执行国家相关政策规定的情况；

（六）员工安置情况；

（七）存在的问题和其他需要说明的情况。

第五十九条 市国资委定期和不定期对企业国有产权变动情况进行抽查，检查产权变动决策审批、审计、资产评估、产权交易以及合同执行等项目操作全过程。

第六十条 市国资委发现产权单位在产权变动操作中未执行或违反相关规定、侵害国有权益的，应当责成其停止交易活动。

第六十一条 市国资委在全国范围选择开展企业国有资产交易业务的产权交易机构，并对外公布名单。选择的产权交易机构应当满足下列条件：

（一）严格遵守国家法律法规，未从事政府明令禁止开展的业务，未发生重大违法违规行为；

（二）交易管理制度、业务规则、收费标准等向社会公开，交易规则符合国有资产交易制度规定；

（三）拥有组织交易活动的场所、设施、信息发布渠道和专业人员，具备实施网络竞价的条件；

（四）具有较强的市场影响力，服务能力和水平能够满足企业国有资产交易的需要；

（五）信息化建设和管理水平满足市国资委对交易业务动态监测的要求；

（六）相关交易业务接受市国资委的监督检查。

第六十二条 市国资委对产权交易机构开展企业国有资产交易业务的情况进行动态监督。交易机构出现下列情形的，视情节轻重对其进行提醒、警告、通报、暂停直至停止委托从事相关业务：

（一）服务能力和水平较差，市场功能未得到充分发挥；

（二）在日常监管和定期检查评审中发现问题较多，且整改不及时或整改效果不明显；

（三）因违规操作、重大过失等导致企业国有资产在交易过程中出现损失；

（四）违反相关规定，被政府有关部门予以行政处罚而影响业务开展；

（五）拒绝接受市国资委对其相关业务开展监督检查；

（六）不能满足市国资委监管要求的其他情形。

第八章　责任追究

第六十三条 企业国有产权变动过程中交易双方发生争议时，当事方可以向产权交易机构申请调解；调解无效时可以按照约定向仲裁机构申请仲裁或向人民法院提起诉讼。

第六十四条 企业国有产权变动应当严格执行“三重一大”决策机制。企业国有产权变动批准机构、产权单位、产权变动标的企业及其有关人员违反规定越权决策、批准相关交易事项，或玩忽职守、以权谋私致使国有权益受到侵害的，由市国资委和企业按照干部管理权限追究责任。涉嫌违纪的，移送纪检监察部门处理。涉嫌犯罪的，移送监察机关或司法机关处理。

第六十五条 企业违反本办法，经查实有下列情形之一的，由市国资委依据法律法规、《深圳市属国有企业违规经营投资责任追究实施办法(试行)》等有关规定给予相应处罚；造成国有资产损失的，除依规依纪依法追究有关责任人员的相应责任之外，市国资委将按规定追究其经济赔偿责任：

(一)未按规定履行决策和审批程序或超越授权范围转让；

(二)未按规定主导制订产权转让方案；

(三)隐匿应当纳入审计、评估范围的资产，组织提供和披露虚假信息，授意、指使、串通中介机构出具虚假财务审计、资产评估鉴证结果和法律意见书等；

(四)未按相关规定执行回避制度，非法转移国有资产；

(五)违反相关规定和公开公平交易原则，低价转让企业国有产权；

(六)未按规定进场交易；

(七)违反相关法律、法规、规章的其他行为。

第六十六条 社会中介机构在为企业国有产权变动提供审计、资产评估和法律服务中存在违规执业行为的，有关国有企业应当及时报告市国资委，市国资委可要求产权单位不得再委托其开展相关业务；情节严重的，由市国资委将有关情况通报其行业主管部门，建议给予其相应处罚；造成国有资产损失的，应当追究赔偿责任。

第六十七条 产权交易机构在企业国有产权交易中弄虚作假或玩忽职守、给企业造成损失的，应当承担赔偿责任，并依法追究直接责任人员的责任。

第六十八条 因受让方或投资方的原因造成国有资产损失的，应当追究受让方或投资方的赔偿责任；涉嫌犯罪的，依法移送司法机关追究其刑事责任。

第九章　附　　则

第六十九条 各区(新区)、深汕特别合作区可参照本办法，制定区属企业国有产权变动管理的具体办法。

第七十条 以下事项按市国资委特别授权执行：

(一)国有资本投资、运营公司之间的非上市企业产权无偿划转、非公开协议转让、非公开协议增资、产权置换等事项；

(二)上市公司的国有产权变动事项。

第七十一条 本办法由市国资委负责解释。

第七十二条 本办法自发布之日起施行。《深圳市属企业国有产权变动监管办法》(深国资委〔2017〕78号)同时废止。

九、收益分配类

北京市国资委关于进一步深化市属国有企业劳动用工和收入分配制度改革的指导意见

京国资发〔2016〕23号

各企业：

为深入贯彻党的十八大和十八届三中、四中、五中、六中全会精神，落实《国务院关于激发重点群体活力带动城乡居民增收的实施意见》（国发〔2016〕56号）、《中共北京市委北京市人民政府关于全面深化市属国资国企改革的意见》（京发〔2014〕13号）等文件要求，进一步深化市属国有企业劳动用工和收入分配制度改革，构建市场化劳动用工和收入分配机制，实现企业内部管理人员能上能下、员工能进能出、收入能增能减，增强市属国有企业活力和竞争力，现提出以下指导意见。

一、统一思想，充分认识深化劳动用工和收入分配制度改革的重要性和紧迫性

深化劳动用工和收入分配制度改革是全面深化国有企业改革的重要内容，是开展供给侧结构性改革，促进企业瘦身健体、提质增效的重要举措，是做强做优做大市属国有企业的迫切需要，是调动广大职工积极性，维护保障职工合法权益，实现企业和谐发展的重要手段。近年来，市属国有企业在深化改革过程中，不断完善劳动用工和收入分配制度，逐步提升企业市场化程度，人工成本投入产出效率显著提升，和谐劳动关系逐步建立，收入分配结构不断优化，企业职工获得感明显增强，为打赢国资国企改革攻坚战营造了良好环境。目前，市属国有企业改革已进入深水区及攻坚期，企业用工分配管理方面存在的体制机制僵化问题尚未彻底化解，部分企业内部改革尚未完全到位，市场化选人用人机制尚未真正形成，内部管理人员能上不能下、员工能进不能出、收入能增不能减等问题仍然存在。各企业要坚持问题导向，切实推进企业内部机制转换，进一步深化劳动用工和收入分配制度改革，建立与社会主义市场经济相适应，与落实首都城市战略定位、疏解非首都功能、推动京津冀协同发展和构建高精尖经济结构相协调，与创新发展理念相配套的市场化劳动用工和收入分配管理体系，为做强做优做大市属国有企业提供保障。

二、强化考核评价和选聘机制，实现管理人员能上能下

（一）完善管理人员选用机制

各企业要结合市国资委国有经济“十三五”发展规划，围绕实现“三维”目标、打造责

任国企的目标要求，优化企业内设机构，科学配置管理人员。要建立健全管理人员岗位体系，参照国内外同行业先进标准，明确各层级管理岗位职责和任职条件，合理使用不同层次人才。要健全管理人员公开招聘、竞争上岗等制度，对特殊管理人员可通过委托中介机构推荐等方式，拓宽选人用人视野和渠道，聚集高层次、创新型管理人才，支撑企业落实首都城市战略定位、参与京津冀协同发展、构建高精尖经济结构和实施“走出去”战略。

（二）健全管理人员考核机制

各企业要紧紧围绕企业“十三五”规划发展任务和企业负责人经营业绩考核指标，结合企业发展的关键目标、改革的重点任务和管理的薄弱环节对管理人员实施绩效考核，逐级分解落实国有资产保值增值责任和企业经营发展目标。要健全以目标管理为核心、岗位职责为基础的管理人员综合考核评价体系，以业绩为导向，科学评价不同岗位员工的贡献。要强化管理人员考核评价结果的应用，完善考核评价过程和结果的监督机制，将评价结果与职务升降、薪酬调整紧密挂钩，真正做到管理人员能上能下。对于经考核评价不能胜任工作的，应当调整岗位、降职降薪。

（三）建立职业经理人配套管理机制

各企业要坚持党管干部原则与董事会依法选择经营管理者、经营管理者依法行使用人权相结合，不断创新有效实现形式。要根据不同企业类别和层级，探索推进职业经理人制度，实行内部培养和外部引入相结合，畅通现有经营管理者与职业经理人身份转换通道，合理增加市场化选聘比例，使市场化选聘成为企业管理人员选聘的重要方式。要完善与市场机制、行业特点和岗位职责相适应的职业经理人契约化管理制度，建立与绩效考核紧密挂钩的激励约束和引进退出机制，实现职业经理人选聘市场化、管理契约化、退出制度化。

三、加强劳动用工契约化管理，实现员工能进能出

（一）完善员工社会化招聘机制

各企业要建立分级分类的企业员工社会化公开招聘制度，按照公开、公正、竞争、择优的原则，面向社会公开招录企业员工。招聘信息应当面向社会公开发布，不得设置歧视性录用条件，防止出现违规招聘行为。拟录用人员有关信息应当通过适当形式在一定范围内公示，切实做到信息公开、过程公开和结果公开，确保公开招聘工作公平、公正，提高员工招聘质量。国家法律法规政策另有规定的，从其规定。

（二）强化员工契约化管理机制

各企业要坚决打破身份界限，建立健全以合同管理为核心、以岗位管理为基础的市场化用工制度。要依法与员工签订劳动合同，做到劳动合同应签尽签。强化劳动合同对实现员工能进能出的重要作用，细化劳动合同期限、工作内容、劳动纪律、绩效要求以及续签、解除合同条件等条款，明确双方的权利义务。要依法规范使用劳动合同制、劳务派遣等各类用工，完善管理制度，履行法定程序，确保用工管理依法合规。

（三）建立员工正常化流动机制

各企业要紧紧围绕首都城市战略定位，按照构建高精尖经济结构总体要求，结合非首

都功能疏解、供给侧结构性改革等重点任务，优化用工结构，合理控制用工总量，构建员工正常化流动机制。要建立企业内部人力资源市场，盘活人力资源存量，提高人力资源使用效率。要畅通员工退出渠道，细化员工行为规范、劳动纪律和奖惩标准，明确劳动合同期满续签标准和员工不胜任岗位要求的认定标准。对违法违规、违反企业规章制度或不胜任岗位要求等符合解聘条件的员工，要严格履行法律法规要求的相关程序，依法解除劳动合同。

四、推进收入分配市场化改革，实现收入能增能减

（一）完善工资总额预算管理机制

各企业要完善与全面预算管理相衔接、与人工成本管控相协调、以分类管理为特点的工资总额预算管理制度，健全工资效益同向联动机制，切实做到工资总额与企业效益紧密挂钩，对效益下滑或非政策性亏损的企业，从严控制工资总额。要强化全口径人工成本预算管理制度体系，逐步将工资总额外的其他人工成本项目纳入预算管理范围，严格控制人工成本不合理增长，不断提高人工成本产出效率。要发挥收入分配对发展规划的支撑作用，工资分配应向“十三五”规划确定的主导产业和结构调整、转型升级的关键领域倾斜，从严控制非主业工资总额。企业承担“十三五”规划确定的战略性先导性产业、围绕主业发展实施重大科研项目，引进关键人才及科研团队等所需工资总额可据实单列。

（二）优化内部收入分配调节机制

各企业要结合实际，实行与社会主义市场经济相适应的薪酬分配制度，建立健全与劳动力市场基本适应、与企业经济效益和劳动生产力挂钩的工资决定和正常增长机制，优化薪酬结构，合理拉开收入分配差距。完善一线职工工资正常增长机制，一线职工工资增幅原则上应高于企业负责人薪酬增幅和企业整体工资增幅。要推行全员绩效考核，根据劳动力市场价位、人工成本承受能力、岗位价值评估和员工个人能力等因素合理确定员工薪酬，同时要与企业效益、个人绩效紧密挂钩，即“业绩上，薪酬上，业绩下，薪酬下”，确保收入能增能减。要贯彻落实国务院关于激发重点群体活力带动城乡居民增收的意见精神，提高核心骨干员工薪酬的市场竞争力，同时调整不合理的偏高、过高收入，做到薪酬水平该高的高，该低的低。

（三）健全企业负责人薪酬管理机制

要贯彻企业负责人薪酬制度改革精神，完善与选任方式相匹配、与岗位职责相适应、与经营业绩相挂钩的差异化薪酬分配制度。结合党建工作考核和综合考核评价结果，合理确定企业负责人薪酬水平。完善与业绩考核紧密挂钩的企业负责人任期激励和长期激励机制，健全延期支付、追索扣回等约束机制。各企业要健全所属企业负责人薪酬管理制度，完善管理程序和监督机制，严格履行程序先考核后兑现，严禁自定薪酬、超发薪酬和违规兼职取酬，防止出现超出社会认知的薪酬水平。

（四）探索生产要素按照贡献参与分配机制

各企业要贯彻中央关于实行以增加知识价值为导向分配政策的意见精神，完善劳动、资本、技术和管理等生产要素按贡献参与分配的机制，探索推动国企创新与“双创”融合发

展。要鼓励国有科技型企业实施股权和分红激励，采取员工持股、科技成果入股、岗位分红等多种方式调动科技人员和管理骨干积极性、创造性，工资分配要向在科研创新和科技成果产业化过程中发挥重要作用的核心科研骨干或团队倾斜。要依法依规、稳妥推进国有上市公司实施股权激励，以健全激励约束机制、激发经营活力为导向，结合企业发展战略、发展阶段和行业特点等因素合理选择激励方式。

（五）强化职工权益保障机制

各企业要广泛推行集体合同制度，构建在集体合同制度框架下的职工工资集体协商共决机制，集体合同签订率力求实现100%。要健全职工工资支付保障机制，严格执行最低工资制度，有效预防、化解工资拖欠问题，确保职工工资和有关社会保险及时足额支付。探索通过建立工资保证金制度和诚信记录制度等方式，督促劳务派遣单位、业务分包单位等及时足额支付用工报酬。要进一步完善困难职工帮困力度，发挥群团组织作用，强化对困难弱势群体的帮扶机制。

（六）统筹规范福利保障机制

各企业要结合实际，统筹规范福利保障制度，加强福利项目和费用管理，严格清理规范工资外收入，进一步规范退休职工统筹外费用。社会保险、住房公积金、企业年金、福利费等国家和地方有明确政策规定的，要严格执行相关规定，不得超标准列支。已经建立企业年金制度的企业，要完善年金管理制度，加强年金投资风险防范，按照普惠制原则提高年金覆盖率。企业效益下降的，企业年金缴费标准可以适当降低；企业出现亏损的，根据有关政策对企业缴费实施严格管控。

五、统筹规划，积极稳妥推进市属国有企业劳动用工和收入分配制度改革

（一）加强组织领导

各企业要高度重视新形势下深化劳动用工和收入分配制度改革工作，充分发挥企业党组织的政治核心作用和党员干部的先锋模范作用，发挥工会依法维护劳动者合法权益的桥梁纽带作用，切实加强组织领导。成立专项领导小组，明确主要负责人是第一责任人，建立工作制度和运行机制，以上率下切实推进改革。主动加强与相关部门的沟通联系，为改革创造良好的环境和氛围。

（二）精心组织实施

各企业要制订符合企业实际的深化用工分配制度改革方案，明确分阶段目标任务，提出具体改革办法和措施，完善相关配套文件。强化人力资源信息化建设、对标管理等基础工作，建立社会风险、舆情风险、法律风险评估机制。加强对所属企业的督促指导，强化企业用工分配责权利的统一，逐级落实管理责任，改革工作进展应纳入企业负责人考核体系。统筹协调与其他各项改革的关系，同步推进，重点突破，务求实效。

（三）稳步推进改革

各企业劳动用工和收入分配制度改革关系到员工的切身利益，在推动改革的过程中要处理好改革发展与稳定的关系。加强政策宣传和培训，引导全体员工形成改革共识，积极

参与改革。要开展深入细致的思想工作，发动员工、依靠员工，形成改革合力。涉及员工利益的改革方案，应当依法履行内部民主程序。要发挥群团组织优势，减少信访维稳不和谐因素，妥善解决改革过程中遇到的突出问题。积极履行社会责任，切实保障员工的合法权益，确保企业和社会和谐稳定。

各企业推进劳动用工和收入分配制度改革的工作进展情况，要及时报送市国资委。市国资委将加强对企业推进改革的监督指导，及时总结企业的做法和成效，推广典型经验，引导企业锐意改革，务求实效，助推企业提质增效。

北京市国资委关于印发《关于市属国有控股混合所有制企业开展员工持股试点的实施办法》的通知

京国资发〔2016〕21号

为贯彻落实《中共中央 国务院关于深化国有企业改革的指导意见》(中发〔2015〕22号)和《中共北京市委北京市人民政府关于全面深化市属国资国企改革的意见》(京发〔2014〕13号)文件精神，根据《关于国有控股混合所有制企业开展员工持股试点的意见》(国资发改革〔2016〕133号)和《北京市人民政府关于市属国有企业发展混合所有制经济的实施意见》(京政发〔2016〕38号)有关要求，结合实际情况，现就市属国有控股混合所有制企业(以下简称企业)开展员工持股试点提出以下实施办法。

一、试点原则

(一)依法合规，公开透明

严格按照国家和北京市有关国有企业改制、国有产权管理等法律法规履行相关程序，规范操作流程。确保员工持股工作公开透明，严禁暗箱操作，防止利益输送。不得侵害企业内部非持股员工合法权益。

(二)试点先行，稳妥推进

从实际出发，审慎起步，选择符合条件、基础较好的企业先行先试，在取得经验基础上稳妥有序推进，逐步扩大范围，不断完善。

(三)自愿参与，风险自担

符合条件的员工自愿参加，企业不得以摊派、强行分配等方式强制员工持股。持股员工盈亏自负，风险自担，建立激励约束长效机制。

(四)以岗定股，动态调整

员工持股要体现爱岗敬业的导向，与岗位和业绩紧密挂钩，支持关键技术岗位、管理岗位和业务岗位人员持股。建立健全股权内部流转和退出机制，避免持股固化僵化。

(五)科学监管，放管结合

正确处理好增强企业活力和依法加强监管的关系。坚持市场化原则，通过持股调动员工积极性和创造性，切实增强企业活力；强化监督管理，加强员工持股企业内、外部监管，严格防止国有资产流失。

二、试点企业条件

(一)基本条件

1. 竞争类二、三级企业，主业处于充分竞争的行业和领域。

2. 非公有资本达到一定比例，公司董事会中有非公有资本股东推荐的董事。股东会、董事会、监事会、经理层各负其责，协调运转，有效制衡。

3. 企业收入、利润90%以上来源于集团外部市场，而不是主要来源于与一级企业及其所属企业等关联单位的关联交易。

4. 基础管理较好，劳动、人事和分配三项制度适应现代企业制度要求，建立了市场化的业绩考核评价体系。

5. 发展战略明确，资产质量和财务状况良好，近三年无财务违法违规行为和不良记录。

（二）优先条件

1. 优先支持符合首都城市战略定位，所在行业有较好市场预期的企业开展试点。

2. 优先支持人才资本和技术要素贡献占比较高的转制科研院所、高新技术企业和科技服务型企业开展试点。

3. 优先支持中小微型和轻资产型企业开展试点。

（三）禁止条件

1. 市属一级企业、四级及以下企业原则上暂不开展试点。

2. 城市公共服务类和特殊功能类企业中从事资源性、垄断性和政策性业务的企业，不实施员工持股。

3. 存在股权纠纷，违反国有企业职工持股有关规定且未按要求完成整改的企业，不得申请员工持股试点。

三、员工持股及其管理

（一）员工范围

参与持股人员应为在关键岗位工作并对企业经营业绩和持续发展有直接或较大影响的科研人员、经营管理人员和业务骨干，且与本企业签订了劳动合同。

持股员工的选择应根据企业实际情况确定，禁止搞“大锅饭”、“一刀切”，避免福利性质的全员持股或平均持股。

市委、市政府和市国资委任命的国有企业领导人员不得持股。外部董事（非本公司职工的董事）、监事（含职工代表监事）不得持股。如直系亲属多人在同一企业时，只能一人持股。

（二）出资来源

员工出资可包括货币出资、科技成果入股。持股员工应以货币出资为主，并按约定及时足额缴纳。以科技成果出资入股的，应提供所有权属证明，依法评估作价，并及时办理财产权转移手续。

国有股东、企业及其关联单位（包括业务关联）不得向持股员工提供担保、借贷等任何形式的财务资助。企业不得为开展员工持股额外增加员工薪酬。

（三）出资方式

员工持股应坚持增量引入，主要采取增资扩股、出资新设方式，增资扩股可包括混合所有制企业单独引入员工持股、国企改制同步引入非公有资本和员工持股。非公有资本股东和持股员工不得有关联关系或一致行动关系。

国有股东及企业不得对员工无偿赠与股权，不得违规低价折股。员工不得持有本企业所出资企业、关联企业(包括业务关联)以及与本企业经营同类业务企业的股权。

（四）入股价格

员工入股应按照国有企业改制、国有产权管理等有关规定，对试点企业进行财务审计和资产评估，入股价格不得低于经核准或备案的每股净资产评估值。

国企改制同步引入非公有资本和员工持股，入股价格应由非公有资本股东进场通过产权交易机构公开确定，持股员工接受确定后的结果，持股价格与之相同。

（五）持股比例

员工持股比例应结合企业规模、行业特点、企业发展阶段等因素确定。员工持股总量原则上不高于公司总股本的30%，单一员工持股比例原则上不高于公司总股本的1%。

实施员工持股后，应保证国有股东控股地位，且其持股比例不得低于公司总股本的34%。

企业可采取适当方式预留部分股权，用于新引进人才。

（六）持股方式

持股员工可以个人名义直接持股，也可通过公司制企业、合伙制企业、资产管理计划等持股平台进行持股。通过资产管理计划方式持股的，不得使用杠杆融资。持股平台不得从事除持股以外的任何经营活动。

（七）收益和损失

股东会合理确定利润分配方案和分红率，应处理好股东短期收益与企业中长期发展的关系。企业及国有股东不得向持股员工承诺年度分红回报或设置托底回购条款。持股员工与国有股东及其他股东享有同等权益，不得优先于国有股东和其他股东取得分红收益。

企业破产重整和清算，持股员工、国有股东和其他股东应以出资额为限，按照出资比例共同承担责任。

（八）流转和退出

员工持股应设定不少于36个月的锁定期。持股员工因辞职、调离、退休、死亡或被解雇等原因与企业解除或终止劳动关系的，应在离开企业12个月内将所持股权进行内部转让。转让给符合条件的员工、持股平台或非公有资本股东的，转让价格由双方协商确定；转让给国有股东的，转让价格不得高于企业上一年度经审计的每股净资产值。

企业上市前持股的员工，不得在企业首次公开发行时转让股份，并应承诺自上市之日起不少于36个月的锁定期，锁定期满后，公司董事、高级管理人员每年可转让股份不得高于所持股份总数的25%。

（九）股权管理主体

持股员工一般应通过持股人会议等形式选出代表或设立相应机构管理所持股权，该股权代表或机构应制定管理规则，代表持股员工行使股东权利或者授权资产管理机构行使股东权利，切实维护持股员工合法权益。

（十）股权管理方式

各方股东应就员工股权的日常管理、动态调整和退出等问题协商一致，并通过公司章程或股东协议等对员工范围、出资来源、出资方式、入股价格、持股比例、持股方式、收益和损失、流转和退出机制等以及其他重要内容进行明确。

四、试点实施流程

（一）方案制订

企业申请员工持股试点，应制订员工持股方案。方案的主要内容应包括：

1. 混合所有制企业的基本情况；

2. 员工持股的目的及必要性、可行性；

3. 员工持股的员工范围及其确定标准、出资来源、出资方式、入股价格、持股比例、持股方式、收益和损失、流转和退出、日常股权管理等操作细节的具体规定；

4. 员工持股后的公司股权设置、法人治理结构及其对公司控制权的影响；

5. 员工持股的操作流程，相关的财务审计、资产评估等重要事项安排；

6. 员工持股的风险评估及应对预案；

7. 其他重要事项。

企业国有控股股东应让其法律顾问或其聘请的律师事务所对员工持股方案出具法律意见书。

（二）程序履行

健全审核程序，规范操作流程，混合所有制企业员工持股的一般程序如下：

1. 企业实施员工持股前，应当通过职工（代表）大会等形式充分听取本企业职工对员工持股方案的意见。

2. 监事会、外部董事应当就员工持股是否有利于企业的持续发展，是否损害企业及全体股东利益，企业是否以摊派、强行分配等方式强制员工参加本企业员工持股发表意见。

3. 企业董事会审议员工持股方案报一级企业审核，同时附上非公有资本股东意见。员工持股涉及相关董事的，相关董事应当在董事会表决时回避。

4. 一级企业审核后，将混合所有制企业员工持股有关申报材料报市国资委审核，市国资委审核确定试点企业名单报市政府同意。申报材料如下：

（1）申请试点企业董事会决策文件和非公有资本股东意见；

（2）一级企业内部决策文件；

（3）一级企业关于申请混合所有制企业为员工持股试点的申请；

（4）员工持股方案；

（5）法律意见书；

（6）一级企业员工持股审核管理制度；

（7）市国资委要求报送的其他文件。

5. 进入试点名单企业可以发出召开股东会的通知，审议并实施员工持股。员工持股涉及相关股东的，相关股东应当在股东会表决时回避；公司股东会对员工持股作出决议的，应当经出席会议的股东所持表决权的三分之二以上通过。

未入选试点企业不得发出召开股东会的通知审议及实施员工持股。

6. 员工持股实施3个工作日之内，员工持股企业应向市国资委书面报告员工持股实施情况，附上经股东会审议通过的员工持股方案报市国资委备案。员工持股企业国有控股股东须妥善保管员工持股相关的清产核资、财务审计、资产评估、定价出资等重要资料、做好档案管理，做到有案可查。

五、试点工作要求

（一）加强组织领导，建立工作机制

实施员工持股试点是深化国有企业改革、发展混合所有制经济的重要举措。各区、各企业要高度重视，加强领导，精心组织，建立工作机制，确保试点工作规范有序开展。市国资委负责市属国有控股混合所有制企业试点工作，同时负责指导区级国资监管机构做好试点工作。

一级企业要建立健全审核管理制度，规范履行内部决策程序，严格按照有关规定进行审核，并负责指导监督下属各级企业规范实施员工持股，切实防止内部人控制；严格控制试点范围，选择基础条件较好、符合规定的子企业向市国资委申报试点。

试点企业要按照要求规范操作，严格履行有关决策和审批备案程序，扎实细致开展员工持股试点工作，积极探索员工持股有效模式，建立和完善资本所有者与劳动者的利益共享机制，改善公司治理结构，提高员工积极性和公司竞争力。

（二）分批开展试点，按时进行总结

首批试点原则上在2016年启动实施，全市选择5~10户企业开展首批试点。市国资委将严格审核试点企业申报材料，成熟一户开展一户。

一级企业每半年应当对所属混合所有制企业员工持股情况进行总结，总结成绩、提出问题和下一步措施及政策建议，并于2月和7月报送市国资委。2018年年底市国资委进行阶段性总结，视情况适时扩大试点。

试点企业要严格按照本办法要求，从企业实际情况和特定发展阶段出发，规范有序开展试点工作，防止一哄而上。未纳入试点的企业，不得自行组织实施员工持股。

（三）做好信息公开，完善内外监管

确保员工持股公开透明。企业员工持股审核管理制度、持股员工范围和持股比例的确定、审计评估机构的选择、入股退股定价标准、股权流转等重要事项，应在企业内部充分披露，保障员工的知情权和监督权。国有企业不得以任何形式向本企业集团内的员工持股企业输送利益。国有企业购买本企业集团内员工持股企业的产品和服务，或者向员工持股企业提供设备、场地、技术、劳务等，应采用市场化方式，做到价格公允。有关关联交易应由一级企业以适当方式定期公开。

充分发挥企业内外部监督机构的作用。一级企业内部审计机构应密切关注员工持股试点企业经营状况，必要时开展经营管理情况专项审计，保证试点企业健康运行。市国资委将对试点企业进行定期跟踪检查，及时掌握情况，发现问题，纠正不规范行为；组织实施的企业负责人经济责任审计、监事会监督检查、年度报表审计将员工持股试点企业纳入监督范围，密切关注员工持股企业与国有企业之间的关联交易、利润分配方案和分红率等，保证试点企业经营合法依规。

（四）规范实施试点，严格责任追究

实施过程中出现制度不健全、程序不规范、管理不到位等问题时，批准单位应督促企业进行整改。发生国有资产流失、损害有关股东合法权益或严重侵害企业员工合法权益的，要依法依纪追究相关责任人的责任。

（五）搞好工作协调，做好政策衔接

区属国有控股混合所有制企业实施员工持股试点，可参考本办法向区级国资监管机构提出申请，经区级国资监管机构同意后，一并向市国资委申报。

市属国有控股上市公司实施员工持股计划除符合本实施办法的相关要求外，还应当符合《关于上市公司实施员工持股计划试点的指导意见》（中国证券监督管理委员会公告〔2014〕33号）等证券监管有关规定的要求。

金融、文化等国有控股的混合所有制企业实施员工持股，国家和监管部门另有规定的依其规定执行。

已按有关规定实施员工持股的企业，继续规范实施。市属国有参股企业的员工持股不适用本办法。

六、附则

本办法所称市属国有控股混合所有制企业包括：市属国有股东直接或间接持股比例超过50%的各级混合所有制子企业；持股比例未超过50%，但市属国有股东为第一大股东，并且通过股东协议、公司章程、董事会决议或者其他协议安排能够对其实际支配的混合所有制企业。

北京市国资委关于印发《关于进一步深化劳动用工、收入分配改革的实施意见》的通知

京国资发〔2021〕28 号

各市管企业：

为贯彻落实中央、市委关于全面深化国资国企改革意见精神，进一步深化国有企业劳动用工、收入分配改革的任务要求，市国资委研究制定了《关于进一步深化劳动用工、收入分配改革的实施意见》(以下简称《实施意见》)，经市国资委党委第 25 次会议、市国资委第 12 次主任办公会审议通过，现印发给你们，并就有关事项通知如下：

一、提高政治站位，强化组织领导

劳动用工、收入分配改革是全面深化国企改革绕不过去的关口，是企业经营机制改革的核心环节。各企业要坚持问题导向，以刀刃向内的勇气和决心，坚决推进内部改革。要成立主要领导负责的专项改革组织机构，建立指挥调度机制，逐级落实改革责任。

二、聚焦重点难点，统筹推进改革

各企业要加强顶层设计，聚焦改革重点难点，系统谋划，提出改革任务的时间表、路线图。制定“十四五”期间劳动用工、收入分配改革工作实施方案，于 2021 年 12 月 20 日前报市国资委备案；建立年度评估分析机制，认真梳理各级企业改革整体推进情况、工作成效、经验做法、存在问题并形成分析报告，于每年 12 月报市国资委；2023 年底，组织开展实施方案的中期评估，“十四五”末实现各级企业改革措施全面覆盖。

三、加强考核评估，促进改革落地

市国资委将改革实施进度和完成情况纳入市管企业负责人年度经营业绩考核，推进改革成效落到实处。各企业要充分发挥考核“指挥棒”作用，逐级压实责任、层层传导压力，确保各项改革措施抓出实效。

各区国资监管机构可参照《实施意见》认真研究区属企业落实措施，统筹指导区属企业各项改革任务，同步推进改革持续深入。

关于进一步深化劳动用工、收入分配改革的实施意见

为健全市管企业市场化劳动用工、收入分配机制，真正实现企业职工能进能出、管理人员能上能下、收入能增能减，切实增强企业活力，提高效率，提升国有企业核心竞争

力，现提出以下实施意见。

一、充分认识进一步深化劳动用工、收入分配改革的重要性和紧迫性

近年来，市国资委指导市管企业不断深化劳动用工、收入分配改革，取得积极进展。市管企业已普遍实行公开招聘，全面开展工资总额预算管理，部分企业探索全员绩效管理、中长期激励等改革措施。同时，也应看到还存在明显问题，包括定岗定编定员不够深入、公开招聘管理程序有待完善、全员绩效管理需要加强、工资分配管理有待深化等。

劳动用工、收入分配改革是企业经营机制改革的核心环节。市管企业要坚持问题导向，以推进市场化改革作为工作主线，进一步深化劳动用工、收入分配改革，为企业高质量发展提供机制保障。

二、深化劳动用工改革，健全能进能出机制

（一）科学开展定岗定编定员

市管企业应当以提高劳动生产率为出发点，认真开展工作岗位分析，制定岗位职责，编制岗位说明书。全面建立管理、技术、技能等多序列岗位管理体系，畅通各类岗位纵向晋升、横向流动的转换机制。企业总部应当"去机关化"，优化内设机构和岗位设置。

按照精干高效原则，自上而下科学核定编制。对标行业领先企业劳动生产率指标，合理控制用工总量。劳动生产率水平低于同行业平均水平的，应当严格控制编制。坚持市场化导向，优化编制结构，向核心业务部门倾斜。

建立健全任职资格管理体系，探索建立胜任力模型和综合素质、价值取向测评机制，做到人岗匹配。结合实际建立各类人才库，推动人力资源向主业集中、向优势产业集中。

（二）加强公开招聘统筹管理

市管企业应当建立公开平等、竞争择优的市场化招聘机制。依据企业发展战略，统筹制定总部及所属企业年度招聘计划。鼓励有条件的企业搭建招聘服务平台，分级分类公开招聘，统一发布招聘需求信息。

严格市场化招聘流程，一般包括资格审查、笔试、面试、入职体检、入职审批、公开公示等环节。新职工入职实行"凡进必考"，笔试内容一般包括综合素质能力、专业能力测试和性格心理健康测评。关键岗位候选人在正式录用前，企业应当开展背景调查。

（三）积极推行电子劳动合同

电子劳动合同是传统人力资源管理数字化转型的重要标志。市管企业应当积极推进电子劳动合同广泛应用，降低储存成本，提高企业人力资源管理效率。

按照《中华人民共和国劳动合同法》《中华人民共和国电子签名法》《中华人民共和国个人信息保护法》等法律法规要求，市管企业应当加强劳动关系管理，细化劳动合同期限、工作内容、劳动纪律、特殊约定等条款，逐步采用电子形式与职工订立、续订、变更、解除、终止劳动合同。

电子劳动合同应用要实现移动终端签署、人脸识别、数字证书、电子公证等功能，形成"线上签约、链上管理、大数据应用"的管理模式，实现电子劳动合同的全流程管理由

“纸面”到“云端”。

（四）深入实施全员绩效管理

全员绩效管理是落实企业发展战略、实现各项经营目标的核心管理工具。市管企业应当逐步推行全员绩效管理，将企业战略目标、年度工作任务自上而下层层分解、层层传递，树立目标导向、价值导向、创新导向，抓住关键绩效指标、工作目标进行绩效考核，做到工作有标准、管理全覆盖、考核无盲区、奖惩有依据。

全员绩效考核结果一般分为优秀、良好、合格、基本合格、不合格等 5 个等级，企业应当设定分级比例，实施强制分布。全员绩效考核结果应当与薪酬兑现、职级升降、中长期激励、调整退出紧密挂钩。

（五）建立健全调整退出机制

市管企业应当按照市场化原则，畅通职工调整退出渠道，严格依法建立健全职工调整退出机制。

应当明确劳动合同期满续签标准，完善可以解除劳动合同的条款内容，细化在试用期间被证明不符合录用条件、严重违反企业的规章制度、给企业造成重大损害等具体情形，并在劳动合同中予以约定，筑牢职工退出的法治底线。

应当明确职工不胜任岗位要求的认定标准和程序，建立职工不能胜任工作的岗位调整机制。依据全员绩效考核结果，依法对相关职工开展岗位培训或及时调整工作岗位；经过培训或者调整工作岗位后，职工仍不能胜任工作的，企业可以依法解除劳动合同。

鼓励市管企业搭建内部人力资源平台，利用培训、调岗、引导自主创业等方式，盘活存量资源，有序推进职工转型发展、平稳退出。

三、深化收入分配改革，健全能增能减机制

（一）完善工资总额管理体系

坚持“一适应两挂钩”原则，健全工资总额与劳动力市场基本相适应、与经济效益和劳动生产率紧密挂钩的机制。

市管企业应当完善工资总额管理体系，实现预算、执行、调整和清算的全流程闭环式管理；强化所属企业工资总额分类管理，区分不同类型企业工资效益联动指标，对不同发展阶段企业可以实施周期性管理，真正做到“效益增、工资增，效益降、工资降”。加强工资总额预算执行监督，建立预警机制，及时调整工资发放进度，坚决杜绝超发、超提问题。

市管企业应当严格控制非主业工资总额增长，重点向主导产业和结构调整、转型升级的关键领域倾斜。企业整体经济效益下降的，总部工资水平应当率先下降；企业工资总额下降的，应当优先保障一线职工工资水平不下降或少降。

（二）健全市场化薪酬分配机制

市管企业应当建立健全以岗位价值为基础、经营业绩为导向、创新研发为补充的岗位绩效工资制度。

逐步规范企业职工薪酬结构，薪酬一般由岗位工资、绩效工资、国家及地方政府统一

规定的津贴补贴三部分组成。其中：岗位工资，即固定工资，是依据生产经营中不同岗位确定的工资，并参考各岗位的技术高低、责任大小、劳动强度和劳动条件等因素确定。绩效工资，即浮动工资，是依据全员绩效考核结果确定的工资。国家及地方政府统一规定的津贴补贴，即有明确政策规定允许支付给职工的津贴或补贴。

市管企业应当坚持按业绩贡献决定薪酬的分配原则，实行一岗一薪、易岗易薪，岗变合同变。合理设定绩效工资占薪酬总水平的比重，各级企业领导班子成员绩效工资占比一般不低于70%，中层管理人员绩效工资占比一般不低于50%。

不得以任何形式违规发放工资，包括自行新设项目或继续发放已经明令取消的津贴补贴，以各种名义向职工普遍发放各类奖金，超标准超范围发放加班费、值班费等。

（三）灵活开展多种方式的中长期激励

市管企业应当按照有关规定，积极推动国有控股上市公司实施股权激励、非上市科技型企业实施股权和分红激励，稳慎推进混合所有制企业开展骨干员工持股。

鼓励竞争类企业以价值创造为导向，聚焦关键岗位核心人才，探索建立超额利润分享机制，参照《“双百企业”和“科改示范企业”超额利润分享机制操作指引》（国企改办发〔2021〕1号）相关规定执行。

鼓励从事新业态、新产业、新商业模式等具有较高风险和不确定性业务的企业探索实施项目跟投。坚持风险共担、利益共享原则，企业合理设定项目跟投比例，由项目经营团队和核心骨干个人出资，同时避免项目之间“挑肥拣瘦”。

市管企业探索实施超额利润分享、项目跟投的，应当制定实施细则，报市国资委备案。应当建立健全与中长期激励机制相对应的经济责任审计、信息披露、延期支付、追索扣回等约束机制，防范各项风险。

（四）完善职工福利保障体系

市管企业应当统筹优化职工福利保障体系，健全企业年金、补充医疗保险、文化生活等多重保障机制，提高企业凝聚力和竞争力。

进一步加强企业年金管理。坚持审慎原则，充分发挥企业年金管理委员会作用，每年对受托人及其他管理机构进行考核评价。整合内部两个及以上年金计划，提升年金资金集中程度。坚持公平原则，及时更换管理能力、收益水平明显低于市场平均水平的受托人。加强宣传引导，逐步提高企业年金的职工参与率和覆盖面。

鼓励有条件的企业建立补充医疗保险制度，用于解决职工基本医疗保险统筹之余需个人支付的医疗费用。探索增加覆盖职工职业周期的补充医疗保险，减轻职工重病医疗负担。

四、保障措施

（一）精心组织实施，积极推进改革

各企业要成立专项改革领导小组，建立指挥调度机制，逐级落实改革责任，确保改革措施及时到位。充分研判改革面临的困难与挑战，完善风险评估和预警机制。善于借助外脑，加强与咨询机构合作，引入先进管理理念和专业工具。

（二）坚持问题导向，加强顶层设计

对照劳动用工、收入分配改革任务，检视自身存在的差距和不足，查找问题原因。加强顶层设计，系统谋划改革实施方案，提出改革任务的时间表、路线图，定期开展年度分析和中期评估工作。加强政策宣传引导，破除不利于改革的陈旧思想，营造改革文化氛围。

（三）夯实管理基础，强化人力资源保障

应当建立健全人力资源统筹管理体系，完善人力资源信息管理系统，实现内部业务协同、数据共享。加强人力资源管理队伍建设，制定企业人力培训规划，加大培训投入，提升人力资源管理水平。鼓励有条件的企业建立人力资源共享服务中心，提高集约管控能力。

本实施意见自印发之日起施行，本实施意见发布前有关规定与本实施意见不一致的，以本实施意见为准。

北京市国资委关于印发《关于市管企业规范实施股权和分红激励工作的指导意见》的通知

京国资发〔2021〕20号

各市管企业：

为贯彻落实中央、市委关于全面深化国资国企改革意见精神，完善企业长效激励约束机制，我委制定了《关于市管企业规范实施股权和分红激励工作的指导意见》，已经市国资委2021年第6次主任办公会审议通过，现印发给你们，请结合实际认真贯彻执行。

各市管企业要根据《关于市管企业规范实施股权和分红激励工作的指导意见》的工作要求，加强组织领导，逐步完善企业中长期激励体系，建立健全内部股权和分红激励管理制度及相关配套约束机制，指导监督所属企业严格执行相关制度并定期总结工作经验，确保改革政策落实到位。

关于市管企业规范实施股权和分红激励工作的指导意见

为全面深化国有企业改革，建立健全生产要素由市场评价贡献、按贡献决定报酬的机制，指导市管企业着力构建科学、规范的中长期激励体系，根据《中华人民共和国公司法》、《中华人民共和国企业国有资产法》、《关于修改〈上市公司股权激励管理办法〉的决定》（证监会令第148号）、《国有科技型企业股权和分红激励暂行办法》（财资〔2016〕4号），参照《中央科技型企业实施分红激励工作指引》（国资厅发考分〔2017〕47号）、《中央企业控股上市公司实施股权激励工作指引》（国资考分〔2020〕178号）等有关规定，结合市管企业经营实际，提出如下指导意见。

一、充分认识开展股权和分红激励的重要意义

党的十九大以来，中央和北京市委市政府高度重视激励工作，围绕深化国有企业改革、强化正向激励作出了一系列部署，《国企改革三年行动方案（2020—2022年）》也对健全市场化经营机制、强化核心人才激励提出了明确要求。在市管企业开展股权和分红激励工作是坚持改革方向、深化收入分配制度改革的具体实践，有利于打造体现效率促进公平、以知识价值为导向的收入分配体系，构建科研人员、管理骨干与企业风险共担、利益共享的长效激励机制；是强化科技创新，建设国际科技创新中心的重要支撑，有利于引导科技型企业全面加大研发投入，整合首都人才和技术资源，提升科技创新能力，推动科技成果转化，在关键核心技术攻关上实现快速突破；是优化人才结构，加快转型升级的关键举措，有利于应对激烈人才竞争，推动高端产业人才聚集，实现核心人才绑定，为提升企

业核心竞争能力提供战略保障。

二、明确股权和分红激励的总体要求

（一）指导思想

坚持以习近平新时代中国特色社会主义思想为指导，全面贯彻党的十九大和十九届二中、三中、四中、五中全会精神，认真落实中央和市委、市政府决策部署，围绕深化国有企业改革、完善收入分配机制的有关要求，把握新发展阶段，坚持新发展理念，融入新发展格局。坚持质量第一、效益优先、积极推进、稳妥实施，将市管企业股权和分红激励工作引向深入，推动市管企业健康可持续发展。

（二）适用范围

本指导意见适用于北京市人民政府国有资产监督管理委员会（以下简称市国资委）履行出资人职责的市管企业，及其控股的上市公司和非上市科技型企业。包括纳入合并报表范围的各级子企业及因特殊情况暂未纳入合并范围、但国有股东有实质控制权的企业。

非上市科技型企业包括国家认定的高新技术企业、转制院所企业及所投资的科技企业、高等院校和科研院所投资的科技企业、纳入科技部“全国科技型中小企业信息库”的企业、国家和省级认定的科技服务机构。

市管企业参股或没有实质控制权的其他投资企业不适用本指导意见，其股权和分红激励方案，由市管企业依照公司法人治理结构履行相关决策程序。

（三）实施条件

实施股权和分红激励应当优先选择符合首都城市战略定位、国家产业政策重点支持、科技创新特征明显、符合主业发展方向、市场化程度高、处于上升发展期、具有较强市场竞争力的企业。

实施股权和分红激励企业应当产权明晰、发展战略明确、治理结构完整并有效运转，劳动用工规范，薪酬福利、业绩考核制度完善，内部控制机制健全。无监管机构、政府部门规定的不符合股权和分红激励条件的相关行为。此外，上市公司实施激励的，外部董事（含独立董事）应当占一半以上，薪酬与考核委员会成员全部为外部董事；科技型企业实施岗位分红的原则上成立三年以上并建立规范的岗位管理和评估体系，实施项目分红的应当实现项目单独会计核算并建立规范的项目管理和收益评估制度。

三、科学拟定股权和分红激励工作方案

（一）科学选择激励方式

上市公司应当根据股权激励目的、行业发展规律、企业改革实践及股票上市地监管规定等因素，科学确定股权激励方式。包括股票期权、股票增值权、限制性股票等方式，也可以结合股票交易市场其他公司实施股权激励的情况，探索试行法律、行政法规允许的其他激励方式。其中：成长性较好、未来股价提升空间较大的科技型和创新型上市公司可以选择期权或增值权模式；平稳发展、股价相对稳定的传统行业上市公司，可以选择限制性股票模式；国家和北京市重点支持、在本行业具有重大影响力的上市公司，可以根据情况

选择期权和限制性股票组合模式；境内注册、发行中国香港外资股的上市公司(H股)原则上选择股票增值权模式；境外注册、境外上市公司(红筹)原则上选择股票期权模式。

非上市科技型企业应当根据经营规模大小、盈利水平高低、人员结构特点、科技创新状况等因素，科学确定激励方式。包括股权出售、股权奖励、股权期权、岗位分红、项目分红方式。其中：轻资产运营、具备增长潜力、有未来上市计划企业可以选择股权出售模式；关键技术人员对科技进步和企业发展起重要推动作用并具备利润积累的，可以选择股权奖励并应当与股权出售相结合；小微企业可以优先选择股权期权激励模式。不具备股权激励条件，但有盈利增长潜力、具备分红保障的企业和项目可以选择分红激励；重要科技项目产业化能力较强、商业化路径明确、项目边界清晰的企业，可以选择项目分红；可评估岗位价值贡献、有一定盈利积累并具备盈利增长潜力企业可以选择岗位分红。对同一激励对象同一职务科技成果或产业化项目，企业只能采取一种激励方式，给予一次激励。

（二）合理确定激励额度

坚持增量激励、效益导向的原则，并结合企业发展战略、股本规模和股权结构、盈利水平、人工成本承受能力等因素合理确定激励额度。可以通过向激励对象增发股份、股份回购、现有股东依法转让方式解决激励股权来源。同时企业应当明确激励分配办法、建立额度分配模型，根据价值贡献、岗位标准等因素合理分配激励额度。

上市公司股权激励计划期内授予的权益总量不得超过总股本10%(科创板20%)，不得因股权激励实施而使国有控股股东失去实际控制权。首次股权激励原则上不超过总股本1%，中小市值上市公司和科技创新型上市公司可放宽到3%。非经股东大会特别批准，个人全部激励有效期内获授的权益数量，不得超过总股本的1%。上市公司应当根据业绩目标合理确定授予数量，董事、高级管理人员的权益授予价值不高于授予时薪酬总水平(含权益授予价值)的40%，实际激励收益不设置调控上限。上市公司需为拟市场化选聘人员设置预留权益的，预留权益数量不得超过本次激励权益的20%，并在股东(大)会通过激励计划的12个月内明确授予对象。

非上市科技型企业的股权激励按照大、中、小微企业规模，额度应当分别控制在企业总股本的5%、10%和30%以内。大中型企业个人获授权益不超过企业总股本的1%，小微企业个人获授权益不超过企业总股本的3%。企业用于股权奖励的激励额度不超过近三年税后利润累计形成净资产增值额的15%，单个获得股权奖励的激励对象，必须以不低于1∶1的比例购买企业股权，且获得的股权奖励按激励实施时的评估价值折算，累计不超过300万元；股权期权授予时可以为拟市场化选聘人员设置预留权益，并应当在首期期权授予完成后12个月内明确授予对象和完成授予；岗位分红应当控制在当年税后净利润的15%以内，激励对象个人获得的岗位分红所得不高于其薪酬总额的2/3；企业实施项目分红的，应当与重要技术人员提前约定职务成果转化的收益分配方式，合理确定激励额度。

（三）严格选定激励对象

激励对象选择应当按照“关键”和“核心”人力资源属性，避免随意扩大激励范围，杜绝“激励变福利”。应当建立健全岗位价值和人才素质评估模型，综合价值创造、科技创新、业绩贡献及岗位重要性、不可替代性、未来成长性等多维度进行评价，以确定激励对象。激励对象选择程序应当公开透明，不得将与经营发展、科技创新和成果转化没有直接关联的人员纳入激励范围；市管干部、外部董事、监事不得参与股权或者分红激励；不得以“代持股份”或“名义持股”等不规范方式参加股权激励。

上市公司激励对象一般包括公司董事、高级管理人员以及对经营业绩和持续发展有直接影响的管理、技术和业务骨干。市场化选聘的职业经理人、外籍员工可以参加任职企业的股权激励。

非上市科技型企业股权和分红激励对象是与本企业签订劳动合同的重要技术人员和经营管理人员；同激励企业在产业链延伸、科技创新和经营上有重要协同的子企业人员，经批准可以纳入激励范围。此外，股权奖励激励对象应当限定在本企业连续工作三年以上的重要技术人员；岗位分红激励对象应当在该岗位连续工作一年以上，人数不得超过在岗职工总数的30%。

（四）规范拟定权益价格

上市公司应当以公平市场价格确定权益授予价格。境内上市公司公平市场价格不得低于激励方案公告日之前规定时间的交易均价，境外上市公司公平市场价格不得低于权益授予日之前规定时间的交易收盘价。其中：股票期权、股票增值权的授予价格不得低于公平市场价格和面值；限制性股票授予价格应当与解锁时业绩目标水平相适应，不得低于公平市场价格的50%和面值，公平市场价格低于每股净资产的，授予价格不得低于公平市场价格的60%。

非上市科技型企业实施股权出售的，应当以协议方式、按照不低于资产评估结果的价格出售给激励对象。小、微企业采取股权期权方式的，行权价格不得低于制定股权期权方案时的每股评估价值，并结合科技成果成熟度及其转化情况、未来至少五年的盈利能力、拟授予全部股权数量等因素综合确定。

（五）有效安排激励期间

上市公司股权激励有效期自股东大会通过之日起计算，一般不超过十年，每期权益的授予间隔应当在一年以上，一般为两年。在有效期内，限制性股票的禁售期和股票期权（增值权）的行权限制期原则上不低于两年，限制性股票解锁期和股票期权行权有效期不得低于三年。境内上市公司解锁（行权）原则采取匀速分批形式；境外上市公司应当遵循上市地规定，无具体规定的，原则上采取匀速分批形式。

非上市科技型企业股权出售或者股权奖励原则上应当一次实施到位，获得股权后的锁定期为五年，除离职等特殊情况外，锁定期内激励对象不得出售、捐赠、抵押股权。股权期权授予日与获授股权期权首次可行权日的间隔不得少于一年，股权期权的行权有效期应在两年以上、五年以内。岗位分红有效期原则上不超过三年，项目分红采用从科技成果的营业利润中提取比例形式的，原则上不超过五年。

四、从严设定股权和分红激励业绩条件

（一）严格企业业绩考核

上市公司实施股权激励，应当建立完善的经营业绩考核体系，结合经营特点、发展阶

段、所处行业等情况，科学设置业绩考核指标。应当包括三类业绩指标：反映股东价值创造和股东回报类指标，如净资产收益率、总资产报酬率、净资产现金回报率(EOE)、投资资本回报率(ROIC)等；反映持续成长能力类指标，如净利润增长率、营业收入增长率、创新收入增长率等；反映运营质量类指标，如资产负债率、现金营运指数、总资产周转率等。除选择财务指标外，还可以综合考虑公司发展战略，在科技创新、转型升级、结构优化、市场开拓等方面设置非财务业绩指标。上市公司在权益授予和行权(解锁)环节时的业绩目标值，应当采用与自身历史业绩水平纵向比较、与境内外同行业优秀企业横向对标相结合方式，并体现前瞻性、挑战性，横向对标企业不得少于三家。权益授予的业绩目标应当根据企业发展战略，结合近三年平均业绩水平、上年度实际业绩水平、同行业平均业绩(或者对标企业50分位值)水平合理确定，未达成的不得授予；股权激励计划无分期实施安排的，可以不设置授予业绩考核条件。行权(解锁)业绩目标应当在授予目标基础上有所提高，结合近三年平均业绩水平、上年度实际业绩水平、同行业平均业绩(或者对标企业75分位值)水平合理确定，未达成的，考核期间对应的股票期权或股票增值权不得行权，限制性股票由公司回购。

非上市科技型企业采取股权期权激励的，应当与激励对象约定期权授予和行权的经营业绩考核目标等条件，可以选取净资产收益率、主营业务收入增长率、现金营运指数等财务指标，并不得低于企业近三年平均业绩水平及同行业平均业绩水平。未达成业绩目标的，当年度对应的股权期权不得授予或行权；采取股权出售、股权奖励的，锁定期内应当参照股权期权激励方式设定经营业绩考核目标，未达成业绩目标的，应当收回授予股权；采取岗位分红的，原则上各年度净利润增长率应当高于实施岗位分红近三年平均增长水平，还应当选择净资产收益率等财务指标、创新收入增长率等科技创新指标、劳动生产率等管理指标作为经营业绩考核目标；采取以职务科技成果作价投资、自行实施或者与他人合作实施方式开展项目收益分红的，应当选择项目收入增长率等财务指标、项目专利和知识产权数量等创新指标、新增项目合同数等管理指标作为经营业绩考核目标。岗位分红激励年度净利润增长率低于近三年平均增长水平的、项目分红财务类指标未达成业绩目标的，原则上应当终止实施方案。上述财务指标计算时应剔除投资性房地产经营收入和非经常性损益。

(二) 严格个人(岗位)业绩考核

激励实施企业应当同时建立激励对象个人(岗位)层面的考核评价机制，切实将权益的授予、生效(解锁)与激励对象个人绩效考核结果挂钩，根据考核结果确定其参与激励的资格，并分档确定权益生效(解锁)比例。激励对象未达到个人年度业绩考核要求的，应当按照规定或者约定终止、扣减或者暂缓激励。激励对象为董事、高级管理人员时，应结合任期考核结果行权或兑现权益，任期考核不合格或经营业绩不实、造成国有资产流失、经营管理失职以及存在重大违规违纪问题的，对于相关责任人任期内已经行权的权益应当建立退回机制。

境外上市公司授予董事、高级管理人员的股票期权，应当将不低于获授量20%留至限制期满后的任期(任职)期满考核合格后行权，或在激励对象行权后，持有不低于获授量

20%的公司股票，至限制期满后的任期(任职)期满考核合格后方可出售；授予的股票增值权，其行权获得的现金收益需进入上市公司为股权激励对象开设的账户，账户中现金收益不低于20%部分至任期(任职)期满考核合格后方可提取；授予的限制性股票，应当将不低于获授量20%锁定至任期(任职)期满考核合格后解锁。

五、规范股权和分红激励管理

(一) 落实各级主体责任

市国资委负责制定市管企业股权和分红激励相关政策及年度工作计划，经委主任办公会审议后实施；对市管企业报送的股权和分红激励方案出具批复意见，适时开展激励实施情况的监督检查。

市管企业应当建立健全内部股权和分红激励管理制度，明确工作目标，压实工作责任，拟定年度工作计划；指导所属企业科学制定股权和分红激励方案，全面负责对所属企业激励方案的审核把关；督促激励实施企业严格依据业绩考核目标完成情况兑现相应激励权益，全面掌握股权变动状况，形成事前审核、事中监管、事后评估的管理闭环。市管企业应当将参股企业或没有实质控制权的其他投资企业的股权和分红激励纳入“三重一大”范围，切实履行股东职责，认真审核激励方案，并委派国有股东代表履行表决权。

激励实施企业负责拟订激励方案，征求各方股东意见，严格履行内部决策程序，并通过职工代表大会或者其他形式充分听取职工意见；依据各级批复决议，严格执行激励方案，定期报告激励开展情况，并及时对外披露必要信息。激励实施企业不得直接或通过关联方间接为激励对象提供贷款以及其他任何形式的财务资助，包括为其贷款提供担保，不得向激励对象承诺年度分红回报或设置托底回购条款。

(二) 规范方案批准流程

市管企业、激励实施企业应当就具体方案与市国资委相关处室进行充分沟通，依据沟通意见完善激励方案。市管企业总法律顾问应当对激励方案出具法律意见书，上市公司还应当由律师事务所出具法律意见、独立董事发表专业意见。市管企业和激励实施企业应当严格按照内部决策程序审议激励方案。

上市公司召开董事会审议股权激励方案前，应当征得市管企业、市国资委同意。股东(大)会审议激励方案前，市管企业应当取得市国资委正式批复，并依据批复意见履行表决程序。未设立股东(大)会的，按市国资委批准的方案实施。

(三) 严格方案调整程序

激励方案实施中原则上不进行变更。但标的股票(权)除权、除息需要调整权益价格或数量的，以及激励对象变动需要调整激励人员范围的，激励实施企业董事会有权审议并批准。出现重大疫情、重大灾害等不可抗因素导致企业内外部经营环境发生重大变化、造成原方案实施困难或不能有效发挥激励作用的，激励实施企业可以提出方案变更或终止申请，需经市管企业审核并报市国资委批准。激励方案变更事项不得包括导致加速行权或提前解除限售、降低行权价格或授予价格的情形。

（四）完善激励报备机制

市管企业在激励实施企业股权和分红激励完成权益授予、权益生效后的 7 个工作日内，应当将相关情况报市国资委备案。

市管企业应当切实做好激励方案的评估和管理，于每年 3 月底前总结上一年度激励方案实施情况，报告市国资委。激励实施中出现重大争议、重大舆情等可能影响激励正常实施的不确定因素时，应当及时报告市国资委。

六、加强股权和分红激励监督

（一）加强监督管理

要将激励方案实施、管理纳入各级企业巡视巡察、纪检监察、内部审计等监督范围，确保股权和分红激励政策稳妥推进、取得实效。要充分发挥公司党委、董事会、监事会和独立董事等各级主体的职能作用，切实履行监督职责，并综合运用多种手段开展群众和社会监督。

（二）强化责任追究

激励实施企业出现以下情形之一的，市管企业应当依法行使股东权利，提出取消当年度可行使权益，同时终止实施激励计划，经股东(大)会或董事会审议通过，一年内不得向激励对象授予新的权益，激励对象也不得根据激励计划行使权益，或者获得激励收益：未按照规定程序和要求聘请会计师事务所开展审计的；年度财务报告或内控评价报告被注册会计师出具否定或无法表示意见的；市国资委对年度财务报告提出重大异议的；发生重大违规行为受到监管机构及其他有关部门处罚的。

激励实施企业出现以下情形之一的，市管企业应当依法行使股东权利，提出暂停或者终止实施激励，经股东(大)会或董事会审议通过后执行，并对相关责任人依法依规追究责任：未经批准擅自开展激励的；擅自调整激励方案的；未严格执行激励方案的。同时，市管企业应当及时组织整改。

激励对象有下列情形之一的，市管企业应当依法行使股东权利，提出终止授予其新的权益、取消其尚未行使权益的行使资格、追回已获得的相关激励收益，并依据法律及有关规定追究其相应责任：经济责任审计等结果表明未有效履职或者严重失职渎职的；违反国家有关法律法规规定和企业章程的；任职期间有贪污受贿等违法违纪行为，并受到处分的；实施关联交易损害企业利益的；未履行或者未正确履行职责，给企业造成较大资产损失以及其他严重不良后果的。

各区国有资产监督管理机构可参照本指导意见，对所出资企业股权和分红权激励工作实施管理，也可结合本地区实际制定相应的工作规范。

本意见自印发之日起施行。市国资委、市财政局《关于北京市国有控股上市公司(境内)实施股权激励的指导意见》(京国资考核字〔2007〕141 号)同时废止。

本意见由市国资委负责解释。

上海市国资委关于印发《关于本市地方国有控股混合所有制企业员工持股首批试点工作实施方案》的通知

沪国资委改革〔2017〕18号

市国资委系统企业、各委托监管单位、各区国资委：

现将《关于本市地方国有控股混合所有制企业员工持股首批试点工作实施方案》印发给你们，请结合实际，认真组织申报和开展试点工作。

关于本市地方国有控股混合所有制企业员工持股首批试点工作实施方案

为贯彻落实国务院国资委、财政部、中国证监会《关于国有控股混合所有制企业开展员工持股试点的意见》（国资发改革〔2016〕133号，以下简称《试点意见》）文件精神，稳妥有序推进本市地方国有控股混合所有制企业员工持股首批试点工作，制定本实施方案。

一、试点企业条件

（一）试点企业应同时满足下列条件：

1. 主业应处于充分竞争行业和领域的竞争类企业。企业分类认定根据市国资委《关于进一步完善市管企业分类监管的实施意见》（沪国资委研究〔2013〕425号）、《关于委管企业分类监管中跨类业务认定的操作指引（试行）》（沪国资委规划〔2014〕188号）等文件精神执行。

2. 股权结构合理，非公有资本股东所持股份原则上不低于10%，且公司董事会中有非公有资本股东推荐的董事。

3. 企业股东会、董事会、监事会、经理层健全，董事会运作规范高效。公司章程制订规范，企业管理制度健全，建立市场化的劳动人事分配制度和业绩考核评价体系，形成管理人员能上能下、员工能进能出、收入能增能减的市场化机制。

4. 企业的营业收入和利润90%以上应来源于其所在出资监管机构一级企业的外部市场。

（二）优先支持人才资本和技术要素贡献占比较高的转制科研院所、高新技术企业、科技服务型企业开展员工持股试点。

（三）市属一级企业原则上暂不开展员工持股试点；违反国有企业职工持股有关规定且未按要求完成整改的企业，不得开展员工持股试点；未纳入试点的国有控股企业，不得自行组织实施员工持股。

金融、文化国有企业实施员工持股，另有规定的依其规定执行。

二、试点企业数量

根据《试点意见》规定，本市遴选5~10户企业开展首批试点。

三、企业申请

（一）逐级申报

企业开展员工持股试点，应深入分析实施员工持股的必要性和可行性，符合条件申请首批试点的企业，按出资管理关系分别向市属一级企业、区国资委提出书面申请。上市公司提出申请试点的还应符合中国证监会关于上市公司信息披露的有关规定。

（二）申请企业申报材料

申请试点的企业，应书面提供以下材料(同时报送电子版)：

1. 企业关于开展员工持股首批试点的申请。包括：(1)企业基本情况。历史沿革情况、公司治理结构及运作情况、股权结构情况、主营业务情况、财务情况(总资产、负债、净资产、营业收入、净利润，以出资新设方式实施员工持股的企业可不提供)、员工基本情况、民主管理情况等；(2)企业过去和未来关于营业收入和利润来源情况分析；(3)企业劳动人事、收入分配、业绩考核制度情况；(4)企业曾实施的员工持股情况；(5)实施员工持股的必要性和可行性分析；(6)企业及员工对员工持股的初步意见；(7)其他相关情况。

2. 附件材料：(1)员工持股试点方案(草案)。包括持股员工条件、持股人数、持股比例、入股价格、出资方式、持股方式、股权分红、股权管理、股权流转、锁定期和解锁期及员工岗位变动调整股权等重要事项；(2)企业关于营业收入和利润90%以上来源于其所在出资监管机构一级企业的外部市场的书面承诺；(3)党组织发挥政治核心作用的举措、人员配置等情况；(4)其他相关材料。

四、试点条件初步认定

市属一级企业、区国资委在收到各下属企业申报材料后，应组织开展试点条件初步认定。重点审查申请企业是否符合试点条件、申请企业实施员工持股的必要性和可行性、申请企业员工持股方案(草案)是否符合国家和本市有关规定等方面情况。

经初步认定符合试点条件的，由市属一级企业、区国资委统筹把握申报试点企业数量，向市国资委书面申报。委托监管企业申请试点的，还应经委托监管单位书面同意后，向市国资委转报。向市国资委申报材料应包括市属一级企业、区国资委的初步认定意见以及委托监管单位的书面意见，并将企业申报材料和市属、区属一级企业与申请企业有关规范关联交易书面承诺作为附件。

五、试点企业名单确定

按照“统筹平衡、成熟一户开展一户”的原则，逐一审核企业申请材料，由市国资委确定本市开展员工持股首批试点企业名单。

六、组织实施

试点企业应严格规范做好员工持股的组织实施工作，包括但不限于以下方面：

（一）细化完善员工持股方案

试点企业应根据《试点意见》、本实施方案等规定，对员工持股草案内容进一步细化完善。

（二）制定员工股权管理规则

员工所持股权一般应通过持股人会议等形式选出代表或设立相应机构进行管理。该股权代表或机构应制定管理规则，代表持股员工行使股东权利，维护持股员工合法权益。

（三）严格开展审计评估工作

试点企业参照本市国有企业改制中审计评估工作相关要求，开展财务审计和资产评估，并按规定备案或核准。非上市公司以增资扩股方式实施员工持股可不进场交易，入股价格不低于评估值；非上市公司实施混合所有制改制同步开展员工持股的，员工持股入股价格应与非公资本实际入股价格一致，且不得低于评估值。国有控股上市公司员工入股价格按证券监管有关规定确定。

（四）规范履行职工民主程序

试点企业应采取职工代表大会等形式充分听取企业职工对员工持股方案的意见。试点企业应将持股员工范围、持股比例、入股价格、股权流转、中介机构以及审计评估等重要信息在企业内部充分披露，切实保障员工的知情权和监督权。

（五）开展合法性合规性审核

试点企业应聘请律师事务所对员工持股出具法律意见书，企业法务部门应当对法律意见书进行审核。重点关注以下内容：(1)员工持股方案的合法合规性；(2)中介机构的选聘是否公开透明；(3)履行职工民主程序是否规范透明；(4)企业资产产权是否明晰；(5)决策程序是否符合法律法规及章程规定；(6)操作程序是否完整、合规；(7)股权变动方案的合法性。

（六）开展社会稳定风险评估

试点企业应按照国务院国资委《关于建立国有企业改革重大事项社会稳定风险评估机制的指导意见》(国资发〔2010〕157号)、市委办公厅、市政府办公厅《关于深入推行重大事项社会稳定风险评估机制的通知》(沪委办发〔2011〕32号)、市国资委《关于深入推行市国资委系统重大决策社会稳定风险分析和评估机制的实施意见》(沪国资党委办〔2013〕10号)等文件规定，对实施员工持股进行社会稳定风险的分析与评估，制定相应的工作预案，并按规定报备。其中，评估为最高等级风险的，暂缓实施员工持股。

（七）履行企业内部决策程序

员工持股方案及相关事项应按照试点企业章程规定，经董事会审议后，提交试点企业股东(大)会审议通过后方可实施。

（八）及时办理产权和工商变更

试点企业应将股权变动、章程修订等事项，及时向相关部门办理变更登记。非上市公司实施混合所有制改制同步开展员工持股的，应确保非公有资本股东和员工持股同步完成工商变更。上市公司应当按照中国证监会相关规定及时披露有关事项。

七、备案报送

员工持股方案经股东(大)会审议通过后，市属试点企业报送所在市属一级企业，由市属一级企业报送市国资委或委托监管单位备案；区属试点企业报送区国资委备案。区国资委、委托监管单位抄送市国资委。

报备材料应包含但不限于以下材料：(1)企业法人营业执照；(2)员工持股方案；(3)审计、评估报告；(4)增资扩股协议；(5)员工股权管理规则；(6)法律意见书；(7)社会稳定风险评估报告；(8)相关决策文件；(9)员工持股实施情况统计表；(10)其他相关材料。

八、跟踪检查

市属一级企业、区国资委要对试点企业进行定期跟踪检查，及时掌握情况，发现问题，纠正不规范行为。市国资委将会同有关部门对试点企业员工持股实施情况开展抽查。试点企业要充分发挥监事会监督作用，对员工持股程序、内容等进行监督，对员工持股试点实施情况进行跟踪检查，及时向股东或出资人汇报。上市公司应按中国证监会有关规定在定期报告中披露员工持股计划实施情况。

九、工作要求

（一）加强组织领导

市国资委成立员工持股试点工作领导小组，由分管领导任组长，成员由相关处室负责人组成。试点企业所在市属一级企业、区国资委应明确一位负责同志专门负责员工持股试点工作，并责成业务部门具体落实，有关负责同志和联系人信息报市国资委。

（二）加强指导协调

市属一级企业、区国资委应指导试点企业研究完善员工持股方案、制定相应管理制度、严格审计评估、开展合法合规性审查、严格履行决策和民主程序，确保试点工作稳妥有序、依法规范推进。

（三）加强检查监督

市属一级企业、区国资委应对试点工作加强检查监督，重要问题应及时向市国资委报告。国有企业不得以任何形式向本企业集团内的员工持股企业输送利益，严格规范关联交易。关联交易应由市属、区属一级企业以适当方式定期公开，并列入企业负责人经济责任审计和财务审计内容。试点过程中出现制度不健全、程序不规范、管理不到位等问题，致使国有资产流失、损害有关股东合法权益或严重侵害企业职工合法权益的，要依法依纪追究相关责任人的责任。

上海市国资委、市人社局、市财政局关于印发《关于市国资委监管企业工资决定机制改革的实施办法》的通知

沪国资委分配〔2019〕76号

各监管企业：

为贯彻落实国务院《关于改革国有企业工资决定机制的意见》(国发〔2018〕16号)和市政府《关于本市改革国有企业工资决定机制的实施意见》(沪府规〔2019〕7号)的精神，指导监管企业建立健全与劳动力市场基本适应、与企业经济效益和劳动生产率挂钩的工资决定和正常增长机制，我们制定了《关于市国资委监管企业工资决定机制改革的实施办法》，现予印发，请结合实际，认真遵照执行。

市国资委
市人力资源社会保障局
市财政局
2019年4月18日

关于市国资委监管企业工资决定机制改革的实施办法

为贯彻落实市政府《关于本市改革国有企业工资决定机制的实施意见》(沪府规〔2019〕7号)的精神，指导监管企业建立健全与劳动力市场基本适应、与企业经济效益和劳动生产率挂钩的工资决定和正常增长机制，完善国有企业工资分配监管体制，促进收入分配更合理、更有序，制定本实施办法。

一、适用范围

本办法所称市国资委监管企业指由市国资委履行国资监管职责的国有独资或国有控股企业，以下简称“监管企业”。

纳入管理的企业范围原则上包括监管企业总部及其所属各级全资或者控股的子公司(不含境外子公司)。

二、改革工资总额决定机制

监管企业按照国家和本市工资收入分配宏观政策要求，根据企业发展战略、薪酬策略、经营状况、任务目标、经济效益和社会效益，综合考虑劳动生产率和人工成本投入产出率、职工工资水平市场对标等情况，结合企业工资指导线，合理确定年度工资总额。

(一)工资总额

本办法所称工资总额，是指由企业在一个会计年度内直接支付给与本企业建立劳动关

系的全部职工的劳动报酬总额，包括工资、奖金、津贴、补贴、加班加点工资、特殊情况下支付的工资等。监管企业领导人员薪酬纳入工资总额管理，并按本市相关政策执行。

工资总额基数，原则上以上年工资总额清算数为准。

监管企业按照工资与效益联动机制确定工资总额，原则上增人不增工资总额、减人不减工资总额，但监管企业发生外部兼并重组、撤销、新设企业或分支机构等涉及人员变动较大、影响工资总额较多的，可以合理增加或者减少工资总额，并相应调整次年工资总额基数。

当年新设监管企业的工资总额，由市国资委根据其功能定位、行业特点、职工人数，结合劳动力市场工资价位和行业(或本市)职工平均工资水平等因素合理确定。

(二) 联动指标

监管企业应根据功能定位、行业特点，科学设置联动指标，合理确定考核目标。联动指标、考核目标原则上在监管企业法定代表人的任期考核的重点指标中选取，在一定时期内(至少三年)保持稳定，并原则上以经审计的财务结果作为基数。如果选取多项指标(一般不超过 4 个)的，应根据重要程度合理设置各指标所占的权重。

竞争类企业，应主要选取利润总额(或净利润)、经济增加值、净资产收益率等反映经济效益、国有资本保值增值和市场竞争能力的指标。其中，金融类企业，也可选取反映资产质量、偿付能力以及防范风险能力的指标。

功能类企业，以完成战略任务或重大专项任务为主要目标，兼顾经济效益，主要考核功能作用、运营能力，引入政府主管部门评价机制。公共服务类企业，以确保城市正常运行和稳定、实现社会效益为主要目标，主要考核服务水平、成本控制、持续能力，引入政府主管部门和社会第三方评价机制。功能类和公共服务类企业法定代表人的任期考核指标均应作为联动指标。

劳动生产率指标一般以人均增加值、人均利润为主，根据企业实际情况，可选取人均营业收入、人均工作量等指标。

人工成本投入产出率一般以人工成本利润率为主，根据企业实际情况，也可选取人事费用率、劳动分配率等指标。

(三) 联动机制

竞争类企业经济效益增长的，当年工资总额增长幅度可在不超过经济效益增长幅度范围内确定。其中：当年劳动生产率未提高，或者上年人工成本投入产出率低于行业平均水平，或者上年人均工资高于本市职工平均工资 2 倍的，当年工资总额增长幅度应低于同期经济效益增长幅度，人均工资增长幅度高出工资指导线平均线的部分按不超过 80%安排。经济效益下降的，除受政策调整等非经营性因素影响外，当年工资总额原则上相应下降。其中：当年劳动生产率未下降，或者上年人工成本投入产出率明显优于行业平均水平，或者上年人均工资低于本市职工平均工资 60%的，当年工资总额可适当少降。

功能类、公共服务类企业经考核完成年度或任期目标的，人均工资增长幅度可按不超过工资指导线的平均线安排，其中：上年人均工资达到本市职工平均工资 2 倍以上的，人均工资增长幅度原则上不高于工资指导线平均线的 80%。未完成一项或多项任务的，每项按所占权重和未完成程度相应扣减工资增长幅度。当年劳动生产率明显提高的，可适度增加人均工资增长幅度 1~2 个百分点。对于公共服务类企业，为完成服务保障等特殊任务而需适度提高工资总额增长幅度的，需符合成本规制的要求。

监管企业可根据分类监管的相关规定，对不同功能定位的所属企业，分类实施相应的工资与效益联动机制。

监管企业总部职工平均工资增长幅度原则上低于当年本企业职工平均工资增长幅度。

监管企业未实现国有资产保值增值的，工资总额不得增长，或者适度下降。

三、健全预算管理制度

市国资委对监管企业实施工资总额预算管理，根据监管企业法人治理结构完善程度分别实施备案制或者核准制，并对工资总额预算执行结果进行清算。

（一）预算编制、调整及执行

监管企业根据工资与效益联动机制要求，自主编制形成监管企业、总部的工资总额预算，经履行内部决策程序后，于当年 4 月底前报市国资委备案或核准后执行。

在预算执行过程中出现以下情形之一，导致预算编制基础发生重大变化的，可以对工资总额预算进行调整，经履行内部决策程序后，于当年 9 月底前报市国资委备案或核准后执行。

1. 监管企业发生外部兼并重组，撤销、新设企业或分支机构等情况，造成预算年度工资额度需要调整的；

2. 监管企业经营活动发生重大调整，根据工资与效益联动机制，造成预算年度工资额度需要调整的；

3. 对上年工资总额中不符合工资与效益联动的部分或其他不合理部分，需在预算年度工资总额中核减或扣除的；

4. 其他影响工资总额预算的重大事项。

监管企业应指导所属企业科学合理编制工资总额预算方案，逐级落实责任，切实加强预算执行情况的跟踪和监督。对预算执行偏差较大的，应及时给予预警，敦促其采取措施，认真落实，确保年度财务预算和工资总额预算目标的实现。监管企业应建立预算执行情况定期分析、报告制度和信息监测预警机制，及时向市国资委报送半年度预算执行情况及年度决算情况。

（二）备案制

对于法人治理结构完善、内控机制健全、工资管理规范的监管企业，其工资总额预算实行备案制。

备案制企业应根据国家和本市工资收入分配的要求，结合本企业实际情况，制定工资决定机制的实施方案，作为工资总额预算管理的依据。实施方案具体应明确以下内容：一是工资与效益联动机制，包括：效益联动指标、对标行业及指标、指标口径、监管企业工资与效益联动具体规则、总部工资增长具体规则等。二是预算范围，包括：预算企业范围、职工人数等。三是预算管理程序，包括：预算编制、预算调整、审议决策、执行监控、清算评价、监督检查等。实施方案经履行内部决策程序后，报市国资委备案。

对处于充分竞争领域、行业周期性特征明显、经济效益年度间波动较大或存在其他特殊情况的备案制企业，可以探索建立以三个会计年度为一个周期的工资与效益联动机制，并编制周期预算方案。周期内可根据企业发展战略和人力资源规划需要，统筹安排各年度间工资总额支出。周期内工资总额的累计增长幅度应符合同期工资与效益联动的要求。

（三）核准制

对不符合备案制条件的其他监管企业，实行工资总额预算核准制。

对于竞争类企业，工资总额增长幅度一般按照低于扣非归母净利润增长幅度核定。对于功能类和公共服务类企业，工资总额增长幅度按照企业功能定位，在工资与效益联动机制要求的范围内进行核定。

（四）预算执行结果清算

市国资委依据经审计的财务决算，对监管企业、总部工资总额预算的执行结果进行清算，并将各监管企业工资总额清算数汇总后报市人力资源社会保障局。

对于上年有效执行工资与效益联动机制的，按发生的工资总额据实清算。对于上年未有效执行工资与效益联动机制的，将采取按联动要求核定工资总额清算数、核减当年工资总额预算额度等措施，督促监管企业整改，并对当年预算执行情况给予重点关注和监督，确保上年与当年工资总额累计增长幅度符合工资与效益联动的要求。

监管企业总部领导人员、委派人员、市场化引进的高端人才，在当年工资总额额度内据实清算。

实行周期管理的备案制企业，在周期结束后进行清算评价。周期内的前二年工资总额累计增长幅度应确保在可控范围内。

监管企业对所属企业上年工资总额预算的执行结果进行清算，并于当年4月底前报市国资委、市人力资源社会保障局。经监管企业确认的工资总额，应作为所属企业发放和企业所得税税前扣除申报的依据。

四、加强工资分配管理和监督

监管企业要进一步深化内部分配制度改革，建立健全以岗位工资为主的基本工资制度，倡导职工工资收入与经济效益、岗位价值、业绩贡献等相挂钩的能增能减分配理念，向关键岗位、生产一线岗位和紧缺急需的高层次、高技能人才倾斜，合理拉开工资分配差距，调整不合理过高收入。积极稳妥推进工资集体协商，完善职工民主参与工资分配和监督的机制。

监管企业应加强工资总额发放管理，规范工资列支渠道，严格清理规范工资外收入，不得在经备案或者核准的工资总额之外以其他形式列支任何工资性支出。每年三季度将上年工资总额和职工平均工资水平等相关信息通过本企业官方网站向社会公开披露，接受社会公众监督。

市人力资源社会保障局会同市财政局、市国资委等部门对监管企业落实本市工资决定机制改革要求的情况、企业工资列支和发放情况、企业领导人员收入分配情况等进行监督检查，重点监督检查工资预算执行偏离度过大、工资水平过高、工资增速过快、企业领导人员与职工工资水平差距过大的国有企业。对执行工资与效益联动机制出现严重偏差或者严重违反收入分配政策规定的原备案制企业，将调整为实行核准制管理。

五、其他相关事宜

（一）本办法自印发之日起实施。

（二）监管企业应指导所属企业做好工资分配管理相关新老政策的衔接工作，平稳过渡，避免工资出现过大波动，确保改革平稳有序推进。

（三）委托监管企业、市属集体企业参照本办法要求进行管理。

（四）国家法律、行政法规另有规定的，从其规定。

上海市国资委党委、市国资委、市总工会关于规范本市国有企业收入分配的若干意见

沪国资党委〔2007〕99号

市国资委各归口管理单位党组织、各出资监管单位，各区县、产业(局)工会：

为认真贯彻落实党的十六届六中全会和市第九次党代会精神，最大限度地激发广大职工参与国有企业改革发展的积极性，推动实现“国资增值、国企增效、职工增收”的良性互动，促进构建社会主义和谐社会，现就进一步规范本市国有企业收入分配提出如下意见：

一、充分认识规范国有企业收入分配的重要性和紧迫性

规范国有企业收入分配是贯彻落实科学发展观，构建社会主义和谐社会的基本要求，是促进企业健康可持续发展的内在需要。《中共中央关于构建社会主义和谐社会若干重大问题的决定》提出，要“完善收入分配制度，规范收入分配秩序，保障社会公平正义”。市第九次党代会提出，要“规范收入分配秩序，加强收入分配调节，着力形成企业普通职工工资正常增长机制”。国有企业只有坚持在企业发展的同时，让更多的职工群众共享国资国企改革和发展的成果，才有利于保护、调动和激发广大职工的生产积极性，有利于提高企业的生产效率和市场竞争力，促进企业持续稳定健康发展。

当前，本市国有企业收入分配总体情况是好的，大多数企业能够积极采取各种措施规范收入分配，提高职工特别是一线职工的收入，职工工资平均水平逐年稳步增长。但是，部分企业收入分配秩序不透明、职工民主参与及民主管理力度不够等问题依然存在。这些问题直接影响到国资国企改革的深化，影响到社会主义和谐社会的构建，需要尽快从机制上和制度上加以研究和解决。各级国有企业要进一步统一思想，提高对规范收入分配工作重要性和紧迫性的认识，在促进企业发展的同时，努力解决好职工群众最关心、最直接、最现实的利益问题，让广大职工群众共享改革发展成果。

二、突出机制和制度建设，不断规范国有企业收入分配

国有企业要立足“依法、规范”，加快建立、完善职工收入增长机制、工资总量预算管理机制、经营者业绩考核机制、工资集体协商机制、困难职工帮困托底机制、收入分配监督机制和收入分配重大事项备案制度等，稳步提高职工收入，努力形成职工收入与其岗位和贡献相挂钩、与企业效益相联系，与劳动力市场相衔接、与法人治理结构相适应、与建设和谐社会要求相协调的收入分配制度。

(一) 加强收入分配的分层分类管理

国有企业应根据自身的经济效益状况，按照政府发布的企业工资增长指导线、劳动力

市场工资指导价位，尽快建立职工工资正常增长机制(特别是职工收入低于劳动力市场价位的企业)：一是生产经营正常、经济效益稳步增长的企业，在岗一线职工的年收入增长幅度一般应不低于本市当年工资增长指导线；二是微利、亏损的企业，在不出现亏损或不增加亏损的前提下，应按指导线下线或当年物价增长幅度增加在岗一线职工收入，确保职工实际生活水平不下降；三是对在岗职工收入长期未增加的企业，集团要督促其为职工增加收入；企业没有承受能力的，集团要通过统筹帮扶等办法予以解决。职工收入明显高于劳动力市场价位的企业，要从严控制企业人工成本，通过工资集体协商，合理确定职工收入增长幅度。

集团应根据所属企业的经济效益、高级管理人员工资收入、职工工资收入的不同状况，实施分类管理。对于职工工资收入与企业经济效益、高级管理人员工资收入发生严重背离的企业，应督促其采取有效措施予以改进。

（二）加大工资集体协商的力度

国有企业要大力促进职工民主参与企业管理，建立健全职工(代表)大会制度和厂务公开制度，依法开展工资集体协商，2007 年协商的覆盖面达到 1/3 以上，2008 年基本覆盖，力争在三年内建立和完善工资集体协商机制。对于尚未开展工资集体协商的企业在签订集体合同时，应包含职工工资增长具体幅度的条款。

有条件的集团应努力开展集团(行业)范围的工资集体协商，探索建立行业主体工种的最低工资标准、各类人员工资增长办法、劳动定额管理办法等制度。荣获全国和市劳动模范、五一劳动奖状、职工信赖的好经理(厂长)等荣誉称号的企业和企业经营者，要发挥模范带头作用。

建立工资集体协商机制时，要加强企业职工工资收入分配的协商确定制度、正常调整制度和民主监督制度的建设。一是建立协商确定制度。国有企业要把工资分配制度、工资标准、工资结构、工资支付办法等事项作为工资集体协商的基本内容。要逐步将福利项目和福利水平作为工资集体协商的内容，提高职工的福利待遇。实行计件工资制的企业，应将劳动定额标准和计件单价的制订或修订纳入工资集体协商的内容，形成公平合理的定额标准。二是建立正常调整制度。要综合企业经营状况、劳动生产率、职工工资水平、工资增长指导线、劳动力市场工资指导价位、行业人工成本和居民消费物价指数等因素，通过协商合理确定职工工资的调整幅度。三是建立民主监督制度。要强化职工民主参与、民主管理、民主监督的力度，做到分配方案、业绩考核、收入兑现等程序的公开透明，分配结果的公正合理。国有企业经营者的收入要做到“有人管、有方案、有程序、有挂钩、有考核、有监督”。

（三）完善经营者业绩考核机制

不断完善企业经营者的激励和约束机制。经营者收入增长要和职工收入增长挂钩，职工收入不增长的，经营者收入不得增长。要把经营业绩增长和职工收入增长同时列入经营者考核指标，因未达到职工收入增长目标而产生的经营利润，主管部门在考核时应从企业完成的考核利润中剔除。

要完善企业法人治理结构，建立规范的经营者薪酬激励制度，逐步实现由运作规范、外部董事占多数的董事会对经营者进行业绩考核和薪酬分配。经营者收入情况应定期向董事会和上级主管部门报告，并按照厂务公开的要求以适当的形式予以公开。

进一步规范经营者的收入分配管理，经营者不得自我分配、不得下挂薪酬分配关系、不得参与下级企业分配、不得有隐性收入。

（四）加大集团统筹帮困力度

要充分发挥集团统筹优势，依靠企业自身发展，积极创造条件，提供就业岗位，帮助有就业能力、就业愿望的离岗职工重新上岗。要通过集团统筹确保困难企业离岗职工的生活费能够按时足额领取，有条件的逐步提高离岗职工的生活费标准。

要建立完善多层级、多类型的帮困救助专项基金，专款用于困难弱势群体的帮困救助，尤其要加大对亏损、困难、壳体企业的低收入在岗职工和内部待岗、内部待退休、协保等弱势人群的帮扶力度。

各企业用于帮困的资金应纳入预算，并报上级部门审核认定，上级部门要加强对帮困资金使用的监督、审计。集团在对所属企业进行经营目标考核时，应充分考虑企业帮困力度，经审核认定的帮困资金可采取视同为考核利润的办法，鼓励企业利用自身能力解决困难，促进企业和谐发展。

各企业要积极参与工会、民政等部门的帮困救助体系，对特别困难的人群实施多方位的关心和帮扶，努力做到困难职工全覆盖，广受益。

三、加强组织领导，确保规范国有企业收入分配各项措施落到实处

（一）加强领导，落实责任

国有企业领导要深入研究收入分配问题，认真安排部署，抓好落实，稳妥推进。要将规范收入分配和提高职工收入纳入企业的战略管理，制定明确的战略目标，并采取相应措施保证落实。企业党组织要发挥政治核心作用，切实加强领导，推进收入分配工作，同时加强宣传和思想疏导，把好事的效应发挥好，把规范收入分配变成促进企业发展的动力。

国有企业的主管部门要加强指导、督促所属企业全面落实“七项机制”建设，并对职工收入正常增长、帮困托底等工作负有统筹责任。要指导、帮助企业根据生产经营特点自主建立科学、规范的内部工资收入分配激励与约束机制，积极推动以资本、劳动、技术、管理等生产要素按贡献参与分配的改革试点，激发企业自主创新的内生动力。要进一步完善、推进工资预算管理，把工资预算管理作为全面预算管理的一项重要内容，确保工资预算水平与企业经济发展、人力资源结构、劳动力市场工资水平等相匹配。建立收入分配重大事项备案制度，国有企业的重大收入分配事项要按有关规定标准执行，并按管理权限报其主管部门审核或备案。建立定期的工资收入调查制度，动态掌握企业内各类人群的工资收入分配状况，探索建立人工成本预警预测制度。

（二）形成合力，协同推进

市国资委、市总工会、市劳动保障局建立规范国有企业收入分配工作联席会议制度，主要职能是沟通情况、共享资源、研究对策、形成共识、协作推进，共同推进国有企业建立公开、公平、公正的收入分配制度。

要建立出资人监督、企业内部监督、监事会监督和审计监督相结合的收入分配监督机制。各级监督部门要加强对收入分配的专项审计，对发现的问题要求及时整改，杜绝体外分配。

各企业要严格遵守国家的有关政策法规，充分发挥党、政、工以及监事会的积极作用，形成各相关部门协调联动、各司其责、齐抓共管的良好局面。

各级工会组织要带领职工群众发扬主人翁精神，共谋发展、共商发展、共推发展，要建立工资集体协商顾问团，参与工资集体协商谈判，不断提高工资集体协商谈判的能力。要重视职工董事、职工监事、职代会代表和职工方协商代表的培训工作，提高职工民主参与管理的能力，促进协商质量不断提高。

（三）典型引领，总结推广

要进一步深入基层，加强调研，摸清基础情况，掌握第一手资料，深入剖析收入分配现状，帮助企业解决突出的矛盾、问题。要引导国有企业逐步建立健全各项机制，用制度来约束收入分配方面的不规范行为。

国有企业的主管部门要联合有关部门总结企业集团、上市公司、基层企业在理顺内部分配关系、建立收入联动机制、开展工资集体协商、职工民主参与收入分配等方面的先进经验，通过提炼、完善、推广典型企业、典型经验来进一步推动规范国有企业收入分配工作。

上海市国资委《关于规范企业利润分配有关事项的通知》

沪国资委预[2006]220号

各出资并监管单位：

根据《中华人民共和国公司法》(以下简称《公司法》)、《企业国有资产监督管理暂行条例》、《上海市国有资产收益收缴管理试行办法》及有关法规，为了规范市国资委出资并监管单位(以下简称企业)的利润分配行为，现就有关事项通知如下：

一、关于企业税后净利润分配的一般原则

(一) 以企业法人为主体，以经审计的企业法人财务会计报告为基准进行。

(二) 按照《公司法》规定的程序和顺序进行，提取的法定公积金比例应当遵照《公司法》的有关规定。

(三) 在期初未分配利润负数无法以税前利润、公积金等可行方式弥补完毕情况下，不对当期税后净利润进行分配。

(四) 市国资委单独出资的企业(以下简称独资企业)的税后净利润，在提取法定公积金后按照市国资委规定的方式和比例进行分配。

市国资委与其他投资主体共同出资的企业(以下简称多元投资企业)的税后净利润，按照股东会或相当权力机构确定的方式和比例进行分配。

二、关于多元投资企业税后净利润分配方案的审核

多元投资企业的国有产权代表，应当在董事会或相当权力机构审议税后净利润分配事宜的10个工作日前，将企业税后净利润分配方案以书面形式征求市国资委意见，并按照市国资委意见在董事会或相当权力机构会议上发表意见和进行表决。

国有产权代表应当说明的事项包括：当期实现税后净利润情况，计划以当期盈利弥补亏损或处理历史遗留问题情况，计划计提的法定公积金与任意公积金比例、金额，拟向出资者分配的比例等。

三、关于独资企业的公积金计提与使用

(一) 提取任意公积金的比例一般不得超过当年税后净利润的10%。遇特殊情况需要调高提取比例的，须报市国资委审核批准。

(二) 用法定公积金、任意公积金弥补亏损或转增资本时，须报市国资委审核批准。

(三) 根据国资发展与调整的需要，将公积金弥补亏损或转增资本。

四、其他相关事项的处理

（一）独资企业应当通过适当方式，及时对期初未分配利润负数进行弥补。

在市国资委同意减少国有资本时，独资企业应当按照有关批复减少相应的权益类项目，除国家另有规定外，单个权益类项目以冲减至0为限。

（二）独资或控股企业在当期损益中处理资产损失的，须遵循市国资委有关规定。

特此通知。

深圳市国资委关于进一步完善市属国有企业收入分配制度健全能高能低薪酬分配机制的指导意见

（2017 年 5 月）

为进一步深化市属国有企业收入分配制度改革，建立健全激励约束机制，引导企业持续做强做优做大，根据国家、省、市关于薪酬管理有关规定，结合市属国有企业实际，制定本指导意见。

一、指导思想和基本原则

（一）指导思想

深入贯彻党的十八大和十八届三中、四中、五中全会精神，切实落实《中共中央国务院关于深化国有企业改革的指导意见》，完善企业负责人、高级管理人员、员工三层次绩效考核体系，积极构建以市场化为导向，薪酬“能高能低”的收入分配机制，逐步形成薪酬水平适当、结构合理、管理规范的收入分配格局，增强企业发展活力与竞争力，推动市属国有企业持续健康发展。

（二）基本原则

——坚持业绩导向，兼顾效率与公平，切实做到薪酬能高能低和奖惩分明，充分调动企业负责人、高级管理人员和员工积极性。

——坚持市场化方向，积极构建符合市场行业特点的激励约束机制，充分发挥市场对收入分配的调节作用。

——坚持分类分级管理，根据企业功能定位不同，构建差异化的绩效考核和企业内部收入分配机制。

——坚持依法依规，简政放权，全面落实企业自主决定内部薪酬分配的权利。

二、进一步完善以经营业绩为导向，与考核评价结果紧密挂钩的企业负责人薪酬机制

（一）充分发挥企业负责人经营业绩考核的正确导向和激励约束作用，建立行之有效的经营责任传递机制，引导企业大力推进供给侧结构性改革和创新驱动发展战略，深入挖掘企业内在发展动力，推动市属企业持续做强做优做大。

（二）完善经营业绩考核办法，坚持分类考核、预算考核、对标考核、社会责任考核和经济增加值考核，鼓励企业超越行业标杆，引导企业积极履行社会责任，提升价值创造能力。

（三）创新考核机制，强化对企业可持续发展和创新发展的支持。对符合供给侧结构性改革要求和企业发展转型规划的前瞻性战略性项目实施单列考核，项目前期费用和培育期形成亏损，不计入当期考核利润；对符合规定的可量化创新投入费用等，在考核中视同利润，鼓励企业注重长远发展和创新跨越。

（四）坚持将经营业绩考核结果同企业负责人激励约束紧密结合，即业绩升、薪酬升，业绩降、薪酬降，积极发挥薪酬激励的杠杆作用，并作为职务任免的重要依据。

三、积极探索以契约化为手段，以市场化为方向的高级管理人员考核与薪酬分配机制

（一）进一步健全公司法人治理结构，完善董事会工作机制，全面落实董事会对高级管理人员的考核评价和薪酬分配管理职权，构建和优化企业内部激励约束机制。

（二）建立高级管理人员契约化管理体系，明确高级管理人员的岗位职责、薪酬水平、考核办法和退出机制；规范高级管理人员考核机制，通过签订经营责任书等协议方式，明确业绩目标和工作任务，并严格按照协议考核兑现。

（三）探索开展高级管理人员岗位价值评估，参照同行业、同规模、同职位、同业绩贡献的高级管理人员市场薪酬，合理确定高级管理人员薪酬水平。

（四）强化考核结果应用，高级管理人员薪酬应与经营业绩目标完成情况紧密挂钩。对未完成考核目标的，董事会可按相关约定予以解聘。

四、进一步完善企业内部收入分配体系，支持企业人才战略和创新发展

（一）根据劳动力市场价位和企业人工成本承受能力，实行“以岗定薪、岗变薪变”为核心内容的薪酬管理制度。推进全员绩效考核，科学评价不同岗位员工的贡献，合理拉开收入差距，切实做到收入能高能低和奖惩分明。建立员工薪酬市场对标和动态调整机制，有效确保核心骨干员工薪酬的市场竞争力。

（二）根据企业功能定位和行业类别，完善挂钩企业经济效益和劳动生产率的薪酬总额决定机制，切实提高人工成本投入产出效率。提高薪酬预算弹性，企业可根据业绩完成情况相应调整薪酬总额。对法人治理结构规范、激励约束机制健全的企业，探索薪酬预算备案管理。强化对下属企业薪酬管控，优化组织架构和人员编制，做好人力资源规划。

（三）大力支持企业实施“人才强企”战略。落实以增加知识价值为导向的分配政策，构建体现智力劳动价值的薪酬体系和收入增长机制，提高研发团队及重要贡献人员分享科技成果转化转让净收益的比例。对行业领军人才、高端特聘人才、核心研发人员薪酬，新招录的高层次和硕士以上人才当年和次年薪酬，企业创新奖励以及中长期激励在薪酬预算中实行单列管理。

五、强化市场资源配置作用，进一步完善长效激励约束机制

（一）以市场化为原则，分类推进长效激励机制建设。加快推进市场化程度高的竞争类企业、高科技企业、战略性新兴产业和金融准金融企业建立并完善长效激励机制；支持

国有资本投资运营公司、承担城市公共服务或基础设施建设职能的公司探索多种形式的长效激励。

（二）进一步简政放权，落实分类分级监管制度。直管企业、国有控股上市公司的长效激励计划由市国资委负责审批。直管企业审批并管理下属企业的长效激励计划，审批权限不得再次下放。直管企业对下属企业长效激励计划的批复，应报市国资委备案。加强对长效激励计划的事中监管、事后评估，企业如出现违反、突破长效激励相关政策的情况，造成严重影响的，市国资委有权终止该长效激励计划。

（三）鼓励企业实施法律、法规允许的限制性股票、股票期权、中长期业绩奖金等各类长效激励方式，积极探索激励基金购股、技术入股、项目跟投、内部创业等创新激励方式。企业可根据实施长效激励的目的，结合企业所处行业特点、发展阶段，选择一种适宜的长效激励方式，也可在激励额度内选择多元复合的激励方式。

（四）企业实施长效激励要规范程序管理，强化过程管控，严格实施信息披露，杜绝利益输送行为，切实遵循对象范围、定价机制、业绩条件、收益控制、行权安排和退出等政策红线。

六、建立重点工作专项奖励机制，严格重大损失责任追究

（一）为充分调动企业的积极性和创造性，推动企业科学发展、创新发展，对企业在实施创新驱动发展战略、重大项目推进、产业转型升级、重大资本运作和资产重组、“走出去”及国际化经营、处理历史遗留问题以及履行社会责任等方面取得显著经济效益或社会效益的，给予专项奖励。

（二）因触犯“廉政、环保和安全生产”三条底线，造成重大安全与质量事故、重大环境污染事故、重大违纪和法律纠纷案件，给企业造成重大影响或国有资产损失的，根据具体情节，降低或扣发负有相关责任的企业负责人或高级管理人员薪酬。

本指导意见由市国资委负责解释。

深圳市国资委《关于市属国有企业做好深化劳动人事分配制度改革工作的通知》

深国资委〔2006〕359号

各直管企业：

根据2006年我市国资国企工作会议精神和市国资委、劳动和社会保障局、人事局《关于进一步规范市属国有企业劳动关系的意见》的通知（深国资委〔2006〕358号），我们制定了《市属国有企业深化劳动人事分配制度改革实施意见》，现印发给你们，并就市属国有企业（以下简称企业）做好深化劳动人事分配制度改革工作的有关问题提出以下工作要求，请一并贯彻执行。

一、工作目标

企业深化劳动人事分配制度改革工作的总体目标是：以市场化为导向，以深化企业内部劳动、人事、分配三项制度改革为突破口，加快建立员工能进能出、岗位能上能下、收入能高能低的机制，促使国有企业以适应社会主义市场经济为主要目标，成为独立的市场经营主体，不断壮大实力，提高竞争力。

近期目标：企业要建立和健全劳动人事分配制度，并在2006年12月31日前，通过签订、继续履行、变更、解除或终止劳动合同等方式，进一步规范全体员工的劳动关系，建立以劳动合同为核心的劳动管理制度，实现市属国有企业员工由“企业人”到“社会人”的根本转变。

远期目标：以市场化为导向，加快建立员工能进能出、岗位能上能下、收入能高能低的机制，促使国有企业不断壮大实力，提高竞争力，力争用三年左右的时间在劳动人事分配制度方面实现与市场的接轨。

二、主要任务

企业深化劳动人事分配制度改革要完成以下工作：

（一）企业要通过建立择优录用、能进能出的用工制度，优化企业定岗定员工作，健全员工岗位考评机制，规范全员劳动合同制度，真正建立起员工与企业双向选择的劳动用工制度。

（二）企业要通过建立能上能下、社会化管理的人事制度，推行管理人员和专业技术人员竞聘上岗，建立科学、合理的管理人员绩效考核机制，逐步实现企业人事管理社会化。

（三）企业要通过建立健全收入能高能低的分配制度，建立以“以岗定薪、岗变薪变”为核心内容的薪酬管理制度，落实国有资产经营责任制度，形成企业经营者收入与责任、风险及经营业绩相挂钩的激励约束机制，探索建立多种形式的长效激励机制。

（四）企业要通过建立健全以劳动合同为核心的劳动管理制度，进一步规范企业与员工的劳动关系，实现“企业人”向“社会人”的转变，为员工择优录用、能进能出、同岗同酬提供机制和体制上的保障。

三、工作要求

（一）统一思想认识，确保深化劳动人事分配制度改革工作顺利完成。深化劳动人事分配制度改革事关企业生存与发展，各企业一定要提高思想认识，认真组织实施，加大推进力度，促进改革到位，努力取得实效。

（二）加强政策宣传，营造良好的改革氛围和环境。企业要认真做好政策宣传和培训，正确引导、帮助员工切实转变观念，提高对深化劳动人事分配制度改革工作意义和目的的认识，使广大员工理解改革、积极参与改革。

（三）坚持三公原则，制定切实可行的改革方案。在改革过程中，要坚持公平、公正、公开的原则，科学合理地制订改革方案，并严格按规范程序操作。

（四）注重以人为本，充分保障广大员工切身利益。在改革过程中，既要讲政策、讲原则，又要注意方式方法，要审慎对待和妥善处理涉及员工切身利益的重大问题。

（五）强调积极稳妥，保持社会稳定和企业生产经营活动正常进行。深化劳动人事分配制度改革，是对企业内部管理机制进行优化，各企业应从大局出发，注意做好整体协调工作，保持员工队伍和社会稳定，保障企业生产经营活动正常进行。

四、组织机构

各企业要成立“深化劳动人事分配制度改革工作领导小组”，并下设“深化劳动人事分配制度改革工作办公室”，其中，领导小组组长应由企业主要领导（董事长或总经理）担任。

“深化劳动人事分配制度改革工作领导小组”在市国资委的指导下，负责领导所在企业的改革工作。其主要职责是：落实市国资委关于企业深化劳动人事分配制度改革工作的政策；制定本企业深化劳动人事分配制度改革方案；协调改革工作中的内外部关系；负责改革工作的总结。

五、方案内容

各企业要按照《市属国有企业深化劳动人事分配制度改革实施意见》的有关要求，结合本企业的实际情况，制定具体的改革方案和工作计划，报经市国资委备案后组织实施。

企业制定的改革方案应包括企业现状分析、深化劳动人事分配制度改革内容（包括劳动用工制度、人事管理制度、员工薪酬方案等）、规范员工劳动关系可能发生的成本总额测算和组织实施工作安排。其中员工薪酬方案应符合《深圳市国有企业薪酬管理暂行规定》

的有关要求，并须报市国资委批准后方可实施。

六、进度安排

企业深化劳动人事分配制度改革工作分三个阶段实施：

第一阶段 准备阶段。

企业做好政策宣传和培训工作，完成本企业情况摸底调查，制定、论证改革方案，并上报市国资委备案。

此阶段工作在2006年9月30日前完成。

第二阶段 方案实施阶段。

企业依据在市国资委正式备案的改革方案进行深化劳动人事分配制度改革，市国资委将跟踪指导改革工作。企业应对照方案中改革工作的落实情况进行评价和总结，并将完成情况上报市国资委。

此阶段工作在2006年12月31日前完成。

第三阶段 工作总结阶段。

市国资委将对企业改革工作的完成情况进行总体评估，并将评估结果列入企业经营者业绩考核内容。

此阶段工作在2007年2月28日前完成。

七、其他要求

深圳市地铁公司、大铲湾港口投资发展有限公司、深超科技投资有限公司和创新投资集团有限公司等四家试点企业，应按照《市属国有企业深化劳动人事分配制度改革实施意见》中的有关规定和要求，对试点方案进行调整。

附件：《市属国有企业深化劳动人事分配制度改革实施意见》

深圳市人民政府国有资产监督管理委员会

二○○六年八月十八日

市属国有企业深化劳动人事分配制度改革实施意见

根据2006年我市国资国企工作会议精神以及市国资委、劳动和社会保障局、人事局《关于进一步规范市属国有企业劳动关系的意见》（深国资委〔2006〕358号），现就市属国有企业（以下简称企业）进一步深化劳动人事分配制度改革、切实转换经营机制，提出以下实施意见：

一、建立择优录用、能进能出的用工制度

（一）优化企业定岗定员工作。企业应根据经营发展要求，参照国内外同行业先进企业的做法，搭建科学的组织架构，设置合理的工作岗位，明确岗位的职责和任职资格。

企业应按照精干高效的原则，参照国内外同行业先进企业的人均劳动生产率和人岗配置关系，严格核定岗位编制。

（二）健全员工岗位考评机制。根据企业经营目标和岗位职责，确定量化的岗位考核指标，制定定量考核与定性评价相结合的考评制度，并将考评结果与员工岗位聘任等有效挂钩。企业可以针对不同岗位类型的特点，制定不同类型的考评办法。

（三）规范全员劳动合同制度。企业应当按照《中华人民共和国劳动法》（以下简称《劳动法》）和《深圳经济特区劳动合同条例》（以下简称《特区劳动合同条例》）等法律法规的有关规定与员工（不包括董事长，未设置董事长的为总经理）签订劳动合同，通过劳动合同明确企业与员工的权利和义务，规范劳动关系。

劳动合同应当载明工作内容、工作条件、工作时间、工作地点、劳动合同期限或者终止条件、劳动报酬以及法律、法规规定应当纳入劳动合同的其他事项。

企业应当根据岗位需求和特点，从培养人才稳定员工队伍的角度出发，与员工协商确定劳动合同期限。

二、建立能上能下、社会化管理的人事制度

（一）推行竞聘上岗机制。企业可以根据经营发展需要，按照条件公开、机会平等的原则，推行管理人员和专业技术人员竞聘上岗。

推进管理人员选聘机制改革。企业应对中层以上管理人员实行聘任制。在坚持党管干部和严格企业领导人员管理权限的前提下，加大对经营者市场化配置的力度，推行公开选聘，引入竞争机制。

（二）建立科学、合理的管理人员绩效考核机制。企业应根据经营发展的目标和重点，制定企业关键绩效指标体系，将关键绩效指标分解落实到各级管理人员。企业应与部门负责人签订业绩合同，重要岗位上的管理人员必须明确定期述职报告制度。建立考评档案，考评结果与管理人员的职位升降挂钩。

（三）企业人事管理逐步实现社会化。企业可以委托有人事代理权的机构实行人事代理制。

员工人事档案可以由企业保管，也可以委托本市有人事档案保管权的机构代为保管。其中，深圳市国有资产监督管理委员会管理的企业领导人员，其人事档案由深圳市国有资产监督管理委员会管理，其他组织人事关系按照企业内部管理制度办理。

三、建立健全收入能高能低的分配制度

（一）企业要按照市场化的原则，建立以“以岗定薪、岗变薪变”为核心内容的薪酬管理制度。企业应采用科学的岗位评估方法，对内部岗位进行价值评估和排序，同时参照同行业、同区域人力资源市场薪酬水平，明确不同岗位薪酬的市场定位，合理确定员工薪酬标准。企业应建立员工薪酬与绩效考核的关联机制，吸引、激励和保留优秀员工。

（二）落实国有资产经营责任制度，严格企业经营者业绩考核，形成企业经营者收入与责任、风险及经营业绩相挂钩的激励约束机制，探索建立多种形式的长效激励机制。

四、规范企业与员工的劳动关系。

企业应当在2006年12月31日前，通过签订、继续履行、变更、解除或终止劳动合

同等方式，进一步规范全体员工劳动关系，建立以劳动合同为核心的劳动管理制度。对于目前在册在岗且档案由企业管理的深圳户籍员工以及原停薪留职等不在岗人员按以下规定处理：

（一）企业应当按照协商一致的原则，与目前在册在岗且档案由企业管理的深圳户籍员工签订劳动合同补充协议，进一步规范劳动关系。

1. 补充协议中应对以下事项予以明确：签订补充协议之前员工本人的本企业连续工作年限和 1994 年 10 月 1 日以前的本企业连续工作年限（同一企业集团的连续工作年限计算为本企业的连续工作年限）；签订劳动合同补充协议之前本人前三个月月平均工资；2005 年度深圳市城镇职工月平均工资；企业与员工解除或终止劳动合同的，应按本意见中有关支付经济补偿金的规定执行。

2. 本意见发布之后企业依法向员工提出解除劳动合同，企业根据法律、法规规定应当支付经济补偿金的，其计算办法是：员工的本企业工作年限，每满一年，发给一个月的月工资；满半年不满一年的，按一年计发；不满半年的，发给半个月的月工资。其中，对于员工签订劳动合同补充协议之前的本企业工作年限，其经济补偿金的计算标准由企业与员工根据深府〔2003〕99 号文件的相关规定确定，并在补充协议中予以明确。

员工劳动合同期满或约定的劳动合同终止条件出现导致劳动合同终止时，企业对 1994 年 10 月 1 日《深圳经济特区劳动合同条例》实施之前调入本企业、目前在册在岗且档案由企业管理的深圳户籍员工，对其 1994 年 10 月 1 日以前的本企业连续工作年限支付经济补偿金，计算经济补偿金的月工资标准为 2005 年度深圳市城镇职工月平均工资。

员工本人单方面提出解除劳动合同的，企业不予支付经济补偿金，但法律法规另有规定的除外。企业不得采取任何方式迫使员工提出解除劳动合同。

3. 已经计算并获得经济补偿金的工作年限，不能重复计算。

退伍、复员、转业军人，仍在第一个接收安置（或招用）企业工作的，其军龄应计算为本企业的连续工作年限。由于成建制调动、组织调动等原因改变工作单位的，在转换过程中已经计算过经济补偿金的军龄，不应计算为本企业的连续工作年限；没有计算过经济补偿金的军龄，应计算为本企业的连续工作年限。由于其他原因而改变工作单位的，其军龄不应计算为本企业的连续工作年限。

4. 员工在企业一直工作到退休，企业应依法办理退休手续，不予支付上述经济补偿金。

5. 对距法定退休年龄 5 年以内的员工，企业原则上不得解除劳动合同。但下列情形除外：员工严重违反劳动纪律或企业的规章制度的；严重失职，营私舞弊，对企业利益造成重大损害的；以及被依法追究刑事责任的。

自本意见发布之日起，企业不再办理离岗退养。原来与企业已经签订离岗退养协议的员工，原则上应继续履行原有的退养协议。其中，对距法定退休年龄 5 年（不含 5 年）以上的员工，企业可与其协商解除劳动关系。

（二）企业应依法全面清理原停薪留职等不在岗人员。自 2007 年 1 月 1 日起企业内部不允许存在不为企业提供劳动、企业又未支付劳动报酬的人员，但法律法规另有规定的除外。

1. 目前没有为企业提供劳动但与企业存在劳动关系的人员。

(1) 对原签订停薪留职协议未到期的人员，一律终止企业与其签订的停薪留职协议。企业应以书面形式通知本人限期回企业参加竞聘上岗或根据情况重新安排工作。如在竞聘中无法竞争到岗位或企业无法安排工作的，企业应依法与其解除或终止劳动合同，停薪留职年限原则上可计算为支付经济补偿金的工作年限。双方另有约定的，则从其约定。限期内不回企业的停薪留职人员，按自动离职处理。从本意见发布之日起，企业不得再办理停薪留职手续。

(2) 对因企业原因待岗人员，企业应以书面形式通知本人限期参加竞聘上岗或根据情况重新安排工作。如在竞聘中无法竞争到岗位或企业无法安排工作的，企业应依法与其解除或终止劳动合同。限期内不回的，按自动离职处理。

(3) 对患病或非因工负伤，在规定的医疗期内正在治疗的员工，企业应当按照国家有关医疗期的规定执行。医疗期满回原岗位工作的员工，企业可以继续履行劳动合同；对既不能从事原工作，也不能从事由企业另行安排的工作的，企业应依法与其解除劳动合同或者办理病退手续。

2. 目前没有为企业提供劳动且与企业劳动关系不明确的离岗人员。

目前没有为企业提供劳动但且与企业劳动关系不明确的离岗人员，无论是因企业原因还是因员工个人原因离岗的，都应认定劳动关系在离岗之日已经解除。其中，因企业原因造成员工离岗的，企业应为其补办劳动关系解除手续，补缴、补发从离岗之日至本意见发布之日期间的养老保险费和困难补助费，但不支付经济补偿金。补缴养老保险费的标准为社会保险机构规定的最低缴费标准(个人部分由离岗人员缴纳)。困难补助费按月计算，月标准为当年度城镇居民月最低生活保障标准。如因员工个人原因离岗的，企业应为其补办劳动关系解除手续，但无需承担离岗后的任何费用。员工离岗原因有争议的，企业负主要举证责任。企业无法证明因员工原因离岗的，应视为因企业原因离岗。

3. 空挂人员。

(1) 对于名义上挂靠单位，从来没有为企业提供正常劳动且企业未支付劳动报酬(生活费)的空挂人员，无论企业是否为其办理过相关手续(如调动手续、入职手续)、是否为其缴纳社会保险费(即使企业出资)，均认定为空挂人员，与该企业没有建立过劳动关系，企业无需向其支付任何费用。

(2) 对已经办理过解除、终止劳动关系手续的员工，如企业仍继续为其缴纳社会保险费(即使企业出资)，也属于空挂人员，企业无需向其支付任何费用。

企业应以书面形式通知空挂人员限期办理档案和社会保险转移手续。逾期未办手续的，空挂的关系自动解除。自本意见发布之日起，企业不得再办理空挂手续。

(三) 上述规定中企业向员工支付的经济补偿金列入企业成本。

五、其他事项

(一) 本意见下发后企业新录用员工一律按照市场化原则聘用并签订劳动合同。

(二) 本意见适用于深圳市人民政府国有资产监督管理委员会直接履行出资人职责的国有独资企业、国有独资公司和国有控股公司及其所属国有控股企业。

深圳市国资委关于印发《深圳市属国有企业建立长效激励机制暂行办法》的通知

深国资委〔2008〕53号

各直管企业：

为深化深圳市属国有企业收入分配制度改革，探索建立激励与约束相结合的中长期激励制度，充分调动市属国有企业高级管理人员和关键技术岗位人员的积极性、创造性，规范市属国有企业制订和实施长效激励计划，根据国家有关法律、法规及相关规定，我委制定了《深圳市属国有企业建立长效激励机制暂行办法》。现印发给你们，请结合实际，认真遵照执行。

市属国有企业建立长效激励机制是一项重大制度创新，企业要以实现企业战略目标、提升企业经营业绩、促进企业可持续发展、保证国有资产保值增值为核心目标来建立长效激励机制。在实施过程中要规范有序、稳步推进。

各企业在实施过程中出现任何问题，请及时反馈我委。

附件：《深圳市属国有企业建立长效激励机制暂行办法》

深圳市人民政府国有资产监督管理委员会

二〇〇八年三月十七日

深圳市属国有企业建立长效激励机制暂行办法

第一条 总则

为深化收入分配制度改革，指导市属国有企业规范建立激励与约束相结合的长效激励机制，促进国有资产保值增值和企业发展，根据《中华人民共和国公司法》、《中华人民共和国证券法》、《企业国有资产监督管理暂行条例》(国务院令第378号)、《国有控股上市公司(境内)实施股权激励试行办法》(国务院国资委国资发分配〔2006〕175号)、《国有控股上市公司(境外)实施股权激励试行办法》(国务院国资委国资发分配〔2006〕8号)、《上市公司股权激励管理办法(试行)》(中国证监会证监公司字〔2005〕151号)等有关法律、法规和规章，制定本办法。

第二条 适用范围

本办法适用于深圳市人民政府国有资产监督管理委员会(以下简称市国资委)履行出资人职责的国有独资企业、国有独资公司、国有控股公司及其所属各级全资、控股企业(以下统称企业)。

第三条 实施长效激励的企业应具备以下条件

（一）公司治理结构规范，股东会、董事会、监事会、经理层组织健全，职责明确。外部董事（含独立董事，下同）占董事会成员半数以上；

（二）薪酬委员会由外部董事构成，且薪酬委员会制度健全，议事规则完善，运行规范；

（三）内部控制制度和业绩考核体系健全，基础管理制度规范，并且已按要求实施了市属国有企业劳动、人事、分配三项制度改革，建立了符合市场经济和现代企业制度要求的劳动用工、绩效考核体系及薪酬福利制度；

（四）发展战略明确，主营业务突出，资产质量和财务状况良好，企业经营稳健；近三年无财务违法行为和不良记录；

（五）相关法律、法规及市国资委规定的其他条件。

第四条 激励计划内容

长效激励计划应包括长效激励方式、激励对象、激励条件、激励额度、授予数量、授予价格及其确定方式、行权限制期、行权有效期、解锁条件、绩效考核办法以及退出机制等主要内容。

上市公司长效激励计划的上述内容须符合《国有控股上市公司（境内）实施股权激励试行办法》、《国有控股上市公司（境外）实施股权激励试行办法》及中国证券监督管理委员会《上市公司股权激励办法（试行）》的相关规定。非上市公司参照上述规定执行。

第五条 激励方式

长效激励的方式包括股票期权、业绩股票、限制性股票、净资产增值权、虚拟股票以及法律、法规允许的其他方式。

第六条 激励对象

长效激励的对象原则上限于企业董事、高级管理人员以及对企业整体业绩和持续发展有直接影响的核心技术人员和管理骨干。

企业监事、财务总监（国有控股股东委派的财务总监）、独立董事及由企业控股公司以外人员担任的外部董事，暂不纳入长效激励计划。

高管人员在同一时间段内只能参与一家企业（包括母公司和下属企业在内）的长效激励计划。

第七条 激励条件的确定

长效激励在授予和行权（或解锁）环节均应设置激励条件。激励条件应根据企业相关核心指标确定，其参考的对标系应根据企业的历史水平、无风险投资回报、国内外同行业同规模企业优秀水平等确定。

第八条 薪酬结构

实施长效激励机制的企业，对激励对象实行目标薪酬考核管理，目标薪酬由市国资委根据市场和企业实际情况确定。

目标薪酬由固定薪酬、年度奖金和长效激励三部分组成，其中长效激励应控制在目标薪酬的30%以内（境外企业为40%以内）。

第九条 长效激励基金

企业实施长效激励机制原则上不提取长效激励基金。对于部分企业采取限制性股票、业绩股票等方式，确需提取长效激励基金的，应遵循以下原则：

（一）长效激励基金须纳入目标薪酬计算；

（二）长效激励基金须从完成业绩条件的净利润增量部分中提取；

（三）长效激励基金的提取必须设立相关约束条件：提取的长期激励基金总量不得高于个人出资部分，不得高于企业净利润的一定比例，提取比例应采用超额累进等计提办法，统筹考虑激励对象与股东回报关系确定。

第十条 非上市公司的长效激励

非上市公司的长效激励计划原则上参照上市公司有关规定执行。激励方式主要采取虚拟股票、净资产增值权以及法律、法规允许的其他方式，激励股份原则上不采用实名制。非上市公司的长效激励定价原则，原则上应按有关规定进行资产评估，以评估后的净资产价值为基础确定授予价格。非上市公司长效激励计划中必须设立退出机制，激励对象在任职期结束后，须按相关规定履行激励股份退出程序。

第十一条 审核备案程序

上市公司在股东大会审议批准长效激励计划之前，应将上市公司拟实施的长效激励计划报市国资委审核（企业控股股东为集团公司的由集团公司申报），经审核同意后提请股东大会审议。长效激励计划在市国资委审核批准后，报国务院国资委备案。

非上市公司建立长效激励机制，须由国有产权代表向市国资委提交立项申请，经审核批准后，国有产权代表将长效激励计划上报市国资委（企业控股股东为集团公司的，由集团公司提出审核意见后再上报市国资委）。长效激励计划经市国资委审核同意后，提交相关法定程序审议通过后实施。

第十二条 申报材料

（一）企业立项申请的材料：

1. 企业的简要情况，包括企业股本状况、法人治理现状、近三年经营情况、薪酬水平、绩效考核评价制度、三项制度改革等情况；

2. 长效激励计划的初步思路；

3. 企业控股股东审核意见；

4. 市国资委要求的其他材料。

（二）企业申报长效激励计划的材料：

1. 长效激励计划和长效激励管理办法及其相关说明；

2. 激励对象的收益测算、企业股本变化等情况说明；

3. 企业发展战略和实施计划；

4. 中介机构出具的法律意见书；

5. 市国资委要求的其他材料。

第十三条 长效激励计划的管理

（一）市国资委对已批准的长效激励计划实施情况进行动态管理。企业应在年度报告披露后 5 个工作日内将以下情况报市国资委备案（企业控股股东为集团公司的由集团公司上报）：

1. 企业长效激励计划的授予、行权或解锁等情况；

2. 公司董事、高管人员持有股权的数量、期限、本年度已经行权（或解锁）和未行权（或未解锁）的情况及其所持股权数量与期初的变动情况，激励对象绩效考核结果；

3. 企业实施长效激励对企业费用及利润的影响情况等。

（二）企业应制定长效激励管理办法，对激励对象进行绩效考核。对已授予的长效激励额度，须严格按照考核结果进行动态调整。

第十四条 长效激励计划的变更

（一）企业长效激励计划内容有重大变动的，应按本指导意见有关规定重新履行申报审核程序。

（二）企业如未达到设定的业绩条件或违反有关规定的，市国资委有权中止企业长效激励计划，自发生之日起一年内不得向激励对象授予新的长效激励，激励对象也不得根据长效激励计划行使权利或获得收益。

长效激励对象如违反国家法律法规、企业章程规定或在任职期间由于各种违法违纪行为损害企业利益、声誉的，市国资委有权终止其长效激励计划，并取消其行权资格。

第十五条 长效激励计划的支付

授予董事、高级管理人员的股权、股票等长效激励，应根据长效激励计划中的激励条件及任期考核（或经济责任审计）结果行权或兑现。授予的股权、股票及其他方式的长效激励，应有不低于授予总量的20%留至任职（或任期）考核合格后方可行权或兑现。

企业须建立长效激励托管帐户，对已授予的股权、股票及其收益进行管理。在托管期内，合理控制长效激励收益水平，实行长效激励收益与业绩指标增长挂钩浮动。

第十六条 长效激励计划的财务、会计处理及税收

实施长效激励计划的财务、会计处理及其税收等问题，按国家有关法律、行政法规、财务制度、会计准则、税务制度规定执行。

第十七条 本办法自发布之日起实施。

第十八条 本办法由市国资委负责解释。

深圳市国资委关于印发《深圳市属国有企业年金管理暂行规定》的通知

深国资委〔2007〕58号

各直管企业：

为规范企业年金管理，保障员工权益，优化薪酬结构，根据《企业年金试行办法》、《企业年金基金管理试行办法》、《深圳市企业年金实施意见》等有关政策规定，我委制定了《深圳市属国有企业年金管理暂行规定》，现印发给你们，请认真遵照执行。现将有关事项通知如下：

一、充分认识建立企业年金制度的重要意义

企业年金是在国家政策指导下，企业及其员工在依法参加基本养老保险的基础上，自愿建立的补充养老保险制度。建立和完善企业年金制度，既有利于建设和谐社会，完善社会保障体系，提高员工退休后的基本生活水平，又有利于改善企业薪酬福利结构，增强薪酬的长期激励作用，提高企业凝聚力和竞争力，促进企业长远发展。各企业要充分认识建立和发展企业年金制度的重要意义，规范企业年金制度的建立和年金基金的管理运行。

二、加强组织领导与协调监督，认真严肃地制定企业年金方案

企业应高度重视，认真严肃地做好年金管理工作，组织企业领导、相关部门和职工代表负责制定企业年金方案、选择年金管理机构、管理本企业的年金事务。根据企业的实际情况，综合考虑企业整体经济状况、人工成本承受能力等因素，科学合理地确定参加人员范围、年金缴费比例、建立企业年金条件、职工企业个人年金帐户管理方式等事项，并严格按规范程序操作。

三、加快原有企业补充养老保险制度向新的企业年金制度平稳过渡

要认真贯彻国家劳动和社会保障部20号令、23号令和深圳市的有关规定，抓紧做好新旧制度的衔接工作。已经建立补充养老保险制度或企业年金制度的企业，要按照新的年金制度的要求，全面检查、修订和完善原有补充养老保险或企业年金方案，并将修订和规范后的企业年金方案在2007年4月20日前按规定程序上报我委审批后，报市劳动和社会保障局备案。

四、清理、规范商业保险

企业应当严格执行深国资办〔2003〕104号文件精神，不得以任何名义为员工购买商业

保险。已经购买商业保险的，请依法终止或变更合同，抓紧清理规范，自通知下发之日起1个月内整改完毕，并将整改情况书面报告国资委。我委将对此进行专项检查。逾期未改的，我委将严肃处理。

企业在具体执行过程中遇到的重大问题，请及时与我委沟通。

附件：《深圳市属国有企业年金管理暂行规定》

深圳市人民政府国有资产监督管理委员会

二〇〇七年二月六日

深圳市属国有企业年金管理暂行规定

第一章 总 则

第一条 为指导和规范市属国有企业实行企业年金制度，完善企业薪酬福利制度和社会保障体系，正确处理国有资产出资人、企业、员工三者利益关系，逐步建立有利于国有资本保值增值的激励机制，根据《企业年金试行办法》、《企业年金基金管理试行办法》、《深圳市企业年金实施意见》等有关政策规定，制定本办法。

第二条 本办法适用于深圳市人民政府国有资产监督管理委员会(以下简称市国资委)直接履行出资人职责的国有独资企业、国有独资公司和国有控股公司(以下统称企业)。

第三条 本办法所称年金，是指企业及其员工在依法参加基本养老保险的基础上，自愿建立的补充养老保险制度。

第四条 建立企业年金制度应遵循下列原则：

(一) 坚持保障、激励、约束相统一，年金与员工个人的贡献挂钩。

(二) 坚持效率优先、兼顾公平，维护出资人、企业和员工的利益。

(三) 参照同行业市场平均水平，合理控制企业人工成本，提高企业竞争力，促进企业可持续发展。

第二章 建立条件

第五条 企业建立企业年金制度，应当同时具备以下：

(一) 依法参加基本养老保险并足额缴交基本养老保险费用。

(二) 完成经核定的上年度经营业绩考核指标。

经营性亏损，或未完成经核定的上年度经营业绩考核指标的企业，不得实行企业年金制度，已实行的应当暂停缴交。

政策性亏损或处于建设初期，暂时未有盈利的企业，实行企业年金制度，需经市国资委核准。

(三) 人工成本承受能力较强。

凡是人工成本指标显著高于同行业市场平均水平，以及人工成本指标控制未达到市国资委相关要求的，应暂缓实行或调整缴费比例，保持和提高企业竞争力。

（四）已建立集体协商机制。

第三章 年金方案的制定和审批

第六条 企业根据自身经营特点，依照国家、省、深圳市的有关规定、本办法确定的基本原则和条件等要求，制定企业年金方案，并由企业国有产权代表上报市国资委审批。

第七条 企业应组织企业领导、相关部门和员工代表负责制定企业年金方案、选择年金管理机构、管理本企业的年金事务。

第八条 企业年金方案的主要内容应当包括：

（一）参加人员范围；

（二）资金筹集方式；

（三）员工企业年金个人帐户管理方式；

（四）基金管理方式；

（五）计发办法和支付方式；

（六）支付企业年金待遇的条件；

（七）组织管理和监督方式；

（八）中止缴费的条件；

（九）其他事项。

企业年金方案的具体适用范围由企业根据自身经营特点、经济承受能力、员工的本企业连续工作年限和员工对企业经营贡献的大小等因素综合决定。

第九条 年金方案经企业职工代表大会或职工大会审议通过后，企业国有产权代表根据市国资委审批意见，按照有关规定在董事会或其他决策机构充分发表意见，在董事会或其他决策机构对年金方案表决通过后，按有关规定报深圳市劳动和社会保障局备案。

第十条 年金方案一经审核，原则上不得调整。如企业因客观原因确需调整，应当重新报请市国资委审批，审批程序同上。

第四章 年金筹集与计发

第十一条 企业年金所需费用由企业和员工个人共同缴纳，鼓励企业缴费与个人缴费比例相匹配。企业缴费应当按照企业年金方案规定比例计算的数额计入员工企业年金个人帐户，并纳入薪酬预算管理；员工个人缴费额计入本人企业年金个人帐户。

第十二条 企业缴费部分向员工个人账户进行分配时应当综合考虑员工的岗位责任、贡献、本企业工作年限、年龄等因素，适当向关键岗位和优秀人才倾斜，拉开档次，但最高不得超过参加年金员工平均缴费额的5倍。

第十三条 企业缴费每年不超过本企业参加年金员工上年度工资总额的十二分之一。企业和员工个人缴费合计最高不得超过本企业参加年金员工上年度工资总额的六分之一。

第十四条 企业缴费在本企业参加年金员工上年度工资总额6%以内的部分，可以在经营成本中列支；员工个人缴费的部分在本人税后薪金中列支。

第十五条 年金应当在市国资委对企业完成年度考核后，由企业根据考核结果，核定最终年金缴费金额后缴清。

第十六条 企业年金所需费用中应当由个人承担的部分，由企业从其工资中代扣代缴；应当由企业承担的部分，由企业支付。

第十七条 企业年金实行台帐管理。企业应当按照员工设置明细账目，单独核算。

第十八条 企业按权责发生制提取的企业年金，在当年薪酬总额中进行核算；在次年核发时应按审计结果进行调整，超额提取的，应当冲减当期成本；未提取的，不得支付。

第十九条 员工在达到国家规定的退休年龄时，可以从本人企业年金个人账户中一次或定期领取企业年金。员工未达到国家规定的退休年龄的，不得从个人账户中提前提取资金。出境定居人员的企业年金个人账户资金，可根据本人要求一次性支付给本人。

第二十条 员工变动工作单位时，企业年金个人帐户资金可以随同转移。员工升学、参军、失业期间或新就业单位没有实行企业年金制度的，其企业年金个人帐户可由原管理机构继续管理。

第二十一条 员工或退休人员死亡后，其企业年金个人帐户余额由其指定的受益人或法定继承人一次性领取。

第五章　年金基金的管理

第二十二条 建立企业年金的企业，应当择优选择具有资格的管理运营机构负责企业年金的管理和运营，并将选择的管理运营机构事前报市国资委备案。

凡由企业成立年金理事会自行管理年金的，应报市国资委审批，并接受市国资委监督。

第二十三条 企业应通过受托人建立动态的考核评价机制，对管理运营机构的业绩进行评估，并根据评估情况调整管理运营机构。

第二十四条 年金基金管理应当执行国家和深圳市有关规定，接受市国资委、市劳动和社会保障局的监管，并接受企业职工大会或职工代表大会的监督。

第二十五条 企业国有产权代表每年应当以产权代表报告形式向国资委报告企业年金基金管理情况。

第二十六条 发生重大事件时，各管理运营机构应及时向企业、受益人及市国资委、市劳动和社会保障局报告。

第六章　责任追究

第二十七条 企业应严格按照年金方案、企业年终经营业绩考核结果计提和缴付企业年金，不得超标缴付或计提。

第二十八条 市国资委应将企业年金预算执行情况作为年度审计的一项重要内容。

第二十九条 市国资委可根据需要定期对企业年金方案的执行情况进行专项检查。

第三十条 对于超核定标准为员工缴付年金的，责令企业扣回超标准缴付部分，并对企业国有产权代表和其他直接责任人员，视情节追究相应的行政责任，涉嫌犯罪的，依法追究刑事责任。

第三十一条 对企业国有产权代表和其他直接责任人员，违反本办法规定，有下列情形之一的，由市国资委或者相关企业按照人事管理权限给予警告；情节严重的，通过法定程序降职、免职或解聘；造成国有资产流失的，依法追究赔偿责任；涉嫌犯罪的，依法追究刑事责任：

（一）未按规定上报审批或备案的；

（二）上报审批或备案时谎报、故意隐瞒重要情况的；

（三）未经集体研究进行决策的；

（四）未经民主方式审议通过的；

（五）对可能危及国有资产安全的重大事项未及时报告的；

（六）出现损害国有出资人权益、员工个人利益的其他行为的。

第七章 附 则

第三十二条 本办法下发之前已经试行企业年金（或补充养老保险）制度的企业，应当按照国家有关政策规定和本办法的要求，认真修订、完善企业年金方案，并将修订和完善后的企业年金方案按本办法规定履行审批程序。

第三十三条 本办法下发之前以企业年金（或补充养老保险）名义购买的商业保险产品，应当按照深圳市有关政策规定，认真清理、规范，依法终止或变更有关合同。

第三十四条 企业不得采取追记或一次性补偿等办法，为员工趸交企业年金。

第三十五条 企业可参照本办法，制定对所属企业年金管理的具体办法，并报市国资委备案。

第三十六条 本办法由市国资委负责解释。

第三十七条 本办法自发布之日起施行。